文渊 管理学系列

供应链金融

机制原理、风险分析与技术创新

Supply Chain Finance
Mechanisms, Risk Analytics, and Technology

蔡港树 著

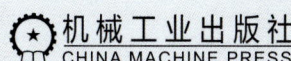

机械工业出版社
CHINA MACHINE PRESS

本书深入探讨了供应链金融这一复杂且不断发展的领域。本书整合了关键概念、核心机制、风险分析实践以及最新技术趋势，有效填补了当前相关研究中的空白。本书包含核心概念与基础理论、供应链金融机制与模式、风险管理与分析、技术应用、案例研究、国际视角与前沿趋势内容和特点，不仅全面涵盖了供应链金融领域的关键主题，而且结合了前沿的技术应用和丰富的实践案例。本书基于作者超过二十年的国际学术研究和实践经验，提供了全面、前沿且具有前瞻性的对该主题的研究。

本书为高等院校相关专业的本科生、研究生以及银行、金融和供应链领域的专业人士所设计。

Translation from the English language edition:
Supply Chain Finance
by Gangshu Cai
Copyright © 2024 by Gangshu Cai. All Rights Reserved.

图书在版编目（CIP）数据

供应链金融：机制原理、风险分析与技术创新 / 蔡港树著 . -- 北京：机械工业出版社，2025. 3. --（文渊·管理学系列）. --ISBN 978-7-111-78411-1

I. F252.2

中国国家版本馆 CIP 数据核字第 2025XK4635 号

机械工业出版社（北京市百万庄大街 22 号　邮政编码 100037）
策划编辑：张有利　　　　　　　责任编辑：张有利　章承林
责任校对：赵　童　李可意　景　飞　　责任印制：单爱军
保定市中画美凯印刷有限公司印刷
2025 年 8 月第 1 版第 1 次印刷
185mm×260mm · 26.75 印张 · 2 插页 · 612 千字
标准书号：ISBN 978-7-111-78411-1
定价：109.00 元

电话服务　　　　　　　　　　网络服务
客服电话：010-88361066　　　机　工　官　网：www.cmpbook.com
　　　　　010-88379833　　　机　工　官　博：weibo.com/cmp1952
　　　　　010-68326294　　　金　书　网：www.golden-book.com
封底无防伪标均为盗版　　　机工教育服务网：www.cmpedu.com

文渊 管理学系列

"师道文宗 笔墨渊海"

文渊阁 位于故宫东华门内文华殿后,是故宫中贮藏图书的地方,中国古代最大的文化工程《四库全书》曾经藏在这里,阁内悬有乾隆御书"汇流澄鉴"四字匾。

文渊 管理学系列

作者简介

蔡港树 博士是美国圣塔克拉拉大学利维商学院信息系统与商业分析系的终身教授兼系主任，管理科学与工程协会供应链与运营管理分会的创始人及主任，以及硅谷数智供应链研究院的创始人。他毕业于北京大学，获得物理学学士学位与光华管理学院硕士学位，并于北卡罗来纳州立大学取得运筹学与计算机博士学位。蔡教授现任 *Decision Sciences Journal* 副主编、*Production and Operations Management Journal* 高级编辑，已在 *Production and Operations Management*、*Marketing Science*、*Manufacturing & Service Operations Management*、*Management Science* 及 *PNAS* 等顶级学术期刊上发表 50 余篇同行评审论文。

感谢我的父母和家人，他们的爱与不懈支持让我感激不尽！

——蔡港树

推荐序 FOREWORD

蔡博士的著作堪称供应链金融领域的典范之作,对供应链金融的机制原理、风险管理和技术创新进行了详尽的探讨。这本教科书对于那些致力于通过实施各种供应链金融策略提升供应链运营的人来说至关重要。全面的分析和实际应用使其成为该领域的基础性文献,该书对于专业人士和学者来说都是不可或缺的。

——Christian Bauwens,伟创力(Flex)
国际有限公司高级副总裁兼财务主管

这本书以全面而务实的方式精妙地阐述了供应链金融的细微差别,详尽概述了供应链金融的现状,详细介绍了其关键机制、相关风险和创新技术。蔡博士的广泛研究和清晰阐述使这本书成为任何希望驾驭现代供应链金融复杂性的人的必备资源。

——赵修利,INFORMS 会士、
密歇根大学 Ralph L. Disney 教授

鉴于国际贸易的复杂性,运营和金融的交叉点引起了学生、从业者和学术学者的关注。蔡博士的权威著作对于那些对全球贸易这一关键方面感兴趣的人来说是必读的书目。它全面涵盖了供应链金融的历史、基本原理、分析和技术发展。该书清晰的文字、引人入胜的例子和分析模型确立了蔡教授在这一领域的领军地位。我感谢蔡先生对这一领域做出的重大贡献。

——Maqbool Dada,约翰斯·霍普金斯大学
凯瑞商学院教授

蔡博士的著作是供应链金融领域开创性的、不可或缺的指南,提供了一位活跃

在该领域的杰出学者的系统见解。全面的内容和应用的重点使其成为寻求掌握供应链运作或在其中创新的专业人士和学者的必读之作。

——宋京生，INFORMS 会士、
杜克大学 R. David Thomas 教授

在当今的全球商业环境中，蔡博士的《供应链金融：机制原理、风险分析与技术创新》是一本不可多得的重要读物。这本书基于严谨的研究，为错综复杂的供应链金融世界提供了宝贵的见解。它阐明了战略性财务规划如何提升供应链运作。鉴于全球供应链目前面临的挑战，其金融方面的重要性日益突出。这本书对行业专业人士和学者都是必不可少的，提供了既实用又丰富的知识。

——Christopher S. Tang，INFORMS 会士、
加州大学洛杉矶分校商学院杰出教授兼高级副院长

作为一名深度参与小企业融资的银行家，我发现蔡博士的《供应链金融：机制原理、风险分析与技术创新》是一本宝贵的资源。它提供了实用的见解和详细的策略，对于理解和实施供应链背景下的有效金融解决方案至关重要。这本书弥合了学术理论与现实世界金融实践之间的差距，使其成为银行家寻求增强对中小企业服务的重要工具。

——王玉海，亿联银行总裁

作者介绍 ABOUT THE AUTHOR

蔡港树是圣塔克拉拉大学利维商学院信息系统与商业分析系的终身正教授和系主任、管理科学与工程协会供应链与运营管理分会（ISCOM）的创始人和主任、硅谷数智供应链研究院（ISCAI）创始人。他毕业于北京大学，获得物理学本科学位和光华管理学院的硕士学位，以及北卡罗来纳州立大学的运筹学与计算机博士学位。作为 *Production and Operations Management* 杂志高级编辑和 *Decision Sciences* 杂志副主编，蔡教授的研究兴趣涵盖供应链金融、渠道与供应链管理、运营管理、电子商务、市场营销以及智能商业分析。他在 *Marketing Science*、*Production and Operations Management*、*Manufacturing and Service Operations Management*、*Management Science* 和 *PNAS* 等国际顶级及权威学术期刊发表了 50 多篇同行评议论文。根据其最终影响力指数，Emerald 出版社评选他为 2009—2015 年全球排名第四的著名零售领域作家。蔡教授在研究、教学和服务方面获得了国际级、国家级、校级和学院级的诸多赞誉，其中包括圣塔克拉拉大学校级杰出研究奖和杰出教学奖、国际顶级期刊 MSOM 的最佳论文奖、国际电子商务大会最佳论文奖、ISCOM 最佳论文奖、国际协会 POMS 的杰出教学奖和杰出服务奖、*Decision Sciences* 杂志杰出副主编奖、中华人民共和国教育部高等学校科学研究优秀成果奖（人文社会科学）等。

前 言

在错综复杂的全球商业网络中，供应链并非孤立运转的节点，而是涉及生产者、供应商、金融家、物流企业和消费者之间错综复杂的竞合关系的网络。所有参与者协同合作，将产品从概念实现到最终送达用户手中。2020—2023年间新冠疫情所带来的冲击凸显了供应链在我们日常生活中的关键作用。在全球范围内，由于疫情，多数国家关闭边境并实施封控措施，供应链受到严重干扰，导致数百万家企业，尤其是中小企业陷入困境。尽管有些企业拥有充足的资本，但绝大多数，尤其是中小型企业却不然。由于缺乏维持日常经营所需的资金，许多这样的企业不得不宣告破产。

这个庞大的供应链网络的金融基础通常被广泛称为"供应链金融"，在确保这个庞大网络平稳运行方面发挥着关键作用。新冠疫情带来的破坏并不是第一次，它只是众多显著揭示传统银行融资局限性的危机之一，然而这次疫情却尤其凸显了供应链金融的价值。供应链金融是一种基于供应链交易而增强资本受限企业融资的机制，尤其是银行在经济动荡时期不愿为这类企业融资时。供应链金融不仅可以改善供应链企业及其融资人之间的信息共享，还可以通过供应链企业的担保和协调，以及将交易中的商品作为抵押品等方式来缓解金融风险，从而促进并增加供应链交易。

自2008年以来，我一直致力于研究供应链金融。到目前为止，我已经发表了有关银行融资、卖家融资（例如贸易信用和保理）、买家融资（例如反向保理）、第三方物流融资、供应链金融保险、供应链金融风险分析以及供应链金融机制应用等方面的多篇论文。尽管这些主题深入探讨了供应链金融的特定方面，但我发现，随着经济的扩张，尤其是在发展中国家，对于全面阐述供应链金融的需求日益迫切。人们迫切希望更深入地了解：供应链金融的本质是什么？它为何如此重要？谁应该参与其中？具体的运作机制是什么？何时是最佳实施时机？认识到这一课题对研究人员和从业者的重要性，我于2020年5月1日，在新冠疫情期间开始撰写本书。

供应链金融是由供应链交易驱动的金融活动，旨在为供应链企业缓解风险、优化营运资本、增强资金流动性，最终提升供应链整体效率和盈利能力。《供应链金融：机制原理、风险分析与技术创新》一书深入探讨了这一主题，旨在阐明其各个方面的复杂内涵。

供应链金融不仅涉及数字和交易，还涉及风险与回报、信任与验证、创新与传统之间的平衡。随着全球贸易的发展，对更复杂、更具韧性、更透明的金融机制的需求也在不断增加。本书全面阐述了供应链金融的现状、机制、固有风险，以及塑造其未来的尖端技术，以满足这些需求。

第1部分供应链金融基础，旨在向读者介绍供应链金融的基本概念和结构。我们详细描述了其特点、利弊、效果和选择标准。接着，我们提供了分析公司财务方面的工具，特别强调了通过营运资本管理以优化现金流等相关内容。

第2部分供应链金融机制，涵盖了从贸易金融的基本原理到保理、动态贴现、反向保理、第三方物流（3PL）公司主导的库存融资、银行付款责任等不同供应链金融融资方式的各个方面。该部分从卖家、买家、3PL公司和其他供应链各方的角度对全球使用的供应链金融工具和技术进行了深入的解析。

第3部分供应链金融风险分析，深入探讨了供应链金融所面临的各种挑战和不确定性。在当前可能由地缘政治紧张、自然灾害或大流行等因素引发破坏的时期，理解和应对风险至关重要。该部分介绍了供应链金融的风险分类，并提供了评估和缓解这些风险的方法。

第4部分供应链金融技术，探索了重塑金融领域的数字革命。从供应链的数字化到区块链，从物联网到人工智能，技术正在逐步简化流程，引入了新的信任和效率范式。该部分提供了对供应链金融技术的一瞥，并阐述了未来金融和技术如何有望重新定义贸易。

写这本书是我人生中一次非常特别的探索之旅。我希望本书能成为学生、专业人士、学者以及所有对供应链金融感兴趣的人的宝贵资源。出版社将提供有关本书的教学资料，同时一部分材料也会在ISCAI.net上提供。随着全球格局的不断变化，用知识、适应性和远见持续武装自己至关重要。本书正是朝着这个方向迈出的一步。由于学识水平有限，加之时间较为仓促，书中难免有疏漏之处，敬请各位专家和广大读者批评指正。

感谢您与我共同踏上这段旅程。

蔡港树

硅谷

ACKNOWLEDGEMENTS 致 谢

写书从来都不是一个人孤独的奋斗，《供应链金融：机制原理、风险分析与技术创新》的写作就是一个明证。回顾本书的写作历程，我深深地意识到一本书的完成离不开许多人在各方面提供的帮助。

首先，我要衷心感谢我的学术导师、朋友、行业同行和学生们。他们的见解、批评性建议和坚定的支持对塑造本书的内容和研究方向至关重要，他们对供应链金融领域的投入和热情既鼓舞人心又很具有感染性。

我要特别感谢 Ershen Ali，他在供应链金融领域的实践经验对我而言极为宝贵，尤其是在两个实际案例研究的起草过程中发挥了关键作用。我的学生 Matt Johnson 在区块链技术和加密货币方面的实践为我的写作提供了许多新的素材。我要衷心感谢我的导师和朋友们，包括 Christian Bauwens、赵修利、Maqbool Dada、宋京生、Christopher S. Tang 和王玉海，他们对本书慷慨的认可让我深感荣幸。同时，我也要感谢蔡晔、林敬农、林霞、Steven Nahmias、魏强、杨磊、赵文辉和郑艳玲等朋友，他们的鼓励和宝贵建议对我来说是非常重要的。我还要感谢我的众多合作者，与他们的合作丰富了我的研究经验，扩展了我的知识面，培养了我在各个研究领域的批判性思维。这些朋友们的集体贡献为本书增添了理论深度和严谨性。

在此，我要特别感谢我的几位学生：褚军、段雪、胡雪芹、胡紫晗、王召同、许双双、张琪、张午博等。正是他们对本书非常认真的投入和仔细校对，使得本书得以加快出版。同时，我要特别感谢邢李志和张颖对本书通篇校稿的付出，他们的帮助进一步提升了本书的准确性和可读性。我也要感谢我在圣塔克拉拉大学的学生以及来自世界各地的学生，他们的热情和好奇心一直是我撰写本书的动力源泉。

在此，我要特别感谢机械工业出版社的团队。从最初的提议到最终的印刷，他们始终展现出专业精神、耐心以及对研究主题的热情，这让我深受感动。我尤其感激他们对细节无微不至的关注和对该项目的坚定信念。同时，我还要感谢国家自然科学基金委重点项目（#72232001）的资助。

此外，我还要衷心感谢父母和家人对我的不懈支持。即使在我犹豫和怀疑的时刻，他们也始终以坚定不移的信任和无条件的鼓励，如灯塔般照亮我的前行之路，让这段旅程得以顺利展开。我深深感激并珍视他们的陪伴与支持。

最后，感谢各位读者、实践者和学者们对本书的深入研究。衷心希望本书能够丰富您对供应链金融的理解，让我们共同推动供应链金融事业的发展。

感恩所有曾经帮助过我的人！

蔡港树

目录

推 荐 序
作者介绍
前　　言
致　　谢

第 1 部分
供应链金融基础

第 1 章　供应链金融概论 ………… 2
1.1　导言 ………………………………… 2
1.2　供应链金融的定义 ………………… 3
1.3　供应链金融的历史 ………………… 5
1.4　小企业的融资困境 ………………… 6
1.5　供应链金融的重要性 ……………… 10
1.6　总结 ………………………………… 11
1.7　练习 ………………………………… 12
1.8　参考资料 …………………………… 13

第 2 章　供应链金融特征 ………… 15
2.1　导言 ………………………………… 15
2.2　供应链上的四类"流" ……………… 17
2.3　供应链金融机制分类 ……………… 20
2.4　供应链金融的利与弊 ……………… 22

2.5　供应链金融效应 …………………… 25
2.6　衡量和选择融资方案的原则 ……… 27
2.7　总结 ………………………………… 31
2.8　练习 ………………………………… 32
2.9　参考资料 …………………………… 33

第 3 章　财务分析 ………………… 35
3.1　导言 ………………………………… 35
3.2　财务报表 …………………………… 36
3.3　利润和资产比率 …………………… 40
3.4　杜邦分析法 ………………………… 46
3.5　链式综合指标 ……………………… 51
3.6　总结 ………………………………… 53
3.7　练习 ………………………………… 54
3.8　附录：沃尔玛股份有限公司
　　　2018—2020 年度财务报表 ……… 55
3.9　参考资料 …………………………… 58

第 4 章　营运资本管理 …………… 60
4.1　导言 ………………………………… 60
4.2　现金和营运资本 …………………… 61
4.3　现金转换周期 ……………………… 63
4.4　零售业现金转换周期的影响 ……… 70
4.5　流动性指标 ………………………… 73

- 4.6 总结 ……………………… 78
- 4.7 练习 ……………………… 79
- 4.8 参考资料 …………………… 80

第 2 部分
供应链金融机制

第 5 章 贸易金融：供应链金融的早期模式 …………… 84
- 5.1 导言 ……………………… 84
- 5.2 预付现金和推式供应链 ……… 85
- 5.3 寄售和拉式供应链 …………… 86
- 5.4 信用证 …………………… 87
- 5.5 赊销 …………………… 92
- 5.6 跟单托收 …………………… 97
- 5.7 国际贸易术语解释通则 ……… 98
- 5.8 案例研究：Enlightened 公司的寄售选择 …………………… 100
- 5.9 总结 ……………………… 103
- 5.10 练习 …………………… 104
- 5.11 附录：学术思考 …………… 105
- 5.12 参考资料 ………………… 107

第 6 章 卖家主导的供应链金融 …… 110
- 6.1 导言 ……………………… 110
- 6.2 保理 …………………… 111
- 6.3 福费廷 …………………… 120
- 6.4 发票贴现 ………………… 124
- 6.5 订单融资 ………………… 125
- 6.6 卖家主导的应收账款证券化 … 129
- 6.7 总结 ……………………… 136
- 6.8 练习 …………………… 137
- 6.9 附录：学术思考 …………… 139
- 6.10 参考资料 ………………… 140

第 7 章 买家主导的供应链金融 …… 143
- 7.1 导言 ……………………… 143
- 7.2 动态贴现 ………………… 144
- 7.3 反向保理 ………………… 148
- 7.4 买家主导的应付账款反向证券化 …………………… 160
- 7.5 案例研究：延长付款期限条款的影响 …………………… 162
- 7.6 总结 ……………………… 167
- 7.7 练习 …………………… 168
- 7.8 附录：学术思考 …………… 169
- 7.9 参考资料 ………………… 172

第 8 章 库存和第三方物流公司主导的融资 …………… 174
- 8.1 导言 ……………………… 174
- 8.2 库存融资 ………………… 175
- 8.3 第三方物流公司主导的在途库存融资 …………………… 179
- 8.4 第三方物流公司主导的供应链金融创新案例 ………… 185
- 8.5 总结 ……………………… 187
- 8.6 练习 …………………… 188
- 8.7 附录：学术思考 …………… 189
- 8.8 参考资料 ………………… 192

第 9 章 其他供应链金融机制 …… 194
- 9.1 导言 ……………………… 194
- 9.2 分销商融资 ……………… 194
- 9.3 银行付款责任 …………… 197
- 9.4 结构化商品融资 ………… 206
- 9.5 总结 ……………………… 211
- 9.6 练习 …………………… 211
- 9.7 参考资料 ………………… 213

第 3 部分
供应链金融风险分析

第 10 章 供应链金融风险分类与评估 ······ 216
- 10.1 导言 ······ 216
- 10.2 供应链金融风险管理体系 ······ 217
- 10.3 供应链金融风险分类 ······ 217
- 10.4 定性风险评估 ······ 226
- 10.5 定量风险评估 ······ 229
- 10.6 总结 ······ 236
- 10.7 练习 ······ 236
- 10.8 参考资料 ······ 238

第 11 章 供应链金融风险评估 ······ 240
- 11.1 导言 ······ 240
- 11.2 风险价值 ······ 241
- 11.3 条件风险价值 ······ 247
- 11.4 压力测试 ······ 248
- 11.5 风险调整回报率 ······ 251
- 11.6 总结 ······ 254
- 11.7 练习 ······ 255
- 11.8 附录：学术思考 ······ 256
- 11.9 参考资料 ······ 260

第 12 章 供应链金融风险缓解和管理 ······ 261
- 12.1 导言 ······ 261
- 12.2 供应链金融风险缓解基础 ······ 262
- 12.3 传统风险缓解策略 ······ 266
- 12.4 基于供应链金融的保险与信用担保 ······ 277
- 12.5 供应链企业担保融资 ······ 284
- 12.6 金融对冲 ······ 285
- 12.7 运营对冲 ······ 293
- 12.8 法规、道德和可持续性 ······ 295
- 12.9 总结 ······ 299
- 12.10 练习 ······ 299
- 12.11 附录：学术思考 ······ 302
- 12.12 参考资料 ······ 304

第 4 部分
供应链金融技术

第 13 章 供应链金融数字化与技术 ······ 310
- 13.1 导言 ······ 310
- 13.2 供应链数字化 ······ 310
- 13.3 供应链金融平台 ······ 315
- 13.4 其他供应链金融技术 ······ 318
- 13.5 总结 ······ 322
- 13.6 练习 ······ 323
- 13.7 参考资料 ······ 324

第 14 章 区块链技术 ······ 326
- 14.1 导言 ······ 326
- 14.2 区块链结构 ······ 327
- 14.3 比特币区块链 ······ 329
- 14.4 其他公有区块链和加密货币 ······ 343
- 14.5 加密货币的风险与未来发展 ······ 351
- 14.6 私有区块链 ······ 355
- 14.7 联盟区块链 ······ 356
- 14.8 混合区块链 ······ 359
- 14.9 总结 ······ 361
- 14.10 练习 ······ 362
- 14.11 附录：共识机制 ······ 364
- 14.12 参考资料 ······ 365

第15章 区块链在供应链金融中的应用 ················ 372

15.1 导言 ···································· 372
15.2 区块链在供应链管理和金融中的应用 ···················· 373
15.3 数字代币 ···························· 380
15.4 首次代币发行 ····················· 387
15.5 区块链供应链面临的挑战 ········ 391
15.6 区块链在供应链金融中的应用实例 ································ 393
15.7 总结 ···································· 396
15.8 练习 ···································· 397
15.9 参考资料 ···························· 400

术语表 ·· 405

第 1 部分

供应链金融基础

大企业从小开始。

——理查德·布兰森

第 1 章　供应链金融概论

■ 学习目标

1. 了解供应链金融在优化财务运营和促进供应链内部业务增长方面的重要作用。
2. 追溯供应链金融从传统贸易融资到现代数智解决方案的历史演进进程。
3. 探索供应链金融是如何通过提供营运资本来支持小企业的。
4. 认识供应链金融通过提高运营效率和降低供应链风险来实现经济增长的重要性。

■ 摘要

本章探讨了供应链金融在优化营运资本和流动性方面的重要性。我们追溯了供应链金融从美索不达米亚时代开始,到如今面临重大全球危机的种种挑战,强调了小企业在采用供应链金融时面临的阻碍——尤其是在技术限制和对大公司支持的需求方面。本章提供了在实际供应链金融战略实施中的一些见解,包括企业在采用供应链金融战略时所能获得的潜在收益以及可能面临的风险。

1.1　导言

金融是所有商业投资成功的一个重要方面。如同血液之于人体,现金为公司持续经营和长期可持续性发展提供了生命力。随着供应链跨行业、跨辖区扩张,企业内部现金管理的重要性和复杂性只会持续增加。

传统意义上,银行一直是资本受限企业的主要融资来源。然而,其中大部分企业的信用评级低于投资级别或缺乏信用记录,这使得银行难以提供贷款⊖。根据美国

⊖ 投资级别是指适合投资的债务证券的信用评级。当一个证券被认为违约风险低时,该证券按时支付利息和偿还本金的可能性较高,反之亦然。通常情况下,投资级评级从 AAA(标准普尔的最高投资评级,表明信用风险极低)到 BBB-(标准普尔的最低投资评级)不等。获得投资级评级的证券通常被认为适合保守型投资者投资。评级低于 BBB- 的证券被归类为投机级或"垃圾债券"。在穆迪(Moody)的信用评级体系中,投资级评级范围从 Aaa 到 Baa3 不等。

国家信用合作社管理局（NCUA）的数据，截至 2019 年第二季度，有 82.1% 的美国公司信用评级低于投资级别。图 1.1 展示了 2011—2019 年信用评级低于投资级别的企业的增加趋势。

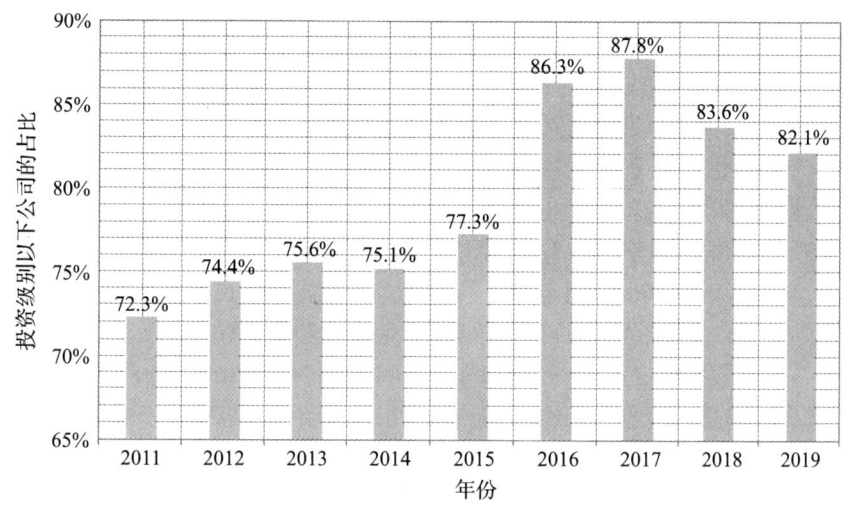

图 1.1 投资级别以下公司的逐年占比

资料来源：国家信用社管理局。该评级基于标普、穆迪或惠誉公布的最低评级。

在供应链金融（Supply Chain Finance，SCF）出现之前，金融机构通常将企业当作独立贷款申请者进行评估。在此过程中，对企业的评估主要基于其财务状况和贷款金额请求，很少关注其供应链合作伙伴的状况。因此，贷款机构会要求申请者提供如抵押品、商业计划、财务报表、保险数据、贷款历史和信用评级等信息，却经常忽视或低估贷款申请企业的供应链关系。

尽管超过 80% 的公司难以从银行获得所需的资金，但自 2007—2009 年期间的全球金融危机及其随后的经济衰退以来，金融活动与供应链事件的整合变得愈发重要。这场金融危机导致了严重的流动性短缺，凸显了现金流和营运资本对供应链企业的重要性。然而，巴塞尔协议Ⅱ（Basel Ⅱ）和巴塞尔协议Ⅲ（Basel Ⅲ）等旨在降低融资风险、增强银行稳定性的银行监管法规的出现又进一步加剧了企业面临的流动性挑战㊀。

1.2 供应链金融的定义

供应链金融的定义有多种，它是一个不断演进的概念。从宽泛的角度来看，供应链金融包括与供应链企业相关的所有金融活动（如融资和日常现金流活动等），而对供应链事件并没有做出具体要求。然而，这种宽泛的定义可能会模糊供应链金融的独有特征及它与传统银行融资等日常金融事件之间的界限。

另一种定义认为，供应链金融是供应链内与产品流方向相反的资金流。这一定

㊀ 巴塞尔协议Ⅰ、Ⅱ和Ⅲ是巴塞尔银行监管委员会（Basel Committee on Banking Supervision，BCBS）提出的银行最低资本要求等系列条款。

义不仅宽泛，而且有些被动，因为它只是记录了资金的流动情况，并没有主动通过寻求融资来促进供应链交易。

相比之下，一些研究人员和金融公司将供应链金融等同于最受欢迎的贸易融资工具——赊销（Open Account），即给予买家的贸易信用。也有很多从业者将反向保理（Reverse Factoring），即以买家为中心的提供给供应商的应付账款融资，称为供应链金融。这两种定义都将供应链金融的整个概念限制在了众多流行的供应链金融机制中的一种中，束缚了其未来发展的空间和灵活性。

金融供应链管理（Financial Supply Chain Management，FSCM）是一个与供应链金融密切相关的概念，它专注于促进商品和服务交易的企业管理实践，如合同、订单、发票、现金收款、付款管理、现金流管理、保险、担保和营运资本管理。虽然金融供应链管理也使用金融工具、技术和功能，但其重点更多是在供应链管理方面。相比之下，供应链金融则主要聚焦于促进供应链交易的金融活动及机制。

根据全球供应链金融论坛（Global Supply Chain Finance Forum，GSCFF）的定义，金融供应链（Financial Supply Chain，FSC）是为供应链产品流动中的参与者提供金融支持的一系列金融流程、事件和活动。虽然一些人认为供应链金融是金融供应链管理的一个子集，甚至将两者等同，但是本书与全球供应链金融论坛的观点一致，将供应链金融视为支持金融供应链的服务群。这种观点强调了供应链金融在促进和支持供应链中的金融方面的作用，而不是涵盖整个金融管理流程。

全球供应链金融论坛将供应链金融定义为在供应链流程和交易中使用融资与风险缓解等措施和技术，以优化对营运资金和流动性的管理。同样，欧洲银行业协会（Euro Banking Association，EBA）将供应链金融定义为利用金融工具、实践和技术，为合作的业务伙伴优化供应链流程中占用的营运资本和流动性管理。供应链金融在很大程度上是由事件驱动的，即每一次财务活动（无论是融资、风险消减还是支付）都是由实体供应链中的一个具体事件所驱动的。因此，实体供应链事件监控和管理等先进技术的发展为自动启动供应链金融活动提供了可能性。

综上所述，全球供应链金融论坛和欧洲银行业协会的定义同时突出了三个关键方面。

- 目的（为什么要做？和谁去做？）：优化供应链企业的营运资本和流动性。重点是实现可持续性和避免破产，而不是严格关注利润最大化。在实践中，企业旨在平衡营运资本和资金流动性管理的同时，保证利润最大化。
- 技术（如何去做？）：利用供应链金融中的融资和风险缓解工具。目的是让企业和金融机构能够合作解决资本受限企业的财务负担，同时降低风险。
- 环境（在哪里做？具体做什么？）：在供应链事件发生的地方连接金融服务和供应链运营。在此背景下，资金受限企业可以获得其他供应链合作伙伴和金融机构的共同支持，以完成交易并提升供应链整体效率。

理论上，供应链金融应该与企业利润最大化的目标保持一致。因此，供应链金融可以被认为是通过金融工具和运营专业知识的结合来满足企业的需求。它通常是由供应链交易事件驱动的，具体体现在以下几个方面。

- 完成供应链交易是目的的一部分。

- 供应链交易的信息被用于促进融资。
- 鼓励参与交易的供应链企业为资金受限的公司提供融资帮助。

假设所有供应链企业都以实现自己的利润最大化为目标,那么供应链之间的相互依赖性可能会引发企业之间的利益冲突。供应链金融应该具有为所有相关方,包括供应链企业和参与的金融公司,创造更高利润的功能。其潜在收益可能是巨大的,从而使合作方不仅能从完成交易中受益,而且甚至比资本不受约束时赚取更多的收益。这种潜在收益被称为供应链金融的帕累托效应(SCF Pareto Effect)。

现在,我们对供应链金融做出一个正式的定义:

供应链金融是由供应链交易驱动的金融活动,旨在为供应链企业缓解风险、优化营运资本、增强资金流动性,最终提升供应链整体效率和盈利能力。

该定义强调三个要点。

1. 范围

供应链金融的范围包括由事件驱动的金融活动,涉及供应链交易中的融资和风险缓解实践,它与传统的银行融资和更广泛意义上的金融供应链管理有着本质差别。

2. 目的

供应链金融的目的是通过满足供应链企业的需求和愿望,实现供需匹配,帮助它们在优化营运资本、增强资金流动性和提升利润的同时完成交易。

3. 功能

供应链金融活动不仅可以帮助供应链企业缓解风险,而且可以帮助提升供应链整体效率。作为实现和保障供应链交易的一种金融替代工具,供应链金融提供了超越传统银行融资的创新性解决方案。

供应链金融事件可以由供应商、制造商、零售商、物流公司或者金融机构等各方牵头。事件通常在核心企业、银行、保险公司或第三方组织的平台上进行。因此,供应链金融为所有相关方提供了一种创造性合作的方式,即使在一些公司受到资本约束的情况下也是如此。

1.3 供应链金融的历史

供应链金融的历史可以追溯至美索不达米亚文明(Mesopotamia Civilization)。大约四千年前,发票保理(Invoice Factoring)就被用作贸易融资的一种形式。发票保理是指一家保理商(即银行)购买一家公司的发票,并针对其未付应收账款预付现金或营运资本。供应链金融的其他早期形式还包括贴现本票(Discounted Promissory Note)和提前付款(Early Payment)⊖。

供应链金融的发展简史如下。

- 大约在公元前 1754 年,与发票保理相关的规则被记录在古巴伦的《汉谟拉

⊖ 根据维基百科的解释,本票,有时也称为应付票据,是一种法律文书(特别是金融票据和债务票据),其中一方(出票人或发票人)以书面形式承诺在未来某个固定的时间(或根据受款人的要求),根据特定条款向另一方(受款人)支付一笔确定的金额。

比法典》(The Code of Hammurabi)中。
- 公元前118年，中国汉朝时期出现了皮革制作的本票。这是最早被记录的纸币形式之一。
- 公元57年，罗马人向征收者出售贴现本票，用于结算贸易债务。
- 14世纪的欧洲，商业银行家开始提前支付将运往国外的粮食的货款。
- 17世纪和18世纪，发票保理成为英国殖民地一种流行的商业操作。
- 19世纪，由于纺织业的崛起，保理作为一种国内融资工具受到欢迎。
- 20世纪60—70年代，发票保理等贸易融资越来越受欢迎。随着利率水平和银行监管要求不断提高，企业在获取传统银行融资方面面临着越来越大的挑战。
- 20世纪80年代，汽车制造商（例如菲亚特，F.I.A.T）采用了类似于反向保理的流程，以帮助供应商获得更高的利润率。这种方法演变为后来西班牙桑坦德银行（Banco Santander）从1991年开始一直采用的"确认"（Confirming）方法。
- 到20世纪90年代，通用资本（GE Capital）等美国主要银行开始正式将保理纳入其金融服务。
- 2007—2009年全球金融危机后，供应链金融作为传统银行融资的强大替代品应运而生。
- 2020年新冠疫情暴发后，供应链金融成为供应链企业稳定的融资渠道。

供应链金融的市场机会巨大。2020年全球应收账款管理年度交易量市场预计为1.3万亿美元，基于资产的贷款（Asset-Based Lending）和应付款贴现（Payables Discounting）分别约为1,000亿美元和3,400亿美元，反向保理的全球市场规模预计为2,750亿美元。根据维基百科2020年的估计，超过一半的企业计划应用供应链金融机制。在新冠疫情期间，一些供应链金融专业公司的业务需求增长了两倍。

供应链金融增长的潜力也是巨大的。根据麦肯锡公司2020年的估算，从理论上看，截至2018年全球范围内所有能够支持供应链金融业务的、由企业所开具的发票和收据总计达17万亿美元，全球符合供应链金融计划条件的总资产估计为65万亿美元。预计到2025年，供应链金融总规模将达到2.5万亿美元。

然而，供应链金融的发展面临着一些需要应对的实际挑战。例如，由于小企业往往缺乏领导供应链金融项目的能力，所以大多数供应链金融项目需要大公司的背书，比如主要供应商或买家（如沃尔玛和京东）。麦肯锡公司2020年的数据显示，只有不到10%的未达到投资级别的供应商能够通过其交易发票获得融资。此外，供应链金融解决方案在技术支持方面存在着一些制约因素，尤其是那些由供应商主导的解决方案，这会导致流程管理效率低下，以致错失融资机会。

1.4 小企业的融资困境

根据《福布斯》杂志2020年4月报道，新冠疫情在全球范围内造成了严重的金融混乱，让众多小企业主竞相求生。美国独立企业联合会（NFIB）表示，截至2020年3月30日，92%的小企业受到疫情带来的负面影响，而仅有5%的业主报告称没有受到影响。新冠疫情的灾难性影响不仅发生在2020年，其一直延续到了2023年。

新冠疫情的影响比2007—2009年的全球金融危机更为深远，因为它扰乱了供应链的所有要素，包括消费者、零售商、原始设备制造商（Original Equipment Manufacturer，OEM）、合同制造商（Contract Manufacturer，CM）和供应商。全球金融危机凸显了稳健的金融体系的重要性，而新冠疫情则暴露了全球供应链的重要性和脆弱性。这两起事件的一个共同特点是，小企业在全球和本地供应链中都面临着严峻的风险冲击。

根据《福布斯》杂志的报道，仅在新冠疫情暴发的前两个月内，美国就有约3,000万家小企业面临财务困境。作为2020年3月27日通过的2.2万亿美元经济刺激计划的一部分，美国政府于2020年4月推出了一项价值6,600亿美元的小企业援助计划，为小企业补充了近3,500亿美元的救济。2020年3月，欧洲国家也承诺为小企业提供超过1.5万亿美元的经济援助，而彼时的新冠疫情的暴发仍处于高峰期，尚无任何结束迹象。伴随着中美两国贸易摩擦的动荡起伏，以及俄乌冲突、巴以冲突和红海局势的持续升级，各类层出不穷的"黑天鹅"和"灰犀牛"事件进一步加剧了全球供应链的不确定性，也凸显了各国政府需要优先考虑对小企业融资和支持的紧迫性。

1.4.1　如何界定小企业

对于小企业的界定并没有一个被普遍认可的统一标准，因为它们的分类标准在不同国家、行业，甚至不同金融机构之间都存在差异。例如，在美国，小型农业企业的最高平均年收入界定为75万美元；制造业中视为小企业的最大员工人数范围为500~1,500人；零售业中有三分之一的子行业的小企业平均年收入上限为750万美元，而其他行业的小企业员工人数通常为100~500人；对于金融和保险行业，小企业的员工人数上限一般高达1,500人，年平均收入在3,250万~3,850万美元之间。美国小企业管理局提供了一个全面的标准清单，用于确定各行业可接受的小企业规模。

"小企业"一词通常与中小企业（Small and Medium Enterprise，SME）和中小微企业（Micro，Small，and Medium Enterprise，MSME）互换使用。在欧盟，一家中小微企业最多雇佣250名员工，且年营业额不超过5,000万欧元，或年资产负债表总值不超过4,300万欧元。相比之下，2020年中国对中小微企业的定义为，员工人数在1~2,000人（大多数行业低于300人），年收入在1,000万~8亿元（大多数行业低于3亿元）之间，总资产不超过12亿元的企业（具体界限取决于其所在行业）。

由于缺少一个标准界定范围，本书将同时使用"中小微企业"和"中小企业"来指代"小企业"。

1.4.2　为什么要为小企业融资

小企业对所有经济体来说都意义重大。金融在线网站（FinancesOnline.com）的数据显示，2020年小企业业务占美国和欧盟所有业务的99%。如图1.2所示，小企业占全球企业总数的90%，贡献了70%的就业，约占全球国内生产总值（GDP）的

44%，对新兴经济体 GDP 的贡献率为 40%，对发达国家 GDP 的贡献率则高达 50%。

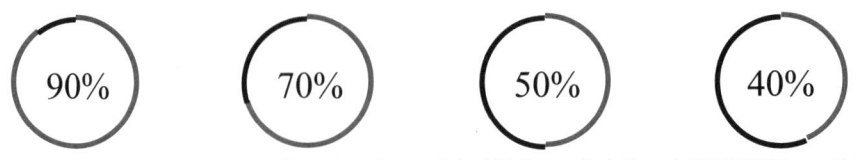

图 1.2 世界经济中小企业在企业总数、就业和 GDP 方面的占比

资料来源：国际会计师联合会（IFAC）。

1.4.3 小企业贷款缺口

尽管小企业对全球经济做出了重大贡献，但它们往往得不到银行和其他金融机构的充分支持。美国联邦存款保险公司（Federal Deposit Insurance Corporation，FDIC）的数据显示，尽管美国向所有企业发放的贷款总额多年来有所增加，但向小企业发放的银行贷款比例已从 1995 年的 40% 大幅下降至 2016 年的 21%（见图 1.3）。过去 20 年，特别是 2008 年之后，小企业贷款占比大幅减少。为了弥补信贷缺口，小企业不得不依赖内部资金、来自朋友和家人的支持，或是持续增长但要求苛刻的在线点对点（Peer-to-Peer，P2P）微型融资。

> 虽然小企业对全球经济做出了重大贡献，但它们常常无法从银行和其他金融机构那里获得相应比例的支持。

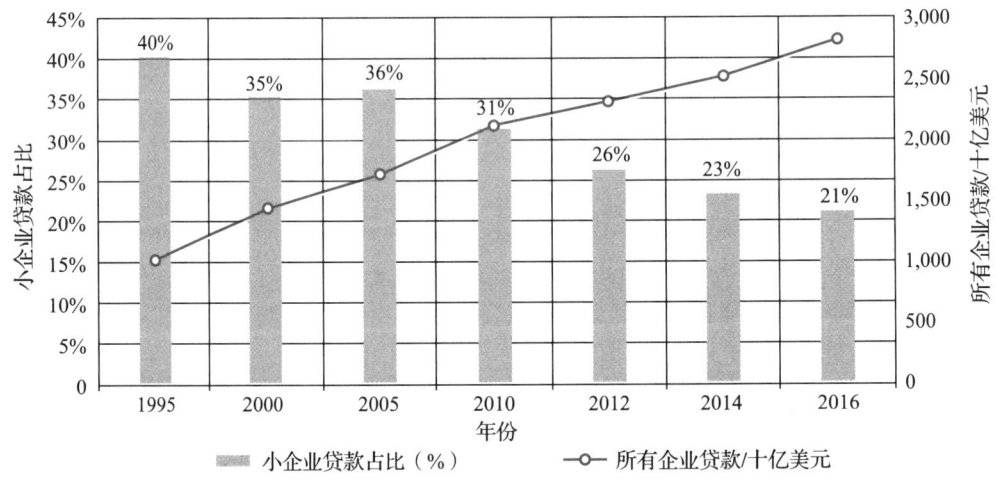

图 1.3 美国所有企业商业贷款总额和所有商业贷款中小企业份额占比

资料来源：美国联邦存款保险公司（FDIC，2020）。

风险投资（Venture Capital，VC）可以缓解一些小企业的财务压力。例如，2018 年美国风险投资总额达到 995 亿美元，约占小企业融资需求总额的 5%。然而，如果说小企业应该获得其应有的融资份额，即将小企业对 GDP 的贡献和其获得的商业贷款加上风险投资总额相比较，那么小企业的 GDP 贡献百分比和所有商业贷款及风险投资总额百分比之间存在约 20% 的信贷缺口。

截至 2016 年,作为世界第二大经济体的中国也存在类似的差异性问题。中国的小企业贡献了 60% 以上的 GDP,贡献了 50% 以上的全国税收总收入。然而,它们在商业贷款总额中仅占 28% 左右。假设风险投资对小企业融资的贡献率与美国类似,为 5%,那么小企业的 GDP 贡献与其所获得的商业贷款及风险投资总额之间仍存在 25% 以上的信贷缺口。

显然,小企业在寻求获得银行贷款方面存在相当大的缺口。世界银行(World Bank)的数据显示,大约有一半的小企业无法从正规金融机构获得信贷。根据国际金融公司(International Finance Corporation,IFC)的报告,在发展中国家,约 6,500 万家公司,即 40% 的中小微企业,每年面临 5.2 万亿美元的融资缺口,这大约是目前全球向中小微企业发放贷款总额的 1.4 倍。不同地区的信贷缺口规模差异明显。根据世界银行 2020 年的数据,在全球信贷缺口总额中,东亚和太平洋国家所占份额高达 46%,其次是拉丁美洲和加勒比地区的 23%,以及欧洲和中亚地区的 15%。

上述信贷缺口凸显了小企业所面临的挑战。例如,自 1995 年以来小企业创造了美国约 60% 的净新增就业岗位,但在金融危机期间,它们却不成比例地承担了超过 60% 的失业人数,说明金融危机对于信贷渠道有限的小企业影响更大。在新冠疫情期间,尽管美国各州努力批准针对小企业的紧急融资措施,但许多小企业仍无法获得政府承诺的贷款,从而被迫关门裁员。

1.4.4 小企业融资面临的挑战

从理论上说,当企业资金受限时,它们可以寻求金融贷款。然而,与大企业相比,小企业更容易陷入现金短缺甚至破产的困境。颇为讽刺的是,尽管银行渴望扩大信贷市场,但由于大多数小企业的信用评级低于 BBB-(即标准普尔的最低投资评级),所以它们不愿向急需援助的小企业放贷。根据世界银行的企业调查,由于银行的风险控制措施,平均 79.2% 的贷款需要提供抵押物。而且,抵押物的平均价值是贷款价值的 2.06 倍,这对许多小企业来说是非常苛刻的,尤其是在经济困难时期。

小企业贷款的特点可以描述为频(Frequent)、急(Urgent)、小(Small)、短(Short),简称"FUSS"。

- 频:与大企业相比,小企业的数量更多,因此贷款通常更频繁。
- 急:由于规划周期短、现金效率低,小企业若没有充足的融资就无法长期生存。
- 小:对于小企业来说,贷款规模较小是因为它们的业务规模有限,其平均贷款规模约为大企业平均贷款规模的 5%。在美国,超过 70% 的小企业寻求 25 万美元以下的小额贷款,其中超过 60% 是 10 万美元以下的贷款。
- 短:大多数小企业贷款与现金流相关,主要用于解决短期流动性问题。

小企业在供应链的每一层级都大量存在,它们充当了供应商、制造商、分销商、零售商和服务提供商的角色。然而,由于规模较小,相同的不确定性却给它们带来了不成比例的风险,导致其破产率高于大企业。从另一个角度看,小规模也意味着较低的破产成本，而这可能会使小企业更乐于冒险，进而引发商业交易中的道德风险。此外，它们的资源和技术能力可能都低于规模更大的竞争对手，这意味着可能面临更高的沟通成本，从而从金融机构获得与规模更大的公司同等水平的信任就更具挑战性。所有这些因素都导致银行和其他金融机构非常犹豫，甚至不愿意向小企业发放贷款。

1.5 供应链金融的重要性

正规金融机构不能完全满足小企业的信贷缺口，这一问题可以部分通过供应链金融来弥补。这是因为供应链金融可以解决传统银行融资一直存在的两个问题。

- **供应链信息缺失**：来自供应链企业的交易信息可以减轻金融机构对风险的担忧，尤其是在这些机构对风险持保守态度的情况下。供应链企业参与融资使得借款企业更值得信赖，这在一定程度上弥补了小企业的信用缺失。
- **高风险**：来自供应链企业的风险分担（例如供应链企业的担保）减轻了金融机构的风险，使其对小企业的贷款更有利可图，也更有吸引力。

如今，很难找到一个能够在完全不参与任何供应链活动的情况下独立运营的企业。在供应链的环境中，企业的财务资源不足可能会威胁到整条供应链的表现。因此，供应链金融成了资金有限企业的一种有效解决方案。这是因为，在同一供应链中，其他企业可以通过资助那些资金短缺的合作伙伴来获取利益，从而实现共同的增长和稳定。

正如花旗集团（Citigroup）供应链金融全球主管约翰·莫纳汉（John Monaghan）在2020年3月新冠疫情期间所评论的那样："在过去几周里，我们看到一些公司在考虑供应链金融方案，探讨如何帮助它们的小型供应商，并询问这是否可以作为增强流动性的工具。"波音（Boeing）公司的发言人还证实，波音向其供应商提供了供应链金融解决方案的选项，以应对经营现金流不足的问题。

此外，供应链企业之所以愿意参与供应链金融，是因为它可以使相关各方都从中受益。供应链金融的发展可以归因于以下因素。

- 小企业的需求：
  - **融资需求**：数百万资金受限的小企业存在迫切的融资需求，这为供应链金融创造了一个庞大的市场。
- 银行的发展前景：
  - **融资机会**：银行在所有国家都受到监管。随着监管更加严格，它们面临着更大的市场拓展和融资方案创新的压力。银行监管是融资的双刃剑：一方面，这些法规提高了银行资产的流动性，并降低了破产风险；另一方面，它们缩减了传统金融市场份额，促使银行不得不寻找新的商业机遇。因此，供应链金融业务迅速成为大多数银行快速增长的新细分市场。
- 供应链的吸引力：
  - **供应链的增长**：随着全球经济近几十年的显著扩张，供应链的范围和复杂性都大幅增加。例如，波音公司从多家供应商处采购同一部件，这些供应商又依赖于材料供应商、分销商和第三方物流（Third-Party Logistics，3PL）公司。因此，随着供应链规模的扩张，企业对融资支持的需求也相应增加。

- **市场横向竞争**：横向来看，企业必须与同一市场的竞争对手竞争，促使它们向下游或上游供应链伙伴提供更具吸引力的财务条款（例如更长的贸易信用期限或买家融资）。
- **供应链关系管理**：纵向来看，供应链越长越脆弱，使得供应链企业之间的协调越来越重要。因为供应链产能由最薄弱的环节决定（即木桶原理），企业更愿意通过供应链金融帮助合作伙伴获得必要的融资。
- **收入模式**：随着供应链企业的业务扩展，它们不断寻求新的收入来源。虽然合同制造商和原始设备制造商因其在现有的赊销（即贸易信用）中扮演着重要角色，是库存的主要融资方，但其他供应链企业也参与了各种供应链融资服务。例如，3PL 公司可能会在提供传统物流服务的同时提供融资服务；大型零售商等核心企业也可能会提供金融服务，从而在支持其供应链合作伙伴的同时创造新的收入来源。

● 技术准备：
- **电子数据交换（Electronic Data Interchange，EDI）能力**：电子数据交换能够降低融资交易成本，从而促进全球范围内新的供应链金融工具和交易的发展。
- **互联网平台**：互联网（Internet）和万维网（WWW）服务为商业和金融服务奠定了基础，使处于主导地位的供应链企业、金融机构和第三方打造的各类供应链金融平台成为可能。
- **安全数据和金融服务**：环球银行金融电信协会（Society for Worldwide Interbank Financial Telecommunication，SWIFT）和中国现代化支付系统（China National Advanced Payment System，CNAPS）等全球合作平台为资本市场提供安全的金融消息传递，并在保证完整性和保密性的同时实现专有数据的安全交换。这些清算系统有助于降低与证券交易和金融市场解决方案相关的成本与风险。
- **区块链技术**：自 2009 年以来区块链（Blockchain）技术的发展为供应链管理提供了一个极佳的平台。它既可以通过智能合约（Smart Contract）和客户导入（Customer Onboarding）显著提高效率，又能够增强供应链成员之间的透明度和信任度（不可篡改性，Immutability）。如今，多种区块链结构广泛应用于各行各业，包括公有、私有、联盟和混合区块链等㊀。

1.6 总结

本章探讨了小企业面临的融资挑战、小企业融资中的信贷缺口，以及通过供应链金融解决这些问题的重要性。此外，本章还深入研究了各类组织提供的供应链金

㊀ 有关供应链金融技术的深入讨论，请参考"第 4 部分　供应链金融技术"。

融定义以及供应链金融的发展历史,强调了其未来的增长潜力和需要解决的实际制约因素。

本章要点如下。

1. 供应链金融的定义
- 供应链金融是由供应链交易驱动的金融活动,旨在为供应链企业缓解风险、优化营运资本、增强资金流动性,最终提升供应链整体效率和盈利能力。

2. 供应链金融的历史
- 供应链金融的历史可以追溯至大约四千年前的美索不达米亚文明,当时已经出现了发票保理。
- 其演变的标志是各种融资工具和技术的应用,如本票、预付款和反向保理。
- 供应链金融增长潜力巨大,但面临多种挑战,例如需要大企业背书和对供应链金融解决方案的技术支持有限等。

3. 小企业的融资困境
- 由于缺乏信用记录、抵押品和财务追踪记录,小企业面临着融资方面的困难,这些困难限制了小企业在市场上的增长、创新和竞争能力。
- 传统银行往往对向小企业发放贷款犹豫不决,因为小规模放贷存在高风险和高成本的特点,由此导致的信贷缺口阻碍了小企业的发展。
- 严格的贷款标准、高利率以及缺乏替代融资选项等因素使得小企业在寻求融资时面临更大的挑战。

4. 供应链金融的重要性
- 供应链金融通过降低风险、优化营运资本、改善供应链企业的资金流动性,为传统银行融资提供了一个可行的替代方案。
- 供应链金融可以提升供应链效率和盈利能力,使供应链各方受益。

1.7 练习

1.7.1 思考题

1. 小企业在寻求融资时面临哪些常见挑战?
2. 小企业的信贷缺口是什么?
3. 供应链金融的重要性如何体现?
4. 什么是供应链金融的帕累托效应?
5. 本章对供应链金融的定义中传递的三条主要信息是什么?
6. 2007—2009 年全球金融危机后,供应链金融增长的主要原因是什么?
7. 与小企业相关的供应链融资增长的一个主要约束是什么?
8. 纺织业的崛起对发票保理的普及有何贡献?
9. 为什么发票保理这样的贸易融资在 20 世纪六七十年代变得更受欢迎?
10. 请详细介绍一两个你知道的与供应链金融相关的应用案例。

1.7.2 案例研究

一家小型纺织制造商的供应链金融计划

背景：

位于福建省漳州市的吉祥纺织有限公司是一家经营20多年的小型纺织制造商，为本地和国际时尚品牌提供面料。该公司拥有一个提供棉花、染料和纱线等原材料的供应商网络，以及购买其成品的买家群体。

挑战：

吉祥纺织面临着由于付款延迟的买家而带来的现金流挑战。这种付款延迟影响了公司及时结算供应商发票的能力。因此，供应商现在要求缩短付款期限，而买家则坚持要求延长付款期限。这一情况给吉祥纺织及其供应商和买家之间的关系带来了压力，阻碍了公司的增长和盈利能力。

问题：

吉祥纺织可以提出哪些解决方案来应对这一挑战？

1.8 参考资料

Camerinelli, E., & Bryant, C. (2014). Supply Chain Finance: EBA European Market Guide Version 2.0. *Paris (F): European Banking Association*.

Chang, J. (2021). *63 Crucial Small Business Statistics for 2021/2022: Data Analysis & Projections*. FinancesOnline. https://financesonline.com/crucial-small-business-statistics/. Accessed April 2, 2022.

Cohen, P. (2022). *Invoice Factoring: A History*. Factor Finders. https://www.factorfinders.com/blog/history-invoice-factoring/. Accessed October 9, 2022.

de Boer, R., Steeman, M., & van Bergen, M. (2015). *Supply Chain Finance, Its Practical Relevance and Strategic Value: The Supply Chain Finance Essential Knowledge Series*. Hogeschool Windesheim.

Eaglesham, J. (2020). *Supply Chain Finance Is New Risk in Crisis*. The Wall Street Journal. https://www.wsj.com/articles/supply-chain-finance-is-new-risk-in-crisis-11585992601. Accessed July 9, 2021.

FDIC. (2020). *FDIC Homepage*. https://fdic-search.app.cloud.gov/. Accessed August 11, 2021.

Forbes. (2021). *Small Business Relief: COVID-19 Resources for Startups*. https://www.forbes.com/sites/allbusiness/2020/04/07/covid-19-resources-for-small-businesses-startups/#2d7414f9169b. Accessed March 12, 2021.

GSCFF. (2022). *What Is Supply Chain Finance*. http://supplychainfinanceforum.org/. Accessed April 22, 2022.

Kushnir, K. (2010). *A Universal Definition of Small Enterprise: A Procrustean Bed for SMEs?* https://blogs.worldbank.org/psd/a-universal-definition-of-small-enterprise-a-procrustean-bed-for-smes. Accessed April 15, 2021.

Lake, R. (2020). *6 Ways to Rebuild Your Small Business After COVID-19*. https://www.forbes.com/sites/advisor/2020/04/30/6-ways-to-rebuild-your-small-business-after-covid-19/?sh=36bb1dd16cc5. Accessed April 22, 2021.

McIntyre, G. (2020). *What is the Sba's Definition of Small Business (and Why)?* https://www.fundera.com/blog/sba-definition-of-small-business. Accessed May 23, 2021.

McKinsey. (2020). *The 2020 McKinsey Global Payments Report* (Issue October). https://www.mckinsey.com/~/media/mckinsey/industries/financial services/our insights/accelerating winds of change in global payments/2020-mckinsey-global-payments-report-vf.pdf. Accessed May 16, 2021.

Mills, K., & McCarthy, B. (2016). The State of Small Business Lending: Innovation and Technology and the Implications for Regulation. *Harvard Business School Entrepreneurial Management Working Paper*, 17-042.

NCUA. (2019). *Quarterly Credit Union Data Summary 2019 Q2*. https://ncua.gov/files/publications/analysis/quarterly-data-summary-2019-Q2.pdf. Accessed Marcy 12, 2020.

Pbs.org. (1996). *NOVA-The History of Money*. https://www.pbs.org/wgbh/nova/article/history-money/. Accessed on November 21, 2024.

Ryssdal, K., & Hollenhorst, M. (2022). *How's the Container Ship Backlog at Southern California's Ports?* https://www.marketplace.org/2022/09/29/ship-backlog-at-southern-californias-ports-eases/. Accessed May 2, 2023.

SBC. (2022). *The History and Use of Invoice Factoring*. Mysbcapital.com. https://www.mysbcapital.com/the-history-and-use-of-invoice-factoring/. Accessed October 12, 2022.

Wikipedia. (2020a). *Promissory Note*. https://en.wikipedia.org/wiki/Promissory_note. Accessed November 2, 2020.

Wikipedia. (2020b). *Supply Chain Finance*. https://en.wikipedia.org/wiki/Supply_chain_finance. Accessed November 19, 2020.

Wikipedia. (2022). *Basel III*. https://en.wikipedia.org/wiki/Basel_III. Accessed November 22, 2022.

World Bank. (2020). *World Bank SME Finance: Development News, Research, Data*. https://www.worldbank.org/en/topic/smefinance. Accessed November 16, 2020.

Zhou, W., Lin, T., & Cai, G. (2020). Guarantor Financing in a Four - Party Supply Chain Game with Leadership Influence. *Production and Operations Management*, 29(9), 2035-2056.

第 2 章　供应链金融特征

■ 学习目标

1. 识别并阐述供应链中四类不可或缺的"流"：产品流、信息流、资金流和风险流。
2. 区分各类供应链金融解决方案的异同。
3. 评估将供应链金融整合到业务运营中的利与弊。
4. 利用协同、自上而下等原则设计或评估供应链金融战略。

■ 摘要

本章探讨了供应链金融在多方面展现出来的复杂性特征。首先，我们解释了供应链中四类不可或缺的"流"：产品流、信息流、资金流和风险流。其次，我们展示了各类供应链金融解决方案的独特性和适用性。至关重要的是，我们从平衡的视角来分析供应链金融的优点和缺点，揭示它们对财务业绩、风险缓解和供应链关系的影响。最后，我们提出了一些可操作的原则，以便读者能够制定或评估供应链金融策略，并将其灵活地应用于实现当前和未来的业务目标。

2.1　导言

作为供应链管理的基石，供应链金融围绕着由供应链交易驱动的金融活动展开。为了进一步探索供应链金融的运行原理，下面我们将从供应链管理的一些基本机制开始讨论。

供应链管理是指对商品和服务从源头向终端消费者转化过程的管理。一个最优的供应链管理系统旨在实现以下目标。

- 提高质量。
- 改善服务。
- 降低成本。
- 优化营运资本。

- 提高吞吐量（减少周转时间）。

为了实现这些目标，传统的供应链管理强调计划、采购、生产（针对有形物品）、库存管理、配送（物流）以及潜在的逆向物流退货流程的细化。我们以波音公司为例，观察它在全球供应链管理中进行了哪些关键运营准备（见图 2.1）。

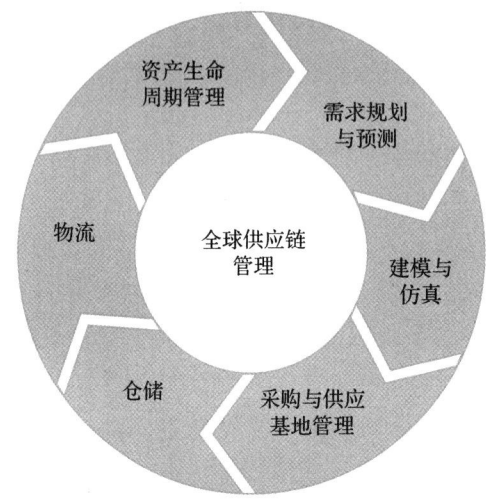

图 2.1　波音公司在全球供应链管理中的"关键运营准备"步骤

资料来源：Boeing.com。

我们参考波音的全球供应链管理框架，并不是为了颂扬其管理能力，而是基于其错综复杂的装配系统来强调以下一个事实：供应链管理的实施可能会远远偏离其概念目标。波音在供应链管理方面曾经具有卓越的表现，但是近年来却接连遭遇挫折，出现了许多重大产品质量问题，例如 2018 年和 2019 年 737Max 坠机事件、2022 年波音火箭泄漏导致 NASA 的 Artemis 任务推迟、2024 年 1 月前十天内就发生三起安全事故。这些挑战表明，如果一家公司在运营和质量方面做出的努力不能满足行业标准和客户承诺，那么它追求卓越财务回报的努力就会受挫。

考虑到全球供应链的复杂性，波音在供应链管理方面的战略规划显得尤为重要，它在需求预测、生产计划和仿真等方面都曾有着不俗的表现。波音庞大的供应商网络凸显出稳健的供应基地管理的必要性。这一点从波音 787 交付的反复延误中可见一斑——这种情况与苹果公司和一些汽车巨头等主要原始设备制造商的产品延迟交付有一定的相似性⊖。

然而，这些零部件供应商中有很大一部分面临着资金限制。因此，供应链融资渠道（尤其是买家融资）在确保供应链连续性方面发挥了重要作用。这些供应商面临融资挑战的一个普遍原因是信誉不足或信用记录缺失，这也凸显出风险评估在供应链金融中的重要性。

随着供应链金融的发展和演变，在商品/服务与资金互换时忽视风险动态是不可取的。相反，供应链企业和银行机构应该熟练地运用它们在产品流、信息流和资金

⊖ 波音 787 Dreamliner 约有 230 万个零件，而波音 737 约有 40 万个零件。

流方面的专业知识，针对供应链运营和相关金融活动中的风险，制定积累风险溢价的策略。

2.2 供应链上的四类"流"

鉴于风险管理在供应链金融中的重要性，我们引入"风险流"（Risk Flow）的概念，以补充传统供应链上的三类"流"——产品流（Product Flow）、信息流（Information Flow）、资金流（Financial Flow）。无论是实体的还是数字的形态，产品流、信息流和资金流通常都是可以测量的。但是，出于概念抽象和难以测量的原因，风险流很少被讨论。

风险不仅依赖于上述三类流动，还会受到政治、社会事件、灾害等外部因素的重大影响。因此，供应链的风险评估应基于这三类传统流动以及各种外部影响因素。

虽然以前的文献还没有完全勾勒出供应链金融风险的全部轮廓，但是我们认为有必要提出风险流的概念，这是因为它的重要性会左右未来供应链金融的发展方向。随着具体供应链机制的采用和供应链中产品流、信息流、资金流这三个传统流的演化，风险会在各方之间"流动"。将风险流可视化并对其进行测量可以带来以下好处。

- 风险可视化：促进和支持供应链金融。为供应链企业融资的一个主要挑战是如何确定与这些企业相关的风险。清晰的风险流可视化能够增强金融机构的风险控制能力，允许它们将更多的储备资本配置给资金受限的公司。
- 风险缓解：帮助供应链金融中的各方缓解风险。对风险的清晰认知可以使供应链企业更高效地选择合适的合作伙伴和融资方式。
- 风险量化：帮助供应链各方量化供应链金融内部风险承担者的相关风险溢价。这样做的结果是企业可以更无缝地参与供应链金融的实施。

为了提高利润或实现其他目标，无缝集成产品流、信息流、资金流和风险流对企业来说是有利的（见图2.2）。

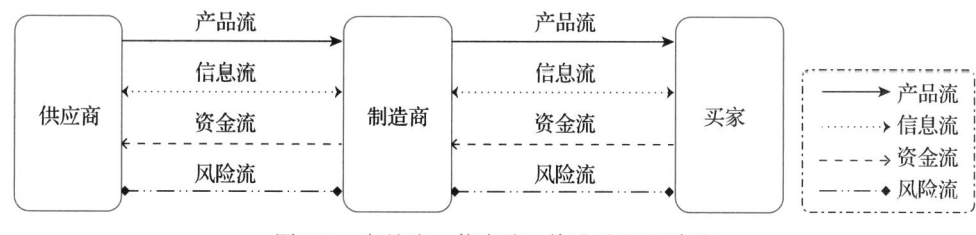

图 2.2　产品流、信息流、资金流和风险流

2.2.1 产品流

产品流通常被称为实体流（Physical Flow）或物流（Material Flow），是商品和服务的实体流动。如果将产品流仅限于有形商品或物流，可能无法反映无形服务也可

以作为供应链一部分的事实。

产品（即商品和服务）通常从上游企业流向下游企业，但是由于产品退货和再制造产生的逆向物流现象在最近几十年也变得非常普遍。例如，在波音公司较长的供应链中，零部件供应商从物料供应商处采购物料，然后生产零部件并将其交付给波音公司，波音公司再将零部件组装成最终产品，运往最终客户（比如航空公司）。如果零部件不能完全符合质量标准，它将被退回进行再制造，或者波音必须找到可以替代的供应商（波音787延迟交货可能就属于这种情况）。此外，最终产品也可能因质量问题被召回或退货（比如波音737 Max软件系统的致命故障）。

2.2.2　信息流

信息流包括产品、需求、价格、成本、资金、文件以及其他资料等数据的双向交换。这些信息的透明度和共享对于维系供应链企业之间的关系和信任至关重要。

可靠的信息流不仅能够让我们更好地了解产品流，还可以帮助企业评估资金流和风险流的状态，因此其相关研究在数据分析时代正在受到越来越多的关注。例如，关于成本和需求的信息对于生产计划来说是十分宝贵的。此外，金融机构在批准贷款和债券时也需要财务文件的支持。多年来，供应链软件、云计算、互联网等技术的进步以及近期区块链技术的发展，都在不断地增强信息流的功能和作用。例如，采用区块链技术可以提升信息流的可视性、透明度和数据不可篡改性。总而言之，信息流的持续增强对供应链金融的发展至关重要，后续章节将对此进行深入探讨。

> 一个可靠的信息流不仅提供了对产品流的可视化，还使公司能够评估资金流和风险流的运作状况。

2.2.3　资金流

资金流通常被称为现金流（Cash Flow）、财务流（Finance Flow）或资本流（Capital Flow），是指现金和营运资本的流动。传统意义上，在缺乏银行或其他供应链实体资金支持的情况下，资金流从买家流向供应商，与产品流的方向相反。例如，在传统的供应链管理场景中，现金会在下订单或交付产品时从买家转移到卖家。

然而，随着融资的介入，资金流的动态变得更加错综复杂。在供应链金融的背景下，卖家可能需要提前从银行借款用于生产，或者买家可能会利用其产品库存来获得融资，以确保他们能够向卖家付款并维持稳定的现金流。

从学术角度来看，尽管资金流长期以来一直被认为是所有供应链的三类基本流之一（与产品流和信息流并列），但是供应链的相关文献往往在讨论运营时忽略了资金流。造成这种疏忽的部分原因是同时分析这三类"流"会过于复杂。从理论上讲，将资金因素纳入对生产、库存和信息的评估是一项艰巨的任务，尤其在应对市场波动、生产可靠性和金融风险等无数不确定因素时更是如此。在实证方面，想要全面描绘这三类"流"如何在不同公司和金融机构之间相互作用，本身就存在一系列挑战。然而，在2007—2009年全球金融危机之后，资金流在供应链管理中的重要性急剧上升，因此有必要在供应链金融的发展过程中对其进行详细说明。

2.2.4 风险流

由于供应、需求、价格、成本和提前期（Lead Time）等相关的不确定性通常被认为是供应链管理的固有特征，因此风险在供应链管理中得到了广泛关注和讨论。然而，大多数的风险度量都是孤立的，没有以风险流的形式呈现。风险流不仅量化了供应链中每个企业的风险，还揭示了风险如何从一家企业转移到另一家企业。要正确描述风险流，就必须测量每个相关供应链企业的风险，并勾勒出在各种因素影响下风险如何在企业之间传递。

传统的供应链管理风险（不考虑资金流）主要包括以下几个方面。

- 市场风险：
    - 与消费者行为不确定性相关的需求风险。
    - 受到各自市场严重影响的价格和成本风险。
- 经营风险：
    - 内部管理不善导致供应中断的风险。
    - 环境风险，例如新冠疫情和地震等。
    - 计划、生产和其他过程中固有的风险。

当研究范围仅限于产品流和信息流时，这些风险因素经常在相关文献中被提及。然而，如果研究重点转向资金流，则不可避免地需要考虑以下风险。

- 信用风险：涉及与所有公司信用评级相关的风险。
- 流动性风险：包括违约和破产风险。
- 市场风险：例如利率风险、外汇风险等。
- 法律和监管风险：例如政府政策的重大变化和税收改革等。
- 其他各种经营风险。

本书第 10 章将进一步讨论供应链金融的风险管理及其详细分类。

供应链中的其他三类"流"，尤其是资金流，与风险流相互交织在一起。事实上，供应链金融之所以成功，部分原因在于风险有可能从一家企业转移到另一家企业。这不仅影响了企业的财务健康，也会促进供应链实体与金融机构之间的协调。

> 供应链金融的成功部分归功于风险有可能从一家企业流向另一家企业。

学术文章中也涉及其他种类的"流"。例如，一些学者在研究供应链时提出了价值流（Value Flow）。价值链（Value Chain）一般定义为在特定行业运营的公司为向市场提供有价值的产品（即商品和/或服务）而开展的一系列活动。当分析一个行业的价值流时，强调的是供应链在每个阶段的增值。尽管价值流的概念可以应用于供应链，但它更加关注向最终消费者交付产品的增值，而不是供应链四类主要流的相互作用和协调。一些学者还提及了数据流、需求流、预测流等，但其中许多流可以归类为上述的四种基本流之一。

2.3 供应链金融机制分类

供应链金融机制的发展日新月异。在表 2.1 中，我们总结了当前一些供应链金融机制，并在后续讨论中从供应链金融的发起者、资金来源和时机三个维度对这些机制进行了相应的说明。鉴于过多的定义往往会引起混淆，我们只列出了一些最常用的定义。这些供应链金融机制将在"第 2 部分：供应链金融机制"中进一步详细阐述。

表 2.1 供应链金融机制分类

运营活动	订单 → 物料 → 生产	库存 → 运输	账单 → 支付 （时间）
供应链金融类型	装运前	在途	装运后
	采购周期	转换周期（库存与生产）	销售/分销周期
应收账款（以卖家为中心）	采购订单融资（Purchase Order Financing）	—	保理（Factoring）、福费廷（Forfaiting）、发票贴现（Invoice Discounting）、卖家主导的应收账款证券化（Seller-Led Accounts Receivable Securitization）
库存与生产（以卖家和买家为中心）	物料融资（Materials Financing）、在制品融资（Work-in-Progress Financing）	库存融资（Inventory Financing）、仓单融资（Warehouse Receipt Financing）	—
应付账款（以买家为中心）	预付现金（Cash-in-Advance）、提前付款折扣（Early Payment Discount）	信用证（Letter of Credit）、赊销（Open Account）	贸易信用（Trade Credit）、应付展期（Payable Extension）、动态折扣（Dynamic Discounting）、提前付款折扣（Early Payment Discount）、反向保理（Reverse Factoring）、反向证券化（Reverse Securitization）
以第三方为中心	合同制造商融资（Contract Manufacturer Financing）	第三方物流（3PL）融资（Third-Party Logistics Financing）	担保融资（银行、保险公司、核心企业）（Guarantor Financing）

2.3.1 供应链金融的发起者

对供应链金融机制进行分类的一种方法是根据"谁提出融资要求"来进行的。具体分类如下。

- **应收账款（以卖家为中心）**：应收账款（Accounts Receivable，AR）是指卖家因已交付但尚未收到买家付款的商品或服务的款项。应收账款通常采用发票的形式，在资产负债表上被归类为资产。在以卖家为中心的供应链金融中，应收账款经常被用作抵押物以获得贷款，或按一定的贴现率出售以换取现金。
- **库存与生产（以卖家和买家为中心）**：在供应链金融中，卖家或买家可以将库存或生产中的商品作为抵押物向金融机构借款。
- **应付账款（以买家为中心）**：与应收账款相反，应付账款（Accounts Payable，AP）是指买家因已订购或已收到的商品或服务而欠卖家的款项。应付账款通常以到期应付发票的形式出现，在公司资产负债表上被视为负债。
- **以第三方为中心**：供应链金融交易也可能由第三方公司发起，如第三方物流公司、在线平台，甚至保险公司。

上述分类（如以卖家为中心或以买家为中心）与供应链融资中所使用的抵押品类型（如应收账款、应付账款和存货等）密切相关。与传统融资通常使用固定资产作为抵押品不同，供应链金融通常以营运资本（Working Capital）作为抵押品，甚至通过各种机制（如所有权转移）出售营运资本以获取现金。

2.3.2 供应链金融中的资金来源

在供应链金融领域，确定资金来源是一个关键挑战，即确定谁将为供应链交易提供资金。主要有三种来源。

1. 银行

自金融行业诞生以来，银行一直是各种商业交易中最稳定的融资渠道，并在供应链金融中继续发挥主导作用。在传统的银行融资模式中，资金受限的公司直接从银行借款，不涉及其他供应链实体。

相比之下，在供应链金融项目中，银行往往要求参与供应链交易的公司提供证明文件、担保以及金融合作伙伴关系等相关信息。无论是银行主导的贸易融资项目，如跟单业务，还是卖家主导和买家主导的供应链金融，银行始终是这些金融交易的基础。例如，在大多数发票和应收账款融资中，银行通常扮演着保理商的角色。

2. 供应链企业

从参与其商业交易的供应链企业获得的融资也被称为供应链内部融资或供应链自我融资（Supply Chain Self-Financing）。这种融资方式近年来发展迅速，尤其是当资金受限的供应链企业属于非投资级信贷群体时。这一增长或许可以解释为什么贸易融资和买家主导的供应链金融解决方案（如提前付款）越来越受欢迎。

当一家供应链企业拥有充足的现金或较高的信用评级并愿意帮助其合作的供应链企业提升财务稳定性时，就会出现供应链内部融资。这种形式的供应链融资也可以显著促进供应链关系，尤其是与被认为具有战略重要性的公司之间的关系。

此外，Sadlovska和Enslow在2006年的研究表明，融资成本约占制成品总成本的4%。因此，帮助这些供应商/买家不仅对其直接合作伙伴至关重要，而且由于整体运营成本的降低，也对整个供应链有利。例如，在沃尔玛的供应链金融项目中，与其有长期业务关系的供应商可以优先获得提前付款。这种供应链内部融资模式对买家也有利，可以为沃尔玛提供提前付款折扣等优惠。相反，供应商可以在贸易信用融资（也称为赊销）中协商得到更高的批发价格利润。

3. 中介机构

供应链金融的快速发展为第三方供应链金融服务平台的兴起铺平了道路，这些第三方平台甚至取代了银行在某些方面的角色，例如保理商。这些供应链金融服务平台的建立，不仅允许主要的供应链实体和银行加入，还吸引了政府、金融机构和其他第三方等参与者加入供应链金融解决方案。这些中介机构将融资机会扩展到更广泛的买家、供应商和交易类型，并从多种来源获取资金支持。这种包容性使得所有参与者都能分担金融风险，将供应链金融的有效性提升到前所未有的水平。这些供应链金融服务平台可以由核心供应商或买家、银行或第三方实体（例如金融机构、物流公司甚至保险公司）引入。

2.3.3 供应链金融的时机

我们可以根据融资活动发生的时间对供应链金融机制进行分类。

- 采购周期：从卖家收到订单后到向买家发运产品或提供服务前的持续时间。采购周期可能与"装运前周期"重叠，其中包括生产期。
- 转换周期（库存和生产）：通常也被称为"在途周期"，意味着从原材料到最终产品的过渡。在这个过程中，企业会保留材料、在制品和一些尚未发货的成品的库存。尽管各个企业的目标是缩短现金转换周期，但这些供应链实体的目标往往会发生冲突。因此，协调这些实体之间的冲突可以提升供应链的整体效率。
- 销售/分销周期：也被称为"装运后周期"，涉及货物可能作为滞销品提前出售的情况。所有权转移点界定了商品是"在途"还是"装运后"。

根据表 2.1 所示，供应链金融机制的应用时机受特定的供应链事件驱动，在不同的时间点产生影响。我们还可以通过供应链的产品流程来解析供应链金融机制的时机，如图 2.3 所示。图 2.3 详细展示了标准供应链交易的产品流程，包括采购、开票、生产、运输和支付，以及金融事件发生的时间节点。这些金融事件在图 2.3 中的产品流程顶部文本框中显示，可能由特定的供应链事件触发。虽然所描述的交易大致遵循"按库存生产"（Make-to-Stock）的模式，但不同的供应链交易可能在不同的时间点触发金融事件。例如，在"按订单生产"（Make-to-Order）的交易中，发票验证可能会提前发生。因此，应收账款和应付账款融资可能在产品流程的早期阶段实现。

2.4 供应链金融的利与弊

供应链金融在多个方面体现了其价值，并因其以下重要优势而备受青睐。

- 增强流动性：供应链金融为资金受限的公司提供了所需的资金和营运资本，从而使它们的业务运营更为顺畅。
- 缓解风险：供应链企业和金融机构利用供应链金融机制分散风险。例如，在保理业务中，卖家将其应收账款转让给银行，从而将买家的违约风险转移至银行。
- 保护信用评级：通过某些供应链金融方式获得的资金（如向供应商提供的预付款融资）在账簿中不作为贷款记录，因此公司的信用评级不受融资的影响。
- 节约成本：供应链金融可以降低公司的财务和管理费用。

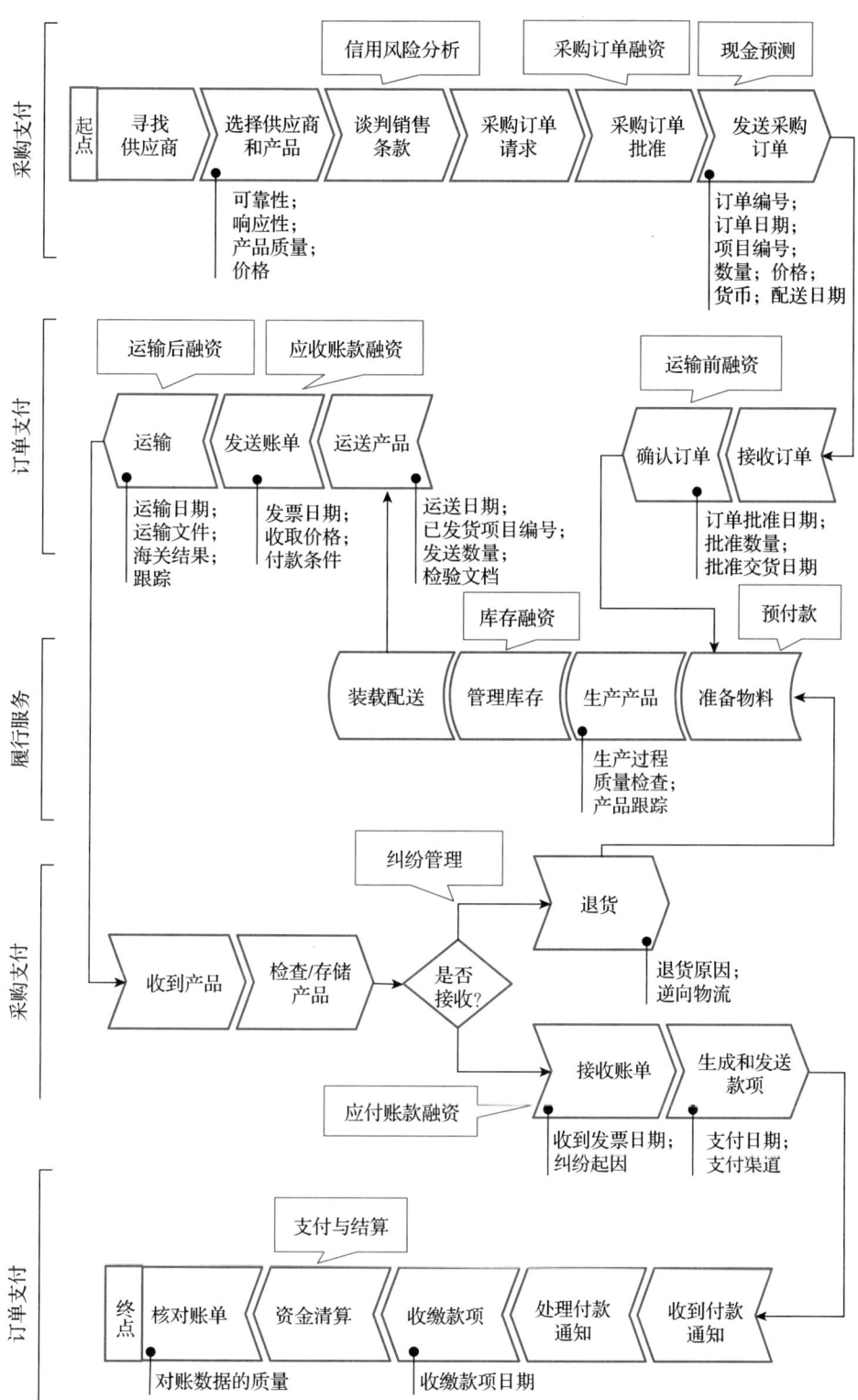

图 2.3 供应链的产品流与供应链金融的"触发点"

资料来源：改编自 Camerinelli 和 Bryant（2014）和 Templar et al. (2016)。

- 供应链企业通过内部融资方法（如赊销）解决公司资金约束的问题，使整个供应链能够避免通常需要支付给外部金融机构的费用。
- 即使企业选择外部金融机构融资，它们在融资过程中的协同努力（例如，信息共享）也有助于降低管理成本，包括信用评估、库存监控和对账等方面的费用。

- 提升供应链效率：大多数供应链金融战略通过供应链协调合同的方式提高绩效，并促进开创共赢局面。
  - 加强供应链关系：供应链金融往往需要多家供应链企业参与单一金融交易。与传统银行业务相比，这些公司在供应链融资中通常会加强合作。
  - 提高信息透明度：供应链实体通常对其交易有更深入的了解，并因历史关联而熟悉其合作伙伴。这有助于降低信息不对称带来的风险，并增进供应链实体之间的信任。

然而，供应链金融也存在一些潜在局限性，包括以下几个。

- 协调复杂性和高成本：这是供应链金融的一个固有缺陷。与传统融资相比，许多供应链金融模式需要更高的协调性和信息透明度，因此需要进一步投资于人员配置和信息技术等基础设施。

| 案例研究 | TradeLens 在全球航运业的兴衰历程

TradeLens 平台是马士基（全称为 A. P. Moller-Maersk，A. P. 穆勒 – 马士基）和 IBM 于 2016 年共同建立的一个基于区块链的生态系统，它快速地吸引了全球航运业 170 多家机构入驻。截至 2022 年 8 月，TradeLens 处理了 33.8 亿个事件，涉及 6,300 多万个集装箱、每周 1,300 万次装运事件以及超过 120 种事件类型。然而，2022 年 11 月 29 日，马士基和 IBM 出人意料地宣布，TradeLens 平台将在 2023 年第一季度末被逐步淘汰。正如 A. P. 穆勒 – 马士基集团商业平台负责人罗特姆·赫什科（Rotem Hershko）所言："虽然我们成功创建了一个功能性平台，但全面的全球行业合作却难以实现。"他将该挑战归因于难以协调多家公司的复杂性⊖。

- 相互依赖和共同违约风险：由于风险得到了分担和缓解，如果一家公司违约，那么多家供应链企业可能会受到冲击。例如，一家航空公司的破产可能会对波音等飞机制造商及其供应商造成负面影响，尤其是在飞机付款尚未结算的情况下。
- 隐性会计透明度风险：在供应链金融中，贸易债务和应付账款不作为常规贷款处理，不要求完全披露。然而，这可能会增加公司的违约风险。

⊖ 我们将在第 15.6.1 节 "案例研究：TradeLens 的全球航运平台"中进一步探讨这个例子。

| 案例研究 | 隐性会计透明度风险

著名信用评级机构惠誉国际评级（Fitch Ratings）公司指出，供应链金融是英国公司 Carillion PLC 2018 年倒闭的关键性因素。Carillion 是一家重要的英国政府承包商，在亏损急剧加剧后破产。令人震惊的是，很少有投资者知道 Carillion 公司拥有 4 亿~5 亿英镑（35 亿~44 亿元人民币）的供应链融资债务，因为该公司将其巧妙地记录为"其他应付款"。这一数字远远超过了其官方公布的 2.19 亿英镑净债务。

2.5 供应链金融效应

当实施供应链金融解决方案时，它们会影响相关供应链企业的营运资本和财务业绩，以及供应链的整体效率。鉴于供应链的复杂性，供应链金融可能产生的效应包括供应链关系效应（Supply Chain Relationship Effect）、跷跷板效应（Seesaw Effect）、帕累托效应（Pareto Effect）、多米诺骨牌效应（Domino Effect）、光环效应（Halo Effect）和涟漪效应（Ripple Effect）。

2.5.1 供应链关系效应

供应链金融要求相关企业共享更多数据（如物流和财务信息）以促进金融交易。因此，由于这种信息交流的增加，供应链企业之间变得更加熟悉。大多数供应链金融解决方案都是互惠的，有的甚至依赖长期信贷额度，从而加强了这些供应链实体之间的关系。

随着交易日益频繁，企业之间的信任不断增强，同时对某些供应链金融平台的承诺也可以进一步巩固这些关系。本质上，入驻平台的企业可在未来的交易中使用同一平台，从而降低机会成本。

2.5.2 营运资本的跷跷板效应

营运资本的跷跷板效应是显而易见的，因为任何供应链金融解决方案都会在组织之间重新分配营运资本。这意味着当一家公司的营运资本增加时，另一家公司的营运资本会减少。虽然企业可以从供应链金融解决方案中获益，但其营运资本的波动也是正常现象。然而，确保所有参与实体的营运资本保持平衡是非常重要的，以防止财务紧张甚至违约情况的发生，因为这可能会影响到供应链内所有相关企业。

2.5.3 利润的帕累托效应

利润的帕累托效应表明，当采用特定的供应链金融解决方案时，参与的供应链企业都会受益。这些企业由于一起参与供应链金融解决方案而变得相互依赖。从理论上讲，企业如果没有从中获利，就不会参与特定的供应链金融战略。因此，供应链金融可以使供应链企业和金融机构的利益同步，确保所有参与者都能从中受益。

在现实场景中，如果一个供应链金融解决方案不能产生帕累托效应，那么其可持续性就值得怀疑。从本质上看，任何处于劣势的公司都会寻求替代方案来提升盈利能力。因此，有影响力的公司在与实力较弱的供应链合作伙伴合作时，应优先考虑长期、互利的战略，以此确保供应链的可靠性。

> 如果一个供应链金融解决方案不能产生帕累托效应，那么它将是不可持续的。

2.5.4 流动性的多米诺骨牌效应

多米诺骨牌效应是指一家企业的倒闭可能导致同一供应链网络中其他多家企业相继倒闭。产生多米诺骨牌效应的原因主要有两种。

第一种是由供应链的产品流所驱动的，其中关键产品零部件或关键供应链企业的中断可能会对许多其他相关供应链企业产生负面影响。如果该产品零部件具有独特性和战略性，则这种情况尤甚。新冠疫情为供应链中的多米诺骨牌效应提供了大量实例。例如，如果锂的供应链因为新冠疫情而中断，那么整个电动汽车行业（尤其是电池研发领域）都可能面临挑战。

另一个例子是不同时期各国海关和港口的关闭。这些港口的关闭导致全球供应短缺，在一定程度上造成了2021—2023年间的通货膨胀。美国政府决定停止向中国供应高端芯片，意在阻碍中国的技术进步，这也导致了供应链流动性的进一步恶化——这不仅仅影响了中国，还波及包括美国在内的全球市场。这些举措不可避免地将全球市场分为两个竞争子市场，从而缩小了全球主要芯片公司的市场规模。

产生多米诺骨牌效应的第二个重要原因来自资金流动。随着供应链金融的普遍应用，企业之间的相互依赖性也日益增强。一家公司的融资可能取决于另一家公司的信誉。例如，一家核心企业可能会为另一家公司的贷款提供担保，或者从一家公司收取的款项实际上可能由另一家公司结算。主要经济体的一些最新进展表明，中小企业使用主导企业的应付账款作为"通货"，从其上游或下游公司进行采购。当关键或主导企业面临财务压力时，这种相互依赖性可能会加剧多米诺骨牌效应——2021年恒大集团的金融危机就属于这种情况。

2.5.5 企业绩效的光环效应和涟漪效应

光环效应是指一家财务稳健的供应链企业对其周边供应链企业产生的积极影响，主要体现在几个方面。首先，财务稳定的供应链企业更有可能从上游合作伙伴那里获得更大的订单。其次，这样的企业也更有可能向其供应链同行提供更多的资金援助（如银行担保）。例如，像沃尔玛这样占据主导地位的企业可能会与其银行合作伙伴合作，为与其相关的企业提供金融服务。因此，供应链金融不仅能使占主导地位的企业受益，还可以惠及与其紧密相连的上下游合作伙伴。

相反，从另外一个角度看，企业的财务困境可能会对供应链上的周边企业产生负面影响。财务状况的恶化可能会影响其购买力和产品交付能力，从而导致涟漪效应。

2.6 衡量和选择融资方案的原则

我们将在"第 2 部分：供应链金融机制"中深入探讨各种供应链金融融资方案。显而易见，这些方案各有利弊。为了给我们之后的讨论奠定基础，本小节将为如何衡量和选择特定的供应链金融机制提供一些指导原则。

2.6.1 测度原则：修正的 6R 模型

最初的 6R 模型由 de Boer 等人在 2015 年提出，他们将供应链金融的驱动因素凝练为六个维度，每个维度都以字母"R"开头：释放营运资本（Release Working Capital）、投资回报率（Return on Investment，ROI）、风险管理（Risk Management）、响应性与创新（Responsiveness and Innovation）、关系（Relationship）、责任与声誉（Responsibility and Reputation）。我们对这 6 个"R"稍做修改得到以下六个新的维度：盘活营运资本（Reviving Working Capital）、投资回报率（Return on Investment，ROI）、风险缓解（Risk Mitigation）、响应性与研发（Responsiveness and R&D）、可靠性与关系（Reliability and Relationship）、责任与声誉（Responsibility and Reputation）。虽然这些驱动因素与上一小节提到的一些优势相互呼应，但是它们是在一个更有条理的框架内提出的。修正的 6R 模型如图 2.4 所示，进一步解释如下。

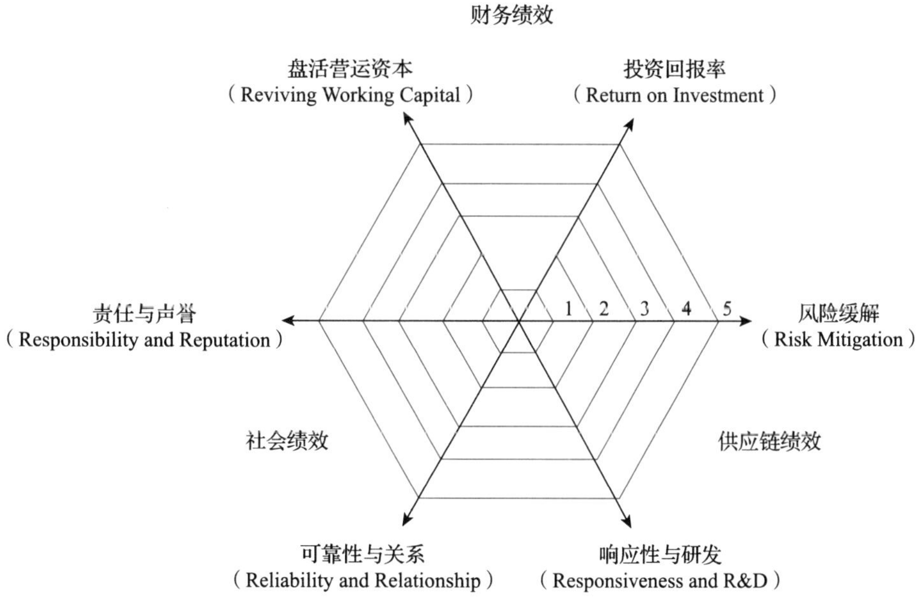

图 2.4 六个主要的供应链金融驱动因素——6R 模型

资料来源：改编自 de Boer et al. (2015)。

1. 盘活营运资本

盘活营运资本包括以下几个主要方面：将现金补充至预期水平，将净营运资本从一家公司转移到另一家公司，以及从一种资本形式转移到另一种资本形式（例如将应收账款和存货转为现金）[1]。

盘活营运资本的首要目的不仅是释放营运资本，而且是优化使用营运资本以扩大公司利润。例如，尽管许多商业模式渴望缩减现金转换周期（Cash Conversion Cycle，CCC），但是企业应该认识到缩减CCC可能会导致供应链冲突。尤其是负的CCC往往会给供应链合作伙伴带来负担，并可能严重破坏供应链的可靠性[2]。

采用供应链金融的一个主要动机是缓解一个或多个供应链实体面临的资本约束，确保商品能够按计划顺利地生产和交付，并满足终端消费者的需求。这些企业应保持稳健的现金状况，以防止破产和不可预见的财务中断。因此，它们应该更加高效地让库存转换为应收账款、再转换为现金。

例如，下游实体可以向资本约束较少的上游实体预付款，从而避免严重阻碍供应链。反向保理是一种向供应商预付款的机制，它在银行和保险公司的必要支持下延长向买家付款的期限。然而，由于企业的应收账款与其合作伙伴的应付账款相关，向上游实体提供预付款并延长向下游实体的付款期限的行为需要第三方实体（如银行和保险公司）盘活它们的营运资本。

2. 投资回报率

从财务角度来看，实施供应链金融可以提高相关供应链实体的利润。通常情况下，供应链金融促进了订单数量的增加，从而让上游和下游实体之间实现互惠互利。

此外，供应链实体的参与（例如共享信息或提供担保）往往会提高交易的信用度，从而大幅削减借款实体的资本成本。如果一家信誉度高的大型公司帮助信誉度较低、资本受限的公司向金融机构借款，那么在这种情况下，借款成本也可能降低（正如在反向保理中所观察到的那样）。结果就是企业（即贸易信用中的买家或反向保理中的供应商）的投资资本下降，从而提高了投资回报率。

3. 风险缓解

正如前面第2.4节所阐述的，供应链金融赋予企业将金融风险从信誉较差的实体转移至信誉较好的实体的能力，从而使得金融机构更倾向于提供必要的资金。尽管风险缓解减轻了信誉度较低实体的财务压力，但这也意味着风险可能会转移到信誉度较高的实体，特别是在金融危机期间，这可能损害后者的信用评级。因此，承担金融风险的公司应该获得相应的风险溢价。然而，这种溢价不应过高，以免损害其他公司的利益，从而确保双方愿意共同参与供应链金融解决方案，实现互惠互利。

值得强调的是，供应链金融方案不仅仅是在企业之间转移风险。供应链主体的积极参与提升了供应链透明度，进而提升了整个供应链的信誉度。这种动态过程促进所有参与方实现帕累托最优结果。

---

[1] 净营运资本通常定义为应收账款＋库存－应付账款，见第4.2节。营运资本通常包括现金和净营运资本。
[2] 在第4.3节，我们对现金转换周期进行了深入探讨。

4. 响应性与研发

供应链金融为企业（尤其是供应商）提供了大量资金支持，使它们能够投资于产能提升项目，从而更好地满足终端消费者的需求。此外，通过供应链金融增加的营运资本也有利于加大研发投入。因此，企业可以更好地满足消费者对产品种类的需求，提升产品质量，并支持保修等服务。

5. 可靠性与关系

建立稳固的供应链关系对于供应链金融方案的成功至关重要。通常情况下，关系更牢固的公司更倾向于相互支持。

反过来，引入供应链金融方案也有助于加强这些关系。这是因为供应链金融提高了透明度和支付灵活性，从而增强了合作伙伴之间的信任和承诺。

供应链金融的引入加强了供应链关系，从而提高了供应链的可靠性。例如，像亚马逊和沃尔玛这样的零售巨头通过提供预付款折扣等措施，为其长期供应商提供战略支持。这不仅确保了这些零售商的稳定供应，也保证了对所选供应商的稳定需求。

6. 责任与声誉

越来越多的企业正在努力提升和维护自己的社会声誉。供应链金融在这一努力过程中发挥着关键作用，尤其是通过促进更大的生态和社会责任，使得发展中国家的企业受益。鉴于供应链实体因共享产品和服务而具有内在联系，发达国家的知名下游企业更倾向于为发展中国家的上游企业提供资金支持。这有助于这些公司改善工作条件，并促进它们履行对社会责任的承诺。

与 de Boer 等人的观点一致，我们将上述 6R 按维度划分为三类主要绩效。

- 财务绩效（包含盘活营运资本、投资回报率）。
- 供应链绩效（包含风险缓解、响应性与研发、可靠性与关系）。
- 社会绩效（包含责任与声誉）。

值得强调的是，这些绩效并不相互排斥。例如，风险缓解在金融和供应链风险管理中都发挥着至关重要的作用。此外，可靠性与关系和责任与声誉的交集也是非常重要的。

通过绘制一家企业在这六个维度所具有的价值（以从"1"到"5"的指数值形式表示），我们可以推断出该企业在这三类绩效上的主要侧重点。例如，在图 2.5a 中，企业 A（可能是一家小型初创企业）在盘活营运资本和投资回报率方面的指数值均为 5，但是在风险缓解方面的指数值为 3，响应性与研发为 2，可靠性与关系和责任与声誉均为 1。因此，这家企业似乎主要受财务绩效驱动。与之相反，图 2.5b 中描绘的企业 B（如国有企业）在责任与声誉方面的指数值为 5，可靠性与关系为 4，这表明它更倾向于增强其社会绩效。

此外，6R 模型还可用于评估特定供应链方案对参与企业的影响。举例来说，对于一家主要关注财务指标的小型初创企业而言，一旦获得来自供应链金融的支持，它可能会由此提升供应链交付的响应能力，并将更多资源用于研发——这种转变必然会提高其责任与声誉以及可靠性与关系，如图 2.6 所示。

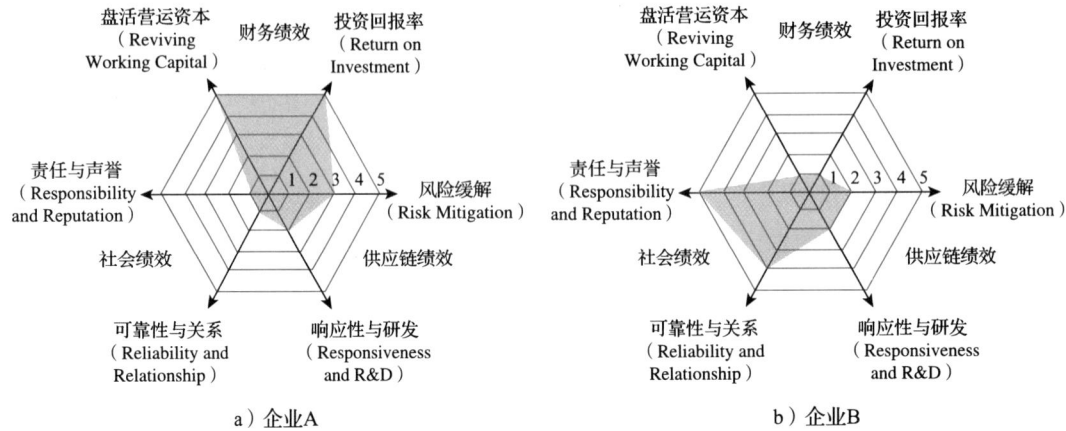

图 2.5　6R 模型中不同绩效驱动的企业

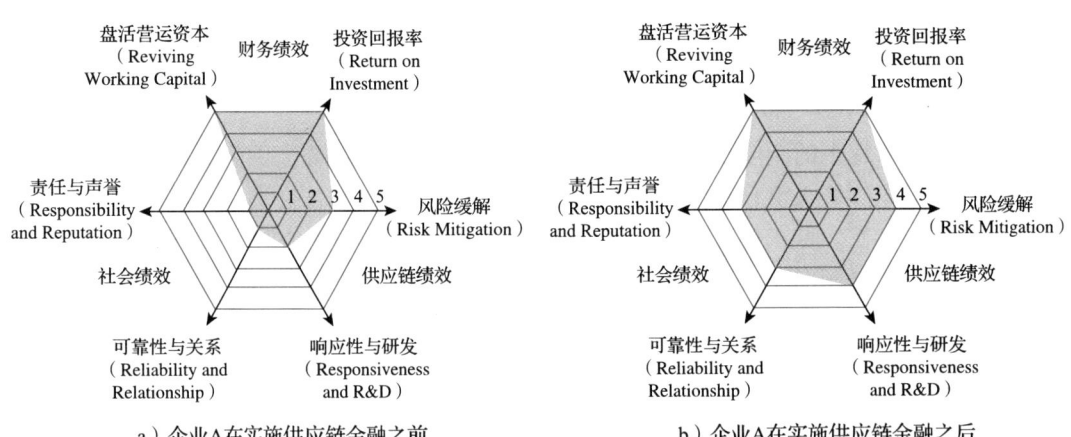

图 2.6　供应链金融机制对企业 6R 维度的影响

2.6.2　遴选原则

供应链金融不仅仅是应对企业当前财务挑战的一种补救措施，而且在企业供应链和财务管理的长期规划中变得越来越重要。根据 de Boer 等人（2015）的观点，供应链金融已经从纯粹的运营和战术发展成为一种强调价值创造和客户服务的战略。这一转变意味着，企业高管们现在需要投入更多的精力来提高财务健康状况和供应链能力，进而提升利润水平。

为了制定一个高效的供应链金融策略，de Boer 等人进一步提出了几个用于成功地将供应链金融长期整合到公司中的基本原则。

- 协同原则：这一原则植根于供应链关系领域，强调互惠互利。一个可行的供应链金融战略应该让所有利益相关者受益，从而实现帕累托效应，否则其作用可能只是昙花一现。建立在单边主导或不平等基础上的战略往往会以失败告终，尤其是在供应链主导地位发生变化或影响力较小的企业找到更好的替代方案时。总之，互惠互利的战略能为建立持久的战略供应链伙伴关系铺平道路。

- 以消费者为中心原则：作为整个供应链绩效的一个反映，这一原则强调，满足最终消费者不仅增加了下游公司的收入，还增加了上游实体的订单量，从而提高了整个供应链的效率。如果在制定战略时忽略了终端消费者，只针对供应链的特定子集进行优化，就会导致潜在的利润被边缘化。通常情况下，供应链中的核心实体或影响力较大的实体可能需要放弃部分利润，以实现供应链整体绩效的最大化。

- 自上而下原则：一个堪称典范的供应链金融战略需要高层领导的坚定承诺，确保从公司最高层（即 CEO）到运营层的战略一致性。如果没有这种自上而下的协调，供应链金融战略可能会在无意中优先考虑短暂的财务收益，而不是持久的供应链关系。这一原则要求供应链管理、财务和辅助部门（如 IT）的高管人员进行协作，以实现统一的企业目标。有效整合传统供应链的产品流、资金流、信息流和风险流势在必行。这种指导性方法不会扼杀运营层面的创新，因为它往往拥有对供应链金融部署的细微洞察力。理想的自上而下原则植根于透明清晰的信息共享和化繁为简的沟通渠道之中。

> 一个最优的供应链金融战略需要公司最高层的承诺，以确保该战略能够持续按照公司目标实施。

- 测度原则：从本质上讲，测度原则是自上而下原则的具象化表述，它确保企业目标得以实现。稳健的自上而下战略需要相应的度量工具（即关键业绩指标，KPI）。正如 Goldratt 等人（2016）所言，人的行为会趋向于与度量的标准一致。因此，这些度量工具应该综合供应链和财务管理两个视角，并真正服务于企业目标。

在现实场景中，并非每个企业都具备实现上述所有原则的能力。不过，即使只是部分采用这些原则（如协同原则），也可以为供应链金融奠定坚实的基础，使企业能够完成交易并提高利润。

2.7 总结

本章介绍了供应链上的四类"流"、供应链金融机制分类及其利与弊、供应链金融效应，以及衡量和选择融资方案的原则。通过深入探讨这些关键领域，本章凸显了供应链金融在战略上的日益重要性，并强调了深入理解其复杂性对于最大化潜在利益的重要性。

本章要点如下。

1. 供应链上的四类"流"
- 产品流：涉及商品从供应商到消费者的流动。
- 信息流：包括供应链中不同实体之间的数据交换。
- 资金流：现金和营运资本的流动，包括供应链内的交易、支付和信贷。
- 风险流：供应链内外部风险（包括金融风险）的管理和转移。

2. 供应链金融机制分类
- 详细介绍了供应链金融的发起者、资金来源及时机这三个关键维度。
- 根据发起者和时间因素,对若干种供应链金融机制进行了分类。

3. 供应链金融的利与弊
- 优点:增强流动性,缓解风险,保护信用评级,节约成本,提升供应链效率。
- 缺点:协调复杂性和高成本,相互依赖和共同违约风险,隐性会计透明度风险。

4. 供应链金融效应
- 供应链关系效应、跷跷板效应、帕累托效应、多米诺骨牌效应、光环效应和涟漪效应。

5. 衡量和选择融资方案的原则
- 修订的 6R 模型:盘活营运资本、投资回报率、风险缓解、响应性与研发、可靠性与关系、责任与声誉。
- 遴选原则:协同原则、以消费者为中心原则、自上而下原则和测度原则。

2.8 练习

2.8.1 思考题

1. 对于供应链来说,至关重要的四类"流"是什么?
2. 为什么说供应链金融具有降低供应链风险的潜力?
3. 请列出供应链金融的五个优点和三个缺点。
4. 哪项原则强调了高层管理人员对于持续实施供应链金融的承诺?
5. 供应链金融机制如何提高供应链的透明度?
6. 为什么在供应链中占主导地位的企业会愿意在供应链金融事件中牺牲一部分利润?
7. 供应链金融战略中的协同原则重点强调了什么?
8. 供应链金融如何影响公司对终端消费者需求的响应?
9. 供应链金融如何潜在地改善社会责任,尤其是在发展中国家?
10. 6R 模型如何帮助我们理解企业在绩效类别中的主要关注点?

2.8.2 案例研究

绿色科技创新公司与供应链金融

背景:

绿色科技创新(Green Tech Innovations,GTI)公司是一家位于发展中国家的小型初创公司,专注于生产环保型家电。该公司进入市场已有两年时间,其创新设计前景广阔。然而,GTI 的资金有限,这阻碍了公司的生产能力和对消费者激增需求的响应性。GTI 的最终目标是扩大产品范围,投资研发以提高产品质量,并提供更优质的客户服务如延长保修期等。

挑战：

GTI 面临的主要挑战是营运资本的管理。该公司财务状况紧张，大部分资金被库存占用。由于 GTI 的财务历史有限，又处于发展中国家，GTI 的供应商往往要求立即付款，而 GTI 的下游客户（主要是大型零售商）通常在 60～90 天内付款——这给公司的现金流带来了极大的挑战。此外，GTI 还希望在研发方面进行投资，但由于资金紧张而举步维艰。

供应链金融解决方案：

考虑到 GTI 的营运资本紧张，一家来自发达国家的大型零售商 EcoStores 提出了供应链金融解决方案。EcoStores 以其具有社会责任感的举措而闻名，旨在支持 GTI 等环保型初创企业。他们提出与银行合作，确保一旦确认收到 GTI 的货物，银行就立即向 GTI 付款。这就减少了 GTI 的应收账款周转天数（Days Sales Outstanding），并改善了其现金流。作为回报，GTI 承诺向银行提供 0.5% 的应收账款折扣；同时，EcoStores 可以将付款给银行的时间延迟 60 天，而这不会影响其正常的付款周期。

问题：

1. 这种供应链金融解决方案对 GTI 和 EcoStores 各有什么好处？
2. 根据 6R 模型，该解决方案对 GTI 的关注重点有何影响？
3. 该供应链金融解决方案有哪些相关的潜在风险？
4. 本案例如何突出本章所讨论的原则（如协同原则或以消费者为中心原则）？

2.9 参考资料

Boeing. (2013). *World Class Supplier Quality*. https://787updates.newairplane.com/787-Suppliers/World-Class-Supplier-Quality. Accessed January 13, 2023.

Boeing. (2023). *Supply Chain Management*. https://www.boeing.com/services/government/supply-chain-logistics.page. Accessed January 13, 2023.

de Boer, R., Steeman, M., & van Bergen, M. (2015). *Supply Chain Finance, Its Practical Relevance and Strategic Value: The Supply Chain Finance Essential Knowledge Series*. Hogeschool Windesheim.

Cai, G. (2019). Supply Chain Finance Introduction. *Beijing Behavioral Operations Management Conference*, keynote speech.

Camerinelli, E., & Bryant, C. (2014). Supply Chain Finance: EBA European Market Guide Version 2.0. Paris (F): European Banking Association.

Deng, S., Gu, C., Cai, G., & Li, Y. (2018). Financing Multiple Heterogeneous Suppliers in Assembly Systems: Buyer Finance Vs. Bank finance. *Manufacturing and Service Operations Management*, 20(1), 53-69.

Eaglesham, J. (2020). *Supply-Chain Finance Is New Risk in Crisis*. The Wall Street Journal. https://www.wsj.com/articles/supply-chain-finance-is-new-risk-in-crisis-11585992601. Accessed April 2, 2021.

Goldratt, E. M., & Cox, J. (2016). *The Goal: a Process of Ongoing Improvement*. Routledge.

Maersk. (2022). *A.P. Moller - Maersk and IBM to Discontinue TradeLens, A Blockchain-Enabled Global Trade Platform*. https://www.maersk.com/news/articles/2022/11/29/maersk-and-ibm-to-discontinue-tradelens. Accessed April 2, 2023.

Sadlovska, V., & Enslow, B. (2006). *Supply Chain Finance Benchmark Report: The New Opportunity to Improve Financial Metrics and Create a Cost-Advantaged Supply Chain*. Aberdeen Group.

Templar, S., Hofmann, E., & Findlay, C. (2016). *Financing the End-to-End Supply Chain: A Reference Guide to Supply Chain Finance*. Kogan Page Publishers.

TradeLens. (2022). *A Smarter Way to Engage in Trade*. https://www.tradelens.com/technology. Accessed September 3, 2022.

Wikipedia. (2020). *Value Chain*. https://en.wikipedia.org/wiki/Value_chain. Accessed October 8, 2020.

第 3 章 财务分析

■ 学习目标

1. 区分财务报表中用于评估供应链绩效的基本要素。
2. 计算并解释与供应链分析相关的基本利润和资产比率。
3. 应用杜邦分析法剖析和理解投资资本回报率的构成。
4. 利用链式综合指标评估供应链金融交易中的供应链整体财务绩效和公平性。

■ 摘要

本章阐述了财务分析在评估和优化供应链绩效方面的关键作用。首先，通过探讨财务报表中的基本要素，读者可以理解如何在供应链环境中推导利润和资产比率等指标，并将其应用于实践。其次，我们重点介绍了杜邦分析法，将其作为解读投资资本回报率要素的方法之一。最后，我们介绍了链式综合指标，它是一种衡量整体财务绩效和确保参与供应链金融交易的企业之间公平的工具。

3.1 导言

在供应链管理中，资金流是否至关重要？乍一看，提出这样的问题似乎有些奇怪。如同 Goldratt 等人（2016）所言，公司的首要目标是创造利润，因此，资金流对于任何企业都至关重要。举例来说，在 2020 年 5 月 15 日，拥有 118 年历史的百货公司 J.C. 潘尼（J.C. Penney）申请破产保护，其中一个主要原因是缺乏必要的资金来清偿迫在眉睫的债务。类似地，当西尔斯控股（Sears Holdings）公司于 2018 年 10 月 15 日宣布破产时，其资产总额为 69 亿美元，而负债却飙升至 113 亿美元。在过去几年中，许多公司一直在努力应对现金流不足的问题。值得注意的是，尽管西尔斯和 J.C. 潘尼都在应对来自亚马逊和其他在线零售商等巨头的激烈竞争，但资金流管理不善可能成为压垮骆驼的最后一根稻草。

那么，为什么要提出上述问题呢？有趣的是，尽管资金流至关重要，但它在供应链管理的文献中却经常被忽略。许多公司在过于依赖一系列关键绩效指标的同时，却不自觉地让内部部门的目标各自为政,导致它们难以与公司整体利润最大化的目标保持一致。例如,营销部门可能会努力追求销售收入的增加,而仓储部门则可能更注重成本最小化。这种目标之间的差异如果不加以控制,也许不会立即破坏一家公司的稳定。但是,如果我们严重低估了资金流脱节所带来的风险,就有可能损害公司长期的财务健康水平。

虽然对供应链金融事件进行定性评估可以作为衡量企业财务状况的有效标准,但定量评估往往更受推崇,并在现实世界中得到广泛应用。本章将探讨一系列被广泛用于剖析供应链金融活动的财务分析工具。接下来,我们将首先讨论财务报表,并利用其数据计算一些财务指标,然后再讨论杜邦分析法和链式综合指标。

3.2 财务报表

在美国,所有上市公司发布财务报表时都必须遵守美国通用会计准则(GAAP);而在中国,公司则采用基于企业会计准则(ASBE)和小企业会计准则(ASSBE)的中国会计准则(CAS);在欧洲,上市公司遵循国际财务报告准则(IFRS)。尽管不同国家和地区采用的会计准则各不相同,但它们的核心原则基本一致。

下面我们将以波音公司的财务报表为参考,展示资产负债表、利润表和现金流量表的组成部分⊖。

3.2.1 资产负债表

资产负债表(Balance Sheet)包含三个主要类别:资产(Asset)、负债(Liabilitiy)和权益(Equity)。它们之间的会计关系可用式(3.1)表示:

$$资产 = 负债 + 权益 \tag{3.1}$$

图 3.1 阐述了资产、负债和权益之间的关系(无论是在会计期的起点还是终点),并提供了资产负债表结构的概览。

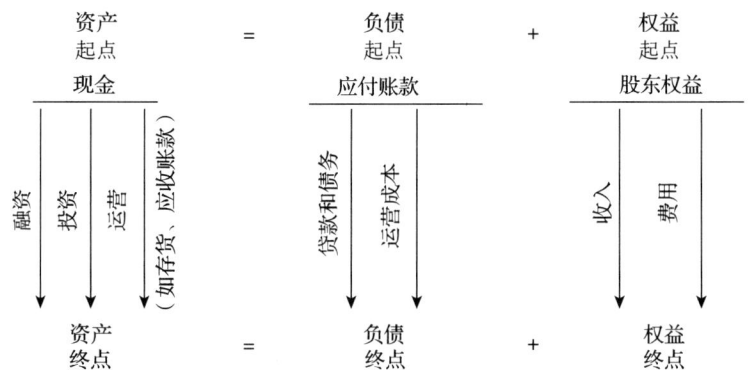

图 3.1 资产、负债和权益之间的关系

资料来源:改编来自 Higgins et al. (2018)。

⊖ 数据来自波音公司 2019 年的财务报表。需要注意的是,不同来源的财务报表可能略有不同。尽管会计不是本书的重点,但如果读者想了解更详细的会计规则,可以参考会计领域的教科书。然而,本章将重点介绍与运营和金融交叉相关的几个概念,这些概念与我们后续的讨论密切相关。

如图 3.1 所示,资产包括现金、投资、对客户或供应商提供的融资、应收账款(向客户销售产品/服务时产生的债权)、存货等。表 3.1 展示了会计视角下的资产构成,包括商誉、购置的无形资产净额、递延所得税资产等。相反,负债包括短期债务、长期债务、应付账款、递延所得税负债、应计退休人员医疗保险费、应计退休金计划负债净额等。权益包括股东权益、资本公积、未分配利润、累计其他综合收益等要素。

表 3.1 波音公司及其子公司 2018—2019 年度合并财务状况表(资产负债表)

项目	截至 12 月 31 日年度	
	2019 年	2018 年
	(以百万美元计,除每股数据外)	
资产		
现金及现金等价物	9,485	7,637
短期投资及其他投资	545	927
应收账款净额	3,266	3,879
未开单应收账款净额	9,043	10,025
客户融资款项的流动部分净额	162	460
存货	76,622	62,567
其他流动资产	3,106	2,335
流动资产总额	102,229	87,830
客户融资款项净额	2,136	2,418
物业、厂房及设备净额	12,502	12,645
商誉	8,060	7,840
购置的无形资产净额	3,338	3,429
递延所得税资产	683	284
投资	1,092	1,087
其他资产,扣除累计摊销 580 百万美元和 503 百万美元后的净额	3,585	1,826
资产总额	133,625	117,359
负债及权益		
应付账款	15,553	12,916
应计负债	22,868	14,808
预付款项和进度款项	51,551	50,676
短期债务和长期债务的流动部分	7,340	3,190
流动负债总额	97,312	81,590
递延所得税负债	413	1,736
应计退休人员医疗保险费	4,540	4,584
应计退休金计划负债净额	16,276	15,323
其他长期负债	3,422	3,059
长期债务	19,962	10,657
股东权益:		
普通股,每股面值 5.00 美元,授权 12 亿股;		
已发行 1,012,261,159 股	5,061	5,061
资本公积	6,745	6,768
库存股(按成本计)	−54,914	−52,348
未分配利润	50,644	55,941
累计其他综合收益	−16,153	−15,083
股东权益总额	−8,617	339
非控制性权益	317	71
权益总额	−8,300	410
负债及权益总额	133,625	117,359

资料来源:Boeing.com。

3.2.2 利润表

利润表（Income Statement）概述了公司在特定时期的收入、成本、费用和利润（见表 3.2）。作为三大主要财务报表之一，利润表通过考察公司的收入和成本，为了解公司的运营效率提供了宝贵的信息，进而反映公司的管理效率。通过对比其他公司的利润表，我们还可以确定公司在同行业或不同行业中的表现优劣。

表 3.2 波音公司及其子公司 2018—2019 年度合并经营状况表（利润表）

项目	截至 12 月 31 日 年度	
	2019 年	2018 年
	（以百万美元计，除每股数据外）	
产品销售收入	66,094	90,229
服务销售收入	10,465	10,898
总收入	76,559	101,127
产品成本	−62,877	−72,922
服务成本	−9,154	−8,499
波音资本利息费用	−62	−69
总成本和费用	−72,093	−81,490
（总收入 + 总成本和费用）	4,466	19,637
经营投资净利润 / 损失	−4	111
一般及行政费用	−3,909	−4,567
研发费用净额	−3,219	−3,269
处置收益净额	691	75
经营利润 / 损失	−1,975	11,987
其他净收支	438	92
利息和债务费用	−722	−475
税前利润 / 损失	−2,259	11,604
所得税收益 / 费用	1,623	−1,144
净利润 / 损失	−636	10,460
每股基本收益 / 损失	−1.12	18.05
每股摊薄收益 / 损失	−1.12	17.85

资料来源：Boeing.com。

利润表不仅包括产品和服务的销售收入、相关成本以及资本利息费用，还包括经营投资利润或损失、一般及行政费用、研发费用净额、其他净收支以及所得税收益或费用等信息。

基于表 3.2，我们可以得到 2019 年度波音公司财务数据的一些数值关系。

- 经营利润 / 损失的计算公式如下：

    (4,466 − 4 − 3,909 − 3,219 + 691) 百万美元 = −1,975 百万美元

- 税前利润 / 损失的计算公式如下：

    (−1,975 + 438 − 722) 百万美元 = −2,259 百万美元

- 净利润或底线（表明公司盈利能力）的计算公式如下：

$$\text{净利润} = (\text{收入} + \text{收益}) - (\text{费用} + \text{损失})$$
$$= (-2,259 + 1,623) \text{百万美元} = -636 \text{百万美元}$$

3.2.3 现金流量表

现金流量表（Cash Flow Statement）记录了公司现金及现金等价物（Cash and Cash Equivalents，CCE）的变动情况，并将它们划分为三类活动——经营、投资和筹资。该报表说明了一家公司如何管理其现金状况、如何产生资金以支付其经营费用，以及如何履行其债务义务。因此，现金流量表可以体现公司的财务稳定性（考虑流动性、偿债能力和财务灵活性），并为其经营、投资和筹资策略的调整提供信息，见表3.3。

表 3.3 波音公司及其子公司 2018—2019 年度合并现金流量表（现金流量表）

项目	截至 12 月 31 日年度	
	2019 年	2018 年
	（以百万美元计，除每股数据外）	
现金流量——经营活动：		
净利润 / 损失	-636	10,460
将净利润调整为经营活动产生的现金流量净额：		
非现金项目：		
股权计划费用	212	202
折旧及摊销	2,271	2,114
投资 / 资产减值损失净额	443	93
客户筹资估值调整	250	-3
处置收益净额	-691	-75
其他收支净额	334	247
资产及负债变动：		
应收账款	603	-795
未开单应收账款	982	-1,826
预付款项和进度款项	737	2,636
存货	-12,391	568
其他流动资产	-682	98
应付账款	1,600	2
应计负债	7,781	1,117
应收、应付及递延所得税	-2,476	-180
其他长期负债	-621	87
退休金及其他退休后计划	-777	-153
客户筹资净额	419	120
其他	196	610
经营活动产生 / 所用的现金流量净额	**-2,446**	**15,322**
现金流量——投资活动：		
物业、厂房及设备购置	-1,834	-1,722
物业、厂房及设备处置	334	120
收购获得现金净额	-455	-3,230
处置收益	464	
投资支出	-1,658	-2,607
投资收益	1,759	2,898
购买分销权	-127	-69
其他	-13	-11

（续）

项目	截至 12 月 31 日年度	
	2019 年	2018 年
	（以百万美元计，除每股数据外）	
投资活动所用的现金流量净额	-1,530	-4,621
现金流量——筹资活动：		
新借款	25,389	8,548
偿还债务	-12,171	-7,183
非控制性权益的注资	7	35
行使的股票期权	58	81
特定股权支付计划的员工税	-248	-257
回购普通股	-2,651	-9,000
支付股息	-4,630	-3,946
其他	-15	
筹资活动产生 / 所用的现金流量净额	5,739	-11,722
汇率变动对现金及现金等价物的影响	-5	-53
现金及现金等价物（包括受限制现金）的增加 / 减少净额	1,758	-1,074
年初现金及现金等价物（包括受限制现金）	7,813	8,887
年末现金及现金等价物（包括受限制现金）	9,571	7,813
投资包含的受限制现金及现金等价物	86	176
年末现金及现金等价物	9,485	7,637

资料来源：Boeing.com。

- 经营活动产生 / 所用的现金流量净额为 -2,446 百万美元，是前面所有数字的总和，从"净利润 / 损失"项的 -636 百万美元到"其他"项的 196 百万美元。
- 投资活动所用的现金流量净额为 -1,530 百万美元，筹资活动产生 / 所用的现金流量净额共计 5,739 百万美元。两者都是用类似的汇总方法计算的。
- 现金及现金等价物（包括受限制现金）的增加 / 减少净额为 1,758 百万美元 = (-2,446 - 1,530 + 5,739 - 5) 百万美元。该值是上述三项现金活动净额的累计结果，加上汇率变动对现金及现金等价物的影响 (-5 百万美元)。
- 年末现金及现金等价物的余额为 9,485 百万美元，是将现金及现金等价物（包括受限制现金）的增加 / 减少净额（1,758 百万美元）与现金及现金等价物（包括受限制现金）的年初余额（7,813 百万美元）相加，再减去投资包含的受限制现金及现金等价物（86 百万美元）得出的。

3.3 利润和资产比率

尽管上述财务报表概述了公司的财务活动，但要全面了解公司的财务健康状况和运营效率，还需要进行更深入和全面的分析。本节将探讨如何使用常用的金融比率来评估公司绩效。

为方便读者，我们在表 3.4 中预先列出了本节所涉及的主要金融概念，并结合波音、空中客车和沃尔玛的 2020 年年报以及反映它们在 2019 年绩效的在线补充资源，通过计算示例加以说明。需要指出的是，营业收入和息税前利润之间的主要区别是后者包括营业外收入、其他收入和营业外支出。此外，息税折旧及摊销前利润（Earnings Before Interest, Taxes, Depreciation, and Amortization, EBITDA）是指息税前利润和折旧摊销的总和。更多详细信息请参见表3.4。

表 3.4 金融概念及实例汇总表

金融术语	定义	波音	空中客车	沃尔玛
毛利润	产品销售收入减去成本	4,466 百万美元	11,766 百万欧元	129,104 百万美元
营业收入	息税前的营业收入	−1,975 百万美元	1,036 百万欧元	20,568 百万美元
息税前利润（EBIT）	扣除利息和税款之前的收益	−1,913 百万美元	1,339 百万欧元	20,568 百万美元
息税折旧及摊销前利润（EBITDA）	息税前利润和折旧摊销的总和	358 百万美元	4,266 百万欧元	31,555 百万美元
税后净营业利润（NOPAT）	扣除调整税后净营业利润	−1,241 百万美元	756 百万欧元	15,201 百万美元
净利润	息税后净收入	−636 百万美元	−1,362 百万欧元	14,881 百万美元
收入	产品和服务的销售额	76,559 百万美元	70,478 百万欧元	523,964 百万美元
平均权益	今年和去年的平均权益	−3,945 百万美元	5,990 百万欧元	80,593 百万美元
平均投资资本	投资成本或资本成本	35,543 百万美元	17,392 百万欧元	256,383 百万美元
所用资本	总资产减去流动负债	1,404 百万美元	52,035 百万欧元	158,705 百万美元
平均总资产	本年度与上一年度总资产的平均值	125,492 百万美元	114,804 百万欧元	227,895 百万美元
毛利润率	毛利润/收入	5.83%	16.69%	24.64%
净利润率	净利润/收入	−0.83%	−1.93%	2.84%
股东权益回报率（ROE）	净利润/平均权益	16.12%	−22.74%	18.46%
所用资本回报率（ROCE）	息税前利润/所用资本	−136.25%	2.57%	12.96%
资产回报率（ROA）	净利润/平均总资产	−0.51%	−1.19%	6.53%
投资资本回报率（ROIC）	NOPAT/投资资本	−3.49%	4.35%	5.93%
加权平均资本成本（WACC）	加权平均资本成本	8.0%	11.6%	4.2%
经济增加值（EVA）	(ROIC−WACC)×投资资本	−4,084.44 百万美元	−1,261.17 百万欧元	4,432.91 百万美元
资产周转率	总收入/平均总资产	0.61	0.61	2.30

注：数据收集自相关公司2019年年报和相关财务分析网站。由于获得的财务报表存在差异，这些数据仅供参考。

3.3.1 利润率

利润率（Profit Margin）是衡量企业盈利能力的基本指标。它大致可以分为两类——毛利润率和净利润率。毛利润率计算的是收入和销售成本之间的差额占收入的百分比，而净利润率确定的是扣除税费、行政费用和所有其他扣减项目后的净利润占收入的百分比。

以 2019 年为例，波音公司报告的总收入为 765.59 亿美元，总成本和费用为 720.93 亿美元，因此其毛利润为

$$76{,}559 \text{ 百万美元} - 72{,}093 \text{ 百万美元} = 4{,}466 \text{ 百万美元}$$

毛利润率则为

$$\text{毛利润率} = \frac{\text{毛利润}}{\text{收入}} = \frac{4{,}466 \text{百万美元}}{76{,}559 \text{百万美元}} = 5.833\%$$

净利润也被称为净收益。2019 年，波音公司的净利润为 -6.36 亿美元，其净利润率为

$$\text{净利润率} = \frac{\text{净利润}}{\text{收入}} = \frac{-636 \text{百万美元}}{76{,}559 \text{百万美元}} = -0.83\%$$

毛利润率和净利润率都是评估公司财务健康状况的关键工具。这两个比率之所以对公司运营至关重要，是因为它们不仅反映了公司的定价策略，还反映了公司管理运营费用的能力。在其他条件相同的情况下，降低运营费用通常有助于增加净利润率。值得强调的是，虽然较高的销售价格可以提高利润率，但它同时可能抑制需求和收入，进而可能损害整体净利润。

值得注意的是，收入最大化和利润最大化通常不会发生在同一时间点，主要原因是成本在利润计算中扮演了关键角色。一般来说，实现正的毛利率相对简单，因为公司通常会设定一个超过成本的价格。然而，公司的净利润率有可能跌入负值，尤其是如果公司管理严重失误（导致运营成本上升），同时还要应对激烈的竞争和市场异常（如新冠疫情或大范围的产品召回）的情况下。就波音公司而言，其 2019 年的毛利润率不足以抵消其行政和其他费用的增加，最终导致净利润率为负值。

3.3.2 股东权益回报率

对于投资者和高管来说，股东权益回报率（Return on Equity，ROE）是衡量公司盈利能力与其股东权益关系的关键指标。从本质上讲，股东权益回报率评估的是公司利用其股权创造利润的效率，即

$$\text{股东权益回报率} = \frac{\text{净利润}}{\text{平均权益}} \tag{3.2}$$

其中，平均权益是期初（即上一期末）与期末股东权益的算术平均值。

此外，股东权益回报率也可以解释为资产收益率减去负债。这一观点源于这一事实——权益是总资产与总负债之差。所以，股东权益回报率也被称为净资产回报率。一般来说，股东权益回报率能在 15%～20% 之间就是值得称赞的。然而，为了

增强可持续性并为未来的增长做铺垫，公司有时可能会削减向股东支付的股息。

在大多数情况下，较高的股东权益回报率正值表示权益方面的盈利能力较强，因此更受欢迎。不过，也有例外情况。我们还是以波音公司 2019 年的财务状况为例（参见表 3.4）：

$$股东权益回报率 = \frac{-636 百万美元}{-3,945 百万美元} = 16.12\%$$

虽然股东权益回报率是正值，但它代表着一种不稳定的状况，这是因为股东权益和净利润都已转为负值。在这种不利情况下，飙升的股东权益回报率凸显了公司业绩的恶化。本质上，公司会流失更多资金，一旦不幸破产，股东将血本无归。因此，当股东权益转为负值时，股东权益回报率指标可能会产生误导。

3.3.3 所用资本回报率

所用资本回报率（Return on Capital Employed，ROCE）是衡量企业盈利能力和资本配置效率的指标，其数学表达式为

$$所用资本回报率 = \frac{息税前利润}{所用资本} \qquad (3.3)$$

其中：

- 息税前利润（Earnings Before Interest and Taxes，EBIT）是指公司在扣除利息支出和所得税之前的利润，也称为扣除利息和税款之前的收入或收益。如果公司未发生重大非经营性收支，EBIT 通常直接采用利润表中的营业利润（Operating Income）或经营利润（Operating Profit）。
- 所用资本（Capital Employed）等于总资产与流动负债之间的差额。

所用资本通常是指公司利用股东权益和债务负债之和来累积利润的集体资本。上述等式采用了一种简化的方式，即用总资产减去流动负债来表示所用资本。需要注意的是，与其他金融指数类似，我们可以选择基于一段时期内所用资本的平均值来计算其回报率，而不是采用某一特定时间点的数值。

根据 2019 年的数据，波音公司的所用资本回报率为

$$所用资本回报率 = \frac{-1,913 百万美元}{1,404 百万美元} = -136.25\%$$

其中，数值 $-1,913$ 由营业收入（$-1,975$）扣除波音资本利息费用（-62）计算得出。

简而言之，从运营的角度来看，至少在 2019 年，波音公司并不擅长通过所用资本来创造回报。

3.3.4 资产回报率和净资产回报率

资产回报率（Return on Assets，ROA）和净资产回报率（Return on Net Assets，RONA）均是衡量公司资产利用效率的指标。

资产回报率的计算公式为

$$资产回报率 = \frac{净利润}{平均总资产} \tag{3.4}$$

对于 2019 年的波音公司来说，

$$资产回报率 = \frac{-636 百万美元}{125,492 百万美元} = -0.51\%$$

另外，净资产回报率可根据式（3.5）计算：

$$净资产回报率 = \frac{净利润}{固定资产 + 净营运资本} \tag{3.5}$$

其中，"净利润"代表税后净收益。较高的资产回报率和净资产回报率意味着优越的财务业绩，反映了公司从其资产中获得显著回报的能力。

3.3.5 投资资本回报率

投资资本回报率（Return on Invested Capital，ROIC），又称投入资本回报率，是企业用来评估其增长潜力的工具。其计算公式为

$$投资资本回报率 = \frac{税后净营业利润}{投资资本} = \frac{税前净营业利润 \times (1 - 税率)}{投资资本} \tag{3.6}$$

其中，税后净营业利润（Net Operating Profit After Tax，NOPAT）也被称为扣除调整税后净营业利润（Net Operating Profit Less Adjusted Tax，NOPLAT）。税前净营业利润（Net Operating Profit Before Tax，NOPBT）与利润表中列出的（税前）经营利润或营业收入一致。通过这两个指标，我们可以更深入地了解公司的经营绩效。投资资本（Invested Capital，IC）是用于经营企业的资本总额，它包括来自债务和股东的资金，用于公司的扩张和业务发展。

然而，投资资本的计算方法尚未标准化。为了简化计算，一些研究人员将所用资本（总资产减去流动负债）用作投资资本的近似值。其中一些人可能将长期债务加上普通股和优先股的平均值；另一些人可能会选择有息债务和权益的平均值之和。还有一种方法是考虑扣除超额现金和无息流动负债（如应付账款）后的平均总资产。尽管这些方法存在差异，但它们的本质都是计算公司活动资本。所用资本更倾向于考虑短期负债，而投资资本则更着重于包含非流动资产后的活动资本。然而，由于计算方法不同，所用资本有时可能小于投资资本。例如，2019 年的波音和沃尔玛等公司的数值就证明了这一点。考虑到这些差异，为了保持结果的一致性，采用统一的计算方法至关重要。一般来说，最优的投资资本回报率应至少高于 2%。值得一提的是，投资资本回报率也可以对单项投资进行评估（参见第 7.5 节"案例研究：延长付款期限条款的影响"）。

对于 2019 年的波音公司来说，其投资资本回报率（税后净营业利润及投资资本数据参见表 3.4）为

$$投资资本回报率 = \frac{-1,241 百万美元}{35,543 百万美元} = -3.49\%$$

从投资资本回报率的角度来看，这一负值凸显了波音公司在2019年的不佳表现。

根据沃尔玛股份有限公司2020年年报，平均投资资本包括期初和期末总资产的平均值，再加上平均累计折旧和平均摊销，减去该期间的平均应付账款和平均应计负债。以下税后净营业利润和投资资本的数值来自沃尔玛2020年年报（数据参见表3.4）。

$$投资资本回报率 = \frac{15{,}201百万美元}{256{,}383百万美元} = 5.93\%$$

这一数值表明沃尔玛公司当年在经营、投资和筹资等方面具有卓越的表现。不过，值得一提的是，Investopedia.com、gurufocus.com、finbox.com和stockanalysison.net等金融信息网站上介绍的沃尔玛投资资本的最终数值和计算方法与沃尔玛官方2020年年报中的有所不同。这种差异表明，投资资本回报率可能会被操纵。这也强调了在进行比较时，确保不同公司和不同时期所使用的方法保持一致是至关重要的。

3.3.6 经济增加值

在衡量企业供应链管理绩效时，运营和财务之间的关系至关重要。经济增加值（Economic Value Added，EVA）是其中一种评估方法，它从投资资本回报率和资本成本（Cost of Capital）的角度对企业进行评估，其公式为

$$\begin{aligned}经济增加值 &= 税后净营业利润 - 加权平均资本成本 \times 投资资本 \\ &= (投资资本回报率 - 加权平均资本成本) \times 投资资本\end{aligned} \quad (3.7)$$

在这个公式中，资本成本用加权平均资本成本（Weighted Average Cost of Capital，WACC）代替。计算投资资本的方法与投资资本回报率部分所讨论的方法类似。

当公司的投资资本回报率超过资本成本时，就意味着创造了价值。公司的资本成本通常基于加权平均资本成本计算，加权平均资本成本是公司预期支付给所有证券持有人的平均预期利率。这些证券持有人可能拥有为公司资产提供资金的实体或工具，例如直接债务、可转换债务、可交换债务、普通股、优先股、高管股票期权、认股权证、养老金负债以及政府补贴。

以波音公司为例，据finbox.com估算，波音公司2019年的加权平均资本成本为8%，投资资本回报率为-3.49%，平均投资资本为35,543百万美元，其2019年的经济增加值计算如下：

$$经济增加值 = (-0.0349 - 0.08) \times 35{,}543 \text{ 百万美元} = -4{,}084 \text{ 百万美元}$$

通过对比，沃尔玛公司2019年的经济增加值计算如下（数据参见表3.4）：

$$经济增加值 = (0.0593 - 0.042) \times 256{,}383 \text{ 百万美元} = 4{,}435^{\ominus} \text{百万美元}$$

一个正的经济增加值至关重要。如果无法实现这一点，特定投资或整个公司在扣除资本成本后将无法实现盈利。

经济增加值可以帮助我们深入了解某项投资是否明智，尤其是在供应链金融领域。它揭示了一家公司在投资决策过程中考虑到资产、费用和债务等因素后，如何以及在何处创造财富。然而，经济增加值最适合用于那些拥有大量有形资产的公司。对于主要资产为无形资产的公司，如科技行业的公司，运用经济增加值进行评估可

⊖ 因计算过程中小数点后保留位数不同及四舍五入，所得结果与表3.4中的4,432.91略有差异。

能会面临一定的挑战。

3.3.7 资产周转率

资产周转率（Asset Turnover Ratio）表示企业利用其资产创造收入的效率。

$$资产周转率 = \frac{总收入}{平均总资产} \tag{3.8}$$

以 2019 年的波音公司为例：

$$资产周转率 = \frac{76,559 百万美元}{125,492 百万美元} = 0.61$$

显然，波音公司在 2019 年的销售额大幅下滑，而库存却在增加，这表明其资产利用效率较低。然而，不同行业的资产周转率也存在波动。见表 3.4，空中客车公司（Airbus）在 2019 年的业绩超过了波音公司，但两家公司的资产周转率均远低于沃尔玛公司。

3.4 杜邦分析法

杜邦分析法（DuPont Analysis）是 20 世纪 20 年代由杜邦公司首次引入的一种财务分析方法，旨在衡量不同因素对财务指标（如股东权益回报率和投资资本回报率）的影响。我们将通过股东权益回报率杜邦模型、资产回报率杜邦模型和投资资本回报率杜邦模型来深入探究其机理。

3.4.1 股东权益回报率杜邦模型

为了更深入地理解股东权益回报率的各种驱动因素，杜邦公司的唐纳森·布朗（Donaldson Brown）在 1912 年为一份内部效率报告设计了式（3.9）：

$$股东权益回报率 = 净利润率 \times 资产周转率 \times 权益乘数 \tag{3.9}$$

其中，净利润率衡量公司的经营效率，资产周转率反映资产的使用效率，而权益乘数则是平均资产除以平均权益，也称为杠杆倍数或财务杠杆。因此，传统的股东权益回报率等式可以分解为

$$股东权益回报率 = \frac{净利润}{平均权益} = \frac{净利润}{收入} \times \frac{收入}{平均资产} \times \frac{平均资产}{平均权益} \tag{3.10}$$

式（3.10）可以通过股东权益回报率分析树形图直观地表示出来，如图 3.2 所示。

分解股东权益回报率等式可以帮助我们深入了解公司的核心绩效因素。如果主要贡献来自净利润率，这表明公司的经营和供应链管理效果显著。如果主要由资产周转率驱动，则说明公司在利用其资产创造销售额方面有较大潜力。然而，若主要贡献源于权益乘数，则可能意味着公司的资产存在过度杠杆化问题，这将增大公司及其股票未来表现的风险。

以沃尔玛 2020 年的绩效为例，其股东权益回报率为

$$股东权益回报率 = 净利润率 \times 资产周转率 \times 权益乘数$$
$$= 2.84\% \times 2.30 \times 2.83$$
$$= 18.49\%^{\ominus}$$

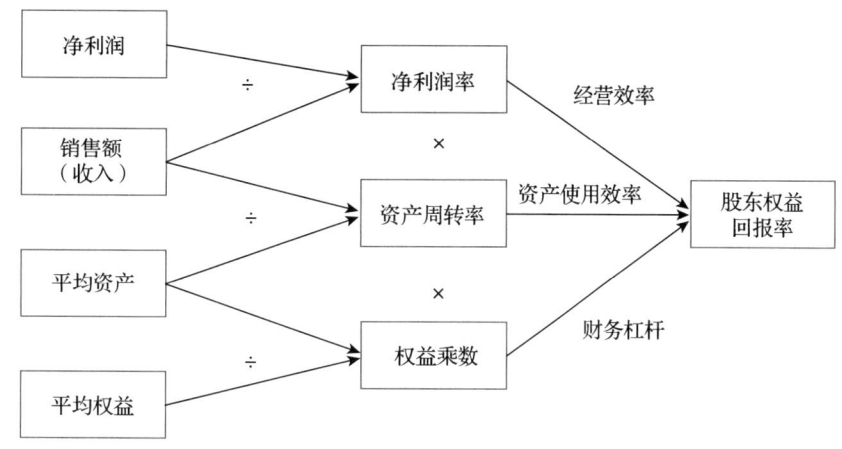

图 3.2　股东权益回报率分析树形图

这表明沃尔玛的股东权益回报率在很大程度上受到资产周转率和权益乘数的影响。虽然净利润率似乎很低，但仍然高于同行业的许多大型零售商。

正如上述股东权益回报率分析树形图所示，股东权益回报率的最终值可以从左侧的四个组成部分得出：净利润、销售额、平均资产、平均权益。考虑到财务报表中的其他财务术语，我们可以将式（3.10）进一步细分为

$$股东权益回报率 = \frac{净利润}{税前收入} \times \frac{税前收入}{息税前利润} \times \frac{息税前利润}{收入} \times \frac{收入}{平均资产} \times \frac{平均资产}{平均权益}$$
（3.11）

这种扩展的股东权益回报率模型通常被称为杜邦分析法（DuPont Analysis）或杜邦模型（DuPont Model），它可以进一步描述为杜邦分析树（DuPont Analysis Tree），如图 3.3 所示。

与图 3.2 相比，在图 3.3 这个扩展的股东权益回报率分析树中，净利润率一项被进一步细分为下面三个组成部分。

$\dfrac{净利润}{税前收入}$：代表公司的税后净利润，用于衡量公司的税收负担。数值越高代表税收负担越低。

$\dfrac{税前收入}{息税前利润}$：衡量公司的利息负担。如果公司没有债务，数值等于 1。比率越高说明公司的财务负担越重。

$\dfrac{息税前利润}{收入}$：代表公司的息税前利润率。较高的比率更受青睐，因为它显示了

$\ominus$　因计算过程中小数点后保留位数不同及四舍五入，所得结果与表 3.4 中的 18.46% 略有差异。

更高的业务效率和盈利能力。

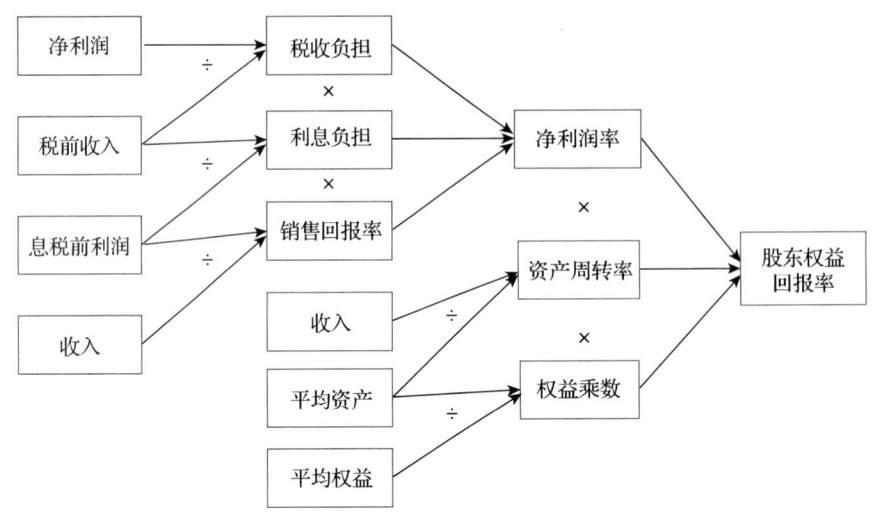

图 3.3　股东权益回报率杜邦分析树

杜邦分析对股东权益回报率的细分让我们能够在关键的财务绩效指标中明确公司的优势和劣势。不过，这种分析在很大程度上依赖于会计数据，而这类数据是可以被操纵的。要确定一个比率是高还是低，应该使用行业数据进行比较，而不是将不同行业的公司并列在一起。杜邦分析法对于投资银行等行业可能是无效的，因为对于这些行业来说等式中的某些因素并没有那么重要。

从股东权益回报率的这些细分因素中可以看出供应链金融的影响。根据企业在特定供应链金融事件中扮演的角色，影响可能会有所不同，但由于存在帕累托效应，它们通常是积极的：

- 利润率可以受益于供应链交易量的增加。
- 在一定时期内，随着更多交易带来更高的收入，资产周转率会有显著改善。
- 由于供应链金融可能会取代部分直接银行融资，或者至少减轻企业的贷款负担，降低金融风险，因此权益乘数可能会降低。

要准确衡量供应链金融对公司业绩的影响，公司应该比较实施供应链金融前后的股东权益回报率，同时有选择性地采用具体的供应链金融机制。

3.4.2　资产回报率杜邦模型

与股东权益回报率杜邦分析的逻辑相同，我们可以对其他财务比率（如资产回报率和投资资本回报率）进行类似的分解分析。对于缺乏股权信息的私营企业，资产回报率可以被细分为

$$资产回报率 = \frac{净利润}{总资产} = \frac{净利润}{收入} \times \frac{收入}{总资产} \\ = 净利润率 \times 资产周转率 \tag{3.12}$$

与股东权益回报率的分解相比，资产回报率明显不受权益乘数的影响。

3.4.3 投资资本回报率杜邦模型

相比于股东权益回报率关注股票投资的收益，投资资本回报率则强调资本投资的收益。根据投资资本回报率的定义，我们可以进一步将等式分解为两个主要部分：

$$投资资本回报率 = \frac{税后净营业利润}{投资资本} = \frac{税后净营业利润}{收入} \times \frac{收入}{投资资本} \quad (3.13)$$

上述要素的所有数值都可以从公司财务报表中提取。第一个组成部分是税后净营业利润与收入之比，反映了每件销售商品的税后利润率。这一比率不仅代表了公司的运营效率（即成本控制），还反映了其产品的市场吸引力（品牌知名度和最优定价策略）。第二个组成部分是收入与投资资本的比率，用于衡量资本周转率，这与供应链效率紧密相关。资本周转率越高，通常意味着生产、运输和库存的提前期越短，从而提高了运营和供应链流程的效率。

基于沃尔玛2019年的数据，相应的投资资本回报率分析树如图3.4所示（参考中间和右边部分）。需要注意的是，考虑到沃尔玛2019年的平均股本仅为805.93亿美元，不到其投资资本的三分之一，这一投资资本回报率（即5.93%）说明沃尔玛具有很强的竞争力。

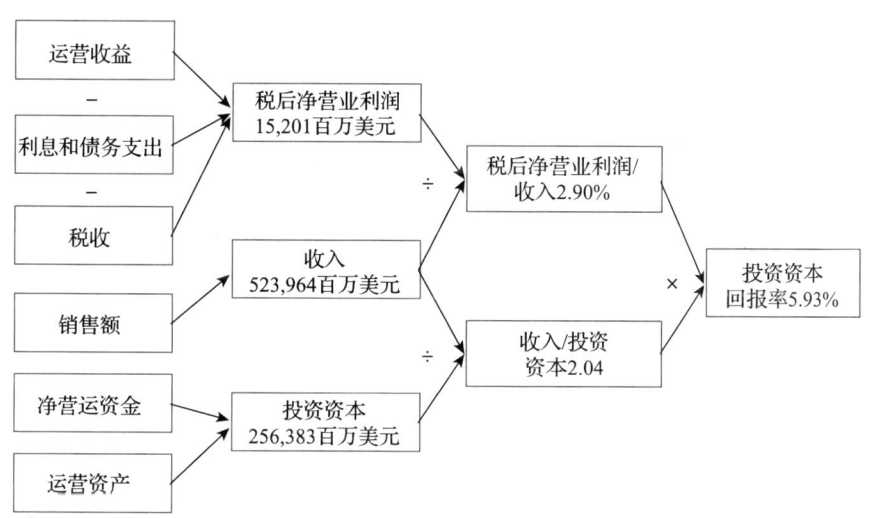

图 3.4 基于沃尔玛数据的投资资本回报率分析树

实际上，我们可以通过考虑实际现金税率来进一步分解投资资本回报率：

$$\begin{aligned}投资资本回报率 &= \frac{税后净营业利润}{投资资本} = \frac{税后净营业利润}{收入} \times \frac{收入}{投资资本} \\ &= \frac{税前净营业利润}{收入} \times 实际现金税率 \times \frac{收入}{投资资本}\end{aligned} \quad (3.14)$$

在这里，

$$实际现金税率 = 税后净营业利润 / 税前净营业利润 \quad (3.15)$$

由于税后净营业利润 = 收入 – 成本 – 税收，而收入可以表示为流量乘以价格，成本 = 固定成本 + 变动成本 × 流量，因此投资资本回报率也可以进一步分解为以下形式：

$$投资资本回报率 = \left(1 - \frac{固定成本}{流量 \times 价格} - \frac{变动成本}{价格} - 税率\right) \times \frac{收入}{投资资本} \quad (3.16)$$

直观来看，较低的变动成本和税率有助于提高投资资本回报率，这也是外包及寻求避税地点成为常见做法的原因。如果一家公司借助供应链金融增加了收入，其投资资本回报率也会提高。供应链金融的优势在于，在供应链企业参与融资的情况下，更多交易得以成功完成。

从另一个角度来看，投资资本回报率可以体现单项投资的运营效率。为此，我们引入另一种细分投资资本的方法，即

投资资本 = 运营所需的净营运资本 + 扣除累计折旧后的固定资产 + 运营所需的其他资产

$$(3.17)$$

净营运资本的计算方法是将应收账款和存货相加，然后减去与该特定投资相关的应付账款。一般情况下，单项投资会造成固定资产折旧，其折旧额可根据该项投资占全部投资的比例进行估算。运营所需的其他资产包括无形资产（如专利、商标、商誉）、长期投资以及其他对经营业务至关重要但不属于营运资本或固定资产的资产。

为了简单起见，在下面提供的示例中，我们假设税后净营业利润、库存和运营资产在三个不同的业务中是一致的。见表 3.5，应收账款和应付账款的变化会明显影响最终的投资资本回报率。应收账款数值越大，表明投资资本产生的销售额越多；应付账款数值越大，则表明公司利用了上游合作伙伴的资本进行投资。如果一家占主导地位的公司能显著延迟向上游实体支付款项，这种做法虽然可能会减少该公司未来在同一业务领域的可用资本，但其所需的投资资本将会很小，从而能实现更高的投资资本回报率。然而，这种做法是以牺牲上游合作伙伴的利益为代价的。

表 3.5　投资资本回报率杜邦分析的示例

项目	业务 1	业务 2	业务 3
税后净营业利润 / 百万美元	688	688	688
应收账款 / 百万美元	2,000	3,000	4,000
库存 / 百万美元	2,565	2,565	2,565
应付账款 / 百万美元	3,213	3,213	2,356
净营运资本 / 百万美元	1,352	2,352	4,209
运营资产 / 百万美元	1,321	1,321	1,321
投资资本 / 百万美元	2,673	3,673	5,530
投资资本回报率	26%	19%	12%

对单独的业务或交易采用上述的投资资本回报率分解法，有助于评估特定交易的盈利能力，也凸显了管理净营运资本在供应链金融中的重要性。因为所考虑的资本仅与特定项目或交易有关，所以在这一层面上计算投资资本的争议要比在公司总体层面上的小。我们将在第 5.8 节的案例研究中进一步说明这一点。

3.5 链式综合指标

迄今为止，我们已经详细介绍了一系列财务指标。然而，这些指标仅仅用于衡量单个企业的绩效，而在实施供应链金融方案时，通常会涉及包括银行在内的多家企业。因此，为了评估供应链金融对所有这些实体的总体影响，我们可能会采用下面要介绍的链式综合指标（Chain Aggregated Index，CAI）⊖。

3.5.1 绩效指标

在企业和个体投资层面，尽管其共同的目标是完成交易，但由于在供应链内存在纵向和横向的竞争，各方均希望在供应链金融交易中最大化自己的收益。鉴于每个企业在供应链中的相对主导地位，并假设没有企业会参与投资资本回报率为负的交易，因此在特定交易中提升供应链整体绩效的最优策略可以通过以下最大化加权几何平均值方式表示（用前缀"C"来表示"链式"）：

$$\text{C.ROIC}^{\text{Geometric}} = \left(\prod_{i=1}^{n} \text{ROIC}_i^{\theta_i} \right)^{1/\sum_{i}^{n} \theta_i} \tag{3.18}$$

式（3.18）类似于双方的纳什谈判结果，但扩展到包括供应链金融事件的所有参与者（如买家、卖家、银行、第三方物流公司和保险公司）中。其中，$\prod_{i=1}^{n} \text{ROIC}_i^{\theta_i}$ 表示 n 个 ROIC_i 的连续乘方，$\sum_{i}^{n} \theta_i$ 表示 n 个 θ_i 的总和；变量 θ_i 代表一个企业在交易中的"谈判力"，表示企业在供应链金融博弈中相对于其主导地位的"公平"份额。给定 $\sum_{i}^{n} \theta_i = n$，其中 n 是参与企业的总数，θ_i 的值能够影响我们对利率、溢价和贷款限额等供应链金融参数的讨论。如果所有公司都具有同等优势，θ_i 可以设置为 1；否则，θ_i 可能高于或低于 1。

类似的分析可以应用于公司层面的股东权益回报率（ROE）、资产回报率（ROA）、净资产回报率（RONA）和经济增加值（EVA），从而得出以下链式综合指标：

$$\text{C.ROE}^{\text{Geometric}} = \left(\prod_{i=1}^{n} \text{ROE}_i^{\theta_i} \right)^{1/\sum_{i}^{n} \theta_i}$$

$$\text{C.ROA}^{\text{Geometric}} = \left(\prod_{i=1}^{n} \text{ROA}_i^{\theta_i} \right)^{1/\sum_{i}^{n} \theta_i}$$

$$\text{C.RONA}^{\text{Geometric}} = \left(\prod_{i=1}^{n} \text{RONA}_i^{\theta_i} \right)^{1/\sum_{i}^{n} \theta_i}$$

⊖ 因为可能无法获得其他公司运营层面的会计和财务数据，对一家公司来说计算链式综合指标可能具有挑战性。此外，即使是公司层面的财务信息通常也无法实时获取，因此，这些链式综合指标的确定更可能是事后的，而不是事前的。

$$C.EVA^{Geometric} = \left(\prod_{i=1}^{n} EVA_i^{\theta_i}\right)^{1/\sum_{i}^{n}\theta_i}$$

无论供应链实体是否努力追求这些链式综合指标的最大化，也无论利润分配是否被认为是公平的，一个更高的链式综合指标通常表明供应链金融中的帕累托效应和光环效应更加明显。通常情况下，当利润分配被视为"更公平"（其他条件都相同）时，由此产生的链式综合指标可能更高，这意味着供应链参与方之间的关系更具有可持续性。因此，这些链式综合指标也会影响企业对供应链方案的选择。

> 更高的链式综合指标往往会引发供应链金融中的帕累托效应和光环效应，从而增强供应链参与方之间关系的可持续性。

虽然上述链式综合指标反映了供应链交易中所有企业的综合增长率，但极端值可能会严重扭曲最终结果。举例来说，如果一家公司的投资资本回报率（ROIC）接近零，那么 C.ROIC 的最终值可能会大幅降低。为了减轻这种异常值的影响，我们可以考虑采用加权算术平均值的方式，即

$$C.ROIC^{Arithmetic} = \sum_{i=1}^{n} \theta_i \times ROIC_i / \sum_{i}^{n} \theta_i$$

$$C.ROE^{Arithmetic} = \sum_{i=1}^{n} \theta_i \times ROE_i / \sum_{i}^{n} \theta_i$$

$$C.ROA^{Arithmetic} = \sum_{i=1}^{n} \theta_i \times ROA_i / \sum_{i}^{n} \theta_i$$

3.5.2 链式平等指标

如前所述，θ_i 越高表明企业 i 的预期回报越高，它通常受到企业在事件中的主导地位和谈判权的影响。本质上，纳什议价的核心原则是让更占优势的企业获得更大的收益，也就是说，θ_i 越高对企业 i 越有利。如果"公平"意味着所有利益相关者拥有相同的财务比率或"平等性"，那么 θ_i 应设为 1。

我们可以引入链式平等指标（Chain Equality Index）来评估供应链交易中所有企业的平等性。其计算公式为

$$\text{链式平等指标} = 1 - \left(\frac{\left(\prod_{i=1}^{n} ROIC_i\right)^{1/n}}{\sum_{i}^{n} ROIC_i / n}\right)^n \tag{3.19}$$

假设所有财务比率均为正值，则加权几何平均值小于加权算术平均值。例如，如果所有企业的 ROIC 值相等，那么最终的 C.ROIC 将与各企业的平均 ROIC 相等。如果 ROIC 值的离散性较大，则 C.ROIC 将低于 ROIC 平均值。因此，如果企业的财务比率存在显著差异，某些企业可能会比其他企业受益更多。从另一个角度来看，这些综合指标可以作为供应链企业间整体平等性的衡量指标。链式平等指标的值为 0，表示各公司之间完全平等，所有企业都拥有相同的财务比率。反之，链式平等指

标的值为 1，意味着供应链内部完全不平等。表 3.6 列出了这些指标的计算方法。

表 3.6 投资资本回报率链式综合指标计算表

企业代码	1	2	3	4	5
企业数量	5				
企业投资资本回报率（ROIC）	0.1	0.1	0.1	0.1	0.2
企业实力（权重）	1	1	1	0.5	1.5
加权财务比率	0.10	0.10	0.10	0.32	0.09
加权几何平均值（C.ROIC）	0.123				
未加权几何平均值（C.ROIC）	0.115				
未加权算术平均值（C.ROIC）	0.120				
链式平等指标（C.Equality）	0.196				
变异系数（CV）	0.333				

表 3.6 列出了涉及 5 个交易方的供应链金融交易数据，我们据此计算出 C.ROIC 的加权几何平均值为 0.123，链式平等指标为 0.196，属于偏低水平，这表明各企业的利润相对均衡或"公平"。

另一种衡量不平等性的方法是使用变异系数（Coefficient of Variation，CV）。CV 值越高，意味着企业之间的差距越大。在表 3.6 中，CV 值为 0.333，说明不平等现象不太显著。

3.6 总结

本章讨论了在供应链金融背景下财务分析的关键作用。通过评估和分解各种财务指标，我们可以深入了解公司的财务健康状况、效率和潜在风险领域。这些分析不仅有利于单个公司，还可以揭示供应链内不同实体之间的金融共生关系。

本章要点如下。

1. 财务报表
- 作为任何财务分析的核心，这些文件提供了公司财务健康状况的详细情况。
- 财务报表一般由资产负债表、利润表和现金流量表组成，分别反映公司的财务状况、绩效和流动性。
- 这些报表对于做出有关投资、运营和信贷的明智决策至关重要。

2. 利润和资产比率
- 这些比率（如股东权益回报率、资产回报率和投资资本回报率）可以让利益相关者评估公司相对于其股权、资产或投资资本的盈利能力和效率。
- 它们在决定公司运营效率和财务结构方面发挥着关键作用。
- 提供了有关公司如何有效地利用其资产或权益创造利润的见解。

3. 杜邦分析法
- 对股东权益回报率、资产回报率和投资资本回报率进行了详细分解，揭示了对公司盈利能力有贡献的因素。
- 可以更细致地了解公司的收益来源，有助于识别公司的优势和潜在风险。

4. 链式综合指标
- 这些综合指标旨在评估供应链金融对多个参与公司的整体影响。
- 这些指标在考虑供应链中每个实体的个体绩效的基础上，综合了各种财务比率。
- 它们有助于我们深入理解供应链关系的整体健康状况和可持续性，以及参与者之间利润分配的公平性。

3.7 练习

3.7.1 思考题

1. 财务报表的三个主要组成部分是什么？
2. 资产回报率衡量的是什么？
3. 采用杜邦分析法，将资产回报率分解为两个主要组成部分。
4. 如果一家公司的应收账款较高，表明其投资资本产生的销售额如何？
5. 为什么应付账款较高的公司投资资本回报率也很高？
6. 如果一家占主导地位的公司严重推迟向上游公司付款，会有什么潜在影响？
7. 定义投资资本回报率并解释其与运营效率之间的关系。
8. 根据文中所述，哪些常见做法可提高投资资本回报率？
9. 利润和资产比率在确定公司运营效率方面发挥了什么作用？
10. 杜邦分析法中的哪项财务指标反映了公司通过管理资产以产生收入的能力？

3.7.2 案例研究

五彩恒星电子公司供应链金融分析

背景：

五彩恒星电子公司（以下简称"五彩恒星"）是一家领先的电子设备制造商，产品包括手机和平板电脑等。随着公司业务的扩展，它必须与多家供应商、销售商和金融机构密切合作。为了优化财务状况并保持市场地位，五彩恒星决定利用本章所介绍的理论进行供应链财务分析。

场景：

2023 年，五彩恒星启动了一个新项目——生产高端平板电脑。为了确保项目成功，五彩恒星与以下公司进行合作。

1. 云洞平板：为平板电脑的生产提供原材料。
2. 科技星银行：为五彩恒星及其供应商提供融资解决方案。
3. 金盾保险：为运输和生产中的货物提供保险。
4. 小哥速运：确保产品及时交付。

五彩恒星有兴趣评估其决策对整个供应链的财务影响。

提供的数据：

根据现有的财务报表和数据来看：

- 五彩恒星的投资资本回报率（ROIC）为15%，税后净营业利润为100万美元。其应收账款为200万美元，应付账款为100万美元。有关应收账款和应付账款概念的定义可以参见本章及第4.2节的讨论。
- 云洞平板公司的投资资本回报率为10%。公司近期因需求增加而增加了应收账款，但应付账款一直保持不变。
- 科技星银行由于其利益多元化，投资资本回报率为12%。
- 鉴于金盾保险的行业性质，其投资资本回报率为8%，利润率较低。
- 小哥速运以其高效率而闻名，维持着11%的投资资本回报率。

问题：

1. 在这些供应链公司中，哪家的投资资本回报率最高？这对五彩恒星有什么影响？
2. 考虑到云洞平板公司的应收账款增加，这会如何影响其投资资本回报率？五彩恒星在未来的合作中应该考虑什么？
3. 假设所有公司的 θ_i 都为1，计算该供应链的链式绩效指标 C.ROIC。
4. 讨论计算出的链式绩效指标 C.ROIC 对五彩恒星及其合作伙伴的影响。
5. 计算该交易的链式平等指标。

3.8 附录：沃尔玛股份有限公司 2018—2020 年度财务报表

各报表见表 3.7~表 3.9。

表 3.7 合并资产负债表

项目	截至 1 月 31 日 年度		
	2020 年	2019 年	2018 年①
	（以百万美元计）		
资产			
流动资产:			
现金及现金等价物	9,465	7,722	
应收账款净额	6,284	6,283	
存货	44,435	44,269	
预付费用及其他	1,622	3,623	
流动资产总额	61,806	61,897	
物业及设备净额	105,208	104,317	
经营租赁使用权资产	17,424	—	
融资租赁使用权资产净额	4,417	—	
资本租赁和融资债务下的财产净额	—	7,078	
商誉	31,073	31,181	
其他长期资产	16,567	14,822	

（续）

项目	截至 1 月 31 日年度		
	2020 年	2019 年	2018 年①
	（以百万美元计）		
资产总额	236,495	219,295	
负债及权益			
流动负债：			
短期借款	575	5,225	
应付账款	46,973	47,060	
应计负债	22,296	22,159	
应计所得税	280	428	
一年内到期的长期债务	5,362	1,876	
一年内到期的经营租赁债务	1,793	—	
一年内到期的融资租赁债务	511	—	
一年内到期的资本租赁及融资债务	—	729	
流动负债总额	77,790	77,477	
长期债务	43,714	43,520	
长期经营租赁债务	16,171	—	
长期融资租赁债务	4,307	—	
长期资本租赁及融资债务	—	6,683	
递延所得税及其他	12,961	11,981	
承诺及或有事项			
权益：			
普通股	284	288	
超过面值的资本	3,247	2,965	
未分配利润	83,943	80,785	
累计其他综合收益	-12,805	-11,542	
沃尔玛股东权益总额	74,669	72,496	
非控制性权益	6,883	7,138	
权益总额	81,552	79,634	
负债及权益总额	236,495	219,295	

① 沃尔玛 2020 年年报中缺少 2018 年合并资产负债表的数据。有兴趣获取缺失数据的读者可参考沃尔玛 2019 年年报或其他相关资料。

表 3.8 合并利润表

项目	截至 1 月 31 日年度		
	2020 年	2019 年	2018 年
	（以百万美元计）		
收入：			
销售净收入	519,926	510,329	495,761
会员及其他收入	4,038	4,076	4,582
总收入	523,964	514,405	500,343
成本及费用：			
销售成本	394,605	385,301	373,396
经营、销售、一般及行政费用	108,791	107,147	106,510

（续）

项目	截至1月31日年度		
	2020年	2019年	2018年
	（以百万美元计）		
经营利润	20,568	21,957	20,437
利息：			
债务	2,262	1,975	1,978
融资、资本租赁和融资债务	337	371	352
利息收入	−189	−217	−152
利息净额	2,410	2,129	2,178
债务清偿损失	—	—	3,136
其他（收益）及损失	−1,958	8,368	—
税前利润	20,116	11,460	15,123
所得税费用	4,915	4,281	4,600
合并净利润	15,201	7,179	10,523
归属于非控制性权益的合并净利润	−320	−509	−661
归属于沃尔玛的合并净利润	14,881	6,670	9,862

表3.9　合并现金流量表

项目	截至1月31日年度		
	2020年	2019年	2018年
	（以百万美元计）		
经营活动产生的现金流量：			
合并净利润	15,201	7,179	10,523
将合并净利润调整为经营活动产生的现金流量净额：			
折旧及摊销	10,987	10,678	10,529
未实现（收益）及亏损	−1,886	3,516	—
处置经营活动的（收益）及损失	15	4,850	—
阿斯达退休金费用	−1,036	—	—
递延所得税	320	−499	−304
债务清偿损失	—	—	3,136
其他经营活动	1,981	1,734	1,210
特定资产及负债变动（扣除收购效应）：			
应收账款净额	154	−368	−1,074
存货	−300	−1,311	−140
应付账款	−274	1,831	4,086
应计负债	186	183	928
应计所得税	−93	−40	−557
经营活动产生的现金流量净额	25,255	27,753	28,337
投资活动产生的现金流量：			
为物业及设备支出的现金	−10,705	−10,344	−10,051
物业及设备的处置收益	321	519	378
特定经营活动的处置收益	833	876	1,046
为企业收购支付的现金（扣除获得的现金）	−56	−14,656	−375
其他投资活动	479	−431	−77

（续）

项目	截至 1 月 31 日年度		
	2020 年	2019 年	2018 年
	（以百万美元计）		
投资活动所用的现金流量净额	-9,128	-24,036	-9,079
筹资活动产生的现金流量：			
短期借款变动净额	-4,656	-53	4,148
长期债务发行收益	5,492	15,872	7,476
偿还长期债务	-1,907	-3,784	-13,061
为清偿债务而支付的溢价	—	—	-3,059
支付股息	-6,048	-6,102	-6,124
购买公司股票	-5,717	-7,410	-8,296
向非控制性权益支付的股息	-555	-431	-690
非控制性权益的购买	—	—	-8
其他筹资活动	-908	-629	-261
筹资活动所用的现金流量净额	-14,299	-2,537	-19,875
汇率变动对现金、现金等价物及受限制现金的影响	-69	-438	487
现金、现金等价物及受限制现金的增加（减少）净额	1,759	742	-130
年初现金、现金等价物及受限制现金	7,756	7,014	7,144
年末现金、现金等价物及受限制现金	9,515	7,756	7,014

3.9 参考资料

Airbus. (2022). *Financial Results*. https://www.airbus.com/en/investors/financial-results-annual-reports. Accessed September 5, 2022.

Associated Press. (2018). *Sears Files for Chapter 11 Bankruptcy Protection Amid Plunging Sales, Massive Debt*. https://www.nbcnews.com/business/business-news/sears-files-chapter-11-amid-plunging-sales-massive-debt-n920011. Accessed April 1, 2020.

Boeing. (2022). *Quarterly Reports*. https://investors.boeing.com/investors/reports/. Accessed September 5, 2022.

China Briefing. (2022). *China's Accounting Standards*. https://www.china-briefing.com/doing-business-guide/china/accounting-and-operations/accounting-standards. Accessed December 2, 2022.

Crail, C. & Main, K. (2022). *Generally Accepted Accounting Principles (GAAP) Guide*. https://www.forbes.com/advisor/business/generally-accepted-accounting-principles-gaap-guide/. Accessed December 11, 2022.

Damodaran, A. (2007). *Damodaran, Aswath, Return on Capital (ROC), Return on Invested Capital (ROIC) and Return on Equity (ROE): Measurement and Implications*. Available at SSRN: https://ssrn.com/abstract=1105499/. Accessed December 21, 2022.

D'innocenzio, A. (2020). *Pandemic Claims Another Retailer: 118-Year-Old J.C. Penney*. https://apnews.com/article/virus-outbreak-tx-state-wire-business-wy-state-wireap-top-news-c1c81cf36150f0586993e8bd15410b10. Accessed January 9, 2024.

European Commission. (2023). *What the EU Is Doing and Why.* (2023). https://finance.ec.europa.eu/capital-markets-union-and-financial-markets/company-reporting-and-auditing/company-reporting/financial-reporting_en. Accessed December 2, 2023.

Goldratt, E. M., & Cox, J. (2016). *The Goal: A Process of Ongoing Improvement.* Routledge.

Hayes, A. (2023). *Return on Capital Employed (ROCE): Ratio, Interpretation, and Example.* https://www.investopedia.com/terms/r/roce.asp. Accessed November 3, 2023.

Higgins, R. C., Koski, J. L., & Mitton, T. (2018). *Analysis for Financial Management* (12th ed.). McGraw Hill Education.

Oikarainen, E. (2022). *The DuPont Formula Helps Understand the Dynamics of Value Creation.* https://www.inderes.dk/en/articles/the-dupont-formula-helps-understand-the-dynamics-of-value-creation. Accessed May 5, 2022.

Walmart. (2022). *Quarterly Reports.* https://stock.walmart.com/financials/quarterly-results/default.aspx. Accessed November 23, 2023.

Wikipedia. (2019). *Return on Equity.* https://en.wikipedia.org/wiki/Return_on_equity. Accessed July 7, 2019.

Wikipedia. (2023). *DuPont Analysis.* https://en.wikipedia.org/wiki/DuPont_analysis. Accessed June 6, 2023.

Yhumita, S. R. (2022). The Effect of Return on Assets, Return on Equity, Current Ratio, and Debt to Equity Ratio on Stock Return on Coal Sub-Sector Companies Listed on the Indonesia Stock Exchange, 2017-2021. In *Journal of World Conference* (JWC) (Vol. 4, No. 6, pp. 300-305).

第 4 章 营运资本管理

- 学习目标

1. 了解营运资本在日常运营中的作用以及流动资产和负债之间的平衡。
2. 探索从资源投资到现金回收的现金转换周期。
3. 评估现金转换周期对零售流动性、财务健康和商业道德的影响。
4. 识别和评估流动性指数,衡量公司在短期内偿还债务的能力以及行业差异。

- 摘要

本章探讨了营运资本管理的复杂机制,强调了平衡流动资产和负债对于实现日常无缝运营的重要性。为了让读者对现金转换周期有更透彻的理解,本章强调了从最初的资源投资到销售收入现金化的时间框架,特别关注这一周期对零售业的动态影响,并强调其对财务健康和道德方面的管理启示。此外,本章还介绍了一些关键的流动性指标,探讨了这些指标在评估公司解决短期债务能力方面的作用,以及它们在不同行业的比较意义。

4.1 导言

传统的供应链管理通常侧重于企业的生产、库存和销售(见图 4.1 下半部分)。然而,在供应链管理中,尤其是在考虑供应链金融时,财务和现金流管理一直扮演着不可替代的重要角色。

如图 4.1 所示,当公司与供应商结清材料订单的货款时,其现金水平会相应降低。固定资产投资用于生产流入库存的产品。随着时间的推移,这些投资会作为折旧记入会计账簿,并期待未来产生回报。产品上市后,现金水平激增。虽然利润并不直接等同于现金流,但现金流对于任何公司都是至关重要的生命线。因此,确保稳健的现金流对于企业降低违约风险至关重要。即使一家公司盈利,但如果缺乏足够的现金来偿还到期债务、支付工资或履行其他义务,也可能面临破产的风险。因此,在追求利润最大化的同时,保持健康的现金流应该是其首要考虑因素。这一点在 2007—2009 年的全球金融危机和 2020 年的新冠疫情暴发期间表现得尤为明显。

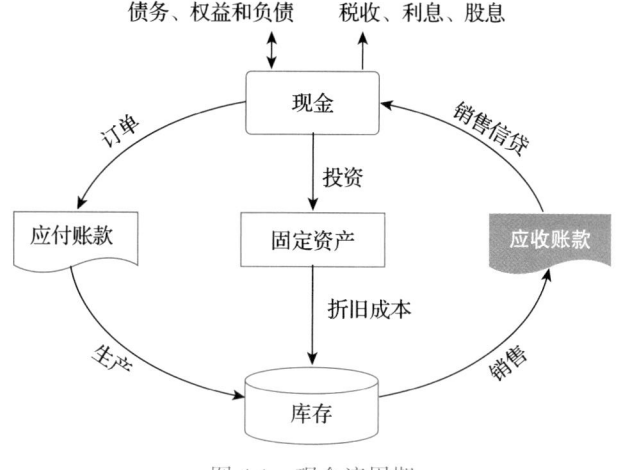

图 4.1 现金流周期

资料来源：改编自 Higgins et al. (2018)。

4.2 现金和营运资本

现金对于经营任何业务都至关重要。虽然营运资本不等同于现金，但它通常可以在短期内转换成现金，尽管是否成功转换并不总是有保障的。例如，一家公司可能需要数年时间才能抛售完它的库存，甚至在最糟糕的情况下，不得不勾销库存㊀。

4.2.1 应收账款和应付账款

除了库存外，应收账款（Accounts Receivable，AR）也是流动资产的重要组成部分。它在公司允许客户赊购产品的情况下产生，代表了公司因向客户提供产品或服务而欠下的可以依法强制执行的金额。通常情况下，应收账款以发票的形式存在，客户应根据双方约定的付款条款结账。

发票通常罗列出销售详情、已收到的产品金额，以及根据规定付款条款应支付的未付金额。应收账款账龄分析（Accounts Receivable Age Analysis）通常也被称为应收账款账簿（Debtors Book），它可以根据应收账款到期期限进行细分，比如当期、30 天、60 天、90 天或更长时间。

> 在供应链营运资金的应付账款、应收账款和库存这三个要素中，高管往往将重点放在库存上。然而，要在充满挑战的时期最大限度地减少营运资金需求，就必须采用一种协调的方法来同时解决这三个方面的问题。
>
> ——《华尔街日报》，2020 年 4 月 14 日

相反，应付账款（Accounts Payable，AP）是流动负债的重要组成部分。与应收账款代表客户欠公司的款项相对应，应付账款是公司欠供应商的采购产品或服务的

㊀ 例如，2001 年 4 月，思科系统（Cisco Systems）公司因需求预测过高而核销了 25 亿美元的存货。

费用，在法律上可以强制执行。同一笔交易中卖家应收账款与买家应付账款在价值上是一致的，两者会同时得到确认。

一旦发票获得付款批准，应付账款就会被记录在案，并作为未清偿债务记录在应付账款分类账中。为了优化现金流，公司通常会在尽可能接近到期日时再结算这些应付未付款项。在公司的现金流量表中可以观察到应收账款和应付账款的波动。

4.2.2 营运资本

营运资本（Working Capital，WC）是用于衡量企业营运资金流动性的财务指标。通常，营运资本管理涵盖库存管理、应收账款管理以及现金管理。其计算基于企业的流动资产和流动负债总额，即

$$营运资本 = 流动资产 - 流动负债 \tag{4.1}$$

净营运资本（Net Working Capital）是另一个密切相关且经常使用的概念，其计算公式为

$$净营运资本 = 应收账款 + 库存 - 应付账款 \tag{4.2}$$

相较于标准营运资本，净营运资本不包括现金、其他短期资产以及负债。简言之，如果企业能够快速收取来自买家的付款，同时延长向卖家支付款项（即应付账款）的时间，则其净营运资本会增加。鉴于其重要性，应收账款和应付账款的付款条件成为供应链金融中买卖双方的核心谈判点。在与实力较弱的合作伙伴进行交易时，主导地位的供应链实体有时可能会利用付款条件来欺压对方，以谋取自身利益。

尽管增加库存有助于提高净营运资本价值，但持续保持较高的库存水平对公司而言并非总是有利可图的。因此，公司应该谨慎对待利用库存来人为抬高净营运资本的情况。如果公司不能加快出售库存以履行其短期债务义务，就可能面临流动性风险问题。

以波音公司为例，其2019年的营运资本[⊖]为

$$102{,}229 \text{ 百万美元} - 97{,}312 \text{ 百万美元} = 4{,}917 \text{ 百万美元}$$

这个规模的营运资本对于波音公司这样的巨头来说并不算高昂。然而，波音公司的营运资本从2018年的62.4亿美元急剧下降，尽管其现金从2018年的76.37亿美元上升至2019年的94.85亿美元，但其库存和应付账款也在大幅增加。

综合来看，各公司应付账款总额等于其应收账款总额，加之它们的累计库存也为正值，则净营运资本总额仍为正值。从这个角度来看，一家公司拥有的净营运资本为正是正常的。对于大多数企业来说，营运资本为正对于确保供应链内运营的可持续性和盈利能力是必不可少的前提条件。

经常出现的负营运资本表明该公司善于从应收账款中快速积累现金，但大大推迟了应付账款的现金流出，以至于完全抵消了库存。例如，订阅服务提供商通常在内容交付之前收取订阅费，通常手头上的库存很少或根本没有库存。在阿里巴巴的淘宝平台上，消费者在购买时付款，但不持有库存的淘宝会延迟向卖家汇款。因此，一家公司的营运资本是正还是负可能取决于其商业模式。

⊖ 有关空中客车、波音和沃尔玛数据的详细信息，请参阅第3章。

除非一家公司的商业模式具有压倒性优势，否则保持营运资本为负可能会带来麻烦。当一家公司的营运资本出现负数时（也被称为营运资本不足或赤字），就意味着流动性紧缩，这通常是因为库存水平与历史平均水平相比严重偏低，或者是因为应收账款因销售额下降而减少。这种不足可能会危及未来的信贷，因此应该给大多数实体企业敲响警钟。从另外一个角度看，在淘宝的案例中，拖延向在线供应商付款会使大多数规模较小的企业的运营成本上升，这样可能会损害它们的服务质量甚至产品标准，最终对淘宝自身的长期发展产生不利的影响。本质上，由负净营运资本驱动的商业模式是以牺牲其他利益相关者为代价的，可能会危及整个供应链的效率。

> 以负净营运资本运营的商业模式可能会对其他商业伙伴不利，甚至可能损害整个供应链的绩效。

4.2.3 自由现金流

自由现金流（Free Cash Flow，FCF）通常也被称为企业自由现金流，它衡量的是公司的盈利能力，涵盖了折旧、摊销等非现金费用，但扣除了营运资本变化和固定资产等资本货物费用（资本支出，Capital Expenditure，CapEx）。目前有多种计算自由现金流的方法，其中一个常用的公式为

$$自由现金流 = 税前利润 \times (1 - 税率) + 折旧与摊销 - 营运资本变动 - 资本支出 \tag{4.3}$$

与净利润不同，除了税前利润和折旧与摊销外，自由现金流还考虑了资本支出和营运资本变动。自由现金流体现了公司能够提取并分配给证券持有人和债权人的现金流部分，而不会对公司的持续经营产生不利影响。因此，如果自由现金流和资本支出呈上升趋势，股票价值也会随之增加。

4.3 现金转换周期

现金转换周期（Cash Conversion Cycle，CCC）将库存、应收账款和应付账款融合在一起，是一个综合性概念。

4.3.1 存货周转天数

库存是企业的重要资产之一，它包括用于产品创造的原材料、在制品或部分产成品，以及可供销售的完工产品。

1. 库存测度

库存测度可以采用三种主要方法：先进先出法（First-In，First-Out，FIFO）、后进先出法（Last-In，First-Out，LIFO）和加权平均法（Weighted Average Method）。

（1）先进先出法。采用先进先出法时，不管实际售出的是哪些项目，最早获得的库存项目被记录为已售出。因此，库存的账面成本以最近购置的物品计算。一旦该库存售出，该库存的账面成本即被指定为销货成本（如利润表中的COGS所示）。

下面以公司 A 的库存为例,按照采购时间排序,最早的项目在左侧。

单位数量/套	50	100	150
单位成本/美元	10	11	12

库存总成本合计为:(50 × 10 + 100 × 11 + 150 × 12) 美元 = 3,400 美元。如果公司 A 在 5 月卖出 80 套商品,根据先进先出法,卖出后的 COGS 将为 (50 × 10 + 30 × 11) 美元 = 830 美元。剩余库存的账面成本为:(3,400 − 830) 美元 = 2,570 美元。

对于易腐物品,在考虑商品在过期后必须从库存中剔除的情况下,可以使用先到期先出法(First Expired,First Out,FEFO)代替先进先出法。

(2)后进先出法。在后进先出法中,最新获得的库存项目首先被视为已售项目,这意味着存货的账面成本由最早购买或取得的项目确定。以上述例子为例,如果公司 A 在 5 月按照后进先出法售出 80 套商品,则已售商品的成本将为 (80 × 12) 美元 = 960 美元。剩余库存的账面成本为:(3,400 − 960) 美元 = 2,440 美元。

值得注意的是,后进先出法主要流行于美国。20 世纪 70 年代,一些美国公司将后进先出法作为在通货膨胀期间减少所得税的一种策略。先进先出法和后进先出法之间的剩余库存差额被称为后进先出法储备金(LIFO Reserve),在上述例子中为:(2,570 − 2,440) 美元 = 130 美元。这个储备金代表公司 A 可以通过后进先出法递延的应纳税所得额。然而,《国际财务报告准则》禁止采用后进先出法,因此大多数公司仍然普遍采用先进先出法。

(3)加权平均法。另一种可行的方法是加权平均法,它根据给定会计期间所有商品和材料的平均成本确定存货成本和已售商品成本。

2. 存货周转率

存货周转率(Inventory Turnover Rate,ITR)是反映特定会计期间内库存管理效率的基本指标之一。其定义为

$$存货周转率 = \frac{销货成本}{平均存货成本} \tag{4.4}$$

其中,销货成本采用先进先出法或其他相关方法确定;平均存货成本既可以基于期末平均库存,也可以基于期初和期末存货成本的均值。

以公司 A 为例,假设特定年份的销货成本为 198,495 美元,平均存货成本为 20,050 美元,则计算结果为

$$存货周转率 = \frac{198,495 美元}{20,050 美元} = 9.9$$

该结果表明公司 A 当年的存货周转率为 9.9 次。

通过存货周转率,我们可以了解一家公司销售库存的速度,并据此衡量其库存管理的效率。较高的存货周转率通常受到青睐,因为这意味着销售活跃。更快速的存货周转意味着每件商品的平均存货成本更低。然而,需要注意的是,若存货周转率较高,则需要及时补充库存,以避免库存短缺(即缺货)。

我们必须认识到,在比较类似业务的存货周转率时,提高存货周转率不应损害投资回报率和盈利能力。如需进一步了解行业存货周转率,可参考表 4.1 中各行业板

块的存货周转率排名。

表 4.1　2020 年存货周转率行业排名

排名	行业	存货周转率（次）
1	公用事业	451.74
2	金融	209.36
3	服务	32.85
4	运输	16.27
5	科技	10.02
6	零售	8.95
7	能源	8.19
8	非必需消费品	7.44
9	非周期性消费品	7.16
10	基础材料	5.39

资料来源：csimarket.com。

3. 存货周转天数

存货周转天数（Days Inventory Outstanding，DIO）为分析存货周转提供了一个反向视角，其定义为

$$存货周转天数 = \frac{365 天}{存货周转率} = \frac{平均存货成本}{销货成本} \times 365 天 \quad (4.5)$$

存货周转天数也被称为存货销售天数（Days Sales of Inventory，DSI）、存货天数（Days in Inventory，DII）或存货平均账龄（Average Age of Inventory），它表示公司当前库存在不进行任何补货的情况下可持续销售的天数。

对于标准普尔 1500 指数（S&P1500 Index）中的公司而言，2011—2018 年间，它们的平均存货周转天数在 63 天左右。有趣的是，小公司的平均存货周转天数比大公司长约 6 天。这种差异意味着规模较小的公司的平均运营效率低于规模较大的公司。

以公司 A 为例：

$$存货周转天数 = \frac{365 天}{9.9} = 36.9 天$$

这表明公司 A 的平均库存可维持 36.9 天的销售而不需要补货。

对于 2019 年的波音公司而言，销售商品（包括产品和服务）的综合成本为

$$(62,877 + 9,154) \text{ 百万美元} = 72,031 \text{ 百万美元}$$

考虑到库存为 766.22 亿美元，其存货周转天数计算为

$$存货周转天数 = \frac{76,622 \text{ 百万美元}}{72,031 \text{ 百万美元}} \times 365 天 = 388.3 天$$

虽然 388.3 天的存货周转天数似乎很多，但考虑到组装飞机通常需要较长的持续时间，这似乎也是可以理解的。

4.3.2 应收账款周转天数和周转率

公司管理应收账款的效率体现在收款期上,即从赊销日期到收到客户付款之间的平均天数。

1. 应收账款周转天数

上述收款期也称为应收账款天数(Days Sales In Accounts Receivable)或应收账款周转天数(Days Sales Outstanding,DSO),其计算公式为

$$应收账款周转天数 = \frac{平均应收账款}{日均赊销额} \quad (4.6)$$

在这个公式中,出于计算方便或数据受限的原因,平均应收账款(Average Accounts Receivable)有时可用期末应收账款(End Accounts Receivable)代替,日均赊销额(Credit Sales per Day)则可以用日均净销售额(Average Net Sales per Day)近似代替。

公司的应收账款周转天数可以与其竞争对手的进行比较,以评估其应收账款回收的效率。应收账款周转天数的数值越低越好,即表明收款速度更快,从而为公司提供更多可用现金。较高的应收账款周转天数意味着从客户处收取的时间较长,可能会对现金流产生负面影响。尽管波动的应收账款周转天数可能会引发担忧,但可预测的季节性因素会降低这方面的不确定性。

以波音公司为例,其 2019 年资产负债表(参见表 3.1)上的应收账款总额为 123.09 亿美元,包括应收账款净额和未开单应收账款净额。假设现金在净销售额中所占比例微不足道,则日均赊销额可近似为日均净销售额(765.59 亿美元/365 天)。因此,波音公司 2019 年的应收账款周转天数为

$$应收账款周转天数 = \frac{12{,}309 百万美元}{76{,}559 百万美元/365 天} = 58.7 天$$

这表明,2019 年波音公司从销售到收到相应款项的平均延迟时间为 58.7 天。值得注意的是,这一应收账款周转天数明显高于公司过去十年的平均水平[○]。此外,它也远高于波音公司主要客户(航空公司)15.9 天的平均应收账款周转天数。

表 4.2 展示了 2019 年应收账款周转天数行业排名。由此可见,典型的应收账款周转天数可能因行业而异,并受业务类型和结构的影响。

表 4.2 2019 年应收账款周转天数行业排名

排名	行业	应收账款周转天数 / 天
1	百货与折扣零售	1.1
2	邮轮与度假服务	6.7
3	杂货店	9.3
4	批发业	12.4
5	烟草业	13.6

○ 其他分析表明,在 2012—2019 年期间波音公司的应收账款周转率稳步上升。

(续)

排名	行业	应收账款周转天数/天
6	炼油业	15.1
7	航空业	15.9
8	科技零售业	16.0
9	餐饮业	17.7
10	专业零售业	20.1

资料来源：csimarket.com。

对于标准普尔1500指数中的公司而言，2011—2018年期间的平均应收账款周转天数约为50天，并在这段时间内显示出了轻微恶化的趋势。在这些公司中，小公司的应收账款周转天数仅比大公司多约2天。因此，波音公司的应收账款周转天数落后于其他标准普尔1500指数公司的平均水平。

2. 应收账款周转率

我们可以将应收账款周转率（Accounts Receivable Turnover Ratio）定义为

$$应收账款周转率 = \frac{赊销额}{应收账款} \quad (4.7)$$

应收账款周转率衡量一家公司在收取客户所欠应收账款方面的效率。应收账款周转率越高，表明现金流越好，因此越受欢迎。

以2019年波音公司为例，计算公式为

$$应收账款周转率 = \frac{76,559百万美元}{12,309百万美元} = 6.22$$

2019年航空业平均应收账款周转率约为22.99（见表4.3）。因此，波音公司的应收账款周转率明显低于航空公司的平均水平。

表4.3　2019年应收账款周转率行业排名

排名	行业	应收账款周转率（次）
1	百货与折扣零售	325.86
2	邮轮与度假服务	54.24
3	杂货店	39.19
4	批发业	29.52
5	烟草业	26.76
6	炼油业	24.18
7	航空业	22.99
8	科技零售业	22.79
9	餐饮业	20.59
10	专业零售业	18.14

资料来源：csimarket.com。

根据应收账款周转天数和应收账款周转率的定义，以2019年波音公司的数据为

例，它们之间的关系为

$$应收账款周转天数 = \frac{365天}{应收账款周转率} = \frac{365天}{6.22} = 58.7天$$

4.3.3 应付账款周转天数

应付账款周转天数（Days Payable Outstanding，DPO）也称为应付账款期，表示公司与债权人结算未付应付账款所需的平均时间。其计算公式为

$$应付账款周转天数 = \frac{应付账款}{日均赊购额} \tag{4.8}$$

应付账款周转天数是衡量公司负债情况的一个指标。该指标较高的公司可以利用这一点，在结算应付账款之前利用现金进行短期投资。然而，提高应付账款周转天数可能会对上游企业不利，因为它们可能因资金紧张而导致供应链中断。因此，应付账款周转天数较长的公司可能会被视为"坏客户"。

对于外部观察者来说，确定赊购额的确切数值并不容易。我们可以使用利润表中的销售商品成本进行近似计算。以 2019 年波音公司为例，其资产负债表中的应付账款金额为 155.53 亿美元，而销售商品（包括产品和服务）的总额为 (62,877 + 9,154) 百万美元 = 72,031 百万美元，则应付账款周转天数为

$$应付账款周转天数 = \frac{15,553百万美元}{72,031百万美元 / 365天} = 78.8天$$

与波音公司 2019 年 58.7 天的应收账款周转天数相比，显然波音在飞机行业中占据主导地位。这体现在波音从供应商处采购产品后，平均延迟 78.8 天才付款，而同时能够在较短的 58.7 天内收回应收账款。

有研究显示，2011—2018 年期间，标准普尔 1500 指数公司的平均应付账款周转天数约为 47 天，并且在此期间略有恶化。有趣的是，大型公司的应付账款周转天数比小型公司的要长约 13 天，这可能要归因于大型公司在市场上的主导地位。

4.3.4 现金转换周期

存货周转天数、应收账款周转天数和应付账款周转天数分别反映了营运资本管理的不同方面。如果将这些因素综合考虑，就能更全面地分析公司的现金管理情况。

首先，我们可以将企业的营业周期定义为存货周转天数和应收账款周转天数的总和，即

$$营业周期 = 存货周转天数 + 应收账款周转天数 \tag{4.9}$$

考虑到较短的存货周转天数和应收账款周转天数更为理想，缩短营业周期是一个明智的选择。以 2019 年波音公司为例，其营业周期为：388.3 天 + 58.7 天 = 447 天，这意味着其平均现金占用时间为 447 天。如前所述，波音公司可以将向供应商支付现金的时间延长至 78.8 天（应付账款周转天数）。然而，波音公司极长的存货周转天数完全抵消了其较长的应付账款周转天数所能带来的缓解现金紧张状况的好处。

将存货周转天数、应收账款周转天数和应付账款周转天数整合起来,我们就可以得到公司的现金转换周期(Cash Conversion Cycle,CCC),即

现金转换周期 = 存货周转天数 + 应收账款周转天数 − 应付账款周转天数　(4.10)

现金转换周期又称现金循环周期、现金到现金周期(Cash-to-Cash Cycle,C2C Cycle)、营运资本周期(Working Capital Cycle)、净营业周期(Net Operating Cycle),或简称现金周期(Cash Cycle)。它表示公司将库存投资转换为现金所需的持续时间,进而可以评估公司在运营、库存管理和现金处理方面的实力。

存货周转天数、应收账款周转天数、应付账款周转天数和现金转换周期之间的关系如图 4.2 所示。

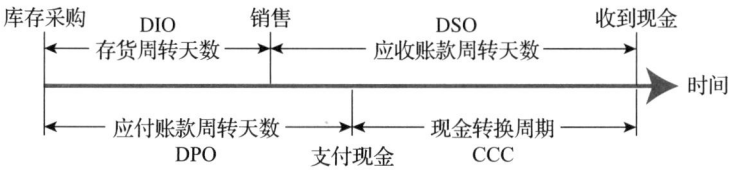

图 4.2　现金转换周期示意图

现金转换周期的增加意味着公司需要更长的时间来将库存采购转化为销售,并最终实现现金收入。这可能是因为公司的资金在库存、生产和销售阶段被大量占用了。为了缩短现金转换周期,公司应努力减少存货周转天数和应收账款周转天数,同时在商业道德允许的范围内适当延长应付账款周转天数。

以 2019 年波音公司为例,相关数据如下。

- 存货周转天数为 388.3 天。
- 应收账款周转天数为 58.7 天。
- 应付账款周转天数为 78.8 天。

因此,波音公司 2019 年现金转换周期为

现金转换周期 = (388.3 + 58.7 − 78.8) 天 = 368.2 天

如图 4.3 所示,在 2009—2019 年期间,波音公司的现金转换周期持续增长并呈现出不断恶化的趋势。

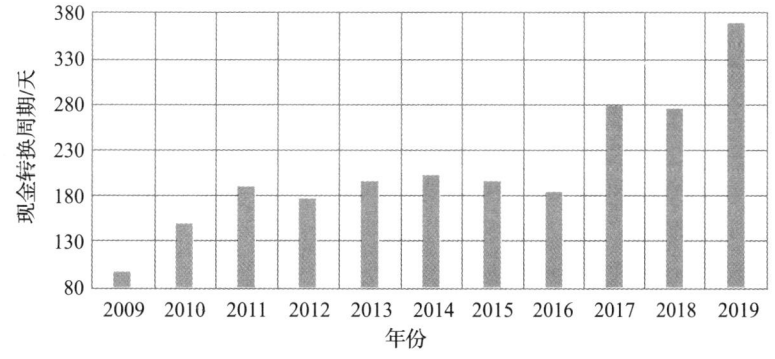

图 4.3　波音公司 2009—2019 年的现金转换周期

资料来源:原始数据来自波音公司年度报告。

图 4.4 展示了 2011—2018 年标准普尔 1500 指数公司的平均现金转换周期，可见该指标在此期间整体上也呈上升趋势。然而，波音公司 2019 年的现金转换周期明显高于标准普尔 1500 指数公司的平均水平。

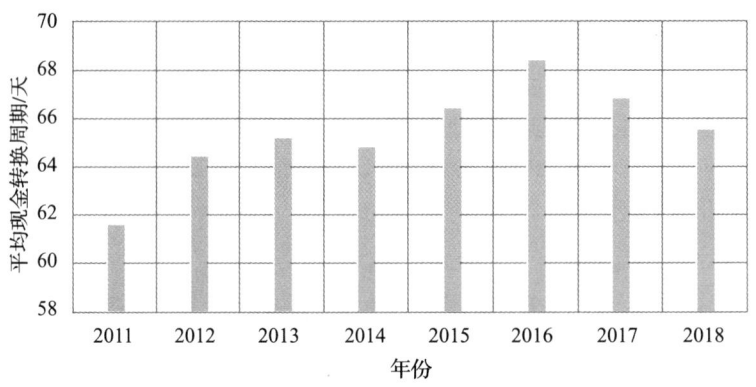

图 4.4　2011—2018 年标准普尔 1500 指数公司的平均现金转换周期

资料来源：原始数据来自摩根大通 2020 年营运资本指数（JPMorgan，2021）。

4.4 零售业现金转换周期的影响

对跨越不同时间段的现金转换周期进行评估，并将其与标杆企业进行对比，是一项非常有益的尝试。从直观角度来看，要使商业模式具有可持续性，现金转换周期值越低越好。然而，如果一家公司的低现金转换周期是以从其供应链合作伙伴那里获取最大利润为前提的，那么从长期来看，这样的低现金转换周期值就不太可能长期持续下去。因此，从利益最大化的角度出发，供应链内的企业应协调其现金转换周期，确保所有参与方实现互惠互利。

4.4.1　主要零售商的现金转换周期

本节介绍并对比了沃尔玛、亚马逊、阿里巴巴、京东等主要零售商的现金转换周期。沃尔玛、亚马逊是美国最大的零售商，阿里巴巴运营着包括淘宝网（Taobao.com）、天猫网（Tmall.com）在内的中国最具规模的零售平台。相比之下，京东（JD.com）是一家在中国非常有影响力的在线零售商，它像亚马逊那样维持着自己的库存和物流体系。除非另有说明，本节中的所有数据均来自 finbox.com 网站（数据最后更新和访问时间为 2022 年 10 月 26 日）。

如图 4.5 所示，2013 年 1 月—2022 年 1 月期间，沃尔玛的现金转换周期呈下降趋势，从前四年超过 10 天下降到后四年的不足 3 天，这表明沃尔玛的现金转换周期在此阶段有所改善（平均现金转换周期仅为 6.5 天）。考虑到沃尔玛对全球供应链的依赖，以及将产品从海外运往当地市场所需的漫长时间（例如，考虑海运、当地运输和上架时间，需要 30~40 天），这表明沃尔玛可能会利用其市场主导地位，大幅延迟向供应商付款。例如，沃尔玛在 2021 财年报告的应收账款为 82.8 亿美元，存货为 565.11 亿美元，应付账款为 552.61 亿美元。这意味着沃尔玛可能会推迟向供应商付款，几乎直到产品到达终端消费者，而这之前的所有费用都由供应商来承担。

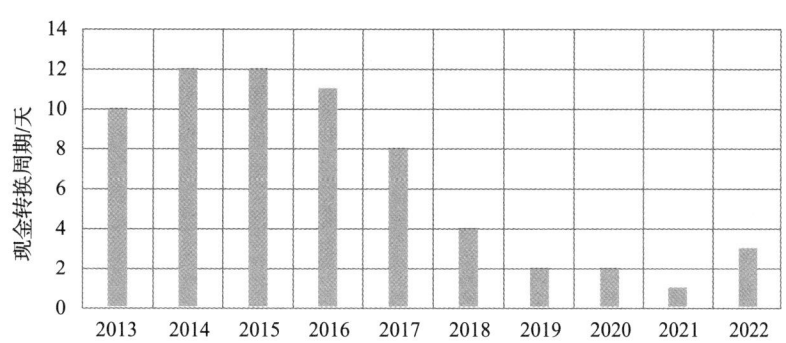

图 4.5 2013 年 1 月—2022 年 1 月沃尔玛的现金转换周期

图 4.6 中趋势显示，亚马逊在零售业的主导地位更加明显。2012 年 12 月—2021 年 12 月，亚马逊的平均现金转换周期为 –33.8 天。深入研究亚马逊 2021 年的资产负债表可以发现，其应收账款为 265 亿美元，库存为 317.58 亿美元，应付账款为 786.64 亿美元[一]。

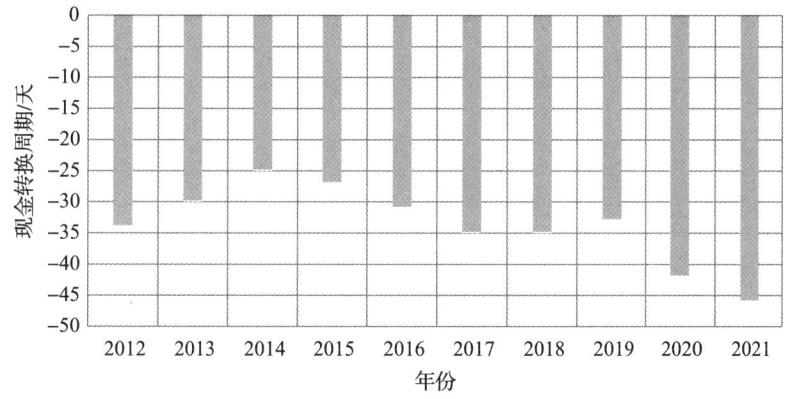

图 4.6 2012 年 12 月—2021 年 12 月亚马逊的现金转换周期

以下是亚马逊与沃尔玛的比较。

尽管亚马逊的注册销货成本较沃尔玛少（2,494.35 亿美元对比 4,183.42 亿美元），但其应付账款更为可观（786.64 亿美元对比 552.61 亿美元）。这意味着，亚马逊甚至比沃尔玛更严重地推迟向供应商付款，可能导致供应商关系更不平衡。若将沃尔玛的销货成本（4,183.42 亿美元）和净销售额（5,699.62 亿美元）与亚马逊的数据（销货成本 2,494.35 亿美元和净销售额 4,698.22 亿美元）并列计算，则亚马逊的利润率明显高于沃尔玛。

现金转换周期为负意味着零售商有效地利用来自供应商或客户的资金来运营，不需要任何自有现金。从另一个角度来看，若亚马逊 2021 年的销货成本为 2,720 亿美元，并且假设以 10% 的年利率将现金借给供应商或客户，则在短短一年内，亚马

[一] 这些数据来自 Fidelity.com 个人投资账户的财务报告，访问日期为 2022 年 10 月 28 日。

逊可以获得约 (33.8/365×0.1×2,720) 亿美元 = 25.2 亿美元的额外利润⊖。

阿里巴巴和京东都是中国非常有影响力的在线零售商，它们作为主导网购平台的优势显而易见，同时它们的在线商业模式显著影响着现金转换周期。阿里巴巴的现金转换周期在 2013—2022 年间先降后升，2018 年以令人印象深刻的 -77 天触底。随后现金转换周期的增长与针对阿里巴巴的反垄断行动不谋而合。尽管如此，阿里巴巴的平均现金转换周期仍大幅低于京东（见图 4.7 和图 4.8）。这种差异可以部分归因于京东的库存模式，而阿里巴巴作为纯在线平台运营，无须管理自己的库存。

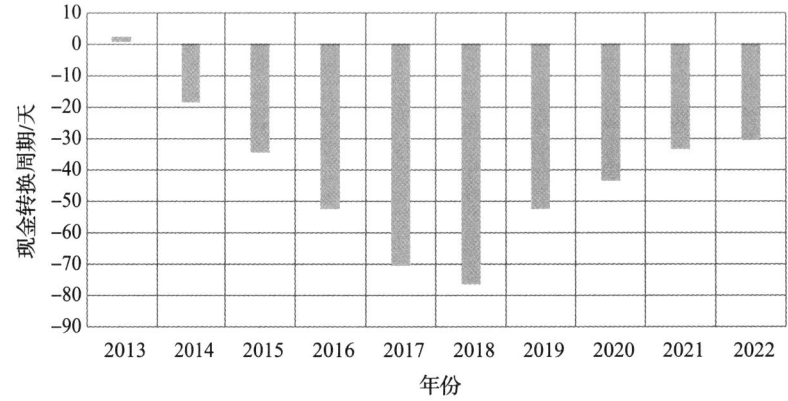

图 4.7　2013 年 3 月—2022 年 3 月阿里巴巴的现金转换周期

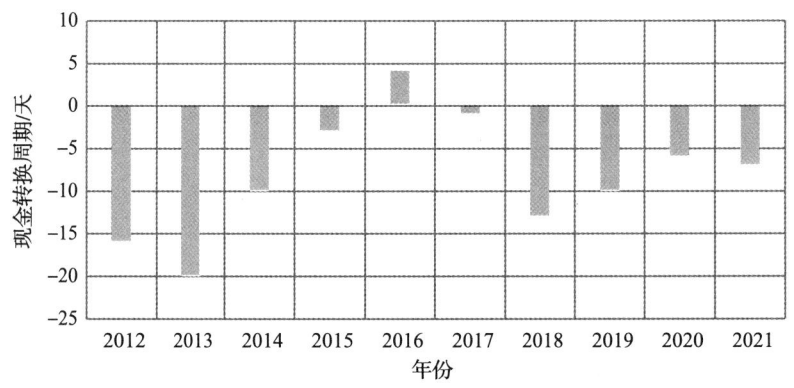

图 4.8　2012 年 12 月—2021 年 12 月京东的现金转换周期

4.4.2　现金转换周期为负的道德问题

表 4.4 中列出了美国上市公司中服务于中美两大市场的代表性的零售公司。如前所述，在供应链中占主导地位的公司可能具有较低的现金转换周期。例如 2021 年，拼多多的现金转换周期为 -671 天，搜狐网为 -116 天，这一点令人颇为费解，值得进一步研究。相反，较高的现金转换周期值也可能表明这些公司有机会利用库存和应收账款进行供应链融资。

⊖　根据 McIntyre（2020 年）的报告，亚马逊向其他厂商提供的贷款年利率在 6%～16% 之间。

表 4.4 2021 年美国上市公司的现金转换周期

中国市场		美国市场	
公司名称	现金转换周期/天	公司名称	现金转换周期/天
拼多多股份有限公司	−671	亚马逊股份有限公司	−31
搜狐网股份有限公司	−116	易趣股份有限公司	−12
唯品会	−28	塔吉特百货公司	−2
阿里巴巴健康 IT 有限公司	−27	沃尔格林靴子联盟股份有限公司	1
京东股份有限公司	−21	开市客公司	1
灯箱控股股份有限公司	−5	普惠智能股份有限公司	5
阿里巴巴集团控股有限公司	0	沃尔玛股份有限公司	6
卓伟国际股份有限公司	43	梅西股份有限公司	8
非必需消费品（行业平均）	50	美元树通用股份有限公司	34
乐居控股有限公司	73	必需消费品（行业平均）	45
宝尊股份有限公司	94	美元树股份有限公司	54
盛达网络科技股份有限公司	264	科尔股份有限公司	61

资料来源：Finbox.com。

严重的付款延迟是一个紧迫的道德问题。很明显，买家的主导地位，尤其是在线零售平台的主导地位，会在支付延迟方面赋予买家显著的不公平优势。零售商从向供应商贷款（例如通过提前付款折扣）中获益但同时推迟付款给供应商的行为，可以说是不公平也不道德的。

> 零售商一边向供应商提供贷款，一边又推迟向供应商支付大笔款项，这种做法是不道德的。

这种不公正的做法不仅损害了卖家（主要是小企业）的盈利能力，还会危及供应链的可持续性（例如，小企业由于流动资金有限而面临破产）和社会福利（例如，小企业破产率较高而导致失业率上升）。因此，政府有责任制定相关法律，遏制这些过度的支付延迟现象，以保护小企业，并促进经济发展。

逾期付款问题的一个潜在解决方案是实施罚款，或在超过预定的延迟阈值时从买家向卖家自动转账。为了打击逾期付款，一些国家已经颁布了相关法律。例如，欧盟在 2000 年出台了《逾期付款指令》，并在 2013 年对其进行了修订。该指令要求，如果买家不及时汇款购买商品或服务，买家应向供应商支付利息和合理的追偿费用。如 Whittaker 等人（2019）所述："如果约定的付款日期超过交付、发票或验收后 60 天（以最迟者为准），对供应商来说极为不利，那么从 60 天期限结束时开始计息……该法案的效果是隐含地将某些条款纳入合同，允许债权人从到期付款日开始自动计息，利率设定为高于基准利率 8%。对于公共机构客户的规定更为严格。"

4.5 流动性指标

研究表明，优化营运资本可以提升企业价值，这已成为许多企业的优先考虑事项。在经济低迷时期，如2007—2009年全球金融危机和2020—2023年新冠疫情期间，这种做法变得更加重要，以降低流动性风险并维持公司的战略优先事项。以下五个比率指标通常用于评估公司的流动性和风险水平。

4.5.1 流动比率

流动比率（Current Ratio）是一种广泛使用的衡量工具，用于评估一家公司在一年内偿还短期债务的能力。其计算公式为

$$流动比率 = \frac{流动资产总额}{流动负债总额} \tag{4.11}$$

流动比率又称流动性比率（Liquidity Ratio）或营运资本比率（Working Capital Ratio）。虽然营运资本量化了公司流动性的绝对值，但流动比率提供了对这种流动性的相对衡量标准，便于在不同规模的公司之间进行比较。各行业的可持续流动比率各不相同，但有偿付能力的公司的可持续流动比率通常在1.5~3之间。

2019年，波音公司的流动比率为

$$流动比率 = \frac{102{,}229\text{百万美元}}{97{,}312\text{百万美元}} = 1.05$$

这个指标相对较低（即流动比率小于1.5）。然而，并非所有低于1.5的流动比率都会令公司感到担忧，尤其是在公司具有光明的长期前景时。光明的长期前景意味着公司容易获得贷款来偿还短期负债，或者其库存能够以远快于应付账款到期的速度进行清算。对于波音公司而言，其长期前景可能是有利的，特别是考虑到其在军工产品领域的专业知识和其作为重要国家安全资产的地位。然而，由于波音737Max飞机事故导致订单和生产中断，其在2019年的存货周转率（即0.94小于1）令人担忧。

4.5.2 速动比率

速动比率（Quick Ratio）是一种更严格的衡量标准，考虑到库存无法在一年内转换为应收账款或现金。其计算公式为

$$速动比率 = \frac{流动资产总额 - 存货}{流动负债总额} \tag{4.12}$$

速动比率也被称为酸性测验比率（Acid Test Ratio）。一般来说，速动比率的数值越高越好。在清算期间，由于存货不会立即出售，公司可能只能收到存货账面价值的40%甚至更少。因此，速动比率可以更准确地衡量一家公司在不仓促抛售存货的情况下偿付流动负债的能力。尽管令人满意的速动比率可能因行业而异，但高于1的比率通常较为理想。

以2019年波音公司的速动比率为例：

$$速动比率 = \frac{(102{,}229 - 76{,}622)\text{百万美元}}{97{,}312\text{百万美元}} = 0.26$$

该结果反映出一个令人担忧的速动比率数值。众所周知，由于波音公司 737Max 在两次致命坠机后停产，2019 年对波音公司来说是充满挑战的一年。这种情况导致其库存积压，从而造成销量大幅下降。

4.5.3 营业现金流量比率

营业现金流量比率（Operating Cash Flow Ratio）是衡量企业解决债务问题的可靠程度的重要指标。其计算公式为

$$营业现金流量比率 = \frac{现金及现金等价物}{流动负债总额} \quad (4.13)$$

营业现金流量比率通常低于速动比率。企业解决债务问题的可靠方法是只利用现金流，而不诉诸出售资产。在经济衰退期间，采用更严格的流动比率指标可以更好地帮助企业应对日益加剧的不确定性。

4.5.4 杠杆比率

杠杆比率（Leverage Ratio）用来衡量一家公司债务水平与其他财务指标的关系。这类比率指标凸显了公司债务在其资本中的比例，以及公司履行财务义务的能力。要全面了解一家企业的杠杆比率，应将其比率数值与其他企业及其历史绩效进行比较。下面介绍一些常用的杠杆比率。

负债股权比率（Debt-to-Equity Ratio）：

$$负债股权比率 = \frac{债务总额}{权益总额} \quad (4.14)$$

负债股权比率，又称债务股本比或债务权益比率，量化了一家企业与其股东权益总额的比率。较高的负债股权比率表明该企业正通过债务积极为其增加融资，这可能导致偿还利息和本金的压力增加，进而加剧违约风险。如果负债股权比率超过 2.0，对公司的投资通常被视为有风险的，但不同行业的可接受水平会有所不同。

资产负债率（Debt-to-Assets Ratio）：

$$资产负债率 = \frac{债务总额}{资产总额} \quad (4.15)$$

资产负债率，又称负债资产比率，代表公司债务与资产的比率，比率超过 1 意味着公司债务超过其资产。与负债股权比率一样，较低的资产负债率通常意味着公司的债务状况较好。

负债资本比率（Debt-to-Capital Ratio）：

$$负债资本比率 = \frac{债务总额}{债务总额 + 权益总额} \quad (4.16)$$

负债资本比率，又称资本负债率，说明了一家公司的债务相对于其总资本基数的比率（其中总资本等于债务和权益之和）。这个指标可以帮助人们了解公司运营的融资方式。

资产权益比率（Asset-to-Equity Ratio）和权益资产比率（Equity-to-Asset Ratio）：

$$资产权益比率 = \frac{资产总额}{权益总额} \qquad (4.17)$$

$$权益资产比率 = \frac{权益总额}{资产总额} \qquad (4.18)$$

资产权益比率反映了公司资产中由股东出资的比例。相反，权益资产比率（也称为产权比率）揭示了股东出资占总资产的比例。

债务 EBITDA 比率（Debt-to-EBITDA Ratio）：

$$债务与息税折旧摊销前利润比率 = \frac{债务总额}{息税折旧摊销前利润} \qquad (4.19)$$

债务 EBITDA 比率又称为债务与息税折旧摊销前利润比率。若息税折旧摊销前利润代表利息、税收、折旧和摊销前的利润，则该比率反映了公司偿还债务的效率。数值越高，意味着公司清偿债务的能力越有限。

净债务 EBITDA 比率（Net-Debt-to-EBITDA Ratio）：

$$净债务与息税折旧摊销前利润比率 = \frac{债务总额 - 现金及现金等价物}{息税折旧摊销前利润} \qquad (4.20)$$

净债务 EBITDA 比率又称为净债务与息税折旧摊销前利润比率。该指标通过从债务总额中减去现金及现金等价物来细化债务与息税折旧摊销前利润的比率，体现了企业需要偿还债务的期限（以年为单位）。若一个企业的净债务 EBITDA 比率超过 4 或 5，则表明该企业管理债务的能力令人担忧。

我们以波音公司、空中客车公司和沃尔玛 2019 年的数据为例来说明这些杠杆比率（见表 4.5）。

表 4.5 杠杆比率示例

财务指标	定义	波音	空中客车	沃尔玛
EBITDA	息税折旧摊销前利润	358 百万美元	4,266 百万欧元	31,555 百万美元
债务总额	短期债务 + 长期债务	27,302 百万美元	10,148 百万欧元	50,621 百万美元
现金及现金等价物		9,485 百万美元	9,371 百万欧元	7,722 百万美元
权益总额		-8,300 百万美元	5,990 百万欧元	81,552 百万美元
资产总额		133,625 百万美元	114,409 百万欧元	236,495 百万美元
负债股权比率	负债总额 / 权益总额	-3.29	1.69	0.62
资产负债率	负债总额 / 资产总额	0.2	0.089	0.21
资产权益比率	资产总额 / 权益总额	-16.10	19.10	2.90
权益资产比率	权益总额 / 资产总额	-0.03	0.052	0.34
债务 EBITDA 比率	负债总额 /EBITDA	76.26	2.38	1.6
净债务 EBITDA 比率	（负债总额 - 现金及现金等价物）/EBITDA	49.77	0.18	1.36

经过核查，我们观察到波音公司的好几个比率为负值，这是一个非典型的结果，原因在于 2019 年波音公司的负资产净值。与此同时，空中客车和沃尔玛的比率都处

于健康范围内。

4.5.5　营运资本指数

2019 年，摩根大通推出了营运资本指数（Working Capital Index），旨在捕捉标准普尔 1500 指数公司的营运资本状况。其中平均净营运资本指数的计算公式[⊖]为

$$\text{平均净营运资本指数} = \frac{\sum_{i=1}^{n} \text{NWC}_i / \text{Sales}_i}{n} \quad (4.21)$$

其中，NWC 代表净营运资本（Net Working Capital），定义为 NWC = 应收账款 + 存货 − 应付账款；n 表示指数中的公司总数；Sales 表示公司当期的净销售额。

类似地，摩根大通还推出了平均现金指数（Average Cash Index），其计算公式为

$$\text{平均现金指数} = \frac{\sum_{i=1}^{n} \text{Cash}_i / \text{Sales}_i}{n} \quad (4.22)$$

同样，我们也可以定义平均营运资本指数（Average Working Capital Index）：

$$\text{平均营运资本指数} = \frac{\sum_{i=1}^{n} \text{WC}_i / \text{Sales}_i}{n} \quad (4.23)$$

如果我们将相同的概念应用于只有一个公司的情况（$n = 1$），那么上述提到的平均水平指数将转变为该单个公司的指数。例如，2019 年波音公司的指数为

$$\text{净营运资本指数} = \frac{(12,471 + 76,622 - 15,553) \text{百万美元}}{76,559 \text{百万美元}} = 0.9606$$

$$\text{现金指数} = \frac{10,030 \text{百万美元}}{76,559 \text{百万美元}} = 0.1310$$

为了方便跟踪研究，可以选择某一年作为基准年，计算这两个指数的相对值。例如，摩根大通以 2011 年为基准年，将基准水平设定为 100。不过，当基准年的指数值为负值或零时，这种基准方法可能会带来问题。

为了简化营运资本指数的计算，我们建议将上述指数乘以 100（其中一个点被解释为相对于总净销售额/收入的百分之一的变化），然后再加上 100 作为基准。这个新指数被称为标准化营运资本指数（Normalized Working Capital Index），其公式为

$$\text{标准化营运资本指数} = \frac{\sum_{i=1}^{n} \text{WC}_i / \text{Sales}_i}{n} \times 100 + 100 \quad (4.24)$$

以波音公司 2005—2019 年的数据为基础，标准化营运资本指数的结果如图 4.9 所示。

⊖ 公司可能使用不同的营运资本指数公式。例如，Lloyds 银行营运资本指数使用 Markit 采购经理人指数（Purchasing Managers' Index）调查的数据，计算营运资本的动量变化如下：营运资本指数 = Δ 应收账款 + Δ 库存 − Δ 应付账款。然后将指数乘以 10，再增加 100，以简化解释。

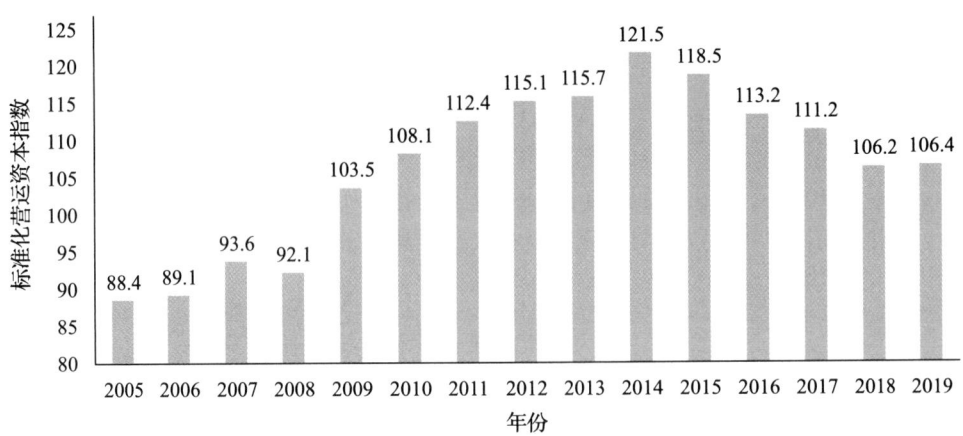

图 4.9 2005—2019 年波音公司标准化营运资本指数

如果标准化营运资本指数超过 100，这表明波音公司的流动资产超过其流动负债（即营运资本，相当于流动资产减去流动负债，为正值）。否则，情况则相反。

营运资本指数通常在经济繁荣时期上升，因为企业可能会因预期需求增加而积累更多库存。同时，由于销售增加，应收账款也可能上升。如果一家公司的标准化营运资本指数在多个时期内持续低于 100，其运营将变得不可持续。

> 如果一家公司的标准化营运资本指数连续多个时期低于 100，那么该公司的经营将很难维持。

4.6 总结

本章主要涵盖了营运资本管理的基本概念和评估工具，包括现金管理、现金转换周期以及流动性指标的运用。它强调了保持足够的流动性和高效的营运资本管理的重要性，并深入探讨了将存货转化为现金所需的时间，介绍了评估公司流动性和风险水平的各种工具，并对零售业进行了一些评估。

本章要点如下。

1. 现金和营运资本
- 营运资本指的是公司流动资产和流动负债之间的差额。
- 充足的营运资本对公司的日常运营至关重要，确保公司能够偿还短期债务并进行增长投资。

2. 现金转换周期
- 衡量公司从投资资源（如库存）到销售产品/服务并收到现金的时间跨度。
- 较短的现金转换周期通常意味着现金流管理更为良好、运营效率更高，对零售等行业尤其重要。

3. 零售业现金转换周期的影响
- 零售商如何管理现金转换周期可以极大地影响其流动性和财务健康。
- 虽然延迟向供应商付款可能会为零售商提供短期的流动性收益，但这可能被视为不道德行为，并可能损害与供应商的关系。

4. 流动性指标
- 这些比率指标可以衡量公司的流动性水平，帮助了解公司偿还短期债务的能力。
- 本章介绍了流动比率、速动比率等指标，解释了其意义和计算方法。
- 这些比率的可接受水平可能因行业而异，可用作不同规模企业之间的比较工具。

4.7 练习

4.7.1 思考题

1. 流动资产和营运资本的主要区别是什么？
2. 如果公司 A 的流动资产为 5 亿美元，流动负债为 4 亿美元，其流动比率是多少？
3. 解释速动比率与流动比率的区别。为什么速动比率被认为是比流动比率更严格的流动性衡量标准？
4. 若公司 B 的流动资产为 4.5 亿美元，库存为 1.5 亿美元，流动负债为 3 亿美元，其速动比率是多少？
5. 高负债股权比率表明公司的财务战略如何？
6. 如果一家公司的债务总额为 10 亿美元，权益总额为 5 亿美元，那么它的负债股权比率是多少？
7. Lloyds 银行营运资本指数如何衡量营运资本的变化？
8. 为什么一家公司尤其是零售企业，会选择推迟向供应商付款？
9. 如果一家公司的标准化营运资本指数为 110，这对该公司的流动资产和流动负债意味着什么？
10. 持续的标准化营运资本指数低于 100 对公司运营来说意味着什么？

4.7.2 案例研究

泰康创新股份有限公司营运资本管理

背景：

泰康创新股份有限公司（以下简称"泰康创新"）是一家崭露头角的科技初创公司，它不断在智能家居设备行业掀起波澜。公司成立于 2016 年，近两年增长显著。凭借稳健的销售记录，公司计划扩大产品线，进入新市场。

然而，与许多成长型企业一样，管理营运资本已被证明是一项挑战。泰康创新的首席财务官丽安娜最近注意到公司营运资本比率中的几个异常情况，并希望解决这些问题，以确保公司的财务健康。

数据：

1. 2019 年金融数据
- 流动资产：35 万元（其中存货 8 万元）；

- 流动负债：23 万元；
- 净销售额：150 万元；
- 现金：4.5 万元；
- 应收账款：10 万元；
- 应付账款：6 万元。

2. 2019 年行业平均值
- 速动比率：1.2；
- 净营运资本指数：0.12；
- 现金指数：0.1。

任务：

1. 计算泰康创新 2019 年的速动比率、净营运资本指数和现金指数。
2. 将公司的比率与行业平均水平进行比较，找出潜在的危险信号。
3. 提出关于这些问题的潜在解决方案或策略。

4.8 参考资料

Airbus. (2022). *Financial Results*. https://www.airbus.com/en/investors/financial-results-annual-reports. Accessed September 5, 2022.

Boeing. (2022). *Quarterly Reports*. https://investors.boeing.com/investors/reports/. Accessed September 5, 2022.

CFI. (2022). *Leverage Ratios*. https://corporatefinanceinstitute.com/resources/accounting/leverage-ratios/. Accessed December 21, 2022.

CSIMarket. (2022). *Year to Date Stock Performance by Sector and Industry*. https://csimarket.com/markets/markets_glance.php?days=ytd. Accessed October 26, 2022.

de Boer, R., Steeman, M., & van Bergen, M. (2015). *Supply Chain Finance, Its Practical Relevance and Strategic Value: The Supply Chain Finance Essential Knowledge Series*.

Fidelity. (2022). *Financial Reports*. Fidelity.com. Accessed October 28, 2022.

Finbox. (2022). Cash Conversion Cycles (Summaries of Related Companies Via Searching on https://finbox.com/). Accessed October 26, 2022.

Higgins, R. C., Koski, J. L., & Mitton, T. (2018). *Analysis for Financial Management* (12th ed.). McGraw Hill Education.

JPMorgan. (2021). *Working Capital Index 2020*. https://www.jpmorgan.com/content/dam/jpm/treasury-services/documents/jpmc-working-capital-indcx-2020.pdf. Accessed October 1, 2021.

Khan, A. K., Faisal, S. M., & Aboud, O. A. A. (2018). An Analysis of Optimal Inventory Accounting Models–Pros and Cons. *European Journal of Accounting, Auditing and Finance Research*, 6(3), 65-77.

McIntyre, G. (2020). *Amazon Lending: Is an Amazon Loan the Best Choice for You?*

https://www.fundera.com/business-loans/guides/amazon-lending. Accessed October 16, 2020.

Narayanan, V. G., & Raman, A. (2004). Aligning Incentives in Supply Chains. *Harvard Business Review*, 82(11), 94–103.

Olmo, M. Del. (2022). *Current Ratio: Calculation, Formula & Examples*. https://blog.golayer.io/finance/current-ratio-calculation#:~:text=A current ratio between 1.5,be mismanaging or underutilizing assets. Accessed October 19, 2022.

Shah, G., Mandhana, V., & Vikrant, V. (2019). *J.P. Morgan Working Capital Index* (Issue July). https://www.jpmorgan.com/global/treasury-services/benchmarking-working-capital. Accessed November 11, 2019.

Tuovila, A. (2023). *Operating Cash Flow (OCF): Definition, Cash Flow Statements*. https://www.investopedia.com/terms/o/operatingcashflow.asp, access on December, 3, 2023.

Walmart. 2022. *Quarterly Reports*. https://stock.walmart.com/financials/quarterly-results/default.aspx. Accessed November 23, 2023.

Whittaker, B., Frisby, M., & Flynn, B. (2019). *Late Payment of Commercial Debts*. https://www.stevens-bolton.com/cms/document/late_payments_of_commercial_debts__2019_.pdf. Accessed December 19, 2019.

Wikipedia. (2019). *Free Cash Flow*. https://en.wikipedia.org/wiki/Free_cash_flow. Accessed December 16, 2019.

Wikipedia. (2023). *Days Sales Outstanding*. https://en.wikipedia.org/wiki/Days_sales_outstanding. Accessed December 6, 2023.

PART 2 第2部分

供应链金融机制

> 你现在无法将未来的各个事件连接起来,而只有在回顾过去时才能做到。但是你必须相信,这些事件迟早会在你的未来以某种方式连接起来。你必须相信一些东西——你的直觉、命运、生活等。这种方法从未让我失望过,它让我的人生变得与众不同。
>
> ——史蒂夫·乔布斯

第 5 章 贸易金融：供应链金融的早期模式

■ 学习目标

1. 深入了解预付现金和寄售的原理及其对供应链管理的影响。
2. 掌握信用证在国际贸易中的作用和重要性。
3. 深入研究赊销的概念、优势以及相关风险。
4. 熟悉跟单托收的实施要领及其在贸易中的功能。
5. 理解《国际贸易术语解释通则》以及买卖双方在国际航运中的责任。

■ 摘要

本章探讨了贸易金融与供应链管理之间复杂的互动关系，重点解析了预付现金和寄售等机制，同时阐明了信用证在国际贸易中的关键作用、赊销所涉及的优势和风险，以及跟单托收在确保交易完整性方面的作用。此外，本章详细解释了《国际贸易术语解释通则》，明确了国际航运中双方责任的界定。

5.1 导言

供应链金融源于供应链企业间的交易，主要发生在企业间（B2B，即企业对企业）的贸易中。从这个角度来看，贸易金融（Trade Finance）可以被视为供应链金融的先驱。

贸易融资在国内外都有广泛应用。尽管国际贸易为卖家打开了海外市场，但也带来了一系列风险。这些风险源自诸如距离遥远、文化差异、货币和法律体系的不同，以及国际供应链关系的不稳定性等因素。

国际贸易中一个常见的争议是付款时间。卖家（出口商）通常更喜欢尽快收到付款，希望买家最好能在下单、发货或收到货物时即刻支付现金。相反，买家（进口商）倾向于延迟付款，他们更希望在货物交付后一段时间，甚至在货物全部售出后再进行结算。因此，最终确定的付款条件往往取决于卖家和买家的相对市场地位。

在一个供应稀缺的市场中,卖家往往处于有利地位,可以要求立即付款。然而,在全球竞争激烈的环境下,卖家可能需要提供更具优惠性的信用条件才能维持竞争力,这可能导致付款延迟。

根据企业的相对市场支配地位和谈判能力,贸易融资主要涵盖五种类型:预付现金(Cash-in-Advance)、寄售(Consignment)、跟单托收(Documentary Collection)、信用证(Letter of Credit)和赊销(Open Account)。本章将逐一深入探讨这些类型的贸易融资。

5.2 预付现金和推式供应链

在贸易金融领域,预付现金(Cash-in-Advance)是指在发货之前卖家收到了买家的现金付款。然而,随着买家的地位日益增强和卖家之间的横向竞争日益激烈,这种支付方式变得不那么普遍。通常来说,电汇、信用卡和托管服务是预付现金的首选支付方式。

在供应链管理中,预付现金的支付条款与推式供应链(Push Supply Chain)保持一致。如图 5.1a 所示,在推式供应链模型中,买家在销售旺季之前向卖家订购物品以预留库存,并提前向卖家付款从而承担全部库存风险。与之相反,如图 5.1b 所示,在拉式供应链模型(Pull Supply Chain)中,卖家在买家所在地持有并控制库存。一旦商品售出,买家(通常是经销商)会向卖家进行付款补偿。

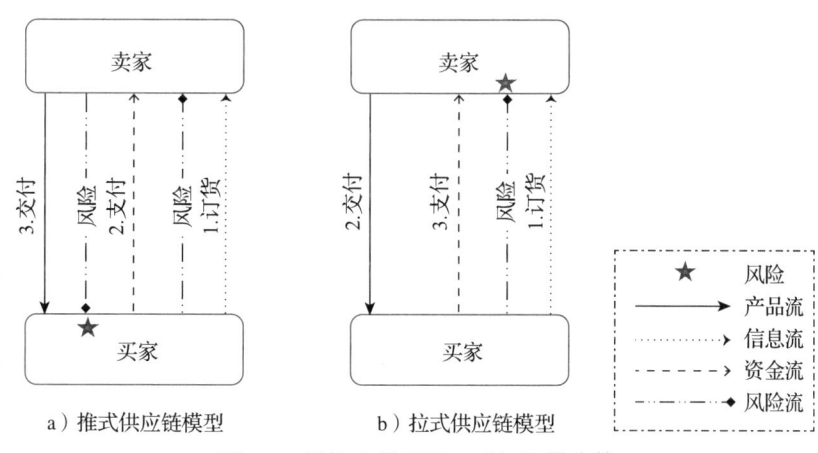

图 5.1 推拉式供应链系统的流程比较

在单期推式供应链系统中,卖家设定一次性批发价,在销售季里不接受即时订单。推式供应链通常在供应商向分销渠道推送产品或向报童式(Newsvendor-Type)买家销售时出现,其运作方式是:当买家下定期订单时,卖家要求在每次发货前支付现金,以维持其生产。通常情况下,在收到付款后,卖家就会将货物交付给买家,并将库存所有权转移给买家。

最终产品的库存所有权决定了相关的存货成本。然而,转让库存所有权不仅会改变存货成本,还会改变应收账款/应付账款的时间表,进而影响营运资本水平和现金转换周期。

尽管在预付现金模式下，卖家可以提前获得现金以规避信用风险（在货物所有权转移之前确保付款），但对买家而言提前支付完整订单通常是最不具有吸引力的选择。具体而言，推式供应链系统给买家带来了几个不利影响：

- 预付现金会给买家的现金流带来压力。
- 对于国际进口商来说，它们可能更担心当前货物能否运至预期目的地。
- 买家在产品质量不符合预定标准时对卖家的追责能力有限。

因此，如果卖家坚持要求预付现金条款，可能会导致客户转向竞争对手。库存所有权是供应链金融中库存融资（Inventory Financing）的核心。需要注意的是，转移库存所有权可能是实际产品的转移，也可能只是一项会计程序（例如，将库存转移至寄售账户而不是转为应收账款或应付账款）。

5.3 寄售和拉式供应链

预付现金和寄售（Consignment）代表了贸易融资领域中的两个极端。在这个领域中，寄售可以看作赊销的一种特殊情况，我们将在第 5.5 节进一步深入探讨赊销。在供应链管理中，寄售与拉式供应链系统相对应。在这种情况下，买家在销售季节下即时订单，而卖家则管理库存并承担所有相关风险。

拉式供应链的特点体现在寄售库存和零库存销售的实践中。这些方法普遍应用于家具或体育用品等高价零售库存商品中，它们允许买家能够延迟付款直到产品售出，并且可以将未售出的商品退货。

在实践中，拉式供应链系统以多种方式呈现：

（1）买家在销售产品时付款，如前所述。
（2）所有权在设定期限之内或之后发生转移。
（3）订单到订单的寄售，即在下一个寄售订单发出时对上一个订单进行计费。

与推式供应链相比，拉式供应链既有优点也有缺点。从买家的角度来看，寄售使他们能够通过大幅延迟付款来保持竞争力，从而改善他们的现金流——尽管这是以牺牲卖家利益为代价的。然而，这也意味着将库存控制权交给卖家，可能会影响客户满意度。

对于卖家来说，拉式供应链系统有以下几个主要优点。

- 增强需求和库存可视化：这种模式通常需要买家共享销售时点（Point of Sale，POS）数据，以便更好地进行库存规划。由于拥有库存所有权，卖家增强了对需求和库存的洞察力，从而实现了更卓越的生产计划、库存管理和更快的货物交付。
- 降低存货成本：由于库存主要由买家承担，寄售可以减少仓储和库存费用，但会进一步加重买家负担。

不过，在拉式供应链系统中，卖家也面临着一些挑战。

- 现金流缩减：将存货成本转移给卖家增加了其库存责任，提高了其净营运资金，但却减少了现金流。
- **现金转换周期延长**：保留产品库存所有权意味着存货周转率降低，导致现金转换周期延长。如果销售季节很长，流动性可能成为一个紧迫的问题。
- **不支付风险增加**：寄售式出口存在相当大的风险，因为卖家在与独立分销商或买家合作时没有付款保证。虽然卖家可以购买保险以规避不付款风险，但这会增加他们的成本。因此，聘请可靠的分销商或第三方物流公司至关重要。

库存所有权的转移会对供应链整体效率产生影响。理论上，当卖家和买家都是风险中性的时，由于寄售合同的付款延迟，拉式供应链的最优订货量将高于推式供应链，从而使拉式供应链更有效率。在拉式供应链中，由于买家缺乏在销售旺季前囤积库存的动力，寄售合同可以应对推动模式的挑战。然而，如果双方

> 如果卖家的风险厌恶程度明显高于买家，则推式供应链的最优订单数量可能会高于拉式供应链。

都是风险厌恶型的，尤其是当卖家的风险厌恶程度高于买家时，以上情况可能会发生逆转。因此，公司的风险态度可能会影响供应链结构选择和整体绩效。有关这一主题的深入探讨，请参见第 5.11 节"附录：学术思考"。

5.4 信用证

信用证（Letter of Credit，通常缩写为 LC、L/C 或 LOC）是一种历史悠久的供应链金融形式，主要用于长途和国际贸易。它不需要供应链公司融资，但涉及多家银行的积极参与。信用证的其他名称包括银行商业信用证（Bankers' Commercial Credit）、跟单信用证（Documentary Credit）或承诺函（Letter of Undertaking）。简而言之，信用证是信誉良好的银行提供的文件，保证卖家能按时收到买家的付款。特别是当卖家和买家彼此不熟悉，或者买家位于发展中地区且信用记录有限时，这种担保变得至关重要。

5.4.1 操作流程

信用证自古以来就被使用，最初是被记录在纸面上，后来逐渐演变并发展为旅行支票、信用卡和自动柜员机等形式。随着互联网的出现，现在大部分信用证都是电子的。截至 2015 年，信用证占出口贸易融资的 41%。然而，随着其他供应链金融工具的崛起，近年来这一比例在不断下降。信用证运作机制如图 5.2 所示。

我们通过以下虚拟场景来说明图 5.2 所示的信用证操作流程。

（1）一位来自加州硅谷的买家打算从厦门的一位卖家那里购买钢材。双方最终确定了价格、数量、运输、装卸、海关、保险等条款。然而，由于双方之间之前没有过交易，因此信任水平较低。因此，卖家要求买家为该交易开立信用证。

（2）作为回应，买家向其在硅谷的合作银行提交销售合同，申请开立信用证。

（3）开证行（即买家银行）在核实合同后，签发信用证并将其发送给通知行（即卖家银行，通常位于卖家所在地）。

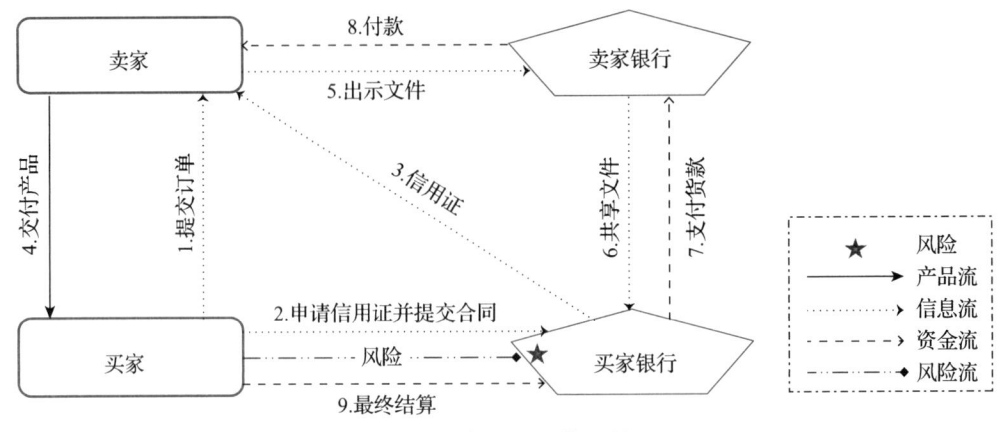

图 5.2 信用证运作机制

（4）卖家一旦审核并批准信用证后就开始装运产品。

信用证的内容通常包括：

1）支付金额；

2）受益人的详细信息和联系方式；

3）装运条款，如起始和到达时间、装运方式等；

4）其他财务细节。

（5）当信用证到期或产品交付时，卖家向其银行出示信用证及相关文件。

（6）该银行随后与买家银行共享文件。值得注意的是，根据双方约定，信用证的到期日可能会超过装运日期，例如，可能是交货后 60 天。

（7）买家银行在核实单据并确保卖家遵守信用证条件（如产品装运）后，向卖家银行办理付款。

（8）卖家银行向卖家付款。

（9）买家与开证行结算金额。

如上所述，信用证的使用在贸易公司彼此不熟悉且缺乏信任时非常普遍。因此，全球认可的银行如花旗银行通常在发展中国家提供信用证，帮助企业获得国际信用并降低企业与信誉较差的买家进行交易的风险。在这些情况下，信用证保护卖家免受买家的地域和信用风险。

考虑到其重要性，信用证的发行通常需要支付一定的费用，费用率从约定支付金额的 0.75% 至 1.5% 不等。具体数额受买家信誉、公司与银行的关系、支付规模等因素的影响。

虽然信用证显著降低了利益相关者的风险，但即使是打字错误等小错误也可能导致严重问题，甚至使信用证失效。因此，卖家必须仔细审查信用证，确保所有要求的文件与信用证条款一致并及时提交。

人们普遍认为信用证是卖家的保障。这种看法是有道理的，因为一旦收到信用证，卖家就可以确保得到付款，即使买家破产——除非双方银行都违约。其实，信用证也可以保障买家的交易安全，尤其是针对不太值得信任的卖家。这类卖家可能会在产品质量上以次充好，或试图利用欺诈文

> 信用证可以同时保护卖家和买家。

件过早提取信用。这类情况可以通过信用证预先确定付款期限而得以避免。

5.4.2 支付方式

根据《跟单信用证统一惯例》(2007年修订版)(Uniform Customs and Practice for Documentary Credits, UCP600), 信用证必须说明其是否可通过即期付款 (Sight Payment)、延期付款 (Deferred Payment)、承兑 (Acceptance) 或谈判获得[⊖]。以下是几种最常见的支付方式。

(1) 即期付款: 也叫立即付款, 通常在单据提交给开证行或指定银行 (开证行指定立即或到期付款的银行) 后的5~10天内付款。一旦卖家满足信用证要求, 指定银行可根据要求立即付款, 但有追索权条件。这意味着, 如果文件不符合要求, 指定银行可以收回付款。值得注意的是, 被指定银行的付款义务并不像开证行或保兑行那样具有约束力, 被指定银行通常会扣除部分付款作为贴现。

举例: 开证行于8月24日收到信用证单据, 并于当日将其转发给指定银行。通过这种方式, 开证行委托指定银行核实单据以便付款, 并且有能力在卖家违约时收回资金。指定银行于8月26日核实文件, 并在8月28日前处理了付款。

(2) 延期付款: 在延期信用证中, 买卖双方商定, 只有在规定期限或产品售出后才能获得信用证。确定到期日的一种典型方法是将约定期限与装运日期或单据提交日期相加。

举例: 信用证规定发货后30天付款。开证行于8月24日收到单据。经核实并确保符合信用证条款后, 银行确认装运日期为8月11日。因此, 在装运日期的基础上增加30天后, 信用证的到期日为9月10日。

(3) 承兑: 此方法与延期付款相同, 但是卖家/受益人还必须在提交其他文件的同时提交汇票 (见图5.3)。它的到期日与信用证规定一致。如果开证行或指定银行接受汇票, 则承诺在给定的到期日支付汇票金额。在某些情况下, 卖家可能会选择以较低的价格出售汇票以提前获得付款。

(4) 谈判: 卖家凭信用证提交预付款单据后可与开证行谈判。在谈判过程中, 指定银行可在信用证原始到期日前向卖家付款。这笔款项通常是信用证价值减去实际付款日与原始到期日之间的利息。如果提交的文件与信用证的条款一致, 且另一家银行确认了信用证, 谈判通常不会涉及对卖家的任何追索。然而, 如果信用证没有得到确认, 指定银行可能会保留追索权, 允许其在开证行付款违约时收回资金。

举例: 信用证规定装运日期后60天支付。开证行于8月24日收到单据, 原信用证到期日为10月23日。8月27日, 卖家与指定银行进行了谈判, 并于当日收到了付款。付款金额为信用证价值减去一个月的利息。指定银行于10月23日收到了

⊖ UCP 600 是国际商会 (International Chamber of Commerce, ICC) 制定的一套规则, 适用于签发信用证的金融机构。它由39个条款组成, 规范信用证的签发和使用, 在全球175个国家和地区得到承认, 每年为约1万亿美元的贸易提供便利。

开证行的付款。

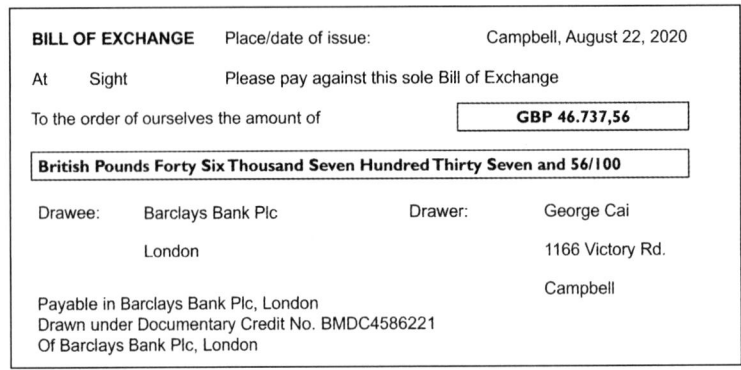

图 5.3 汇票样本

资料来源：改编自瑞典央行。

5.4.3 信用证类型

在信用证操作流程中，开证行可以安排另一家银行（即指定银行）支付款项。开证行也可能会邀请一家保兑行参与，如果指定银行未能履行信用证，保兑行承诺向受益人支付符合条件的单据。根据公司的不同需求和情况，信用证可分为以下几类。

（1）保兑信用证（Confirmed LC）：为减轻开证行拒付或重大延误的风险，卖家/受益人可以要求对信用证进行保兑。增加保兑行（通常是卖家银行）可以为受益人提供额外的担保，但通常需要额外的费用。如果开证行和指定银行违约，只要卖家满足信用证条款，保兑行就会兑现信用证。如果买家和开证行位于政治动荡地区，或者开证行的信誉不佳，保兑信用证就变得尤为关键。鉴于保兑行和开证行均有支付合规单据的义务，卖家无须担心这些银行之间的纠纷。

（2）备用信用证（Standby LC）：备用信用证作为额外的付款担保，通常并非合同项下的主要支付机制，只有在开证行或指定银行未能支付时才会生效。如有违约，它可作为备用支付手段。

（3）可撤销/不可撤销信用证（Revocable/Irrevocable LC）：可撤销信用证允许买家和开证行在不通知卖家或未获得卖家许可的情况下更改其内容。开证行可能会由于政治不确定性、市场状况恶化或流动性问题而撤销此类信用证。例如，在2007—2009年全球金融危机期间，美林等银行取消了可撤销信用证。虽然可撤销信用证可以由买家/申请人的资产担保，但它通常风险较高且比较罕见。大多数信用证都是不可撤销的，任何变更都需要卖家批准。卖家通常应在启动流程时使用不可撤销信用证。

（4）无限制信用证（Unrestricted LC）：卖家可以通过无限制信用证从任何银行收到付款。除非另有规定，信用证默认为限制性信用证，即必须直接向开证行出示。

（5）循环信用证（Revolving LC）：循环信用证适用于持续的业务关系，便于在一段时间内多次付款，而无须为每笔交易提供新的信用证。这些信用证通常可用于多笔交易，有效期最长可达一年。

（6）可转让信用证（Transferable LC）：中间商（即二级供应商或者经销商）或第一受益人可以使用可转让信用证使其供应商（第二受益人）受益。如果货物是从供应商直接发运给买家的，中间商希望通过信用证直接向供应商付款，他们可以要求指定银行将信用证的一部分转移给每个供应商。可转让信用证要求供应商向买家提供直接运输条款，第二受益人有义务提交符合信用证条款的单据。

（7）预付信用证（Advance LC）：预付信用证包括红色条款信用证（Red Clause LC）和绿色条款信用证（Green Clause LC）。

1）红色条款信用证：允许卖家提前获取信用证部分金额，以采购原材料、促进生产并装运货物。这类信用证本质上是信用证框架内的无担保贷款。要获得预付款，卖家需要提供概述预付款用途的具体文件（例如准备装运的货物）。

2）绿色条款信用证：扩大了红色条款信用证的范围，不仅涵盖原材料采购、生产、加工、包装，还包括装运前仓储和保险。因此，绿色条款信用证要求所有红色条款信用证单据加仓储凭证。这类信用证在大宗商品领域被普遍采用。

红色和绿色条款信用证都允许买家提前付款，帮助卖家进行生产、物流和现金管理。这样的信用证似乎将供应链管理从推式转向拉式。卖家通常会签署一份赔偿函，以确保当卖家未能履行义务时买家不会遭受财务损失。鉴于信用证通过无担保贷款增加了卖家的营运资金，卖家可能会向买家提供一定的折扣以换取预付款。但是，如果卖家滥用预付款，未能满足信用证条款，风险仍然由买家承担。因此，预付信用证通常会给买家带来额外费用，具体区别可参见表5.1。

表5.1 红色条款信用证与绿色条款信用证的对比

项目	红色条款信用证	绿色条款信用证
墨色	该条款是用红墨水写的	该条款是用绿墨水写的
目的	预付款用于原材料采购、生产、加工、包装	预付款用于原材料采购、生产、加工、包装、发运前仓储和保险
信用证价值百分比	20%～25%	75%～80%

（8）贴现信用证（Discounting LC）：如果卖家需要资金，只要有符合要求的单据，就可以将信用证折价卖给开证行。信用证贴现功能类似于红色和绿色条款信用证中的预付款，但与预付款不同，贴现并不保证卖家会提前收到付款，也无法确保卖家不会因贴现而损失过多。

（9）延期/混合付款信用证（Deferred/Mixed Payment LC）：混合付款信用证包括预付款（Advance Payment）、凭装运单据付款（Payment against Shipping Documents）和装运后付款（Post-Shipment Payment）等信用证。这类信用证规定了付款日期、方式和各自的金额。

举例：公司A与海外公司O达成购买1,000台笔记本计算机的交易后，从B银行获得了一份混合付款信用证，其规定如下：

（1）为协助公司O的生产计划，提交发票后立即支付信用证总价值的40%；
（2）信用证总价值的另外40%在提交装运单据后支付；
（3）剩下的20%在装运后60天支付。

（10）背对背信用证（Back-to-Back LC）：在中介卖家（如贸易商）的要求下，银行利用预先存在的第一次（出口）信用证作为抵押品，以卖家为受益人发起第二次背对背（进口）信用证。在此情况下，中介卖家可以使用连续交易来补偿其供应商，而无须动用自有资金。这一过程如图 5.4 所示。

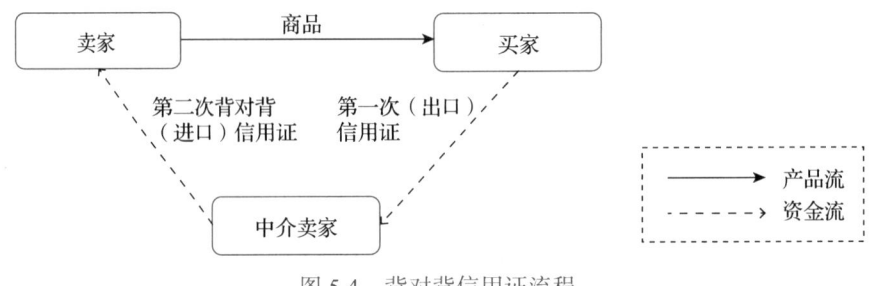

图 5.4　背对背信用证流程

初始的出口信用证和背对背的进口信用证也可以被称为主要/次要信用证（Primary/Secondary LC）、母/子信用证（Mother/Child LC）或主/附属信用证（Master/Subsidiary LC）。虽然两个信用证之间存在关联，但背对背信用证通常被视为独立且不可转让的信用证。

可转让信用证和背对背信用证的对比见表 5.2。

表 5.2　可转让信用证与背对背信用证的对比

比较项目	相同点	不同点 （背对背信用证的优势）
支付机制	两者都允许贸易商使用最终买家的付款与供应商结算	与可转让信用证不同，背对背信用证中，将信用证转移给新受益人（即供应商）无须买家同意
融资	两者都允许贸易商在没有自有资金的情况下为交易提供资金，使他们能够在财务能力之外进行运营	在背对背信用证设置中，供应商和最终买家可能不知道对方的身份

5.5　赊销

与涉及多家银行的信用证不同，赊销有助于买卖双方之间直接进行交易，无须任何银行参与融资。然而，银行可根据要求为买家银行向卖家银行的转账提供便利。赊销发生在卖家将货物或服务以及所有相关文件在收到货款前直接发送给买家的情况下。同时，买家承诺在未来的某个日期付款。在国际贸易中，付款通常在货物交付后的 7、30、60、90 或 120 天到期。尽管新的商业伙伴通常使用信用证，但熟悉和可信赖的贸易伙伴之间通常选择赊销。

赊销通常被视为向买家提供的贸易信用（Trade Credit）。贸易信用是众多企业的关键资金来源。根据美联储的数据，1987 年的贸易信用约占非农非金融企业负债的 15%，约占美国小企业负债的 20%。在 1991 年，贸易信用占美国公司全部资产的 17.8%，占德国、法国和意大利等欧洲国家公司总资产的四分之一以上。在中国，根据 2001—2007 年沪深两市 674 家上市公司的数据，贸易信用约占这些公司总资产的 9.1%。2019 年的小企业信贷调查报告显示，有 13% 的小企业使用贸易信用融资，将其列为第三大最受追捧的融资工具。在美国，贸易信用主导了大多数 B2B 卖家的资金使用。根据美国资金流账户，截至 2012 年 9 月，在非金融美国企业的总财务报表上，贸易信用约为银行贷款价值的 3 倍、商业票据价值的 15 倍。如图 5.5 所示，近几十年来，赊销的增长超过了信用证，据 2021 年的一份报告估计，赊销贸易约占全球贸易交易的 80%，约为 28.5 万亿美元。

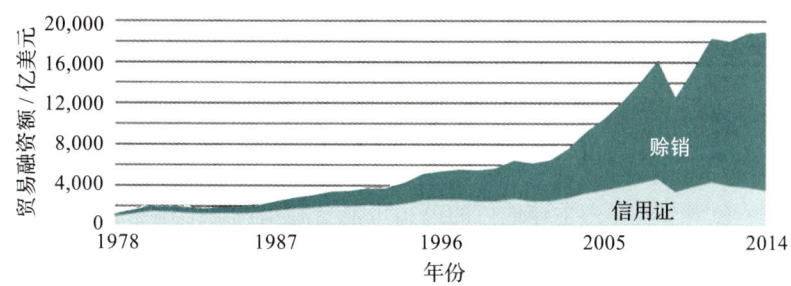

图 5.5　1978—2014 年赊销与信用证的发展比较

资料来源：改编自 UniCredit（2016）和 swift.com。

意识到赊销的重要性，多家银行纷纷推出了赊销平台，以简化买卖交易。在这些平台中，银行不再承担信用证中的角色，而是充当第三方平台提供商。举例来说，买卖双方都可以利用摩根大通提供的赊销平台来简化文件交换和支付转账流程。

5.5.1　卖家主导的贸易信用贴现

对于买家而言，贸易信用（在资产负债表上反映为应付账款）的运作方式很像他们的零利率贷款。为了鼓励买家提前还款，卖家可能会提供各种类型的贸易信用折扣（即贴现率）。例如，"2/10 净 30" 或 "2%/10 净 30" 等条款，意味着如果买家在 30 天信用期的最初 10 天内付款，则有权获得 2% 的折扣（见图 5.6）；同样，"2/30/90" 意味着如果买家在 90 天信用期的前 30 天内完成付款，则可以获得 2% 的折扣。

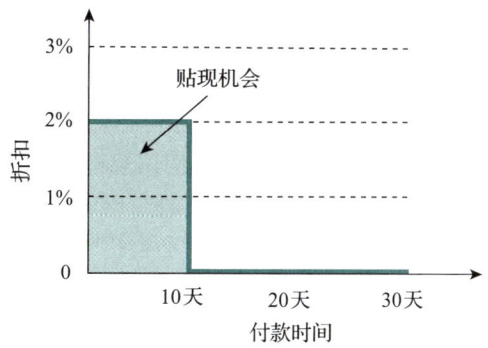

图 5.6　贸易信用 "2/10 净 30" 的图解

乍一看，2% 的折扣似乎微不足道。然而，对于大额交易来说，这个折扣可能相当可观。以 "2/10 净 30" 为例来说明，其年化利率为

$$2\% \times 365/(30-10) = 36.5\%$$

这意味着，如果买家提前付款，就可以获得相当于年化利率达到 36.5% 的利息回报，因此，这个折扣就显得非常可观。为了提供更多的比较信息，我们可以参考沃尔玛 2020 年的财务数据（截至 1 月 31 日，详见第 3.8 节附录），其净利润和销售成本之比可表示为

$$\frac{\text{净利润}}{\text{销售成本}} = \frac{14{,}881 \text{百万美元}}{523{,}964 \text{百万美元}} = 2.84\%$$

如果沃尔玛能够以销售成本为基础，有效地赚取年化利率 36.5% 的"利息收入"，这无疑将提高其利润率。然而，从卖家的角度来看，提供这样的贸易信用折扣可能成本高昂。

必须承认，占主导地位的公司可能会利用贸易信用条款，甚至超过合同规定的期限延迟付款。由于担心可能会失去这些主要买家的业务，较小的企业往往不愿公开指责这种不公平的做法，或通过法律途径追究它们违反合同条款的行为。因此，大买家可能会利用众多小供应商的资金来提升利润，但这会消耗供应商的营运资本。

然而，福兮祸之所倚，祸兮福之所伏。虽然买家可能会通过延迟付款从短期成本降低中受益，但从长期来看，这种做法可能会损害产品质量、售后服务标准和整体供应链关系。在这些情况下，即使供应商不主动提供贸易信用贴现，对于买家来说，提前付款仍然可能是有利的，尤其是支持那些资金受限的卖家。第 5.5.3 节将进一步探讨这种做法。

5.5.2 贸易信用与银行信贷比较

近年来，贸易信用越来越受欢迎，主要是因为赊销省去了银行手续费和与信用证相关的复杂文件处理工作。在卖家主导的贸易信用中，支付条款和批发定价主要由卖家决定。尽管延迟付款通常会导致卖家倾向于提高发票价格，但占主导地位的卖家可能会发现这一点很难实现。为了缓解不付款的风险，卖家可能会考虑购买保险，甚至提供贸易信用折扣以鼓励提前付款。

然而，如果买家拥有明显的影响力，卖家将不得不承担更晚的付款延迟所带来的更多风险——这是买家的偏好，但却是以牺牲卖家利益作为代价的。延长付款期限意味着卖家必须保持充足的流动性或寻找外部融资。在竞争激烈的市场中，卖家可能会被迫接受更长的付款延迟，尤其是在与占主导地位的买家打交道时。值得注意的是，许多全球零售商所利用的贸易信用规模远远超过了他们从银行借款的规模。举例来说，沃尔玛的贸易信用总额是其股东出资额的八倍。在某些情况下，买家甚至可能会将付款推迟到约定日期之后而不会招致罚款，尤其是在卖家未来的订单对其有很强依赖性的情况下。

与银行信贷（Bank Credit Financing）相比，贸易信用为资金受限的买家提供了延期付款的机会，这使得他们更有可能订购更大数量的商品。然而，这也意味着如果需求数量低于订单数量，卖家将承担潜在的买家违约风险。因此，卖家可能会设定比在银行信贷下更高的批发价格来缓解这种风险。然而，最终的融资策略选择取决于商品的单位生产成本。较低的生产成本降低了买家违约带来的潜在损失，这使

得卖家更愿意提供贸易信用以刺激需求。相反，当生产成本较高时，贸易信用的潜在损失可能会超过订单数量增加带来的好处，这会使得卖家在提供此类信贷时更为犹豫。

Jing 等人（2012）进一步推导表明，考虑到买家的初始资本水平，在内部资本水平较低时，贸易信用更可能成为买家的融资选择；反之，当内部资本水平较高时，银行信贷往往是首选（见图 5.7）。实证研究证实了这一点。例如，Deloof 等人（1999）在研究比利时公司时发现，贸易信用金额与内部产生的现金之间存在负相关。同样，Petersen 等人（1997）观察到，公司内部现金产生能力的提高降低了其对贸易信用的需求。

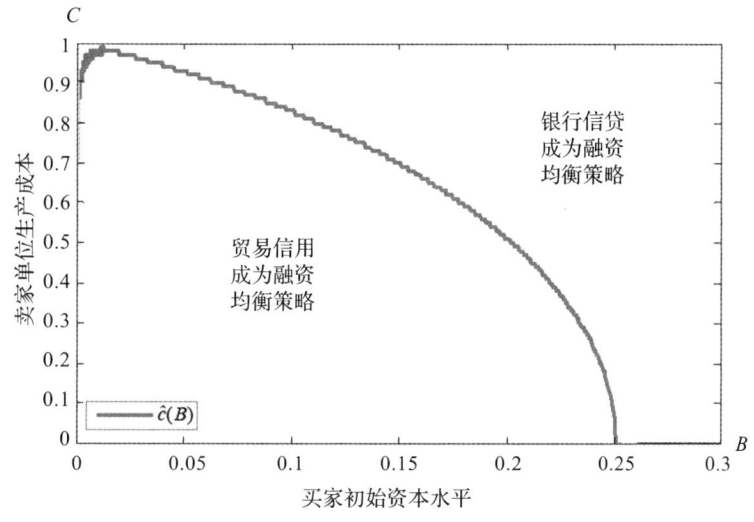

图 5.7　贸易信用与银行信贷的融资均衡

当企业同时使用贸易信用和银行信贷时，这两种信贷模式可能产生互补和替代效应。Cai 等人（2014）利用 2001—2007 年沪深两市上市的企业数据，采用联立方程框架对银行信贷与贸易信用之间的依赖关系进行建模。他们考虑到以下不同的公司特征（变量），通过短期债务和由应付账款代表的贸易信用来回归定义银行信贷。

- 偿付能力：股东权益占总资产的比例，用于衡量风险。
- 资产：实际资产总额，表明公司规模。
- 存货：存货占总资产的比例，反映短期资产。
- 销售：实际销售总额，表明活动水平。
- 现金：实际现金持有量，衡量替代这两种信贷类型的资金。低于或等于 4,000 万元分类为 L 类（低现金），否则分类为 H 类（高现金）。

Cai 等人的研究结果见表 5.3 和表 5.4。结果显示，无论公司持有多少现金，偿付能力比率较高的公司通常借款较少；公司规模大始终有利于获得信贷，而较高的风险则是一种阻碍因素；对于内部资本较低（L 类）的企业，贸易信用和银行信贷产生了互补效应；然而，当内部资本充足时，这两种信贷类型会相互替代，因为公司在应对资本限制时会同时利用它们。

表 5.3　银行信贷的回归分析

因变量 = 银行信贷，L 类企业			因变量 = log（银行信贷），H 类企业		
自变量	系数	标准误差	自变量	系数	标准误差
贸易信用	0.997***	0.317	log（贸易信用）	−0.200***	0.046
log（资产）	0.154***	0.022	log（资产）	1.021***	0.053
存货	−0.021	0.02	存货	6.15×10^{-5}	2.73×10^{-4}
MS①	−0.529	0.757	MS	−2.582	1.768
log（销售）	−0.003	0.007	log（销售）	0.011	0.012
偿付能力	−0.055***	0.012	偿付能力	−2.728***	0.128
年	0.007	0.018	年	0.058	0.042
货币状况	0.017	0.055	货币状况	0.279	0.131
常数	−17.446	30.115	常数	−113.713	83.943
R^2	0.46		R^2	0.55	
数据总数	576		数据总数	3,468	

注：*，显著性水平 10%；**，显著性水平 5%；***，显著性水平 1%。

① MS：法定存款准备金率水平。

数据来源：万得金融数据库（中国）。

表 5.4　贸易信用的回归分析

因变量 = 贸易信用，L 类企业			因变量 = log（贸易信用），H 类企业		
自变量	系数	标准误差	自变量	系数	标准误差
银行信贷	0.085***	0.026	log（银行信贷）	−0.164***	0.032
log（资产）	0.025***	0.007	log（资产）	1.145***	0.035
存货	0.021***	0.005	存货	−0.003	0.002
MS①	−0.136	0.182	MS	−2.287**	1.136
log（销售）	0.005***	0.0016	log（销售）	0.005	0.008
偿付能力	−0.0066**	0.003	偿付能力	−1.628***	0.111
年	−0.001	0.004	年	0.056**	0.027
货币状况	−0.012	0.013	货币状况	−0.021	0.085
常数	2.17	8.44	常数	−113.409**	54.28
R^2	0.43		R^2	0.7	
数据总数	576		数据总数	3,468	

注：*，显著性水平 10%；**，显著性水平 5%；***，显著性水平 1%。

① MS：法定存款准备金率水平。

数据来源：万得金融数据库（中国）。

5.5.3　买家主导的提前付款贴现

为了缓解卖家的财务压力，尤其是来自赊销的压力，大型零售商如开市客（Costco）、亚马逊（Amazon）、梅西百货（Macy's）和沃尔格林（Walgreens）等通过 C2FO 融资平台为资金受限的供应商提供了提前付款的便利。2009 年，沃尔玛推出了"供应商联盟计划",承诺向符合条件的供应商提前约 60 天付款。到 2015 年,沃尔玛向近万家受信任的供应商提供了提前付款机会,允许它们通过"提前实时支付软件"在 10 天内获得资金。自 2015 年以来,家得宝(Home Depot)也利用 Taulia 的供应链金融系统提前向卖家付款。在中国,线上 B2C 零售商京东(2018 年净收入达 4,620 亿元)也向其供应商提供提前付款。自 2013 年以来,京东金融每年向其供应商预支 300 多亿元人民币的买家信贷。

银行融资占贸易融资的 35%~40%(5.5 万亿~6.4 万亿美元)。然而,据世界银行估计,在 2008 年所有贸易融资交易中,预付现金占 19%~22%(3 万亿~3.5 万亿美元)。为了确保提前付款,卖家只有极其有限的选择,通常必须放弃一部分货款作为折扣,而且该折扣通常由零售商决定。例如,沃尔玛的提前付款通常要求 2% 的折扣。

典型的提前付款贴现率在 1%~2% 之间,期限跨度为 30~60 天。如果一笔交易要求卖家为提前 60 天付款提供 1% 的贴现,相当于 6.08% 的合理利率(按 $1\% \times 365/60 = 6.08\%$ 计算),那算是对卖家相当宽松的要求。然而,这些大型零售商的提前付款计划并不像看上去那么慷慨。有点自相矛盾的是,这些占主导地位的买家首先在赊销中强制延长信用期限(如 90 天),然后"善意地"提议通过提前 30 天预付款"帮助"卖家,但要求 2% 的贴现。虽然占主导地位的卖家可能有能力谈判更短的信贷期限或提高批发价格,但许多较小的企业发现自己只能任由这些零售巨头摆布。

> 具有讽刺意味的是,占主导地位的买家首先要求延长付款期限,然后提议通过提前付款来"协助"卖家,但要求卖家必须提供昂贵的折扣。

5.6 跟单托收

在跟单托收(Documentary Collection,D/C)中,卖家委托其银行(汇款银行)使用买家提供并同意的单据向买家银行(托收银行)收取款项。

5.6.1 操作流程

典型跟单托收的操作流程如下。
(1)合同敲定后,卖家将货物发运给买家。
(2)发货时,卖家向其银行(汇款银行)提交托收单,并附上装运单据和任何其他要求的文件。
(3)汇款银行将这些文件转发给买家银行(托收银行)。
(4)托收银行从买家取回款项,并将其转账至汇款银行。
(5)汇款银行将款项支付给卖家。

跟单托收中的收款方式主要有两种:付款交单(Document against Payment,D/P)和承兑交单(Document against Acceptance,D/A)。在付款交单中,买家在收到单据后结算票面金额;在承兑交单中,买家根据在文件中概述并约定的特定日期付款。

5.6.2 跟单托收与信用证及其他融资工具的比较

与信用证一样，跟单托收也涉及银行。但是，银行的作用较为有限，主要集中在单据收款和付款转账上。汇款银行和托收银行均不提供资金或担保付款。

关于付款时间，跟单托收遵守文件中规定的条款，由卖家和买家共同商定，类似于信用证中的程序。然而，在跟单托收中，银行既不会核实文件，也不会在不付款的情况下提供追索权。因此，跟单托收的成本通常低于信用证。

与信用证相比，跟单托收对买卖双方都更具成本效益。它为买家带来了更低的风险，执行起来更简单，并实现比预付现金更好的现金流管理。相反，由于缺乏银行担保和文件核查，跟单托收给卖家带来了更高的风险，不同贸易融资对买家和卖家的风险比较如图 5.8 所示。

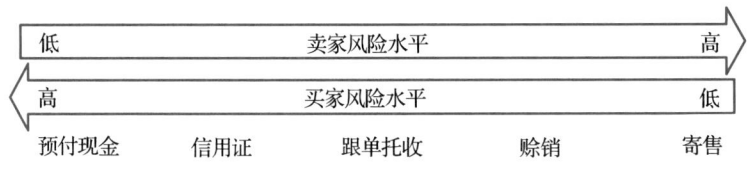

图 5.8 不同贸易融资对买家和卖家的风险比较

鉴于这些贸易融资工具对卖家和买家各有利弊，性质上往往截然相反，我们在图 5.8 中总结了各方面临的风险。这些风险取决于现金获取和留存的时间。从卖家的角度来看，寄售是最不安全的，因为直到货物售出才收到付款，而预付现金是最安全的；对于买家来说，情况恰好相反。

5.7 国际贸易术语解释通则

在国际贸易中，根据不同的交易条款，支付义务和库存所有权会存在微妙的差别。自 1936 年起，国际商会便持续发布《国际贸易术语解释通则》，自 1980 年后每十年更新一次以反映全球贸易环境的变化。最新版本为《2020 年国际贸易术语解释通则》，之前版本为《2010 年国际贸易术语解释通则》。

《2020 年国际贸易术语解释通则》涵盖了从 EXW（工厂交货）到 DDP（税后交付）的 11 个术语（详见表 5.5）。其中，有 4 个术语专门适用于水路运输，其余 7 个适用于所有运输方式。工厂交货条款对卖家的义务要求最少，而买家的责任在随后的术语中逐渐减少。考虑到运输过程中，尤其是通过水路运输可能导致提前期延长，库存所有权的确切转移时刻对于卖家和买家的存货成本都具有重要影响。

表 5.5 《2020 年国际贸易术语解释通则》规则责任参考指南

术语	任何运输方式		海运/内河运输				任何运输方式			
	EXW	FCA	FAS	FOB	CFR	CIF	CPT	CIP	DAP	DPU	DDP
	工厂交货	货交承运人	船边交货	船上交货	成本加运费	成本、保险费加运费	运费付至	运费和保险费付至	目的地交货	目的地卸货后交货	税后交付
发票与出口包装	卖家	卖家	卖家	卖家	卖家	卖家	卖家	卖家	卖家	卖家	卖家

（续）

术语	任何运输方式		海运/内河运输				任何运输方式				
	EXW	FCA	FAS	FOB	CFR	CIF	CPT	CIP	DAP	DPU	DDP
	工厂交货	货交承运人	船边交货	船上交货	成本加运费	成本、保险费加运费	运费付至	运费和保险费付至	目的地交货	目的地卸货后交货	税后交付
装载、交付、税收和出口关税	买家	卖家	卖家	卖家	卖家	卖家	卖家	卖家	卖家	卖家	卖家
始发港收费	买家	买家	卖家	卖家	卖家	卖家	卖家	卖家	卖家	卖家	卖家
装车	买家	买家	买家	卖家	卖家	卖家	卖家	卖家	卖家	卖家	卖家
运费	买家	买家	买家	买家	卖家	卖家	卖家	卖家	卖家	卖家	卖家
保险	可协商	可协商	可协商	可协商	可协商	卖家	可协商	卖家	可协商	可协商	可协商
目的地码头费	买家	买家	买家	买家	买家	卖家	卖家	卖家	卖家	卖家	卖家
送货至目的地	买家	买家	买家	买家	买家	买家	卖家	卖家	卖家	卖家	卖家
卸货至目的地	买家	买家	买家	买家	买家	买家	买家	买家	买家	卖家	买家
进口关税、税收和清关	买家	买家	买家	买家	买家	买家	买家	买家	买家	买家	卖家

为了方便读者理解，《2020年国际贸易术语解释通则》中这11个术语的解释如下。

EXW——工厂交货，又称仓库交货或出厂价，表示一旦货物在卖家指定地点（如工厂、仓库等）可供买家使用，卖家即履行其交货义务。卖家不负责将货物装载到提货车辆上，或办理任何出口清关手续。

FCA——货交承运人，意味着卖家在其所在地或另一指定地点将货物交给由买家指定的承运人或其他人。为了避免产生误解，双方应明确指定交货地点的具体位置，因为在这一地点开始，买家就开始承担责任。

CPT——运费付至（指定地点），表明卖家将货物在双方约定的地点转交给由卖家选择的承运公司或个人时负责安排并承担将货物运至指定目的地的运输费用。

CIP——运费和保险费付至（指定地点），表明卖家将货物在双方约定的地点交付给卖家选择的承运公司或个人时，除了卖家承诺安排并承担将货物运至指定终点位置所需的运输费用外，卖家还需承担确保货物在运输过程中避免遭受任何潜在损失或损坏的保险并支付保险费。但买家必须意识到，在CIP条款下，卖家购买的保险仅提供基本保障。

DAP——目的地交货，表示卖家将货物运送到指定目的地，待买家可以使用并准备卸货时完成交付。卖家承担将货物运输至指定地点的所有相关风险。

DPU——目的地卸货后交货，指的是卖家将货物运送至指定目的地，并在那里将货物卸下，向买家完成交付。卖家承担在指定地点运输和卸货方面的所有风险。

DDP——税后交付，表示卖家在货物准备好卸下并在指定目的地可供买家使用时完成交付。卖家承担将货物运输至目的地的所有费用和风险，并负责所有进出口清关、支付任何相关关税以及办理所有海关手续。

FAS——船边交货，指的是一旦货物被放置在指定的装运港中靠近买家指定的船只旁边（例如码头或驳船上），卖家就被视为已经履行了交货义务。一旦货物放置在船旁，货物的潜在损失或损害责任就会转移到买家，买家需要承担所有后续费用。

FOB——船上交货，又称船上离岸价，规定一旦货物被装载到由买家选择的船舶上，或者货物已按此方式交付，卖家的责任即告终止。一旦货物上船，潜在的任何损失或损害责任将转移给买家，随后的所有费用由买家承担。

CFR——成本加运费，规定卖家负责将货物装船或确保货物以此方式交付。一旦货物上船，任何损坏或损失的风险都转移到买家身上。此外，卖家有责任安排并承担将货物运至指定目的港的费用和运费。

CIF——成本、保险费加运费，规定卖家应确保货物在船上，或确认货物已以此方式交付。一旦货物上船，潜在的任何损坏或损失的责任就转移给买家。卖家负责安排和支付费用、运费及保险费，以防止货物在运输至指定目的港期间遭受任何潜在损坏或损失。

5.8 案例研究：Enlightened 公司的寄售选择

5.8.1 案例介绍[⊖]

| 案例研究 | Enlightened 公司的寄售选择

背景：

Liana 曾担任 Enlightened 公司的运营副总裁。该公司是一家总部位于加利福尼亚州硅谷的领先技术设备制造商（OEM）。该公司最近推出了一款售价为 19,995 美元的新型 3D 打印机 SCANNet-21D。

经过深入研究，Liana 决定与位于马来西亚的合同制造商 Lucastronics 有限公司合作，生产 3.5 万台 SCANNet-21D。这些成品随后将被进口到 Enlightened 在旧金山的交付中心。从马来西亚到旧金山的运输通常需要 45 天，平均存货天数（DOI）为 30 天。

激光器采购方案：

Liana 指出，根据材料清单（总计 10,800 美元），最昂贵的零部件是高端激光器，该零部件对于打印机的切割功能至关重要，其价格高达 4,500 美元。Enlightened 公司与 LNET 公司共同开发了该部件，随后按照协议将其出售给 Lucastronics，价格为 4,500 美元，外加 5% 的溢价（包括收购成本、资本成本以及运输至 Lucastronics 生产基地的运费）。Lucastronics 还负责采购其他零部件。以上总生产成本估计为 12,725 美元，其中不包括运输费用。

Liana 面临着对于这一特定激光器的两个选择。

- 方案 1：如上所述，允许 Lucastronics 购买并持有激光器库存。随后，公司将按照税后交付（DDP）模式（根据《2020 年国际贸易术语解释通则》缴纳的交货关税，参见表 5.5 和第 5.7 节）将完整的产品运送至 Enlightened 公司旧金山交付中心。在税后交付模式下，Lucastronics 将先承担每个打印机单元的装运和进口成本，随后 Enlightened 将承担这些费用，每台打印机增加

⊖ 本案例和以下案例分析是根据加利福尼亚州硅谷一家公司的实践编写的。所有公司名称均为化名，为保密起见，我们对数据进行了修改。

1,000 美元的成本。
- **方案 2**：Enlightened 公司可以选择使用寄售模式，Lucastronics 不需要购买激光器，而只在产品完成前拥有其所有权。一旦最终产品在马来西亚槟城港组装完成，Enlightened 公司将拥有所有权，然后运往旧金山的货物将采用货交承运人（FCA）模式（每件 950 美元由 Enlightened 公司承担）。这种模式将省去 Enlightened 公司 5% 的加价。

其他财务信息：

在与研发团队和首席财务官讨论后，Liana 发现 SCANNet-21D 的研发费用总额预计为 7,000 万美元，预计这一成本将平均分摊到 3.5 万台 SCANNet-21D 设备上（每台设备 2,000 美元）。平均销售、一般及管理费用（SG&A）预计为每台 1,300 美元，所有其他成本都是名义上的，可以忽略不计。Enlightened 公司给予其客户 53 天的付款期限（应收账款周转天数），同时从 Lucastronics 那里得到 45 天的付款期限（应付账款周转天数）。鉴于 Enlightened 公司的信用评分低于标准，如果他们需要获得资金来补充库存，利率可能会飙升至 20%。首席财务官还表示，Enlightened 公司希望保持 15% 以上的营业利润率，同时确保库存/年化销售额保持在 15% 以下，以保证现金流畅通。

Liana 现在正处于一个关键的抉择时刻，需要在这两个方案之间做出选择。

问题：

1. Liana 应该选择哪个方案，方案 1 还是方案 2？
2. 从这个情景中，你能得到哪些供应链管理上的启示？

5.8.2 案例分析

从上面提供的案例信息中可以明显看出，在方案 2 下，Enlightened 公司将激光器委托给 Lucastronics，采购成本较方案 1 更低。具体而言，在方案 1 中，Enlightened 公司的单位采购总成本为 (12,725 + 1,000) 美元 = 13,725 美元。相比之下，方案 2 为 (12,500 + 950) 美元 = 13,450 美元。这意味着方案 1 每套的价格比方案 2 高了 275 美元。两种替代方案的新增研发和 SG&A 成本合计为 (2,000 + 1,300) 美元 = 3,300 美元。

忽略潜在的库存融资成本，方案 1 的单位营业利润为 (19,995 − 13,725 − 3,300) 美元 = 2,970 美元，税前营业利润率为 (2,970/19,995 × 100%) 美元 = 14.85%。方案 2 的单位营业利润为 (19,995 − 13,450 − 3,300) 美元 = 3,245 美元，税前营业利润率为 (3,245/19,995 × 100%) 美元 = 16.23%（具体计算结果见表 5.6）。

表 5.6 Enlightened 公司关于 SCANNet-21D 生产的财务分析

SCANNet-21D	方案 1（DDP）	方案 2（FCA）
销售价格 / 美元	19,995	19,995
生产成本（不含激光器）/ 美元	8,000	8,000
激光器成本 / 美元	4,500	4,500
激光器加价 / 美元	225	
支付给合同制造商总成本 / 美元	12,725	12,500

(续)

SCANNet-21D	方案 1（DDP）	方案 2（FCA）
税后交付（DDP）价格 / 美元	1,000	
货交承运人（FCA）成本 / 美元		950
销售商品成本（COGS）/ 美元	13,725	13,450
毛利润 / 美元	6,270	6,545
毛利率	31.36%	32.73%
总研发费用 / 美元	70,000,000	70,000,000
平均研发费用 / 美元	2,000	2,000
销售、一般及管理费用（SG&A）/ 美元	1,300	1,300
存货融资成本利率	20%	20%
存货融资单位机会成本（如果收取）/ 美元	226	553
营业利润 / 美元	2,970	3,245
税前营业利润率	14.85%	16.23%
减去存货成本税前营业利润	13.73%	13.46%
销售量 / 台	35,000	35,000
总销售额 / 美元	699,825,000	699,825,000
总销售商品成本 / 美元	480,375,000	470,750,000
总毛利润 / 美元	219,450,000	229,075,000
总营业利润 / 美元	103,950,000	113,575,000
存货天数（交付中心）/ 天	30	30
存货天数（运输中）/ 天	45	45
存货价值（交付中心）/ 美元	39,482,877	38,691,781
存货价值（运输中）/ 美元		58,037,671
总存货价值 / 美元	39,482,877	96,729,452
存货 / 总销售额	5.64%	13.82%

对于方案 1（无寄售的 DDP），Enlightened 公司的整个库存持续时间为在交付中心（DC）花费的时间（30 天）。相反，方案 2（带寄售的 FCA）的库存期为 75 天（= 30 天 + 45 天）。通过将这些期间的库存总值与总销售额进行比较，我们得到方案 1 和方案 2 的库存 / 总销售额比率分别为 5.64% 和 13.82%。具体计算如下：

$$\text{方案 1：} \frac{\text{库存}}{\text{总销售额}} = \frac{\left(13,725 \times 35,000 \times \frac{30}{365}\right)\text{美元}}{(19,995 \times 35,000)\text{美元}} = \frac{39,482,877\text{美元}}{699,825,000\text{美元}} = 5.64\%$$

$$\text{方案 2：} \frac{\text{库存}}{\text{总销售额}} = \frac{\left(13,450 \times 35,000 \times \frac{30+45}{365}\right)\text{美元}}{(19,995 \times 35,000)\text{美元}} = \frac{96,729,452\text{美元}}{699,825,000\text{美元}} = 13.82\%$$

综上所述，如果 Enlightened 公司为了实现健康的现金周转，旨在维持 15% 以上的营业利润率，并确保库存/总销售额保持在 15% 以下，那么方案 2 就成为更合适的选择。

然而，在考虑现金流赤字导致的潜在额外存货成本时，我们必须通过扣除潜在机会成本 [= 利率 × 销售成本 (COGS) × 库存天数/365] 来调整营业利润。因此，在评估运营利润减去存货成本时，我们发现方案 1 和方案 2 的利润率分别为 13.73% 和 13.46%。具体计算如下：

$$\text{方案 1: 利润率} = \frac{\left(2{,}970 - 0.2 \times 13{,}725 \times \frac{30}{365}\right)\text{美元}}{19{,}995\text{美元}} = 13.73\%$$

$$\text{方案 2: 利润率} = \frac{\left(3{,}245 - 0.2 \times 13{,}450 \times \frac{30+45}{365}\right)\text{美元}}{19{,}995\text{美元}} = 13.46\%$$

在这种背景下，两种选择都不符合 Enlightened 公司首席财务官设定的财务基准。然而，方案 1 具备更高的利润率和更低的库存/总销售额百分比，使其成为更有利的选择。

考虑到现金转换周期，给定方案 1 的 DSO=53、DPO=45，以及两个方案的 DIO 值分别为 30 和 75，我们得到方案 1 和方案 2 的现金转换周期值分别为 38 和 83。因此，即使排除库存财务机会成本，方案 1 也可以将现金转换周期减少 45 天（= 83 天 − 38 天）。综上，如果 Enlightened 公司面临重大现金流挑战，方案 1 将会更有优势。

5.9 总结

贸易融资工具对于成功的国际贸易至关重要，它提供了一个保护买卖双方利益的框架。从预付现金到确保卖家在买家违约情况下获得付款的信用证，这些工具为交易双方提供了安全感和保障。同时，无论是推式还是拉式的供应链策略，其目的都是将生产与市场需求相结合，从而优化库存水平和销售。最后，《国际贸易术语解释通则》提供了标准化的合同条款，明确了跨境交易中的角色和责任。

本章要点如下。

1. 预付现金和推式供应链
- 预付现金：这种方式将卖家的风险降至最低，因为买家在货物或服务交付前就需要付款。在对买家信誉存疑的情况下，这种方式尤为有利。
- 推式供应链：在这种情况下，商品是基于预测或计划需求生产的。一旦制造完成，这些商品就会以积极的销售技巧和促销手段被"推"到市场上。

2. 寄售和拉式供应链
- 寄售：货物被发送给买家或经销商，只有在销售时才付款。在此之前，货物仍是卖家的财产。这种方式提高了卖家的风险，因为交货时不保证付款。
- 拉式供应链：与推式供应链模型相反，生产是基于实际需求进行的，即根据实时销售数据将产品"拉"入生产流程，从而降低生产过剩和缺货的风险。

3. 信用证
- 信用证是银行代表买家向卖家担保付款的单据。这是国际贸易中规避信用风险的值得信赖的方法。如果买家未能付款，银行将支付该金额。

4. 赊销
- 赊销允许买家在未来约定的日期付款。鉴于卖家在付款到期前发货，这种方式对买家更有利，但对卖家而言风险更大。

5. 跟单托收
- 这个过程涉及一家银行或几家银行作为中间人，不提供任何付款担保。银行处理买家需要的单据（如提单或发票），但只有在付款或承诺付款后才会发放。

6.《国际贸易术语解释通则》
- 《国际贸易术语解释通则》是由国际商会发布的，旨在定义国际贸易中买家和卖家的责任。该规则明确了谁负责支付费用、承担风险和责任，以及风险何时从卖家转移到买家。

5.10 练习

5.10.1 思考题

1. "贸易融资"指的是什么？
2. 在国际贸易中，卖家使用预付现金方式的主要优势是什么？
3. 在预付现金方式中，风险由哪一方来承担？
4. 拉式供应链系统如何决定生产水平？
5. 在寄售情况下，买家或经销商何时付款？
6. 银行出具的哪些单据代表买家向卖家付款的担保？
7. 当买家可以在未来约定的日期付款时，哪种付款方式对其更为有利？
8. 在跟单托收中，银行扮演了什么角色？
9. 银行在国际贸易信用证交易中扮演了什么角色？
10. 在哪条国际贸易术语解释通则中，卖家需在买家收到货物之前交付货物并支付包括进口关税和税费在内的所有费用？

5.10.2 案例研究

Stellar Fashions 的贸易融资决策

背景：

Stellar Fashions 是一家总部位于伦敦的快速发展的时装品牌公司，专注于设计和向欧洲市场销售可持续时装。随着人们对环保产品需求的持续增长，他们的订单量也大幅增加。为了应对这一需求，他们决定从印度制造商 FabTex 公司采购有机棉。

交易细节：

（1）FabTex 公司提供高品质的有机棉，并有能力满足 Stellar Fashions 所需的大订单。每件面料的成本为 10 美元，Stellar Fashions 计划为即将到来的时装季订购 10 万件。

（2）由于 FabTex 公司曾与之前的客户发生过不按时付款的问题，因此其采取了谨慎态度，要求 Stellar Fashions 采用"预付现金"的付款方式。

（3）尽管 Stellar Fashions 的信用评级良好，但由于其他运营费用，其现金流比较紧张。他们更倾向于采用"赊销"的付款方式，可以在收到布料几周后支付款项。

（4）双方认为"信用证"和"跟单托收"是潜在的中间解决方案。从 FabTex 公司到 Stellar Fashions 的发货时间约为 3 周。

（5）Stellar Fashions 的银行对开立信用证的金额收取 1% 的手续费，而来自 FabTex 公司的银行的跟单托收手续费为 1.5%。

问题：

Stellar Fashions 和 FabTex 公司应该如何合作，以确保贸易交易顺利进行，同时让双方都感到安心并保障财务安全？

5.11 附录：学术思考

推、拉与供应链风险规避态度[一]

杨磊、蔡港树、陈剑

5.11.1 导言

在现实世界中，供应商和零售商往往偏离风险中性。Koller 等人（2012）对 90 个国家的 1,500 名高管的调查结果显示，无论企业规模如何，这些高管都表现出显著的风险规避水平。即使企业的期望价值显著为正，情况也是如此。正如《华尔街日报》所指出的，公司往往会保留更多现金，这反映了管理层对风险的厌恶情绪，这种情况往往受到过去破产经历的影响。一些经济学家认为，在经济发生明显转变之际，风险规避意识会显著增强。这种转变往往发生在商业投资支出大幅低于预期的情况下。Gurnani 等人（2014）的研究进一步证实了这些发现，指出公司在下订单时表现出规避风险的倾向。

考虑到供应链中固有的库存风险，企业对风险的立场在决策过程中变得至关重要。这引发了一些关键问题：在企业规避风险的背景下，"拉"策略优于"推"策略的普遍观点是否仍然成立？如果是的话，企业的帕累托集会如何演变？这会对供应链协调产生什么影响？另外，是否有可能设计出一个与供应链内部的风险规避倾向相一致的具体合同？

[一] 如需更全面地了解，请读者参阅全文：Yang, L., Cai, G., & Chen, J., 2018. Push, Pull, and Supply Chain Risk-Averse Attitude. *Production and Operations Management*, 27(8), pp.1534-1552. 为简洁起见，我们省略了大部分内容。

5.11.2 模型

为了深入研究风险规避态度的影响,我们采用了经典的推拉式报童模型,以允许供应商和零售商都表现出风险规避。我们的模型是对典型报童模型的细微扩展,即供应商通过零售商进行交易以接触最终消费者(参见图 5.9)。在这里,零售商以批发价 w 从供应商处采购数量为 Q 的产品。单位生产成本为 c,单位零售价为 r。遵循传统的文献标准,这两个因素都是外生的。需求表示为 D,是随机的,遵循 F 分布,相关的密度函数为 f。我们将故障率函数指定为 $h(x) \triangleq f(x)/[1-F(x)]$。我们的模型假设故障率递增,符号为 $h'(x) \geq 0$。这种假设符合许多不同的分布函数,包括但不限于正态分布、对数正态分布、均匀分布、指数分布、Gamma 分布和 Weibull 分布。为了简单起见,我们考虑了销售损失且不考虑任何残值成本。

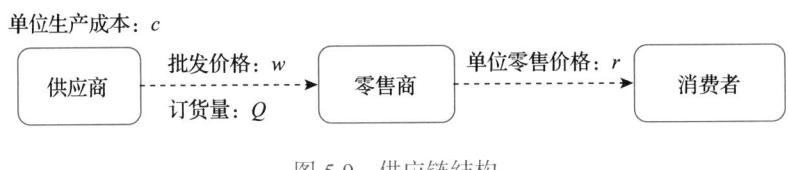

图 5.9 供应链结构

我们的模型与传统的推拉式报童模型的不同之处在于,将公司的风险态度纳入其中,即公司可能并不是风险中性的。为了衡量供应链决策中风险的影响,并与已有文献相一致,我们采用条件风险价值(CVaR)作为代表公司目标的指标。CVaR 的定义⊖如下:

$$\text{CVaR}_\rho[\pi(Q)] = \max_{v \in R}\{v + (1/\rho)E(\min[\pi(Q)-v, 0])\}$$

这里,$\pi(Q)$ 代表公司利润,Q 代表订货量,v 作为利润基准值。$\rho \in (0, 1]$,是一个百分位数,表示公司的风险规避程度。当 $\rho = 1$,方程 $\text{CVaR}_\rho[\pi(Q)] = E[\pi(Q)]$ 成立,此时 CVaR 模型等价于传统的风险中性报童模型。

在我们的框架内,供应商的风险态度表示为 ρ_s,而零售商的风险态度表示为 ρ_r。我们通过研究发现,在推式和拉式供应链中,供应商和零售商都通过最大化各自的 CVaR 来确定其最优订货量。推式和拉式供应链模型都会产生单一的最优订货量。

5.11.3 理论发现

我们的分析表明,当供应商和零售商具有相同的风险态度(即处于相同的风险规避水平)时,拉式供应链系统的表现持续优于推式供应链系统。但如果供应商的风险规避程度远高于零售商,则推式供应链系统的最优订货量 $\hat{Q}_s$ 可能大于拉式供应链系统的最优订货量 Q_r (见表 5.7)。

⊖ 根据公司的目标和偏好,有多种形式的 CVaR。我们将在第 11.3 节中介绍另一种形式的 CVaR。

表 5.7　推拉式供应链系统的两个最优订货量之差（$F \sim U[0, 16]$、$r=9$、$c=4$）

	$Q_r - \hat{Q}_s$	ρ_r						
		0.7	0.75	0.8	0.85	0.9	0.95	1.0
ρ_s	0.7	0.2111	0.0333	−0.1244	−0.2922	−0.4600	−0.6378	−0.8056
	0.75	0.3911	0.2233	0.0556	−0.1122	−0.2800	−0.4478	−0.6156
	0.8	0.5611	0.4033	0.2356	0.0678	−0.1000	−0.2678	−0.4256
	0.85	0.7311	0.5733	0.4156	0.2478	0.0800	−0.0878	−0.2556
	0.9	0.9111	0.7533	0.5856	0.4278	0.2600	0.1022	−0.0656
	0.95	1.0711	0.9233	0.7656	0.6078	0.4400	0.2822	0.1144
	1.0	1.2411	1.0933	0.9356	0.7778	0.6200	0.4622	0.2944

因此，推式供应链的效率可能优于拉式供应链。这种差异主要源于供应商和零售商之间风险态度的差异。在推式供应链系统中，供应链只对零售商的风险态度敏感，因为零售商承担所有库存风险，如果需求量低于订货量就会受到影响。在这种情况下，供应商的风险态度不影响零售商的订货量，进而不影响批发价格。反之，在拉式供应链系统中，库存风险由供应商承担，使得供应商和零售商的决策都受到需求不确定性的影响。因此，拉式供应链受到两家公司风险态度的影响。由于规避风险的公司通常会减少订货量，因此一个更加注重风险规避的供应商可能会减少库存，以缓解拉式供应链中的风险。

为了确定推式和拉式合同下的最佳供应链订货量，我们采用了帕累托最优的理念，以实现所有利益相关者的总目标最大化。当供应商和零售商都是风险规避者时，整个供应链也会表现出风险规避的倾向。如果零售商的风险规避程度较低，那么推式供应链整体的风险规避态度可能不如拉式供应链的明显。因此，推式供应链的最大 CVaR 可能超过拉式供应链的最大 CVaR。这种差异也会延伸到推式帕累托集和拉式帕累托集。如果供应商比零售商更加厌恶风险，那么拉式合同的某些方面可能会受到推式供应链系统的影响，即零售商可能会从提前购买部分库存中受益。

此外，我们的研究表明，三方关税收入共享和回购合同均能有效提升供应链的 CVaR 至峰值。然而，在供应链风险中性时，这些合同并不能将供应链利润提升至最大值。供应链的风险取决于收益分成率或回购率，这意味着这些比率的变化会影响供应链的整体利润。

我们的研究为管理者提供了一些重要见解。首先，传统的推拉式报童模型中，对于风险规避的供应商和零售商，我们提供了一个更深入的理解，强调了在风险规避的情况下，推式策略可能优于拉式策略。其次，我们强调了管理者认识到企业风险态度的重要性，因为不管供应链的协调程度如何，这些态度都可能扭曲原本有效的订货决策，从而使得推式策略胜过拉式策略。最后，在推式或拉式供应链系统中，引入三方关税收入共享或回购合同都可以实现供应商和零售商共同的 CVaR 最大化。这些协调合同的引入可以调整整体供应链的风险态度。

5.12　参考资料

Barrot, J. N. (2016). Trade Credit and Industry Dynamics: Evidence from Trucking

Firms. *The Journal of Finance*, 71(5), 1975–2016.

Cachon, G. P. (2004). The Allocation of Inventory Risk in a Supply Chain: Push, Pull, and Advance-Purchase Discount Contracts. *Management Science*, 50(2), 222–238.

Cai, G., Chen, X., & Xiao, Z. (2014). The Roles of Bank and Trade Credits: Theoretical Analysis and Empirical Evidence. *Production and Operations Management*, 23(4), 583–598.

Chauffour, J. P., & Malouche, M. (2011). Trade Finance During the 2008-9 Trade Collapse: Key Take Aways. *Report, The World Bank, NW Washington, DC, USA*.

Chen, X., Lu, Q., & Cai, G. (2020). Buyer Financing in Pull Supply Chains: Zero-Interest Early Payment or In-House Factoring? *Production and Operations Management*. 29 (10), 2307-2325.

Deloof, M., & Jegers, M. (1999). Trade Credit, Corporate Groups, and the Financing of Belgian Firms. *Journal of Business Finance & Accounting*, 26(7), 945–966.

Green, L. (2015). *Wal-Mart Extends Supplier Payment Terms, but It's not Necessarily a Bad Thing*.

Gurnani, H., Ramachandran, K., Ray, S., & Xia, Y. (2014). Ordering Behavior Under Supply Risk: An Experimental Investigation. *Manufacturing & Service Operations Management*, 16(1), 61–75.

Hoffman, C. (2022). *Red Clause vs Green Clause Letters of Credit-A 2022 Letter of Credit Guide*. https://www.tradefinanceglobal.com/posts/red-letters-credit-green-letters-credit/#:~:text=While a red clause LC,origin and insurance into account. Accessed January 2, 2023.

ICC. (2020). *Incoterms® 2020*. https://iccwbo.org/resources-for-business/incoterms-rules/incoterms-2020/. Accessed January 22, 2022.

Jdsupra. (2021). *Shift to Open Account Trade Highlights Evolving Risks in the Maritime Sector | k2 Integrity*. https://www.jdsupra.com/legalnews/shift-to-open-account-trade-highlights-9822805/. Accessed January 12, 2022.

Jiménez, G. (2013). *ICC Guide to Export-Import: Global Standards for International Trade*. International Chamber of Commerce.

Jing, B., Chen, X., & Cai, G. G. (2012). Equilibrium Financing in a Distribution Channel with Capital Constraint. *Production and Operations Management*, 21(6), 1090–1101.

Kagan, J. (2022). *Trade Credit*. https://www.investopedia.com/terms/t/trade-credit.asp. Accessed November 12, 2022.

Koller, T., Lovallo, D., & Williams, Z. (2012). *Overcoming a Bias Against Risk*. https://www.mckinsey.com/~/media/mckinsey/business functions/strategy and corporate finance/our insights/overcoming a bias against risk/overcoming a bias against risk.pdf?shouldIndex=false. Accessed July 6, 2021.

Marks, G. (2015). *How to Get Paid Faster from Home Depot*. Forbes, March 23, 2015.

Miller, D. (2021). *What Is a Letter of Credit?* https://www.lendio.com/blog/what-is-letter-of-credit/#:~:text=The standard cost of a,could fall close to 1.5%25. Accessed July 16, 2021.

O'Connell, V. (2009). Wal-Mart Looks to Bolster Suppliers. In *The Wall Street Journal*.

Petersen, M. A., & Rajan, R. G. (1997). Trade Credit: Theories and Evidence. *Review of Financial Studies*, 10, 661–692.

PYMNTS. (2015). *The Downfall of the Letter of Credit*. https://www.pymnts.com/in-depth/2015/the-downfall-of-the-letter-of-credit//. Accessed December 21, 2022.

Rajan, R. G., & Zingales, L. (1995). What Do We Know About Capital Structure? Some evidence from international data. *The Journal of Finance*, 50(5), 1421-1460.

Trade Finance Global. (2023). *Letters of Credit*. https://www.tradefinanceglobal.com/letters-of-credit/. Accessed July 26, 2021.

UniCredit. (2016). Bank Payment Obligation-BPO. Case Studies of UniCredit as of Febuary 2016.

Wikipedia. (2020). *Letter of Credit*. https://en.wikipedia.org/wiki/Letter_of_credit. Accessed October 6, 2020.

Wikipedia. (2021). *Trade Credit*. https://en.wikipedia.org/wiki/Trade_credit. Accessed October 11, 2021.

Yang, L., Cai, G., & Chen, J. (2018). Push, Pull, and Supply Chain Risk-Averse Attitude. *Production and Operations Management*, 27(8), 1534–1552.

第 6 章 卖家主导的供应链金融

■ 学习目标

1. 区分保理与传统债务，评估它们对公司财务的影响。
2. 确定福费廷在中长期贸易融资和风险缓解中的作用。
3. 对比发票贴现和保理，了解订单融资对流动性和业务扩张的影响。
4. 探索卖家主导的应收账款证券化及其在优化信贷质量中的作用。

■ 摘要

本章探讨了卖家主导的供应链金融的五大关键机制：保理、福费廷、发票贴现、订单融资和应收账款证券化。通过对比这些方法，阐明了企业如何优化现金流、提升信贷质量和制定增长战略。从区分保理与传统债务到理解卖家主导的应收账款证券化在信贷优化中的作用，本章将分析企业是如何在多样化的融资环境下确保自身在不断发展的供应链金融市场中保持流动性和实现增长的。

6.1 导言

许多制造商由于规模小、资金有限以及缺乏足够的信誉，无法通过借贷来支持其生产。研究表明，数百万小型企业为美国提供了60%～80%的就业岗位。然而，有43%的小企业老板在过去四年中至少遇到过一次资金困境，并且无法获得任何融资。根据世界银行集团企业调查报告，在135个国家的13万家公司中，有27%的企业认为"获取融资渠道"是一个主要的业务约束。

这种财务困境可能会加剧资金受限的制造商的压力，特别是在生产提前期较长的情况下。制造商必须在零售商下订单之前生产和储存产品，尤其是在出现需求高峰的短销售季节（例如季节性和节假日销售）。当占据主导地位的买家，如亚马逊、沃尔玛、阿里巴巴和京东等，掌握较大的议价权并要求提供更长的付款期限时（例如，从净30天延长至净90天），情况可能会进一步恶化。

旨在协助上游企业的供应链金融可以由卖家、买家或第三方［例如第三方物流（3PL）公司、银行、互联网平台甚至保险公司］推动。在卖家主导的供应链金融机制中，卖家基于供应链交易向银行或其他金融机构发起融资请求。这些交易可能涉及应收账款、应收票据、采购订单或库存等。

卖家主导的供应链金融已成为商业交易中的主要金融工具。例如，麦肯锡的研究报告指出，2018年卖家主导的供应链金融成交额约为3万亿美元，而供应链金融总成交额为7.3万亿美元，即卖家主导的供应链金融成交额约占供应链金融总成交额的41%。

本章将探索以卖家为主导的各种供应链金融机制，重点是应收账款融资（Accounts Receivable Financing）以及订单融资（Purchase Order Financing）。在应收账款融资中，供应商将其应收账款、应收票据或其他应收款出售给银行、保理商或其他公司，以获取预付资金来支持运营并偿还债务。常见的应收账款融资方式包括保理、福费廷、发票贴现等。提供应收账款服务的融资公司可能会承担买家不付款的风险以换取可观的利润。根据融资机制的不同，卖家可能获得应收账款面值的70%~90%，甚至100%。

尽管卖家主导的供应链金融持续扩张，但行业中使用的许多融资术语常常重叠、定义不精确或容易引起混淆。因此，本章将不会列举融资公司和网站使用的所有术语，而是将重点放在最常用的术语上（其他章节也采取了类似的方式）。

6.2 保理

从更广泛的角度来看，保理（Factoring）是应收账款融资的主要机制之一^㊀。作为最早的金融机制之一，它允许公司利用其未结清的发票或应收账款来迅速获取现金。保理的优势在于它能够基于公司的应收账款立即提供现金，从而使公司能够进行进一步的业务活动，如生产和研发。

在卖家主导的保理业务（通常也称为供应商主导的保理业务）中，卖家通过其关联银行购买全部或部分应收账款并以贴现价出售。在很多情况下，卖家还选择将其他后台任务外包给参与保理流程的融资公司。

6.2.1 案例研究：HTM股份有限公司的现金流问题

| 案例研究 | HTM股份有限公司的现金流问题

挑战：

HarborTree Manufacturing（HTM）是一家新兴的初创企业，专注于为客户组装高质量的电子产品。最近，HTM签订了一份将于一个月后生效的长期合同，承诺每月向他们支付25万美元。每月初，客户会开具一张发票。

㊀ 保理也被称为发票保理、应收账款保理和应收账款融资。然而，这些替代名称也用于发票贴现和其他基于应收账款的融资。为避免混淆，在我们的讨论中，我们主要使用"保理"这一术语。

为了满足发票的要求，HTM 需要在一个月的时间内准确地组装并发出产品。这些发票将在发出后 60 天内支付。

目前，HTM 的现金储备为 10 万美元。然而，他们面临着每月 12 万美元的工资需求以及总计 9 万美元的其他杂项开支。HTM 目前的月度财务状况如下所示。

现金	应收账款（净60天）	工资单	费用
10 万美元	25 万美元	12 万美元	9 万美元

一个月后，HTM 的现金状况将出现 11 万美元的赤字，即：10 万美元 − 12 万美元 − 9 万美元 = −11 万美元。尽管 HTM 的运营表现相对较好，但由于应收账款不能在该时间框架内转化为现金，它将面临资金上的短缺。HTM 受限的现金流意味着营运资金的匮乏，可能会阻碍其日常运营或失去其他增长机会（例如产品多样化或进入新市场）。

理论上，HTM 可以向银行申请贷款以弥合这一资金缺口。然而，银行往往不愿意支持信用记录有限、规模较小的公司，特别是在它们还无法展现出可持续的盈利性或无法提供大量可抵押品的情况下。遗憾的是，HTM 不符合传统银行融资的要求，并且由于过程耗时较长，这种途径也无法及时解决 HTM 的立即付现短缺。

解决方案：

HTM 的一个可行解决方案是采用保理，这是一种可以迅速将其应收账款转换为现金的融资机制。通过保理，HTM 可以预先获得高达 90% 的未结清发票金额，剩余的 10% 则在发票全额支付后结算。采用保理业务后，HTM 的月度财务状况将发生以下变化。

现金	储备	工资	费用
32.5 万美元	2.5 万美元	12 万美元	9 万美元

一个月之后，HTM 有 90% 的应收账款转化为现金，这使其现金总量提升至 11.5 万美元，即：32.5 万美元 − 12 万美元 − 9 万美元 = 11.5 万美元。

方案比较：

需要权衡的是，保理的成本可能高于传统银行贷款。尽管如此，其优势也是显而易见的。通过保理，HTM 不仅提升了现金流，还能够通过签订更多合同扩大市场份额。此外，HTM 减轻了信用风险，因为保理商承担了向客户收款的责任。在持续盈利的情况下，HTM 的信用记录必然会得到改善，并为未来直接从银行获得更具经济性的商业贷款铺平道路。

问题：

1. 为什么保理对 HTM 是有利的？
2. 请再用一个例子来说明如何使用保理。

6.2.2 操作流程

典型的保理操作流程如图 6.1 所示，并可通过以下例子加以说明。

（1）订货：买家洛伊斯（LYZ）与卖家 HTM 签订长期合同后，每月向其下订单。

（2）交付货物和开具发票：HTM 交付产品后，会向 LYZ 开具发票。根据他们的协议，发票可能会在下订单后但在产品交付之前提前开具。为符合保理资格，这些发票通常需要 90 天或更短的付款期限（即净 90 天或更短）。

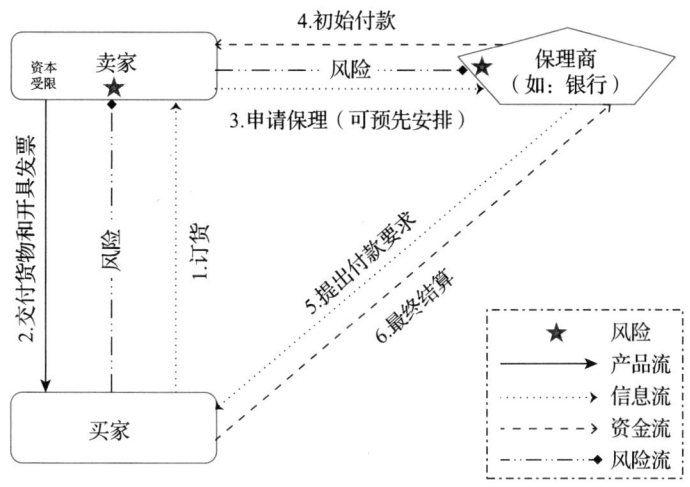

图 6.1　保理操作流程

（3）申请保理：HTM 向保理商（如银行或金融机构）提出保理申请。如果 HTM 尚未设立保理账户，他们将与保理商建立起这一账户。一旦建立了这种合作关系，HTM 可以随时向同一保理商提交后续的保理请求。保理合同中明确规定了保理费用、应收账款待保理比例等条款。鉴于支付条件可能因不同的买家而有所不同，保理商有责任进行尽职调查，评估与每个买家相关的具体信用风险。

（4）初始付款：根据保理合同，保理商将扣除折扣后的金额作为初始预付款转账给 HTM，该折扣率通常被称为"预付率"。

（5）提出付款要求：当应收账款到期日临近时，保理商向 LYZ 提出付款要求。

（6）最终结算：LYZ 按约定价格与保理商结算发票。保理商随后将未结清的应收账款余额支付给 HTM，同时从中扣除相应的保理费用。

如图 6.1 所示，一旦产品交付后，如果买家由于不可预见的情况未能付款，财务风险便从买家转移到卖家。但一旦保理商将预付款转移给卖家，这种风险便会从卖家转移到保理商。为了缓解这种金融风险，通常会在公司和保理商之间的保理合同中协商相关条款。

6.2.3　保理成本

与保理相关的成本通常被称为"保理费"或"贴现率"。由于卖家通常资金受限，保理费通常以应收账款面值中的贴现率（即折扣比率）形式呈现。这种贴现率可能包括保理商设定的固定费用和资金预付的利息费用。例如，对于 60 天后到期的发票，保理商可能收取 5% 的费用；如果贴现率按月计算，2.5% 的贴现率在两个月内会复利增长至略高于 5%（具体为 5.0625%）；如果发票提前结清，保理商可能将利息差额作为"保理回扣"返还给卖家。

一般而言，保理费用通常在应收账款的 1%～5% 之间，且保理商通常采用可变费用结构。如果发票到期仍未支付，保理商通常会对延迟付款额外收取 1%～3% 的费用。因此，如果卖家的客户推迟付款，保理费用将会增加。例如，保理商可能会在最初 30 天收取 2% 的费用，随后每 10 天额外收取 0.5% 的费用。

由于买家在付款上存在不确定性，银行通常不会覆盖 100% 的应收账款。一般而言，银行支付应收账款价值的 70%~90%，具体取决于应收账款的规模、所处行业以及对风险的评估——尤其是与买家相关的风险。保留的部分被视为准备金，用于应对潜在的风险，例如买家出于产品故障或后续退货等原因而未能付款。

为了降低风险，保理商通常会考虑一些预期坏账费用，这些费用与可能仍未支付且不可收回的应收账款份额有关。一种常见的风险管理策略是限制保理比例。例如，银行可能会规定融资比例不应超过 80%。

考虑到贴现率通常由发票总面值确定，因此保理客户只能预先获得发票价值的一部分。即使保理费保持不变，有效保理费（Effective Factoring Fee）也会随着预付率的变化而变化，其计算公式如下：

$$有效保理费 = \frac{报价保理费}{发票价值的预付率} \tag{6.1}$$

例如，假设报价保理费为 2%，预付率为 70%：

$$有效保理费 = \frac{2\%}{70\%} = 2.86\%$$

表 6.1 显示了不同预付率下的有效保理费。

表 6.1 有效保理费示例

报价保理费	预付率	有效保理费
2%	70%	2.86%
	80%	2.50%
	85%	2.35%
	90%	2.22%

由于有效保理费代表了保理客户为获得资金而实际承担的贴现率，因此在最终选择保理商之前，比较这些费用至关重要。

实践中，由于发票总额、买家信誉、保理期限、预付率和其他规定等因素，有效保理费可能相当大。为确保盈利能力，保理商可能还会为每月提交的发票设定最低限额。这样的规定允许保理商降低客户接入成本，从而提供更低的保理费，并且有助于培养长期关系。在"全分类账"场景中，客户在一段较长时间内持续将其所有发票提交给某一特定的保理商。

6.2.4 保理金额与现金余额的简化分析

保理一直是企业（尤其是中小企业和新兴企业）确保流动性的策略。然而，企业必须决定是将所有应收账款转交给保理商，还是谨慎地保持充足的现金余额。一方面，拥有充足的现金余额可以增强公司的流动性。但另一方面，将所有应收账款进行保理会导致较高的机会成本，特别是需要支付昂贵的保理费用，这在银

> 公司在保理业务中会面临两难境地：提前清算过多的应收账款虽可能被视为必要，但也可能会导致成本过高。

行账户中持有大量闲置现金的情况下尤为明显。这种情况使得企业在保理业务方面陷入困境：过早清算过多的应收账款可能会使成本过于高昂，即使被认为是必要的。

对于公司的可持续性而言，收入应该超过支出。在这一背景下，其应收账款的累积价值应该超过每个周期的总成本。虽然公司在应收账款保理时可能不得不放弃一些边际利润，但其最终目标仍然是利润最大化。因此，公司需要制定策略来优化分配给保理的应收账款比例。

对于这项分析，我们假设公司需要一个固定预算 B，以覆盖在给定时间 t 内的行政、人员、债务偿还和其他强制性支出。公司旨在维持最低安全现金阈值 C_0，以避免在不可预见的快速现金消耗期间出现财务不稳定。我们用 β 来表示所有这些不确定性的不可预测程度。因此，为了保持经营连续性，公司应该将平均现金储备（$\bar{C}$）保持在以下水平：

$$\bar{C} = \beta \left(C_0 + \frac{B}{t} \right) \tag{6.2}$$

需要强调的是，每家公司所需的安全现金余额各不相同。通常情况下，资产波动性（β）较大的公司应该保持更充足的现金储备。在设立这种储备金时，应考虑多种因素，包括支出的数量和性质、银行关系、风险状况、分行所在地、客户分布、政治气候、基金管理等。

现金与销售额之间的一致性有助于更准确地预测最低现金需求。对于新兴、快节奏的业务，历史财务数据可以帮助确定这一安全现金阈值。作为一种近似估算，可以预留相当于 1～2 周支出的现金，其金额可通过商品销售成本与管理费用之和来计算。然而，在许多中小企业遭遇重大危机时，这样的储备可能显得微不足道（正如我们在 2020 年新冠疫情暴发初期所观察到的那样）。因此，确定适当的安全现金储备需要专业知识和对公司风险偏好的评估。一般来说，持有保守风险立场的公司会倾向于设置更高的 β。

假设一家公司与保理商签订了长期协议，承诺转交其所有发票，并预期某些发票（以 a_i 表示）将在时间 t 内以不同间隔到期，所有应收账款在各自到期时的累积价值是 $\sum_i a_i$。假设 a_i 的保理费用为 f_i，预付率为 ρ_i。应收账款到期时公司将按比例收到现金预付款，剩余金额减去保理费后为 $(1 - \rho_i - f_i)a_i$。因此，所有应收账款保理后合计价值（A）为

$$A = \sum_i [\rho_i a_i + (1 - \rho_i - f_i)a_i] = \sum_i (1 - f_i)a_i \tag{6.3}$$

假设来自这些应收账款的现金流入是唯一的收入来源，预计保理后的平均现金储备为 $A/2$。从逻辑上讲，为了确保业务的连续性，$A/2$ 应该超过 $\bar{C}$；否则，就必须寻找可以作为替代的融资渠道。

如果 $A/2$ 超过 $\bar{C}$，考虑到保理相关的高额成本，公司可能会犹豫是否立即清算所有应收账款。为了实现盈亏平衡，公司可能会更谨慎地决定提前兑现现金的应收账款清算比例，这个比例表示为

$$提现比率 = \frac{\bar{C}}{A/2} = \frac{2\beta(C_0 + B/t)}{\sum_i (1 - f_i)a_i} \tag{6.4}$$

6.2.5 保理的优势及与其他融资方式的比较

本节将对比保理与传统银行融资，并探讨保理对卖家和保理商的益处。

1. 保理对公司运营和风险的影响

表 6.2 总结了保理对公司运营和风险的影响。显而易见，保理提高了卖家的流动性，减少了其应收账款（AR）和净营运资本（NWC），同时将风险转移给了保理商。对于保理商而言，这些影响则正好相反。需要注意的是，由于额外的现金可用于开拓新市场，卖家的库存可能会增加。这也可能促使卖家鼓励买家下更大的订单，从而提高了买家的库存。

表 6.2　保理对公司运营和风险的影响

比较项目	卖家	买家	保理商
现金	↑		↓
应收账款	↓		↑
库存	可能↑	可能↑	
应付账款		可能↑	
净营运资本	↓		↑
风险	↓		↑

注：箭头（↑）表明增长，（↓）则为下降。

2. 保理与银行贷款融资的比较

在研究保理时，银行贷款融资通常被视为一个常见的参照标准。表 6.3 是保理和银行贷款融资的主要区别。

表 6.3　保理与银行贷款融资的主要区别

比较项目	保理	银行贷款融资
类型	非贷款，不承担债务	贷款，需要还本付息
资质	基于客户（即买家）的有效发票和信誉	考虑信誉、财务健康状况、资产和负债等
时间	几天内建立保理账户；设置后 24 小时内即可存取资金	通常需要几个月才能获得贷款；一旦获得批准，资金就可以立即获得
流程	所需文书工作较少	需要详细的文件和广泛的信息
成本	费用一般较高，但具有灵活性，并基于保理金额和预付时间而定	通常成本较低，采用固定的年利率（APR）
金额	不超过发票面值	基于信用、资产和其他财务标准等设定的贷款额度
其他服务	保理商可能提供有关客户的客户信用洞察、应收账款维护和报告、收款服务和后台服务	通常不提供辅助服务

3. 保理对卖家的好处

与银行贷款等传统融资方式相比，保理为卖家提供了几个明显的优势。

- **改善流动性**：当卖家需要现金以维持日常运营和推动业务增长时，他们会考虑保理。通过促进这一过程，保理增强了卖家的流动性。这确保了卖家能够保持健康的现金余额，以履行其当前的财务义务并满足其他业务需求。值得注意的是，某些行业，如纺织和服装业，由于保理在其融资历史中的角色，会更频繁地使用保理。
- **提升信誉**：信誉有限或没有信用记录的卖家往往难以获得传统银行贷款。然而，应收账款是基于已完成的交易的，支付的可能性取决于买家的信用状况。因此，如果买家拥有稳健的信用评级，即使信用较差的卖家也可以轻松获得保理。保理预付款仅限于发票，有利于卖家与保理商建立长期关系。随着时间的推移，这也有助于增强卖家的信誉，为未来更有利的融资选择铺平道路。
- **美化财务报表**：由于保理代表的是已销售商品和服务的预付款项，因此不被归类为债务。换言之，保理本质上是出售应收账款，而不是以应收账款为抵押借款。这种区别可以"美化"卖家的财务报表，提高其信用评级——这是一个显著的优势，尤其是当卖家在债务水平上升的情况下处于流动性紧张状态时。

> 因为保理不被视为债务，所以对卖家有利。

- **加快流程**：相较于传统的银行贷款融资，保理业务通常需要更少的文书工作，并且能够更快地获得资金。在许多情况下，尤其是在全账本保理的情况下，卖家甚至可以在短短 24 小时内获得所需现金。这一迅速的流程缓解了小型企业在将应收账款转换为现金时所面临的挑战。
- **高效收款**：一些新兴公司，特别是在保理商具有强大的收款机制的情况下，会将保理作为其应收账款收集的一种手段。

4. 保理对保理商的好处

保理对卖家的好处是显而易见的，保理商也从提供这项服务中获得了以下实质性好处。

- **增加收入**：通过保理，保理商在为卖家融资时可以收取较高的利率，从而提升公司的利润。
- **拓展市场**：通过购买应收账款，保理商（如银行）可以实现传统贷款之外的多元化融资，这种业务扩展使保理商能够捕捉新的商机。
- **改善收款**：保理商往往拥有更广泛的网络，在收取未结清发票款项方面具有更高的专业水平。这不仅使得收款更为高效，而且因为它们可以协助卖家更快捷无忧地收款，从而带来了更多商机。在买家宣布破产的不幸情况下，购买卖家的应收账款使保理商比其他债权人更有优势。

综上所述，保理为卖家提供了提高盈利能力、拓展市场、利用其收款专业知识的机会，并开拓了新的业务渠道。

6.2.6 风险及其缓解策略

本节将探讨保理领域中卖家和保理商的风险及其缓解策略。

1. 卖家的风险缓解策略

尽管卖家在立即获得现金的好处超过保理成本时可能选择保理，但在认识到公司的现金流是波动的。之后，他们可能不会始终选择保理，特别是在保理贴现率较高时。虽然保理商可能更喜欢通过长期保理协议来获得持续的发票流，但对于卖家来说，评估他们的现金预支需求并谨慎决定是否使用保理至关重要。

此外，卖家可能会努力应对运营、声誉和贴现率等方面存在的风险。表 6.4 中列出了这些风险及其相应的缓解策略。

表 6.4　保理中卖家面临的风险及其缓解策略

风险	• **高融资成本风险**：与标准银行贷款相比，保理的成本可能更高。例如，3% 的月度保理费相当于 36% 的年利率（APR），这显著高于大多数银行贷款。然而，通过长期合作，公司通常可以协商降低保理费用 • **操作风险**：保理的成功可能会受到发货延迟、产品质量问题、退货或违约买家等因素的干扰 • **声誉风险**：利益相关者可能会将保理视为公司财务不稳定的迹象，这可能会损害其声誉和关系 • **贴现率风险**：一个主要的担忧是保理中的高贴现率，它可能会不可预测地上升 • **相互依存风险**：贴现率取决于买家的信誉。虽然买家良好的信用评级是有利的，但低评级可能导致更高的利率。在全账本保理中，所有买家被合并考虑，利率变成一个平均值。然而，保理商仍然容易受到单个买家违约的影响
风险缓解策略	• **高融资成本风险**：企业可以通过确保正现金流和开支削减来缓解这种风险，从而减少对外部资金的依赖。企业也可以探索其他金融渠道，例如反向保理 • **操作风险**：为了与保理商建立持久的关系，卖家必须确保及时交付产品，并保持产品细节、买家信息和自身运营的透明度 • **声誉风险**：适当的沟通管理和与信誉良好的保理商合作有助于缓解这种风险 • **贴现率风险**：了解保理合同的条款，特别是关于贴现率和还款的条款尤为重要，同时还要定期监测贴现率并调整融资策略。此外，应避免未经保理商同意将高风险买家纳入应收账款池，以防止未来加息 • **相互依存风险**：应对这种风险需要多方面的策略，例如多元化关系、与多个关键利益相关者建立联系、制订应急计划、主动进行风险管理、投资于韧性建设，以及与同行合作

2. 保理商的风险缓解策略

一旦应收账款转移到保理商，保理商就承担了之前由卖家承担的财务风险。保理商可能会遇到一系列风险，包括信用风险、操作风险、市场风险和声誉风险。表 6.5 概述了这些风险以及相应的缓解策略。

表 6.5　保理中保理商的风险及其缓解策略

风险	• **信用风险**：若买家违约，保理商将面临损失。若未仔细评估买家的信用状况或收款流程管理不当，风险可能进一步加剧 • **操作风险** 　■ **产品交付**：尽管已提交发票进行保理，但产品/服务可能仍在交付过程中 　■ **流程错误和沟通失误**：鉴于保理业务通常涉及多方参与，并且可能会将应收账款管理外包给第三方保理商，因此可能存在处理错误或沟通失误等风险 • **市场风险** 　■ **产品质量**：由于对产品质量的不确定性，买家通常要求制定退货政策，允许在出现产品缺陷时轻松退货。然而，这些退货政策通常不会反映在发票上，这意味着如果发生产品退货，保理公司可能无法收回全部发票金额 　■ **需求波动**：为了刺激大宗订单，卖家可能会提供宽松的退货政策。然而，如果实际需求低于预期，可能会导致退货量激增，从而危及保理商的应收账款价值

（续）

风险	• 声誉风险 ■ 虚报发票：公司可能会在保理系统中错误地记录发票金额。在全账本保理的情况下，公司可能会将虚假发票与真实发票混淆在一起。建立一个审计系统对于剔除这些虚假发票并纠正错误的发票金额至关重要 ■ 隐藏信息：信用票据可能伴随发票出现，涉及多付款、付款金额错误、产品损坏或其他相关信用问题。然而，这些情况可能不会透明地向保理公司报告。此外，卖家和买家之间未披露的商业纠纷可能对保理商保密，进而影响应收账款的回收
风险缓解策略	• 信用风险：评估买家的信誉至关重要，需要深入审查他们的财务记录并评估其偿还能力 • 操作风险：雇佣可靠的审计员来核实物流情况可以降低产品交付的风险。为了应对处理和沟通错误，必须对流程进行明确定义并归档 • 市场风险：通常，保理公司会保留发票金额的一定比例作为储备金，以抵消这种风险。这种方法还可以缓冲其他风险 • 声誉风险：适当的沟通管理以及与专业可靠的审计师合作至关重要。制定惩罚措施可以起到威慑作用，防止卖家或买家的不当行为

综上所述，保理中有效的风险缓解策略是精心规划、尽职调查、持续监控和动态管理的综合。遵循这些策略，保理商可以有效应对各种风险，并确保其财务目标的实现。

6.2.7 保理业务种类

如前所述，保理允许卖家更早地获得现金，同时将财务风险转移给保理商。选择特定的保理类型可能有助于降低风险。下面将详细介绍不同类型的保理。

1. 通知保理与非通知保理

传统上，由于买家是发票的重要组成部分，当应收账款或发票被出售时，卖家通常会通知买家。这样的保理被称为通知保理（Notification Factoring）或披露保理（Disclosed Factoring）。在这种模式下，保理商通常直接与买家互动，以验证发票并获得批准。因此，买家不是向卖家付款，而是向保理商付款。

相比之下，在现代实践中，越来越多的卖家选择不通知买家其应收账款贴现的情况。这种方式被称为非通知保理（Non-Notification Factoring）、不披露保理（Non-Disclosed Factoring）或保密保理（Confidential Factoring）。在这种情况下，即使交易完成，买家仍然不知晓保理协议。卖家在发票生成时提供保理商账户的详细信息，买家在支付时将发票款项发送至由保理商管理的专用收款箱或电子存款账户。

2. 无追索权保理与有追索权保理

标准的保理是无追索权的，这意味着如果买家拖欠付款，由此造成的损失将由保理商承担。通常，如果初步风险评估显示存在重大财务风险，金融机构可能会避免提供保理服务。

如果保理商对提供服务持谨慎态度，卖家可以提供担保以促进保理，将无追索权保理（Factoring Without Recourse/Non-Recourse Factoring）转换为有追索权保理（Factoring With Recourse/Recourse Factoring）。在后一种情况下，如果买家违约不付款，保理商保留向卖家追回未付发票款项的权利。因此，根据协议是否有追索权，银行的风险评估策略会有所不同。

无追索权经营时，保理商仅专注于买家的信誉。但在有追索权的情况下，保理商会同时关注买家和卖家的信誉，因为卖家承担了更大的责任。然而，通过在买家违约时分担财务风险，卖家通常可以协商获得更低的保理费用。

3. 全账本保理与即期保理

全账本保理（Whole Ledger Factoring），有时也称为全分类账保理，是指公司将指定客户群的所有发票转交给保理商，这象征着一种基于长期合同和每月最低额度的长期关系。通过整合来自单一客户的发票，保理商可以更可靠地预测发票总额和信誉度。这就产生了保理业务中典型的风险池效应。此外，通过合并来自不同保理客户的发票，整体保理风险相比单个发票的风险会更为可控。

> 全账本保理产生了风险池效应，从而降低了与任何单个应收账款相关的保理风险。

相反，即期保理（Spot Factoring），也称为选择性保理（Selective Factoring），允许公司向保理商提交单个或选定的发票。这为公司提供了更大的灵活性。然而，这给保理商带来了关于保理量和质量（如公司买家的信誉度）的不确定性，并且没有每月最低额度的承诺。通常，保理商必须评估每个单独债务人的信誉度，以接受任何"合格"的应收账款。这种信用承保服务经常被委托给第三方贸易信用保险公司，该公司随后承担了被保险组合的大部分违约风险。因此，即期保理的费用往往比全账本保理的费用更高。

6.3 福费廷

在国际贸易融资领域，福费廷（Forfaiting）通常被视为与保理类似的一种机制，但两者之间仍存在一些本质性的区别。在福费廷中，被称为福费廷商的第三方融资机构会根据供应商的应收款项以折扣价提前支付资金。这些应收款项包括应收账款（通常以发票形式体现）和应收票据（如本票、跟单信用证、汇票和信用证）。在法语中，"Forfait"翻译为"放弃权利"。在金融背景下，福费廷意味着出口商放弃对向进口商提供的商品或服务收取款项的权利，而将应收款项转让给福费廷商以换取预付款。因此，福费廷商承担了来自出口商的所有风险以及与进口商相关的某些风险，以赚取利润。值得注意的是，福费廷执行时对出口商无追索权，这与保理不同——后者提供有追索权和无追索权两种选项。

> 福费廷是一种基于应收款项向出口商提供无追索权预付款的贸易融资方式。

福费廷的相关成本包括两部分：首先是向进口商（即买家，而非出口商或卖家——这是与保理的一个重要区别，因为保理是向卖家收取利息的）收取的利息；其次是承诺费，即福费廷商同意提供融资后收取的费用。

6.3.1 操作流程

标准的福费廷操作流程如图 6.2 所示。

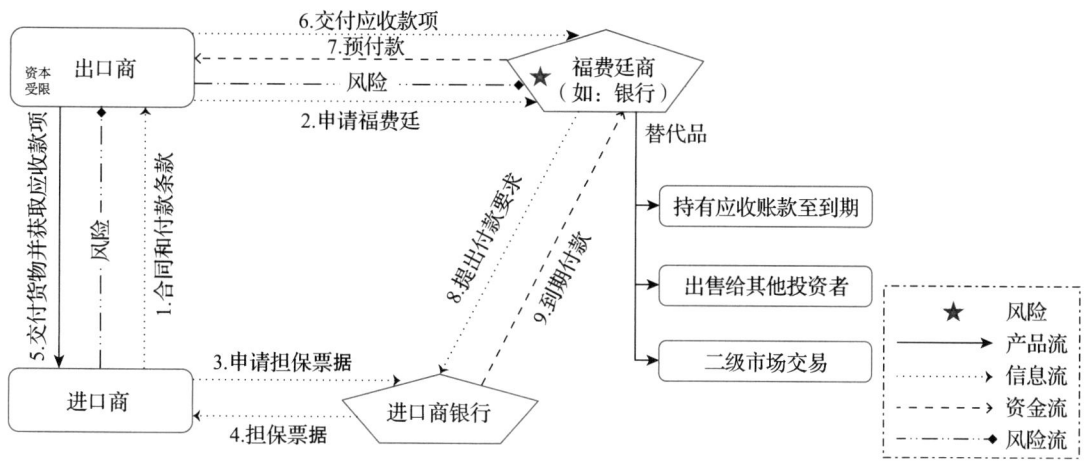

图 6.2 福费廷操作流程

（1）进口商和出口商建立商业关系并签署国际出口贸易合同，其中包括付款条款。

（2）出口商联系福费廷商，询问其是否愿意提供福费廷服务。在许多情况下，出口商可能已经与一家充当福费廷商的银行建立了长期关系。在此阶段，福费廷商通常会要求提供以下信息。

1）进口商名称及其原产国。

2）商品/服务的类型和价值。

3）发货明细，如发货日期。

4）进口商指定的付款条件。

5）票据的性质，例如，应收票据是否有银行担保，如果有，是由哪家银行担保。

如果福费廷商同意向出口商预付资金，该承诺通常包含以下细节。

1）进口商和出口商之间的交易信息。

2）应收款项的性质。

3）向进口商收取的利率以及任何其他相关成本。

4）验证和执行应收款项所需的文件。

5）交货日期和付款条件。

（3）进口商要求其银行出具担保票据，如延期付款信用证（通常用于降低信用风险）或本票。如果进口商和出口商有长期的业务关系，出口商可能会开具发票，而无须进口商提供担保票据。

（4）进口商从其银行收到担保票据。

（5）出口商向进口商交付货物或服务，并从他们那里收取应收款项。

（6）出口商将应收款项交给福费廷商，以换取预付款。

（7）福费廷商向出口商垫付资金。与保理通常预付发票金额的 70%～90% 不同，在福费廷中，福费廷商可能提供高达 100% 的应收款项价值，因为进口商承担利息。

（8）福费廷商要求与进口商有关联的银行付款。

（9）到期后，进口商银行与福费廷商结算金额。福费廷商承担所有未付款风险。

需要强调的是，传统意义上，福费廷的应收款项可以在二级市场交易，这一点与保理不同。然而，为了更快地实现盈利，保理商已开始通过证券化在二级市场出售应收款项（第 6.6 节会进一步探讨这个问题）。

6.3.2 与保理的比较

人们经常将福费廷与保理进行比较。在福费廷业务中，通常会向卖家（即出口商）提供更高比例的应收款项面值，这是因为在保理业务中，费用由卖家承担，而在福费廷业务中，则由买家（即进口商）承担。由于进口商在福费廷中承担利息，他们更倾向于与福费廷商和出口商积极协商支付条款。同时，保理往往对其接受的应收款项类型更加挑剔，而福费廷则适用于应收账款和应收票据。保理与福费廷的比较见表 6.6。

表 6.6 保理与福费廷的比较

比较项目	保理	福费廷
融资额度	应收账款面值的 70%~90%	应收款项面值的 100%
卖家/出口商担保	有追索权或者无追索权	无追索权
成本	由卖家（即保理客户）承担	由海外买家（即进口商）承担
应收款项到期日	短期应收账款（即 60~90 天）	中长期应收款项（即 180 天或以上）
票据性质	发票形式的应收账款，非协商性付款条款	应收账款和票据（如汇票和本票）
关系	偏好长期保理关系	基于交易的关系

6.3.3 利弊分析与风险缓解策略

就像保理一样，福费廷增强了出口商的现金流，并促进了国际贸易。由于福费廷不要求出口商承担追索权，出口商可以从降低与收款相关的风险和成本中受益。与传统融资机制相比，出口商可以获得各种优势，但也面临一些劣势。值得注意的是，出口商获得的利益可能是以牺牲福费廷商和进口商的利益为代价的。

1. 出口商的利弊与风险缓解策略

为了全面了解福费廷对出口商的影响，我们将探讨出口商所具有的优势和劣势，并提出相应的风险缓解策略（见表 6.7）。

表 6.7 出口商的利弊和风险缓解策略

优势	• **改善现金流**：通过清算贸易应收款项，出口商可立即获得现金，从而增强其现金流。所获资金可用于满足营运资金需求、偿还债务或进行业务扩张 • **降低风险**：福费廷减轻了出口商的未收款风险，因为福费廷商承担了与应收账款相关的信用风险。进口商银行的保证（即在到期时履行付款）进一步降低了违约风险。这使得出口商能够应对财务和汇率的不确定性，并规避与地理和政治动态相关的信用与政治风险 • **应收款项 100% 融资**：此条款极具吸引力，因为它在资金预付后显著改善了出口商的财务状况和流动性 • **最小化融资和管理成本**：由于进口商承担福费廷费用，免除了出口商的追索权，从而让出口商不必承担管理这些应收款项的任何行政费用 • **提前退税**：在国际贸易金融领域内，福费廷还授权出口商加快退税进程，因为出口商可以提前获得出口证明

（续）

劣势	• **收款管理失控**：通过变现其贸易应收款项，出口商放弃了对收款过程的控制权，这可能限制其对应收款项状态的了解 • **融资成本高**：由于存在相关的交易费用，福费廷的成本可能高于其他融资方式（如保理或贸易融资）。虽然这些费用主要由进口商支付，但出口商通常需要提供更低的批发价格，以促进福费廷交易的达成 • **灵活性降低**：福费廷通常是一次性交易，可能无法提供其他融资策略（如信用额度或全账本保理）所固有的灵活性
风险缓解策略	• **尽职调查**：在达成福费廷交易之前，必须对福费廷商和待售应收款项进行严格的尽职调查 • **合同保障措施**：福费廷合同应包含保障双方利益的条款，包括契约、保证及违约时的补救措施 • **信用保险**：为降低违约风险，相关公司可以考虑购买信用保险，以对冲潜在的买家不付款风险。即使福费廷对出口商无追索权，此类保险也可提升出口商的声誉，并培育未来福费廷的前景 • **信用监控**：定期监控买家的财务状况可以及时识别信用风险，从而使公司能够采取相关措施

2. 福费廷商的利弊与风险缓解策略

虽然风险无法完全避免，但若福费廷商决定参与此融资过程，其投资必须展现出盈利潜力。表 6.8 列出了福费廷商在该融资机制中的优势、劣势以及相应的风险缓解策略。

表 6.8　福费廷商的利弊和风险缓解策略

优势	• **市场和收入扩张**：通过向企业提供贸易应收款项融资，福费廷商可以从交易中获得相关费用和利息收入。此外，福费廷作为辅助融资工具，能够帮助福费廷商吸引更广泛的客户群 • **风险分散和投资组合多元化**：福费廷使福费廷商能够获得大量且多样化的贸易应收款项，有利于风险分散和投资组合多元化。同时，这些应收款项的多样性也拓宽了福费廷商的融资领域 • **更高的利润率**：由于福费廷无追索权，它使福费廷商能够寻求更高的利润率
劣势	• **流程复杂**：福费廷的流程相对复杂且耗时，这需要福费廷商具备扎实的专业知识和技能 • **信用风险**：即使进行了审慎的信用评估，出售的贸易应收款项总是存在到期不付款的违约风险，这可能给福费廷商带来巨大的财务损失 • **流动性有限**：福费廷是一种流动性相对较差的融资方式，因为福费廷商在二级市场出售应收款项可能会面临困难
风险缓解策略	• **信用评估**：为了降低违约风险，福费廷商应对出售贸易应收款项的企业进行全面的信用评估。如果福费廷商选择性地购买符合其信用标准的应收款项，这种风险将会减弱 • **合同保障措施**：福费廷合同应包含强有力的保护条款，以降低违约风险，并确保福费廷商在发生损失时获得公平赔偿。例如，如果应收款项获得进口商主要银行的担保，那么风险可以得到相应的缓解 • **定期监控**：定期对贸易应收款项及其销售公司进行监控和审查，可以帮助福费廷商识别潜在的风险，使其能够及时采取适当的应对措施 • **信用保险**：为了规避违约风险，福费廷商可以考虑投资于信用保险，从而将潜在的交易相关损失降至最低

3. 进口商在福费廷中的利弊与风险缓解策略

与保理中的买家角色相比，福费廷中的买家（即进口商）扮演了一个更积极的角色——特别是在承担支付利息的责任方面。因此，进口商被迫积极与出口商和福费廷商就支付条款和利率进行谈判。作为承担利息的交换条件，进口商通常有能力协商更有利的付款方案。进口商在福费廷中的优势、劣势和风险缓解策略见表 6.9。

表 6.9　进口商在福费廷中的利弊和风险缓解策略

优势	• **支付灵活性**：福费廷提供给进口商在付款时间方面更大的灵活性，使得进口商能够在付款前采购商品，这对需要快速交付商品的进口商尤其有利 • **会计处理优势**：从进口商的角度来看，延期付款显示为应付账款，而不是明确的金融债务或银行负债 • **改善现金流**：除了上述支付灵活性之外，通过承担福费廷费用，进口商可以确保延长付款期限。此外，在到期时，进口商可能会获得宽限期，以弥补国际资金转移中固有的延迟 • **固定利率**：在延期付款期间利率保持不变，从而消除了利率波动的影响
劣势	• **成本增加**：与传统的贸易融资方式相比，采用福费廷时，进口商可能会因福费廷商征收的费用而面临更高的成本 • **谈判能力下降**：采用福费廷后，进口商对出口商的议价影响力可能减弱，尤其是当他们还必须与占主导地位的福费廷商就具体条款进行谈判时
风险缓解策略	• **尽职调查**：在签订福费廷协议之前，进口商应严格评估福费廷商和出口商的财务健康与信用状况 • **保险**：为了防范潜在的违约风险，进口商可能会考虑购买贸易保险 • **结构化的福费廷**：为保护自身利益，进口商可以精心设计福费廷合同，嵌入具体的条款和契约 • **专业咨询**：审慎起见，进口商可能会寻求财务顾问或供应链金融专家的专业建议。这些建议不仅阐释了福费廷的复杂性，还能帮助进口商做出明智的决策

6.4　发票贴现

保理和福费廷是贸易与供应链金融领域内的两个重要机制。然而，除了这两种方式之外，还有其他基于应收账款的金融工具，其中最主要的例子之一是发票贴现（Invoice Discounting）。

在美国，发票贴现在许多方面与保理相似，但存在几个关键性差异。在美国会计中，发票贴现通常被称为应收账款转让（Assignment of Accounts Receivable），它允许卖家使用其发票作为抵押品，从银行或票据贴现商处获得贷款。从这个角度来看，发票贴现被视为一种贷款形式，这与通常不被视为贷款的保理形成了鲜明对比。

> 在美国，与保理不同的是，发票贴现被视为债务融资，因为发票被用作抵押品。

在发票贴现的框架下，贷款金额通常在发票面值的 75%～90% 之间。卖家保留对应收账款的控制权，并在到期时收取收益。尽管应收账款的所有权已转让给银行或保理商，该交易通常不会向买家披露。值得注意的是，保理和发票贴现都可以由同一家金融机构提供。

然而，在英国等其他国家，发票贴现不被视为贷款，而是一种特殊形式的保理。这种安排在保持对买家的不披露方面与美国的保理概念相似，因此，保理和发票贴现之间的主要区别在于财务安排的保密性。然而，是否进行披露的决定权由公司自行掌握。

对于所有涉及应收账款融资的机制（包括保理、福费廷和发票贴现），应收账款的买家和卖家（例如银行或其他金融公司）在决定使用特定金融工具之前都必须仔细考虑一系列因素。具体而言，Haynesboone（2016）提出了某些"应做"和"不应做"的准则，见表 6.10。

表 6.10 融资方案选择中的注意事项

担忧	应做	不应做
商业纠纷	确保广泛定义商业纠纷，以规避隐患	避免将定义仅限于诉讼，明智的做法是包含所有潜在的分歧
UCC 备案①	参与 UCC 备案，以确认贷款人是否已对相关应收账款拥有权益或留置权	避免假设卖家不会用同一应收账款进行不同的融资操作，或拖延 UCC 备案的申请
会计中的真实销售	把握融资人在应收账款背景下描述的"真实销售"的本质	避免假设"真实销售"的解释在不同司法管辖区保持一致
陈述及保证②	明确定义每个购买日期、请求和执行日期的陈述和保证	避免将此定义仅限于执行日期，因为预先处理有利于任何潜在的干预事件
地方法律	评估卖家及其客户关于备案、通知、可执行性等方面的规定	不要假设所有司法管辖区都与你的法律体系相同。应收账款购买协议的规则和程序可能在不同地区有很大差异
告知	确定是否存在将购买协议告知账户债务人（卖家客户）的委托书	不要将通知政策一概而论。某些国家可能需要通知以简化融资过程

① 根据 Tucker（2020）的说法："UCC 备案是贷方在对您的某项资产拥有担保权益时，向州秘书处提交的法律通知。这一通知表明，贷方对被您用来融资担保的资产拥有权益或留置权。'UCC 备案'这一术语来源于统一商业法典"。

② 根据 Westlaw（2023）的说法："陈述是对事实的断言，在做出陈述之日为真，目的是诱使另一方订立合同或采取其他行动。保证是一种承诺，如果断言为假，则提供赔偿。'陈述'和'保证'这两个术语在实践中经常一起使用。如果陈述不真实，则称为'不准确'。如果保证不真实，则称为'违约'。"

6.5 订单融资

应收账款融资通常在订单发货后开始，因此也被称为装运后融资（Post-Shipment Financing）。然而，卖家在发货前往往面临资金约束，有时甚至缺乏用于生产的营运资金。因此，对于许多小型公司尤其是初创企业来说，装运前融资（Pre-Shipment Financing）可能更为重要。

采购订单融资（Purchase Order Financing），简称订单融资，已成为帮助这些资本受限卖家的重要融资工具。这种融资形式允许它们在产品实际发货前，基于买家的订单合同获得资金。

考虑以下情况：供应商 A 从客户那里接到订单，但必须在收货后 60 天才能结算发票。由于缺乏生产所需产品的资金，供应商 A 将会面临失去未来潜在订单的风险。如果供应商 A 没有足够的信誉来获取传统银行融资，那么可以考虑利用订单融资为生产提供必要的营运资金。

在订单融资下，供应商将其采购订单作为抵押物，在买家的协助下，向资金提供方（例如银行或其他金融中介）申请预付款。这种融资方式也被称为装运前融资、打包信贷/融资（Packing Credit/Financing）或合同货币化融资（Contract Monetization Financing）等。

与保理类似，订单融资也不被视为贷款。由于采购订单尚未转化为产品，不付款风险相对较高。供应商的运营失败或买家端的市场风险可能导致违约。因此，订单融资通常仅适用于业绩良好的供应商。与应收账款相比，采购订单相关的风险更大，因此供应商通常面临更高的融资利率。

在评估融资风险时，买家对采购订单的承诺对融资方的决策至关重要。可以理解的是，如果买家履行订单的可能性较高，供应商偿还资金提供方的概率也会增加。因此，在风险评估中买家的承诺水平非常重要。如果买家缺乏强有力的承诺，融资利率可能会变得过高，从而使订单融资对供应商失去吸引力。

然而，资金短缺可能会损害供应商的产品质量和服务水平，从而危及长期的供应链关系。因此，为供应商提供订单融资便利是符合买家利益的。这样做不仅可以提升供应商的运营业绩，而且最终也能使买家受益。

如果买家选择在订单融资中扮演更积极的角色，它们就可以在协议中发挥主导作用。这种变体被称为买家支持的订单融资，属于买家主导的供应链金融。在这种模式中，买家通常提供对采购的担保或坚定承诺，从而降低了资金提供方的风险并提高了供应商的流动性。因此，供应商的财务成本降低，同时买家也可以从由此带来的较低批发价格中受益。由于订单融资和买家主导的订单融资的程序相似，我们在本章中将同时讨论这两者（尽管它们对买家角色的强调不尽相同）。但为了简便起见，我们将主要关注买家主导的订单融资。

6.5.1 操作流程

如图 6.3 所示，订单融资和买家主导的采购订单融资流程概述如下。

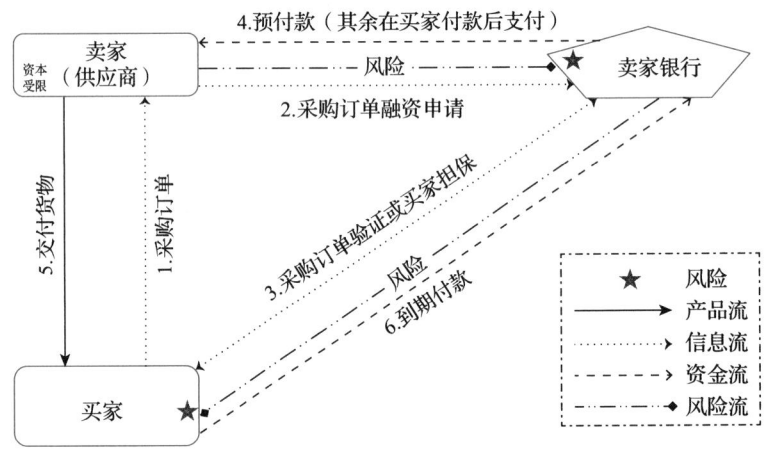

图 6.3 采购订单融资流程

（1）供应商（卖家）与买家签订采购合同。

（2）供应商利用订单融资向其关联的出资方（例如银行或第三方融资公司）提出融资申请。通常情况下，供应商需要提供订单详情、财务数据、业务详情、法律文件（用于评估信用状况）以及可能的原材料采购订单。

（3）出资方联系买家以验证订单的真实性，并评估供应商及买家的信用状况。在买家主导的订单融资中，买家可能向出资方提供购买承诺，甚至直接担保。当提供此类承诺或担保时，部分财务风险从出资方转移到买家。

（4）在得到买家订单验证或采购承诺/担保的支持后，出资方向供应商提供必要的营运资金。此时，出资方可能提供现金或直接订购供应商所需的原材料，以支持生产。

（5）随后，供应商完成生产并将货物发运给买家。

（6）发票到期后，买家直接向出资方支付款项。在扣除初始预付款和融资费用后，出资方将剩余金额转给供应商。

值得一提的是，出资方也可能直接从买家的客户那里收取款项。将这些客户纳入订单融资交易可以加快收款流程，并防止买家将客户的付款转用于其他用途。在这种情况下，供应商可能会直接将产品运送给买家的客户。

虽然不同出资方的规定各不相同，但订单融资存在一些普遍的特点。

- 供应商应财务稳定，且必须拥有良好的声誉和持续履行订单的历史。
- 供应商应具备稳健的运营历史，交易的预期毛利率应超过20%。
- 买家必须具备良好的信誉。对买家的信用评估是常规操作，出资方通常会深入研究买家的付款背景，仔细审查任何破产或诉讼历史。
- 订单融资的价值应足够大（例如，超过2万美元或5万美元，具体视出资方而定），以确保出资方有足够的利润空间。
- 为了降低生产过程中的风险，最好尽量减少最终产品的生产。例如，供应商可能仅需从另一家供应商处购买商品并进行品牌贴牌和包装。这一策略降低了与产品质量和制造相关的风险。这是订单融资在批发、经销商、分销商、政府承包商、外包制造商以及成品贸易企业中得到广泛应用的原因之一。对于这些企业来说，订单融资可以有效帮助拓展客户群。

6.5.2 利弊分析与风险缓解策略

如前所述，保理通常在供应商将成品交付给买家之后发生。相反，订单融资在产品交付前为卖家提供生产资金。因此，相较于保理，订单融资在商业周期的更早期阶段支持卖家。具体而言，当卖家面临持续的现金流短缺、显著的市场扩张或季节性波动时，订单融资尤为有效。

- **持续或周期性的现金流短缺**：对于经常面临现金流挑战的供应商，采购订单融资可以稳定他们的现金流并提供资金用于再投资。
- **显著的市场扩张**：对于迅速发展且超出现有信用额度的初创企业，订单融资可以增强营运资金，促进市场拓展。
- **季节性或高峰销售**：在季节性销售高峰期，完成大量采购订单的成本可能会超过可用的营运资金。订单融资可以弥补现金短缺，满足客户需求。

从上述讨论来看，供应商（即卖家）使用订单融资的好处包括以下几个。

- **获得营运资金**：使供应商能够获得常规融资无法提供的资金，确保业务连续性。

- 改善现金流：它可以帮助企业解决在收到客户付款之前因库存预付款而产生的现金流问题。
- 提升订单承接能力：企业可以承接更大的订单，这可能带来销售额的增加和业务增长。
- 提高会计收益：由于订单融资不被视为贷款，因此无须每月还款。出资方直接向买家收款，简化了供应商的收款流程。
- 提供融资机会：与出资方建立良好的关系可以简化未来的融资流程，对信用记录有限的初创公司尤为有益。
- 加快周转速度：订单融资可以帮助供应商快速完成订单，从而提高客户满意度。

虽然订单融资提供了诸多优势，但企业在投入之前必须考虑其相关成本和条件。潜在的缺点包括以下几个。

- 高成本：订单融资虽然有益，但成本高昂（甚至超过信用卡借贷利率），费用通常为每月预付款金额的1.5%~6%。此外，实际成本可能超过名义利率，因为供应商可能会降低批发价格以换取买家的承诺，从而进一步削弱盈利能力。
- 限制性条款：订单融资协议可能包含严格的条款和条件，限制了企业的灵活性，例如对可合作的供应商或客户的限制，或对延迟交付的处罚。
- 获得机会有限：并非所有供应商都能获得订单融资，尤其是那些缺乏成功履行订单融资历史或信用背景有限的小型或新成立的供应商。
- 订单规模限制：这种融资方式通常排除小额采购订单，原因可能是利润率不足或融资风险较高。一般来说，当产品具有广泛的市场吸引力时，获得订单融资会更加容易。对于小额采购订单，与订单融资的成本相比，供应商会发现有时使用信用卡进行短期融资更加经济实惠。
- 范围限制：由于存在相关风险，出资方通常会对预付款的使用方式施加限制，主要针对材料和生产费用。因此，订单融资通常更适用于有形商品而非服务。
- 声誉损害：使用此类融资可能向客户表明企业出现了流动性问题。

考虑到上述利弊，供应商必须仔细评估这些因素，确定订单融资是不是最适合他们的融资选项。供应商的风险缓解策略包括以下几个。

- 降低融资比例：供应商可以选择只为部分采购订单寻求融资，即使他们有可能获得100%的融资。这种做法可能会降低利率。
- 买家的购买承诺：订单融资往往依赖于买家的购买承诺或向出资方提供全额担保。这样一来，订单融资通常是无追索权的。虽然这种安排将财务风险转移给了买家，但买家可以因此从降低的批发价格和及时交货中受益。
- 协商优惠条件：供应商谨慎地与出资方协商有利条件是明智的，这可能包括更低的利率、延长还款期限和灵活的还款计划。
- 保持充足的库存：为防止订单履行的潜在延迟，供应商应确保手头有足够的原料库存，并制订应急计划。

通过使用这些风险缓解策略，供应商可以降低与订单融资相关的潜在风险，提高交易成功的概率。买家和出资方的风险缓解策略与保理和福费廷中的方法非常相似，因此本节不再详细说明。

6.6 卖家主导的应收账款证券化

由于各种金融风险监管法规，如巴塞尔协议Ⅰ至Ⅳ，金融机构偶尔也会遇到资金短缺的情况。因此，即使潜在风险符合其可接受的阈值范围，它们也可能无法满足某些融资请求。这种情况促使金融机构寻求偿付能力高的产品，特别是在考虑到巴塞尔协议Ⅲ和Ⅳ所规定的更严格偿付能力要求后。

为了在供应链金融中挖掘更多的资金支持来源，资产证券化已成为传统金融机构的一种可行替代方式。这种方式为机构投资者和私人投资者提供了新的投资渠道，这些投资者通常不参与传统的供应链金融方法。在资产证券化领域，创收资产的所有者可以以较低的利率将这些资产出售给特殊目的载体（Special Purpose Vehicle，SPV），也称为特殊目的实体（Special Purpose Entity，SPE）。然后，SPV将这些资产转换为资产支持证券（Asset-Backed Security，ABS），并在资本市场上向机构和私人投资者销售。资产证券化的一个显著特点是，它强调证券化资产的业绩高于卖家的业绩。

尽管许多SPV由融资公司拥有，但它们需要脱离母公司独立运营，拥有不同的资产、负债和责任。更为重要的是，即使母公司宣布破产，SPV仍然能够受到保护。这种对破产的隔离是专门设计来保护这两个实体免受对方破产影响的，并且可以显著提高SPV的信用状况。此外，SPV的建立为母公司积累资本提供了一条独特的渠道，通常相较于母公司本身具有更低的监管负担。

> SPV为其母公司创造了一个特殊的融资渠道，同时可能面临比母公司更低的监管负担。

自从Sperry Lease Finance在20世纪80年代中期以计算机设备租赁为基础创新了一种新型证券化模式以来，资产证券化已稳步发展成为全球企业和金融机构的重要流动性来源。值得注意的是，据估计，2005年仅在美国，未偿还的资产支持证券（包括资产支持商业票据）的价值就超过了4万亿美元。

在卖家主导的供应链金融证券化领域中，资产支持证券（ABS）可以从多种金融工具中衍生，包括采购订单、库存、应收账款、信用卡应收账款以及（经批准的）应付账款。这一领域的一个典型代表是贸易应收账款证券化，主要围绕贸易应收账款进行。

传统上，应收账款证券化主要有两种形式。历史上，大多数应收账款通过资产支持商业票据渠道（Commercial Paper Conduit）运营。这些渠道通常由大银行支持，需要具备较高的信用等级，通常至少为A1级（穆迪长期评级）/P1级（穆迪短期评级），并且涉及大量购买，往往超过1亿美元。另一种模式是多年期独立期限的证券化，这同样需要较大规模以抵销固定费用。

6.6.1 操作流程

在卖家主导的应收账款证券化中,卖家将其应收账款转售给自己的SPV。随后,SPV以折扣价向机构和私人投资者销售转换后的资产支持证券。这一过程的"卖家主导"特性意味着,卖家通常承担审查应收账款的责任,支持这些账款的证券化,并监督这些应收账款产生的现金流的收集。如图6.4所示,一个标准的卖家主导的应收账款证券化可能按以下顺序展开。

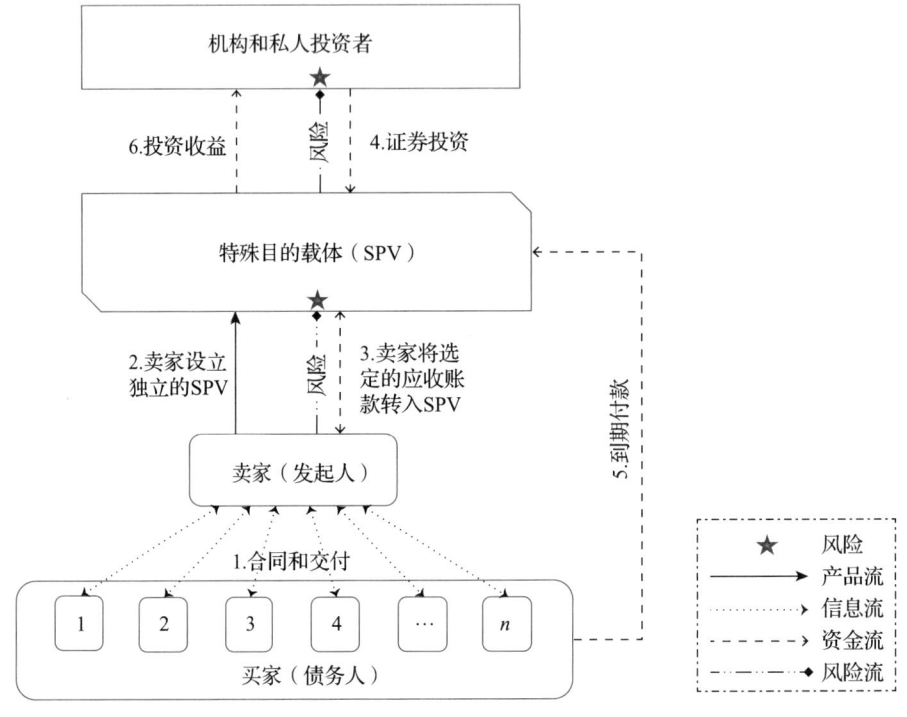

图6.4 卖家主导的应收账款证券化

(1)卖家与买家完成合同,并随后交付产品/服务。由于买家通常会将付款推迟几个月,因此形成了应收账款。

(2)为了采用应收账款证券化融资机制,卖家在公司架构内建立了一个自主的、破产隔离的SPV。另一种方式是,由第三方银行创建SPV,而卖家则保留其中的部分股权。值得注意的是,SPV的成立无须改变卖家现有的收款协议。买家(即卖家的客户)可继续沿用其惯常的付款方式,应收账款的证券化过程不会对其造成影响。

(3)卖家筛选出一批符合条件的应收账款,并将其转让给SPV。一旦完成转让,这些应收账款在法律上便与卖家的其他资产池完全隔离。因此,该批特定应收账款所产生的现金流得到了有效保护,不受其他债权人的影响,从而降低了潜在的违约或破产风险。

(4)SPV将这些应收账款合并,并以折扣价在资本市场上将其作为资产支持证券出售给机构和私人投资者。

(5)到期后,SPV从买家收款。

(6) SPV 向投资者支付回报并获取利润。

在一般情况下，发票被转移给 SPV，且不附带任何追索权。这种安排免除了卖家因买家可能的违约而产生的任何财务负担。然而，由于与买家建立了稳定的供应链关系，卖家通常保留收款机制的控制权。

6.6.2 收益分析

应收账款证券化不仅解决了传统融资方式（如银行融资）所面临的资本不足问题，还为卖家和金融机构带来了额外的优势。

1. 给卖家和 SPV 带来的收益

卖家主导的应收账款证券化可以为卖家及其 SPV 带来多重好处。

- 低利息成本
    - 应收账款证券化主要基于债务人的信用风险状况，而非债权人（即卖家）的信用评级。这种机制通常能够降低整体风险，从而有效减少融资成本。
    - 尽管应收账款证券化无追索权，但通过使用 SPV 将所选应收账款与卖家相关的潜在风险（如破产）隔离开来。在评级时，信用评级机构会考虑所选应收账款的历史表现、卖家信用的审慎性、收款策略、债务人构成等多种因素。一旦将应收账款转移给 SPV，卖家便无法重新控制这些应收账款。由于这些应收账款的选择性和 SPV 的相对独立性，SPV 通常拥有较高的信用评级，从 A 到 AAA 不等。因此，卖家在使用相同的应收账款作为抵押品时，可以获得比传统债务融资更优惠的利率。
    - 根据银行家访谈的逸事证据，应收账款证券化的利息成本可以比关系型贷款低 25%。这种优势对于投资级以下的公司、未评级实体和高杠杆公司尤为明显，因为它们通常难以进入资本市场。
- 多元化
    - 应收账款证券化为卖家拓宽了融资渠道，在无法获得其他资金来源的情况下减轻了金融风险。
    - 卖家主导的应收账款证券化使其能够整合来自不同客户、行业和地区的大量应收账款。这种做法可以有效降低应收账款的整体风险，从而提升证券对投资者的吸引力。因此，证券化举措的息差通常较为稳定。举例来说，单 B 级或双 B 级公司的息差可能每年波动 100~150 个基点，而证券化项目的息差可能仅波动几个基点。
- 流动性
    - 与其他金融工具一样，应收账款证券化为卖家提供了一种获得提前付款的替代方案。通过将其应收账款证券化，卖家可以清算这些应收账款，增强其流动性，并提供运营所需的营运资本。
- 资本效率与机会
    - 应收账款证券化通过增强融资能力来提升卖家的企业价值。由于银行通常为证券化项目分配比传统贷款更多的资金，卖家可以在更少的金融机构互动中获益。
- 应收账款证券化的自主性和破产隔离属性使其即使在卖家违约的情况下，仍能持续提供重要资金。此外，卖家通过更早地把握增长机会可以提高其资本效率，尽管这可能意味着为了进行证券化而接受一些微小的折扣。

- 改善金融指标

应收账款证券化所得收益可以用于偿还有债务，从而降低债务比率（如债务对股本比率）。此外，它还可以对其他财务指标产生积极影响，包括应收账款周转天数、速动比率和资产回报率等。

- 改善供应链关系

鉴于应收账款证券化对卖家的强有力支持，它能够缓解卖家的财务压力，并间接地帮助买家，从而促进供应链关系的和谐发展。

2. 给银行带来的收益

在卖家主导的应收账款证券化中，银行可以选择设立独立的 SPV，也可以与卖家合作，或在这类证券化中扮演投资者的角色。因此，这种模式为银行带来了多种优势。

- 额外资本

银行通常以投资者或商业实体的形式从其他机构和私人投资者处获得补充资金。因此，证券化有助于保持银行的融资能力，使其能够通过循环信贷方式向各种债务人提供其他类型的融资。

- 新的融资机会
  - 由于与 SPV 相关的风险相对较低，证券化能为银行提供更可行的卖家融资解决方案。若无此机制，银行可能不愿意向卖家提供同等程度的承诺。因此，银行可以在不过度提高风险敞口的情况下扩大其经营范围。
  - 此外，证券化使银行能够吸引新客户，尤其是那些处于投资级以下或在传统银行产品中较少涉足的行业的客户。这可以为银行扩大客户群、培育扩张前景和提高盈利能力铺平道路。

- 信用风险降低

通过将应收账款转移至其 SPV，并随后向投资者提供，银行可以将这些应收账款相关的信用风险转移给证券购买者。这一举措减少了银行的信用风险敞口，释放了其资产负债表的容量，这些额外容量随后可用于其他贷款项目。

- 资产多元化

通过参与投资由一系列应收账款支持的证券，银行能够实现其资产组合的多元化。这一举措不仅降低了其面临的集中风险，还提高了其风险调整收益。

- 改善监管资本比率
  - 根据巴塞尔协议 III 和 IV 的要求，银行必须为其资产（尤其是被视为高风险的资产）储备更多的监管资本。投资以应收账款为基础的证券（通常被认为与其他资产相比风险较小）使银行能够改善其监管资本比率，确保其能够更容易地遵守监管规定。

综上所述，卖家主导的应收账款证券化不仅为卖家带来好处，也使银行受益，从而成为管理信贷风险和完善资本市场准入的关键工具。

6.6.3 风险及其缓解策略

本节探讨卖家主导的应收账款证券化中的风险及其缓解策略。

1. 风险

尽管应收账款证券化带来多种益处，但在公司内部建立独立的 SPV 比传统的银行融资更为复杂。因此，卖家主导的应收账款证券化通常适用于拥有大量应收账款的大型公司，这些应收账款规模通常达到数百万美元。然而，近期趋势显示，越来越多的中小型公司也开始探索这种证券化方式。过去，所需的投资组合规模通常超过 1 亿美元，但现在我们看到的投资组合规模已缩减至仅 2,000 万美元。从历史角度看，只有那些拥有投资级信用评级的公司才能开展证券化。相比之下，当前的市场环境允许非投资级甚至未评级的公司通过证券化进行融资。

这种策略的风险包括以下几个方面。

- **信用风险**：证券化的信用状况与其底层应收账款的信用质量密切相关。这些应收账款的信用质量下降可能会降低证券价值，从而导致投资者蒙受损失。
- **流动性风险**：经济或市场动态可能会影响应收账款的现金流，从而影响证券的流动性。投资者在出售其证券或以其证券获得融资方面遇到任何障碍都可能给发行人带来流动性挑战。
- **操作风险**：从承销和服务到会计，证券化程序包括多个复杂的操作层面。运营中的失误或延迟可能导致财务损失或损害发行方的声誉。
- **法律和监管风险**：证券化需要在复杂多变的监管环境中进行操作，这种环境容易发生变化。如果发行方未遵守相关的法律和监管要求，可能会面临罚款或法律后果。

从本质上看，虽然卖家主导的应收账款证券化具备众多优势，但发行方和投资者都应仔细权衡其固有风险，并采取适当的风险缓解策略以应对这些挑战。

2. 风险缓解策略

在应收账款证券化领域，由于交易的无追索权性质，与所选应收账款相关的固有金融风险从卖家转移至 SPV。这种转移有助于抵消违约或不付款的风险，从而增强卖家的资产负债表能力。

随后，SPV 将 ABS 出售给一群投资者，这些风险在他们之间被分散和稀释。在应收账款证券化的背景下，SPV 及其投资者面临的财务脆弱性可以通过以下机制得到缓解。

- **风险隔离**：将特定应收款项从更大的资金池中分离到 SPV 中，可以提高其信用评级。由于其他债权人无法对这些经过筛选且已经转移的应收账款提出索赔，SPV 面临的相关财务风险随之减少。此外，原始卖家被禁止收回已转移的应收账款，这些账款在其资产负债表上将不再显示。本质上，应收账款向 SPV 的转移应当构成一笔真实的交易或"真实销售"。尽管 SPV 可能依赖卖家来收取债务人的付款，但遵守真实销售的前提条件在应收账款证券化中至关重要，任何偏离都可能危及其破产/清算保护。在真实销售条款的支持下，大多数应收账款证券化结构都旨在获得高信用评级，主要是 A 级甚至 AAA 级。这些令人瞩目的评级吸引了包括养老基金和保险公司在内的机构投资者，这些投资者主要青睐顶级的投资级资产。

| 案例研究 | 金融城股份有限公司

以金融城股份有限公司（Finacity Corporation）为例，2009 年，该公司为全球知名的水泥制造商 Cemex 组织了一项证券化活动。尽管 Cemex 当时的信用评级仅为 B- 级（负面），然而，该交易的本地评级达到 AAA，这激起了墨西哥养老基金和保险公司的兴趣。这些机构原本可能会回避该公司未经信用增级的企业债务。

- 风险池化：将众多卖家纳入证券化活动可以积累大量的应收账款来增强风险稀释效应。这样一个庞大的资金池使 SPV 能够对整个合并后的应收账款进行更为详尽的风险分析。当 SPV 整合多样化的账户债务人时，风险池效应达到顶点，从而推动整个投资组合的预付款率提高，这对所有卖家都有利。因此，这种汇集的应收账款证券化甚至吸引了中小企业探索这种融资机制。
- 持续的风险评估：在运营方面，SPV 有责任持续评估转移应收账款的风险状况。鉴于 SPV 通常从大量卖家获得应收账款，它可以采用以投资组合为中心的统计方法来监测整个应收账款池的实时表现。此外，持续一致地评估各个行业和地区的信用风险，以确保获得细致的信用评级情报，这一点至关重要。对转让的应收账款进行严格核查是遏制应收账款欺诈和买家违约相关风险的关键。同时，加强收款服务，提高报告的透明度和准确性也不可或缺。对于信用有限或不稳定的公司而言，在这些领域进行深入的尽职调查是证券化成功的关键。
- 动态预付率调整：在应收账款证券化中，一种有效的风险管理方法是采用动态预付率，通常每月根据前一个月的投资组合表现进行重新计算。例如，如果某月出现付款收取滞后、违约或稀释度上升的情况，次月的预付率将相应

> 动态预付率使 SPV 能够持续自我调整，确保证券化信用质量的稳定。

降低。反之，若投资组合表现改善，预付率则会上调。这种动态调整机制使 SPV 能够持续进行自我调节，从而稳定证券化产品的信用质量。通过采

用前几个月的关键业绩指标的移动平均值,可以进一步稳定波动的月度预付率。
- **法律框架评估**:除了上述风险缓解策略,建立证券化项目还需要解决法律问题、固定设置成本、标准化信用承销、实现信用增强和全球化。支持应收账款证券化的法律框架必须具有足够的韧性,以支持其自身扩张,而政府监管不应显著削弱其固有吸引力。
- **沟通和透明度**:报告的透明度在监管过程中至关重要。缺乏充分的透明度和尽职报告可能会掩盖证券化项目的潜在风险。这种不透明性可能危及项目的信用评级,并可能因市场对这些金融工具风险状况的误解而在金融市场引发连锁反应。潜在投资者应能够即时且全面地获取有关证券化底层每个独立风险敞口的信用状况和表现的基本信息,以及支持这些敞口的现金流和抵押品详情。此外,他们还应能够获得进行全面且明智的现金流压力测试和抵押品价值评估所需的关键数据。
- **信用增级**:信用增级主要有两种形式,即内部信用增级和外部信用增级。
  - **内部信用增级**:这通常涉及超额抵押,即证券化实体使用超出的资产或抵押品来减轻投资者的信用风险。这一策略因此提高了证券化的信用评级。证券化实体还可能在不同风险级别的商业票据中进行次级化处理⊖。
  - **外部信用增级**:购买应收账款保险和获得财务担保可以缓解信用风险,提升证券化的信用评级。例如,欧洲投资基金(EIF)为证券化提供 AAA 信用增强。在实际操作中,公司还可能与银行等专业实体合作,以简化证券化流程。

6.6.4 与其他融资计划的比较

接下来,我们将卖家主导的应收账款证券化与另外两种流行的融资方案进行比较:传统的银行债务融资和保理。

1. 与传统的银行债务融资的比较

应收账款证券化与传统的银行债务融资存在几个相似点。首先,就像传统的银行债务融资一样,应收账款证券化的定价通常基于某一基准利率之上的利差,如伦敦银行间同业拆借利率(LIBOR)。其次,负责安排传统的银行债务融资的金融机构通常也会处理应收账款证券化。最后,无论是通过应收账款证券化还是传统的银行债务融资筹集的资金,均不会导致股东权益的稀释。

然而,应收账款证券化与传统的银行债务融资也存在显著不同。首先,在应收账款证券化中,卖家通过真实销售,以无追索权的形式将应收账款转移至 SPV,确保这些应收账款不会再次出现在资产负债表上。其次,证券化结构并不像债务那样由本金和利息构成,而是投资者的回报依赖于款项的收回和任何设定的准备金。最

⊖ "次级化"是指按照某种方式安排或分类这些商业票据,使得某些票据在资产或现金流的索赔权上具有较低的优先级。这种次级化为投资者创造了不同级别的风险和回报。

后，证券化确保了与卖家破产的隔离，相比之下，债务在卖家一旦破产的情况下可能会违约。

鉴于这些区别，应收账款证券化可以为卖家提供比传统的银行债务融资更多的优势，例如较低的融资成本和更高的资本效率等。

2. 与保理的比较

在应收账款证券化中，SPV 的功能类似于保理中的"保理商"。然而，SPV 会进一步将应收账款转化为 ABS，然后将这些 ABS 出售给机构和私人投资者。尽管保理和应收账款证券化都是基于应收账款的卖家主导型融资机制，但两者之间存在许多区别。表 6.11 总结了这些主要差异。

表 6.11 保理与应收账款证券化的比较

比较项目	保理	应收账款证券化
预付款	70%～90%（100% 扣除折扣和准备金）	更高（100% 扣除利息/折扣）
卖家/出口商担保	有追索权或无追索权	无追索权（将应收账款真正销售给 SPV）
利率	较高	较低
卖家类型	任何类型	较大企业
票据性质	发票形式的应收账款	资产支持证券
独立的特殊目的载体（SPV）	没有	有。SPV 通常独立并具有较高的信用评级
资金来源	保理商（例如银行）	SPV 的一组机构和私人投资者
应收账款	所有应收账款均可纳入池内	选定的应收账款转入 SPV
信用增级	没有	有

这里有两个显著差异值得深入探讨。首先，保理在传统上主要作为国内业务开展，而应收账款证券化通常涉及跨国交易和多种货币。例如，2015 年，总部位于美国的金融城股份有限公司协助一家知名国际贸易公司管理了 7 亿美元的应收账款证券化资金。这项交易涉及来自 8 个不同国家的 10 家销售子公司，包含 4 种不同货币的发票，涵盖了分布在 30 多个国家的 4,000 多名债务人。值得注意的是，金融城股份有限公司管理的证券化项目中约 75% 的债务人位于美国境外。

其次，尽管保理中的预付率和贴现率取决于卖家及其买家的信用评级，应收账款证券化则提供了一种独特的信用套利机会。这意味着，一项精心构建的证券化计划可以实现 A 级或更高的投资级信用评级，即使卖家的信用评级不是投资级或未评级。要达到如此高的评级，需要适当的结构化、标准化的承销、信用增级以及强大的服务支持。

6.7 总结

本章探讨了卖家主导的供应链金融领域内的各种融资机制，重点介绍了利用应收款项或未来收入作为获取流动资金的方法。这些方法为卖家提供了所需的运营流动性，同时也转移了部分与未来支付相关的风险。

本章要点如下。
1. 保理
- 企业以折扣价将应收账款出售给保理商，这是企业快速筹集资金的一种有效方式。
- 保理可以是有追索权的（企业对未付债务负责），也可以是无追索权的（保理商承担未付债务的风险）。

2. 福费廷
- 福费廷是一种以折扣价出售公司未来应收款项的方式，其中融资费用由进口商支付，而福费廷商承担这些应收账款的风险。
- 这种技术通常用于国际交易，主要处理中长期应收款项。

3. 发票贴现
- 企业基于其未结算发票金额的一定比例从金融机构获得贷款。
- 企业保留对销售分类账的控制权，并负责收取款项。
- 由于客户不知晓融资安排，因此这个方式具有保密性。

4. 订单融资
- 这种方式允许企业基于客户确认的采购订单获得融资。
- 融资方可以直接向供应商付款，确保订单的完成。客户付款后，企业会向融资提供商支付费用。
- 这非常适合那些缺乏资金来完成大额订单的企业。

5. 卖家主导的应收账款证券化
- 这涉及卖家将其应收账款转移至特殊目的载体（SPV），随后该机构将这些应收账款打包，并在金融市场上作为证券出售。
- 应收账款证券化为卖家提供了流动性，同时将风险转移至SPV，这对寻求资产支持证券的投资者而言是一个极具吸引力的投资选择。
- 与传统债务相比，应收账款证券化具有多项优势，包括潜在的较低融资成本和更高的资本效率。

6.8 练习

6.8.1 思考题

1. 描述卖家主导融资背景下的保理。
2. 福费廷与保理有何不同？
3. 从客户关系的角度来看，为什么企业可能更倾向于选择发票贴现而不是其他融资方法？
4. 订单融资对企业的主要优势是什么？
5. 在卖家主导的应收账款证券化中，卖家向谁转让应收账款？
6. 为什么应收账款证券化可能比传统债务融资为卖家提供更多好处？
7. SPV在应收账款证券化中扮演什么角色？
8. 保理中的预付款比例通常与应收账款证券化中的预付款比例相比如何？

9. 哪种融资方式主要涉及国内交易、保理或应收账款证券化？
10. 应收账款证券化提供的信用套利机会是什么？

6.8.2 案例研究

星光出口股份有限公司融资方案选择

背景：

总部位于伦敦的星光出口股份有限公司（以下简称"星光出口"）专注于制造高端电子产品，其产品出口至多个国家，包括新兴市场。过去一年中，由于向海外买家提供了延长的付款期限（通常在60~120天之间），星光出口面临着严重的现金流压力。该公司正在评估多种卖家主导的融资方案，以缓解现金流压力并支持其业务增长目标。

详情：

1. 星光出口的年收入为1,000万英镑。
2. 未付发票金额达200万英镑，涉及多个买家。
3. 该公司从巴西一家声誉良好的公司收到价值150万英镑的新采购订单，预计这将增加现金流压力。
4. 星光出口与一家本地银行有着长期的合作关系，该银行以前为其提供过传统的债务融资。
5. 公司信用评级为"BB"，为非投资级，但前景稳定。
6. 星光出口此前从未使用过任何卖家主导的融资方式。

融资选择：

1. 保理：一家金融机构主动提出以其价值的85%预付款购买星光出口的未付发票。该机构会直接向买家收取款项，并收取发票总额的2%作为费用。一旦收到付款，他们将支付给星光出口余下的13%。
2. 发票贴现：星光出口的银行提供发票贴现服务，可提供高达未付发票价值90%的贷款。星光出口需要自行向买家收取款项。该服务的年化利率为4%。
3. 订单融资：鉴于星光出口获得了来自巴西的新采购订单，一家金融机构表示愿意基于该订单为星光出口提供融资。该机构提议以5%的年利率预付采购订单金额的80%。

任务：

评估星光出口可选择的三种卖家主导的融资方案。考虑即时现金流入、各方案相关成本、对买家关系的影响，以及对公司资产负债表和声誉的潜在影响，为星光出口推荐最佳方案或方案组合。

6.9 附录：学术思考

拉式供应链中的买家融资：零利息提前付款还是内部保理？

陈祥锋、鲁其辉、蔡港树

6.9.1 导言

动态贴现机制允许买家提前向卖家支付原本应在到期日支付的款项。通常，这些提前支付的款项不被视为贷款。然而，在实际操作中，部分买家选择对提前支付给卖家的款项收取利息，将其视为贷款，并通过专门的融资部门进行管理。例如，京东通过其金融子公司京东金融，向其供应商提供固定利率的京保贝融资服务。同样，亚马逊也通过其亚马逊贷款计划向小型企业供应商发放贷款。与传统保理融资不同，京东金融和亚马逊贷款服务充当各自母公司的内部"第三方"融资人。这种融资方式在本文中被称为内部保理融资。

从会计角度来看，零利息提前付款被记录为零售商向制造商支付的预付款，而内部保理融资被归类为贷款。在程序方面，提前付款被整合进订单支付流程中，从而绕过了正式的借贷程序。相比之下，内部保理需要遵守贷款协议。因此，当零售商的融资部门拥有相应的许可证时，通常会进行内部保理融资。同时，只要零售商有足够的资金提前支付订单，提前付款就是可行的。关于利率，作为预付款的零利息提前付款不涉及相关利率，而是以发票金额的一定折扣来提供优惠。相比之下，内部保理融资通常规定明确的正利率。

6.9.2 模型

为了确定提前付款和内部保理是否始终优于银行贷款融资（或相反），我们研究了一个简化的拉式供应链模型。在该模型中，资本受限的制造商（即卖家）将产品销售给资本充裕的零售商（即买家）。制造商可以选择从银行借款，或者从零售商那里获得无息的提前付款，或通过有正利率的内部保理进行融资（见图 6.5）。

6.9.3 研究结果

与银行贷款融资相比，提前付款融资为协调供应链提供了优越的风险分担机制。这是因为零售商和制造商都分担了部分不确定性风险。当制造商的生产成本较低时，零售商会倾向于采用提前付款融资而非银行贷款融资。

然而，在提前付款融资下，零售商可能会被迫设定非常低的批发价。与使用银行贷款融资相比，这可能会降低制造商和整个供应链的盈利能力。因为制造商会利

㊀ 感兴趣的读者请参阅完整文章：Chen, X., Lu, Q., & Cai, G., 2020. "Buyer Financing in Pull Supply Chains: Zero-Interest Early Payment or In-House Factoring?" *Production and Operations Management*, 29(10), 2307-2325。

用银行贷款融资作为制衡，所以当零售商选择提前付款融资时，他们必须提供更优惠的批发价格以吸引制造商。这里存在一个双赢的批发价格区间，即只要制造商的生产成本保持较低水平，双方都受益于提前付款融资。尽管零售商可能因为银行贷款融资的竞争而获得较低的收入，但制造商由于较高的利润率而增加的产量可以提升供应链的整体利润。这凸显了来自银行贷款融资的竞争是如何推动零售商在提前付款融资中将部分利润让渡给制造商，从而更好地实现供应链协调的。

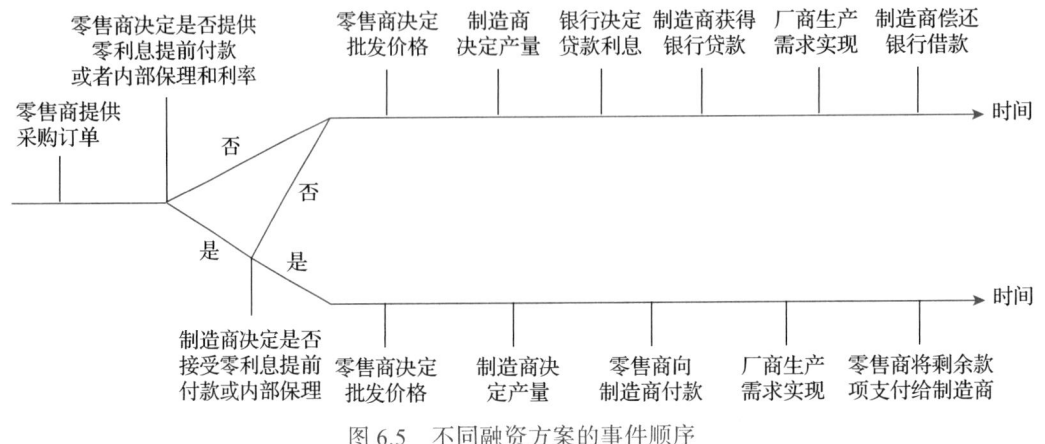

图 6.5　不同融资方案的事件顺序

与银行贷款融资相比，内部保理维持了零售商在财务和运营决策上的统一优势。将提前付款与内部保理对比时，两者各有优劣，并没有哪个方案始终占优。有趣的是，提前付款中的无息承诺有时可能比带有利率的内部保理更具吸引力。具体来说，当生产成本较低时，提前付款比内部保理更受青睐（尤其是如果内部保理产生设置成本，这一优势就更为显著）。然而，随着生产成本的上升，内部保理变得更具吸引力，最终可能优于提前付款融资。

尽管与银行贷款融资相比，提前付款和内部保理都被视为更优的风险分担机制，但内部保理的利息收益、更具竞争力的批发价格以及更大产量的优势会随着制造商生产成本的变化而发生波动。因此，零售商应适时调整自己的利益策略。通常情况下，当制造商的生产成本增加时，零售商的最优利率也随之增长，直到达到一个峰值。在超过这一峰值点后，最优利率会随生产成本的降低而减少，以确保制造商获得与通过银行贷款融资时能获得的基本利润。

从数学角度来看，如果我们将内部保理的利率设为零，那么提前付款就可以被视为内部保理的一个特例。鉴于此，当生产成本较低时，内部保理的最优利率应为零。然而，这一结论建立在两种融资方式的流程相同且内部保理不存在设置成本的假设之上。这在现实中不太可能实现，因为零售商需要雇佣额外的员工来管理保理业务，并且需要获得必要的许可证。这种差异可能解释了为什么在实际场景中我们很少观察到零利率的内部保理。

6.10　参考资料

Accountingtools. (2020). *Accounts Receivable Securitization*. Accountingtools.com.

https://doi.org/10.3905/jsf.2011.2011.1.011. Accessed July 29, 2020.

Accountleaning. (2023). *How to Establish Minimum Cash Balance?* https://accountlearning.com/how-to-establish-minimum-cash-balance/. Accessed May 23, 2023.

Brainkart. (2020). *Forfeiting.* https://www.brainkart.com/article/Forfeiting_6235/. Accessed October 10, 2020.

Bryant, C., & Camerinelli, E. (2014). Supply Chain Finance - EBA European Market Guide (Version 2.0). *Report, June*, 1–152.

Chen, X., Lu, Q., & Cai, G. (2020). Buyer Financing in Pull Supply Chains: Zero-Interest Early Payment or In-House Factoring? *Production and Operations Management*, 29(10), 2307–2325.

CorsaFinance. (2023). *Non-Notification Invoice Factoring.* https://corsafinance.com/non-notification-factoring-receivables-financing. Accessed March 27, 2023.

FactorFinders. (2020). *Factoring Fees: What to Expect.* https://www.factorfinders.com/resources/factoring-faq/cost-of-factoring/. Accessed July 3, 2020.

Fundbox. (2020). *Purchase Order Funding and Financing Guide.* https://fundbox.com/resources/guides/purchase-order-financing/. Accessed June 23, 2020.

Gimple, D. (2018). The Evolution of the Asset-Backed Securities Market. *Fixed Income Perspectives* (Issue November).

Haynesboone. (2016). *Receivables Purchase Agreements.* www.haynesboone.com. Accessed February 23, 2020.

Hofmann, E., Strewe, U. M., & Bosia, N. (2017). *Supply Chain Finance and Blockchain Technology: The Case of Reverse Securitisation.* Springer.

Nassr, I. & Wehinger, G. (2015). Unlocking SME Finance Through Market-Based Debt. *OECD Journal: Financial Market Trends*, 2014(2), 89–190.

Katz, A. (2011). Accounts Receivable Securitization. *The Journal of Structured Finance*, 17(2), 23–27.

Kerle, P., & Gullifer, L. (2013). The Future of Trade Receivables Securitization in Europe. *The Journal of Structured Finance*, 19(1), 71–76.

Kilgour, C. L. (2005). *Receivables Securitization and Capital Structure.* The Global Treasurer. https://www.theglobaltreasurer.com/2005/12/15/receivables-securitization-and-capital-structure/. Accessed February 19, 2020.

Klapper, L. (2006). The Role of Factoring for Financing Small and Medium Enterprises. *Journal of Banking and Finance*, 30(11), 3111–3130.

Leonard, J. (2015). Introduction to Receivable Securitization. *The Secured Lender*, June, 16–19.

McKinsey. (2020). *The 2020 McKinsey Global Payments Report* (Issue October). https://www.mckinsey.com/~/media/mckinsey/industries/financial services/our insights/accelerating winds of change in global payments/2020-mckinsey-global-payments-report-vf.pdf. Accessed February 16, 2021.

Merritt, C. (2020). *The Securitization of Accounts Receivable.* https://smallbusiness.

chron.com/securitization-accounts-receivable-56095.html. Accessed May 13, 2021.

Peterdy, K. (2022). *Accounts Receivable Factoring*. https://corporatefinanceinstitute.com/resources/accounting/accounts-receivable-factoring/. Accessed April 13, 2023.

PNC. (2018). *Trade Receivables Securitization*. http://pnc.com/cib. Accessed February 13, 2020.

Schneider, D. (2017). *What Is Purchase Order Financing?* https://www.rtsinc.com/articles/what-purchase-order-financing. Accessed March 13, 2020.

Shirshikov, D. (2019). *Purchase Order Financing: What Po Financing Is & How It Works*. https://fitsmallbusiness.com/purchase-order-financing/. Accessed February 23, 2020.

Sillay, J. (2012). Factoring Costs: The 10 Most Misunderstood Cost Drivers Advance. *Federal National Commercial Credit Report*.

Surbhi, S. (2020). *Difference Between Factoring and Forfaiting*. https://keydifferences.com/difference-between-factoring-and-forfaiting.html. Accessed February 13, 2020.

Truckstop. (2023). *What Is the Cost of Factoring? 3 Ways to Lower Costs*. https://truckstop.com/blog/cost-of-factoring. Accessed February 23, 2023.

Tucker, J. (2020). *How UCC Filings Can Affect Your Business Credit Scores*. Nav.com. https://www.nav.com/blog/ucc-filings-and-business-credit-scores-8189/. Accessed December 8, 2020.

Westlaw. (2023). *Representations and Warranties*. https://content.next.westlaw.com/practical-law/document/I1559f7a3eef211e28578f7ccc38dcbee/Representations-and-Warranties. Accessed September 5, 2023.

Wikipedia. (2021). *Factoring (Finance)*. https://en.wikipedia.org/wiki/Factoring_(finance). Accessed August 8, 2021.

第 7 章　买家主导的供应链金融

■ 学习目标

1. 分析供应链金融中动态贴现的好处和挑战。
2. 探索反向保理的作用及其对流动性和供应商关系的影响。
3. 了解买家主导的应付账款反向证券化对流动性的影响。
4. 通过现实案例研究评估延期付款条款的影响。

■ 摘要

本章探讨了买家主导的供应链金融的复杂性,特别聚焦于动态贴现、反向保理以及买家主导的应付账款反向证券化。通过案例研究,本章帮助读者深入理解延期付款条款如何影响供应链中的买家和供应商。本章强调企业需在追求即时财务利益与维持长期战略伙伴关系之间寻求平衡,以实现流动性优化和供应商关系强化。

7.1　导言

许多供应商规模较小,资金有限。事实上,这些供应商中的大多数因缺乏信用而无法借到支持其生产所需的资金。由于规模和信誉有限,这些供应商发起的供应链融资计划通常无法获得低利率。因此,这些供应商在财务上变得脆弱,进而可能威胁到整个相关供应链的稳定性。更加严峻的是,买家往往通过压低批发价格来压缩供应商的利润空间,使供应商几乎没有余地进一步降低批发价格或提高生产效率。

其中一种帮助供应商融资的解决方案是买家主导的供应链金融。这种方法利用了大型买家(如亚马逊和沃尔玛)的潜在高信用评级。来自这些买家的保证,无论是以担保还是付款承诺的形式,都为金融机构提供了所需的独立支付义务,从而降低了发票价值稀释的风险。因此,卖家可以基于买家改善的信用状况获得更优惠的融资条款。随着技术平台的快速发展,买家主导的供应链金融近年来已确立其地位并实现快速增长。

7.2 动态贴现

动态贴现（Dynamic Discounting）是一种提前付款贴现融资形式，我们在第5.5.3节中曾讨论过。提前付款贴现的一个局限是其缺乏连续性，因此通常被称为静态贴现。例如，在"2/10 净 30"模式中，如果买家在第11天支付，则无法享受折扣。这意味着折扣激励仅在10天内有效；超过这个期限，买家就失去了加快支付的动力。

为克服静态贴现的局限性，动态贴现作为赊销中提前付款贴现的连续版本应运而生。这种机制鼓励买家更快地向卖家付款，同时也给双方带来好处。与静态贴现不同，动态贴现为提前付款提供了一个可变的、连续的贴现率。它在卖家和买家之间建立了一个更灵活的框架，使卖家能够在预定的到期日之前获得资金。一旦发票获得批准，买家越早付款，可享受的贴现就越大。

动态贴现主要有两种形式：完全动态贴现（Fully Dynamic Discounting）和半动态贴现（Semi-Dynamic Discounting）。完全动态贴现采用线性贴现机制，如图 7.1a 所示，该图参考了静态提前付款贴现的"2/10 净 30"模式。由于买家可以在前20天内享受 2% 的提前付款贴现，因此日增量贴现率为 0.1%（即 2% / 20）。如果买家决定提前15天付款，他将获得 1.5% 的累计贴现（即 0.1% × 15）。这相当于 36.5% 的年化利率（即 0.1% × 365），为买家显著节省了费用。这一增量利率在发票开具至到期日之间的整个期间保持一致。

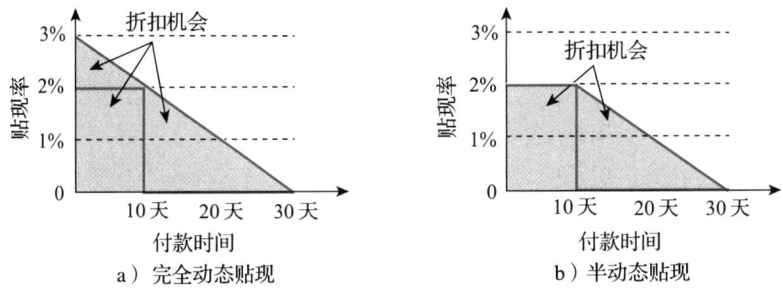

图 7.1 完全动态贴现和半动态贴现的比较

相反，在图 7.1b 所示的半动态贴现中，如果买家在最初10天内付款，则不会获得额外贴现。这10天被视为卖家的宽限期，如果买家现金充裕且供应链关系良好，这个期限可能会延长。或者，买家可以在合同中约定，在这10天内供应商不能要求付款。

考虑到贴现率每日变动，强大的 IT 基础设施对于执行动态贴现至关重要。此类系统通常包括所有参与公司的 ERP 和电子发票系统。本质上，这些 IT 系统应确保双方都能获取相关信息，并促进买卖双方的及时付款。

7.2.1 操作流程

动态贴现的操作流程因发起人是买家、卖家还是第三方而有所差异。然而，大多数动态贴现解决方案通常遵循图 7.2 所示的步骤。

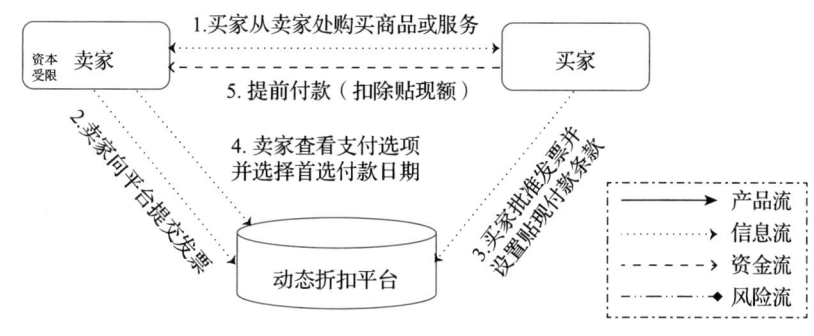

图 7.2 动态贴现机制

（1）开具发票：卖家向买家提供商品或服务并开具发票。

（2）上传发票：若选择使用动态贴现，卖家需将发票上传至专用平台。该平台可能由买家、银行或第三方金融服务公司监管。值得注意的是，虽然在第三方平台上启动动态贴现程序通常对双方免费，但卖家提交发票时可能会产生费用。

（3）审核与批准发票：收到提前付款请求后，买家将审查并核实或批准此类付款的发票。提前付款的贴现率可能在此时确定，或可能已在采购合同中预先设定。

（4）评估动态贴现：卖家评估动态贴现的支付选项，并指定其首选的支付日期。通过正式提交这一提前付款请求，卖家确认接受所选的贴现条款。

（5）执行支付：在选定的日期，买家将按照动态贴现条款执行支付，向卖家支付扣除相应贴现额后的款项。

7.2.2 利弊分析与风险缓解策略

动态贴现不需要事先进行谈判，这为买家提供了更大的灵活性来确定提前付款限额和贴现率。卖家可以选择是否参与动态贴现流程并接受提前付款的要约。除了这种灵活性之外，动态贴现对买卖双方都带来了多种好处，但同时也使得他们都面临一些风险。

1. 买家的利弊分析和风险缓解策略

买家采用动态贴现可获得以下几项优势。

- 财务回报：如前所述，"2/10 净 30"模式的提前付款贴现率相当于 36.5% 的年化利率。即使是不那么吸引人的动态贴现协议，通常也能为买家带来双位数的年化利率回报。因此，动态贴现可以大幅削减采购成本，是一种快速、有利可图且灵活的投资工具。此外，降低成本可以提高买家的关键绩效指标，例如利润率和销售成本（COGS）。
- 无风险投资：在大多数情况下，卖家在收到提前付款之前已经向买家提供了商品或服务。这使得动态贴现成为一个吸引人的选择，因为买家本质上是提前偿还了本应更早支付给卖家的金额。因此，包括动态贴现在内的多种提前付款贴现方式，对买家来说几乎没有投资风险。
- 供应链可靠性：通过为卖家提供更快、更简单的现金获取方式，动态贴现显著降低了卖家违约及后续供应链中断的可能性。
- **供应商关系**：买家协助供应商有助于增强双方的联系。这可能是买家通常优先为与他们有长期关系的忠诚供应商提供提前付款贴现的原因。
- **信息透明度**：实施动态贴现需要买卖双方共享一个完全集成的IT系统。这种安排确保供应链中的所有参与方都能受益于IT系统的信息透明度。

不过，上述好处也伴随着一些潜在风险。

- **现金转换周期恶化**：当买家提前向卖家付款时，其现金流和营运资本水平会下降。实际上，买家是用营运资金换取上述收益。提前结算应付账款会缩短应付账款周转天数，从而对买家的现金转换周期产生负面影响。然而，对于资金充裕的买家而言，这种权衡是可以接受的。
- **卖家违约**：如果卖家未能履行交付优质产品的义务，买家可能会失去贴现优惠，并可能面临全额应付账款。如果商品或服务的质量未达到约定标准，也可能出现类似情况。
- **操作风险**：高效且精准的发票处理对于动态贴现至关重要。任何的差异或延迟都可能导致错过贴现机会、付款延迟，甚至可能给买卖双方的关系带来压力。虽然动态贴现承诺给卖家带来好处——约80%的卖家计划利用这些好处——但实际上只有27%的卖家能够充分利用所有可用的贴现。一些潜在的原因包括：
  1）发票处理的延迟导致发票逾期；
  2）支持动态贴现的IT系统存在缺陷，导致提前付款请求延迟；
  3）缺乏有效的支出分析，使得企业未能充分认识到动态贴现的好处。
- **声誉风险**：如果买家被认为通过要求高贴现率来压榨供应商，可能会损害其声誉并破坏与供应商的关系。
- **法律风险**：如果动态贴现计划设计不当，可能会违反反垄断法规，或因高贴现率而引发法律责任。
- **金融风险**：对于买家而言，维持充足的现金流以利用动态贴现至关重要。这样可以确保其不会为了追求短期利益而危及流动性。

买家在采用动态贴现前需要仔细评估其利弊，并通过全面的尽职调查和风险缓解策略来尽量规避潜在风险。以下是一些风险缓解策略。

- **现金流管理**：通过预测现金需求并维持充足的流动性，买家可以灵活管理现金流。他们还可以与卖家协商延长付款期限，以确保有足够的时间支付而不错失贴现机会。值得注意的是，并非所有买家（包括像亚马逊和沃尔玛这样的大型企业）都拥有足够的流动性来提前支付所有发票。这也解释了他们在早期付款计划中对供应商的筛选。
- **卖家尽职调查**：买家应全面审查卖家，评估其财务状况及提供优质产品/服务的历史记录。这可能包括审核财务报表、查看信用评分，以及寻求其他买家的推荐意见。
- **供应商多元化**：通过扩大供应商群体，买家可以分散供应商风险。在多个供应商间分配采购需求，不仅可以减轻供应链中断的影响，还能降低对单一供应商的依赖程度。
- 运营控制：建立健全的控制机制和协议，以确保动态贴现流程得到有效管理。这包括制定明确的政策、对相关人员进行专业培训，以及持续监控关键绩效指标，从而实现持续改进。

采用这些风险缓解策略可以帮助买家减少潜在的动态贴现风险，提高融资策略的成功概率。

2. 卖家的利弊分析和风险缓解策略

动态贴现也为卖家带来了几方面的优势。

- 改善现金流和流动性：动态贴现的主要优势之一是优化营运资本和改善现金流。若缺乏这种提前付款机制，部分卖家可能在日常运营中面临资金困境。通过动态贴现，卖家可获得所选发票金额（扣除贴现额后）高达100%的资金，这一比例通常高于传统保理。提前收到款项意味着应收账款周转天数缩短，从而改善现金转换周期。
- 增加融资机会：虽然大多数提前支付贴现的年化利率对卖家而言看似成本较高，但其他融资选项可能更为昂贵或难以获得。资金受限的卖家可能面临信用额度有限或信用记录不足的问题。因此，动态贴现为这类卖家提供了可靠的融资渠道，增强了其现金流的可预测性，并有助于更合理地进行未来规划。
- 降低收款成本：动态贴现降低了卖家收款相关的成本。例如，2016年在英国的中小企业中平均每家有12,000英镑的未付款项，全国总额达到55亿英镑。从有影响力的买家那里收取逾期付款可能会危及较小卖家的重要销售渠道，采用动态贴现可以减轻这类收款的压力。
- 供应链可靠性：通过提供提前付款贴现，卖家可以激励买家及时结算发票，从而建立更稳固的合作关系，并增加长期业务合作的机会。基于这些优势，卖家更有能力按新协议要求交付产品或服务，有效满足新客户的需求。供应链可靠性的提升不仅增强了与买家的互信，还为可持续增长奠定了稳定的需求基础。
- 竞争优势：提供动态贴现可以成为卖家独特的销售主张，展示了他们与买家合作的意愿，并提供了与竞争对手不同的独特服务。
- 融资灵活性：卖家受益于动态贴现的灵活性优惠，可以自由选择要贴现的发票和时间。无论是为单个发票还是多个发票提供融资，这种灵活性都能让卖家更好地控制和优化现金流。

尽管存在这些好处，动态贴现也给卖家带来了挑战和风险。

- 融资成本高：动态贴现可能导致卖家承担较高成本。提供提前付款贴现时，卖家的利润率可能会下降，因为他们实际上是牺牲了部分收入以换取更快的回款。具有讽刺意味的是，特别是在商品和服务已经交付之后，卖家反而为原本应及时收到的款项承担了显著的额外成本。

- **买家依赖**：高度依赖动态贴现来改善现金流的卖家可能会发现自己过度依赖买家的及时付款。如果这些买家决定推迟付款，则可能会给卖家带来风险。
- **买家主导的后果**：提前付款贴现可能无意中促使买家等到贴现期才付款，这可能会对卖家的现金流产生负面影响。回顾历史，商业交易中的付款延迟是许多行业的常见做法。上游企业往往鼓励买家使用延期应付账款作为谈判工具，以节约营运资金并缩短现金转换周期。

这一趋势近期有所加剧，例如，像沃尔玛和亚马逊这样占主导地位的买家要求更长的付款期限。在中国，如阿里巴巴和京东等实力雄厚的零售商也展现出类似的主导地位，它们往往同时要求供应商提供独家经营权，从而进一步削弱了这些供应商在支付条款方面的谈判能力。

为了帮助规模较小的企业，越来越多的声音呼吁采取监管措施，以限制这些买家在支付条款上的主导地位。这将从根本上缓解卖家的财务压力。例如，欧盟的《延迟支付指令》规定，债务人如果未能及时支付商品或服务的款项，应支付利息和任何合理的回收成本。欧盟规定的付款期限是企业 60 天，公共机构 30 天。

> 为了帮助中小微企业，采用政府法规来限制买家在支付条款上的主导地位是必要的。

为缓解上述风险，卖家可以采取以下潜在策略。

- **支出分析**：有效的动态贴现要求买卖双方进行支出分析，以优化现金流。在现金流健康的情况下，卖家在理想情况下不应该兑现每一张发票，以降低融资成本。在支出分析过程中，公司应该评估自己的理想现金状况、每月支出及发票价值等因素。
- **多元化买家群体**：卖家应努力多元化其买家群体，以减少对单一买家的依赖，并将任何单个买家在确定付款条件方面的主导地位降至最低。
- **建立明确的支付条款**：卖家必须与买家明确支付条款，这应包括对逾期付款的罚款和对提前付款的奖励。
- **根据风险设定贴现率**：卖家应根据每个买家相关的风险水平调整贴现率。对于风险较高的买家，应适用较高的贴现率；对于信誉较好的买家，适用较低的贴现率。这种策略使卖家能够更早地从风险较高的买家收回款项，从而减少未来违约的可能性。
- **监控买家信誉**：对卖家来说，定期监测买家的信用度是至关重要的。建立信用额度可以最大限度地降低违约风险。此外，卖家可以考虑采用信用保险等保险措施，以防止因买家违约造成的潜在损失。

通过运用这些风险缓解策略，卖家可以减少潜在的威胁，并最大化动态贴现的优势。

7.3 反向保理

反向保理（Reverse Factoring）被广泛应用，它也常被称为核准应付款融资（Approved Payables Finance）、供应商融资（Supplier Finance）、应付款融资（Payable Finance）、贸易应付款管理（Trade Payable Management）、确认应付款融资（Confirmed Payables Finance）、供应商预付款（Vendor Pre-Pay）、买家保理或买家主导的供应链融资（Buyer-Led Supply Chain Finance）。一些金融提供商甚至直接使用"供应链金融"这一标签来推销这种独特的融资方式。然而，将反向保理等同为供应链金融并不完全准确，后者的含义更为广泛。不过，这种命名可能突出了该机制的重要性和潜力。反向保理最早出现在20世纪80年代的汽车工业领域，如今已在绝大多数行业得到广泛应用。为避免混淆，本书在讨论这种融资方式时将始终使用"反向保理"一词。

如图7.3所示，在反向保理中，卖家将其发票转交给保理商（通常为银行）以获得提前付款。这一机制的核心是买家对保理商做出具有约束力的付款承诺，同时保理商不得向卖家追索款项。反向保理与传统保理相似，都能为卖家提供及时的现金流入，从而改善其营运资金状况。然而，反向保理的独特之处在于它通常由买家主导，这赋予了它一些特有的优势。

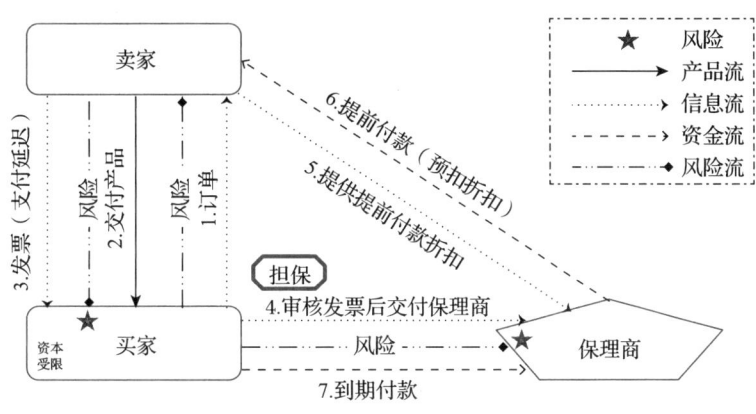

图 7.3　反向保理机制

反向保理的融资优势源于买家较高的信用评级，这确保了卖家在此模式下的融资成本通常低于其在公开市场上基于个人信用状况获得的融资成本。当买卖双方的信用评级存在显著差异时，这种成本优势更加明显。对于卖家而言，反向保理提供的财务条款可能比卖家主导的保理和买家驱动的动态贴现更为有利，其优势可能大到令人难以拒绝的程度。

在反向保理计划下，买家也能获益。通过与卖家重新协商，买家可能延长付款期限，从而增加其营运资金。2007年的一项研究显示，超过70%的欧洲大型企业在与供应商谈判时积极寻求延长付款期限，以缓解其营运资金压力。因此，反向保理巧妙地弥合了这一差距，不仅满足了供应商的营运资金需求，还满足了买家延长付款期的愿望。

鉴于反向保理对所有参与方都有明显的优势，其增长速度迅猛，近年来实现了两位数的增长。维基百科2020年的数据显示，全球供应链融资市场的交易量从2013年的每年2,750亿美元增至2016年的4,478亿美元。然而，据英国特许注册会计师协会的数据，反向保理可能只占所有贸易融资中买家应付账款的20%~25%。

因此，尽管反向保理市场在美国和西欧已经相对成熟，但预计像印度这样的新兴市场仍蕴含着巨大的潜力。

7.3.1 操作流程

各类反向保理机制如图 7.4 和图 7.5 所示，具体操作如下。

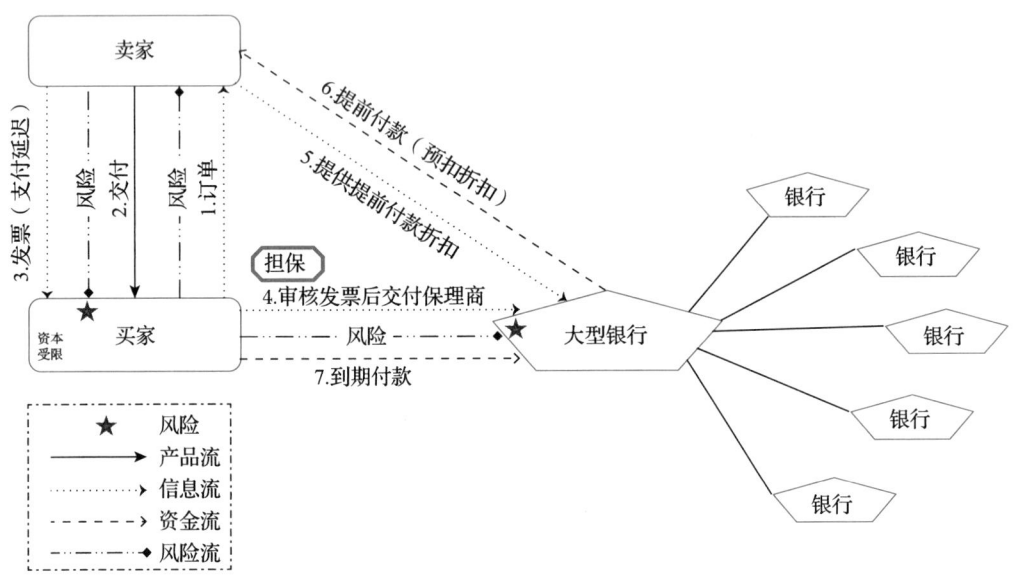

图 7.4　银行的反向保理机制

（1）买家与卖家签订采购货物和 / 或服务的合同，并就反向保理融资方案达成一致。此计划可能事先获得关系银行或提供买家全面计划的金融机构的批准。或者，双方可以在发票生成后加入第三方反向保理平台，如图 7.5 所示。

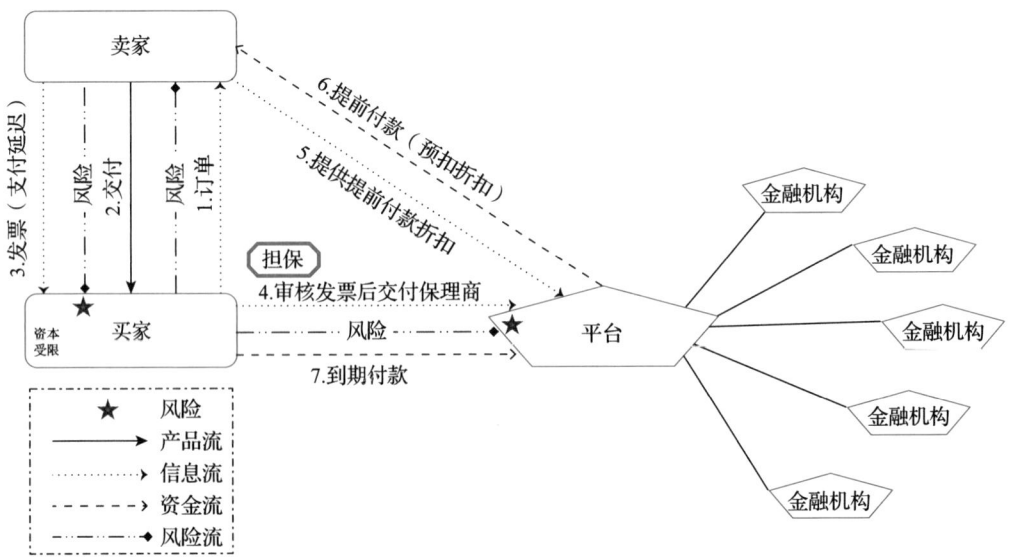

图 7.5　平台的反向保理机制

（2）卖家向买家交付货物和/或服务。

（3）卖家将发票转发给买家。

（4）买家核实发票后将其转发给保理商（例如银行或平台）。在某些平台上，卖家可以直接提交发票。如图 7.4 所示，保理商可能是一家大型银行。这家银行可能将应收账款转卖给规模较小的银行，或与这些银行合作，为反向保理请求提供资金。另一种情况是，保理商可能是由金融机构联盟支持的金融服务平台（见图 7.5）。特别是对于资本需求巨大的大型公司而言，多家银行或金融机构的参与成为不可或缺的因素。

（5）卖家审核保理商的反向保理方案。默认情况下，卖家将在到期时收到全额付款。但是，如果选择反向保理，卖家会通过将应收账款转移给保理商，并同意提前付款贴现率，从而启动流程。

（6）保理商可以在随后的工作日向卖家支付提前支付款项（扣除约定的折扣）。由于买家对支付的承诺是绝对的且无追索权的，反向保理的融资比例通常超过传统保理。向卖家付款后，保理商和买家可能会重新协商付款条件，例如将原协议中的付款期限延长 30 天。

（7）发票到期后，买家需向保理商全额结算。由于买家可能要求延长付款期限，实际向保理商付款的时间通常晚于最初规定的时间。

近年来，保理平台变得越来越流行。根据管理机构的不同，保理平台可分为以下几类。

（1）银行自营平台：由知名商业银行作为保理商运营。

（2）第三方平台：由金融科技公司在一群投资机构的支持下建立和管理。

（3）买家专有平台：由像京东这样的大型买家创建的专有平台，有时会利用其旗下的资本公司为卖家提供融资。

7.3.2 收益分析

反向保理越来越被企业视为一种有价值的融资机制，为银行和其他金融机构创造了新的市场机会。瑞士瑞信银行预测，反向保理正在迅速发展，并有潜力在全球范围内盘活高达 2 万亿美元的应付账款资金。同样，美国银行也观察到供应商和买家对其反向保理产品的强烈需求。

反向保理是一种独特而复杂的机制，需要卖家、买家和融资方的积极参与。表 7.1 详细阐述了其对公司经营和风险的影响。这种融资方式的核心优势在于增强卖家的现金流，缩减其应收账款和净营运资本，同时将相关风险转移给保理商和买家。买家则因获得更可靠的供应商和延长的付款期限而受益。保理商通过为卖家提供融资来实现额外利润，并得到买家的担保支持。与传统保理类似，反向保理带来的现金流改善使卖家能够扩大市场覆盖范围，进而可能促使买家增加订单，最终惠及整个供应链。

表 7.1 反向保理对公司经营和风险的影响

项目	卖家	买家	保理商
现金	↑	↑	↓

（续）

项目	卖家	买家	保理商
应收账款	↓		↑
库存	可能↑		
应付账款		↓	
净营运资本	↓	↑	↑
风险	↓	↑	↑

注：箭头（↑）表明增长，（↓）则为下降。

虽然反向保理给卖家带来的好处与其他金融机制（如动态贴现）相似，但确实存在一些细微的差别。以下是卖家、买家和保理商各自从反向保理中获得的好处。

1. 反向保理对卖家的好处

反向保理为卖家提供了多个优势。

- **改善现金流**：通过反向保理，卖家可以在原定付款日期之前获得款项，从而增强其营运资金并缩短现金转换周期。这使得卖家能够更好地策划运营并优化现金流。这种财务上的利好对卖家而言可能至关重要，尤其是对于规模较小的公司，使它们能够发展业务，将资金投入研发，甚至无缝地维持日常运营。
- **降低融资成本**：与传统保理或动态贴现相比，反向保理的提前付款贴现率主要取决于买家的信用评级。通常，处于主导地位的买家比卖家拥有更优越的信用状况，因此反向保理的贴现率往往低于传统保理和动态贴现的贴现率。
- **美化财务报表**：与传统保理相似，反向保理中的早期支付不被视为卖家债务，因此不会出现在资产负债表中。
- **降低收款成本**：与动态贴现类似，反向保理减少了收款成本，因为相关的发票已经获得买家的核准。
- **提高供应链可靠性**：通过利用反向保理，卖家可以促使买家加快付款，从而培育更牢固的业务关系并提高持续合作的可能性。与动态贴现相比，反向保理因买家提供全额付款担保而加强了供应链关系。具有良好信用评级的买家可以帮助卖家获得更经济的融资，这种互惠关系可能转化为更低的批发价格和更顺畅、可靠的供应链。
- **提高融资灵活性**：卖家可以自主选择接受或拒绝提前付款贴现，有选择性地等待发票到期以获取全部款项。
- **降低信用风险**：反向保理将信用风险从卖家转移给买家，因为买家负责结算发票。这种风险转移对于信用历史较差或在高风险行业中运营的卖家来说是有益的。

2. 反向保理对买家的好处

反向保理也为买家提供多重优势。

- **改善营运资金**：与人们对买家主导的供应链金融的初始预期相反，反向保理不仅有利于卖家，还能增强买家的营运资金。在提供无追索权的到期付款承诺时，买家经常会与卖家或保理商协商延长付款期限，以降低成本。这种财务安排使现金转换周期缩短，流动性增强，对信用评级较高的买家尤其具有吸引力。因此，反向保理作为一种独特的融资机制，不仅优化了买家和卖家的现金周转率，还为保理商提供了融资机会，从而实现了三方共赢。

- 美化财务报表：与传统保理相似，反向保理中的提前付款不被归类为买家债务，因此不会出现在资产负债表上。然而，反向保理与动态贴现有明显区别：在动态贴现中，卖家可以决定何时以及对哪些发票进行贴现；在反向保理中，则由买家决定哪些发票符合提前付款的条件。
- 降低采购成本：除了延长付款期限的优势外，当将反向保理纳入合同讨论内容时，买家还可能以更低的批发价格采购商品。这种成本节约可以降低下游公司的运营成本，从而增加需求并提高整个供应链的效率。
- 改善供应商关系：通过推广反向保理，买家可以帮助卖家改善现金流，减少融资费用，并有效管理信用风险。反向保理机制下的提前付款大大降低了卖家违约和供应链中断的可能性，从而使买家与卖家建立更强大、更有韧性的合作关系，并提高了整个供应链的效率。因此，买家可以吸引并保留更多忠诚的供应商。
- 创造竞争优势：采用反向保理可以为买家带来竞争优势。它表明了买家与卖家紧密合作的意愿，并提供了一项能将卖家与竞争对手区分开来的宝贵服务。
- 提升信息透明度：成功实施反向保理依赖于买卖双方强大的 IT 系统集成。这些 IT 系统提供的透明度对反向保理的成功至关重要，因为买家在承诺无追索权全额支付前必须对卖家有全面的了解。在缺乏复杂的 IT 基础设施的情况下，反向保理可能只能服务于有限的供应商群体（即 20～50 家供应商）。先进的 IT 解决方案使买家能够容纳数千家供应商，从而在更大的规模上放大双方的收益。
- 降低行政成本：通过利用先进的 IT 系统，买家可以直接与保理商对接，从而避免与数千家供应商或卖家逐一进行支付，显著减少了管理成本。

接下来的案例研究将进一步阐明反向保理对卖家和买家的巨大好处。

| 案例研究 | 一个例证：反向保理

供应商 ABC 向买家 XYZ 销售价格为 200 万美元的产品。如果遵循行业标准，不进行反向保理，供应商 ABC 将向买家 XYZ 延长 2 个月的信用额度（见图 7.6 上半部分）。

假设供应商 ABC 从银行借款，以 8% 的利率为其运营提供资金。基于 365 天的会计年度，其资本成本计算如下：

资本成本（不使用反向保理）

$$= \left(2,000,000 \times 8\% \times \frac{60}{365}\right) 美元$$

$$= 26,301.37 美元$$

鉴于买家 XYZ 的信用评级较高，供应商 ABC 和买家 XYZ 决定利用反向保理为供应商 ABC 融资。从第 15 天开始，利率（即提前付款贴现率）为 1.75%。作为交换，供应商 ABC 提供 90 天的信用期限，详见图 7.6 下半部分。

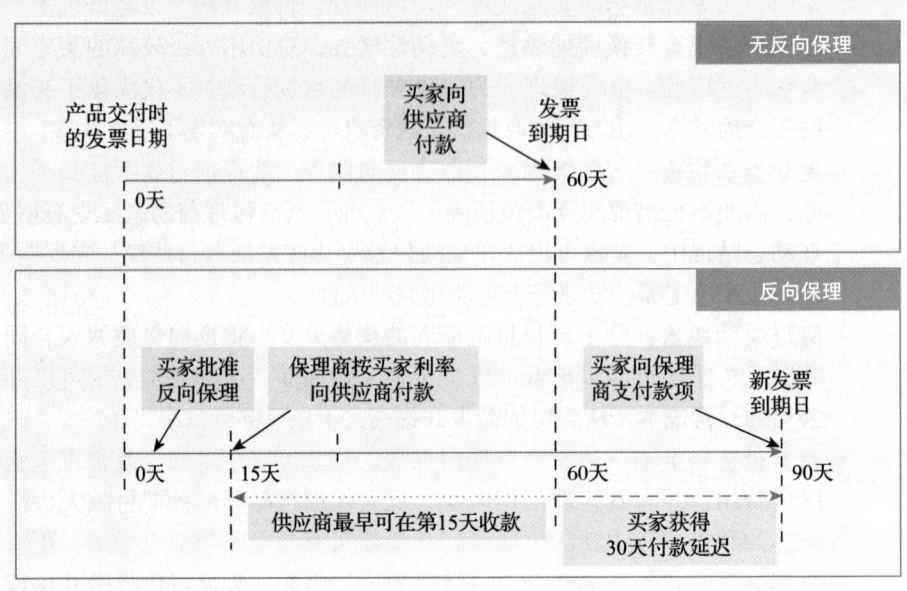

图 7.6 案例图解：反向保理

如果采用反向保理，供应商 ABC 在前 15 天以 8% 的利率产生资本成本，接下来的 75 天（90 天信用期限减去前 15 天）以 1.75% 的利率产生资本成本。其总资本成本计算如下：

反向保理下的资本成本
$= (2,000,000 \times 8\% \times \frac{15}{365} +$
$2,000,000 \times 1.75\% \times \frac{75}{365})$ 美元
$= 13767.12$ 美元

供应商 ABC 通过使用反向保理节省的资金成本为：

供应商 ABC 节省的资本成本
$= 26,301.37 - 13,767.12$
$= 12,534.25$

对于买家 XYZ 而言，其好处是能够多出 30 天时间来管理 200 万美元的营运资金，相当于：

买家 XYZ 节省的资本成本
$= \left(2,000,000 \times 1.75\% \times \frac{90-60}{365}\right)$ 美元
$= 2,876.71$ 美元

这个案例凸显了供应商和买家都可以从反向保理中获益的事实。值得注意的是，在现实世界中，供应商往往是信用评级较差或可能没有信用记录的中小企业，这意味着如果没有反向保理，它们可能面临高于 8% 的利率。

3. 反向保理对保理商的好处

反向保理对保理商的好处包括以下几个方面。

- 降低投资风险：在反向保理中，买家通常比卖家信誉更高。因此，通过买家的无追索权承诺向卖家提供资金的财务风险，相比直接向买家提供资金要低。这有助于保护保理商免受潜在违约或资不抵债的风险。根据巴塞尔协议Ⅲ的规定，投资风险的降低也意味着对资本的要求降低。

- 增加融资机会：反向保理使保理商能通过向卖家和供应商引入一种新的融资产品来提升其业务量。这可能会扩大客户群并增加收入。具体而言，反向保理可以通过两种截然不同的方式显著扩大保理商的金融市场。
  - 与大型、高信用评级的买家达成反向保理协议，实际上就是获得了其众多供应商的访问权限。这还减少了保理商与众多供应商单独交易时产生的行政成本。
  - 反向保理的结构还为数千家可能不具有信誉或信用评级低于投资级的小型企业提供了融资机会。通常，这些较小的企业拥有有限的融资渠道，尽管它们的融资需求可能超过较大实体。
- 风险池效应：将数千家供应商或销售商合并到一个单一计划中可以产生风险池效应，通过这种多样化，各个供应商的风险相互对冲，从而增强了保理商对整体风险和金融需求的可预测性。
- 改善供应链关系：提供反向保理服务可以成为保理商的竞争优势。这不仅是一种独特的融资产品，使保理商能够在市场中脱颖而出，还具有吸引新客户的潜力。此外，反向保理能够强化保理商、卖家和买家之间的长期合作关系。与主要聚焦于卖家的传统保理不同，反向保理使保理商能够与整个供应链建立更为稳固的联系。

卖家、买家和保理商之间的利益分配通常受行业惯例和各方谈判能力的影响。根据英国特许注册会计师协会 2014 年的研究，三方均从反向保理中获得实质性收益。买家可能获得最大份额，比例在 35%～50% 不等。其次是卖家，所占比例在 25%～45% 之间，而保理商则占 15%～18%，见表 7.2。

表 7.2　反向保理参与者之间的利益分配

参与者	获得的反向保理利益份额	
	最小比例	最大比例
买家	35%	50%
卖家	25%	45%
保理商	15%	18%
平台提供商	2%	5%

7.3.3　风险及其缓解策略

尽管所有融资形式都面临市场、金融、政策和产品质量等共同风险，但反向保理却展现出独特的风险特征。在买家签订订货合同后，如果卖家已采购材料并开始生产，则可能因买家取消订单而面临违约风险。一旦产品/服务和相应发票交付，部分风险会转移给买家，主要包括支付义务和潜在的产品质量问题。买家批准提交给保理商的发票后，尽管有买家的到期付款承诺，保理商仍可能面临因市场需求疲软或产品问题而导致的买家违约风险。然而，反向保理的独特优势在于，由于有买家的担保，卖家的风险降至最低，这是动态贴现或传统保理所不具备的。

接下来，我们将深入探讨反向保理中涉及卖家、买家和保理商的潜在风险。

1. 卖家的风险及其缓解策略

卖家面临的风险及其相应的缓解策略请见表 7.3。

表 7.3　反向保理中卖家面临的风险及其缓解策略

风险	• **对买家的依赖**：反向保理通常由买家主导，将卖家的融资与买家的财务状况紧密联系，以获得优惠的融资利率。然而，如果买家面临财务困境或违约，卖家可能会遭遇付款延迟 • **支付流程控制减弱**：由于买家和保理商的主导地位，卖家对付款过程的控制可能会受到限制。此外，卖家可能不得不接受买家或保理商设定的付款条款，而这些条款可能与卖家的偏好不一致 • **潜在的法律和声誉风险**：买家的违约可能导致金融实体向卖家寻求法律赔偿，这可能招致高昂的法律费用，损害卖家的声誉，并危及其未来的商业关系 • **操作风险**：反向保理的复杂性要求卖家、买家和保理商之间必须密切协作。产品质量问题、退货、发货延迟、不可预见的费用，以及买家违约等因素都可能影响反向保理的成功实施 • **潜在的关系损害**：尽管反向保理连接了供应链各方与保理商，但如果卖家认为条款具有强制性或不利因素，可能会损害彼此关系
风险缓解策略	• **多元化客户群**：卖家可以通过多元化客户群来降低风险，减少对单一买家的依赖 • **控制应收账款**：卖家可以通过与金融机构签订明确的条款来控制其应收账款，确保在买家违约时保留收款权 • **协调融资流程**：完善的协调、审计、报告和监控可以降低操作风险。然而，如果部署不当，模糊的合同和规则可能会导致反向保理对卖家而言成本过高 • **协商有利条款**：与金融机构协商以达成合理的条款非常重要，这不仅可以确保合理的费用，还能确保令人满意的利润率 • **评估替代融资方案**：若反向保理费用过高，卖家应考虑传统银行贷款或常规保理等其他融资选择 • **监控买家信誉**：持续评估买家财务状况有助卖家规避潜在付款违约风险 • **维护各方关系**：卖家、金融机构和买家之间的共生关系依赖于信息高度透明、及时解决问题和详尽的文档记录

综上所述，尽管反向保理能够增强卖家的现金流并降低融资成本，但其固有风险仍需卖家谨慎应对。采用上述风险缓解策略可帮助卖家降低潜在风险，充分利用反向保理带来的优势。

2. 买家的风险及其缓解策略

在反向保理中，金融风险首先从卖家转移到买家，使后者承担了比传统保理更大的风险。表 7.4 展示了买家面临的风险及其相关的风险缓解策略。

表 7.4　反向保理中买家面临的风险及其缓解策略

风险	• **隐藏的发票问题**：反向保理依赖于应付账款。发票的可信度可能会受到卖家向买家开具的潜在贷项通知单的影响，特别是在涉及产品退货时。此外，发票不准确也可能带来挑战，如计算错误、印刷错误或欺诈行为 • **供应商违约**：买家受到卖家是否及时交货及是否遵守质量标准的影响。如果卖家面临资不抵债的情况或未能履行交付承诺，已担保预付款的买家将处于不利地位 • **声誉风险**：虽然反向保理中的延期付款条款往往会激励买家参与，但任何认为买家故意拖延付款的看法都可能损害其声誉，并使其与卖家的关系变得紧张 • **信用风险**：因为反向保理建立在买家的信用度及其对保理商的最终支付保证的基础上，这可能会影响买家的信用评分和财务稳定性，尤其是在存在交货延迟或与保理商有分歧的情况下

风险缓解策略	• **尽职调查**：为避免遭遇隐藏的发票问题，买家应在批准付款之前仔细检查每张发票，并对保理商和卖家进行彻底的尽职调查 • **供应商多元化**：与一系列供应商建立关系可以降低因单一供应商违约或资不抵债所带来的风险 • **持续监控**：由于反向保理业务涉及多个利益相关方，买家必须保持警惕，及时发现潜在的问题，并确保遵守所有协议 • **协商有利条款**：买家应与保理商积极协商，争取最优条款，以提供更优惠的利率和费用为条件换取较低的批发价格。同时，与卖家商定符合双方现金流需求的支付条款也至关重要 • **供应链关系维护**：保持与卖家的沟通透明度和支付协议方面的数据透明度尤为重要，这有助于增进信任并降低声誉受损的风险

通过整合这些风险缓解方案，买家可以减少反向保理中固有的风险，从而增强他们的现金流动性和市场竞争力。

3. 保理商的风险及其缓解策略

即使有买家的支付担保，保理商仍面临信用、操作和市场等风险带来的潜在挑战。表 7.5 描述了这些风险及其相应的缓解策略。

表 7.5 保理商的风险及其缓解策略

风险	• **需求预测失误风险**：买家向保理商承诺全额支付的一个主要原因是他们对市场需求预测充满信心。然而，如果需求出现意外的大幅下滑，买家如期还款的能力恐将受到影响。即使有全额付款担保，一旦买家违约，保理商仍可能面临损失 • **双重融资风险**：买卖双方可能利用同一笔交易的应收账款和应付账款分别进行融资，从而引发双重融资风险 • **买家违约风险**：如果买家未能履行还款义务，保理商将承担由此产生的坏账风险 • **信用风险**：如果卖家未能按时交付产品或未达到必要的质量标准，未付发票可能会给保理商带来困扰，使资金回收工作变得复杂 • **声誉风险**：与声誉可疑或因不道德行为而闻名的买家或供应商建立联系，可能会损害保理商的声誉 • **市场风险**：需求的大幅下跌可能危及买卖双方履行义务，使保理商面临市场风险
风险缓解策略	• **开展尽职调查**：鉴于买家常常将卖家引入反向保理安排，保理商应在客户导入阶段及后续评估中严格审查买卖双方的信誉和信用状况。新兴技术如区块链在防范双重融资方面可发挥关键作用 • **建立信用额度**：根据买家的应付账款设定适当的信贷上限，是管理违约风险的关键。确保买家的付款承诺与其还款能力保持一致至关重要 • **监测市场和公司业绩**：定期监测市场动态（例如通过市场预测）并密切跟踪买家和供应商的业绩，可以有效降低市场和信用风险 • **加强供应链关系**：与买家和卖家通过透明与开放的沟通建立稳健的供应链关系，有助于消除误解并增强信任，从而有效应对声誉风险 • **多元化投资组合**：通过与不同行业和地区的多元化客户合作，保理商能够有效分散风险，从而降低单一问题客户可能带来的负面影响

通过严格审查买家、供应商和市场状况，实现投资组合多元化，并建立稳固的客户关系，保理商可以有效应对这些挑战。此外，保理商必须建立健全风险管理和合规机制，以准确识别并妥善处理潜在威胁。

4. 应付账款是否构成"债务"的争议

如前所述，反向保理融资是买卖双方资产负债表之外的机制。虽然容易理解卖家不将反向保理视为贷款（他们只是提前收到了应得款项），但对买家而言，这一点却不那么显而易见。

需要注意的是，保理商已经提前结算了买家应付给卖家的账款。随后，买家在发票到期时支付这些款项。这在会计处理中引出了一个复杂的问题：这种安排应该归类为应付账款还是债务？花旗集团（Citigroup Inc.）、格林希尔资本（Greensill Capital）、汇丰控股（HSBC Holdings PLC）等金融机构，以及可口可乐（Coca-Cola）、波音（Boeing）等利用反向保理的知名公司，都对将其标记为"债务"提出了异议。

对买家而言，这种融资方法的固有模糊性已引发了对隐藏财务风险的担忧。这些风险可能在危机中成为"潜在隐患"，如新冠疫情期间所观察到的那样。由于反向保理不计入资产负债表，公司的财务压力可能直到遇到重大困难时才被发现。例如，咖啡和软饮料公司克里格胡椒博士（Keurig Dr Pepper Inc.）通过与多家银行采用反向保理，延迟向供应商付款，一年之内其未付款项从14亿美元增加到21亿美元。

2019年10月，四大会计师事务所向美国财务会计准则委员会（FASB，一家制定美国会计准则的私营非营利组织）提出建议，指出如果公司能够披露交易条款、规模和相关现金流，将有助于投资者获得更多信息。根据2020年10月22日《华尔街日报》的报道，FASB正在考虑对反向保理安排进行更广泛的披露。

将反向保理归类为"债务"可能会阻止买家的参与。然而，将此类信息排除在资产负债表之外可能会加剧公司和银行的金融风险，从而破坏供应链的稳定性。在某些情况下，公司通过反向保理将付款推迟多达360天，但没有在财务报告中披露这些延期付款。如果这些公司违约，其风险评级将会急剧下降，可能危及整个供应链的稳定。

总而言之，虽然将反向保理排除在债务考虑之外可以提升买家的供应链财务指标，但提高透明度并向公众披露相关信息将增强供应链的可靠性。

7.3.4 与其他机制的比较

没有任何单一融资机制能够始终满足企业的所有财务需求。随着商业环境和经济形势的变化，企业的需求也在不断变化。因此，今天有效的财务解决方案可能一年后就不再适用。基于这个原因，建议公司根据需要调整其融资策略。

1. 反向保理与保理

虽然反向保理与保理在贴现提前付款方面有相似之处，但两者之间存在一些关键区别。

- **发起者**：在传统保理业务中，买家通常不参与融资过程。相比之下，在反向保理中，买家通常会发起融资，并在到期时向保理商提供全额付款担保。这使得买家成为反向保理的关键参与者。
- **发票资格**：在传统保理业务中，保理商通常更倾向于与卖家签订长期合同，以增加发票的可预测性和数量，从而允许卖家对所有发票进行保理。然而，在反向保理中，由于买家承担了更多风险，他们在对所有发票提供全额担保时表现得更为谨慎。买家对产品质量和卖家信誉的担忧导致他们在选择纳入反向保理的发票时更加小心。

- 信誉与贴现率：在有追索权的传统保理中，买家和卖家的信誉均至关重要。在反向保理中，买家的信誉更为关键，因为买家向保理商的最终付款提供无条件担保。反向保理通常涉及信誉较高的买家，这使得风险从信誉较低的卖家转移到信誉较佳的买家，显著降低了保理商的财务风险。这种风险缓解不仅提高了获得保理商融资的可能性，还有助于降低提前付款的贴现率。
- 付款条件：在传统保理和反向保理中，买家都会在发票到期时与保理商全额结算。然而，在反向保理中，买家可能将发票的付款期限延长30天甚至更久。这种延期虽然增加了卖家的成本，但可以被视为对买家最终付款给保理商的坚决承诺的一种补偿。

为便于读者参考，表7.6通过比较保理与反向保理，进一步阐明了两者的主要区别。

表7.6 保理与反向保理的比较

比较项目	保理	反向保理
发起者	卖家	买家
发票资格	所有发票	经买家确认的发票
信誉	在有追索权的情况下依赖卖家和买家的信誉	主要取决于买家的信誉
贴现率	一般情况下较高	一般情况下较低
付款条件	标准条款规定的到期日	超过标准条款规定的到期日

2. 反向保理与动态贴现

反向保理和动态贴现是买家主导的供应链融资机制的两种主要类型。表7.7列出了它们的主要区别。

表7.7 动态贴现与反向保理的比较

比较项目	动态贴现	反向保理
参与方	买卖双方	卖家、买家和保理商
出资方	买家	保理商
发票资格	所有发票	经买家确认的发票
信誉	融资以卖家信誉为基础	融资以买家信誉为基础
利息/贴现率	较高	较低
批发价	可能会更高，以补偿较高的贴现率	在付款期限保持不变的情况下，如果买家能够提供付款承诺或担保，卖家可能会考虑给予价格优惠
付款条件	原始付款条款中规定的到期日	到期日通常会延长，与批发价一起协商
营运资金	卖家的营运资金上升（↑），买家的营运资金下降（↓）	卖家的营运资金上升（↑），买家的营运资金上升（↑）

7.3.5 全球化与挑战

由于商业全球化，供应链已经延伸并可能跨越多个大洲。众多制造商和供应商通过离岸外包寻求更低的制造成本。他们开始在发展中国家布局，却发现这些国家往往缺乏健全的金融支持体系。在这些地区，企业难以在材料采购、生产、研发和仓储等环节获得理想的融资。融资成本的上升不仅损害了这些公司的财务稳定性，还增加了买家的采购成本。因此，买家主导的反向保理在相对发达国家的买卖双方中广受欢迎，因为这种方式能够稳定供应链并提高其效率。

2007—2009 年的全球金融危机和 2020—2023 年的新冠疫情等全球性危机凸显了供应链在物流和金融方面的脆弱性。买家和卖家都有动力通过注入更多资金来帮助资金受限的企业，从而强化供应链。供应链全球化从三个主要维度为买家、卖家和金融机构带来了机遇。

（1）卖家的需求：发展中国家的许多制造商和供应商热衷于利用买家的金融市场来确保提前付款，尤其是在越来越多的买家要求在国际贸易中赊销的情况下。

（2）买家的需求：买家倾向于更稳定的供应链，以确保持续交付优质产品。同时，通过反向保理延迟库存所有权的能力吸引了旨在改善资产负债表的买家。

（3）金融机构的需求：随着离岸外包成为主要趋势，国内制造业对资本的需求减少，这反过来缩小了富裕金融机构寻找投资机会的金融市场。与此同时，国际贸易中的信用证逐渐被赊销取代，反向保理正好满足了这些金融机构的需求。

然而，即使反向保理在全球供应链中备受青睐，它也面临着几个难题。

- 了解你的客户（Know-Your-Customer，KYC）：KYC 又称客户尽职调查。尽管反向保理允许买家自主选择计划内的特定卖家，但全球形势要求对这些卖家实施严格的 KYC 程序，以缓解潜在风险。然而，这也不可避免地增加了项目的整体成本。
- 卖家导入流程：在批准卖家参与该项目后，由于发展中地区缺乏足够的 IT 基础设施，卖家导入流程可能会变得更加复杂和昂贵。可能的问题包括系统不兼容和其他技术挑战。
- 资本可获得性和流动性：无论反向保理对所有利益相关者的吸引力如何，巴塞尔协议 I ～ IV 等监管约束意味着金融机构无法满足每一位卖家的融资需求。为了管理风险，反向保理通常只适用于与信誉良好的大型买家进行交易的卖家。
- 统一各类标准：各国监管标准不一，法律要求迥异，甚至在反向保理相关术语和定义上也存在差异，这可能导致供应链参与者产生困惑。因此，推动各方面的标准化将有助于减少此类误解。

7.4 买家主导的应付账款反向证券化

买家主导的核准应付账款反向证券化（Buyer-Led Approved Payables Reverse Securitization，BLAPRS），简称为应付账款反向证券化或反向证券化，是指买家以贴现价格将应付账款出售给特殊目的载体（SPV），后者再将这些资产转换为资产支持证券（ABS），并在资本市场上将其出售给机构投资者和私人投资者。

7.4.1 操作流程

如图 7.7 所示，典型的应付账款反向证券化流程包含以下步骤。

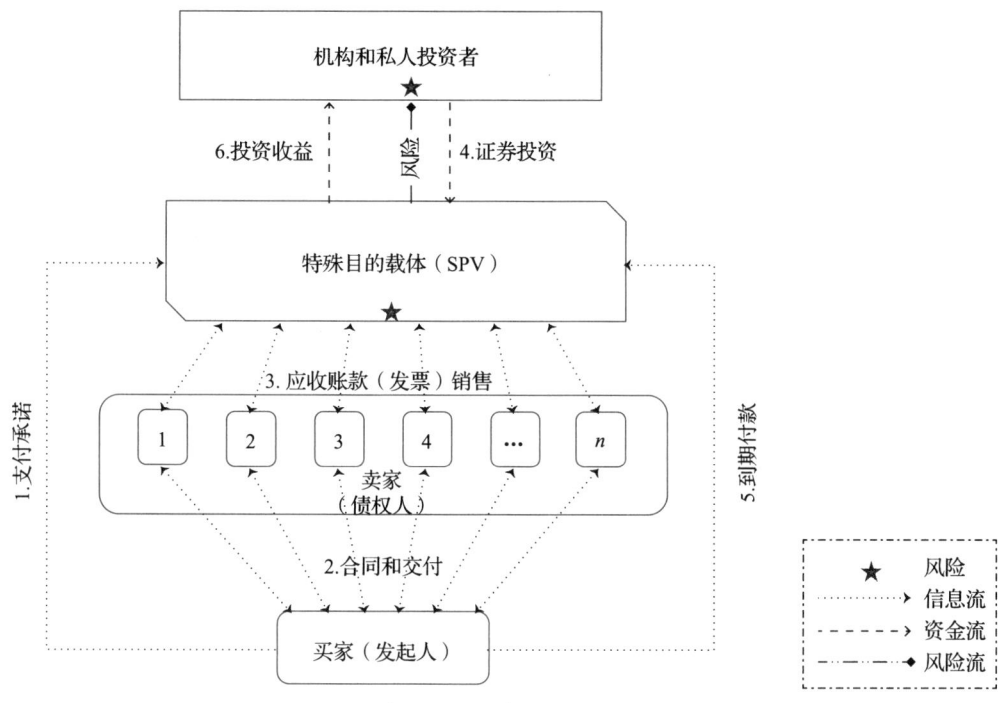

图 7.7 买家主导的应付账款反向证券化流程

（1）买家自己或与银行合作设立 SPV。
（2）买家与卖家签订合同并向其提供发票。
（3）卖家通过真实销售将应收账款（即发票）传递给 SPV。
（4）SPV 将证券化的 ABS 出售给各类投资者。
（5）在账款到期日，买家将款项汇至 SPV。
（6）SPV 将收益分发给投资者，并赚取利润。

7.4.2 利弊分析与风险缓解策略

应付账款反向证券化与反向保理的相似之处在于，这两种融资机制中都由买家担保付款。从本质上讲，反向证券化是反向保理与应付账款证券化的结合。因此，反向证券化继承了与反向保理和证券化相关的许多好处。

与反向保理类似，反向证券化使卖家，尤其是信用评级较低的卖家，能够基于买家优越的信用评级获得更实惠的融资。此外，反向证券化通过在资本市场的多个投资者之间分散应付款项，减少了通常由融资银行承担的资本风险，这为融资银行提供了更大的资本管理自由度。同时，由于买家坚持在没有任何追索权的情况下保证全额付款，因此可以就相同的商品或服务协商出相同甚至更优惠的价格。

虽然应收账款证券化和应付账款反向证券化的流程有相似之处，但二者之间也存在关键区别。应收账款证券化的信用评级依赖于多元化的买家池,而应付账款反向证券化的信用评级仅基于反向证券化结构中单一买家的信用度。基于这一独特特征,证券化买家通常是规模较大的企业,并拥有值得信赖的投资级信用评级。

为了利用多个买家带来的共同利益,可行的策略包括建立一个由多个买家组成的融资框架。为了真正实现这种多样性的红利,一个多买家的设置需要包含至少 20 个买家,以构成一个高效的资金池。为了放大证券化的信用评级,进一步的信用增强可能是必要的,例如通过内部超额抵押、外部信用保险,或来自类似欧洲投资基金等公共支持计划的背书。

7.5 案例研究:延长付款期限条款的影响

7.5.1 案例介绍⊖

| 案例研究 | 延长付款期限条款的影响

背景:

数据中心软件公司(Datacenter Ware Inc.)专注于数据中心行业,其主要业务是设计数据存储和服务器机架,并在其数据中心进行安装。客户通过订阅模式使用存储容量,并根据其使用的千兆字节数量付费。由于每年的需求增长率达到 30%,Datacenter Ware 意识到需要寻找新的数据中心硬件供应商。为此,他们邀请了几家合同制造商(CM)就材料采购(包括服务器和机架)、组装、测试和运输进行报价,每年总共需要 1,000 个机架。每个机架的系统材料成本(Material Cost Of System,MCOS)估计约为 25 万美元,主要包括内存、中央处理器(CPU)和固态硬盘(SSD)。

买家的需求:

对于 Datacenter Ware 来说,维持强劲的现金流是保持其增长的必要条件。与此同时,他们的目标是实现尽可能低的单位成本。因此,他们向合同制造商提出了净 45 和净 90 支付条款(即分别是 45 天和 90 天的付款期限)的报价请求。此外,合同制造商被告知,他们需要基于供应商管理库存系统(VMI)进行报价,这意味着他们需要在任何给定时间内持有大约两周的库存(每年库存周转大约 26 次),其中包括成品和在途的材料。一般而言,零部件材料供应商通常向合同制造商提供净 45 的付款期限。

卖家的困境:

作为接洽的合同制造商之一,Jonastronics 公司对报价请求进行了详细分析。他们的计算显示,按照所需数量制造和组装每个机架将花费 1 万美元,包括人工成本、制造费用、运输费用、销售和管理费用(即改造成本)。为了应对这一交易量,Jonastronics 还需要投资 1,000 万美元用于额外的资本设备和设施。为了赢得合同,Jonastronics 必须提出一个极具竞争力的定价策略,即使这意味着要在其 4% 的标准利润率上做出妥协。预计超过 2.5 亿美

⊖ 在本书写作过程中,本案例和以下案例分析是根据加利福尼亚州硅谷一家公司的真实实践编写的。所有公司名称均为化名,为保密起见,我们对数据进行了修改。

元的额外收入将占其现有收入的 10% 以上，因此任何利润率的调整都将显著影响其整体盈利能力。然而，他们对于是否降低目前 4% 的总利润率感到非常犹豫。同时，这个项目还需要大量的营运资金，仅仅两周的库存就需要 1,000 万美元的资金，而且 Jonastronics 认为所报的每年 26 次周转存在潜在风险，尤其是如果增长预测过于乐观的话。此外，净 90 的付款期限还意味着增加 6,200 万美元的应收账款将持续反映在其账簿中。Jonastronics 的董事会对于盈利能力和高达 25% 的投资资本回报率（ROIC）非常敏感。如果这些指标受到不利影响，即使有额外收入方面的承诺，也可能无法挽救其股价。

然而，鉴于该行业的诱人收入潜力，Jonastronics 决定以极具竞争力的价格对其净 45 的报价进行定价，以确保赢得合同并维持 25% 的投资资本回报率（见表 7.8，数据仅基于本次交易）。他们当前的任务是确定净 90 的策略，并制订计划来降低额外库存持有所带来的相关风险。

表 7.8 净 45 的报价

销售量 1,000 个机架

净 45 报价			
项目	数量	总体占比	每个机架
年收入	266,146,000 美元		266,146 美元
年度系统材料成本	250,000,000 美元	93.9%	250,000 美元
年度改造成本	10,000,000 美元	3.8%	10,000 美元
年度利润	6,146,000 美元	2.3%	6,146 美元
客户付款条件（净天数）	45 天		
零部件付款条件（净天数）	45 天		
库存周转次数	26 次		
应收账款	33,268,250 美元		
应付账款	31,250,000 美元		
库存	9,615,385 美元		
资本设备和设施	10,000,000 美元		
投资资本	21,633,635 美元		
税率	12%		
投资资本回报率	25.00%		

问题：

为了评估他们的提议被接受的可能性，Jonastronics 寻求以下问题的答案。

1. 在净 90 中，为了维持本次交易 25% 的投资资本回报率，Jonastronics 的每个机架单价应该是多少？净 45 和净 90 条款之间有何区别？

2. 如果净 90 以下的单价与净 45 以下的单价匹配，预计新的投资资本回报率是多少？

3. 如果库存周转次数从 26 次减少到 24 次，单价保持与净 45 相同，则投资资本回报率会受到怎样的影响？

4. 在表 7.8 中，我们假设投资资本（Invested Capital）没有机会成本，也没有库存存储费用。现在，假设 Jonastronics 考虑将 4% 的资本机会成本（即投资资本的利率为 4%）和 2% 的库存存储成本纳入考量范围，并且他们愿意在投资资本回报率上做出妥协，同时确保净 45 和净 90（库存周转次数为 26 次）下的利润率均为 4%。在这种情况下，净 45 和净 90 的新单价应该是多少？净 45 和净 90 的价格差异是多少？

7.5.2 案例分析

考虑到我们缺乏一套完整的会计明细，我们的分析将严格依照案例介绍所提供的交易信息。表 7.8 中的计算基于以下公式：

$$利润 = 收入 - 系统材料成本 - 改造成本$$

$$投资资本 = 应收账款 - 应付账款 + 库存 + 资本设备和设施$$

$$利润率 = 利润 / 收入$$

$$投资资本回报率 = 利润 \times \frac{1 - 税率}{投资资本}$$

问题 1：

为了维持 25% 的投资资本回报率，Jonastronics 应向每个机架收取 266,146 美元的单价，见表 7.8。在这种情况下，Jonastronics 实现 4% 的利润率是不可行的。

然而，在投资资本回报率为 25% 的净 90 情况下，每个机架的必要单价升至 276,320 美元（见表 7.9），此时利润率上升至 5.9%。因此，如果 Datacenter Ware 同意单价为 276,320 美元，Jonastronics 可以实现 4% 的利润率和 25% 的投资资本回报率。

表 7.9　投资资本回报率为 25% 的净 90 报价

销售量 1,000 个机架

项目	数量	总体占比	每个机架
年收入	276,320,000 美元		276,320 美元
年度系统材料成本	250,000,000 美元	90.5%	250,000 美元
年度改造成本	10,000,000 美元	3.6%	10,000 美元
年度利润	16,320,000 美元	5.9%	16,320 美元
客户付款条件（净天数）	90 天		
零部件付款条件（净天数）	45 天		
库存周转次数	26 次		
应收账款	69,080,000 美元		
应付账款	31,250,000 美元		
库存	9,615,385 美元		
资本设备和设施	10,000,000 美元		
投资资本	57,445,385 美元		
税率	12%		
投资资本回报率	25.00%		

两种付款方式的价差为：276,320 美元 − 266,146 美元 = 10,174 美元。

问题 2：

在净 90 条款下，如果单价保持在 266,146 美元，则产生的投资资本回报率降至 9.85%。在没有额外的资本成本的情况下，这两种条款的利润率均为 2.3%，具体见表 7.10。

表 7.10 按净 45 价格的净 90 报价

销售量 1,000 个机架

按净 45 价格的净 90 报价			
项目	数量	总体占比	每个机架
年收入	266,146,000 美元		266,146 美元
年度系统材料成本	250,000,000 美元	93.9%	250,000 美元
年度改造成本	10,000,000 美元	3.8%	10,000 美元
年度利润	6,146,000 美元	2.3%	6,146 美元
客户付款条件（净天数）	90 天		
零部件付款条件（净天数）	45 天		
库存周转次数	26 次		
应收账款	66,536,500 美元		
应付账款	31,250,000 美元		
库存	9,615,385 美元		
资本设备和设施	10,000,000 美元		
投资资本	54,901,885 美元		
税率	12%		
投资资本回报率	9.85%		

问题 3：

在净 45 条款下，如果库存周转次数从 26 次减少至 24 次，由于库存持有期限延长，产生了更多成本，这使得投资资本回报率降至 24.1%，具体见表 7.11。

表 7.11 具有 24 次库存周转的净 45 报价

销售量 1,000 个机架

具有 24 次库存周转的净 45 报价			
项目	数量	总体占比	每个机架
年收入	266,146,000 美元		266,146 美元
年度系统材料成本	250,000,000 美元	93.9%	250,000 美元
年度改造成本	10,000,000 美元	3.8%	10,000 美元
年度利润	6,146,000 美元	2.3%	6,146 美元
客户付款条件（净天数）	45 天		
零部件付款条件（净天数）	45 天		
库存周转次数	24 次		
应收账款	33,268,250 美元		

(续)

具有 24 次库存周转的净 45 报价

项目	数量	总体占比	每个机架
应付账款	31,250,000 美元		
库存	10,416,667 美元		
资本设备和设施	10,000,000 美元		
投资资本	22,434,917 美元		
税率	12%		
投资资本回报率	24.1%		

问题 4：

假设 Jonastronics 通过融资纳入 4% 的资本机会成本（即利润率为 4%）和 2% 的库存存储成本，利润计算公式可修改为：

利润 = 收入 – 系统材料成本 – 改造成本 – 融资利息 – 库存存储成本

在净 45 条款下，为了保持 4% 的利润率，Jonastronics 需要设定单价为 271,960 美元，这导致投资资本回报率变为 42.8%，具体见表 7.12。

表 7.12 利润率目标为 4% 的净 45 报价

销售量 1,000 个机架

项目	数量	总体占比	每个机架
年收入	271,960,000 美元		271,960 美元
年度系统材料成本	250,000,000 美元	91.9%	250,000 美元
年度改造成本	10,000,000 美元	3.7%	10,000 美元
融资利息	894,415 美元		
库存存储成本	192,308 美元		
年度利润	10,873,277 美元	4.00%	10,873 美元
客户付款条件（净天数）	45 天		
零部件付款条件（净天数）	45 天		
库存周转次数	26 次		
应收账款	33,995,000 美元		
应付账款	31,250,000 美元		
库存	9,615,385 美元		
资本设备和设施	10,000,000 美元		
投资资本	22,360,385 美元		
税率	12%		
投资资本回报率	42.8%		

对于净 90 条款，为了确保 4% 的利润率，需要设定单价为 273,400 美元，随之而来的投资资本回报率为 17%，具体见表 7.13。

表 7.13 利润率目标为 4% 的净 90 报价

销售量 1,000 个机架

项目	数量	总体占比	每个机架
年收入	273,400,000 美元		273,400 美元
年度系统材料成本	250,000,000 美元	91.4%	250,000 美元
年度改造成本	10,000,000 美元	3.7%	10,000 美元
融资利息	2,268,615 美元		
库存存储成本	192,308 美元		
年度利润	10,939,077 美元	4.00%	10,939 美元
客户付款条件（净天数）	90 天		
零部件付款条件（净天数）	45 天		
库存周转次数	26 次		
应收账款	68,350,000 美元		
应付账款	31,250,000 美元		
库存	9,615,385 美元		
资本设备和设施	10,000,000 美元		
投资资本	56,715,385 美元		
税率	12%		
投资资本回报率	17.0%		

这两个条款之间的价格差异为：273,400 美元 − 271,960 美元 = 1,440 美元。

结论：

假设其他因素保持不变，延长付款期限会增加公司的应收账款，从而增加净营运资本和投资资本，这必然会降低其投资资本回报率。如果资金无法自由获取，投资资本回报率和利润率都会受到不利影响。库存周转次数的减少（即库存持有时间更长）同样会侵蚀公司利润。

7.6 总结

本章深入探讨了买家主导的供应链金融领域，强调了买家在推动供应链金融创新性解决方案中的重要作用。随着全球供应链的演变和扩张，人们越来越需要能够适应不同经济环境的动态融资机制。本章主要关注了三大买家主导的融资机制：动态贴现、反向保理和应付账款反向证券化。通过这些机制，本章阐明了买家、卖家和金融机构之间错综复杂的相互作用，同时强调了每种方法的好处、风险及其缓解策略。

本章要点如下。

1. 动态贴现
- 在这种融资机制中，卖家向买家提供发票贴现，以换取提前付款。
- 这种安排对双方都有利：卖家能更快地获得现金，而买家则从发票金额的减少中受益。
- 主要参与方包括卖家和买家，融资主要依赖于卖家的信用。

2. 反向保理
- 与传统保理不同，反向保理通常由买家发起融资流程并与金融机构（保理商）合作，为卖家提供提前付款。
- 这种机制将重点从卖家的信誉转移到买家的信誉上，使其成为在融资渠道有限的发展中国家的卖家的一个有吸引力的选择。
- 关键挑战包括客户尽职调查流程、卖家导入过程、资金可用性以及标准化需求。

3. 买家主导的应付账款反向证券化
- 在这种机制中，买家以贴现价将应付账款出售给一个特殊目的载体（SPV）。随后，SPV 将这些应付账款转换为资产支持证券（ABS）并出售给投资者。
- 这种方法结合了反向保理和证券化的优点，允许信用评级较弱的卖家通过利用买家较好的信用评级进行融资。
- 鉴于其复杂性，通常只有信用评级良好的大公司才会参与这种融资形式。买家池的多样性和额外的信用增强措施可以进一步提高流程的效率。

7.7 练习

7.7.1 思考题

1. 反向保理与传统保理在发起人方面的主要区别是什么？
2. 在反向保理的背景下，通常谁的信用评级更好：买家还是卖家？
3. 哪种融资机制允许买家将应付账款出售给 SPV？
4. 在动态贴现中，融资主要依赖于谁的信用？
5. 在全球范围内，与反向保理相关的一个挑战是什么？
6. 为什么买家在资产负债表优化方面更喜欢反向保理？
7. 在买家主导的应付账款反向证券化中，SPV 如何处理其收购的应付账款？
8. 由于各国关于反向保理的法规和定义存在差异，这可能会带来什么挑战？
9. 应付账款反向证券化如何能让信用评级较弱的卖家受益？
10. 哪种融资机制看起来像是反向保理和证券化的结合？

7.7.2 案例研究

电子科技公司供应链金融解决方案

背景：

电子科技（Electron Tech）公司是一家知名的电子产品制造商，但在供应链支付方面面临多重挑战。与 Datacenter Ware 一样，Electron Tech 依赖于合同制造商来满足其组件需求。最近，Electron Tech 的首席财务官克拉拉·詹森观察到采购成本有所上升。供应商的财务不稳定性加上融资渠道的限制，增加了财务风险和供应链可能中断的风险。克拉拉推测，通过解决这些问题，可以稳定 Electron Tech 的供应链，提升效率，并可能降低成本。

最近，Electron Tech 下达了一笔要求供应商 A 提供总计 100 万美元零部件的订单，并规定了标准的 60 天付款期限（净 60 天）。为了优化供应链融资而不影响供应商关系，Electron Tech 考虑了多种方案，包括动态贴现、反向保理和买家主导的应付账款反向证券化。

融资方案：

- 动态贴现：如果 Electron Tech 在 10 天内支付，供应商 A 会提供 2% 的贴现。
- 反向保理：一家金融中介同意在 10 天内代表 Electron Tech 向供应商 A 支付 100 万美元，并收取 1% 的手续费。Electron Tech 随后需要在 90 天内向银行偿还款项（假设年度无风险利率为 3%）。
- 买家主导的应付账款反向证券化：Electron Tech 将其核准的应付账款转换为可交易的证券。一家机构建议以面值的 98% 购买这些债券。

问题：

1. 哪种融资方式对 Electron Tech 来说最具成本效益？
2. 每种融资选项将如何影响 Electron Tech 与供应商 A 的关系？
3. 每种策略对 Electron Tech 的长期财务健康有何影响？

7.8 附录：学术思考

装配系统异质供应商融资：买家融资与银行融资的比较[①]

邓世名、顾超成、蔡港树、李沿海

7.8.1 导言

全球许多制造商和装配商从大小不一的供应商处采购零部件。小型供应商通常难以获取有限的营运资金，因而难以进入价格合理的资本市场。这些财务挑战可能导致零部件价格上涨，甚至会使一些制造商和装配商停产，特别是对于那些物料清单配置复杂的大型装配商，影响尤为显著。

为了应对这些财务困境，众多大型制造商和装配商帮助供应商获得银行贷款（称为"银行融资"）。例如，自 2012 年起，波音公司参与了美国进出口银行认可的供应链融资计划。该计划使众多小型供应商能够从关联银行获得合理的贷款。此外，在 2007—2009 年的全球金融危机后，像标致雪铁龙集团和大众汽车这样的汽车制造商

---

① 读者如需更全面地了解本文，请参阅：Deng, S., Gu, C., Cai, G., & Li, Y. (2018). Financing Multiple Heterogeneous Suppliers in Assembly Systems: Buyer Finance Vs. Bank Finance. *Manufacturing and Service Operations Management*, 20(1), 53-69。

也帮助供应商获得了资金。

与银行融资相反，某些公司选择直接向其供应商提供金融支持（称为"买家融资"）。这种融资方式多样，包括为订单预付款、制定供应商通用的融资方案，甚至购买供应商的库存以缓解其财务压力。在汽车行业，为应对 2008 年全球金融危机后的经济挑战，宝马和标致雪铁龙集团采取了预付零部件款项的措施，福特向供应商提供贷款，而保时捷则为供应商的生产工具提供资金支持。此外，2011 年空中客车为保证关键飞机部件的连续供应，收购了浦菲沃航空（PFW Aerospace）公司 51% 的股份。同样，波音在 2009 年向其机身供应商沃特飞机工业（Vought Aircraft Industries）公司支付了 5.9 亿美元，以确保 787 型飞机零部件的稳定供应。根据世界银行的估计，2008 年买家预付款在所有贸易融资方式中的比例为 19%～22%，相当于 3 万亿～3.5 万亿美元。

虽然买家融资和银行融资都旨在增强供应商的财务稳健性并提升供应链的可靠性，但这两种方式具有明显的独特性。通过银行融资，制造商或装配商可以利用银行的资源，从而减轻供应商的资本负担并降低管理费用。相比之下，买方融资允许下游装配商直接为供应商提供资金，并将财务与运营决策整合到供应链管理中，从而产生潜在的额外利润。

这种融资策略的分歧引发了几个关键的研究问题：在什么情况下制造商或装配商会选择买家融资而不是帮助其供应商获得银行贷款？供应商如何响应下游企业的财务选择？这些财务决策如何影响不同融资方式下的运营决策？最后，供应链结构的复杂性，如供应商营运资金和成本的多样性及其差异，如何影响这些融资决策？

7.8.2 供应链金融博弈模型

在本研究中，我们考察一个装配供应链，包括一家占主导地位的装配商和 n 个资金受限的零部件供应商。需求量 D 具有不确定性，遵循累积分布函数 $F(.)$ 和概率分布函数 $f(.)$。我们假设需求分布具有递增的故障率（IFR），这在供应链文献中是一个常见假设，适用于多种典型分布。所有公司均了解需求分布的这些信息。最终产品的定价为 p，而第 i 个零部件供应商的单位生产成本为 c^i，其中 $i = 1, 2, \cdots, n$。

为了简化模型，我们假设装配商从每个供应商处只需要采购一个组件单元即可组装成一个最终产品。各零部件供应商 $i(i = 1, 2, \cdots, n)$ 决定其组件的采购价格 w^i。随后，供应商将根据自身的初始资本水 k^i 平确定库存水平 q^i，这一决策需要在解决需求的不确定性之前做出。因此，系统的最低库存水平设为 $q = \min\{q^i, i = 1, 2, \cdots, n\}$。当最终需求 x 实现时，装配商将从每个供应商处采购 $\min(x, q)$ 个单位，并支付 $w^i \min(x, q)$。我们进一步假设任何未售出的零部件都不具有残值。

我们分析并比较了两种融资策略。

（1）银行融资：供应商可以从银行获取在竞争性环境下确定的利率贷款。

（2）买家融资：装配商直接向供应商提供融资，并自行确定利率。

在资金受限的情况下，若两种融资选项均可行，供应商可能会根据成本和其他条件选择从银行（银行融资）或装配商（买家融资）获取贷款。在寻求成本较高的外部债务之前，理想的做法是公司首先利用其内部资金。为了便于分析，我们用 bk 表示银行融资，用 br 表示买家融资。

在每种融资情况下，每个供应商 i 必须偿还的贷款金额 B^i 不小于 0，并决定其生产数量。我们假设供应商 i 的剩余资本可以投资于预期年收益率为 r_s^i 的无风险项目。一旦需求量 D 确定，供应商将从销售零部件和剩余资本投资的利息收入中获得收益。

与银行融资中预先确定的银行利率 r_f 不同，在买家融资中，装配商设定供应商的预期目标收益率 r_b。装配商还将这个目标收益率与每个供应商的零部件采购价格 $w^i (i = 1, 2, \cdots, n)$ 一同确定，目的是优化来自买家融资和产品销售的期望利润。在买家融资中，我们将向供应商 i 征收的实际利率定义为 r_{br}^i。通常，对任何供应商 i 来说，在其他条件不变的情况下，r_{br}^i 与 r_b 成正比。由于供应商的异质性，就像在银行融资中一样，不同供应商的规定目标 r_{br}^i 可能会有所差异。如果装配商通过买家融资向供应商提供贷款，将会产生财务费用 B^i，其中 r_a 表示装配商的单位资本成本。供应链金融事件时间顺序如图 7.8 所示，分为四个决策阶段。

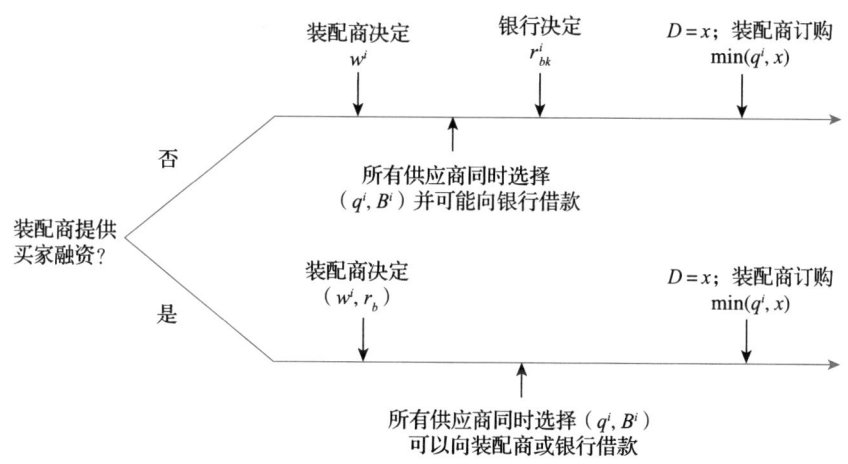

图 7.8 供应链金融事件时间顺序

（1）初始阶段：面对需求的不确定性，装配商考虑是否向其供应商提供买家融资。这一决策至关重要，因为它将影响未来金融战略的发展轨迹。

（2）融资与定价决策阶段：如果装配商选择提供买家融资，作为 Stackelberg 领导者，它会确定利率 r_b 和每个供应商 i 的采购价格 w^i。如果装配商选择不提供买家融资，它将只设定零部件的采购价格。

（3）生产与贷款决策阶段：依据装配商的决策，供应商（作为 Stackelberg 追随者）通过纳什博弈同时决定其生产数量 q^i 和所需贷款规模 B^i。根据买家资金的可用性，供应商可以选择从银行或装配商处借款。此阶段以需求的确定结束。

（4）采购与组装阶段：装配商从供应商处采购零部件，组装成最终产品，以满足市场需求。

7.8.3 主要研究发现

我们的分析显示，装配商的财务成本在决定是否采取买家融资策略中起着关键作用。装配商的决策遵循与其单位资本成本相关的阈值政策。具体来说，只有当装配商的单位资本成本低于某个阈值时，他们才会选择买家融资。我们证明了这一阈值高于无风险利率。在无风险利率与该阈值之间的区间内，买家融资被证明优于银行融资。值得注意的是，即使装配商的融资效率低于银行——即装配商的单位资本成本高于银行的无风险利率——买方融资的优势仍然存在。这些发现凸显了财务与运营决策协同的重要价值。

装配商和供应商的相对财务效率，尤其是在单位资本（机会）成本方面，以及供应商启动资金和生产成本的总和及其多样性，显著影响了装配商对买家融资的偏好。我们的研究发现，当装配商的单位资本成本超过供应商中最高的单位资本机会成本时，装配商在采用买家融资时将面临损失。买家融资相对于银行融资的优势会随着供应商集体初始资本的增加或其累计成本的降低而增强，这是因为装配商在买家融资中承担违约风险，因此，供应商初始资本的增加或成本的降低有助于缓解装配商的财务压力。相反，如果供应商在资本或成本方面表现出显著的差异性，买家融资对装配商的吸引力将减弱，因为较大的供应商差异可能增加某些供应商破产的风险，从而增加资金支持需求。然而，如果装配商的单位资本成本低于所有供应商的最高单位资本机会成本，直接融资供应商的策略则变得更有利可图，使得装配商倾向于采用买家融资。

有趣的是，供应商的偏好并不总是与装配商的偏好一致。这些偏好的差异取决于装配商的单位资本成本和其借款状态。当装配商的资本成本足够低时，包括供应商在内的所有参与方在买家融资下都表现得更好，因为生产量的增加带来了更多的盈利机会。然而，当装配商的资本成本上升时，装配商与其供应商之间的偏好可能会出现分歧。尤其是那些依赖借款的供应商可能会发现自己在买家融资中处于不利地位，因为装配商可能会降低零部件的采购价格以抵消融资的负担，尽管买家融资提供了较低的利率。这种情况降低了买家融资对借款供应商的吸引力，并且随着产量的减少，也可能对非借款供应商造成影响。一旦装配商的单位资本成本超过某个阈值，所有公司都会倾向于选择银行融资。

本研究为现有文献做出了几个重要贡献。首先，它首次对由一家主要装配商和多家不同供应商组成的供应链中的买家融资与银行融资进行了比较分析。我们阐述了在两种融资方案下企业的均衡策略，并明确了装配商转向买家融资的资本成本阈值。此外，我们深入探讨了多项因素如何影响最优融资方案的选择，这些因素包括装配商的资本成本、供应商的初始资本总额和生产成本，以及供应商的异质性等。最后，我们的研究揭示了装配商和供应商（无论是借款方还是非借款方）可能偏好不同的融资策略，并明确了供应链企业可能实现双赢的帕累托区域和存在偏好不一致的区域。

7.9 参考资料

Camerinelli, E. (2014). *A Study of the Business Case for Supply Chain Finance. Accountants For Business by the Association of Chartered Certified Accountants.*

Deng, S., Gu, C., Cai, G., & Li, Y. (2018). Financing Multiple Heterogeneous

Suppliers in Assembly Systems: Buyer Finance Vs. Bank Finance. *Manufacturing and Service Operations Management*, 20(1), 53-69.

Eaglesham, J. (2020). *Supply-Chain Finance Is New Risk in Crisis*. The Wall Street Journal. https://www.wsj.com/articles/supply-chain-finance-is-new-risk-in-crisis-11585992601. Accessed August 8, 2020.

Globe SCF Forum. (2016). *Standard Definitions for Techniques of Supply Chain Finance*. Report.

Hofmann, E., Strewe, U. M., & Bosia, N. (2017). *Supply Chain Finance and Blockchain Technology: The Case of Reverse Securitisation*. Springer.

Nassr, E. & Wehinger, G. (2015). Unlocking SME Finance Through Market-Based Debt. *OECD Journal: Financial Market Trends*, 2014(2), 89–190.

Miller, A. (2007). *Trade Services – Pooled Payables Securitisation*. Global Trade Review. https://www.gtreview.com/news/global/trade-services-pooled-payables-securitisation/. Accessed August 16, 2020.

Scaggs, A. (2020). *What Is Reverse Factoring? A Report Highlights a Problematic, Fast-Growing Financing Technique*. https://www.barrons.com/articles/what-is-reverse-factoring-a-growing-concern-in-finance-51576891841. Accessed August 18, 2021.

Sheppard, E. (2016). *Australian Model for Payment Disputes Could Help Small UK Suppliers*. The Guardian. https://www.theguardian.com/small-business-network/2016/apr/28/australian-model-for-payment-disputes-could-help-small-uk-suppliers. Accessed October 9, 2021.

Steinberg, J. (2020). *FASB to Explore Greater Disclosure of Supply-Chain Financing*. The Wall Street Journal. https://www.wsj.com/articles/fasb-to-explore-greater-disclosure-of-supply-chain-financing-11603361147. Accessed August 28, 2020.

Taulia. (2021a). *What Is Dynamic Discounting?* https://primerevenue.com/what-is-dynamic-discounting/. Accessed August 18, 2021.

Taulia. (2021b). *What Is Reverse Factoring?* https://taulia.com/glossary/what-is-reverse-factoring/. Accessed August 28, 2021.

Wikipedia. (2020). *Supply Chain Finance*. https://en.wikipedia.org/wiki/Reverse_factoring. Accessed August 29, 2020.

Wikipedia. (2022). *Late Payment Directive*. https://en.wikipedia.org/wiki/Late_Payment_Directive. Accessed October 29, 2022.

WNS. (2014). *Reduce COGS with Dynamic Discoutning*. https://www.wns.com/insights/articles/articledetail/17/reduce-cogs-with-dynamic-discounting-combining-spend-analytics-p2p-processing-and-accounts-payable-automation. Accessed August 23, 2020.

第 8 章 库存和第三方物流公司主导的融资

■ 学习目标

1. 掌握库存融资的原理及其对现金流的影响。
2. 深入了解第三方物流公司主导的在途库存融资及其供应链的收益。
3. 区分传统库存融资与第三方物流公司主导的库存融资在成本和效率上的差异。

■ 摘要

本章探讨了库存融资的复杂性,特别强调第三方物流(Third-Party Logistics,3PL)公司主导的在途库存融资的创新方法。通过与传统库存融资和银行融资的对比,我们凸显了其在缩短现金转换周期、提升供应链效率,以及为低信用评级企业提供高成本效益的替代方案等方面的战略优势。通过详细的案例研究,我们阐释了这些融资方案的实际应用及其效益,展示了它们在日益互联的全球经济中对供应链管理产生的变革性影响。

8.1 导言

应收账款和应付账款通常只有在卖家向买家开具发票后才会产生。然而,在实际操作中,资金受限的供应商(即卖家)往往需要在开具发票和发货之前购买原材料及其他物品,以准备生产。在某些特定情况下,例如在季节性销售高峰期,准备和生产周期可能会相对较长,这会导致供应商有限的资金面临严重压力。在这些情况下,库存融资或在途库存融资便显得尤为重要,对供应商和买家均具备显著的融资价值。

库存可以存在于多个不同阶段,如原材料、成品组件、仓库中的未售出或预售成品、在途库存以及货架上的库存。在供应链交易中,尤其是涉及第三方物流(Third-Party Logistics,3PL)公司的情况下,库存在库存融资(Inventory Financing)和在途库存融资(In-Transit Inventory Financing)中发挥着关键作用。

8.2 库存融资

库存融资是指企业将库存作为抵押物，从银行或其他金融机构获得贷款用以支持潜在的供应链交易的融资机制。库存融资的主导方可以是卖家、买家、第三方或专门平台。买卖双方都可以采用库存融资策略，关键在于在整个生产和交易周期中库存是由哪一方控制和持有的。

在实际运营中，供应商等一些公司可能需要获得贷款来准备和生产已经由买家签约采购的产品。然而，这些产品可能不会立即被售出或交付。因此，零售商和批发商等实体可能会积累大量库存。更为复杂的是，对于许多公司而言，库存通常是其最重要的资产之一。在这种充满挑战的环境下，库存作为抵押物，确保企业能够获得必要的资金支持，以满足供应链协议中的及时交付要求。

通常情况下，依赖库存融资的公司规模较小，资产有限，通过传统债务融资方式获得大额贷款较为困难。此外，这些公司通常也缺乏获得其他融资途径的机会。对于卖家而言，库存融资提供了支持生产和向买家最终交付成品所需的运营资金。对于买家而言，库存融资可以用于获取贷款以便提前向供应商支付款项。当产品需要在仓库中长时间存放，随后再销售给最终消费者时，这种融资方式尤其有益。因此，在季节性销售的场景中，鉴于季节前的生产和存储期可能较长，库存融资变得尤为重要。

库存融资主要表现为两种形式。

（1）库存贷款（Inventory Loan）：以库存为抵押的一次性债务融资方式。

（2）库存信用额度（Inventory Line of Credit）：这是一种更长期的融资方式，其额度取决于正在进行的业务，并可根据需要使用。公司倾向于选择库存信用额度，因为其连续性确保了更稳定的现金流，并使该公司能够更好地应对即将到来的财务不确定性。

8.2.1 融资流程

由于原材料和成品比较容易估值，它们通常是库存融资的理想选择。与之相比，由于市场流通性有限，正在加工中的库存不太适合作为融资对象。鉴于库存融资过程中原材料和成品流向的差异，库存融资可进一步分为三种类型。

1. 卖家原材料库存融资

首先，我们介绍针对资金受限卖家的原材料库存融资。这类卖家持有用于生产买家合同约定产品的原材料。该融资的具体流程如图 8.1 所示。

（1）买家与卖家签订合同，订购特定成品。然而，卖家目前只持有原材料。由于生产并交付约定产品需要一定的生产周期，卖家在收到买家的最终付款前将面临营运资金的短缺。

（2）卖家在确认向买家销售产品的可行性后，选择以原材料作为抵押，向银行申请贷款。同时，卖家、买家和银行三方签订协议，授权银行监督原材料在认证仓库中的加工转化过程。

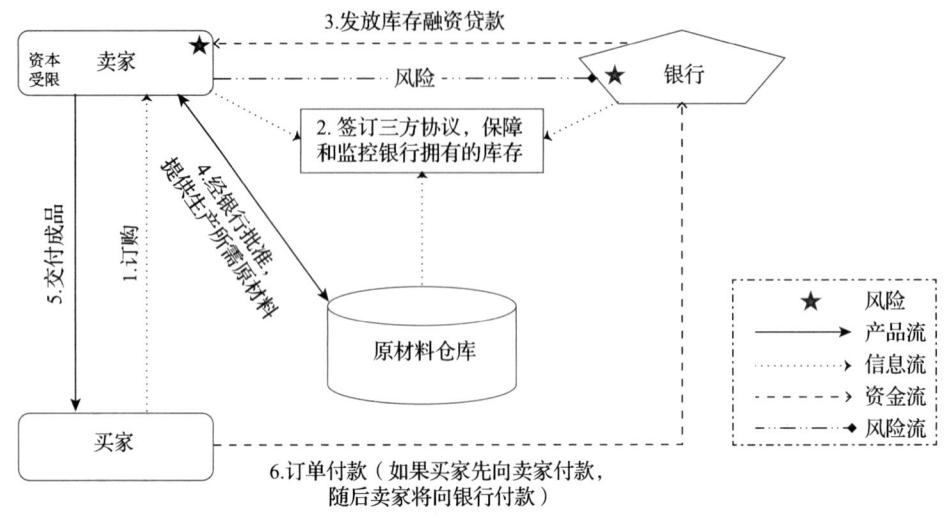

图 8.1 卖家原材料库存融资流程

（3）银行随后向卖家发放贷款。

（4）卖家利用获得的贷款加工原材料并生产成品。银行可能会要求卖家在使用原材料的同时，按月偿还贷款。

（5）一旦生产完成，卖家承诺按照初始协议的规定及时交付产品。

（6）付款到期后，买家有两种选择进行付款：

1）直接向银行转账：在此情况下，银行将扣除贷款本金和利息，然后将剩余金额转发给卖家。

2）直接向卖家付款：卖家收到款项后按预定的还款日期向银行结清贷款本金和利息。

2. 卖家成品库存融资

接下来，我们概述针对持有成品的卖家的库存融资流程，具体如图8.2所示。

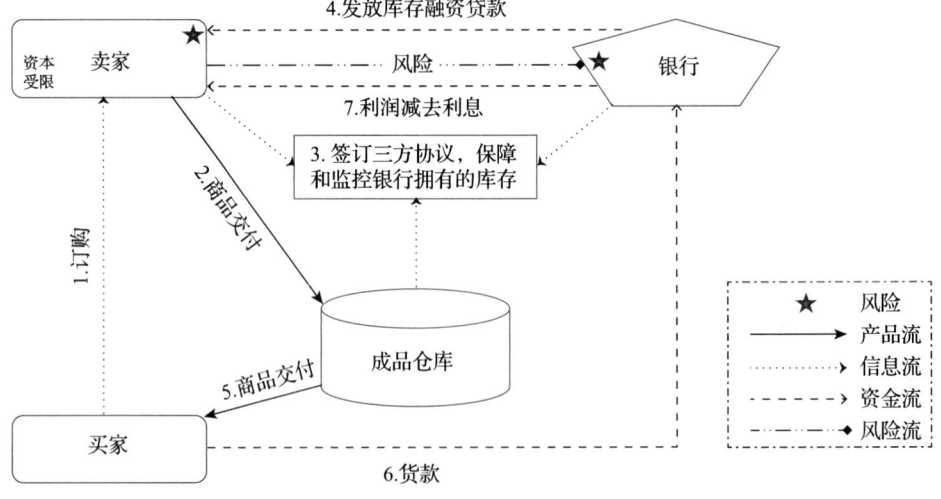

图 8.2 卖家成品库存融资流程

（1）买家与卖家签订合同，订购特定成品，并约定延期交付时间。

（2）卖家将完成的商品运送至仓库。

（3）签订包括卖家、买家和银行在内的三方协议。在此协议中，银行承担保管和监督成品的责任。

（4）根据协议条款，银行向卖家发放贷款。

（5）卖家按照规定的时间向买家准时交付成品。

（6）在付款到期日，买家直接向银行支付应付款项。

（7）银行扣除贷款本金和利息后，将剩余金额转发给卖家。

3. 买家库存融资

资金受限的买家也可以利用库存融资来缓解其营运资金短缺的问题。图 8.3 描述了此类买家如何通过库存融资实现这一目的。

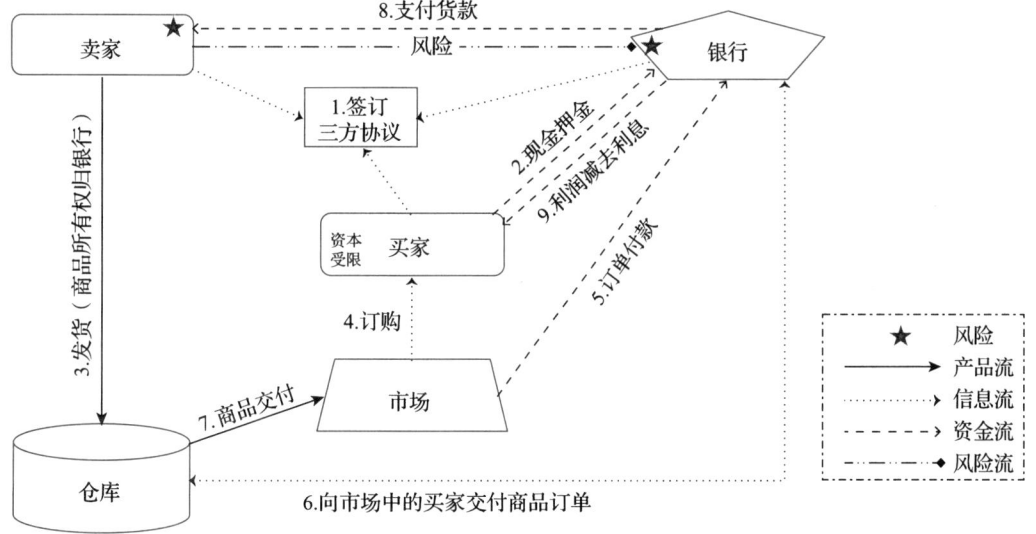

图 8.3 买家库存融资流程

（1）买家、卖家和银行就订单与库存签订三方协议。在此协议中，银行拥有商品所有权，直到商品最终被销售至终端市场。

（2）为降低潜在风险，银行要求买家支付一笔现金押金，尽管此时买家尚未向卖家支付预定商品的款项。

（3）卖家将成品运送至指定仓库，在此过程中银行扮演商品的所有者、托管人和监督者的角色。

（4）终端市场（即最终客户）向买家下单购买商品。

（5）终端市场的产品销售收入直接支付给银行。

（6）银行收到货款后，指示仓库释放相应产品并交付至终端市场。

（7）商品随后被发出并由终端市场接收。

（8）银行在确认产品交付完成后，与卖家进行款项结算。

（9）银行扣除贷款本金和利息后，将剩余款项转给卖家。

8.2.2 收益分析

根据世界银行集团企业调查,在传统债务融资中,抵押品价值平均是贷款价值的 2.06 倍。这一比例对许多小企业构成了相当大的挑战,尤其是那些资产有限且信用记录不完善的小企业。鉴于这种情况,库存融资对这些可能缺乏其他融资选择的企业来说极为重要。

即使在产品交付之前,选择库存融资的卖家和买家也可以从改善的营运资金可获得性中获益。供应链合同的支持确保贷款规模与库存价值紧密相关。

从贷款方的角度来看,这种模式为提供金融服务开辟了新途径。值得注意的是,与应收账款融资相比,这种模式的潜在风险往往更高,例如买家可能违约,或商品在运送给买家之前可能发生损坏或丢失。然而,如果借款方能够持续维持稳健的供应链交易流,那么库存融资可以成为企业的可持续循环融资机制。

8.2.3 风险及其缓解策略

由于库存通常缺乏担保属性,库存融资本身就存在固有风险。一般而言,以原材料作为抵押品的安全性低于成品,而以成品作为抵押品的安全性又低于应收账款。如果库存无法成功转化为成品或最终售出,银行可能会持有大量滞销库存,并被迫大幅降价清理。因此,在市场上能够快速销售的库存在库存融资中具有更高价值。

> 以原材料作为抵押品的安全性低于成品,而以成品作为抵押品的安全性又低于应收账款。

此外,库存可能会随时间推移而变质、遭遇盗窃或贬值。银行通常将库存融资视为类似于无担保贷款的融资方式。因此,相较于基于应收账款的保理,库存融资的成本往往更高。由于风险增加,尤其是在 2007—2009 年全球金融危机之后,银行对库存融资变得更加谨慎。

库存融资还存在一种风险:借款公司可能通过其子公司或关联实体,基于相同的库存出具多份重复的库存收据。不幸的是,此类欺诈行为并非罕见。例如,在 20 世纪 30 年代,美国的药品和化学品制造商麦克森-罗宾斯公司(McKesson & Robbins)被揭露虚增库存。其他案例包括 Salad Oil Swindle、Equity Funding、ZZZZ Best 和 Phar-Mor 等公司,这些公司也被指控操纵库存数据。值得注意的是,由于银行风险控制不足,2011 年,上海的一些钢铁公司被发现使用编造的虚假库存收据进行融资。截至 2011 年 6 月底,作为抵押品报告的库存量高达 1,034.5 千吨,是实际钢铁库存的 2.79 倍。这种库存欺诈进一步加剧了库存本已无担保的性质。

为有效缓解库存作为抵押品的风险,贷款机构必须具备监督、评估和管理库存存储及其实际流转的能力或资源。进行尽职调查,包括设施检查、库存系统评估、会计系统审查和库存实际评估等,均可提高库存的安全性。此外,贷方可能还会要求提供销售历史、销售预测和商业策略等文件,以减轻潜在的库存滞销风险。相关的尽职调查成本和物流的复杂性通常使得库存融资仅限于那些拥有可靠合作伙伴的金融机构,这些合作伙伴能够执行必要的管理和监控任务。为提升库存融资的效率和安全性,这些机构可以与专业从事仓储、仓库监控和管理的第三方实体合作。通常情况下，仓库位置越接近，验证和管理库存的过程就越简便。

为了进一步缓解金融风险，对于面向买家的库存融资，银行可能会要求买家提供现金押金（见图 8.3）。虽然数额较大的押金无疑有利于银行，但过高的押金要求可能会给资金本已紧张的买家带来额外压力，这与库存融资的主要目的——支持买家的融资需求形成了矛盾。

在四川源耀公司的实践中，他们在进行库存融资时，同时要求卖家向金融机构提供贸易信用。这种安排允许金融机构延迟向卖家付款，进一步缓解了财务风险（见图 8.4）。此处应用的贸易信用是卖家与买家之间贸易信用的一种变体。由于买家通过循环库存融资从银行获得资金，贸易信用在此过程中充当了银行的抵押品。

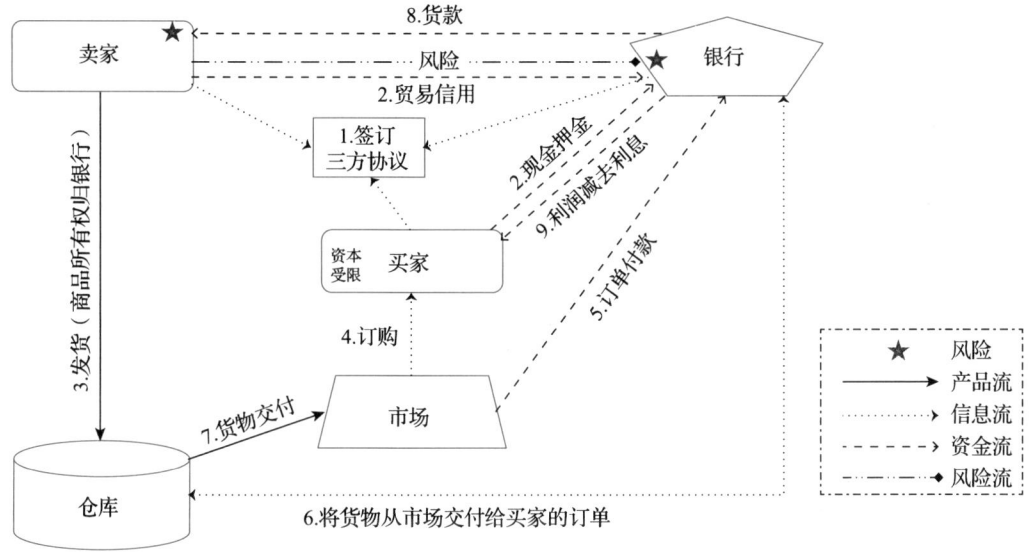

图 8.4　带有贸易信用的买家库存融资流程

为了确保买家能够如期出售库存，审慎的信贷分析可以帮助融资机构更好地评估买家的市场营销能力，从而将还款延迟风险降至最低。银行也可以选择购买或要求借款人购买第三方保险等措施，以防范库存损坏、管理不善或欺诈等因素导致的潜在损失。

在针对卖家的库存融资中，银行通常只预付给卖家库存价值的一部分，以建立合理的风险边际。例如，商业资本有限责任公司（Commercial Capital LLC）的做法是，贷方可能提前支付等同于 75% 的评估价值或 50% 的库存成本——取两者中的较低值。由于库存通常是根据其净有序清算价值（Net Orderly Liquidation Value）评估的，其估值可能显著低于市场价值，这会对借款人的借款能力产生不利影响。为了增强借贷能力，公司可以考虑将库存与应收账款等其他资产合并，以增加可获得的贷款金额。

8.3　第三方物流公司主导的在途库存融资

随着企业越来越依赖 3PL 公司承担包括包装、运输和仓储在内的物流任务，这使得企业能够更好地专注于提高其核心竞争力。根据《入境物流》(Inbound Logistics) 2014 年的数据报告，美国 3PL 市场在 2012 年的收入达到 1,420 亿美元，而全球 3PL 市场的总收入则超过了 5,500 亿美元。报告还指出，92% 的接受调查的 3PL 公司表示，在过去一年中它们的客户基础至少增长了 5%，这一比例高于 2013 年的 90%、2012 年的 88% 以及 2010 年的 73%。此外，93% 的 3PL 公司报告称，它们在过去一年中的销售额也至少增长了 5%。显然，3PL 公司在供应链运营中的重要性是不可否认的。

在许多供应链理论模型中，3PL 公司的角色常常被最小化或者甚至完全省略。传统观点认为，3PL 公司只是供应链的辅助环节，主要任务是将采购的产品从供应商运输到买家。在这种模式中，买家在订购商品时向供应商付款，并在产品发出后向 3PL 公司付款。然而，现实情况正在发生变化。随着 3PL 行业的竞争日益加剧，仅提供运输服务已不再足以保证可观的收入。因此，3PL 公司正在积极探索超出传统服务范畴的新业务领域。

基于资产的银行融资（Asset-Based Bank Financing），包括库存融资，对资金短缺的公司至关重要。然而，银行面临的挑战在于如何实时监控产品交易。缺少这一关键信息，银行在扩展金融服务时可能会因担心零售商将资金挪用至高风险投资而犹豫不决。联合包裹服务资本公司（UPS Capital）在 2018 年指出，当传统银行贷款不足时，虽可采用应收账款融资（保理）、采购订单融资和库存融资等产品，但这些产品成本往往很高，因为它们需要大量抵押品先决条件、采用高昂利率，并偶尔包含限制性合同条款。一种解决方案是利用 3PL 公司提供的集成物流和金融服务（Integrating Logistics and Financial Services，ILFS）。通过与金融机构合作，这些公司为资金紧张的买家提供综合的物流和金融解决方案。代表性例子包括 UPS 旗下的 UPS Capital，2007 年被美国银行全国协会收购的 AIMS 物流有限责任公司，以及美国银行与施耐德物流股份有限公司的合作；这些企业在在途库存融资方面处于领先地位。

在途库存融资，通常也被称为货物融资（Cargo Finance），是基于由提供集成物流和金融服务（ILFS）的物流公司监管的在途库存。考虑到在途库存的持有期通常较长，因此它可以作为一种合适的抵押品。物流公司与在途库存所有者之间的独特供应链关系确保了在途库存融资的预付款率通常高于传统库存融资的预付款率。

8.3.1 操作流程

在途库存融资的流程通常由在供应链中占据主导地位的 3PL 公司根据其设定的融资条款来决定。在很多情况下，3PL 公司向卖家提供融资，但是 3PL 公司也可能向买家提供融资，特别是买家在下订单时即向卖家支付款项的情况下。图 8.5 阐述了一种针对资金受限的卖家量身定制的 3PL 公司主导的在途库存融资流程。

（1）买家向卖家下订单。

（2）卖家根据发票价值向 3PL 公司申请货物 / 在途库存融资。随后，买家、卖家和 3PL 公司签订三方合同。

（3）3PL 公司从卖家收集货物，然后将货物运往指定目的地。

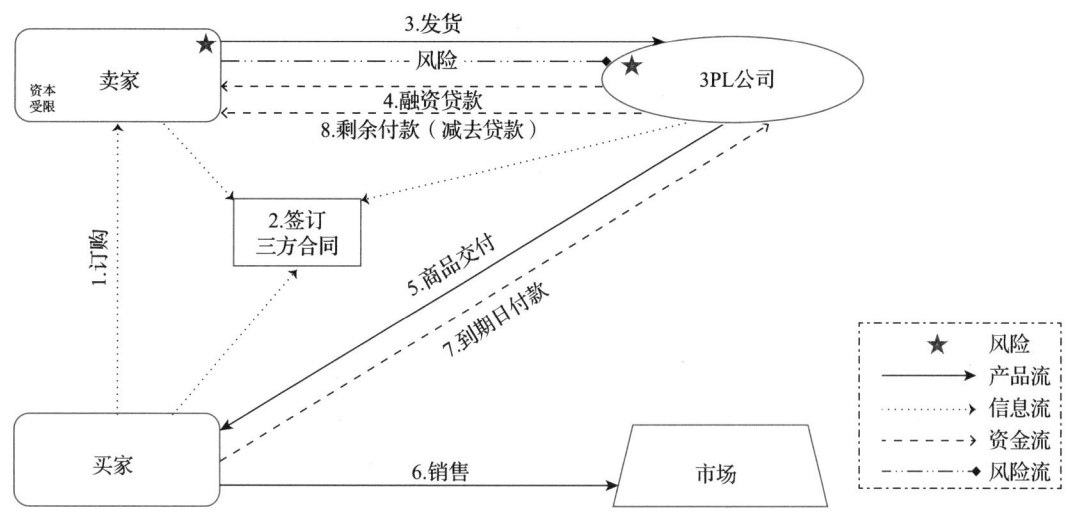

图 8.5 3PL 公司主导的在途库存融资流程

（4）与 3PL 公司关联的资本单位（例如 UPS Capital）根据库存的发票价值提供融资。根据相关公司的信誉及其供应链关系性质，3PL 公司可能会为卖家提供高达发票金额 100% 的融资。

（5）3PL 公司将货物交付给买家。

（6）买家随后将这些商品出售给其客户。

（7）在双方约定的到期日，买家直接向 3PL 公司支付款项。

（8）如果来自 3PL 公司的初始融资未覆盖发票价值的 100%，那么 3PL 公司随后与卖家结算剩余金额。

值得强调的是，如果买家在下订单时就向卖家结算货款并拥有在途库存的所有权，那么借款人可能是买家而非卖家。在这种情况下，买家是由 3PL 公司的资本部门提供融资的对象。如果 3PL 公司向卖家或买家提供的融资显著低于发票金额，借款人可能会寻求从 3PL 公司或传统银行获得额外的信用额度。在途库存的存在向银行传递了关于供应链交易可靠性的积极信号。因此，银行通常更倾向于批准额外资金，特别是当 3PL 公司已经为在途库存提供融资时。

参与公司可以进一步利用 3PL 公司在供应链管理方面的丰富的专业知识。大型 3PL 公司如 UPS 通常运营 ILFS 平台，促进所有相关方之间的无缝沟通。ILFS 平台通过以下两种方式优化供应链运营：首先，帮助资金受限的公司获取所需资金；其次，帮助公司同步供应链内的产品流和资金流。考虑到这些优势，领先的 3PL 公司如 UPS 和联邦快递（FedEx）为其客户提供 ILFS，从而增强了他们的竞争优势。

例如，UPS 通过 UPS Capital 的融资服务与其传统物流服务共同推广，向客户提供全球资产借贷（Global Asset-Based Lending）和库存融资，允许客户利用离岸或在途库存以提高流动性。ILFS 模式在新兴市场同样受到重视。例如，自 2006 年起，中国知名物流公司中国外运长航集团公司（中外运）便开始与中国工商银行合作开展物流金融服务。此外，其他几家知名的物流服务供应商，包括敦豪物流（DHL）、英凯有限公司（Exel）、德迅物流（Kuehne and Nagel）、辛克物流（DB Schenker）、泛亚班拿物流（Panalpina）、罗宾逊物流（C.H. Robinson）、TNT 物流（TNT Logistics）、施耐德（Schneider）和日本邮船株式会社（NYK Logistics），已将金融服务整合到其传统物流组合中。

公司通过更复杂的ILFS平台进行借款的流程如图8.6所示。

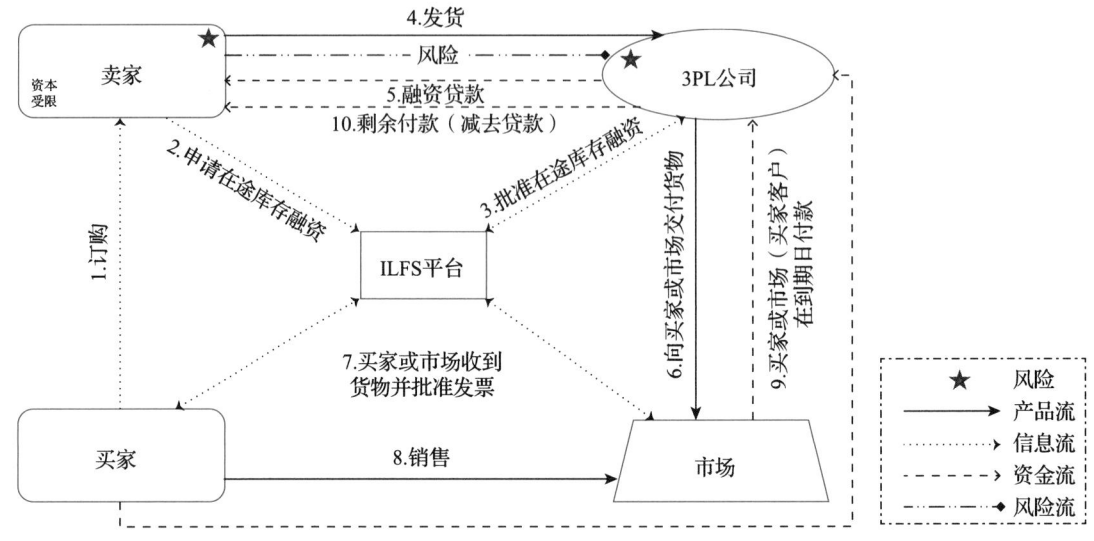

图8.6　3PL公司主导的ILFS平台在途库存融资流程

（1）买家向卖家订购商品。

（2）卖家通过ILFS平台提交发票，并向3PL公司申请在途库存融资。

（3）一旦买家及其客户同意直接向3PL公司支付款项，3PL公司将批准合并物流和融资服务的请求。

（4）3PL公司按照ILFS平台的安排，开始直接向买家运送货物。

（5）如果卖家持有在途库存，与3PL公司关联的资金单位向卖家提前付款；如果买家持有在途库存，3PL公司将为买家提供资金。

（6）货物被运送到预定目的地，该目的地可能是买家或目标市场。

（7）买家或买家的客户通过ILFS平台确认货物交付。

（8）买家完成对其客户的销售。

（9）在付款到期日，买家或其客户向3PL公司支付款项。

（10）3PL公司在扣除在途库存融资借款金额后，将剩余款项转给卖家。

8.3.2　收益分析

在途库存融资拥有库存融资的典型优势（如第8.2.2节所述），为以库存为核心、资金受限的卖家和买家提供了一种新的融资选择。得益于3PL公司在管理和监控在途库存方面的能力，在途库存融资带来的收益有可能超越传统的库存融资。

1. 对借款人的好处

在途库存融资为借款人（无论是买家还是卖家）提供了多种优势，其潜在益处包括以下几个方面。

- 改善现金流：通过在途库存融资，借款人可以更快地获得现金，从而优化现金流。这意味着他们无须将资金长期占用于库存中，能够将资源重新分配至业务的其他关键环节（如营销、销售或研发）。
- 提高贷款限额：通常情况下，在途库存融资的金额超过传统库存融资。例如，UPS Capital 可能提供高达发票价值 100% 的融资，这显著高于标准库存融资的预付比率。
- 增加额外信用额度：无论是买家还是卖家，借款人可能从 3PL 公司的资本单位或其附属银行获得额外的信用额度，增强其营运资金。根据 UPS Capital 的介绍，资金最快可在 UPS 运输完成后的次日到账。物流与金融服务的结合，使 3PL 公司能够提供更具吸引力的融资条件。
- ILFS 的优势：借款人可以通过采用 3PL 公司的 ILFS 平台，利用 3PL 公司在供应链管理方面的丰富经验和知识。
- 改善信用评级：利用在途库存融资可以减少借款人对传统债务融资的依赖。降低债务水平可以提升他们的信用评级，从而为将来更轻松地获取融资铺平道路。
- 加强供应商关系：这种融资模式确保及时向供应商付款，有助于培育和维护稳固的供应商关系。这可能转化为更优惠的定价、在库存短缺期间获得优先权或其他有利的条款。

总体而言，通过在途库存融资，借款人不仅可以增强现金流和购买力，还能巩固供应商关系，最终实现更灵活、更具适应性的运营。

2. 对非借款人的好处

在途库存融资不仅对借款公司有利，非借款公司同样能从中受益。以下是一些潜在好处。

- 改善营运资金：为借款人提供更多的营运资金，意味着非借款公司可以协商更优惠的付款条件。当融资给买家时，非借款公司（即供应商）通过这种方式可能比传统付款方式更快地收到货款。这不仅加快了供应商的现金流转，还优化了营运资金的管理。
- 增加订单数量：随着供应链双方财务状况的改善，订单数量可能增加，这进一步提升了整个供应链的效率。
- 降低信用风险：如果贷款方承担与交易相关的信用风险，非借款公司则能大幅降低买家可能的付款违约或延迟付款带来的风险。
- 提升竞争地位：通过向买家提供融资选择，非借款公司（即供应商）可以在市场中获得独特的竞争优势，从而与竞争对手区分开来，这有助于吸引新客户或加强与现有客户的关系。

尽管非借款公司没有直接参与融资，这些间接益处也可显著促进其现金流的稳定、培养商业关系，并支撑其业务的整体增长和弹性。特别是当 3PL 公司的信用度超过其他供应链企业时，这些好处更为显著，使得此类融资对借款人而言相比其他融资途径更具吸引力。

3. 对第三方物流公司的好处

3PL 公司在在途库存融资中扮演着关键角色,能够从中获得多种收益。

- **提升业务量**:通过在途库存融资促进贸易,使借款人拥有更多可支配资金购买或销售商品。因此而增加的交易量将为 3PL 公司带来更多的业务机会,因为 3PL 公司负责管理这些融资商品的运输、储存和整体物流。
- **拓展商机**:通过 ILFS,3PL 公司可以从单一的物流服务供应商转变为提供综合服务的多功能企业。这种业务多元化不仅扩展了服务范围,还能通过金融产品利息收益为 3PL 公司开辟新的收入来源。若 3PL 公司具备高信用评级,这种模式尤为有利可图。
- **建立竞争优势**:通过向客户提供在途库存融资选项,3PL 公司能够在市场中创造出独特的细分市场。这种特别的定位不仅有助于吸引新客户,还有助于保持现有客户的忠诚度,从而提高客户留存率。
- **加强供应链联系**:通过与提供在途库存融资的金融实体合作,3PL 公司能够为客户提供全面的服务解决方案。这种一体化的服务方式简化了客户的供应链和财务管理,加深了他们对 3PL 公司的信任和依赖。此外,ILFS 框架确保了来自合作卖家和买家的持续物流需求,创造了一个互利的业务环境。
- **加速库存周转**:在途库存融资使客户能够加快货物的采购或处置,从而实现更快的库存周转。这不仅加速了货物的运输频率,还有助于增强 3PL 公司的业务表现。
- **提升声誉**:通过与知名金融机构合作开展在途库存融资,3PL 公司能够在行业中提升自己的地位和信誉。这种合作使得 3PL 公司成为企业寻找物流解决方案时的首选,进一步增强了其市场竞争力。

总而言之,虽然 3PL 公司可能不会直接从在途库存融资中获利,但这种服务的连锁效应显著扩大了其商业前景,加强了客户关系,并显著提升了它们在市场中的竞争地位。

8.3.3 风险及其缓解策略

在途库存融资完成后,大部分支付违约风险会从借款人转移到 3PL 公司和银行。尽管 3PL 公司掌控在途库存,但其依然需要采取措施以缓解金融风险,见表 8.1。

表 8.1 在途库存融资中 3PL 公司的风险及其缓解策略

风险	• **物流风险**:产品可能在运输过程中受损,或交付周期可能延长,例如 2021 年苏伊士运河危机(Suez Canal Crisis)时,运河被一艘 400 米长的集装箱船堵塞。此外,货物被盗或发生内部盗窃也是潜在风险。这些风险对 3PL 公司而言是固有的,与是否采用在途库存融资无关 • **市场风险**:无论在途库存融资的借款人是卖家还是买家,对 3PL 公司的还款能力依赖于买家的财务状况。买家或其客户的违约可能会影响还款流动性 • **信用与道德风险**:卖家的信用度可通过其对产品质量的保证来评估,而买家的信用度则可能依据其产品营销的有效性。尽管 3PL 公司保留货物的所有权,从而降低了双方捏造虚假交易的可能性,但存在一定风险,即这些公司可能伪造财务记录以促进融资 • **法律风险**:由于在途库存融资通常涉及跨国运输,3PL 公司可能会面临来自不同法律体系的国际司法挑战。此外,如果在途库存的所有权界定不明确,也可能引发法律争议

（续）

风险缓解策略	● **物流风险**：为了有效应对物流风险，3PL 公司必须制定严格的操作规程并对员工进行专业培训，以确保他们具备处理复杂物流问题的能力。优化包装材料和加强货物安全机制是减少损害风险的关键。此外，加强安全协议也至关重要，这包括访问控制、闭路电视系统和安保人员配备。持续追踪货物动态并保持监管链的透明，可以进一步降低风险。同时，深入进行风险评估并采用最新航运技术，有助于减轻 3PL 公司的财务压力 ● **市场风险**：3PL 公司应持续监控市场趋势和需求变化，并根据实际情况调整产能。与承运商和供应商签订灵活的合同，能够便于根据市场需求进行快速调整。为减轻市场违约风险，3PL 公司可考虑降低融资的预付比率，或者与供应链其他实体及外部保险供应商合作，购买适当的保险产品，从而提供额外的风险保障 ● **信用和道德风险**：为了解决信用和道德风险，需要对供应链公司进行细致的尽职调查，评估其财务健康状况及商业声誉。此外，通过多元化供应商和承运人网络，可以有效缓解单一公司违约的潜在影响，从而增强整个供应链的稳定性和可靠性 ● **法律风险**：为缓解法律风险，3PL 公司应仔细审查并填补其 ILFS 平台内可能存在的任何法律或文件缺陷

通过实施这些风险缓解策略，3PL 公司可以最大限度地降低与在途库存融资或货物融资相关的风险，确保其业务运营成功且盈利。

假设银行承担向借款人放贷的责任，表 8.2 概述了银行希望缓解的风险，特别是在途库存融资中所涉及的风险。

表 8.2 在途库存融资中银行的风险及其缓解策略

风险	● **借款人违约风险**：涉及借款人未能履行还款义务，可能导致银行遭受财务损失 ● **抵押风险**：关于借款人提供的抵押品可能价值不足、难以快速转换为现金或有贬值风险，这可能会使银行在借款人违约时回收贷款的过程变得复杂 ● **物流风险**：涵盖货物在运输过程中可能受损、错位或被盗的风险。这类事件可能导致抵押品贬值，影响借款人偿还银行贷款的能力。运输延迟或中断也可能对借款人的现金流和还款能力产生影响
风险缓解策略	● **借款人违约风险**：银行应进行详尽的信用评估，这包括审核借款人的信用记录、财务报表和历史还款行为。此外，银行应定期监控借款人的财务状况并维持开放的沟通渠道，这有助于及早识别潜在的违约风险 ● **抵押风险**：银行应要求借款人提供足够的抵押品或担保，确保在借款人违约时，可以通过出售抵押品来回收贷款。银行还应定期重新评估抵押品的价值，确保其与贷款余额保持一致，适时调整以反映市场变动 ● **物流风险**：银行需要确保借款人为在途商品维持适当的保险政策。这可能包括货物保险，以在发生意外时保障商品价值和保护银行的利益。银行还应密切关注运输链，并与借款人和物流实体建立透明的沟通渠道。如果出现显著延误，银行应评估其对借款人财务稳定性和还款能力的影响

通过采用这些风险缓解策略，银行能有效应对与在途库存融资相关的挑战，从而确保其贷款业务的成功和盈利性。

8.4 第三方物流公司主导的供应链金融创新案例

3PL 公司在卖家和买家的供应链融资中的参与是对传统融资机制的重要补充和发展。以下是两个由 3PL 发起的融资创新案例。

8.4.1 案例研究1：UPS Capital 为 Global Glove 提供的定制解决方案

| 案例研究 | UPS Capital 为 Global Glove 提供的定制解决方案

UPS Capital 是联合包裹服务公司（UPS）的金融服务子公司，位于佐治亚州亚特兰大。该公司主要向 UPS 的供应商（包括小型企业）提供金融服务和保险产品，例如货到付款（Cash on Delivery）和预付款项等。

全球手套与安全制造股份有限公司（Global Glove and Safety Manufacturing, Inc. 以下称为 Global Glove）的总部设在美国明尼苏达州拉姆西，自 2003 年以来专注于生产个人防护装备。自公司成立以来，Global Glove 便开始进口并分销高质量的安全手套和个人防护装备，服务于多个行业和消费者群体。面对海运交付周期延长及大量营运资金被离岸和在途库存占用的挑战，Global Glove 寻求额外的融资以保持竞争力并开拓新市场。

为了解决资金问题，Global Glove 向 UPS Capital 寻求帮助。虽然 UPS Capital 不是一家银行，但作为 UPS 的金融服务部门，在供应链金融领域发挥着重要作用。UPS Capital 的业务发展官马特·里斯纳（Matt Lissner）指出，UPS Capital 能够满足传统银行可能忽略的特殊需求：由于 UPS 监管并运输客户的库存，因此能够根据客户库存的价值提供融资。从本质上讲，持有在途库存并拥有全面的物流数据可以为像 UPS 这样的 3PL 公司增加价值。

通过 UPS Capital 的货运融资计划，公司可以获得 30 万～100 万美元、期限为 45～75 天的信用额度，以及高达商业发票价值 70% 的融资。2018 年，UPS Capital 对该计划进行了升级，使公司能够根据供应商的商业发票获得最高 150 万美元的全额无担保信用额度，还款期限可延长至 90 天，并且资金可以在产品发货后 24 小时内到账。

如图 8.7 所示，UPS Capital 的货运融资能够显著缩短相关公司（例如本例中的公司 A，即 Global Glove）的现金转换周期。这种安排使借款人能够更快地获取现金，例如在本例中提前了大约 15 天，从而为各种业务活动提供资金。

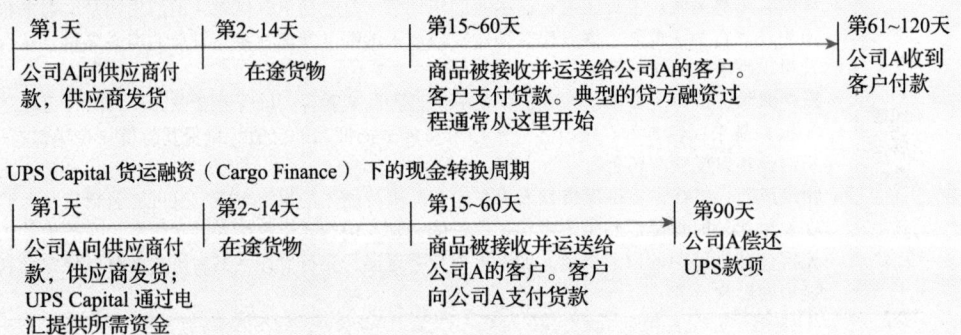

图 8.7 货运融资对现金转换周期的影响

资料来源：改编自 UPS Capital (2018)。

然而，为了让这个计划对 Global Glove 有利，该公司必须将货物运输委托给 UPS，以换取金融服务。最初，Global Glove 对将所有货物运输工作交给 UPS 持保留态度。然而，他们很快意识到，这种安排不仅提供了具有竞争力的运费率，还能基于在途库存获得大量融资的双重优势。通过这一安排，Global Glove 迅速获得了 400 万美元的货运融资贷款。因此，在 2016 年，Global Glove 推出了一系列新的安全眼镜、40 款全新的手套以及一系列新的听力保护产品，利润率在此期间显著提升了 5%。

8.4.2 案例研究 2：3PL 公司作为供应链协调者的角色

| 案例研究 | 3PL 公司作为供应链协调者的角色

在物流与金融服务相结合的领域，中国知名的 3PL 公司怡亚通提供了一项创新的采购服务。在这种商业模式下，怡亚通代表买家向制造商下单。制造商不要求每个买家在下单时付款，而是允许怡亚通使用特殊的贸易信用条款（通常为 30～60 天）或信用证（通常为 30 天）延迟支付。一旦产品交付给买家，怡亚通便从买家那里收取购买款和物流费用。这种结构意味着买家不再需要与制造商直接沟通，怡亚通实际上成为订单和付款的中间人，如图 8.8 所示。

此外，怡亚通能够与买家分享部分优惠信用条款的好处，通常将付款期限延长至产品交付后 20 天（见图 8.8）。这对其众多中小企业客户尤其有价值，因为一体化的采购和物流服务实际上为它们提供了融资支持。同时，这也是针对新兴经济体的关键服务，因为这些地区的企业可能难以从传统银行获得贷款。自 1998 年以来，怡亚通一直向中国的中小企业提供此类采购服务，从思科、通用电气（GE）、宏碁、联想、海尔等大型制造商以及各种规模较小的供应商处采购零部件。据新浪财经报道，2016 年怡亚通的营收达到 579.1 亿元人民币（截至 2017 年 6 月的估计市值为 27 亿美元），利润增长率为 14.12%，远高于行业平均增长率 8.12%。

通过这种新颖的商业模式，这家 3PL 公司本质上将自己定位为供应链的协调者，为中小企业提供了附加价值。其他 3PL 公司也涉足了类似的综合服务。例如，建发物流集团帮助中小型买家从跨国公司采购原材料。在这种情况下，建发物流集团通过信用证向上游公司支付款项，然后在信用证规定的时间内向买家收款。

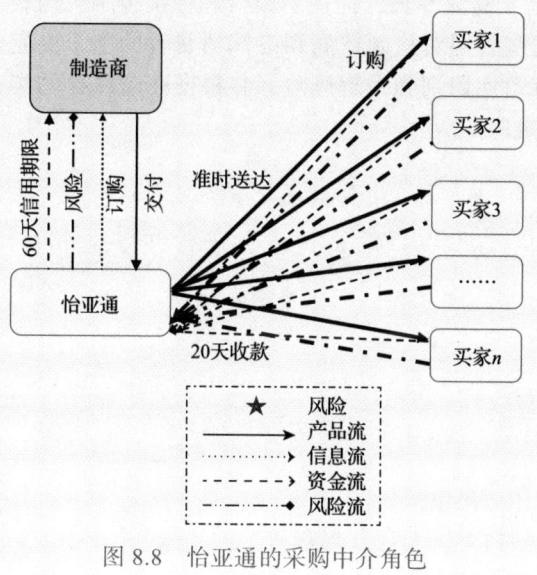

图 8.8 怡亚通的采购中介角色

8.5 总结

在本章中，我们深入探讨库存管理与融资之间的微妙关系，特别关注第三方物流公司在供应链金融中发挥的关键作用。随着供应链复杂性和规模的增长，传统融资机制往往无法满足企业的需求，尤其是在处理在途库存方面。第三方物流公司已成为这一领域的重要参与者，提供与其物流专长相结合的创新金融解决方案。

本章要点如下。

1. 库存融资
- 库存融资是企业为购买待售产品而获取的信用额度或短期贷款。这些待售产品或库存充当了贷款的抵押品。

- 这种融资形式对于需要先储备库存才能销售和产生收入的企业至关重要。它确保商品供应连续，避免缺货，并能满足客户需求。
- 风险包括市场需求的波动可能导致库存积压、库存价值的潜在贬值，以及管理分布在不同地理位置的库存的复杂性。

2. 第三方物流公司主导的在途库存融资
- 这是一种专门的融资形式，由第三方物流公司针对在途库存提供金融解决方案。凭借在物流领域的专业知识，第三方物流公司能够准确评估在途商品的价值和相关风险。
- 对于那些大量资本被锁定在在途商品中的企业来说，这种融资方式非常有价值。这为企业提供了急需的流动性，使它们能够满足其他运营成本并投资于增长机会。
- 主要风险涉及在途货物可能遭受的损坏、丢失或盗窃，运输的延误或中断，以及任何其他可能影响借款企业偿还能力的因素。

3. 第三方物流公司主导的供应链金融创新案例
- UPS Capital 和怡亚通等公司凭借其物流专长，提供了银行和传统金融机构难以企及的独特融资解决方案。这些公司对从制造商到终端消费者的整个供应链有着深入理解，因此能够更有效地识别和缓解风险，并根据在途库存的实际价值提供信贷或其他创新性金融服务。

8.6 练习

8.6.1 思考题

1. 定义库存融资。
2. 列出库存融资的好处。
3. 库存融资有哪些挑战或风险？
4. 3PL 公司在在途库存融资中扮演什么角色？
5. 3PL 公司在供应链融资中的参与如何对买卖双方都有利？
6. 集成采购和物流服务对新兴经济体中的中小企业为何重要？
7. 3PL 公司如何通过新的商业模式为中小企业创造附加价值？
8. 请说明库存融资和 3PL 公司主导的在途库存融资为何能缩短现金转换周期。
9. 请比较库存融资与 3PL 公司主导的在途库存融资。
10. 请分别列举出库存融资和 3PL 公司主导的在途库存融资的一个实例。

8.6.2 案例研究

Stellar Fashions——时尚服装零售商面临的融资和物流挑战

背景：

Stellar Fashions 是一家位于都市区的新兴服装零售商。随着夏季的临近，该零售商正准备推出来自其海外制造商 Trendy Textiles Ltd 的全新服装系列。面对紧张的现金流状况，Stellar Fashions 正在考虑三种不同的融资方案来支持其库存需求：

（1）由银行提供的库存融资。
（2）由 3PL 公司主导的在途库存融资。
（3）基于 Stellar Fashions 信用评级的传统银行融资。

更为复杂的是，Stellar Fashions 还必须考虑与运输库存相关的物流成本。Stellar Fashions 在销售季节结束时进行付款。

场景详情：

- 订单要求：10,000 件服装。
- Trendy Textiles 有限公司的单位成本：20 美元。
- 采购总成本：200,000 美元。
- 预计每单位售价：60 美元。
- 运输时间（从制造商到 Stellar Fashions）：30 天。
- 预计销售时间：到货后 60 天。
- 传统银行融资利率：每年 15%（由于信用评级低）。
- 库存融资费：每年 8%。
- 3PL 公司服务及融资费：每年 10%，3PL 公司提供 60 天付款宽限期（条件是使用 3PL 公司的集成融资及物流服务）。
- 运输/物流成本：每件 2 美元或合计 20,000 美元。

问题：

1. 考虑这三种融资方案，物流成本和利率如何影响 Stellar Fashions 的整体现金流和盈利能力？
2. 哪种方案能够实现该公司在成本和现金流效益之间的最佳平衡？
3. 与没有 3PL 公司参与的传统库存融资相比，以 3PL 公司为主导的在途库存融资方案如何在库存管理和市场响应方面对 Stellar Fashions 进行战略定位？

8.7 附录：学术思考

第三方物流公司作为供应链协调者的现金流优势[⊖]

陈祥峰、蔡港树、宋京生

在途库存融资的兴起凸显了第三方物流（3PL）公司在集成物流与金融服务（ILFS）中的关键角色。即便在没有在途库存融资的情况下，3PL 公司也能显著提高供应链管理效率。通过扮演供应链协调者的角色，3PL 公司能够改变供应链企业的现金流模式，从而优化整个供应链运作。

⊖ 感兴趣的读者可以查阅完整文章：Chen, X., Cai, G., & Song, J.S., 2019. The Cash Flow Advantages of 3PLs as Supply Chain Orchestrators. *Manufacturing & Service Operations Management*, 21(2), pp.435-451。

供应链协调者的综合服务带来了许多好处。我们特别关注这些服务中独特的现金流动态，如怡亚通和建发物流集团等公司所示。特别是在中小企业利用 3PL 公司进行采购的过程中，付款安排对运营的改善起到了关键作用。通过聚焦这一领域，我们旨在评估先进融资模式的运营价值，这对于高效分配产品和服务以满足发展中国家的地方需求极为重要。这引出了一个紧迫的问题：在什么情况下，这种创新才能对供应链中的所有利益相关者都有利？值得强调的是，这种新方法只有在为所有参与方带来共同利益的情况下才能蓬勃发展。

8.7.1 模型与现金流动态

为了研究 3PL 公司采购服务的现金流动态，我们建立了一个包含三方参与者的供应链博弈理论模型：一个制造商、一个 3PL 公司和一个买家。买家面临单一销售季节，特点是需求不确定和市场价格固定。供应链在采购和运输方面都采用单一批发价格合同运作。我们深入研究了两种不同情境。

- 在传统场景（模型 T）中，3PL 公司仅负责将产品从制造商运输到买家。买家在向制造商下订单时结算货款，并在 3PL 公司交付货物时支付运输费用。
- 在采购服务场景（模型 P）中，3PL 公司承接买家订单并直接从制造商处采购货物。这种设置使买家能在产品交付时一并结算采购和物流服务费用。然后，3PL 公司在约定的宽限期后向制造商支付订单款项。

值得注意的是，从制造商到买家的最短运输时间被定义为 $\ell_s > 0$，这也被证明是买家与 3PL 公司之间理想的纳什谈判解决方案。因此，在基准模型中，我们将运输时间设定为 ℓ_s。如图 8.9 所示，生产开始于时间点 O，运输启动于时间点 S，需求出现于时间点 R，3PL 公司在时间点 G 代表买家与制造商结算订单成本。从生产时间点 O 到 3PL 公司的支付时间点 G 的间隔为 ℓ_g，而从生产时间点 O 到需求时间点 R 的期间满足 $\ell_o \geq \ell_s$。在每种模型中，参与者根据给定的运输持续时间和付款宽限期来确定批发价格、运费和订单数量，以最大化他们各自的期望利润。随后，我们将比较两种模型的结果。

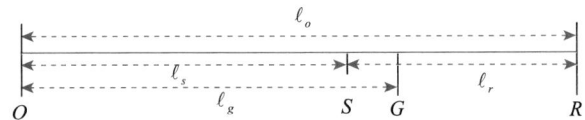

图 8.9　模型 T 与模型 P 中的运营和付款时点

模型 T：
（1）买家在时间点 O 向制造商付款。
（2）买家在时间点 S 向 3PL 公司付款。
（3）客户在时间点 R 向买家付款。

模型 P：
（1）3PL 公司在时间点 S 向买家收取所有款项。
（2）3PL 公司在时间点 G 向制造商支付订单。

（3）客户在时间点 R 向买家付款。

模型 T 从两个方面对 Lariviere & Porteus（2001）的两方博弈模型进行了扩展。首先，模型 T 引入了供应链中的第三个参与者——3PL 公司，这导致了三重边际效应的出现。其次，该模型将付款时间因素融入传统的报童模型中，考虑了货币的时间价值。基于这一基础，模型 P 进一步进行了改进，通过调整订单流程和引入不同的付款时间点，体现了 3PL 公司在采购和融资角色中的变化。

8.7.2 主要发现和贡献

在单位现金机会成本相同的情况下，我们的研究证明了当 3PL 公司在模型 P 中担任斯塔克尔伯格博弈领导者（Stackelberg Leader）时，只要制造商同意的付款宽限期超过运输时间（或实际订单交货时间），所有公司都将获益。然而，这一宽限期不应超过一个特定的阈值。付款宽限期超过运输时间可以延长 3PL 公司保留现金的时间，进而降低买家的物流成本，从而促使买家下更大的订单，提升整个供应链的收益。

对于制造商而言，情况较为复杂。虽然订单规模的增加能带来潜在好处，但这需要与 3PL 公司延迟付款的影响进行权衡。如果宽限期过短，增加的订单规模带来的利益无法弥补由于延迟付款造成的损失。相反，如果宽限期过长，则延迟付款的成本会显著增加。因此，存在一个帕累托最优区域，在这个区域内，宽限期的设置能达到最优，使得所有参与方在模型 P 中的收益都超过在模型 T 中的收益（见图 8.10）。

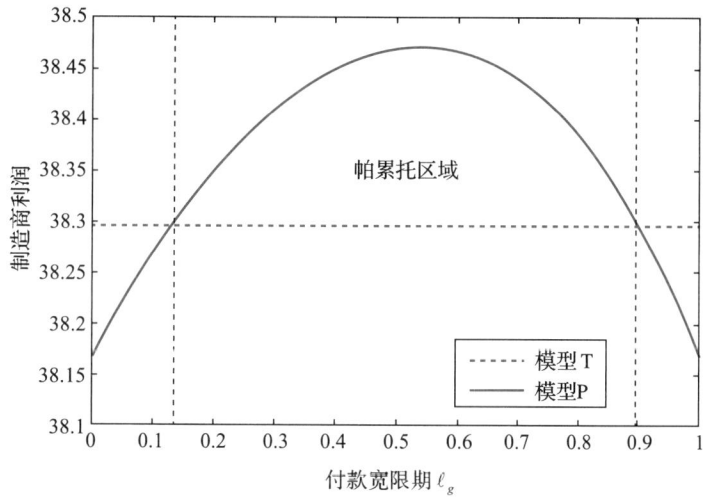

图 8.10　不同模型下制造商的均衡利润比较

模型 P 以两种截然不同的方式凸显了 3PL 公司在博弈领导者和财务方面的关键作用。首先，如果制造商而非 3PL 公司担任斯塔克尔伯格博弈的领导者，那么模型 P 下 3PL 公司的领导优势将被削弱。在这种情况下，制造商可能会在模型 P 中提高批发价格，以补偿延迟付款的成本。尽管模型 P 下 3PL 公司的运费可能会降低，但订购与运输的总成本可能会超过模型 T，从而导致帕累托最优区域不复存在。其次，如果在模型 P 中所有其他条件保持不变，但制造商选择绕过 3PL 公司直接向买家提供付款宽限期，那么所有参与者的利润将与模型 T 中的相同，这表明了 3PL 公司在模型 P 中独特且不可或缺的作用。

在公司间现金机会成本不同的情况下，无论斯塔克尔伯格博弈领导者是谁，模型 P 的帕累托区域都会出现。特别是当买家的现金机会成本高于制造商时，模型 P 相对于模型 T 的优势更为明显。此外，现金机会成本较低的制造商更倾向于提供延期付款，从而增加买家的订单量。如果 3PL 公司的现金机会成本显著低于其他公司，那么模型 P 仍然具有优势。在这种情况下，3PL 公司甚至可能会提前与制造商结算，并且只在产品交付给买家时收取货款。在模型 P 中，尽管在制造商作为斯塔克尔伯格领导者时的帕累托区域可能更大，但只要延迟付款宽限期足够长，供应链的整体利润总是低于 3PL 公司作为斯塔克尔伯格领导者时的利润。

进一步的研究结果表明，与模型 T 相比，在买家数量增加（保持市场规模不变）的情况下，模型 P 展现出更显著的风险池效应。这种扩展导致模型 P 中帕累托区域的扩大和利润的显著提升。相反，如果买家面临资本限制，随着金融市场利率上升，公司利润会下降。我们还发现，在纳什讨价还价谈判下，买家和 3PL 公司都倾向于选择尽可能短的运输时间。即使制造商和 3PL 公司通过纳什讨价还价确定最优的付款延迟宽限期，先前场景中的结果仍然有效。

8.8 参考资料

Barnett, W. (1997). What's in a name? A Brief Overview of Asset-Based Lending. *Secured Lender*, 53, 80-83.

Burkart, M., & Ellingsen, T. (2004). In-Kind Finance: A Theory of Trade Credit. *American Economic Review*, 94(3), 569-590.

Camerinelli, E., & Bryant, C. (2014). Supply Chain Finance—EBA European Market Guide Version 2.0. *Paris (F): European Banking Association*.

Chen, X., & Cai, G. G. (2011). Joint Logistics and Financial Services by a 3PL Firm. *European Journal of Operational Research*, 214(3), 579-587.

Chen, X., Cai, G., & Song, J. S. (2019). The Cash Flow Advantages of 3PLs as Supply Chain Orchestrators. *Manufacturing & Service Operations Management*, 21(2), 435-451.

Commercial Capital. (2021). *How Does Inventory Financing Work?* https://www.comcapfactoring.com/blog/how-does-inventory-financing-work/. Accessed May 16, 2023.

de Boer, R., Steeman, M., & van Bergen, M. (2015). *Supply Chain Finance, Its Practical Relevance and Strategic Value: The Supply Chain Finance Essential Knowledge Series*. Hogeschool Windesheim.

Eternal Asia (2007a) *Eternal Asia's 2007 IPO Prospectus*. http://www.p5w.net/stock/ssgsyj/zqgg/200709/P020070910663946257459.pdf. Accessed August 1, 2016.

Eternal Asia (2007b) *Eternal Asia's O2O Supply Chain Business Ecosystem*.

http://www.flandersinvestmentandtrade.com/export/sites/trade/files/trade_proposals/Eternal%20Asia%20Introduction.pdf. Accessed August 1, 2016.

Global Glove. (2023). *About Global Glove and Safety Manufacturing Inc.* https://www.globalglove.com/about-us. Accessed May 19, 2023.

Globe SCF Forum. (2016). *Standard Definitions for Techniques of Supply Chain Finance. Report.*

Inbound Logistics. (2014). *Market Research: 3PL Perspectives 2014.* https://www.inboundlogistics.com/articles/market-research-3pl-perspectives-2014/. Accessed May 11, 2023.

Investopedia. (2020). *4 Famous Inventory Frauds You've Never Heard of.* https://www.investopedia.com/articles/economics/12/four-unknown-massive-frauds.asp. Accessed May 3, 2023.

Investopedia. (2021). *Inventory Financing: Definition, How It Works, Pros, and Cons.* https://www.investopedia.com/terms/i/inventory-financing.asp. Accessed March 22, 2023.

Lambert, D. M., Emmelhainz, M. A., & Gardner, J. T. (1999). Building Successful Logistics Partnerships. *Journal of Business Logistics*, 20(1), 165.

Lariviere, M. A., & Porteus, E. L. (2001). Selling to the Newsvendor: An Analysis of Price-Only Contracts. *Manufacturing & Service Operations Management*, 3(4), 293-305.

The Paper. (2016). *The Full Record of the Steel Trade Industry Reshuffle: Many People Committed Suicide, 300 People Were Imprisoned, and Tens of Billions of Bad Debts Were Made.* https://www.thepaper.cn/newsDetail_forward_1472922. Accessed September 10, 2021.

UPS Capital. (2016). *An Unexpected Lender That Fit Like a Glove.* https://upscapital.com/wp-content/themes/upscapital/assets/uploads/Global-Glove-Case-Study.pdf. Accessed March 6, 2023.

UPS Capital. (2018). *Turn In-Transit Inventory Into Working Capital Without a Magic Wand.* https://upscapital.com/assets/media/cargo-finance-landing-download.pdf. Accessed March 3, 2023.

UPS Capital. (2023). *Homepage of UPS Capital.* https://upscapital.com/. Accessed March 3, 2023.

Wells, J. T. (2001). Ghost goods: How to Spot Phantom Inventory. *Journal of Accountancy*, 191(6), 33.

Zhou, W., Lin, T., & Cai, G. (2020). Guarantor Financing in a Four - Party Supply Chain Game with Leadership Influence. *Production and Operations Management*, 29(9), 2035-2056.

Zhou, Y. W., & Wang, S. D. (2009). Manufacturer-Buyer Coordination for Newsvendor-Type-Products with Two Ordering Opportunities and Partial Backorders. *European Journal of Operational Research*, 198(3), 958-974.

第 9 章 其他供应链金融机制

■ 学习目标

1. 考察分销商融资如何作为优化长期付款条件下供应链现金流的有效手段。
2. 识别银行付款责任在确保及简化国际贸易支付过程中的应用。
3. 评估结构化商品融资在管理风险及融资价格波动资产方面的实际效用。

■ 摘要

本章探讨了分销商融资、银行付款责任和结构化商品融资等供应链金融机制。分销商融资着重于优化具有延长付款期限的供应链中的现金流。相比之下，银行付款责任通过数字化机制简化国际贸易支付流程，并为交易双方提供安全保障；而结构化商品融资则作为管理价格波动资产相关风险的关键工具，在大宗商品领域发挥着重要作用。

9.1 导言

到目前为止，我们已经探讨了卖家主导、买家主导和第三方物流（3PL）公司主导的供应链金融模式。鉴于供应链的复杂性及其与金融机构的深度交互，某些供应链金融机制并不容易简单归类于上述任何一种模式。实际上，有些供应链金融机制可能是这些类别的混合体，或由其他供应链公司、金融机构甚至保险公司主导。本章将深入探讨其他几种关键的融资技术，例如分销商融资，并详细介绍银行付款责任这一银行框架。此外，我们还将单独探讨结构化商品融资，这是一种专门针对大宗商品的供应链金融机制。

9.2 分销商融资

分销商融资（Distributor Financing）有时也称为渠道融资、经销商融资或展厅融资⊖，是一种基于分销渠道的融资方式。在这种框架下，金融机构向分销商（如出口商或经销商）提供资金，以便其与通常规模较大的制造商卖家结算款项。由于分销商融资可由卖家或买家发起，因此可能归类为买家主导或卖家主导的供应链金融。尽管如此，分销商还可能利用保理、发票贴现和库存融资等其他供应链金融机制来拓展其融资渠道。

分销商融资通常以金融机构（如银行）向分销商提供长期贷款承诺的形式出现，融资通过信用额度提供，并需每年进行审查。当分销商与卖家之间的关系稳定且分销商经营状况良好时，这种融资方式较为常见。在许多情况下，分销商可能是一个独立的第三方公司，或是卖家部分持股的公司。考虑到卖家在分销商融资中的核心作用，他们有时也被称为"锚定方"。

9.2.1 操作流程

分销商融资流程展开如下（见图 9.1）。

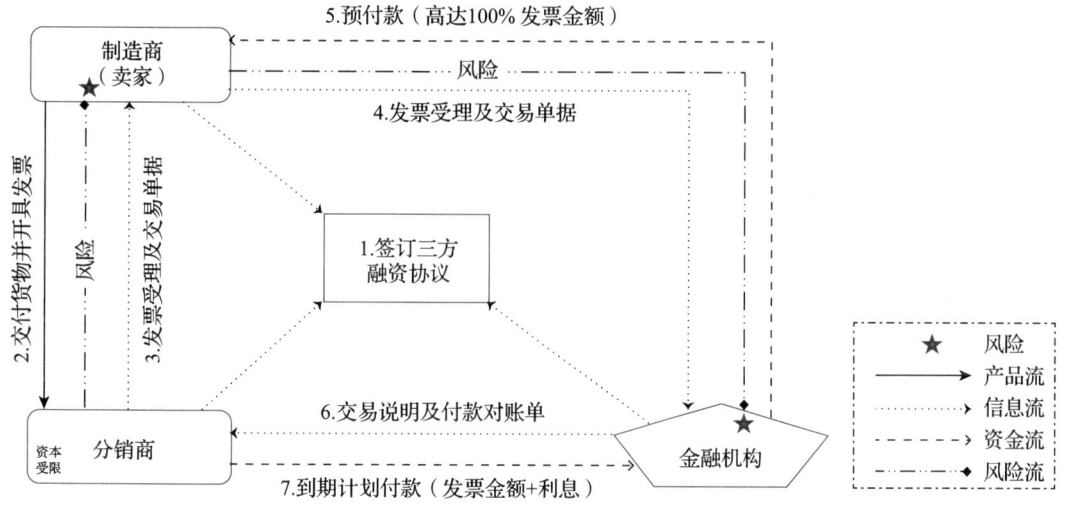

图 9.1 分销商融资流程

（1）金融机构与分销商签订协议。在分销商融资中，制造商（或卖家）通常扮演关键角色，确保交易流程的成功。金融机构和制造商之间可能还存在单独的协议。在三方协议中，制造商甚至可能与金融机构共担风险，为分销商提供融资保障。

（2）根据协议，制造商向分销商发货。分销商通常需要时间将这些商品转售给终端客户。

（3）分销商收到货物后，审核并批准制造商出具的发票。随后，分销商将发票受理通知书连同相关交易文件发送给制造商。

（4）制造商将发票受理通知书和相关交易文件转交给金融机构。

⊖ 展厅融资是分销商融资的一种特殊形式，专为汽车和机械经销商定制，用于展示在经销商店内销售的车辆和机械。它也被视为一种库存融资，因为贷款基于大宗商品库存的价值，一旦库存售出，就需偿还贷款。

（5）金融机构根据发票金额向制造商提供资金，预付款可以高达100%发票金额。

（6）金融机构向分销商发送交易说明和相关付款的声明。

（7）到达预定的到期日时，分销商与金融机构进行结算，清偿包括向制造商支付的本金和应计利息在内的款项。

在分销商融资的一种变体中，为了增强分销商的流动性，制造商会延长信用期限。在这种情况下，制造商和金融机构可以达成协议，向分销商提供这种延长的信用期限。

9.2.2 收益分析

分销商融资需要分销商和卖家的共同参与和努力。鉴于分销商在供应链中扮演着至关重要的角色，为其提供融资可以为供应链上的每个参与者带来优势。因此，分销商融资为分销商、制造商及金融机构提供了切实的好处，具体如下所述。

1. 对分销商的好处

- **增加营运资金**：金融机构向制造商提供的预付款减轻了分销商的即时付款压力，同时增加了分销商的营运资金。这一优势在商品销售与制造商交付之间存在显著时间差时尤为明显。
- **降低融资成本**：分销商与制造商（即卖家）的合作提高了其在融资过程中的信誉，通常能够使得分销商的融资成本低于传统银行贷款。
- **提高财务灵活性**：某些分销商融资计划允许分销商仅支付利息，使用产品销售收入来还清信用额度。一些金融机构甚至不要求分销商抵押其他资产作为担保。这种无须抵押品的要求进一步增加了分销商的财务灵活性，使其能够开展新项目并完成更多订单。
- **促进业务增长**：加强与制造商的供应链联系为分销商带来更可预测和持久的产品供应。因此，分销商能够更精确地调整各品牌的理想产品库存水平，并促进业务增长。

2. 对制造商的好处

- **实现稳定收益**：分销商融资使分销商能够保持向制造商定期采购，从而更好地匹配生产供应与市场需求。财务状况良好的分销商不太倾向于向制造商寻求延长付款期限，这减轻了制造商的财务负担，同时缩短了制造商的应收账款周转天数。

> 制造商在分销商融资中扮演的锚定角色至关重要。

- **巩固供应链关系**：通过协助分销商获得融资，制造商加强了与分销商之间的供应链关系，为潜在的销售合作铺平道路。这一点在制造商进入新市场时尤为有利。

3. 对金融机构的好处

- **拓展商机**：分销商融资为金融机构开辟了一条新的收入来源。制造商在融资过程中的积极参与使得金融机构能更清楚地了解交易情况。为了减轻金融机构的财务风险，制造商甚至可能提供担保等风险分担措施。

9.2.3 风险及其缓解策略

分销商融资中最大的风险是分销商可能出现违约。此类违约可能由多种因素引起，包括市场风险、信用风险及政治风险。这些风险对于在国际市场经营的分销商而言尤其显著。为预防这些风险，金融机构应进行全面的尽职调查，详细审查分销商的信用状况、历史业绩和整体业务稳定性。

为进一步降低风险，金融机构寻求与制造商的公开沟通和紧密合作是至关重要的，这有助于促进供应链的稳定性。当制造商主动参与并与金融机构共同分担风险时，所传递的信息可以显著提高交易的透明度。

此外，金融机构和制造商还应要求分销商提高财务透明度，以避免道德风险（例如，分销商将资金转用于无关项目）。这可以通过信息系统的高度自动化（如云计算）、软件升级、严格审计以及对分销商库存的持续监控来实现。

9.3 银行付款责任

2013年6月，国际商会（International Chamber of Commerce，ICC）银行委员会与环球银行金融电信协会（Society for Worldwide Interbank Financial Telecommunication，SWIFT）合作推出了《银行付款责任统一规则》（Uniform Rules for Bank Payment Obligations，URBPO）750号文件。从技术上讲，银行付款责任（Bank Payment Obligation，BPO）并非独立的供应链金融方式，而是一种基于电子数据匹配的现代支付框架。BPO被视为一种有条件的"银行间工具"，通过在贸易和供应链融资中成功匹配贸易数据来保证支付。此外，它也是一个"赋能框架"，在贸易融资和供应链金融领域提供灵活支付和风险缓解等服务。根据ICC的描述，BPO是贸易结算的替代工具，旨在增强而非取代现有解决方案。

根据URBPO规定，BPO代表承兑银行（Obligor Bank）的一种不可撤销且独立的承诺，承诺在提交符合预设标准的所有必要数据集后，向收款银行（Recipient Bank）预付指定金额或承担延期支付的义务。这一承诺是否履行取决于数据是否成功匹配或是否接受数据不匹配。此外，BPO也可以被视为一种特殊形式的银行保函，由承兑银行（通常是买家银行）提供给收款银行（卖家银行），其有效性依赖于是否按照ICC规定成功进行电子数据匹配。

参与BPO的所有银行都必须遵守URBPO中规定的条款。因此，银行没有义务去详细讨论BPO的具体内容。然而，如果企业在BPO框架内寻求额外的供应链融资，所有参与方必须就这些增量融资条款达成一致。

9.3.1 操作流程

BPO 融资流程通常分为三个阶段：基线设置、货物装运与数据匹配，以及最后的交货与支付结算。最初的基线设置为后续的电子数据匹配和最终的支付解决方案奠定了基础。BPO 的融资流程如图 9.2 所示。

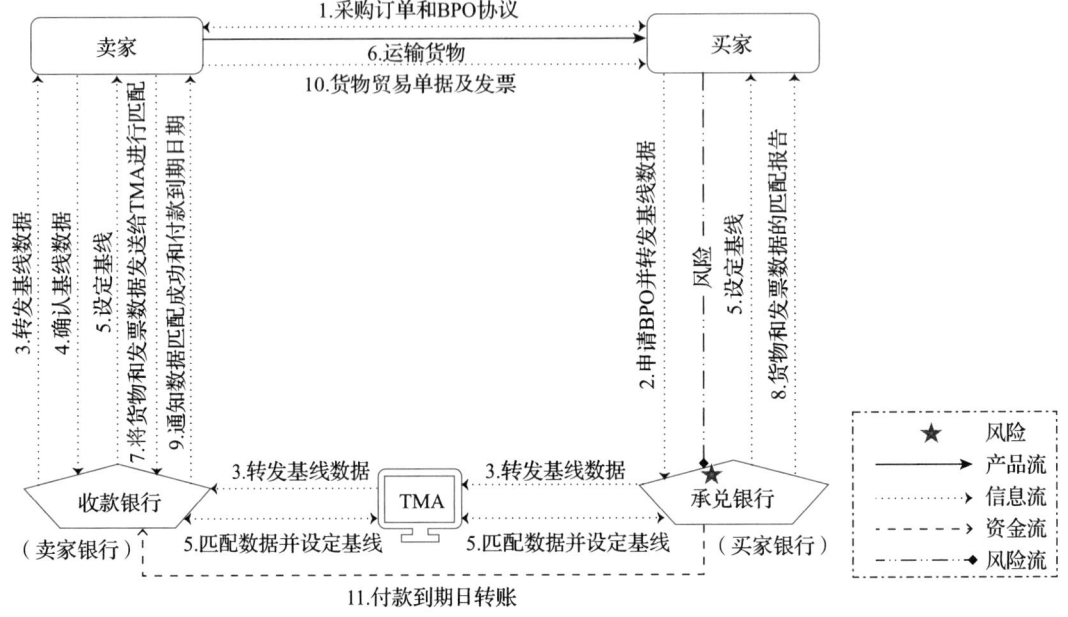

图 9.2 BPO 的融资流程

1. 基线设置

（1）买家表示有意向从卖家采购商品。一旦双方就订单达成共识，他们同意使用 BPO 进行交易和支付结算。随后，买家将包含采购订单（PO）和 BPO 详细信息的销售合同转发给卖家。

（2）买家接着向其承兑银行请求 BPO 服务，并提供来自采购订单和 BPO 的必要基线数据。这些基线数据被认为足以评估信用风险，并得到所有相关利益方的批准。通过仅索取基线所需的最少信息，减少了数据匹配过程中出现差异的可能性，从而简化交易和结算流程。

（3）承兑银行将该基线数据传输至交易匹配应用程序（Transaction Matching Application，TMA）。随后，TMA 将该信息传达给收款银行和卖家。值得注意的是，TMA 采用了 ISO 20022 中的贸易服务管理（Trade Services Management，TSMT）格式——这是一种专门为 TMA 和各银行之间的数据交换而定制的 XML 标准。

（4）收款银行收到基线数据后，会根据之前与买家签订的销售合同，与卖家共享这些数据并进行验证。

（5）验证后，收款银行和承兑银行均在 TMA 系统内确认基线数据。随后，TMA 生成一份报告并发送给两家银行。这一基线的批准表明两家银行已达成共识，同意在后续交易中使用 BPO。

2. 货物装运与数据匹配

（1）卖家根据销售合同的规定向买家发货。卖家可以选择直接处理运输事宜，或委托 3PL 公司代为运送。货物运输责任和所有权的详细条款均载明于销售合同中。

（2）卖家将贸易数据（例如发货明细、发票、保险单据和其他凭证等）转发给收款银行，随后这些数据被发送至 TMA 进行比对。

（3）如果卖家提供的电子交易数据与基线数据匹配，承兑银行将这一匹配报告传递给买家，促使其自动向收款银行进行付款。如果存在差异，买家则有机会审查并决定是否接受这些差异，若接受则予以确认。买家确认后，承兑银行会与 TMA 沟通，TMA 随后将数据匹配报告转发给收款银行。如果激活了 BPO，支付义务将变得不可更改，承兑银行必须在规定日期付款给收款银行。

> 一旦激活，BPO 将产生不可撤销的支付义务，要求承兑银行在到期日向收款银行付款。

（4）收款银行通知卖家贸易数据成功匹配，并告知预期的付款到期日。

3. 交货与支付结算

（1）收到货物后，买家将贸易单据（如发货明细、发票、保险和其他凭证等）发送给卖家，并核对发货数据。值得注意的是，如今各行业正在逐步采用电子单据，例如电子提单（eB/L），以取代传统的纸质贸易单据[○]。例如，卖家可以通过诸如 essDOCS 无纸化贸易解决方案等平台向买家传送电子提单。

（2）在指定日期，承兑银行将应付款项转入卖家在收款银行的账户。买家将根据与承兑银行的协议，结算其应付款项。这可能涉及一个常规的付款承诺（在 BPO 到期日之前）或延期付款义务（在 BPO 到期日之后）。

在推出 BPO 时，SWIFT 引入了贸易服务公用事业（Trade Services Utility，TSU）作为数据匹配的 TMA，被各大商业银行采用。然而，由于 BPO 的接受速度相对缓慢以及来自其他 TMA 的竞争，TSU 的成交量增长并未达到 SWIFT 的预期。因此，SWIFT 决定在 2020 年 12 月终止 TSU 的使用。此后，银行转而将重点放在针对 TMA 的区块链计划，如马可·波罗（Marco Polo）。例如，2019 年 7 月，德国商业银行在马可·波罗区块链平台完成了其首个商业试点 BPO 交易，涉及从德国向中国出口的专用液力耦合器。

9.3.2 收益分析

在支付交易中使用 BPO 为相关方带来了多种优势。首先，电子数据匹配显著增强了产品和支付交易的可追溯性与可视化。这种改进使各方能够在审查文件和核实数据方面节省大量时间与精力。自动化的电子数据匹配过程最大限度地减少了通常由手动方法引入的差异，并且简化的流程减少了对密集调查、争端解决和不必要的付款延迟的需求。这种效率的提升转化为在验证时间、调查费用以及分配给融资过

○ 提单（B/L）是海运物流中常用的文件，用于验证货物交付、建立运输合同，并将货物的所有权转移给另一方。

程的其他资源上的显著成本节约。

此外，与传统信用证相比，BPO 的自动化特性有助于加快支付转账过程。例如，传统信用证可能需要长达六个工作日才能完成通知银行和开证银行之间的文件验证，而 BPO 可以在一天之内完成电子数据匹配。

此外，承兑银行所做出的不可撤销支付承诺可被视为对买家支付违约的银行担保。这种保证降低了支付的不确定性，加强了风险管理，使得参与 BPO 的各方都能从中受益。

下面，我们详细列出 BPO 给每个参与方带来的具体收益。

1. 对卖家的收益

- 增强安全性：与信用证和赊销相比，BPO 提供了更安全的支付方式。这主要得益于 BPO 对不可撤销付款的保证。相比之下，信用证下的付款可能被更改，而赊销的付款可能会延迟到到期日之后。通过 BPO，一旦贸易数据与基线数据匹配，卖家就可以依赖约定的支付条款。这种电子数据匹配确保了交易和支付条款按照最初各方达成的协议准确执行。
- 即时付款：由于电子数据匹配流程，卖家可以在付款到期日立即获得资金。相比之下，通过信用证或赊销进行的支付依赖于手动文件验证，这可能导致支付延迟。
- 降低交易成本：在 BPO 中，电子数据匹配的总成本通常低于信用证。
- 减少订单取消：启动 BPO 流程降低了买家取消订单的可能性。
- 提高融资灵活性：在 BPO 框架内，卖家可以选择从收款银行获得基于采购订单的装运前融资或基于已批准应付款项的装运后融资，这些都得到了承兑银行不可撤销的付款承诺作为支持。
- 加强供应链关系：承兑银行的不可撤销承诺，结合交易的透明度和可视化，有助于增强供应链各方之间的关系。

2. 对买家的收益

- 提升安全性：与预付款相比，BPO 为买家提供了更高的安全性。在 BPO 中，承兑银行只有在确认卖家已经发货后才向收款银行汇款，而不是事先支付。这种机制有助于防止不发货或延迟发货等问题。电子数据匹配确保交易和支付条款按照买家最初约定的方式执行。
- 提升信用度：BPO 可以作为买家可靠且财务状况良好的指标，这有助于增强买家获得更多订单的能力。BPO 下的不可撤销支付承诺，使其成为比赊销或跟单托收等传统支付工具更具吸引力的选择。
- 提高付款灵活性：在 BPO 框架内，买家有机会向承兑银行申请延期付款，条款可能包括"数据匹配后 60 天"或"数据匹配后 90 天"。如果获得批准，这类延期付款安排可以进一步增强买家的营运资金流动性。
- 强化供应链：BPO 下的支付自动化增强了卖家的财务稳定性，这有助于提高整个供应链的效率和可靠性。因此，买家也将从中受益，享受到更加稳定和高效的供应链带来的优势。

3. 对银行的收益

- **简化融资流程**：使用电子数据匹配可以大幅减少银行面临的手工工作量，从而使融资流程更加高效。
- **增加收入机会**：BPO 带来的效率提升为承兑银行和收款银行创造了更多的融资机会，从而增加了潜在的收入来源。

要充分利用 BPO 的好处及其固有的风险缓解能力，对所有利益相关者——卖家、买家和银行来说，投资于必要的技术基础设施是至关重要的。然而，由于流程的复杂性，尤其是在 TMA 软件的设置和使用方面，BPO 的快速实施并未被广泛接受。例如，根据欧洲货币 2018 年的贸易融资调查显示，仅有 23% 的公司将 BPO 纳入其业务中。

对 BPO 的犹豫归结于以下几个因素。

- **重组挑战**：参与公司内部的固有流程和陡峭的学习曲线可能会阻碍快速采用。例如，习惯于依赖信用证并处理实体运输单据的银行可能会认为过渡到 BPO 是一个艰巨的任务。这一转变不仅代表了巨大的财务支出，而且要求银行员工掌握新技术。
- **技术能力差异**：各公司和银行之间的技术能力存在显著差异。一些公司仍然依赖实体文件，这可能成为采用 BPO 的障碍。缺乏统一的技术标准使得 BPO 的实施变得复杂。例如，SWIFT 的 TSU 应用程序曾是许多 BPO 流程的核心，但它于 2020 年 12 月被终止。
- **TMA 平台间不一致**：部分银行开发了专有的 TMA 平台。这种做法导致了平台间的分散化和不一致性，进而引发了兼容性问题。为有效应对这些挑战，需要加大各方的协调努力，确保银行间的无缝运营。

总之，为了在更广的范围内支持 BPO 的使用，企业和银行需要共同致力于开发一个被广泛认可且兼容的 TMA 平台，以提供高效的 BPO 服务。

9.3.3 BPO 框架下的供应链金融

如前所述，BPO 可以作为供应链金融的基础结构，支持卖家主导的装运前融资、卖家主导的装运后融资以及买家主导的付款延期融资。然而，由于这些额外的融资条款不属于标准 BPO 程序的一部分，因此在实施前使参与各方就这些条款达成一致变得至关重要。除了这些特定的供应链金融机制外，收款银行和承兑银行都有权利进行银行间融资协议的协商和谈判。这些协议可能包括以一定的贴现率提前向收款银行进行银行间付款，或在对承兑银行有利的条件下延迟进行银行间付款。

1. 卖家主导的装运前融资（Seller-Led Pre-Shipment Financing）

- **卖家向收款银行提出申请**：一旦公司和银行建立了 BPO 基准，就能为最终货物的发运提供内在保证，从而进一步巩固了与装运前融资相关的还款基础。然而，这一机制的最终实施仍然依赖于卖家履行其合同义务。

鉴于承兑银行承诺在到期日与收款银行结算付款，卖家有权向收款银行寻求装运前融资。在这种情况下，卖家可以获得扣除相应利息的预付款。这一框架本质上增强了传统的采购订单融资模式。在承兑银行提供的付款保证下，卖家有可能获得比传统采购订单融资更高比例的预付款。

2. 卖家主导的装运后融资（Seller-Led Post-Shipment Financing）

- 卖家向收款银行提出申请：在货物发出并且数据匹配完成后，卖家可向收款银行寻求融资，这类似于已核准应付款融资。卖家随后可以获得全额 BPO 付款，但需要扣除预付款的贴现。

这种装运后融资机制的另一个优势是它不依赖于卖家的信用额度。这是因为预付款是由承兑银行转移到收款银行的最终付款的一部分。

值得注意的是，收款银行可能会主动将贸易数据与之前确定的基线进行预匹配（甚至在货物装运前），作为可能稍后纳入 BPO 的修改内容，以支持已核准应付款融资。通过这种调整，收款银行能够提交数据进行完全匹配（即使在货物交付后），并确保 BPO 的实现。

- 买家向收款银行提出申请：在货物装运和数据匹配完成后，代表买家的承兑银行向收款银行请求加快向卖家支付 BPO 款项。这里的融资使用了承兑银行的信用额度，促使承兑银行将 BPO 金额连同利息汇至收款银行。这种金融安排反映了一种从买家到卖家的提前付款场景。因此，除了 BPO 之外，在所有利益相关者之间达成预先约定的共识至关重要。

3. 买家主导的延期付款融资（Buyer-Led Deferred-Payment Financing）

- 买家向承兑银行提出申请：买家请求其承兑银行推迟 BPO 付款到期日，使其能够在 BPO 到期后与承兑银行结清款项。随后，买家偿还因延长期限而增加的 BPO 金额的利息。这一安排作为买家与其承兑银行之间的独立协议而存在。

举例来说，2015 年，德国技术出口商 ZF 与土耳其汽车行业进口商 TEMSA 签订了一份合同协议以向其供应备用零部件，并同意执行 BPO。收款银行 UniCredit 与承兑银行 TEB 共同促成了 BPO，买家 TEMSA 还向承兑银行申请了延期付款融资（延期 180 天）。

9.3.4 风险及其缓解策略

为了确保 BPO 的成功实施，买卖双方必须在最初就付款条款、付款责任金额以及销售合同的其他相关细节达成一致。在就 BPO 条件达成共识后，两个关键的匹配程序保障最终交易：①基线数据匹配；②交易数据与基线数据匹配。BPO 提供的这一保障机制确保了承兑银行在到期时向卖家

> 在 BPO 中，未付款的违约风险从买家转移至买家的承兑银行。

付款。在 BPO 框架下，不付款的违约风险从买家转移至买家的承兑银行。

在承兑银行向收款银行提出 BPO 建议并随后予以接受后，一旦基线数据和贸易数据之间实现电子匹配，承兑银行便被授权在规定的到期日履行付款义务。鉴于支付义务一旦激活即具有约束力，承兑银行评估相关风险、对买家进行尽职调查（例如 KYC）并适当定价 BPO 至关重要。承兑银行的风险随后通过买家的信用可靠性以及其他相关的信贷和保险工具得到缓解。

相反，收款银行有责任确保与卖家的内部合规，并验证卖家向 TMA 转发的数据。如果存在相互商定的基线且付款仍待解决（在延期付款 BPO 的情况下），且收款银行此前已接受承兑银行的违约风险，则收款银行可选择履行超出 URBPO 范围的卖家付款。

根据 URBPO 指南，收款银行没有义务结算卖家的付款。收款银行和卖家之间的协议必须通过明确的法律合同来表述。因此，BPO 使银行能够在赊销和其他供应链金融机制中提供风险缓解。在以 BPO 为基础的供应链金融补充业务中，如果承兑银行违约，收款银行必须为承兑银行设立一个必要的信用额度。由于 BPO 纯粹是银行间的交易，它不能像信用证那样在传统意义上被"确认"。然而，卖家与其收款银行之间可能存在另一项额外承诺的独立协议（即"沉默确认"）。

如果收款银行为卖家的装运前融资提供预付款，那么对卖家的生产能力进行严格的尽职调查并确保最终产品交付给买家就变得至关重要。收款银行还必须根据供应链效率、产品标准和交付成功率等因素仔细评估卖家的信用价值。此外，应将承兑银行的信用稳定性纳入贴现率的考量之中，以防范违约。因此，基于卖家的供应链效率和承兑银行的信用状况，收款银行向卖家收取的费用将包括 BPO 处理费和风险溢价。

如果买家发起预付款请求，催促承兑银行提前结清卖家款项，那么买家的信用也必须纳入收款银行的风险评估。承兑银行向买家收取的费用将包括与 BPO 相关的成本以及基于买家信用状况的风险溢价。

9.3.5 比较分析

鉴于 BPO 作为支付框架的作用，其运作方式类似于信用证、传统赊销和其他供应链金融机制。为了突出它们之间的异同，我们将 BPO 与信用证和传统赊销进行比较。

1. BPO 与信用证的比较

BPO 与信用证有一些相似之处，尤其是在流程方面（参见图 5.2 和图 9.2）。对于信用证来说，确认银行（Confirming Bank）和开证银行（Issuing Bank）都有支付义务，但这取决于合规文件的实际提交。对于 BPO 来说，承兑银行的支付义务取决于贸易数据与基线数据的匹配，这导致一些人将 BPO 视为电子版的信用证。然而，两者之间还是存在显著差异的。表 9.1 对比了 BPO 和信用证。

表 9.1 BPO 与信用证的比较

比较项目	BPO	信用证
支付义务	承兑银行的义务是不可撤销的	开证银行、指定银行和/或确认银行的义务是不可撤销的
责任方	银行对银行	银行对卖家
文件处理流程	银行不需要实物贸易文件；电子基线数据匹配	需要实物贸易文件；手动检查
数据差异	由于电子数据匹配，差异较少	由于存在文件和数据验证中的人为错误，错误风险较大
融资成本	由于自动化电子数据匹配，成本降低	由于文书工作和潜在的人为错误，成本上升
融资速度	由于电子数据匹配，速度更快	由于手动验证过程，速度较慢
国际商会规则	UCBPO 750（银行付款责任统一规则 750 号出版物）	UCPDC 600（跟单信用证统一惯例 600 号出版物）
资金来源	承兑银行	开证银行
装运单据	直接从卖家到买家	从卖家到银行
融资灵活性	为供应链金融机制提供赋能框架，例如从收款银行获得卖家主导的装运前或装运后融资，以及从承兑银行获得买家主导的延期付款融资	开证行可在单据审核期间变更付款；它也可以用作额外融资的抵押品

表 9.1 表明，在许多方面，BPO 相比信用证具有优势。在某些方面，BPO 结合了信用证的最佳实践，为银行提供了交易的全面概览和全自动化操作。尽管如此，预计 BPO 和信用证将在相当长的一段时期内共存。这是因为许多企业和银行习惯于使用信用证进行交易。此外，采用 BPO 所涉及的技术合规性和复杂性可能会进一步推迟其在贸易和供应链金融中的广泛应用。

> BPO 整合了信用证的最佳实践，为银行提供了完整的可视性和自动化交易。

| 案例研究 | BPO 与信用证的选择

Polytrade 是一家提供聚合物、聚酯及相关添加剂与原材料市场营销和物流服务的公司。2014 年，Polytrade 与泰国的市场营销公司 PTT Polymer 签订了合同。在过去，两家公司都使用信用证进行国际交易。然而，由于 Polytrade 的利润率较低，对信用证相关的高交易成本非常敏感。此外，由于交货时间紧迫，该公司希望简化其贸易流程。为寻求一种能够加快运营、最小化数据差异风险并降低融资成本的方式，Polytrade 在 UniCredit 的指导下选择了 BPO。PTT Polymer 在其收款银行曼谷银行的协助下也同意了 BPO 计划。Polytrade 选择 UniCredit 作为其承兑银行，并从 UniCredit 那里获得了额外的 60 天付款延期。

2. BPO 与传统赊销的比较

BPO 作为一种支付框架，拓展了银行的服务组合，同时为包括赊销在内的一系列贸易和供应链金融机制提供了风险缓解方案。从本质上讲，BPO 可以作为一个平台来执行与传统赊销相关的任务。然而，收款银行和承兑银行的参与使得 BPO 与传统赊销机制有所不同。将 BPO 纳入赊销的一个明显优势是，它向卖家提供了买家（通过承兑银行）向其指定收款银行的付款保证。

| 案例研究 | 使用 BPO 进行赊销

"首笔开放账户 BPO"的殊荣属于 2014 年日本能源基础设施进口商三井物产工厂系统株式会社（Mitsui & Co. Plant Systems Ltd.）与德国机械制造出口商 RVT 系统公司之间的一笔交易。指定的承兑银行是东京的三菱日联金融集团（Mitsubishi UFJ Financial Group, MUFG），而收款银行是德国的联合信贷银行（UniCredit）。根据他们的合同，三井物产公司向 RVT 系统公司订购了齿轮箱和联轴器。双方同意在 SWIFT TSU 系统的协助下，于 TSU 数据匹配后 7 天内执行 BPO。

表 9.2 进一步比较总结了 BPO 与传统赊销。

表 9.2 BPO 与传统赊销的比较

比较项目	BPO	传统赊销
支付义务	不可撤销	风险更高；买家可能会进一步延迟支付甚至违约
责任方	银行对银行	买家对卖家
融资方式	从承兑银行到买家	从卖家到买家
风险承担者	承兑银行	卖家
资金来源	承兑银行	卖家
融资成本	由于自动化的电子数据匹配，买家的成本较低	卖家通常必须为预付款提供相当高的折扣率
融资速度	由于电子数据匹配，速度更快	由于手动验证过程，速度较慢
文件处理流程	电子数据匹配	实物文件由卖家直接发送给买家
国际商会规则	UCBPO 750	不适用
透明度	由于电子数据匹配，供应链透明度较高	比较有限
融资灵活性	有更多融资选项，如由收款银行提供的卖家主导的装运前或装运后融资，以及由承兑银行提供的买家主导的延期付款融资	占主导地位的买家可能会延迟付款，危及卖家和供应链的稳定

见表 9.1 和表 9.2，BPO 整合了信用证和赊销交易的最佳实践。BPO 固有的融资灵活性使得供应链金融机制（如装运前和装运后融资）可以在 BPO 框架内实现。这种多样性增强了 BPO 的吸引力，尤其是对于资本受限的公司。随着区块链等赋能技术的出现，我们预计 BPO 在贸易金融和供应链金融中的应用将会更加广泛。

> BPO 整合了信用证和传统赊销的优点，从而增强了自身的吸引力。

9.4 结构化商品融资

结构化商品融资（Structured Commodity Finance），又称结构性大宗商品融资，是一种专门的供应链金融形式，主要应用于石油、农产品、能源、金属和矿产品等大宗商品。这种供应链金融形式在跨境贸易中非常普遍，尤其是在传统银行贷款稀缺的新兴市场。当需要为大宗商品供应商提供融资以确保大宗商品供应的连续性时，这种方式尤其有用。

结构化商品融资是一种为大宗商品贸易量身定制的供应链融资。该结构围绕卖家（或出口商）和买家（或进口商）设定的商业条款展开。预付款用于支付原材料、生产、储存、运输等成本，以及对工厂、机械和基础设施的投资。例如，供应商（如农民或石油生产商）可能会收到基于预期购买价格或生产成本的部分预付款。这些预付款使他们能够启动生产流程，无论是种植作物或者开采石油。作为担保，供应链公司通常使用采购订单、出口/销售合同、应收账款以及收款账户等作为抵押品。

结构化商品融资对于大宗商品交易量大但通常利润微薄的行业尤其不可或缺。根据大宗商品的生产周期，融资可以是短期的，也可以延长到中长期（例如，3～5年）。为了保持竞争力，金融机构精心设计其融资方案，以满足特定行业部门和特定专业程序的需求。

除了以盈利为目标的金融机构外，世界银行集团的国际金融公司也推出了结构性贸易和大宗商品融资（Structured Trade and Commodity Finance，STCF）、关键大宗商品金融计划（Critical Commodities Finance Program）和全球仓库金融计划（Global Warehouse Finance Program）等倡议，旨在帮助发展中国家开展大宗商品贸易。截至 2021 年，STCF 计划已推动了超过 30 亿美元的全球贸易，主要涵盖能源和农业商品。

大多数大宗商品被视为优质抵押品，原因如下。

- 可验证性。
- 可评估性。
- 可执行性——即使在清算或破产的情况下。
- 价值稳定性。
- 法律明确性。
- 市场性。

鉴于大宗商品在现行市场价格下易于转售，结构化商品融资往往不那么依赖借款方的财务健康状况，而更多依赖于大宗商品的抵押品价值。这种动态在某种程度上减轻了金融机构辨别借款方资产负债表真实价值的工作负担。因此，金融机构可能只需要将交易中的大宗商品作为抵押品。根据金融框架的结构，金融机构也可能对未来大宗商品价格进行对冲，以进一步降低金融风险。

> 结构化商品融资较少依赖借款公司的财务状况，而更多依赖大宗商品的抵押品价值。

结构化商品融资的另一个显著特点是，买家可能需要保证从卖家采购大宗商品。为了帮助卖家进行生产规划，买家也可能会披露他们的需求预测。如果买家被认为信用良好且信用评级较高,那么借款成本可以被降低,从而使供应链更加高效。

9.4.1 变形模式

结构化商品融资有多种形式,具体取决于结构性条款。在实践中,结构化商品融资框架内可以应用多种供应链金融机制。虽然金融机构可以将大宗商品作为普通抵押品而使用传统供应链金融机制进行商品交易,但由于大宗商品行业通常资本需求较高且贸易周期较长,结构化商品融资在该领域仍具有特别的吸引力。为避免与传统供应链金融机制混淆,下面我们将简要介绍几种有代表性的结构化商品融资机制。

1. 预出口融资

预出口融资(Pre-Export Finance)类似于采购订单融资(详见第6.5节),但其应用背景是在大宗商品供应链中。该融资方式使资金有限的大宗商品卖家能够优化生产,以满足买家需求。不出所料,大宗商品公司是预出口融资的主要使用者,尤其是在支持广泛的资本密集型生产经营方面。

通过预出口融资,卖家(或借款人)将出口合同或采购订单作为抵押品,确保在出口前提前获得资金。这些资金随后用于生产和运输约定的货物。由于许多大宗商品普遍存在较长的生产周期,预出口融资往往是长期的。在还款完成之前,金融机构通常保留商品的所有权——无论是在储存、运输过程中还是尚在生产中。在大多数情况下,卖家会指示买家直接向金融机构(见图9.3所示的特殊目的载体)付款。

典型的预出口融资协议包含许多围绕大宗商品公司绩效及其交付约定货物能力的条款。这些条款可能涉及买卖双方之间的采购合同、商品所有权、生产标准、法律法规、绩效报告、保险覆盖范围、债务服务以及指定的收款账户。这些收款账户用于收集大宗商品买家的付款。

2. 预付款融资

预付款融资(Pre-Payment Finance)与预出口融资非常相似。然而,在这种安排中,买家充当借款人,将贷款预付给卖家。因此,卖家可以提前获得通过传统银行渠道难以获得的资金。根据约束所有相关方的采购协议,卖家所交付的商品将用于偿还预付款的本金和相应的利息。预付款融资的程序流程如图9.3所示。

预付款融资通常是长期的,期限在1~5年之间。它在负责为终端消费者采购商品的国际贸易商中颇受欢迎。根据最新数据,预付款融资在石油行业的使用比在其他大宗商品行业更为普遍。向卖家提供预付款使买家能够协商长期的大宗商品供应协议。一般情况下,大宗商品卖家在预付款融资下有向买家供货的合同义务。

3. 代加工融资

代加工融资(Tolling Finance)是指借款人向金融机构募集资金购买原材料,然后,这些材料被运输到一个生产企业(即代加工商)加工为成品,并最终交付给终端买家。金融机构保留对原材料的所有权,并可能支付额外的生产(或代加工)费用,以确保货物的完成。这些原材料的融资可以通过预出口和预付款融资机制来促进。当最终买家支付融资费用时，交易得以结算。

4. 借款基础融资安排

借款基础融资安排（Borrowing Base Facility）的资产通常包括大宗商品货物、这些商品的销售收入、库存或在途商品，以及对大宗商品的付款权。鉴于这些资产的持续交易和补充，定期更新借款基础报告以维持风险控制至关重要。

贷款限额通常是抵押品总值的一定百分比。这一百分比或融资比例可能根据抵押品的类型而变化，反映了每种抵押品相关的固有风险。例如，粮食的融资比例可能为 90%~95%，其他大宗商品可能在 60%~80% 之间，而在二级市场上流动性较差的商品可能只能获得 50%~60% 的融资。

循环信贷安排（Revolving Credit Facility）作为一种独特的借款基础融资安排，主要被石油和大宗商品的交易实体使用。这些信贷安排的功能类似于信用证，但为借款人提供了更大的灵活性。只要借款保持在设定限额以下，借款人就可以持续提取和偿还信用额度。这些借款人通常是大型的大宗商品交易机构，使他们能够根据自己的需求灵活地提取和偿还金融机构的资金。尽管循环信贷安排缺乏信用证所固有的银行担保，但特殊目的载体（SPV）和买家担保的存在有助于抵消金融机构的部分金融风险。

5. 仓储融资

仓储融资，又称大宗商品仓单融资（Warehouse Financing for Commodities），其运作方式与第 8.2 节讨论的库存融资类似。卖家将大宗商品存放在仓库中，这些商品作为金融机构的抵押品。知名的大宗商品交易商可能充当借款人，预付款项给大宗商品供应商，借此确保持续向抵押品管理人控制的仓库供货。

9.4.2 操作流程

除了供应链实体之间的常规商业协议外，结构化商品融资还包括采购承诺合同和金融协议。为了促进这些交易并利用 SPV 的风险隔离属性，通常会设立一个破产隔离的 SPV。尽管结构化商品融资形式多样，但有些形式（如预出口融资和预付款融资等）具有类似的流程。其他变形模式反映了前几章中研究的传统供应链金融方法，因此，为简洁起见，此处省略。图 9.3 描绘了结构化商品融资框架下预付款融资的代表性流程。

（1）利益相关方，包括卖家、买家、银行和银行的 SPV，达成融资框架协议。一旦协议确立，卖家和买家在协议有效期内遵守协议的指示，无须重新申请融资。如果没有 SPV，银行在整个过程中承担 SPV 的角色。

（2）银行将资金转移至 SPV，启动融资阶段。

（3）买家从卖家处订购大宗商品时，通知 SPV。在某些情况下，买家可能会通过 SPV 向卖家转发采购订单。采购时间表也可以在采购协议中预先定义。

（4）在预付款融资的背景下，SPV 在出口前向卖家提供预付款。预付款的确切时间可能因融资环境不同而有所不同，通常在框架协议中概述。

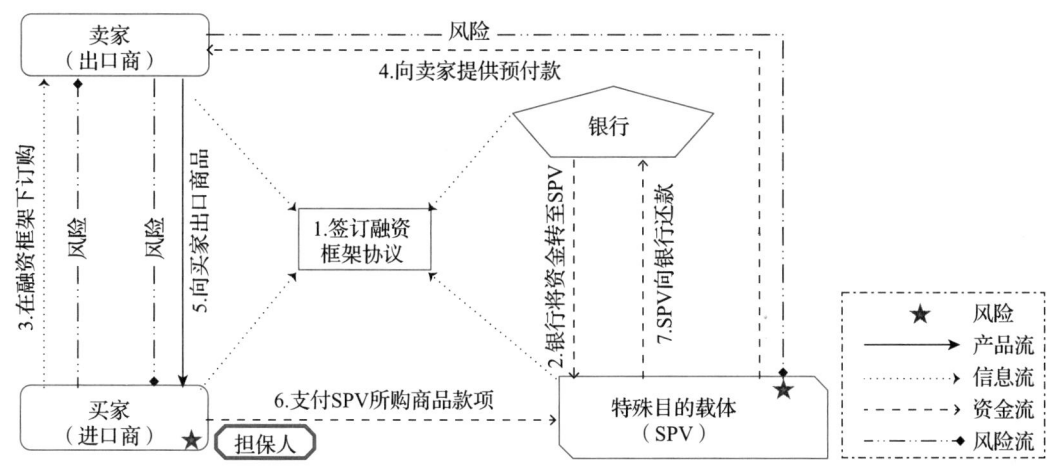

图 9.3 结构化商品融资（预付款）流程

（5）卖家将大宗商品发送给买家。通常，卖家先将货物送到指定仓库，然后在 SPV 的指导下，将货物分发给买家或买家的客户。

（6）根据预先确定的付款方案，买家与 SPV 结算所购商品的应付款项。

（7）按照计划，SPV 向银行还款。

由于结构化商品融资框架是根据大宗商品的独特特征和供应链实体的需求量身定制的，其流程可能根据所有参与者之间相互商定的条款不同而有所不同。

9.4.3 收益分析

与其他供应链金融方法相比，结构化商品融资通常被视为价值和所有权频繁变动的大宗商品资产融资的最佳实践解决方案。它基于资产的融资结构较为恰当地适应了大宗商品价值和位置的变化。此外，它还促进了金融机构和供应链实体之间的所有权的无缝转移。

1. 对卖家的好处

许多大宗商品（尤其是农业大宗商品）需要较长的生产和准备时间，因此，结构化商品融资成为连接生产阶段与买家付款的关键桥梁。这些商品固有的市场性减少了对其他抵押品的需求，否则这些抵押品可能会造成负担。这使得卖家更容易获得融资，从而降低资本成本。破产隔离的 SPV 和买家担保为卖家带来了额外的好处。

然而，建立完整的融资框架和 SPV 可能会消耗大量资源，无论是在成本还是在时间上。因此，结构化大宗商品融资通常对于大规模交易更为有效。当大宗商品在二级市场的流动性较低时，其效率就会下降。

2. 对买家的好处

结构化商品融资在财务上支持卖家，从而形成了一个稳健的供应链，帮助买家获得持续且充裕的大宗商品供应。通过支持融资，买家可以利用其影响力与卖家和银行协商更优惠的交易条款，如降低商品销售成本和改善支付条件。在涉及预付款融资的情况下，买家也可以要求卖家承诺长期、可靠的商品交付以换取预付款。

3. 对银行的好处

在结构化商品融资策略中纳入 SPV，能够有效地保护银行的其他资产免受融资协议相关的潜在财务风险影响。融资中的大宗商品具有固有的流动性，以及买家的购买承诺，这些都进一步缓解了银行的财务风险。此外，银行还能从高交易量和买卖双方之间长期互惠的商业关系中获益。

9.4.4 风险及其缓解策略

在预出口融资和预付款融资模式中，存在一种显著的风险，即卖家可能会在实际货物交付前几年就收到预付款。因此，严格评估与卖家相关的履约风险变得至关重要。即使在政治和财务环境波动的情况下，卖家也应展示生产和交付约定商品的能力。为抵消这种不确定性，通常建议卖家购买诸如政治风险等保险，以确保不可预测的事件不会阻碍结构化商品融资过程。

> 与卖家相关的履约风险可能是巨大的，因此需要进行彻底检查。

为缓解产品在整个生命周期内的固有风险（如质量降级，尤其是在容易出现虫害或易腐问题的农产品中），对商品进行定期质量监控至关重要。此外，建议对这些大宗商品采取迅速运输和及时销售策略，以减少价值贬值、质量恶化和库存损坏等问题。有效实施此类措施可以最大限度地减少潜在损失，确保商品在整个供应链过程中处于最佳状态。

鉴于金融机构的最终还款取决于市场的最终销售情况，买家的采购承诺显著降低了市场不可预测性风险。SPV 的整合也有助于在大额融资损失期间降低金融机构的风险，这归功于 SPV 的破产隔离特性。然而，彻底审查买家的可靠性对于规避可能的付款延迟或违约风险至关重要。建议对买家相关的定性和定量风险进行第三方评估，并在必要时购买买家保险。

由于大宗商品价值的波动性，金融机构通常要求借款方根据合同规定定期提供有关商品生产和销售的报告。如果抵押品价值跌至指定的杠杆基准之下，金融机构可能要求补充额外的大宗商品来弥补赤字。在这种情况下，可能需要权衡几种解决方案，包括增加买家的订单量、提前向金融机构偿还贷款、签订新的销售协议或提供额外现金以提高债务服务覆盖率。

在管理大宗商品市场风险时，金融机构可能倾向于根据抵押品价值设定较低的融资利率。鉴于可用选择众多，预计融资文件及其可用选择将经历大量修改和谈判。

由于金融机构会定期接管商品所有权作为抵押措施，因此在结构化商品融资中，有效地追踪、监管和处理商品——无论是在途还是入库变得至关重要。要确保完全透明，在供应链实体和金融机构之间建立稳健的信息交换机制至关重要。运用先进的信息系统可以帮助实现这一目标。

此外，金融机构应熟练掌握国际司法管辖和法律的细微差别，以便有效处理潜在的全球分歧。尽管如此，金融机构仍可以选择投保以防范潜在损失，或坚持要求借款方购买保险，以减轻信贷和政治风险。

9.5 总结

本章探讨了多种非传统的供应链金融机制。这些机制为供应链内复杂的融资挑战提供了量身定制的解决方案，涵盖了分销商融资、银行付款责任和结构化商品融资等。这些机制的主要目的是增强流动性和优化现金流，它们能够适应各种行业的需求，并能通过战略安排来缓解潜在风险。

本章要点如下。

1. 分销商融资
- 这种机制帮助经销商在无须立即付款的情况下购买商品，从而促进销售增长和运营顺畅。通过依赖经销商的信用状况，供应商可以从金融机构提前收到款项，同时允许经销商获得延长的付款期限。

2. 银行付款责任（BPO）
- BPO 是传统信用证的一种数字化且具有法律约束力的替代方案。它利用电子数据匹配技术，为国际贸易交易提供安全保障。买卖双方都受益于交易速度的提高和文书工作的减少，同时银行通过 BPO 的自动化和精确匹配流程而降低了风险。

3. 结构化商品融资
- 这是一种针对价值和所有权频繁波动的大宗商品的定制化金融机制，该机制强调以资产（主要是大宗商品）作为融资保障。主要变形模式包括预出口融资、预付款融资、代加工融资、借款基础融资安排和仓储融资等。
- 这种机制对所有相关方都有益。
  - 卖家：收到预付款，确保现金流稳定。
  - 买家：可以确保持续且充足的大宗商品供应。
  - 银行：通过使用特殊目的载体（SPV）和买家担保来降低财务风险。
- 卖家的履约风险、商品质量下降以及商品价值波动等风险可以通过保险、定期监控和合同条款加以缓解。

9.6 练习

9.6.1 思考题

1. 预付款融资与预出口融资的区别是什么？
2. 描述借款基础融资安排中定期更新借款基础报告的目的。
3. 与传统信用证相比，循环信贷安排有什么独特之处？
4. 特殊目的载体（SPV）在结构化商品融资中的作用是什么？
5. 在结构化商品融资的背景下，列出卖家、买家和银行各自的好处。
6. 为什么在预出口和预付款融资中审查与卖家相关的履约风险至关重要？
7. 为什么在结构化商品融资中，对于大宗商品特别是农产品，定期的商品质量监控尤为必要？
8. 当抵押品的价值低于所需杠杆水平时，金融机构如何降低风险？
9. 结构化商品融资中框架协议的目的是什么？
10. 结构化商品融资与仓储融资的关系是什么？

9.6.2 案例研究

Sunrise Agro Limited 的结构化商品融资

背景：

Sunrise Agro Limited（SAL）是一家位于巴西的中型农业公司，专业从事大豆生产。由于基于大豆的产品需求不断增加，该公司在本地和国际市场的销量均有所提升。

近年来，SAL 与总部位于欧洲的重要食品分销商 GreenFood Corp（GFC）签订了合同。该合同要求 SAL 在五年内向 GFC 供应大量大豆。

问题：

尽管 SAL 业务增长迅猛，合同利润丰厚，但仍面临现金流挑战。从大豆种植、加工和运往欧洲以及最终从 GFC 收到付款的时间可能长达数月。这一延迟给 SAL 的流动性带来了重大压力，使其难以投资下一季种植、支付当地供应商或覆盖日常运营费用。

此外，SAL 也意识到大宗商品价格的波动性以及在储存和运输期间确保大豆质量的风险。

解决方案：

（1）分销商融资：SAL 可以根据其与 GFC 签订的合同的稳定性和可靠性，向金融机构申请分销商融资。这将弥补现金流缺口，并确保 SAL 有足够的营运资金来投资下一季种植、支付当地供应商和覆盖日常运营费用。

（2）结构化商品融资：鉴于 SAL 的运营性质及其大豆合同的高价值，结构化大宗商品融资可能是一个不错的选择。通过使用大豆作为抵押品，SAL 可以获得融资，确保整个种植和销售周期的流动性。

（3）银行付款责任（BPO）：SAL 和 GFC 可以就 BPO 达成一致，由银行在特定条件下确保支付，向 SAL 提供一旦满足这些条件（如交付货物）就会收到资金的保证。这种安排将减少支付延迟，并提高 SAL 的资金可用性。

SAL 的做法：

SAL 选择了 BPO 和结构化商品融资相结合的方案。

（1）SAL 和 GFC 同意各自的银行介入。这些银行同意执行银行付款承诺（BPO），确保 SAL 在大豆交付后立即收到付款。

（2）SAL 向当地银行说明了与 GFC 的合同及对结构化商品融资的需求。银行同意以大豆作为抵押品为 SAL 的运营提供融资，并创建了一个特殊目的载体，使这个安排具有破产隔离性，从而保护 SAL 和银行的利益。

结果：

得益于这些金融安排，SAL 保持了健康的现金流，确保了运营顺畅，并履行了与 GFC 的合同。由于能够投资于储存设施并加快运输，SAL 的大豆质量始终保持在高水平。

问题：

1. SAL 面临的主要挑战是什么？
2. 结构化商品融资如何支持像 SAL 这样的企业？
3. 银行付款责任（BPO）与传统信用证（LC）有何区别？

9.7 参考资料

Agiboo. (2018). *Structured Commodity Financing: What You Need to Know?* http://www.agiboo.com/structured-commodity-financing/. Accessed December 1, 2023.

de Boer, R., Steeman, M., & van Bergen, M. (2015). *Supply Chain Finance, Its Practical Relevance and Strategic Value: The Supply Chain Finance Essential Knowledge Series*. Hogeschool Windesheim.

Doyle, M. (2021). *Slow Adoption of SWIFT's Bank Payment Obligation for Digital Trade Finance*. https://www.americanexpress.com/us/foreign-exchange/articles/swift-bpo-digital-trade-finance/. Accessed November 11, 2020.

Eker, O. (2018). *Bank Payment Obligation – BPO*. https://www.letterofcredit.biz/index.php/2018/10/29/bank-payment-obligation-bpo/. Accessed November 11, 2020.

Wynne, G. L., & Fearn, H. (2014). The Bank Payment Obligation: Will It Replace the Traditional Letter of Credit Now, or Ever? *Butterworths Journal of International Banking and Financial Law*. 102–104.

Global Trade Funding. (2020). *What Is Structured Commodity Finance?* https://tradefinanceanalytics.com/what-is-structured-commodity-finance. Accessed Febuary 13, 2021.

Global Trade Review. (2020). *Structured Trade and Commodity Finance*. Exporta Publishing & Events Ltd. https://www.gtreview.com/structured-trade-and-commodity-finance/. Accessed November 19, 2020.

Globe SCF Forum. (2016). *Standard Definitions for Techniques of Supply Chain Finance*. A Joint Report by BAFT, Euro Banking Association (EBA), Factors Chain International (FCI), International Chamber of Commerce (ICC), International Trade and Forfaiting Association (ITFA).

Hayes, A. (2020). *Floor Planning: Definition, in Auto Sales*. Investopedia. https://www.investopedia.com/terms/f/floor-planning.asp. Accessed January 11, 2021.

ICC. (2013). *Uniform Rules for Bank Payment Obligations*. https://2go.iccwbo.org/uniform-rules-for-bank-payment-obligations-config+book_version-Book/. Accessed November 29, 2020.

ICC. (2018). *Bank Payment Obligation (BPO)* (Issue Document No. 010613).

ICC QATAR. (2018). *The ICC Bank Payment Obligation - A Digital Instrument for a Digital Age*. https://iccqatar.org/wp-content/uploads/2018/05/ICCQATARBPO.pdf. Accessed October 13, 2020.

IFC. (2021). *Structured Trade Commodity Finance*. International Finance Corporation. https://www.ifc.org/en/what-we-do/sector-expertise/financial-institutions/global-trade/structured-trade-commodity-finance. Accessed January 13, 2024.

Lexis PSL. (2021). *Pre-Export Finance and Prepayment Finance—Overview*. Lexisnexis.com. https://www.lexisnexis.com/uk/lexispsl/bankingandfinance/document/391289/5617-JTC1-F185-X3X6-00000-00/. Accessed January 5, 2022.

LexisNexis. (2021). *Trade Finance: Borrowing Base Facilities and Warehouse Financing—Overview*. https://www.lexisnexis.com/uk/lexispsl/bankingandfinance/document/391289/5F9Y-37H1-F185-X2WH-00000-00/. Accessed March 6, 2022.

Mizuho. (2021). *Structured Trade Finance-Mizuho Bank2021*. https://www.mizuhogroup.com/bank/what-we-do/structured_finance/. Accessed March 16, 2022.

Morton, K. (2019). *Pulling the Plug on TSU and the Wiring of Trade Finance: What Next for BPO?* https://www.txfnews.com/articles/6733. Accessed January 13, 2024.

Payne, J. (2020). *Explainer How Commodity Trade Finance Works*. Reuters. https://www.reuters.com/article/us-trade-financing-banks-explainer/explainer-how-commodity-trade-finance-works-idUSKCN2582EX. Accessed May 6, 2022.

Porteous, J. (2018). *Pre-Export Finance and Prepayment Finance - Overview*. Stevens & Bolton LLP. https://www.stevens-bolton.com/site/insights/articles/preexport-finance-and-prepayment-finance-overview. Accessed June 9, 2024.

Raunek. (2023). *Bill of Lading in Shipping: Lmportance, Purpose, and Types*. https://www.marineinsight.com/maritime-law/what-is-bill-of-lading-in-shipping/. Accessed January 13, 2024.

Suták, P. (2012). Structured Commodity Finance. *Applied Studies in Agribusiness and Commerce*, 6(5), 77–83. https://doi.org/10.19041/apstract/2012/5/13. Accessed August 16, 2022.

SWIFT. (2016). *Bank Payment Obligation - A New Payment Method* (Issue July). https://www.swift.com/sites/default/files/documents/swift_corporates_presentations_bankpaymentobligation.pdf. Accessed October 3, 2022.

Trade Finance. (2021). *What Is Pre-Export Finance*. Euromoney Institutional Investor PLC. https://tradefinanceanalytics.com/what-is-pre-export-finance. Accessed July 19, 2022.

Trade Finance Guide. (2021). *Structured Funded Trade Finance*. Trade Finance Global. https://issuu.com/tradefinanceglobal/docs/trade_finance_guide_final/s/10947009. Accessed March 22, 2022.

UniCredit. (2016). *Bank Payment Obligation (BPO)* (Issue February). https://www.swift.com. Accessed January 23, 2022.

Wragg, E. (2019). *Exclusive: Swift Calls Time on TSU*. https://www.gtreview.com/news/global/exclusive-swift-calls-time-on-tsu/. Accessed October 10, 2022.

第 3 部分

供应链金融风险分析

我们永远不要因恐惧而谈判,但我们也不应恐惧谈判。

——约翰·肯尼迪

第 10 章 供应链金融风险分类与评估

- 学习目标

1. 理解供应链金融风险管理体系在金融决策中的核心要素及其重要性。
2. 利用供应链金融风险分类框架区分各类风险。
3. 考虑内部与外部因素,运用定性方法评估供应链金融的潜在风险。
4. 应用定量风险评估技术,如变异系数和阿特曼 Z 评分模型,来确定供应链金融实体的财务稳定性及其风险水平。

- 摘要

本章探讨了供应链金融风险管理的综合框架,详细概述了其概念体系、风险分类以及定性与定量的风险评估方法。读者将能深入理解供应链金融风险的分类,并学习如何运用相关的评估工具(包括变异系数和阿特曼 Z 评分模型)来评估财务稳定性。通过这些结构化的方法,金融专业人士可以在复杂的供应链环境中更明智地做出决策,有效平衡潜在的收益与固有的风险。

10.1 导言

变化是宇宙中的永恒主题,世界万物瞬息万变,社会事件因此充满不确定性和风险——供应链金融领域亦是如此。尽管"风险"一词的定义已拓展至包括"对目标的不确定性影响",人们仍主要关注那些负面且不受欢迎的风险。这些风险通常关联于潜在的、我们所不期望的意外事件。

> 世界万物瞬息万变,不确定性成为社会事件中的永恒现象。

之前我们已讨论了供应链金融机制中的一些风险缓解方案,但尚未构建一个全面的定性与定量分析框架。为了有效地管理供应链金融中的风险,所有参与方有必要建立起一个能够识别、跟踪、缓解、管理并解决潜在问题的系统。2021 年,上海交通大学与邓白氏公司（Dun & Bradstreet Corporation）合作开展的一项调查显示（见图10.1），企业高度重视其在识别、监测、控制和管理包括供应链金融风险在内的各种风险的能力。

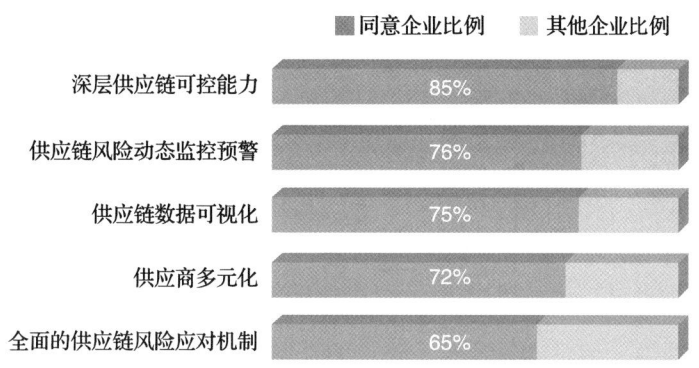

图 10.1　企业对供应链风险管理技能重要性的评估

在接下来的章节中，我们将首先介绍供应链金融风险管理的概念框架，接着深入探讨供应链金融风险的分类及其度量方法。

10.2　供应链金融风险管理体系

供应链金融涉及供应链事件和融资活动，因此其风险既包括金融风险，也包括供应链风险，这两者在某些领域存在重叠。供应链金融风险是在供应链管理领域中特有的财务风险，需要采用一种综合金融和供应链风险要素的管理方法。鉴于供应链风险的显著影响，将金融风险和供应链风险整合至供应链金融风险管理系统中显得尤为关键。

供应链金融中的风险正在上升。然而，只有5%的企业间交易有信用保险，这使得全球大多数交易都面临风险敞口。与传统的银行融资不同，供应链金融涉及将融资风险转移给另一方，这意味着仅仅关注借款企业的传统风险管理方法已不足以解决贷款金融机构的担忧。

供应链金融风险管理的常见方法包括以下几个步骤。首先，识别风险，并估计及测量这些风险的潜在影响（见图10.2）。然后，企业将寻找可用的风险处理方法，并根据风险评估结果选择最合适的策略，包括规避、转移、缓解或保留风险。最后，在实施风险处理后，公司可以评估其效果，并决定是否与业务伙伴重新谈判或寻求替代的风险处理方法。

> 在供应链金融融资过程中，公司可选择规避、转移、缓解或保留风险。

10.3　供应链金融风险分类

我们首先审视金融行业中的典型风险类型，随后根据供应链金融的特定背景对这些类型进行重新分类。图10.3展示了一个详细的供应链金融风险拓扑图。

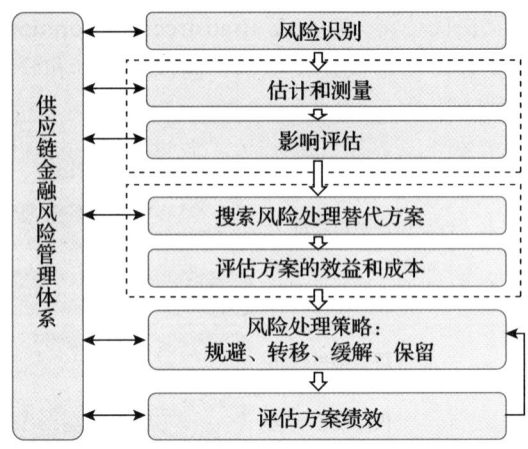

图 10.2　供应链金融风险管理体系

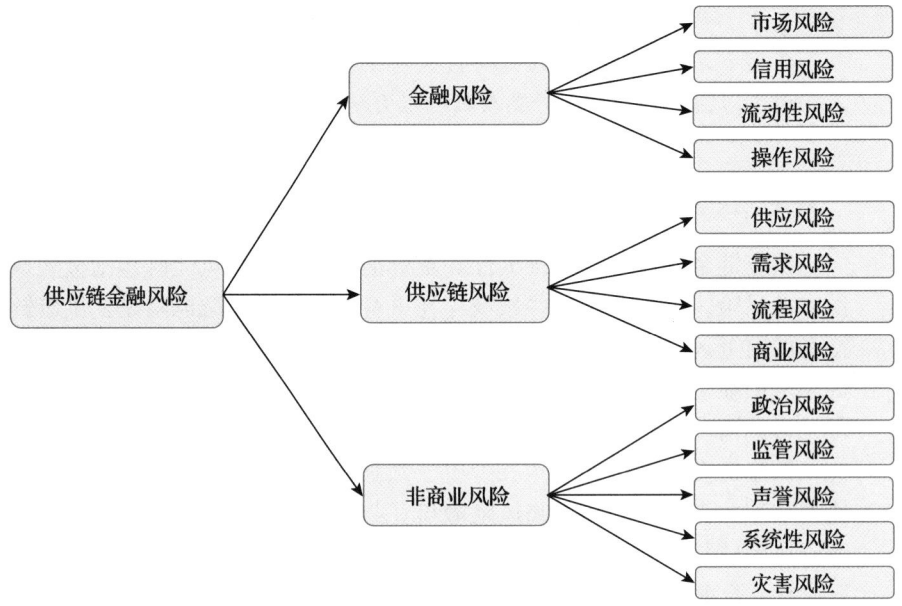

图 10.3　供应链金融风险拓扑图

我们并不推荐企业使用单一的风险度量方法，因为这可能会导致行业只关注一种而忽略其他类型的风险，从而加剧了市场波动性。运用多种风险度量方法可以帮助公司实现多元化风险管理策略，并可能产生意想不到的风险分摊效应。

10.3.1　金融风险

金融风险（Financial Risk）在相关文献中已被广泛讨论和阐释。尽管不同来源的文献可能得出不同的结论，但以下四类风险是被普遍提及的。

1. 市场风险

广义上，市场风险（Market Risk）指的是由市场波动引起的潜在风险。例如，在消费品行业，传统零售商可能会因消费者日益增长的网上购物偏好而面临更大的市场风险。此外，由于竞争加剧或其他多种因素，公司可能会面临市场价格的意外波动。为了更深入理解和管理市场风险，有必要将其细分为相关的组成部分，这些部分可能与整体市场甚至特定交易相关，并可能导致市场价值下降。

在金融市场中，风险通常源于价格和利率的波动。通常，这些风险被分为四个主要类别：股价风险（Equity Price Risk）、利率风险（Interest Rate Risk）、外汇风险（Foreign Exchange Risk）以及商品价格风险（Commodity Price Risk）。这四类风险在供应链金融中的影响将取决于交易的性质和所采用的融资结构。

- 股价风险：市场上的股票价格通常具有高波动性且难以预测。当股权被用作贷款的抵押品时，其价值的显著下降可能对贷款金融机构的利润产生负面影响。
- 利率风险：利率风险是几乎所有融资方案的主要关注点，因为利率的波动直接影响借款人和贷款人的成本与回报。
- 外汇风险：在全球供应链交易中，尤其是在涉及较长交付周期的情况下（例如，海运后付款延迟数月的情况），外汇风险尤为明显。货币价值的波动可能在结算时显著影响交易成本。
- 商品价格风险：在库存融资中，若涉及的商品同时作为抵押品和供应链交易的一部分，商品价格风险尤为关键。价格的波动可能导致抵押品整体价值的变化，从而给交易双方带来风险。

2. 信用风险

信用风险（Credit Risk）源于借款人未能履行其对金融机构的合同义务，这可能导致付款的延迟、错过或拖欠。根据后果的严重程度，信用风险可以细分为结算风险（Settlement Risk）、降级风险（Downgrade Risk）、违约风险（Default Risk）以及破产风险（Bankruptcy Risk）。

- 结算风险：当一家公司未能按照合同条款在规定期限内完成交易结算时，就会发生结算风险。这种风险可能与公司的违约风险相关，但也可能由其他因素引起。即使所有相关方都秉持诚信原则行事，也有这种风险发生的可能性。通过采取多种措施，如聘请清算所、设立特殊目的载体（SPV）或实行货到付款，公司可以有效地缓解结算风险。
- 降级风险：如果公司的信用评级下降，其融资能力可能会严重受损，这将显著增加借款成本并限制其在市场上的融资选择。
- 违约风险：当公司未能按期偿还债务时，就会产生违约风险。这种风险在公司现金流状况较弱时尤为突出，支付违约还可能导致信用评级的进一步下降。
- 破产风险：也称为财务困境风险（Insolvency Risk），是指企业无法履行其债务义务，必须进入破产程序的可能性。

这里需要强调的是违约和破产之间的区别：违约是指公司未能按时支付利息和/或本金的情况；破产则涉及公司资产的清算过程，其中资产出售所得的收益会根据预先确定的优先规则分配给债权人。

当信用风险实现时,借款人可能会损失部分或全部资产,这会限制其恢复资产价值的能力,进而影响履行财务义务的能力。因此,信用风险管理已成为金融机构风险管理的关键。这些机构通常依赖于标准普尔(Standard & Poor's,S&P)、穆迪(Moody's)或惠誉(Fitch)等评级机构的信用评级来评估借款人的信用风险。信用评级较低的借款人通常需要为金融机构承担的更高风险而支付更高的利率。

值得注意的是,截至2020年第二季度,数据显示仅有2.78%的公司获得AAA评级,1.02%获得AA评级,1.51%获得A评级。相反,大多数公司(超过80%)的信用评级低于投资级(BBB),如图10.4所示。

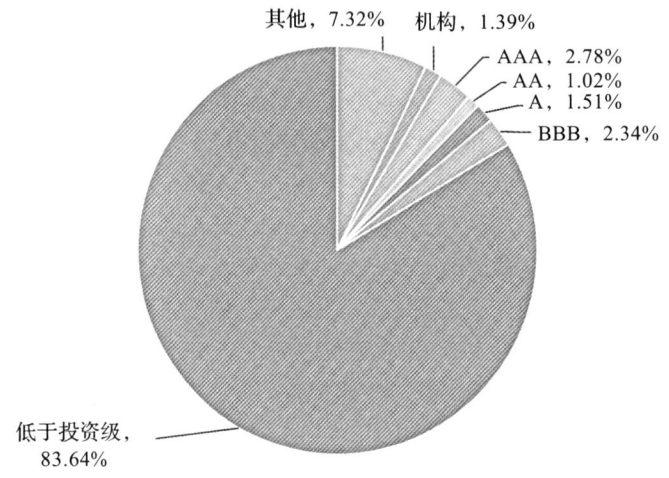

图10.4　2020年第二季度信用评级分布情况

3. 流动性风险

流动性风险(Liquidity Risk)是指公司因流动性不足而无法进行必要的交易。流动性风险主要有两种形式:融资流动性风险(Funding Liquidity Risk)和交易流动性风险(Trading Liquidity Risk),后者也称为资产流动性风险(Asset Liquidity Risk)。

- 融资流动性风险:当公司无法筹集到履行债务义务所需的现金时,就会产生融资流动性风险。为了降低这种风险,公司应保持充足的现金余额、现金等价物或随时可用的信用额度以备现金提取。
- 交易流动性风险:当公司因缺乏愿意交易的买家或卖家时,就会出现交易流动性风险。如果由于买家不足导致现金状况受到威胁,无法完成交易可能会加剧融资流动性风险。

4. 操作风险

操作风险(Operational Risk)源于操作的失败,这可能是由管理不善、技术故障、欺诈活动或人为错误引起的。常见的操作风险包括欺诈风险(Fraud Risk)、人为因素风险(Human Factor Risk)、技术风险(Technology Risk)和模型风险(Model Risk)。

- **欺诈风险**：欺诈风险发生在员工歪曲信息或故意隐瞒交易中的潜在风险时。这种行为引发的风险可能对公司造成严重后果。
- **人为因素风险**：人为因素风险涉及组织内个人可能犯下的错误、不当行为或不道德行为。这些行为可能导致公司遭受财务损失或声誉受损。
- **技术风险**：随着公司对云计算、软件等技术的日益依赖，技术相关的风险在日常操作中变得更为常见。
- **模型风险**：模型风险源自财务和风险管理建模中的不准确性，可能导致误导性的风险评估和决策。

10.3.2 供应链风险

供应链风险（Supply Chain Risk）是促进交易的供应链金融机制中的重要组成部分。交易的成功通常依赖于供应商交付货物的能力，以及买家出售这些货物并及时向供应商和/或贷款金融机构支付款项的能力。因此，供应链中的所有风险都会对最终的供应链金融决策产生影响。常见的风险类型包括供应风险（源自上游）、需求风险（源自下游）、流程风险（与内部运营相关）以及商业风险（与商业关系相关）。

1. 供应风险

供应风险（Supply Risk），也称为供应来源风险（Sourcing Risk）或供应中断风险（Supply Disruption Risk），涵盖了与采购商品或服务相关的各类风险。典型的供应风险包括供应商风险（Supplier Risk）、采购风险（Sourcing and Procurement Risk）、供应质量风险（Supply Quality Risk）、供应数量/短缺风险（Supply Quantity/Shortage Risk）、供应价格风险（Supply Price Risk）、沟通失误风险（Miscommunication Risk）以及供应交付风险（Supply Delivery Risk）。

- **供应商风险**：供应商关系可能恶化，这将迫使买家寻找新的或额外的供应商。同时，供应商的声誉可能影响买家产品的品牌声誉。此外，存在供应商可能停止某一产品线甚至全面停业的风险。
- **采购风险**：过度依赖少数供应商或采用低效的采购策略可能导致供应链面临中断、价格波动和议价能力下降的风险。
- **供应质量风险**：物资可能在抵达或甚至在发货前就已损坏。此外，零部件虽然外观无损，但可能不符合所要求的标准或规范。
- **供应数量/短缺风险**：原材料的短缺是一个常见问题，例如汽车零部件中使用的己二腈和电动汽车中使用的锂。
- **供应价格风险**：由于供给不足、高需求、成本的突变或关税等因素，零部件的价格可能会出现显著波动。
- **沟通失误风险**：与供应商的沟通不畅可能导致各种问题，例如未下订单、订单数量错误或产品规格不符。
- **供应交付风险**：在从供应商到买家的运输过程中，可能会出现交货延迟、物品丢失或部件损坏，尤其是在长途运输中。

2. 需求风险

需求通常不稳定，当实际需求低于预期时，就会产生需求风险（Demand Risk）。这种风险可能源于需求预测的不准确或对消费者行为的误解。常见的需求风险类型包括需求波动风险（Demand Volatility Risk）、预测风险（Forecasting Risk）、消费者偏好风险（Consumer Preference Risk）、产品生命周期变动风险（Product Lifecycle Change Risk）、应收账款风险（Receivable Risk）、价格敏感性风险（Price Sensitivity Risk）以及法规和法律变更风险（Regulatory and Legal Change Risk）。

- 需求波动风险：客户需求的波动通常由季节性变化、经济周期或市场的突发变化所驱动，这为准确预测需求和管理库存水平带来了挑战。
- 预测风险：由于没有完美的预测，预测误差是预料之中的。然而，某些预测模型可以产生更高的准确性，显著帮助买家进行计划和订购。不准确的预测可能导致实际需求过高或过低。
- 消费者偏好风险：虽然基于历史数据的预测精度可能处于可接受范围内，但是，由于新时尚趋势或颠覆性购物渠道的快速变化，消费者偏好的迅速转变可能导致需求与预期有显著偏离。
- 产品生命周期变动风险：产品生命周期的变化，如寿命缩短或新产品的引入，可能会在需求上造成不确定性，从而使供应链的规划和管理变得更加困难。
- 应收账款风险：即使企业运营良好且所有商品均已售出，客户可能仍无法按期付款，导致应收账款的延迟。
- 价格敏感性风险：产品或服务价格的波动，无论是由于市场竞争还是市场条件的变化，都可能影响需求，从而影响供应链的盈利能力和效率。
- 法规和法律变更风险：法规、政策或法律要求的变化可能通过影响产品规格、生产流程或市场准入方式来影响需求。

3. 流程风险

流程风险（Process Risk），又称操作风险（Operational Risk），涉及参与供应链金融的核心公司的内部运营。这些风险与第10.3.1节"金融风险"中所述的操作风险不同，后者侧重于融资活动中的操作问题。顺畅的内部运营对于企业向终端消费者交付令人满意的产品至关重要。具体的流程风险类型包括设计/创新风险（Design/Innovation Risk）、规划风险（Planning Risk）、信息、网络安全和协调风险（Information, Cybersecurity, and Coordination Risk）、生产/制造风险（Production/Manufacturing Risk）、产能风险（Capacity Risk）、库存风险（Inventory Risk）、运输和物流风险（Transportation and Logistics Risk）、服务风险（Service Risk）、质量控制风险（Quality Control Risk）、劳动力风险（Labor Risk）、社会、环境和可持续性风险（Social, Environmental, and Sustainability Risk）。

- 设计/创新风险：不当的设计可能导致整个生产计划需要调整，进而引起特定零部件的短缺。
- 规划风险：当公司缺乏有效的程序或设计良好的生产执行计划时，就可能出现规划风险。这种风险常由需求预测不准确或供应商订单问题引起。

- 信息、网络安全和协调风险：这种风险可能源于信息系统的故障、人为错误或其他内部沟通问题。在 2020 年的安联年度风险晴雨表（Allianz's Annual Risk Barometer）调查中，网络安全风险首次被列为企业面临的最关键风险。
- 生产/制造风险：人员中断、管理问题、计划外的停机、设备故障、部件缺陷或制造过程的低效都可能影响生产进度和整个供应链的绩效。
- 产能风险：一家公司可能缺乏足够的产能来满足市场需求，这种不足可能限制其响应市场变化的能力。
- 库存风险：库存过多或过少可能导致更高的持有成本、库存过时或断货，从而对供应链的效率和盈利能力产生负面影响。此外，货物在存储、企业内部运输或交付给最终消费者的过程中可能会损坏或丢失。
- 运输和物流风险：运输、清关或仓储中的延误或中断可能会影响货物的及时交付及其成本效益，从而影响供应链的整体效率⊖。
- 服务风险：不足的售后服务可能导致产品保修、退货和其他服务咨询的处理不当。
- 质量控制风险：不充分的质量控制流程可能导致产品缺陷或质量不一致，进而引发客户不满、退货或产品召回。
- 劳动力风险：劳动力短缺、罢工或高员工流动率可能干扰正常运营，对供应链的绩效产生负面影响。
- 社会、环境和可持续性风险：企业必须适应新的社会和环境法规的变化。银行和投资者越来越多地关注企业的可持续性及其履行社会和环境责任的努力程度。违反环保法规，如对水、空气和土壤造成负面影响，可能导致企业面临罚款或监管，进而可能引发运营中断。

4. 商业风险

商业风险（Business Risk）指的是因管理不善或商业伙伴间的分歧导致的合同违约或未能履行合同义务的可能性。这种风险可进一步细分为法律风险（Legal Risk）、战略风险（Strategic Risk）、竞争风险（Competition Risk）和合同风险（Contractual Risk）。

- 法律风险：法律风险可能发生在商业伙伴改变其对合同的立场、未能及时履行合同义务或因合同条款的解释差异引起争议的情况下。此外，违反知识产权保护或其他民事法规也可引发法律风险。
- 战略风险：公司可能因为重大的战略失误，如错误地大量投资于某一业务领域，从而遭受重大损失，这种损失可能妨碍公司履行特定合同义务。
- 竞争风险：随着竞争格局的不断演变，一些公司可能因自满而无法适应新的客户偏好或对产品设计进行必要的调整。这种适应性的缺乏可能导致公司失

⊖ 根据环球贸易金融（Trade Finance Global）的数据，全球主要货物运输中约有 80% 是通过海运进行的。因此，运输风险可能由各种因素引起，包括货物盗窃、海盗行为、火灾、碰撞、泄漏、腐蚀、暴风雨以及其他运输问题。一个典型的例子是 2021 年苏伊士运河危机，当时一艘长达 400 米的"长赐号"集装箱船搁浅，阻塞了苏伊士运河，并对全球航运造成了重大影响。

去对竞争对手的优势。
- 合同风险：起草不当或含糊其词的合同可能引发纠纷，扰乱供应链的平稳运行，影响各方履行其合同义务的能力。因此，签订清晰明确的合同对于最大限度地减少误解和分歧至关重要。

10.3.3 非商业风险

虽然金融风险反映了与融资操作相关的风险，供应链风险代表了嵌入供应链企业及其关系中的风险，但还有一些风险并非直接源自金融机构和供应链企业的商业行为，而是来自大自然和周围环境。这些非商业风险（Non-Commercial Risk）通常超出了供应链企业的控制范围。

1. 政治风险

经济全球化为供应链企业创造了显著的商业机会，同时也不可避免地引起了国家和不同经济体间的冲突。当政府出于政治原因干预市场时，政治风险（Political Risk）就会显现。例如，美国与中国之间的关税战是影响这两国及其他地区众多企业的众多政治风险之一。自2020年以来，美国、中国、俄罗斯和欧盟间的地缘政治竞争导致政治风险激增，并可能在一段时间内保持高位。为保护本国企业，许多国家为外国公司设置壁垒，并对一系列商品和服务实施进出口配额。某些情况下，国家甚至可能以国家安全的名义，禁止进口被认为是"非法"或"有害"的商品。

2. 监管风险

监管风险（Regulatory Risk），也称为合规风险（Compliance Risk），涉及企业必须适应新的或不断变化的法规和法律，这些法规和法律可能会突然被实施。例如，在2020年美国大选期间，社交媒体网站不得不应对新出台的与数据隐私和账户安全相关的法规。此外，公司还必须遵守地方、州、联邦以及国际机构（如环境保护局）的各类法规。

3. 声誉风险

声誉风险（Reputation Risk）有多种形式。第一种与公司个别丑闻有关，比如安然（Enron）公司的会计丑闻。它在一定程度上可以通过公司自身的努力来预防。由于声誉风险的威胁，企业有必要向公众展示其社会、道德和环境责任。第二种声誉风险涉及整个行业的声誉。例如在2007—2009年全球金融危机期间，随着雷曼兄弟（Lehman Brothers）公司的倒闭，整个银行业的声誉都受到了损害。第三种声誉风险源于社交媒体的快速发展，公司可能因为毫无根据的谣言而遭受声誉风险。

4. 系统性风险

系统性风险（Systematic Risk）通常与单个公司的失败引发的连锁反应或多米诺骨牌效应相关。例如，雷曼兄弟的破产被视为一种系统性风险，它触发了全球金融危机。股票市场的恐慌性抛售也是系统性风险的一个例子，这类事件可能对公司股权价值产生重大影响。通常情况下，较大公司的失败可能会给整个经济系统造成更大的风险。为了减轻这种风险的影响，美国实施了《多德－弗兰克法案》(Dodd-Frank Act)，该法案设立了金融稳定监督委员会来识别系统性风险并推荐相应的法规监管措施。

5. 灾害风险

尽管自然灾害和人为灾害（如地震和恐怖主义）等灾害风险（Disaster Risk）的发生概率通常较低，但一旦发生，将对许多公司造成广泛的负面影响。气候变化（包括极端天气事件）也会给供应链运营带来一定的风险。

10.3.4 供应链金融风险图谱

上述关于供应链金融风险类群等相关的讨论在图 10.5 中进行了概述。

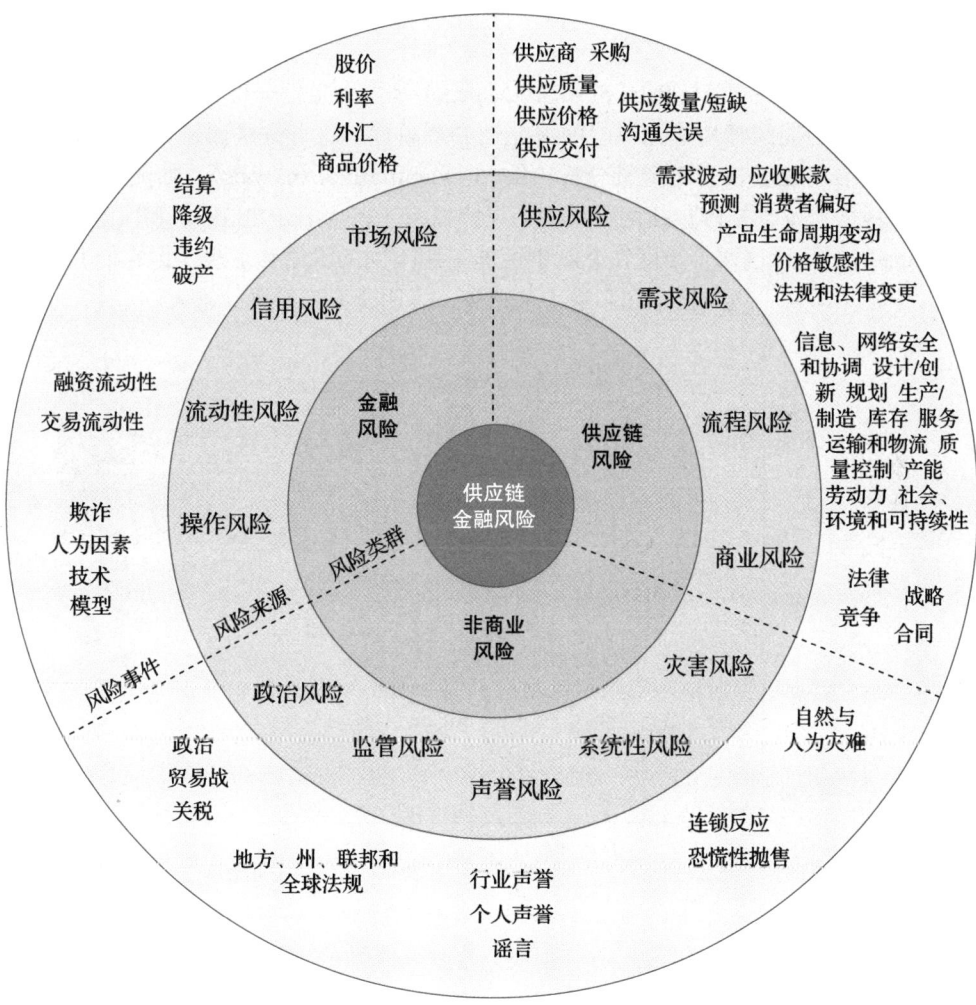

图 10.5 供应链金融风险类群、来源和事件

10.4 定性风险评估

风险评估是有效管理风险的关键步骤。我们非常有必要使用多种风险度量工具，因为没有单一工具能够涵盖每种风险的所有方面。考虑到每种方法都有其独特的优缺点，采用多样化的风险测量方法有助于弥补它们各自的局限性。

定性分析（Qualitative Analysis）和定量分析（Quantitative Analysis）是两种主要的分析方法。定性分析在缺乏或没有历史数据的情况下尤为有用。它为评估风险概率和严重性提供了一种直观的方法，有助于风险优先级排序。定性分析可应用于各种风险评估。当有数据可用时，定量分析能够提供更准确的风险估计，并加深我们对风险如何影响结果的理解。接下来我们首先介绍几种定性分析方法，然后在第 10.5 节讨论定量分析方法。

10.4.1 风险严重性矩阵

风险严重性矩阵（Risk Severity Matrix）是一种定性分析方法，尽管具有一定的主观性，但能清晰地描述风险的可能性和严重性。这种方法因通常将风险严重性数值化，有时也被视为半定量分析（Semi-Quantitative Analysis）。如图 10.6 所示，典型的风险严重性矩阵包括两个维度：风险概率（Risk Probability）和风险影响（Risk Impact）。尽管这两个维度在文献中可能采用不同的术语和量表，但它们共同揭示了一个基本事实：风险概率和影响水平越高，表明所面临的风险越大。

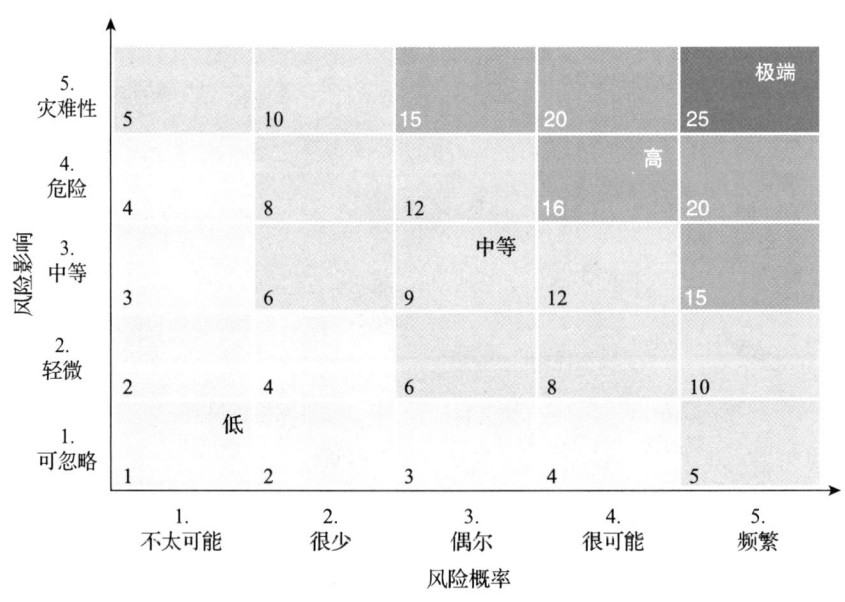

图 10.6　风险严重性矩阵

在图 10.6 中，风险概率被划分为五个不同的级别：1. 不太可能；2. 很少；3. 偶尔；4. 很可能；5. 频繁。风险影响同样包括五个类别：1. 可忽略；2. 轻微；3. 中等；4. 危险；5. 灾难性。虽然这些数值是近似的，但我们可以利用此矩阵来估计风险的严重性，即

$$风险严重性 = 风险概率 \times 风险影响 \tag{10.1}$$

通过式（10.1），我们可以根据风险概率和风险影响的具体数值来部分量化风险严重性。例如，如果风险概率是3（偶尔）和风险影响是4（危险），则风险严重性的计算值为 $3 \times 4 = 12$。根据这个值可以在图10.6中找到对应的分类。

根据得到的风险严重性得分和特定公司的风险承受能力，我们可以进一步将风险划分为四个等级。

风险严重性等级	低风险	中等风险	高风险	极端风险
风险严重性评分	1～4	5～14	15～24	25

虽然这四个等级通常被采用，但具体的分类也取决于特定公司的风险承受能力。对于风险规避程度较高的公司，可能会将风险严重性评分1～3定义为低风险，4～7定义为中等风险。

风险严重性等级	低风险	中等风险	高风险	极端风险
风险严重性评分	1～3	4～7	8～14	15～25

然而，一旦公司确定了其风险容忍度水平，风险严重性的分类标准应保持相对稳定，以确保向利益相关者传达一致的风险严重性信息。

10.4.2　信用风险分析中的 5 Cs

"信用 5 Cs"（5 Cs of Credit）是一个广泛用于贷款人评估借款人信用度的理论框架。这个框架提供了一种标准化的方法来评估借款人的财务状况和信用风险。信用 5 Cs 包括：人品（Character）、能力（Capacity）、资本（Capital）、抵押（Collateral）和条件（Conditions），每一个因素都在确定借款人的信用度中起着关键作用，如图 10.7 所示。

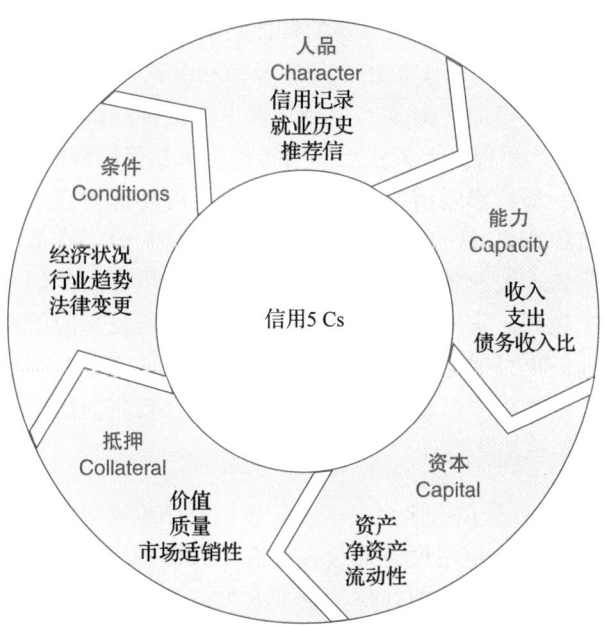

图 10.7　信用风险分析中的 5 Cs 示意图

- **人品**：反映了借款人履行财务义务的声誉和历史。贷款人通常会评估借款人的信用记录、就业历史和推荐信等因素。信用记录方面，Equifax、Experian 和 TransUnion 三大信用机构提供的信用报告被广泛用于评估借款人的信用状况。此外，FICO 评分和 VantageScore 等评分系统用于预测借款人偿还贷款的可能性。对于那些没有信用记录的初创公司，创始人的个人品质和其他信息（如推荐信）在申请金融机构贷款时可能具有决定性影响。
- **能力**：借款人偿还贷款的能力。为了评估这一能力，贷款人会检查借款人的收入、支出和债务收入比（Debt-to-Income，DTI）。DTI 比率是通过将借款人每月的债务支付总额除以其每月总收入来计算的。虽然各个贷款人的标准可能不同，但许多贷款人通常不会批准 DTI 比率过高的新贷款申请。例如，消费者金融保护局建议避免向 DTI 比率超过 43% 的借款人发放新的抵押贷款。
- **资本**：借款人的资产和净资产。贷款人评估借款人的财务资源，以确定他们是否有足够的资本来偿还贷款。这包括对借款人的房地产、车辆、投资和现金储备等资产的评估。净资产，即借款人总资产与总负债之间的差额，是评估其资本的另一个关键因素。净资产较高的借款人通常被视为信用风险较低，因为他们在遇到财务困难时有更多资源可用。此外，贷款人在评估借款人的资本时还会考虑其流动性，即借款人将资产快速转换成现金的能力。在金融紧急情况下，借款人的现金储备、信用额度或其他流动性资源将被考虑，以评估其在必要时对贷款的支持能力。
- **抵押**：借款人为贷款担保而提供的资产。贷款人会评估抵押品的价值和质量，以确定其在借款人违约时偿还贷款的能力。抵押品可以是房地产、车辆、设备、库存或应收账款等多种形式。在评估抵押品时，贷款人会考虑抵押资产的价值、质量和市场适销性等因素。通常，贷款人更倾向于那些容易变现的抵押品，这意味着这些资产可以在需要时迅速以合理的价格出售，而那些难以出售或市场适销性有限的抵押品对贷方来说可能不太有吸引力。一般来说，所需抵押品的额度取决于贷款金额和借款人的信用风险评估。信用记录良好、财务状况稳健的借款人可能只需少量抵押品即可获得贷款，而信用风险较高的借款人可能需要提供更多的抵押品来获得所需的贷款。
- **条件**：那些影响借款人偿还贷款能力的外部因素，包括经济状况、行业趋势或法律变更等。这些都是借款人无法控制的。贷款人会综合考虑这些条件以及借款人的业务或财务状况来评估其信用度。例如，如果经济环境疲软且失业率较高，贷款人可能会认为借款人面临较高的信用风险，因为在这种环境下他们更可能遇到财务困境。同样，如果借款人所在行业面临监管或法律挑战，贷款机构可能会将借款人视为具有较高的信用风险，因为存在潜在的合规成本或法律责任。

信用 5 Cs 对贷款人来说是一个重要的评估框架，因为它提供了一种标准化的方法来评估借款人的信用度。通过在这五个关键领域——人品、能力、资本、抵押和条件，对借款人进行全面评估，贷款人可以深入了解借款人的财务状况，并评估其整体的信用风险。这种全面评估可以帮助贷款人做出更明智的决策，决定是否批准贷款，并确定合适的利率和条款。

信用 5 Cs 对借款人同样至关重要，因为它提供了一套清晰的标准，借款人可以依此评估自己的信用状况并识别可能需要改进的领域。通过了解贷款人如何评估信用风险，借款人可以采取相应措施，如提高信用评分、增加净资产或改善现金流。这些措施都有助于增加借款人获得有利贷款条件的可能性。

最后，信用 5 Cs 在更广泛的经济层面上也具有重要意义，因为它们有助于确保信贷资源的有效和高效配置。通过采用标准化的信用评估方法，贷款人能够更准确地评估不同借款人的风险，这有助于避免对高风险企业或市场的过度投资。如此一来，信用 5 Cs 不仅有助于保护单个贷款机构的资产安全，还能促进更广泛的金融稳定和经济持续增长。

10.5 定量风险评估

公司（包括金融机构）通常都比较厌恶风险。在麦肯锡公司 2012 年对来自 90 个国家和地区的 1,500 名高管进行的调查中，这些高管都表现出高度的风险厌恶性，无论他们的投资规模大小如何——即使他们提议的项目期望价值绝大多数为正。正如《华尔街日报》所报道的，由于管理层的风险厌恶程度高于平均水平，受到前几年破产事件的影响，公司保留了更多的现金。经济学家认为，风险厌恶程度的增加和经济逆转通常发生在企业投资支出远低于预期的时候。

为缓解融资风险，银行表现出明显的风险规避倾向。它们通常设定贷款限额，以保持本金损失的概率低于某个特定水平，这与风险价值（Value-at-Risk，VaR）方法相似。银行的风险控制不仅出于自身保护的考虑，同时也受到政府法规（如得到美国联邦储备委员会支持的巴塞尔协议 Ⅰ、Ⅱ 和 Ⅲ）的影响。为了加强风险控制，银行还利用贷款回收率和个别贷款的潜在损失来评估贷款管理人员的绩效。

为了根据自身的风险承受能力管理风险严重性，公司采用定量风险分析来估算风险的可能性以及应对这些风险的成本。定量分析通常需要高质量的数据和专业的建模能力，以便评估并确定各种风险的优先级。用于衡量和控制风险的方法多种多样，包括概率分布、标准差、变异系数和阿特曼 Z 评分模型。我们将依次对这些方法进行探讨。

10.5.1 概率分布

在定性风险评估中，我们将风险概率分为五个不同的级别：1. 不太可能；2. 很少；3. 偶尔；4. 很可能；5. 频繁。然而，这些估计是近似的。为了做出更准确的决策，需要更全面的信息来进一步量化这些不同风险等级的确切可能性。幸运的是，在大数据时代，我们可以收集更多的数据来完成这一任务。

概率分布是用来精确测量事件发生可能性的基本统计工具之一，通常用十进制分数从 0~1 表示，或以百分比从 0~100% 表示，见表 10.1。表 10.1 提供了前述定性风险评估中不同风险影响的更准确估计。该表假设基于一个价值 100 万美元的项目，平均损失率由每个风险影响的下限和上限的平均值得出，然后通过将 100 万美元乘以各风险影响类别的百分比来计算每个类别的损失值。净值则通过从总值中减去相应的损失值来确定。

表 10.1　100 万美元项目的不同风险影响的概率分布

风险影响 （损失率）	1. 可忽略 （<1%）	2. 轻微 （1%～10%）	3. 中等 （10%～30%）	4. 危险 （30%～70%）	5. 灾难性 （>70%）
平均损失率	0.50%	5.5%	20%	50%	85.00%
损失值/美元	5,000	55,000	200,000	500,000	850,000
净值/美元	995,000	945,000	800,000	500,000	150,000
概率	82.90%	10%	5%	2%	0.10%

利用概率分布，我们可以估算从这个项目中获得的预期收益值，即期望价值（Expected Value，EV）。这是通过将每个风险影响类别的净值乘以每个风险影响类别的概率来计算的：

$$期望价值 = \sum_{i=1}^{n} x_i p_i \tag{10.2}$$

式中，x_i 是事件 i 的价值；p_i 是事件 i 的概率。

将表 10.1 的数据应用到式（10.2）中，我们得到：

期望价值 = (995×0.829 + ⋯ + 150×0.001) 美元 = 969,505 美元

从风险预防的角度，我们可以按式（10.3）计算期望损失（Expected Loss，EL）：

$$期望损失 = \sum_{i=1}^{n} L_i p_i \tag{10.3}$$

式中，L_i 是事件 i 的损失；p_i 是事件 i 的概率。

同样地，将表 10.1 的数据应用到式（10.3）中，我们得到：

期望损失 = (5×0.829 + ⋯ + 850×0.001) 美元 = 30,495 美元

期望价值和期望损失作为决策工具，可应用于多种情况，例如在选择更好的供应链金融机制时，正如以下案例中所讨论的。

| 案例研究 | 哪种供应链金融机制更有利可图？

在做出供应链融资决策时，公司通常需要在多种供应链金融机制中进行选择。在这个假设的例子中，我们比较了三种简化版本的供应链金融机制：保理、反向保理和传统银行融资。

假设一个资金受限的卖家需要从外部金融机构借款来生产买家想要购买的产品。为了展示概率分布在决策中的应用，假设卖家通过外部金融机构为其全部生产成本提供资金。由于信用评级较低，卖家将不得不向银行支付 18% 的利率。然而，通过保理，卖家可以从保理商那里获得 12% 的较低利率。在反向保理中，如果买家为交易提供担保，基于买家的信用评级，利率会低至 3%。我们可以估算产品的售价为 1,300 美元/台，生产成本为 500 美元/台。此外，我们可以假设，如果买家在销售季节期间订购的产品超过了最终需求，则每个库存积压产品的残值为 400 美元/台。我们同时假设所有商品都将在第 90 天售出。

售价/ (美元/台)	生产成本 (美元/台)	残值 (美元/台)	保理 利率	买家 资金成本	银行 利率	需求实现 天数/天
1,300	500	400	12%	3%	18%	90

在这笔供应链交易中，买家计划以 900 美元/台的批发价格购买 10,000 台该产品。在反向保理中，买家担保交易，卖家愿意为买家提供 1% 的折扣和 90 天的信用期限，而在保理和银行融资中，通常只允许 30 天的信用期限。买家承担为支付尚未实现需求的货物而产生的利息成本，而卖家承担借款生产所需所有产品的融资成本。

该产品的需求是随机的。根据历史数据，公司估计需求高达 12,000 台的概率为 30%，需求为 10,000 台的概率为 50%，需求低至 8,000 台的概率为 20%。相关信息及计算结果汇总在表 10.2 中。

表 10.2 不同供应链金融机制与需求概率分布比较

		保理	反向保理	银行融资	概率
	订单数量/台	10,000	10,000	10,000	
	批发价格/(美元/台)	900	891	900	
	付款延迟期限/天	30	90	30	
需求与分布	高需求/台	12,000	12,000	12,000	30%
	中等需求/台	10,000	10,000	10,000	50%
	低需求/台	8,000	8,000	8,000	20%
买家利润计算	利率	3%	3%	3%	
	收入/美元	12,480,000.00	12,480,000.00	12,480,000.00	
	残值/美元	160,000.00	160,000.00	160,000.00	
	采购成本/美元	9,000,000.00	8,910,000.00	9,000,000.00	
	财务成本/美元	61,545.21	—	61,545.21	
	期望价值/美元	3,578,454.79	3,730,000.00	3,578,454.79	
卖家利润计算	利率	12%	3%	18%	
	收入/美元	9,000,000.00	8,910,000.00	9,000,000.00	
	财务成本/美元	49,315.07	36,986.30	73,972.60	
	期望价值/美元	8,950,684.93	8,873,013.70	8,926,027.40	
供应链福利	总期望价值/美元	12,529,139.73	12,603,013.70	12,504,482.19	

我们使用期望价值法计算买家的预期收入 (Expected Revenue) 和预期残值 (Expected Salvage Value)。例如，在保理中，买家的收入由下式给出：

预期收入 = 1,300 美元/台 ×[30%×min(10,000,12,000) + 50%×min(10,000,10,000) + 20%×min(10,000,8,000)] 台 = 12,480,000 美元

买家的采购成本等于批发价格乘以订单数量，与卖家获得的收入相同。同时，买家的潜在残值可通过以下方式确定：

预期残值 = 400 美元/台 ×{30%×max[10,000 − min(10,000,12,000),0] + 50%×max[10,000 − min(10,000,10,000),0] + 20%× max[10,000 − min(10,000,8,000),0]} 台

= 160,000 美元

假设需求在当前时刻实现，我们可以按以下方式计算保理中买卖双方的财务成本：

买家的财务成本 = [3% × 收入 × (90 − 30) / 365] 美元 = 61,545.21 美元

卖家的财务成本 = (12% × 生产成本 × 30 / 365) 美元 = 49,315.07 美元

期望价值（EV）可以通过从每个供应链公司的收入中减去成本（以及适用的残值）来计算。将这种方法应用于反向保理和银行融资，我们得出了表 10.2 中的结果。然后，我们从每个供应链公司的角度比较了每种供应链金融机制的期望价值。基于给定的参数值，反向保理对买家的期望价值最高（3,730,000 美元），而保理对卖家的期望价值较高（8,950,684.93 美元）。

因此，除非最终融资选择由买家主导，否则卖家可能不会选择反向保理。然而，反向保理实现了最高的供应链整体利润。如果买家提供额外的好处，例如在反向保理中购买信用保险或增加订单数量，这可以使双方受益。举例来说，若批发价格从协商的 891 美元上调至 898 美元，同时付款期缩短至 30 天，反向保理将为卖家和买家带来最高的期望价值。这些分析凸显了基于概率分布的精确定量分析在供应链金融机制选择中的重要性，这可以为公司带来显著的收益。

到目前为止，我们已经展示了如何利用现有数据，通过概率分布来估计离散事件的期望价值。值得注意的是，概率分布同样适用于连续变量，并可用于基于连续支付函数计算期望价值。

10.5.2 标准差

上述的概率分布描述了事件的分布情况，并提供了在风险下做出明智决策的方法。然而，仅凭概率分布并不能完全说明风险的程度。为了衡量风险水平，一种常用的方法是计算标准差（Standard Deviation, σ），它是衡量分布离散程度的常用统计指标。根据之前的概率分布，可以使用式（10.4）来计算标准差：

$$标准差 = \sqrt{\sum_{i=1}^{n}(x_i - \bar{x})^2 p_i} \qquad (10.4)$$

式中，x_i 是事件 i 的价值；$\bar{x}$ 是事件 i 的期望价值的平均值；p_i 是事件 i 的概率。

从统计学的角度来看，事件 i 的方差由 σ^2 表示。表 10.3 列出了用于描述不确定性和风险分布的常见概率分布（包括离散和连续分布）的均值和方差。

表 10.3 常见概率分布的均值和方差

分布名称	概率分布函数	均值	方差
几何（Geometric）分布	$Pr(X=k) = (1-p)^{k-1}p$	$\dfrac{1}{p}$	$\dfrac{(1-p)}{p^2}$
二项（Binomial）分布	$Pr(X=k) = \binom{n}{k} p^k (1-p)^{n-k}$	np	$np(1-p)$
正态（Normal）分布	$f(x\mid\mu,\sigma^2) = \dfrac{1}{\sqrt{2\pi\sigma^2}} e^{\frac{(x-\mu)^2}{2\sigma^2}}$	μ	σ^2

(续)

分布名称	概率分布函数	均值	方差
均匀（Uniform）分布	$f(x\|a,b)=\begin{cases}\dfrac{1}{b-a}, & a\leq x\leq b\\ 0, & \text{其他}\end{cases}$	$\dfrac{a+b}{2}$	$\dfrac{(b-a)^2}{12}$
泊松（Poisson）分布	$f(x\|\lambda)=\dfrac{\mathrm{e}^{-\lambda}\lambda^x}{x!}$	λ	λ
指数（Exponential）分布	$f(x\|\lambda)=\begin{cases}\lambda\mathrm{e}^{-\lambda x}, & x\geq 0\\ 0, & x<0\end{cases}$	$\dfrac{1}{\lambda}$	$\dfrac{1}{\lambda^2}$
伽马（Gamma）分布	$f(x\|k,\theta)=\begin{cases}\dfrac{1}{\varGamma(k)\theta^k}x^{k-1}\mathrm{e}^{-\frac{x}{\theta}}, & x\geq 0\\ 0, & x<0\end{cases}$	$k\theta$	$k\theta^2$

我们使用正态分布来展示不同标准差下的分布形状。如图 10.8 所示，标准差越大，分布越广。因此，标准差较大的事件被认为风险更大。

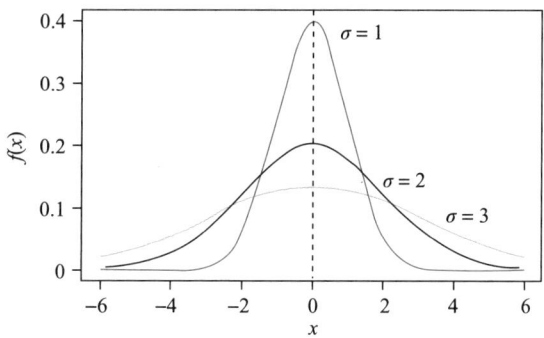

图 10.8　均值为 0 且标准差不同的正态分布

下面我们将用一个离散分布的例子来展示如何比较两家公司的风险状况。在这种情况下，两家公司正在预测即将到来的财年的现金流状况。利用历史数据和预计项目，两家公司估计其现金流状况将遵循表 10.4 中描述的分布。

表 10.4　两家公司的现金流状况

公司 A		公司 B	
现金流 / 美元	概率	现金流 / 美元	概率
6,000	0.1	6,000	0.1
6,500	0.2	6,500	0.1
7,000	0.35	7,000	0.2
7,500	0.2	7,500	0.35
8,000	0.1	8,000	0.2
8,500	0.05	8,500	0.05

使用期望价值方法，我们可以得出两家公司的预期现金流均值：

$$\bar{x}_\mathrm{A}=(6{,}000\times 0.1+6{,}500\times 0.2+\cdots+8{,}500\times 0.05)\text{美元}=7{,}075\text{美元};$$

$$\bar{x}_B = (6,000 \times 0.1 + 6,500 \times 0.1 + \cdots + 8,500 \times 0.05) \text{美元} = 7,300 \text{美元}。$$

根据式（10.4），可以得出公司 A 和公司 B 的标准差如下：

$$\sigma_A = 637.87 < \sigma_B = 659.55$$

公司 A 的标准差小于公司 B 的标准差，说明公司 B 的现金流状况风险高于公司 A。

然而，仅用标准差来衡量风险水平可能会产生误导。例如，在表 10.4 中，公司 B 的预期现金流水平高于公司 A。换句话说，仅关注标准差可能会忽略公司 B 更高的期望价值带来的积极影响。这个问题可以通过使用变异系数方法来解决，我们将在下面讨论。

10.5.3 变异系数

变异系数（Coefficient of Variation，CV）是一种衡量相对变异性的指标，它同时考虑了概率分布的期望价值和标准差。变异系数的计算公式为标准差与期望价值的比率，并以百分比表示。变异系数的计算公式如下：

$$\text{变异系数} = \frac{\text{标准差}}{\text{期望价值}} = \frac{\sigma}{\text{EV}} \qquad (10.5)$$

变异系数提供了一种比较不同概率分布风险性的方法。较低的变异系数表明分布风险较小，因为标准差相对于期望价值较小。反之，较高的变异系数表明分布风险较大，因为标准差相对于期望价值较大。

图 10.9 中的数据表明，具有相同期望价值的事件在标准差方面可能存在很大差异，导致最终的变异系数值存在显著差异。这一观察结果表明，标准差对变异系数中反映的变异性影响较大。

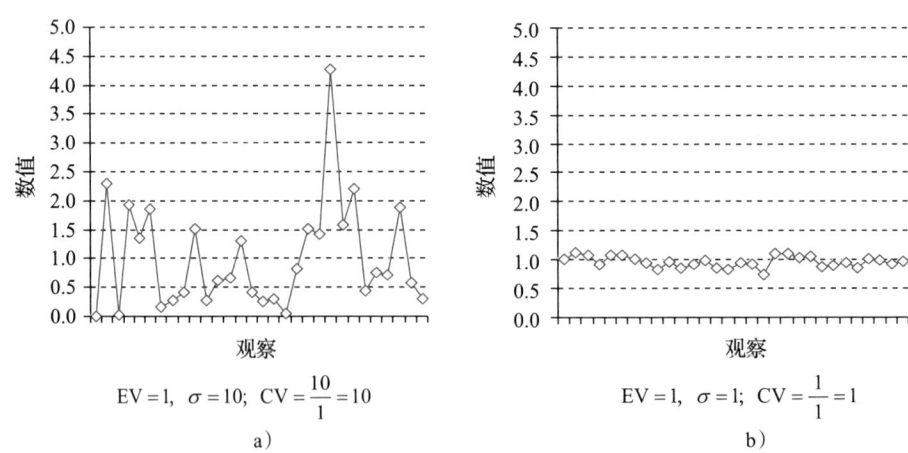

图 10.9 两种不同变异系数的比较

值得注意的是，具有类似变异系数（CV）的事件在期望价值（EV）上可能有所不同。为了说明这一点，我们参考表 10.4 中的示例。计算出的变异系数表明，尽管公司 A 和公司 B 的期望价值相似，但公司 B 的风险略高于公司 A，即

$$\text{CV}_\text{A} = \frac{637.87}{7,075} = 0.090\,16 < \text{CV}_\text{B} = \frac{659.55}{7,300} = 0.090\,35$$

10.5.4 阿特曼 Z 评分模型

阿特曼 Z 评分（Altman's Z-Score，以下简称"Z-Score"）模型是一个多变量分类模型。它基于这样一个观察：财务健康的公司和违约公司在财务比率与趋势上存在显著差异。该模型使用多重判别分析来区分成功的公司和失败的公司。基本的 Z-Score 模型[⊖]为

$$Z = 1.2W + 1.4R + 3.3E + 0.6M + 0.999S \tag{10.6}$$

其中：

$$W = \frac{营运资本}{总资产} = \frac{\text{Working Capital}}{\text{Total Assets}} = \frac{\text{WC}}{\text{TA}};$$

$$R = \frac{留存收益}{总资产} = \frac{\text{Retained Earnings}}{\text{Total Assets}} = \frac{\text{RE}}{\text{TA}};$$

$$E = \frac{息税前利润}{总资产} = \frac{\text{Earnings Before Interest and Taxes(EBIT)}}{\text{Total Assets}} = \frac{\text{EBIT}}{\text{TA}};$$

$$M = \frac{股票市值}{总负债账面值} = \frac{\text{Market Value of Equity}}{\text{Book Value of Total Liablities}} = \frac{\text{MVE}}{\text{TL}};$$

$$S = \frac{销售额}{总资产} = \frac{\text{Sales}}{\text{Total Assets}} = \frac{\text{S}}{\text{TA}}。$$

WC/TA 比率通常用于企业融资，以显示公司的流动性水平，而 RE/TA 比率较不常用，因为它反映了公司整个生命周期的再投资收益总额，对于更可能失败的年轻公司而言可能存在偏见。EBIT/TA 比率代表公司的盈利能力，而 MVE/TL 比率通过显示公司资产在破产前能减少多少价值，引入了市场价值维度。S/TA 比率是一种资本周转率指标，用于展示企业的销售创收能力。

Z-Score 模型表明，得分低于 1.81（即下限）被视为"失败"，而得分高于 2.99（即上限）被视为"非失败"。任何介于 1.81 和 2.99 之间的分数都被视为处于"不确定区"，因为在该区间内"失败"和"非失败"之间的差异不显著。在阿特曼的样本中，该模型在公司破产前一年的整体分类准确率为 95%，而在破产前两年为 72%[⊜]。

Z-Score 模型最初基于 66 家公司的样本构建，其中 33 家破产，33 家未破产。此后，该模型在行业中得到了广泛应用。然而，由于不同行业的特点不同，阿特曼为不同类型的公司提供了几种变形模式。例如，针对民营企业，Z-Score 模型修订为

$$Z = 0.717W + 0.847R + 3.107E + 0.420M + 0.998S$$

⊖ 前四个比率以小数而非百分比来衡量，而第五个比率以倍数来衡量。在阿特曼 1968 年的论文中（Altman, 1968），Z-Score 的原始模型为

$$Z = 0.012W + 0.014R + 0.033E + 0.006M + 0.999S$$

⊜ 2019 年，阿特曼教授在一次演讲中提到，最近的数据支持将"失败"的边界值定为 0。

对于非制造业公司，Z-Score 模型为
$$Z = 6.56W + 3.26R + 6.72E + 1.05M$$
为了考虑时间变化带来的影响，阿特曼等人引入了 ZETA 模型，该模型包括七个额外的变量（具体请参考 Altman 等，1977）。他们声称，ZETA 模型在最近的预测中的表现优于 Z-Score 模型。尽管这些模型多年来一直颇有成效，但它们的演变展示了风险管理领域的不断变化和改进。

10.6 总结

本章通过构建一个全面的分类体系，深入探讨了供应链金融风险的复杂性。通过系统细分，为读者提供了关于定性和定量评估技术的详细理解。利用期望价值、标准差、变异系数和 Z-Score 等数学工具，本章强调了理论构建与评估不同公司财务稳定性和风险的实际应用之间的相互作用。

本章要点如下。

1. 供应链金融风险管理体系
- 供应链金融风险管理的基础在于理解供应链金融动态的复杂性。
- 强调了结构化框架的重要性，该框架有助于识别、评估和缓解风险。

2. 供应链金融风险分类
- 阐述了一个对供应链金融相关风险进行分类的体系。
- 详细阐述不同风险类型，并帮助确定潜在的威胁和漏洞。

3. 定性风险评估
- 这种方法利用描述性、非数值数据来评估风险。
- 尽管可能缺乏数值精确度，但它提出了在纯定量方法中经常被忽视的洞察，如组织文化或人为因素。

4. 定量风险评估
- 这种方法基于数值数据，采用数学模型和统计工具（如期望价值和标准差）进行分析。
- 本章进一步阐明了变异系数和 Z-Score 的作用。前者允许对不同概率分布的风险性进行标准化比较，后者作为多变量分类工具，用于区分财务稳定的公司和可能违约的公司。

10.7 练习

10.7.1 思考题

1. 什么是供应链金融风险分类，为什么它对供应链金融风险管理很重要？
2. 解释定性和定量风险评估之间的区别。
3. 风险管理流程包括哪四个步骤？
4. 如何在供应链金融决策中应用概率分布？
5. 什么是 Z-Score 模型，它是如何用于公司风险评估的？

6. 什么是变异系数，它是如何有助于衡量风险水平的？
7. 用于描述不确定性和风险分布的一些常见概率分布是什么？
8. 什么是期望价值方法，它是如何用于计算供应链金融中的收入和残值的？
9. 如何用标准差来衡量概率分布的风险水平？
10. ZETA 模型是什么，它与 Z-Score 模型在风险评估中有何不同？

10.7.2 案例研究

案例研究 1：未名公司的财务健康状况

背景：

未名公司是一家已经运营十年的中型制造企业。近期，由于竞争加剧和市场动态变化，其财务健康状况受到质疑。利益相关者，包括股东和债权人，对公司长期持续经营的能力表示担忧。

未名公司提供的财务数据：

1. 营运资本 (WC) = 2,000,000 美元
2. 总资产 (TA) = 10,000,000 美元
3. 留存收益 (RE) = 1,500,000 美元
4. 息税前利润 (EBIT) = 1,000,000 美元
5. 股票市值 (MVE) = 5,500,000 美元
6. 总负债账面值 (TL) = 4,500,000 美元
7. 销售额 (S) = 8,000,000 美元

任务：

利用 Z-Score 模型和提供的数据，评估未名公司的财务健康状况。根据计算出的 Z-Score 判断该公司在近期是否面临破产风险。

案例研究 2：通过变异系数分析比较两家初创企业的风险

背景：

TechTown 是一个以初创文化著称的新兴城市。在众多新兴初创企业中，两家科技公司 AlphaTech 和 BetaTech 在初期阶段展现出了令人瞩目的发展势头和潜力。两家公司都在软件领域运营，但服务于不同的市场。AlphaTech 正在开发一款开创性的虚拟现实（Virtual Reality，VR）平台，而 BetaTech 则专注于先进的云存储解决方案。

作为先锋投资（Pioneer Investments）的投资分析师，你正在考虑将这两家公司中的一家纳入公司的科技投资组合。然而，鉴于初创企业固有的风险，你希望更深入地了解它们潜在回报的变异性。

财务数据：

AlphaTech：
1. 期望收益价值：500,000 美元
2. 标准差（σ）：50,000 美元

BetaTech：
1. 期望收益价值：480,000 美元
2. 标准差（σ）：40,000 美元

任务：

利用变异系数（CV）评估两家初创公司的相对风险，并根据计算出的变异系数为先锋投资决定哪家可能是更安全的投资选择。

10.8 参考资料

Altman, E. I. (1968). Financial Ratios, Discriminant Analysis and the Prediction of Corporate Bankruptcy. *The Journal of Finance*, 23(4), 589–609.

Altman E., I., Haldeman Robert, G., & Narayanan, P. (1977). Zeta Analysis: A New Model to Identify Bankruptcy Risk of Corporations. *Journal of Banking and Finance*, 10, 29–54.

Altman, E. I. (2013). Predicting Financial Distress of Companies: Revisiting the Z-Score and ZETA® Models. *Handbook of Research Methods and Applications in Empirical Finance*, 428.

Caouette, J. B., Altman, E. I., Narayanan, P., & Nimmo, R. (2011). *Managing Credit Risk: The Great Challenge for Global Financial Markets* (Vol. 401). John Wiley & Sons.

Crouhy, M., Galai, D., & Mark, R. (2013). *The Essentials of Risk Management* (Vol. 1). McGraw-Hill New York.

Lp, G., & Whitehouse, M. (2007). Market's Fall May Augur a Waning Appetite for Risk: Change in Attitude Could Raise Cost of Capital Globally. *Wall Street Journal (Eastern Edition)*, 1.

Maverick, J. B. (2019). *Financial Risk: The Major Kinds That Companies Face*. https://www.investopedia.com/ask/answers/062415/what-are-major-categories-financial-risk-company.asp. Accessed March 1, 2022.

NCUA (National Credit Union Administration). (2021). Ratings Distribution History. https://www.ncua.gov/support-services/guaranteed-notes-program/ratings-distribution-history, assessed on May 31, 2021.

Nordea. (2018). *Trade Finance Is going Open Account*. https://test.insights.nordea.com.nrd.fkly.dk/en/business/trade-finance-is-going-open-account/, assessed on May 3, 2021.

Nordea. (2020). *Risk Management: The Top 12 Risks Every Business Owner Should*

Know. https://test.insights.nordea.com.nrd.fkly.dk/en/business/risk-management-the-top-12-risks-every-business-owner-should-know/. Accessed March 3, 2022.

Segal, T. (2023). *5 Cs of Credit: What They Are, How They're Used, and Which Is Most Important*. Investopedia. https://www.investopedia.com/terms/f/five-c-credit.asp. Accessed March 23, 2022.

Templar, S., Hofmann, E., & Findlay, C. (2016). *Financing the End-to-End Supply Chain: A Reference Guide to Supply Chain Finance*. Kogan Page Publishers.

Wang, W., & Cai, G. (2023). Curtailing Bank Loan and Loan Insurance Under Risk Regulations in Supply Chain Finance. *Management Science*. https://doi.org/10.1287/mnsc.2023.4827.

Wikipedia. (2021). *Risk*. https://en.wikipedia.org/wiki/Risk. Accessed March 18, 2022.

Yang, L., Cai, G., & Chen, J. (2018). Push, Pull, and Supply Chain Risk-Averse Attitude. *Production and Operations Management*, 27(8), 1534–1552.

Zhao, W., & Yang, H. (2021). *The Resilient Supply Chain — What Procurement Leaders Are Prioritizing in 2021*. https://www.dnb.com/ca-en/perspectives/supply-chain/resilient-supply-chain-infographic.html. Accessed December 1, 2024.

Zuckerman, G. (2005). Cash-Rich Firms Feel Pressure to Spend. *The Wall Street Journal C*, 1.

第 11 章　供应链金融风险评估

■ 学习目标

1. 通过风险价值（VaR）测量，在给定的置信水平和预定期限内，投资组合可能遭受的最大潜在损失。
2. 探讨条件风险价值（CVaR）与风险价值的区别，以及其在识别尾部风险中的作用。
3. 通过压力测试，评估在极端情况下投资策略的脆弱性。
4. 计算风险调整回报率，比较投资业绩与相应的风险。

■ 摘要

本章探讨了一些主流的金融风险评估方法，并突出它们在现代供应链金融领域中的实际应用。首先，我们介绍风险价值（VaR）模型，让读者了解如何在特定时间范围和置信水平下评估投资组合的最大可能损失；其次，深入探讨条件风险价值（CVaR）模型，揭示其在识别尾部风险方面的独特优势，并与 VaR 模型形成鲜明对比；再次，介绍压力测试这一关键工具，用于在极端情况下识别投资策略的漏洞；最后，阐述风险调整回报率的概念，并展示其在比较投资成效与相关风险时的重要性。

11.1　导言

在实际操作中，当供应链企业面对潜在威胁时，通常会表现出风险规避的行为。2012 年，在麦肯锡公司对来自 90 个国家和地区的 1,500 名高管进行调查后发现，无论投资规模大小如何，这些高管普遍表现出对风险的明显厌恶，即使是期望价值非常可观的项目也不例外。根据《华尔街日报》报道，受到前几年破产事件的持续影响，管理层的风险厌恶程度超过了平均水平，导致公司保留了较高的现金储备。

经济学家们认为，风险厌恶情绪的增加是引发经济衰退的原因之一，这种情况往往与企业投资支出远低于预期的时期相吻合。2014 年，Gurnani 等人通过一项实验研究进一步证实了这些观察结果，发现企业在其采购行为中表现出风险规避的倾向。为了应对风险规避问题，企业应该使用风险调整后的绩效评估工具来支持和优化决策过程。

11.2 风险价值

风险价值（Value-at-Risk，VaR）是一种广泛使用的风险度量工具，也是一种有效衡量和管理风险敞口的概括性统计工具。VaR 量化了特定时间范围内证券、投资组合或公司内所有因子的总风险，可用于评估公司各个运营层面的风险敞口。在实践中，VaR 可以作为公司和监管机构在风险管理中估算其承担潜在损失所需准备的资本的指南。

> "一个愿意承担风险但不计算 VaR 的机构可能会侥幸避免灾难，但一个不会计算风险价值的机构则难逃厄运。"——A. Brown (2007)

11.2.1 风险价值的定义

VaR 通常定义为证券、投资组合或公司在特定时间段（如一天或一个月）内，在给定的置信水平（即概率）下，相对于正常市场条件下期望价值的最坏期望损失。

例如，如果在 99% 的置信水平下每日 VaR 为 100 万美元，这意味着在一天内相对于期望利润的损失超过 100 万美元的概率为 1%。换言之，在 100 天中，预计有 1 天（即 1% 的 100 天）相对于期望价值的损失将超过 100 万美元。

VaR 由三个核心要素组成：最大损失（Maximum Loss）、置信水平（Confidence Level，通常为 95% 或 99%）以及时间段（Time Period）。$VaR_p(X)$ 表示在置信水平 p 下 X 的 VaR，其中 p 表示置信水平，而 X 指的是证券、投资组合或公司的随机利润分布。我们进一步定义 $L := -X$ 为相应的随机损失分布。α 表示显著性水平，其中 $p = 1 - \alpha$。因此，$VaR_p(X)$ 也意味着 VaR 的值是 x 的最小值，使得 X 不超过 x 的概率至少为 $1-p$。换句话说，VaR_p 是 l 的最差情况损失，使得 L 超过 l 的概率至多为 α。因此，我们可以用以下的数学形式来表示 VaR：

$$VaR_p(X) = -\inf\{x \in \mathbb{R}: Pr(X \leq x) \geq 1-p\}, p \in [0, 1]$$

或者

$$VaR_\alpha(L) = \inf\{l \in \mathbb{R}: Pr(L > l) \leq \alpha\}, \alpha \in [0, 1]$$

式中，inf（infimum 的缩写）表示一个集合的最大下界；$\mathbb{R}$ 表示 x 和 l 的定义域；Pr 表示概率；VaR_p 是关于置信水平 p 的非次加性、非凸和不连续的函数。如果损失超过 VaR 阈值，就会发生 VaR 违约。

VaR_p 还可以表述为 $pVaR$。例如，在 99% 的置信水平下，100 万美元的单日 VaR 可以被称为 100 万美元的 99% VaR，这表示在一天内，指定的投资组合或公司损失超过 100 万美元的概率最大为 1%。

VaR 可以通过损益分布（Profit and Loss Distribution）的图形来表示。如图 11.1 所示，我们假设特定事件遵循正态分布。位于分布中心的均值代表期望利润，在本图中为正值，但在其他示例中也可能是负值。显著性水平（即 $\alpha = 1 - p$）显示在分布的左下角。

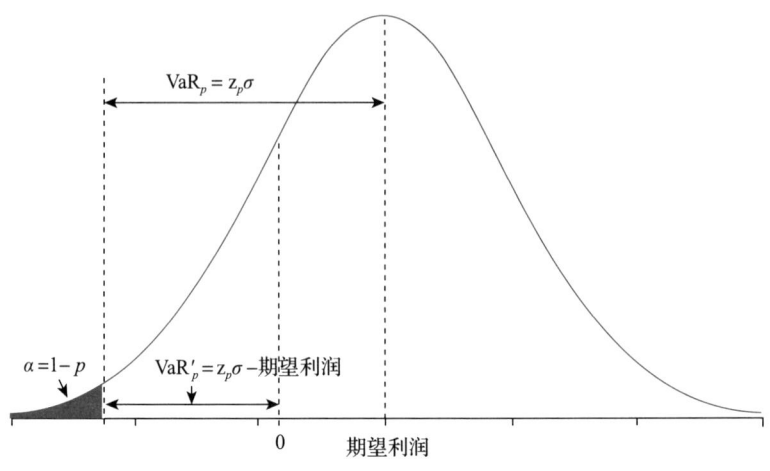

图 11.1 正态分布下的 VaR

在该正态分布中，VaR_p 值被定义为 α 值的上界与期望利润之间的距离：

$$\text{VaR}_p = z_p\sigma = 期望利润 + 置信水平\ p\ 下的最差情况损失$$

式中，z_p 表示在置信水平 p 下标准正态分布对应的 z 分数（Z-Score）；σ 表示标准差。

α 值的上界与零之间的距离被定义为 VaR'，即绝对 VaR（Absolute VaR）：

$$\text{VaR}'_p = z_p\sigma - 期望利润 = 置信水平\ p\ 下的最差情况损失$$

需要注意的是，VaR 通常大于绝对 VaR，这在实际应用中非常关键，因为风险管理要求企业在保持正的期望利润的同时，为可能发生的最严重损失做好准备。从经济角度来说，VaR_p 表示一家公司在给定置信水平 p 下为减少违约风险而需要配置的资本金额。从监管的角度来看，VaR 是在特定置信水平下防止公司违约所需的最低资本金额，这一置信水平通常设定为 95% 或 99%。谨慎的公司（比如金融机构）可能会设定非常高的置信水平，以将其违约风险降到最低。

上述解释基于单日时间段。然而，监管机构通常会为其监管的资本要求设定一个 10 天的期限。在这种情况下，银行通常通过将单日 VaR 乘以时间的平方根（即乘以特定 10 天内单日 VaR 的 $\sqrt{10}$ 倍）来大致估算出 10 日 VaR——这是一种被监管机构广泛接受的方法。

案例研究 多时段下 VaR 和 VaR′ 的计算

问题描述：

考虑一个投资组合，其预期回报率为 5%，标准差为 8%，持有期为 10 天，置信水平为 99%。使用上述的参数化方法来计算 VaR 和 VaR′。

解决方案：

根据标准正态分布的单侧分位数表，我们发现 $z_{99\%} = 2.33$。基于预期回报率（即期望利润率）为 5%、标准差 σ 为 8%、时间 t 为 10 天，下面是 VaR 和 VaR′ 的计算公式：

$$\text{VaR}_{99\%} = z_{99\%}\sigma\sqrt{t} = 2.33 \times 8\% \times \sqrt{10}$$
$$= 58.9\%$$

$$\text{VaR}'_{99\%} = (z_{99\%}\sigma - 预期回报率)\sqrt{t}$$
$$= (2.33 \times 8\% - 5\%) \times \sqrt{10} = 43.1\%$$

11.2.2 风险价值的计算

在实践中，VaR主要有三种计算方法：历史法（Historical Method）、方差－协方差法（Variance-Covariance Method）和蒙特卡罗模拟法（Monte Carlo Simulation Method）。其中，蒙特卡罗模拟法和方差－协方差法属于依赖于参数假设的参数化方法，而历史法则是一种非参数化方法。根据麦肯锡2012年的报告，约85%的大型银行采用历史模拟法，其余15%采用蒙特卡罗模拟法。以下将分别介绍这三种方法。

1. 历史法

历史法被视为三种方法中最为简单的一种。它基于这样一个假设：未来的市场行为将反映过去的数据特征。因此，可以直接利用历史数据来构建损益分布。然而，要构建这种分布，需要有足够大的数据量（例如，1~3年的数据或几百个数据点），这样才能得到有统计意义的结果。

在历史法中，最直接的方法是利用历史数据构建直方图，这可以被称为历史直方图法（Historical Histogram Method）。我们可以基于直方图的分布估算出所有数据中最差的α（例如1%或5%）的数据。例如，如图11.2所示，直方图的左尾包含5%的数据，损失范围在100万~400万美元之间（远离期望利润的部分），则我们可以以95%的信心推断，每日损失不会超过100万美元。假设给定数据的期望利润为250万美元，那么在95%的置信水平下，VaR为350万美元（即从5%百分位点到均值的距离）。需要注意的是，100万美元的损失并不是所有可用数据中最大的损失。在这个示例中，400万美元是最大的损失。如果需要更高的置信水平，我们可以通过设置更高的置信水平（比如99%）来进一步向左移动尾部，此时最大损失可能在300万~400万美元之间。在后一种情况下，我们可以以99%的置信水平声明，每日损失预计不会超过300万美元。即在99%的置信水平下，VaR为550万美元（=2.5百万美元+3百万美元）。

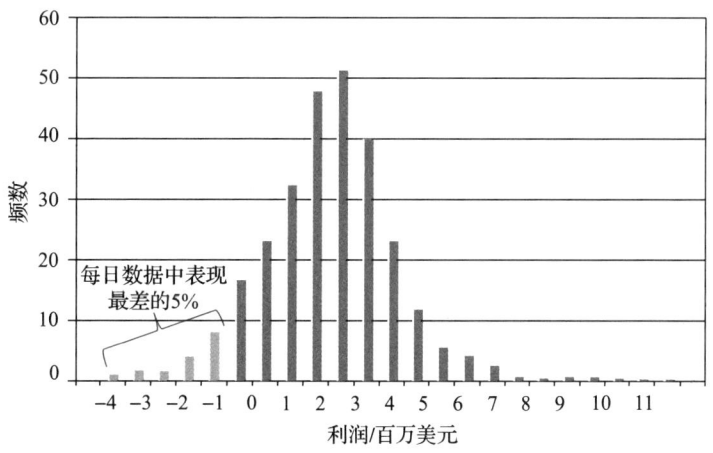

图11.2 历史利润数据直方图

如果我们缺少关于所讨论目标的直接数据，也可以通过构建涉及该目标所有相关风险因子（例如利润）的直方图来进行估算，这种方法被称为历史模拟法

（Historical Simalation Method）。为此，我们需要收集一段时间内所有风险因子的历史数据。接着，使用一个模型将风险因子的值转换为目标值。例如，在每个模拟场景 j 中，目标值可以通过计算 $\sum_i s_i m_{i,j}$ 得出，其中 s_i 代表公司对每个市场变量 $m_{i,j}$ 的风险敞口。请注意，为了更准确地估算目标值，所用的估算模型可能会更为复杂。最后，我们可以根据目标最终值的直方图来估算 VaR。

历史法的优点在于其操作简便，因为它不依赖于任何数学模型或参数。例如，此方法无须假设正态分布或任何其他特定分布形态，无论分布是否具有"厚尾"特性或市场变量之间的相关性如何。此外，历史法便于计算 VaR 的置信区间。它综合了所有影响因素，但不深入探讨诸如历史波动性和相关性等细节，因为这些因素已经在所用数据中得到体现。

然而，历史法需要依赖大量数据，这对许多公司来说可能是一个挑战，尤其是在供应链金融交易中。此外，即使数据充足，我们也必须警惕数据固有的局限性，因为过去的数据不一定能准确预测未来。例如，2020 年之前，我们无法预见新冠疫情的灾难性影响，而之前三年的数据也未能显示出任何相关的迹象。另一方面，新冠疫情结束后的未来三年内，同样的事件可能不会重现。历史数据也无法反映未来采用新技术（如区块链技术）所带来的变化。此外，最终的 VaR 值似乎只是由某些特定的历史时期所决定的，这些时期可能并不具有代表性。

2. 方差 - 协方差法

中心极限定理指出，当从一个表现良好的分布中获得足够多的独立随机变量样本时，这些样本的均值将收敛于正态分布。正态分布的特性是可以通过均值（μ）和方差（σ）进行完整描述的。如果所有的风险因子和回报率均服从对数正态分布，那么可以通过分析相关市场变量的分布来估算 VaR。假设 r_i 为公司对风险因子 i 的风险敞口（例如投资权重），σ_i 为风险因子 i 的标准差（即波动率），$\rho_{i,j}$ 为风险因子 i 与风险因子 j 的相关系数，则总投资的标准差可以用以下公式表示：

$$\sigma_T = \sqrt{\sum_{i,j} r_i r_j \sigma_i \sigma_j \rho_{i,j}}$$

| 案例研究 | 使用方差 - 协方差法计算 VaR

我们将探讨以下两个示例。

例 1（只有一个风险因子）：

假设一家公司在一笔投资中投入了 1,000 万元。该投资的回报率服从正态分布，标准差为均值的 50%。在 95% 的置信水平下（$z_{95\%}$ = 1.645），VaR 可以通过以下公式计算：

$\text{VaR}_{95\%}$ = 1.645 × 1,000 万元 × 0.5
     = 822.5 万元

例 2（有两个风险因子）：

假设一家公司有两笔不同的投资，总投资额为 1,000 万元。第一笔投资的回报率服从正态分布，其标准差为均值的 50%。第二笔投资的回报率同样服从正态分布，其标准差为均值的 80%。第一笔投资的权重占总投资的 40%（即 400 万元），第二笔投资的权重占 60%（即 600 万元）。两笔投资之间的相关系数为 0.25。此时，这两笔投资的联合方差可以通过以下公式计算：

$$\sigma_T = \sqrt{0.4^2 \times 0.5^2 + 0.6^2 \times 0.8^2 + 2 \times 0.4 \times 0.6 \times 0.5 \times 0.8 \times 0.25} \times 均值 = 56.43\% \times 均值$$

在这种情况下,公司在 95% 的置信水平下($z_{95\%} = 1.645$)的 VaR 为

$$VaR_{95\%} = 1.645 \times 1,000 \text{ 万元} \times 0.5643$$
$$= 928 \text{ 万元}$$

此时两笔投资的 VaR 比在例 1 中只有单笔投资的 VaR 高(即 928 万元 >822.5 万元),这是因为第二笔投资的风险更高。

现在,假设第二笔投资的标准差降低到与第一笔相同的水平(即标准差为均值的 50%),新的联合方差由下式给出:

$$\sigma_T = \sqrt{0.4^2 \times 0.5^2 + 0.6^2 \times 0.5^2 + 2 \times 0.4 \times 0.6 \times 0.5 \times 0.5 \times 0.25} \times 均值 = 40\% \times 均值$$

经过这种调整后,公司在 95% 的置信水平下的 VaR 为

$$VaR_{95\%} = 1.645 \times 1,000 \text{ 万元} \times 0.40$$
$$= 658 \text{ 万元}$$

此时,两笔投资的 VaR 比在例 1 中只有单笔投资的 VaR 要低,这显示了投资多元化有助于降低总体投资的风险。

上述参数可以通过历史数据进行估计。然而,假设所有风险因子均服从正态分布可能存在问题。众所周知,实际事件并不总是遵循正态分布或多元正态分布的,这在估算中往往是未经验证的假设。即使数据确实遵循钟形分布,有证据表明许多收益分布呈现出一种被称为"厚尾"的特性,即相较于正态分布,更多的观测值集中在远离均值的位置(见图 11.3)。如果实际数据遵循厚尾分布,那么最大的损失可能会比在正态分布假设下计算的 VaR 发生得更频繁。因此,方差-协方差法可能会低估 VaR 和潜在损失的严重程度。为了缓解厚尾的影响,一种策略是通过多元化投资,使总体投资的均值依据中心极限定理趋向于正态分布,但这同时也增加了计算 VaR 的复杂性。

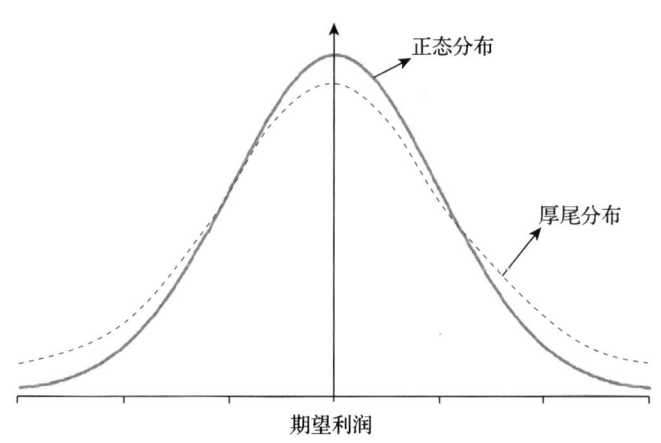

图 11.3　正态分布 vs 厚尾分布

方差-协方差法也存在其他缺点,例如它无法充分描述聚集现象。这是指当风险因子之间的相关性极高时,可能导致的风险聚集程度超出了相关系数所能反映的范围。在这种情况下,联合正态分布可能不再适合作为简单的二元分布。此外,与其他仿真方法相比,方差-协方差法在处理复杂场景时缺乏灵活性。例如,它不适

合应对那些需要模拟非线性关系或非正态分布风险因子的情形。

3. 蒙特卡罗模拟法

蒙特卡罗模拟法是一种通过大量模拟管理相关目标的随机过程的方法。通过进行足够多的模拟，模拟所得的分布可能会收敛至真实的未知分布，从而使我们能够推断出 VaR。

蒙特卡罗模拟法通常包括以下三个步骤。

（1）识别所有相关的风险因子：我们需要明确所有会影响回报率（因变量）的相关风险因子。

（2）构建模拟模型：我们需要描述这些风险因子（例如各风险因子的分布、相关性和随机过程）与因变量之间的动态关系。当一些风险因子高度相关时，不能将它们简单视为独立的自变量进行随机化处理，而必须模拟这些相关风险因子的多变量分布。

（3）运行模拟：为每个风险因子生成一组值，用作模型输入。重复此过程多次，例如 2 万次，以产生必要的回报率分布。

基于最终得到的分布，我们可以推断出 VaR 的值。与受数据可用性限制的历史模拟法相比，蒙特卡罗模拟法能够根据需要生成更多的数据点，提供了处理缺失数据的更大的灵活性。此外，它还允许结合以往的历史经验（不仅限于最近的数据），从而选择最相关的数据集来估计模拟模型的每个参数。这使得蒙特卡罗模拟法在数据利用和场景模拟方面具有明显优势。

蒙特卡罗模拟法的一个显著缺点是它依赖于对风险因子的设定和模型假设（如分布参数）。为了减少设定过程中的主观性，我们可以利用历史模拟法来描述变量之间的相关性。

在我们的讨论中，一个隐含的假设是所有给定数据点的权重都是相等的。然而，为了突出一些重大损失的负面影响，可以给关键数据点赋予不同的权重。对于用于估算 VaR 的任何模型，进行预测的反向测试或验证都是必要的，即通过将预测结果与实际结果对比来验证模型的准确性。这种验证方法有助于确保模型在实际应用中的可靠性。

11.2.3 风险管理中的风险价值

尽管 VaR 存在多种局限性和缺点，但其实用性已在许多场景得到验证，特别是在相对静态的框架下进行短期风险评估时。此外，VaR 还可用于比较不同投资组合或资产的风险水平。

在实践中，风险经理通常将风险分为两类：在 VaR 限额内和超出 VaR 限额。在 VaR 限额内，所有事件都被视为正常且可能频繁发生。因此，风险经理不应过度规避风险，以免错失众多盈利机会。然而，在

> 风险经理不应过度规避风险，否则公司可能错失众多盈利机会。

超出 VaR 限额的情况下，相关数据点可能非常少，使得基于概率的推断失去意义。因此，风险经理还应采用其他风险管理工具，例如基于更长期和更广泛数据的压力

测试，以防备最坏的情况发生。这种方法有助于在保持盈利性的同时，有效管理潜在的重大风险。

在一个特定的系统中，Brown（2007）建议采用三阶段方法来应用 VaR，以应对可能发生的最坏情况。

（1）1~3 倍 VaR 内：预计会出现周期性的 VaR 突破，尤其是当 VaR 在较低的置信水平下获得时。如果一家公司无法承受偶尔发生的 3 倍 VaR 的损失，那它就难以长期生存。

（2）3~10 倍 VaR 内：在此区间内，公司应实施压力测试以检查所有可预见事件，并应做好准备以应对这些最坏情况。

（3）超过 10 倍 VaR：这些事件可能是无法预见的。因此，公司通常应采取购买保险或对冲措施来应对这些极端情况。

11.3 条件风险价值

尽管 VaR 在风险管理中得到了广泛应用，但它仍存在一些局限性。例如，VaR 难以捕捉复杂的结构性金融产品中的波动性、相关性、流动性中断以及强非线性特征。在实际操作中，关于违约的数据通常是有限的，因此准确估计历史违约与未来违约之间的潜在相关性变得困难。但由于这一指标的重要性，公司可能会倾向于调整这一指标以获得"正确"的数字，然而，这可能会因为 VaR 模型中的意外"改进"而放大风险。

VaR 的一个显著问题是，其计算仅基于特定阈值点或置信水平上的百分位数，而没有考虑超出该点的更大损失。因此，超过这个百分位点的损失被忽视了，即使它们可能比 VaR 值严重得多，这种现象被称为"尾部风险"。例如，VaR 很可能未能捕捉到 2007—2009 年的全球金融危机或自 2020 年起的新冠疫情的灾难性影响。因此，VaR 可能会低估那些严重但概率低于 VaR 阈值的损失的影响，这可能鼓励风险经理将风险隐藏在尾部。一种简单的解决办法是采用另一个有效的度量指标，即条件风险价值（Conditional VaR，CVaR）。

CVaR 也称为期望损失（Expected Shortfall，ES）、差额风险价值（Shortfall VaR）、平均风险价值（Average Value at Risk，AVaR）和预期尾部损失（Expected Tail Loss，ETL），它用于衡量给定置信水平下的平均损失。在期望损失方面，CVaR 衡量的是超过 VaR 的所有损失的期望值。从这个意义上说，在给定置信水平下 CVaR 衡量的是大于 VaR 的下行风险。

在数学上，假设数据分布是连续的，CVaR 可以描述为

$$\text{CVaR}_p(X) = \frac{1}{\alpha} \int_0^\alpha \text{VaR}_{1-\theta}(X) \mathrm{d}\theta$$

CVaR 的计算不仅仅基于给定置信水平 p 下的单个阈值，而是计算该水平下大于 VaR 的所有损失的加权平均值。因此，CVaR 通常大于 VaR，并且更能代表在同一置信水平下所有最严重的损失。VaR 与 CVaR 之间的主要区别在于，前者使用单个百分位点来估算风险，而后者则利用该百分位点以上所有点的平均值进行计算，使得 CVaR 的计算过程在某种程度上与 VaR 类似，但涉及更全面的风险评估。

在表 11.1 中，我们通过一个例子说明了 VaR 和 CVaR 之间的差异。在此例中，95% 的置信水平包括了每个投资方案中最差的三种情况，这些情况是表中列出的六个数据点的一部分（还包括许多其他未列出的点）。方案 A 的 $VaR_{95\%}$ 值为 3,000 万美元，而方案 B 的 $VaR_{95\%}$ 值为 3,600 万美元。方案 A 和方案 B 的 $CVaR_{95\%}$ 值分别为 3,933 万美元和 4,167 万美元，这些值明显高于相应的 $VaR_{95\%}$ 值。

表 11.1　最严重损失的数据点　　　　（单位：百万美元）

项目	投资方案 A	投资方案 B	联合方案 A 和 B
数据点 1	56	23	79
数据点 2	32	36	68
数据点 3	30	43	73
数据点 4	25	46	71
数据点 5	22	13	35
数据点 6	21	23	44
$VaR_{95\%}$（第三差情况的值）	30	36	71
$CVaR_{95\%}$（最差三种情况的期望损失）	39.33	41.67	74.33

在这个例子中，$CVaR_{95\%}$ 实际上代表了最差三种情况的期望损失，这类似于统计学中的"三W统计"，即一年内最严重的三次损失的平均值。

如前所述，VaR 是非次可加性的，这意味着联合投资组合的 VaR 值可能大于组成它的各个单项投资的 VaR 值之和。这一特性使得 VaR 不被视为一致的风险度量，因为一致的风险度量通常要求次可加性。例如，见表 11.1，方案 A 和方案 B 的 VaR 之和为 30 + 36 = 66，而联合投资组合的 VaR 值为 71，这表明存在不受欢迎的负多元化效应。相比之下，CVaR 是一个一致的风险度量。见表 11.1，方案 A 和方案 B 的 CVaR 之和为 39.33 + 41.67 = 81，大于联合投资组合的 CVaR 值 74.33，显示出正的多元化效应。

11.4　压力测试

压力测试（Stress Testing），又称为酷刑测试（Torture Testing）或极端情景测试，是巴塞尔协议Ⅲ（Basel Ⅲ）的正式要求，已成为风险管理中必不可少的工具。2007—2009 年的全球金融危机和新冠疫情暴露了大多数 VaR 模型的局限性，这些模型难以考虑多年市场趋势、信用评级下调、操作风险事件（例如欺诈）、非线性价格波动等相关风险。在理解全球金融危机期间的系统性互联方面，其他定量方法的不足进一步凸显了压力测试的重要性。

压力测试的目的是通过评估机构抵御危机情况的能力来全面了解风险。压力测试可以被视为风险管理中敏感性分析的一种特殊形式，它关注更加极端的事件。简单来说，压力测试回答了一些直观的问题，比如"如果 30% 的现有客户转向我们最大的竞争对手，我们应该采取什么措施？"在这方面，压力测试旨在评估极端事件对公司财务业绩的影响，如回报率和流动性。尽管历史数据可能并不总是支持某些假设的危机场景，但在压力测试中运用定性思维过程能够有效补充 VaR 等定量风险度量的不足,并有助于机构的战略规划。

进行压力测试有两种方法:一种是依赖于经济见解的方法,另一种是基于历史事件的方法。由于历史事件可能并不总是可用的,基于经济见解的方法往往更为实用。然而,基于经济见解的情景概率判断本质上是主观的。因此,在选择测试情景时,历史事件和经济见解可以很好地相互补充。

11.4.1 基于经济见解的压力测试

随着压力测试变得越来越普遍,其中一个挑战在于严格且一致地定义一组情景。Crouhy 等人(2013)提出了一种称为"压力包络"(Stress Envelope)的方法,该方法整合了所有情景下最严重的压力冲击。在评估了最严重的压力冲击后,选择较低压力水平下的特定情景组合就变得更加容易。

压力包络法分为两个步骤:第一步是确定多个相关压力类别,例如利率、信用利差、大宗商品价格、政治环境、国际法规、汇率、股价及市场波动等。第二步是针对每个压力类别,确定在实际情景中可能发生的最严重的压力冲击,并进一步细化每个类别内的压力冲击次数。

例如,表 11.2 详细列出了一个压力包络中的压力类别及其相应的压力冲击次数。假设这六种压力类别对某特定供应链金融交易至关重要,通过记录这些压力冲击次数,可以在更广泛的范围内比较不同级别的压力影响。

表 11.2 压力类别及压力冲击次数

序号	压力类别	压力冲击次数 / 次
1	利率	4
2	国际法规	4
3	外汇汇率	2
4	信用利差	2
5	股权	4
6	环境影响	2

基于表 11.2 并发的压力包络,我们定义了以下三个极端(最严重)的压力冲击情景。

1)美股指数下跌 40%。
2)亚股指数下跌 40%。
3)外汇汇率上涨 30%。

此外,与上述特定情景相对应的三个影响较小的中等压力冲击情景包括以下三种。

1)美股指数下跌 15%。
2)亚股指数下跌 20%。
3)外汇汇率上涨 10%。

如果我们构建出压力包络并展示其影响(即损失,相应数据在表 11.3 的左侧展示),我们就能计算出焦点情景下的潜在损失。需要注意的是,表 11.3 只是简要介绍了压力对公司利润的潜在影响。全面的压力测试应覆盖公司所有相关领域,包括利润表现、流动性、资产和权益。在"焦点情景冲击权重"计算中使用的线性插值方法也是一种简化估计,实际损失可能会因为压力类别中存在的非线性关系而被低估或高估。

表 11.3 压力包络影响和焦点情景影响

序号	压力包络冲击	压力包络影响/美元	焦点情景冲击	焦点情景冲击权重	焦点情景影响/美元
1	40%	−5,000	15%	15/40 = 37.5%	−1,875
2	40%	−3,000	20%	20/40 = 50%	−1,500
3	30%	−1,000	10%	10/30 = 33.33%	−333.33
				总计	−3,708.33

因子推动压力测试(Factor-Push Stress Test):表 11.3 仅展示了一种特定情况。为了全面了解潜在的压力影响,我们可以采用因子推动压力测试的方法。这种方法基于之前确定的潜在压力冲击,探索所有可能的组合,并需对多种潜在情景进行细致审查。这个方法的一个明显缺点是,它可能会产生一些不切实际的情景组合。例如,在模拟中,两年期国债利率可能会朝一个方向移动,而三年期国债利率则向相反方向移动,这种情况通常被视为不现实。

蒙特卡罗压力测试(Monte Carlo Stress Test):为了解决因子推动方法存在的相关性问题,可以采用压力冲击的概率度量。虽然一些人认为在金融危机期间相关性可能会受到破坏,但在蒙特卡罗模型中引入基于历史数据的特定相关性有助于排除不可行的组合。这种方法与 VaR 的方法相似;然而,此处所假设的概率并不依赖于历史数据,而是基于一个可信的经济情景。

11.4.2 基于历史事件的压力测试

虽然像 2007—2009 年全球金融危机这样的罕见历史事件可能不会出现在大多数最新数据中,但利用这些可能的现实世界事件可以帮助解决仅基于经济见解生成情景时的主观性问题。例如,在压力测试中可以使用以下历史情景。

- 1997 年亚洲金融危机。
- 2000 年互联网泡沫破裂。
- 2001 年美国 9·11 恐怖袭击。
- 2007 年次贷危机。
- 2010 年欧洲主权债务危机。
- 2020 年新冠疫情。

为了评估基于历史事件的压力影响,我们需要研究相关市场变量的历史数值,并生成任何缺失数据的数值,之后,我们必须确定压力的开始和结束日期。

11.4.3 压力测试与风险价值的比较

为了使压力测试可信且有用,一个精心策划的流程应包括明确的风险承受能力和资本目标、强有力的内部控制,以及将压力测试及其结果整合到决策框架中。此外,还应确保高级管理层和董事会的有效治理,以及明确的资本配置政策,并根据预期的未来情景详细说明决策流程。同时,压力测试中的报告非常重要,这些报告必须考虑到业务线的多样性,突出关键风险,适应组织结构,并具备深入分析的能力。

虽然 VaR 更适用于衡量回报率的波动性,但压力测试则能更有效地评估极端市场波动的影响。尽管如此,VaR 和压力测试都旨在提供维持足够资本缓冲的指导,以防止企业破产。这种资本缓冲对于应对回报率波动和市场变化至关重要。

与 VaR 相比,压力测试在极端事件发生时提供了对潜在结果的独特视角。它通过让管理层为某些类型的金融灾难做好准备,可以作为 VaR 方法的一个补充。由于压力测试中使用的情景通常不包括在公司历史数据中,且这种测试更多地依赖于主观判断,因此它具有较强的主观性,并容易受到操纵。相比之下,VaR 是一种基于统计学的更客观的方法。因此,监管机构更普遍地采用 VaR,以确保公司有充足的资本缓冲。此外,也有研究显示,在危机期间使用压力测试的公司表现得更为出色。

11.5 风险调整回报率

本节介绍了几种风险调整后的比率,用以比较具有不同风险水平的公司或业务部门的相对业绩。

11.5.1 风险调整收益资本回报率

风险调整收益资本回报率(Risk-Adjusted Return on Capital,RAROC)是一种在考虑各种风险因素的情况下,用于衡量资本回报率的指标。该概念由信孚银行(Bankers Trust)在 20 世纪 70 年代末引入,用于评估一项投资的回报率是否高于银行的最低预期股东权益回报率。RAROC 的计算公式[⊖]为

$$RAROC = \frac{风险调整的预期净收入}{经济资本}$$

$$= \frac{收入-费用-期望损失-税额+风险资本回报率}{经济资本}$$

其中,收入(Revenue)代表机构从特定活动中得到的收入,包括利息收入、非利息收入及潜在的资金转移;费用(Expense)包括所有相关的直接成本和分配成本以及其他费用,例如将风险纳入成本的资金转移定价。

期望损失(Expected Loss)的计算公式为

$$期望损失 = 违约率 \times 违约损失率 \times 违约风险敞口$$

⊖ 不同来源提供的方程式可能略有差异,但核心内容通常是一致的。

其中，违约率（Probability of Default）指的是借款方不履行还款义务的概率；违约损失率（Loss Given Default）表示一旦违约发生，预计会损失的资金比例；违约风险敞口（Exposure at Default）是指在违约时，借款方所暴露的总风险额；税额（Tax）代表根据机构实际的税率计算的预期税金；风险资本回报率（Return on Risk Capital）通常是指风险资本的无风险回报率。

这些定义为风险调整收益资本回报率的计算提供了基础。

经济资本（Economic Capital）包括风险资本（Risk Capital）和战略资本（Strategic Capital）。风险资本，也称为在险资本值（Capital at Risk），是为了弥补因信用风险、市场风险、操作风险等导致的非期望损失而预留的资金。战略资本包括分配给消耗性成本（例如，近期收购中的战略失败）和商誉（例如，在收购期间支付的超出净资产价值的金额）的资本，在不涉及收购的情况下，其估值可以为零。通常，风险较高的投资需要更多的经济资本来弥补这些意外的损失。

在文献中，经济资本的价值通常用 VaR 来近似表示。然而，更准确的表达方式为

$$经济资本 = VaR - 期望损失$$

从这个角度来看，如果期望损失非常小，则经济资本的价值将接近于 VaR 值（见图 11.4）。

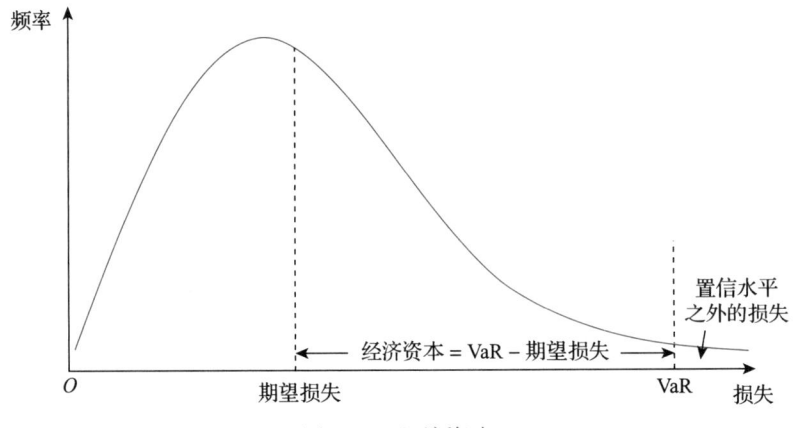

图 11.4　经济资本

在这里，我们使用的期望值是基于事前评估的。若是事后评估，在使用 RAROC 计算贷款或投资的业绩时，则采用已实现的收益和费用。

RAROC 在比较不同投资的盈利能力时会考虑风险。与传统的资本回报率不同，RAROC 通过从预期净收入（即回报的代理指标）中减去因风险造成的期望损失，并以经济资本（即风险的代理指标）替换会计资本来进行调整。因此，RAROC 可以被视为对单位资本的回报与风险进行权衡的工具。通常，当风险水平较高时，RAROC 值较低。

|案例研究| RAROC 的计算

通过下面的例子，我们进一步说明如何　　计算 RAROC。假设对公司 A 的贷款估值为

1,000万美元，年利率为7%。贷款人每年需要承担贷款价值的0.9%作为直接相关的管理成本。该笔贷款以零售存款为资金来源，其利率为贷款价值的4.5%，期望损失假定为贷款价值的1%，贷款人的税率设为25%，经济资本按贷款总额的6%计算，其中战略资本为零，无风险利率为4%。RAROC的具体计算公式如下：

$$\text{RAROC} = \frac{(1-0.25)(10百万美元 \times 0.07 - 10百万美元 \times 0.009 - 10百万美元 \times 0.045 - 10百万美元 \times 0.01 + 10百万美元 \times 0.06 \times 0.04)}{10百万美元 \times 0.06}$$

$$= 10.5\%$$

上述10.5%的结果是否令人满意，取决于贷款人的预期。如果贷款人预期的回报率为15%，则可能会认为这一业绩表现较差；但如果预期回报率仅为10%，则可以认为业绩超出了预期。对于一家公司而言，将RAROC值与其门槛回报率（Hurdle Rate）进行比较也是一种有效的分析手段，这里的门槛回报率通常等于股权资本的税后加权平均成本。RAROC高于公司的门槛回报率，这表明该投资为公司带来了增值；如果低于门槛回报率，则意味着该投资的盈利能力可能不足。

11.5.2　风险调整资本回报率

风险调整资本回报率（Return on Risk-Adjusted Capital，RORAC）表示经过风险调整的资本回报率。RORAC的计算公式为

$$\text{RORAC} = \frac{净收入}{经济资本} = \frac{收入 - 费用}{经济资本}$$

与RAROC的计算相比，RORAC公式的分子中并不包含期望损失、税额和风险资本回报率这三个组成部分。如果使用11.5.1节中RAROC案例研究中的相同数据进行计算，我们可以得出以下结果：

$$\text{RORAC} = \frac{10百万美元 \times 0.07 - 10百万美元 \times 0.009 - 10百万美元 \times 0.045}{10百万美元 \times 0.06} = 26.67\%$$

在这个例子中，RORAC的值高于RAROC，主要原因是税率对最终结果产生了显著影响。

为了展示风险水平对RAROC和RORAC最终值的影响，我们假设对信用评级较低的公司B提供另一笔贷款。由于公司B的信用评级低于公司A，因此公司B的经济资本估计为贷款金额的10%（这意味着公司B需要更多资金来弥补因风险造成的非期望损失）。假设两家公司的其他所有因素均相同，我们便可以计算出RAROC和RORAC的相应值，具体见表11.4。

表11.4　不同公司RAROC和RORAC的比较

公司名	风险水平	经济资本/百万美元	RAROC	RORAC
公司A	低（6%敞口）	0.60	10.50%	26.67%
公司B	高（10%敞口）	1.00	7.50%	16.00%

鉴于公司 B 的信誉较差，它需要更多的经济资本来覆盖由于风险可能带来的意外损失。因此，由于风险的影响，公司 B 的 RAROC 和 RORAC 值均低于公司 A 的相应值。这说明风险水平的提高会对这些财务指标产生负面影响。

11.5.3 夏普比率

夏普比率（Sharpe Ratio）可以衡量预期或实际的回报率相对于无风险利率的超额回报程度[○]。夏普比率的计算公式为

$$夏普比率 = \frac{回报率 - 无风险利率}{波动率}$$

我们在表 11.5 中比较了两项投资的夏普比率。

表 11.5 夏普比率

项目	回报率	无风险利率	波动率	夏普比率
投资 1	10.50%	1.50%	10%	90.0%
投资 2	10.50%	1.50%	15%	60.0%

见表 11.5，尽管两项投资具有相同的回报率和无风险利率，但它们的波动率不同，因此，它们的夏普比率也有所不同：波动率较低的投资具有更高的夏普比率。

11.6 总结

本章详细概述了各种风险管理工具和技术，重点介绍了风险价值（VaR）、条件风险价值（CVaR）、压力测试和风险调整回报率。这些工具在决策过程中发挥着关键作用，使公司和投资者能够有效评估和管理风险水平。

本章要点如下：

1. 风险价值（VaR）
- VaR 是一种广泛使用的风险度量工具，用于在特定的置信水平下估计给定时间范围内投资组合的潜在损失。
- VaR 可以采用多种方法来计算，包括历史法、方差－协方差法和蒙特卡罗模拟法。
- VaR 的局限性包括无法捕捉尾部风险以及对置信水平和持有期选择的敏感性。

2. 条件风险价值（CVaR）
- CVaR 通过估计损失分布尾部的期望损失来解决 VaR 的一些局限性。
- CVaR 是一种更一致的风险度量工具，它考虑了极端损失的规模和可能性。

3. 压力测试
- 压力测试用于评估金融机构与投资组合在极端和潜在不利情况下的韧性。
- 压力测试的方法包括基于经济见解的压力测试和基于历史事件的压力测试。
- 尽管压力测试带有一定的主观性，但它有助于企业做好应对金融灾难的准备，

○ 夏普比率以诺贝尔经济学奖得主威廉·夏普（William Sharpe）的名字命名。

从而在危机期间更有能力表现出色。

4. 风险调整回报率
- 风险调整回报率指标，如风险调整收益资本回报率（RAROC）、风险调整资本回报率（RORAC）和夏普比率，用于比较具有不同风险水平的公司或业务部门的相对业绩。
- RAROC 和 RORAC 考虑了经济资本和风险调整后的预期净收入，而夏普比率则将超过无风险利率的回报与投资的波动性进行比较。
- 这些措施通过考虑回报与风险之间的权衡，帮助投资者做出更明智的决策。

11.7 练习

11.7.1 思考题

1. 什么是风险价值（VaR）？计算它的三种主要方法是什么？
2. 计算预期回报率为 5%，标准差为 8%，置信水平为 95%，持有期为一天的投资组合的 VaR 和 VaR′。
3. 说明 VaR 和条件风险价值（CVaR）的区别，CVaR 与 VaR 相比有哪些优势？
4. 什么是因子推动压力测试？它与基于历史事件的压力测试有何不同？
5. 计算 500 万元贷款的风险调整收益资本回报率（RAROC），该贷款的利率为 6%，直接相关成本为贷款价值的 1.2%，融资成本为贷款价值的 3.5%，期望损失为贷款价值的 0.8%，税率为 30%，经济资本为贷款价值的 4%，无风险利率为 3%。
6. 简要说明压力测试的目的以及确保其可信度和实用性的最佳实践。
7. 计算预期回报率为 12%，无风险利率为 2%，标准差（即波动率）为 10% 的投资的夏普比率。
8. 解释 RAROC 和风险调整资本回报率（RORAC）的区别。
9. 利用历史模拟法在计算 VaR 时的主要局限性是什么？
10. 解释经济资本的概念及其在风险管理中的作用。

11.7.2 案例研究

PreciseMech Global 的贷款保险困境

背景：

PreciseMech Global 是一家专注于高端工业机械的重要供应商，为全球市场提供设备，涵盖众多中小型企业。在全球经济不确定性增加和金融监管趋严的背景下，PreciseMech 正在重新审视其财务战略，旨在优化风险管理并确保可持续发展。

挑战：

1. 中小企业对贷款保险的依赖性：PreciseMech 的许多客户依赖贷款保险以增强其购买力。这些保险的条款存在显著差异，直接影响中小企业的购买决策。
2. 市场动态性：金融保险市场动态的不断变化，影响 PreciseMech 客户的购买力。

3. 平衡利益相关者的利益：在确保销售数字的稳健增长与避免迫使中小企业做出不利财务安排之间寻求平衡。

4. 监管影响：金融和保险监管的不断演变可能会影响中小企业的购买模式，从而影响 PreciseMech 的净利润。

问题：

1. 在避免对中小企业的财务决策施加不当影响的情况下，PreciseMech 如何确保其客户得到充分的保险保障？

2. 讨论 PreciseMech 的 CVaR 评估结果如何影响其客户参与战略。

3. 在经济衰退或重大监管变化的情境下，PreciseMech 可以从压力测试中得出哪些关于韧性的见解？

4. 鉴于 PreciseMech 独特的市场地位，风险调整回报率如何帮助其优先考虑投资和合作伙伴关系？

11.8 附录：学术思考

供应链金融风险监管下的银行贷款与贷款保险

王文利、蔡港树

11.8.1 导言

在管理融资风险时，银行往往会设定贷款限额，以确保本金损失的风险保持在可控范围内，这一过程与风险价值（VaR）机制相呼应。例如，某些银行根据贷款回收率和个人贷款的潜在损失来评估信贷员的业绩。这种风险管理不仅源于银行的自我保护，也受到政府法规的强制执行，如美联储委员会（Federal Reserve Board）批准的巴塞尔协议Ⅰ、Ⅱ和Ⅲ等。然而，这些保守的做法也进一步限制了众多企业的融资潜力。

在借款公司缺乏足够抵押品以获得银行贷款的情况下，第三方保险公司提供的贷款保险成为一种可行的替代方案。这种方法允许借款公司将融资风险从银行转移至保险公司，因此随着时间的推移，这种做法越来越受到关注。通过贷款保险，保险公司为债权人（即银行）提供担保，并为债务人（例如买家等借款人）提供更大的贷款便利。一旦借款人支付贷款保险费用后违约，贷款人即成为受益人。

贷款保险在发展中国家和发达国家都备受青睐，主要原因是保险业务对银行越来越有吸引力。例如，乌拉圭的中小企业 Megal S.A. 从挪威出口担保机构（Norwegian Guarantee Institute for Export Credits，GIEK）获得了一笔巨额贷款，用于采购位于挪威的全球领先气瓶生产商 Hexagon Ragasco 的产品。与之相对，在国

○ 如果想更全面地了解这部分内容，请查阅全文：Wang, W., & Cai, G. (2023). Curtailing Bank Loan and Loan Insurance Under Risk Regulations in Supply Chain Finance, 70(4), 2682-2698. *Management Science*. https://doi.org/10.1287/mnsc.2023.4827。

内情境中，平安财产保险承保了分销商为从中国食品加工企业中粮集团采购食品而获得的银行贷款。在某些情况下，为了鼓励通过保险生态系统进行贷款，政府可能会提供贷款保险费用的部分补贴。新加坡的贷款保险计划便是一个例子，政府补贴高达 55% 的贷款保险费。然而，像银行业一样，保险业也受到严格的监管，要求保险公司维持合理的保险贷款限额以有效管理风险。

银行贷款和贷款保险的主要目的是帮助资金有限的公司。在供应商－买家供应链中，通常假设双方都希望最小化银行手续费和保险费，因为他们认为成本的增加可能会导致订单量减少，从而影响公司和整个供应链的表现。因此，似乎有理由认为，双方都会倾向于更高的贷款额度和保险贷款限额，并希望银行和保险公司能够降低风险规避的程度。然而，现有文献明显缺乏对资金有限供应链中的各利益相关者与风险规避的银行和保险公司之间的复杂动态关系，以及银行贷款和贷款保险对实际供应链结果的共同影响的深入研究。这引出了一些相关的研究问题：

- 风险规避程度以及银行贷款和贷款保险条款如何影响供应链主体之间的均衡和策略互动？
- 为买家提供贷款保险是否始终符合供应商的最大利益？
- 政府对买家的保险补贴如何影响供应链主体的利润和整体社会福利？

11.8.2　供应链金融模型

在这个模型中，供应链由供应商和买家组成，供应商将中间产品——材料、商品或零部件出售给买家，买家随后生产最终产品。

1. 订购流程

在季初，买家从供应商处采购 Q 单位的中间产品，价格为每单位 w 元。供应商的单位生产成本为 c 元。为简化模型，我们假设制造一个单位的最终产品需要一个单位的中间产品，并且该制造成本被归一化为零。到季末，最终产品以价格 p 元零售给消费者，且 p 标准化为 1。客户需求不可预测，记为 ξ，其服从分布函数 F 及其对应的概率密度函数 f。

2. 融资细节

买家在初始资金为 l 的限制下，必须依靠金额为 $wQ - l + \tau$ 的银行贷款来完成订单。τ 为固定银行费用。该贷款的利率 $r(Q)$，与订购数量 Q 相关，因此最终还款金额为 $z(Q) = [(wQ - l + \tau)(1 + r(Q))]$。如果买家收入达到或超过 $z(Q)$，则买家有义务结清全部贷款金额。否则，买家将破产，银行将获得其残值 ξ。因此银行未来的现金流为 $Y(Q) = \min[\xi, z(Q)]$。

为缓解融资风险，银行规定了贷款限额，确保本金损失率不超过 α 并保持在风险承受阈值 β 内（其中 $0 < \alpha < 1, 0 < \beta < 1$）。具体表述为：$Pr\{Y(Q) < (1 - \alpha)(wQ - l + \tau)\} \leq \beta$。这一风险监管反映了风险价值（VaR）方法符合全球银行业指导方针，尤其是巴塞尔协议 I、II 和 III。

若要确保订单金额符合本风险管理策略，则 wQ 不应超过 $u + l - \tau$。其中，$u =$

$[(1/(1-\alpha))F^{-1}(\beta)]$ 定义了初始贷款限额——在没有保险的情况下允许的最大贷款金额，前提是 $u > \tau$。当然，初始贷款限额会随着 α、β 的增大而增大，并且随着市场的增长而成比例增加。

银行根据实际贷款金额和期望利润率来确定贷款利率。与现有文献一致，这种利率设置确保预期回报率反映了无风险回报率，并且考虑到了市场风险和买家的保险状态。为了简化分析，我们将无风险利率设为零。需要注意的是，实际的无风险利率只会增加计算的复杂性，但并不会改变我们的核心观点。

3. 保险细节

资金有限的买家有意购买第三方贷款保险，这种保险能够降低银行的贷款风险，并可能提高贷款额度和订单限额。在设有免赔额的保险场景中，买家会确定一个承保水平 b，并向银行做出承诺。如果在破产后的残值 ξ 低于 b，则保险公司将向银行赔偿该差额；如果残值高于或等于 b，则不进行赔偿。

资金有限的买家有意购买第三方贷款保险。这种保险降低了银行的贷款风险，可能会提高贷款和订单限额。在具有免赔保单的场景中，买家确定承保水平 b，并向银行做出承诺。如果破产后残值（ξ）低于 b，则保险公司向银行赔偿差额；否则，不予支付。

在实际操作中，保险公司通常会收取固定保费和可变保费。固定保费主要用于保障保险公司的业务连续性。在我们的模型中，假设保险费包含基于预期赔偿金额计算的可变部分 $E\max(b-\xi, 0)$ 以及固定保费 t。因此，总保费由公式 $m(b) = \int_0^b (b-x)f(x)\mathrm{d}x + t$ 表示，并且随着保险覆盖额度 b 的增大而增加。

与银行一样，保险公司也在严格的监管范围内运营。为了管理风险，它们遵循 VaR 原则。因此，保险公司的承保限额由 $b = S^{-1}[F^{-1}(\delta)]$ 决定。此外，$v \equiv [1/(1-\alpha)]b - \int_0^b F(x)\mathrm{d}x$ 代表保险贷款限额。鉴于此投保限额，买家的订单数量不应超过 $(v + l - \tau - t)/w$。

4. 供应链博弈顺序

如图 11.5 所示，在该供应链的斯塔克尔伯格（Stackelberg）博弈中，供应商首先告知银行和保险公司其贷款限额，随后决定其批发价格。接着，买家选择是否购买保险、确定承保级别、确定贷款金额以及订单数量。银行在审核买家的贷款申请后，会设定相应的贷款利率。根据这些决策，买家下达订单，实现需求，产品最终销售给消费者。通过逆向推导，可以得到该博弈的解决方案。

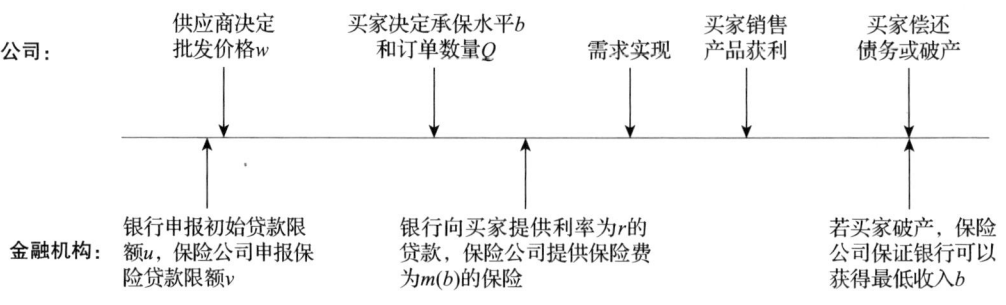

图 11.5　供应链事件时间轴

11.8.3 主要研究发现

从买家的角度来看，购买具有较高固定保费和较低保险贷款限额的次优贷款保险政策并非总是不利的。买家可以策略性地利用这种不太有利的保单，与供应商协商获得更低的批发价格，这样做可以为双方带来互利的结果。

从供应商的角度来看，向面临较高银行手续费和较低初始贷款限额的买家出售中间产品并不一定是不利的，尤其是如果买家愿意购买贷款保险以提高其获得订单的能力。为了防止买家利用不那么有利的保险条件策略性地损害供应商的利益，供应商帮助买家获得更优惠的保险交易可能是有益的。实际上，一些大型供应商，如德国知名精密机械工程公司 Heidelberger，经常采用这种方法。此外，当固定保费相对较低时，供应商在面对多个买家的情况下比只有单一买家时能从贷款保险中获得更大的收益。

从供应链公司关于风险监管的角度来看，买家更倾向于从严格的保险监管中获益，而供应商往往受益于更严格的金融监管。因此，买家可能会反对严格的银行监管，而供应商可能会反对更严格的保险监管。尽管如此，整个供应链可以从审慎限制银行贷款和贷款保险的合理监管中获利。适当平衡的金融和保险监管不仅可以促进金融部门和保险业的发展，还能提高供应链的整体效率。

我们的分析还揭示了一个斯塔克尔伯格囚徒困境，这种困境出现在保险条款过于严格（例如过高的固定保费或过低的保险贷款限额）或银行监管过于宽松（例如较低的固定银行手续费或较高的初始贷款限额）的情况下。在这种情况下，由于成本过高，买家可能不会选择购买保险。缅甸保险公司总经理 Aye Min Thein 观察到了类似的模式：在银行贷款受限的情况下，中小企业很少选择信用担保保险。因此，政策制定者应考虑放宽对保险额度的限制和降低保费，同时加强银行监管。这种平衡措施可以有效地应对斯塔克尔伯格囚徒困境，提高供应链效率。

实际上，政府可以通过向贷款寻求者提供保险补贴来缓解斯塔克尔伯格囚徒困境，从而提高社会福利。这种方法为旨在支持中小企业的政府提供了一个成本效益高的解决方案，因为补贴贷款保险通常比直接提供贷款成本更低。这一战略与众多政府的信用担保政策相一致。截至 2003 年，就已有近 100 个国家建立了 2,250 多个不同形式的信用担保项目。许多政府补贴保险公司，以提高中小企业的保险覆盖率并降低保费。特别是在 2020 年新冠疫情暴发后，41 个国家推出了 57 个针对中小企业的新的信用担保计划。

此外，政府可能会推动保费共同筹资以缓解斯塔克尔伯格囚徒困境，从而提高供应链效率。类似的成本分担模式已经在供应链中被采用。例如，当 Megal S.A. 向挪威出口担保机构 GIEK 申请贷款以从 Hexagon Ragasco 购买气瓶时，供应商与保险公司共同分担了 10% 的担保责任，形成了一种与买家共同分担保险费用的替代模式。

在供应链金融机制中，供应商在向资金有限的买家提供贸易信用时应谨慎行事，尤其是当其生产成本上升时。相反，为了获取更大的订单限额，买家可能会发现向数量较少的银行借款更为有利。

11.9 参考资料

Acerbi, C., & Tasche, D. (2002). On the Coherence of Expected Shortfall. *Journal of Banking & Finance, 26*(7), 1487-1503.

Allen, S. L. (2012). *Financial Risk Management: A Practitioner's Guide to Managing Market and Credit Risk* (Vol. 721). John Wiley & Sons.

Brown, A. (2007). On Stressing the Right Size. *GARP Risk Review.*

Crouhy, M., Galai, D., & Mark, R. (2013). *The Essentials of Risk Management* (Vol. 1). McGraw-Hill New York.

Gurnani, H., Ramachandran, K., Ray, S., & Xia, Y. (2014). Ordering Behavior Under Supply Risk: An Experimental Investigation. *Manufacturing & Service Operations Management*, 16(1), 61–75.

Kenton, Will (2020). What Is Economic Capital (EC)? How to Calculate and Example. Investopedia.com. https://www.investopedia.com/terms/e. Accessed March 23, 2020.

Kim, J., & Finger, C. C. (2000). A Stress Test to Incorporate Correlation Breakdown. *Journal of Risk*, 2, 5–20.

Koller, T., Lovallo, D., & Williams, Z. (2012). *Overcoming a Bias Against Risk.* https://www.mckinsey.com/~/media/mckinsey/business functions/strategy and corporate finance/our insights/overcoming a bias against risk/overcoming a bias against risk.pdf?shouldIndex=false. Accessed May 3, 2020.

Litterman, R. (1996). Hot Spots and Hedges. *Journal of Portfolio Management*, 52.

Neukirchen, M. (2012). Managing Market Risk: Today and Tomorrow. *Mckinsey&Company*, 32, 3.

Wang, W., & Cai, G. (2023). Curtailing Bank Loan and Loan Insurance Under Risk Regulations in Supply Chain Finance, 70(4), 2682-2698. *Management Science*. https://doi.org/10.1287/mnsc.2023.4827.

Wikipedia (2024). Value at Risk. https://en.wikipedia.org/wiki/Value_at_risk. Accessed January 8, 2024.

Zuckerman, G. (2005). Cash-Rich Firms Feel Pressure to Spend. *The Wall Street Journal C*, 1.

第 12 章　供应链金融风险缓解和管理

■ 学习目标

1. 评估供应链金融风险缓解的传统方法与现代方法。
2. 了解基于供应链金融的保险、信用担保、担保融资等机制及其各自优势。
3. 比较金融对冲与运营对冲策略在稳定供应链中的作用。
4. 研究影响供应链金融实践和供应链运营的法规框架。
5. 讨论供应链金融中的道德与可持续发展问题及其在负责任商业决策中的角色。

■ 摘要

本章详细阐述了供应链金融中的传统与现代风险缓解策略。在全球供应链波动的背景下，深入理解基于供应链金融的保险、信用担保以及担保融资等工具显得尤为重要。本章通过比较金融对冲与运营对冲，突出了它们在增强供应链韧性方面的重要作用。此外，本章还探讨了影响供应链金融的法律和法规，同时强调关注道德和可持续发展的重要性，这些因素对于在供应链金融领域中做出负责任的商业决策至关重要。

12.1　导言

供应链管理涵盖四种主要"流"：产品流、信息流、资金流和风险流。产品流、信息流和资金流是有形的，因此相对容易量化。与之不同的是，风险流较为抽象，因此难以衡量。风险流与其他流存在内在的联系，即便其他条件不变，它也会随这些流或外部环境的变化而不断演变。因此，风险流不仅依赖于产品流、信息流和资金流的内部动态变化，还受到其所在司法管辖区的法律法规、政治危机、社会事件、自然现象（例如地震、气候变化、大流行等）等外部因素的影响。

一个被广泛认可的风险管理框架旨在各种情形下实现风险的"停止、减少、转移或接受"。由于风险并不会自动消失，因此停止风险通常意味着需要终止与之相关的特定业务活动。在实践中，供应链金融主要涉及供应链交易的各参与方通过一系列措施来减少、转移或接受风险。

12.2 供应链金融风险缓解基础

12.2.1 风险不对称理论

组织因其各自的物理特性和财务特性而具有内在的独特性。直观上看,同一风险对所有组织的影响并不相同。从根本上说,每个风险都具有其独特性,需要每个组织独立地应对和管理。这一概念可由"风险不对称理论"(Asymmetric Risk Theory)加以阐释。

公理1(不对称风险价值,Asymmetric Risk Value):即使面对同一风险,不同组织对该风险的评估也会有所不同。

公理2(不对称风险缓解能力,Asymmetric Risk Mitigation Capability):不同组织在缓解风险方面的能力各异。

公理3(不对称风险控制,Asymmetric Risk Control):不同组织处理和管理相同风险的方法各不相同。

定理(不对称风险缓解价值,Value of Asymmetric Risk Mitigation):通过优化缓解、转移和管理非对称风险,可以提升供应链的整体价值。

公理1显示即便是相同的风险(如大流行的负面影响或相同金额的债务),由于组织在财务状况(例如现金流)、风险态度和市场地位等方面的不同,其感知也会有所差异。例如,对于苹果这样的大型公司来说,100万美元的贷款可能微不足道;然而,对一家小型家族企业来说,同样金额可能构成重大负担。此外,信用状况良好的公司相较于无信用记录的公司,通常能更容易地获得贷款。

公理2认为由于各个组织在信用评分、信用历史和财务状况等方面的差异,它们的风险缓解能力亦不相同。因此,信用状况良好的公司可以利用其优秀的信用评分来获得贷款,而其他公司在申请同样金额的贷款时可能需要提供更多的抵押品。这种差异也导致了不同组织之间存在贷款利率的不同。

公理3指出各个组织以不同的方式应对相同的风险。这种差异源于它们对风险的看法和处理方法的不同,因此采取不同的应对策略是合理的。

从公理1~公理3可见,各组织在供应链风险缓解方面有显著的合作动机。信用较高的企业在供应链中承担较大风险,这不仅能为信用较低的企业创造附加价值,还促进了如反向保理等供应链金融合作。这种风险缓解的理念同样适用于供应链金融的其他机制。

12.2.2 风险-回报帕累托最优边界

根据风险不对称理论,我们可以推断出供应链金融的一个基本特征是风险与回报的交换(Risk-Reward Exchange)。供应链企业要想从供应链金融中获益,必须在风险和回报之间做出权衡。例如,在贸易信用融

> 供应链金融的核心基础是风险与回报的交换。

资中，卖家为了从更大的订单中获益，愿意通过提高信用额度来承担更多风险。在保理业务中，银行在购买应收账款时，虽然承担一定风险，但可从应收账款的折扣中获益。而在反向保理中，买家通过为银行贷款提供担保，承担更多风险，以换取更长的信用期限。

供应链金融的另一个吸引力在于，它能够为供应链交易中的各参与方创造互惠互利的风险-回报场景。一家公司通常在风险和回报之间寻求平衡，选择不承担过多的风险，尽管更大的风险可能带来更高的回报。该公司可以通过提高效率来减少风险并同时增加回报，从而受益。供应链金融便是这样一种效率提升机制，它根据风险不对称理论所揭示的不同风险情境和态度，优化各方在风险-回报交换中的利润。

如图12.1所示，实施供应链金融机制后，各方的总回报有所增加。例如，在反向保理中，信用较低的卖家因更具优势的买家背书而得到银行的提前付款，银行则因买家的担保和较高的信用评级而受益，而买家则享受到更长的信用付款期限和与更可靠的卖家进行交易的好处。由于买家具有较高的信用评级，整个系统（特别是银行）所承担的总风险得以降低。通过实施反向保理，整个系统不仅回报更高，风险也相对较低。

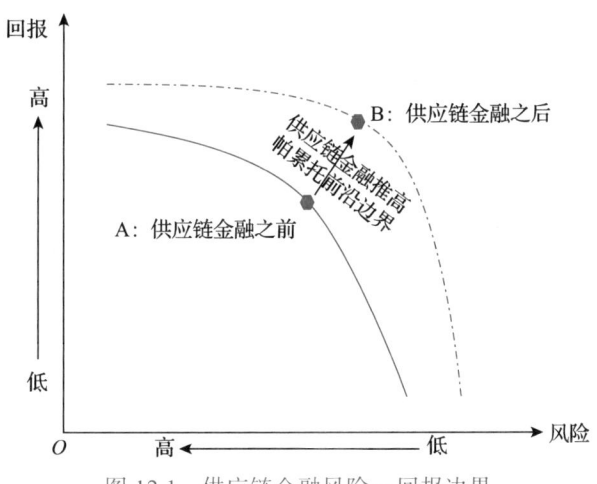

图 12.1　供应链金融风险-回报边界

这一现象不仅限于反向保理，同样适用于多种供应链金融机制。例如，在保理业务中，通过利用应收账款从信用更高的买家收款，往往比直接从信用较低且资金受限的卖家收款更容易。由于金融机构通常具有比借款公司更高的信用等级，当风险从信用较低的公司转移到金融机构时，所有相关方均能从由供应链金融支持的交易中获益。此外，由于交易中的货物可以作为抵押品，并且得到相关供应链公司的担保，金融机构面临的风险通常能得到有效缓解。

12.2.3　最薄弱环节困境

木桶原理（Barrel Principle）表明，容器的最大容量受其最短木板的限制。同理，一些专家认为供应链的强度依赖于其最薄弱的环节。这些薄弱环节可能由管理不善、原材料短缺或财务困境引起。例如，在新冠疫情期间，一些国家的防控政策导致国际港口运营中断，使物流成为供应链中的薄弱环节。在高科技行业，我国的供应链则面临以高性能芯片为薄弱环节的挑战。

> 供应链的韧性由其最薄弱的环节决定。

从供应链资金流的角度来看，特定的供应链成员——无论是买家还是供应商，可能因财务困境而成为供应链中的最薄弱环节。供应链金融项目能够帮助缓解企业的违约风险，例如，信用状况良好的供应链企业可以协助财务状况较弱的公司获取贷款。

然而，在供应链中，信用最高的公司面临一个两难选择：在帮助财务状况最差的公司时，它们可能承担为这些较弱实体融资而导致亏损的风险。在这种情况下，它们应选择继续支持这些薄弱公司，还是寻找更强大的合作伙伴？面对这种两难境地，并没有一个明显的解决方案。在考虑如更换供应链中的最薄弱环节等激进措施时，公司应保持极度谨慎。此外，关键在于认识到通过供应链融资的合作，可以显著提升整个供应链的效率。

由于地缘政治竞争的加剧，供应链中最薄弱环节的情况变得比以往任何时候都更为复杂。这些最薄弱环节主要有三种类型。

（1）单个供应链的最薄弱环节：在没有地缘政治障碍的情况下，公司可以尽力优化其供应链。在这种情境下，每个公司的供应链中最薄弱的环节可能因公司不同而异，并且可能随着时间的推移而发生变化。

（2）全球供应链的最薄弱环节：这一视角提供了一个跨多个行业（如食品、计算机和汽车行业）的全球供应链的整体视图。经济全球化促使全球各地的公司通过合作来解决供应链中的最薄弱环节问题。

（3）全国供应链的最薄弱环节：这一视角关注于一个国家内各行业的整体供应链。随着美国、中国等国家间竞争的不断加剧，原材料、产品和金融资源的获取可能受到限制。在这种竞争环境下，国内公司可能难以从竞争国家获得必要资源，如美国对中国实施高科技产品销售禁令和禁止公司从中国购买 5G 产品等政策。因此，最薄弱环节可能是由以国家安全为名义的政治竞争所引发的。随着全球化的退潮，薄弱环节的普遍性增加，各国在重新分配资源以强化这些薄弱环节时，可能面临更大的孤立挑战。尽管各国将动用国家资本来解决这些问题，但全球市场很可能进一步割裂与分化，从而以种种方式损害所有国家的利益。

需要注意的是，仅仅用一个实力更强的公司替代一个实力较弱的公司并不总是可行的，尤其是当该环节具有战略重要性或难以迅速替代时，因为建立新的供应链关系可能涉及昂贵的成本。供应链金融机制在应对最薄弱环节的困境中将继续发挥作用，然而，这并不是万能的解决方案。核心公司可以通过直接向最薄弱环节提供财务援助或向合作金融机构提供担保，以帮助解决这些问题。

12.2.4　PPRR 风险管理模式

正如我们在新冠疫情期间所见的众多案例那样，最薄弱环节的断裂通常会导致整个供应链中断。为了减轻最薄弱环节可能引起供应链中断的潜在负面影响，可以采用以下 PPRR 风险管理模式（PPRR Risk Management Model）。

- 预防（Prevention）：主动防范任何可能存在的供应链风险，例如消除最薄弱环节。
- 准备（Preparedness）：制订详细的应急计划，以应对潜在的供应链中断风险。
- 回应（Response）：在发生中断时迅速实施应急计划，以减少中断带来的负面影响。
- 恢复（Recovery）：采取措施尽快恢复到正常的生产和运营状态。

12.2.5　PIARA 风险管理流程

PIARA 风险管理流程（PIARA Risk Management Process）是一种评估和管理供应链金融风险的方法。该流程包括优先级排序、识别、评估、应对和审查五个步骤。这种方法有助于组织在考虑供应链金融的背景下，识别和管理其供应链内的潜在风险。以下是 PIARA 风险管理流程的概述。

（1）优先级排序（Prioritize）：PIARA 风险管理流程的第一步是确定供应链中最关键的方面，并识别可能对组织整体绩效产生显著影响的风险，以此确定风险的优先级。通过对风险进行优先级排序，组织能够优先配置资源和精力，专注于应对最关键的风险，包括与供应链金融相关的风险，如信用风险和流动性风险。

（2）识别（Identify）：在确定了风险优先级之后，下一步是识别供应链中的潜在风险来源。这可能包括供应商、物流提供商、金融机构或参与供应链融资过程的任何其他第三方。在识别过程中可以通过进行调查或利用风险登记册和供应商调查问卷等工具来收集有关潜在风险因素的数据。

（3）评估（Assess）：在识别出风险之后，下一步是评估其发生的可能性和潜在影响。这一步可以通过定性和定量风险评估技术来实现，例如使用风险严重性矩阵或蒙特卡罗模拟法。评估的目标是了解每个风险的潜在后果，包括其对财务的影响，并确定组织的风险暴露程度。

（4）应对（Respond）：在评估风险之后，组织必须制定并实施适当的风险缓解策略。这可能包括风险规避、风险降低、风险转移（例如，通过保险或供应链金融机制）或风险接受。应对措施需要根据具体的风险因素和组织的风险承受能力进行量身定制。

（5）审查（Audit）：PIARA 风险管理流程的最后一步是审核和评估风险管理策略的有效性。这一步涉及监控和衡量风险缓解措施的表现（包括供应链金融解决方案的有效性），并根据需要进行调整，以确保组织免受供应链风险的影响。

| 案例研究 | PIARA 风险管理流程的实施

以下是一个供应链金融背景下的制造公司实施 PIARA 风险管理流程的简要示例。

1. 优先级排序（Prioritize）：该制造公司认定信用风险、流动性风险和操作风险为影响其供应链金融的最关键风险。

2. 识别（Identify）：该公司收集和分析了以下风险因素相关的数据。
- 供应商付款条件和信用评级。
- 客户付款条件和信用评级。
- 存货周转率。
- 融资选择权和利率。
- 历史付款延迟和争议。
- 影响该公司所在行业的经济和政治因素。

3. 评估（Assess）：该公司使用风险严重性矩阵，根据风险发生的可能性和潜在影响来评估已识别的风险。每个风险被分配以下值。
- 信用风险：可能性（3/5），影响（4/5）。
- 流动性风险：可能性（2/5），影响（5/5）。
- 操作风险：可能性（4/5），影响（3/5）。

4. 应对（Respond）：公司针对每种风险制定相应的风险缓解策略。
- 信用风险：实施反向保理方案以降低供应商的信用风险，即银行根据公司的信用评级以较低的利率向供应商提供融资。
- 流动性风险：建立动态贴现方案（Dynamic Discounting Program），允许客户通过提前付款获得折扣，从而改善公司的现金流。
- 操作风险：投资于供应链管理软件，以提升库存水平的可见度和可控性，从而降低缺货或库存过剩的风险。

5. 审查（Audit）：公司通过跟踪以下关键业绩指标（Key Performance Indicators，KPI）来监测风险缓解策略的实施效果。
- 信用风险：供应商付款延迟减少，供应商信用评级提高。
- 流动性风险：客户提前付款折扣增加，公司现金转换周期改善。
- 操作风险：库存持有成本降低，缺货事件减少。

通过遵循 PIARA 风险管理流程，这家制造公司能够有效管理和减轻供应链金融相关的风险，确保其供应链的韧性和成功。

综上所述，PIARA 风险管理流程考虑了供应链财务方面的因素，帮助组织对其供应链中的风险进行优先级排序、识别、评估、应对和审查，以确保供应链的韧性和成功。

12.3 传统风险缓解策略

降低风险对于项目或业务的管理至关重要。多年来，我们使用的传统风险缓解策略侧重于识别、评估和应对潜在风险。尽管新技术不断涌现，但传统策略仍然具有相关性和有效性。通过采用这些行之有效的方法，个人和组织可以更好地应对当今商业环境中的不确定性。本节将为第 10.3 节所概述的各种风险提供风险缓解建议。

12.3.1 金融风险缓解策略

成功的金融风险缓解（Financial Risk Mitigation）需要通过实施政策、程序和实践来降低风险发生的可能性或降低其影响。相应的策略包括分散投资、保持充足的现金储备，以及使用对冲或保险等风险管理工具。主动识别和应对潜在的金融风险，有助于企业维持净利润，增强金融稳定性，并能够做出明智的决策。

1. 市场风险缓解策略

为了缓解来自市场的风险，组织可以采用多种市场风险缓解（Market Risk Mitigation）策略，其中最常见的有以下几种。

- 股价风险缓解策略：
  - 为了缓解这一风险，贷款人可能会对股权抵押品担保的融资金额设定上限。
  - 不同资产、行业或地理区域的分散投资有助于将市场风险对整体投资组合的影响降至最低。
- 利率风险缓解策略：
  - 为了管理利率风险，组织可以使用利率掉期（Interest Rate Swap）、利率封顶（Interest Rate Cap）和利率封底（Interest Rate Floor）等金融工具来实现现金流的稳定，防止利率出现不利波动。
  - 借款人还可以协商将贷款利率固定，而不是采用浮动利率，并在利率大幅下降时考虑重新融资。
- 外汇风险缓解策略：
  - 对于具有国际知名度的公司，实施货币对冲（Currency Hedging）、自然对冲（Natural Hedging）或多元化货币风险敞口等货币风险管理策略，有助于缓解外汇风险。
  - 缓解外汇风险的一个潜在策略是以交易各方的本币谈判合同和付款。
- 商品价格风险缓解策略：
  - 公司可以使用大宗商品期货、期权和掉期等工具对冲大宗商品价格的波动，确保成本和收入更具可预测性。
  - 组织还可以签订固定价格合同（Fixed-Price Contract），将商品价格在特定期限内锁定，从而将价格波动的影响降至最低。

此外，持续监测市场行情，并相应地调整组织的风险敞口，有助于降低市场风险的影响。评估不利市场事件对组织业绩的潜在影响，有助于识别漏洞并采取预防性措施。

2. 信用风险缓解策略

关键的信用风险缓解（Credit Risk Mitigation）策略包括以下几种。

- 结算风险缓解策略：
  - 为了降低结算风险，公司可以考虑利用清算所（Clearinghouse），其充当相关各方之间的中介，并确保按时进行结算。
  - 另外，公司可以设立特殊目的载体（SPV）来管理交易并确保及时结算。
  - 另一种选择是使用货到付款（Cash on Delivery），这可以消除结算失败的风险。

- 降级风险缓解策略：
  - 公司可以通过维持良好的信用状况和财务状况来降低降级风险。这可以包括改善财务比率、分散资金来源以及保持充足的流动性。
  - 公司还可以考虑使用信用保险以对冲评级下调带来的风险。
  - 另一种选择是通过信用违约掉期、信用联结票据（Credit-Linked Note）或资产证券化等工具将信用风险转移给第三方。
- 违约风险缓解策略：
  - 为了降低违约风险，贷款人在向借款人提供信贷之前可以进行全面的信用评估。这包括审核信用评分、财务报表和其他相关信息。贷款人还可以要求借款人提供抵押品或从第三方获得担保。
  - 贷款人可以开发内部信用评分和评级系统，以评估借款人的信用风险，并长期监测其信用状况。
  - 贷款人可以为个人借款人、行业或部门设定信用敞口限额，以管理集中风险并减少潜在损失。
  - 跨行业、跨部门、跨地域的贷款组合优化也有助于降低个别借款人或部门违约的影响。将财务契约（Financial Covenant）纳入贷款协议，为借款人建立业绩标准，例如维持特定的财务比率，可以提供潜在违约的早期预警信号。
- 破产风险缓解策略：
  - 为了降低破产风险，贷款人可以通过分散其贷款组合来限制对单个借款人的风险敞口。
  - 贷款人还可以获得对借款人资产的担保权益或从第三方获得担保来降低风险。
  - 此外，贷款人可以定期监测借款人的财务表现，以便及早发现财务困境迹象并采取纠正措施。

此外，公司应定期监测借款人的财务业绩和信用风险状况，以识别潜在的困境或违约迹象，并在必要时采取纠正措施。他们还应进行全面的信用分析和承销流程，以评估借款人的信用状况，并确定适当的贷款条款。

3. 流动性风险缓解策略

关键的流动性风险缓解（Liquidity Risk Mitigation）策略包括以下几种。

- 融资流动性风险缓解策略：
  - 定期预测现金流入和流出，以预测流动性需求，识别潜在的不足，并及时采取纠正措施。
  - 保留足够的现金储备，以便在出现现金短缺时能够偿还债务。
  - 与金融机构建立授信额度，以便在需要时获得额外的现金支持。
  - 多元化资金来源，例如向多家金融机构借款或发行债券，有助于缓解对单一资金来源的依赖风险。
- 交易流动性风险缓解策略：
  - 与交易对手网络发展关系，有助于确保公司始终有愿意进行交易的买家或卖家。
- 保持资产组合多元化，可以降低交易流动性风险对整体投资组合的影响。
- 监测市场状况并识别潜在的流动性冲击，可以帮助公司做好准备应对任何潜在的交易流动性风险。
- 制订并定期更新应急资金计划，确保公司能够在流动性危机期间迅速采取必要的行动，包括确定替代资金来源。
- 精简运营和优化营运资金管理，以缩短现金转换周期并提升整体流动性。

通过采用上述风险缓解策略，公司可以更有效地管理流动性风险，即使在面临市场动荡或突发事件的情况下，也能保持金融稳定。

4. 操作风险缓解策略

为了缓解金融风险管理中的操作风险，组织可以实施各种操作风险缓解（Operational Risk Mitigation）策略。

- 欺诈风险缓解策略：
  - 实施强有力的反欺诈政策和程序。
  - 定期对员工进行反欺诈意识培训。
  - 对新员工进行背景调查。
  - 使用欺诈检测工具和系统来识别与预防欺诈活动。
- 人为因素风险缓解策略：
  - 为员工提供全面的风险管理培训，确保充分的监管和督察，制定明确的操作指南和协议，并定期进行绩效审查和评估。
  - 组织还可以实施强有力的内部控制措施，以预防和监测操作风险。这包括职责分离、双重审批和定期审计。
- 技术风险缓解策略：
  - 实施并维护强有力的网络安全措施，包括防火墙、入侵检测系统和加密，并定期更新和修补软件。
  - 进行定期备份和灾难恢复测试（Disaster Recovery Test），并监测技术系统是否存在异常和可疑活动。制订全面的灾难恢复计划，有助于最大限度地降低任何潜在技术故障或自然灾害的影响。
- 模型风险缓解策略：
  - 确保所有模型定期接受审查、验证和测试，并确保其符合监管要求和行业标准。
  - 建立清晰的文档和治理框架，支持模型的开发、部署和维护，并为参与模型开发和使用的员工提供定期培训和支持。
  - 独立验证并定期审查模型，以确保其准确性和相关性。

总的来说，有效的风险管理需要综合运用这些技术，并持续监测和评估潜在风险。各组织应制订业务连续性计划（Business Continuity Plan），以确保在出现操作故障的情况下关键业务仍然能够继续进行。

12.3.2 供应链风险缓解策略

1. 供应风险缓解策略

关键的供应风险缓解（Supply Risk Mitigation）策略包括以下几种。

- 供应商风险缓解策略：
  - 保持供应商关系多元化，并与他们保持良好的沟通和协作，以随时了解任何潜在问题。拥有多家供应商有助于降低对单一供应商的依赖风险。如果一家供应商未能及时交货，买家可以转向另一家供应商来满足其需求。
  - 定期评估供应商的财务稳定性、质量控制流程和交付能力，有助于在潜在问题成为重大风险之前识别它们。
  - 制订应急计划并提前确定备选供应商，以尽量减少任何潜在干扰。
- 采购风险缓解策略：
  - 实施健全的采购流程，包括识别和审查供应商、制定明确的合同和服务水平协议，并持续监测供应商绩效，以识别潜在风险。
  - 采用有效的采购实践，如竞争性招标（Competitive Bidding）和供应链可视化（Supply Chain Visibility），有助于降低供应风险。
- 供应质量风险缓解策略：
  - 定期对来料进行质量检查和检验，确保其符合要求的标准和规范。
  - 建立清晰的质量控制流程，并严格遵循标准和法规。
- 供应数量/短缺风险缓解策略：
  - 保持良好的库存管理实践，监测供应水平，以识别潜在的短缺或中断。
  - 确定替代来源并制订备用计划，以最大限度地减少供应短缺的影响。
  - 维持安全库存，以缓解供应短缺的风险，并确保即使在供应链中断的情况下，生产也能继续进行。
  - 为潜在的供应中断做好准备并制定应急方案，以最大限度地减少供应链中断的影响。
- 供应价格风险缓解策略：
  - 监测市场趋势和价格波动，以随时了解可能影响供应链的任何潜在变化。
  - 考虑与供应商谈判长期合同，以锁定价格并减少不确定性。
- 沟通失误风险缓解策略：
  - 与供应商建立明确的沟通渠道，并建立一个订单和规格的验证系统，以最大限度地减少任何潜在的沟通失误。
  - 使用实时监测和预测分析等供应链技术，有助于提升供应链的可视性，并及时识别潜在问题，防止其演变为重大风险。
- 供应交付风险缓解策略：
  - 建立清晰的发货时间表并密切监控发货情况，以确保能够准时发货。
  - 识别潜在风险并制订应急计划，以尽量减少任何潜在的干扰。

总而言之，供应风险缓解需通过多元化的供应商管理、强化采购流程监控、建立质量与库存控制体系，并结合市场动态追踪与应急预案，系统性地降低对供应商的依赖、交付中断、价格波动等全链条风险。

2. 需求风险缓解策略

为缓解需求风险，企业可以采取多种需求风险缓解（Demand Risk Mitigation）策略。

- 需求波动风险缓解策略：
  - 实施需求感应和高级分析，以提高预测准确性。
  - 多元化客户群和产品组合，以减少对单一客户或产品的依赖。
  - 采用灵活的库存管理实践，打造能够快速适应需求变化的灵活供应链。
  - 密切监测市场趋势，以预测需求变化。
- 预测风险缓解策略：
  - 实施多种预测方法和模型，并根据实际需求数据和市场趋势进行持续评估与更新。
  - 使用先进的预测模型，不断改进和更新预测方法，并利用机器学习算法细化预测。
  - 与供应链合作伙伴合作，以实现更好的数据共享和规划。
- 消费者偏好风险缓解策略：
  - 进行市场调研并跟踪消费者趋势，以识别潜在的需求变化，并相应调整产品设计、营销策略和定价。
  - 与客户（尤其是关键客户）建立牢固的关系，以更好地了解他们的偏好和需求。
  - 采用敏捷供应链策略，以快速应对偏好的变化。
- 产品生命周期变动风险缓解策略：
  - 定期评估产品生命周期，并监控行业趋势和竞争对手的行动。
  - 投资新产品的开发和创新，推出新产品或产品变体，以满足不断变化的客户需求和偏好。
  - 采用灵活的供应链策略，以有效管理不断变化的产品生命周期，并确保供应链具有灵活性，能够快速适应产品需求的变化。
- 应收账款风险缓解策略：
  - 实施严格的信用风险管理政策，并定期监控客户的信用状况。
  - 考虑购买贸易信用保险，以防范客户不付款或违约的风险。
- 价格敏感性风险缓解策略：
  - 基于价值、成本和竞争制定定价策略。
  - 优化供应链效率以最小化成本。
  - 监测市场趋势和竞争对手的定价策略，主动调整定价。
  - 考虑实施价格激励措施，如折扣和促销，以在市场需求低迷时期刺激需求。
- 法规和法律变更风险缓解策略：
  - 维护健全的合规管理体系。
  - 监控法规变化，并相应调整产品规范和生产流程。
  - 建立应对供应链潜在监管影响的应急预案，并迅速应对法规或法律要求的变化。

综上所述，缓解需求风险的关键在于采用高级分析、多元化和敏捷的策略，并在预测和规划方面不断改进。此外，需要与客户保持稳定的关系，进行创新投资，落实信用风险管理政策，制定基于价值的定价策略，并密切关注法律法规的变化。

3. 流程风险缓解策略

供应链风险管理中的流程风险缓解（Process Risk Mitigation）策略包括以下几种。

- 设计／创新风险缓解策略：
  - 确保各公司拥有结构良好的产品设计和开发流程，其中包括反馈循环（Feedback Loop），以便及早识别和纠正设计错误。
  - 实施严格的设计审查流程，纳入客户反馈，并在全规模生产之前使用原型和模拟验证设计。
- 规划风险缓解策略：
  - 建立规范的生产计划流程，包括定期预测和监控库存水平。
  - 与供应商保持稳定的沟通渠道，确保及时、充足的产能以满足需求，并进行精准的规划。
- 信息、网络安全和协调风险缓解策略：
  - 实施综合的网络安全措施，投资于员工网络安全实践培训，并建立部门间信息共享与协调的协议。
  - 加强信息系统安全的投资，并建立防范网络攻击的协议。
  - 与供应商和客户定期协调与沟通，也可缓解这种风险。
- 生产／制造风险缓解策略：
  - 设备的定期维护和质量控制流程可以有效缓解这类风险。
  - 加强员工培训并采用持续改进方法，以最大限度地减少中断并提升制造效率。
  - 制订应急计划，以应对任何潜在的制造中断。
- 产能风险缓解策略：
  - 监控产能水平，并在必要时增加投资以扩充产能，避免生产瓶颈。
  - 监测需求趋势，并采用灵活的生产策略，考虑外包或与第三方合作，以确保有足够的产能。
- 库存风险缓解策略：
  - 建立合适的库存管理政策和程序，优化库存水平，避免缺货或积压现象。
  - 实施实时跟踪系统，并采用有效的仓库管理实践，以最大限度地降低库存风险。
- 运输和物流风险缓解策略：
  - 采用多元化的运输方式和物流合作伙伴，运用实时跟踪技术，以减少运输中的干扰。
  - 与信赖的运输供应商建立稳定关系，并制订应对意外中断的应急计划。
- 服务风险缓解策略：
  - 制定完善的客户服务政策和程序，确保对客户咨询和问题的及时有效响应。

- 实施全面的售后服务政策，增强客户支持基础设施的投资，并密切监控服务表现，确保客户满意度。
- 质量控制风险缓解策略：
  - 执行严格的质量控制流程，确保产品满足或超越客户的期望。
  - 加强员工的质量保证培训，并建立监测及纠正质量问题的系统。
- 劳动力风险缓解策略：
  - 建立完善的人力资源政策和程序，以最大限度地减少员工流动，监控劳动力短缺，并积极解决潜在的劳资纠纷。
  - 提供有竞争力的薪酬福利，投资于提升员工敬业度和人才保留计划，并为可能出现的劳动力中断制定应急预案。
- 社会、环境和可持续性风险缓解策略：
  - 采用可持续的发展方法，定期监测与评估其对社会和环境的影响。
  - 制定并实施全面的可持续发展政策，与利益相关者合作，并严格监督社会和环境法规的遵守情况，以最小化运营中断的风险。

总的来说，为了缓解供应链风险，组织应专注于严格设计和规划流程、加强网络安全措施、提高制造效率以及强化库存管理。此外，通过加强员工培训、选择多样化的运输和物流合作伙伴、确保可持续性及合规性，来减少潜在中断，从而提升供应链的整体绩效。

4. 商业风险缓解策略

供应链风险管理中的商业风险缓解（Business Risk Mitigation）策略包括以下几种。

- 法律风险缓解策略：
  - 通过法律顾问来执行合同的起草、审核及谈判，与合作伙伴建立清晰的沟通渠道，并实施有效的合规及知识产权保护措施，以最大限度地减少误解和纠纷的发生。
  - 确保合同书写准确，明确界定各方的义务和期望。
  - 定期监测可能影响运营的法律变动，例如知识产权法的更迭。
- 战略风险缓解策略：
  - 在进行重大投资之前，应进行全面的市场调研、竞争对手分析和风险评估，同时让跨职能团队参与战略决策过程。
  - 定期进行战略审查，以确保投资符合经营目标，并尽量减少发生重大损失的可能性。
  - 持续监控竞争状况，快速适应不断变化的市场条件和客户偏好。
- 竞争风险缓解策略：
  - 定期评估自身的竞争地位，并根据需要调整战略，以维持竞争优势。这包括加大研发投资、优化产品设计，以及提供卓越的客户服务。
  - 持续监控市场趋势，积极投资于创新和产品开发，并保持灵活性，以适应不断变化的客户需求和竞争环境的演变。

- 合同风险缓解策略：
  - 与法律专家合作，起草清晰且明确的合同，明确纠纷解决机制，并确保所有相关方对合同条款和义务有共同的理解。
  - 应定期审查合同协议，以确保其时效性并反映当前的商业环境。
  - 应通过开放的沟通和协商解决纠纷，尽量避免法律诉讼。

综上所述，为化解各种商业风险，组织应聘请法律顾问进行合同的起草和确保合同的合规性，开展市场调研和竞争对手分析，持续监控市场趋势并适应客户偏好，同时与法律专家合作制定基于纠纷解决机制的清晰合同。

12.3.3　非商业风险缓解策略

非商业风险缓解（Non-Commercial Risk Mitigation）策略在管理企业面临的不可预测且复杂的挑战方面发挥着至关重要的作用，这些挑战超出了纯粹的金融和供应链领域。这些风险，如政治风险、监管风险、声誉风险、系统性风险和灾害风险等，都可能会显著影响公司的业绩和长期生存能力。一个有效的非商业风险缓解策略应包括全面地了解潜在风险，利用专家咨询，开发灵活且适应性强的流程，以最大限度地减少这些风险对组织成功的影响。通过积极应对这些挑战，企业能在不断变化的全球环境中保持竞争优势，并确保其供应链的韧性。

- 政治风险缓解策略：
  - 减少对单一国家或地区在材料采购、生产或销售方面的依赖，有助于最小化政治风险的影响。供应链的多元化使企业能更加灵活地应对政治格局的突变。
  - 持续关注业务运营地或材料来源地的政治动态。定期评估这些动态对业务的潜在影响，并为可能的业务调整做好准备。
  - 与当地企业建立战略合作关系，以应对复杂的政治和监管环境。当地合作伙伴能在应对不断变化的法规和政治风险方面提供重要的见解和支持。
  - 考虑购买政治风险保险，以防范政治变动引起的财务影响，如征用、货币不可兑换或政治暴力事件。
  - 积极参与游说和宣传活动，以影响对企业有利的政府政策。与关键政策制定者建立联系，确保在政策制定过程中充分考虑公司利益。
  - 针对可能影响运营的潜在政治风险制订应急计划。这些计划应包括备选采购策略、备用供应商和潜在的生产调整，以最大限度地减少供应链中断。
  - 确保严格遵守当地法律法规，以降低因违规而面临的罚款、处罚或负面宣传的风险。了解并遵循业务所在地的法律框架，有助于保持良好的企业声誉并缓解潜在的政治风险。
- 监管风险缓解策略：
  - 制订并维护一个全面的合规计划，包括政策、程序和培训，以确保遵守所有适用的法律法规。
  - 定期监控地方、州、联邦及国际层面的监管变化和更新。建立一个流程，用于识别、分析和传达新法规对业务的潜在影响。
- 与法律和监管专家合作，确保全面了解监管环境，并制定相应的合规策略。
- 让所有相关部门参与合规流程，确保每个部门的成员都理解并遵守适用于其职责范围内的法规。
- 定期进行内部和外部审计，以评估合规计划的有效性，并识别需要改进的地方。
- 通过推广道德行为和明确沟通遵守法规的重要性，鼓励形成组织内的合规文化。
- 制订应急计划，以应对潜在的不合规情况或监管变化。这些计划应详细说明纠正措施、所需资源和沟通策略，以最大限度地减少对业务的影响。
- 鼓励员工通过保密举报机制，如热线或匿名举报工具，报告任何潜在的合规问题或违规行为。
- 积极参加行业协会并参与宣传活动，以影响法规的制定，并随时了解监管合规性的新趋势和最佳实践。
- 定期审查和更新合规计划，以适应监管环境的变化，并提高组织合规工作的效率。
- 声誉风险缓解策略：
  - 在组织内部培养诚信、道德和透明的文化，以最大限度地降低出现丑闻和不道德行为的风险。
  - 建立严格的治理和合规机制，包括定期审计和员工培训计划，以发现和预防潜在的不当行为。
  - 定期监控社交媒体和网络平台上与公司相关的内容，积极主动地回应任何负面情绪、谣言或误导信息。
  - 制定全面的危机管理预案，以应对潜在的声誉风险。确保在危机发生时，能够及时、协调、有效地应对，最大限度地减少对公司声誉的损害。
  - 积极参与企业社会责任倡议，展示公司对社会、道德和环境责任的承诺。
  - 与客户、员工、投资者和公众等利益相关者保持开放和透明的沟通，从而建立信任和提升声誉。
  - 参与行业协会，与同行合作共同应对声誉风险，提升行业整体声誉。
  - 投入营销和公关资源，打造和维护一个强大且积极正面的品牌形象，使其能够抵御潜在的声誉风险。
  - 跟踪竞争者的行动和行业趋势，以识别潜在的声誉风险，并制定积极的应对策略。
  - 定期审查和更新风险管理流程，以及时识别和应对新出现的声誉风险，确保在市场上维持强大且具有韧性的声誉。
- 系统性风险缓解策略：
  - 实施投资、供应商和客户的多元化策略，减少对单一公司或市场细分的依赖，以最大限度地减少任何单一故障对整体系统的影响。
  - 确保具备足够的资本储备，以抵御市场意外冲击，并保障在市场不确定性或危机期间能够维持业务运营。

- 定期进行压力测试，以识别潜在的薄弱环节，并评估公司在各种情况下的应对能力，包括经济衰退、市场崩溃或重要交易对手破产等。
- 建立全面的风险管理流程，包括定期监测和报告风险敞口及潜在的传染效应（Contagion Effect），以识别、评估和缓解系统性风险。
- 密切关注宏观经济指标和全球金融市场动态，以预测潜在的系统性风险，并相应调整经营策略。
- 积极与行业协会、同行及监管机构合作，共享信息、探讨最佳实践，并共同开发管理及缓解系统性风险的策略。
- 制订应急计划，以应对系统性风险可能对运营带来的影响，这包括供应链替代方案、流动性管理策略和沟通计划。
- 保持保守的杠杆水平，管理流动性风险，避免在投资和业务运营中过度冒险，以降低对系统性风险的敏感性。
- 利用技术和创新提高运营效率，并增强组织的韧性，打造能够更灵活、更有效应对系统性风险的企业。

- 灾害风险缓解策略：
  - 制订面对各种灾难场景的周密计划，包括疏散、通信、资源分配和恢复工作。
  - 购买适宜的保险以覆盖自然灾害、恐怖袭击或其他灾难性事件可能造成的损失。
  - 加强设施设备的韧性投资，以便将灾害对供应链运营的影响降至最低。这包括建设能抵御极端天气条件的设施，并建立备用电力和通信系统。
  - 在不同地理位置分散供应商、生产设施和交付中心，以最大限度地减少特定区域灾难的影响。
  - 确定并开发替代供应路线，确保在灾难或中断期间货物和材料的持续流通。
  - 确保建立适当的数据备份和恢复机制，保护关键业务信息，并确保在灾后能迅速恢复信息。
  - 对员工进行灾难预防和响应程序的培训，并定期进行演练，以确保他们在紧急情况下能够做好准备。
  - 定期评估潜在的灾害风险，包括气候模式变化和地缘政治局势的紧张，以识别新出现的威胁，并相应调整备灾计划。
  - 与地方当局、行业合作伙伴和应急组织建立牢固的合作关系，以促进有效的灾害应对和恢复工作。
  - 制定并实施沟通策略，确保在灾难发生时及其后，员工、客户、供应商及其他利益相关者能及时获知相关信息，包括运营状态和恢复工作的最新动态。

总而言之，为了有效缓解非商业风险，企业应通过实现供应链多元化并建立当地合作伙伴关系来最大限度地降低政治风险；同时，应制订健全的合规计划并随时了解监管变化以应对监管风险；此外，企业还需培育诚信和透明的文化以防范声誉风险；在财务管理方面，通过实现投资多元化和保持充足的资本储备可以有效管理系统性风险；最后，制订全面的灾害应急计划并加强基础设施的抗灾能力以降低灾害风险。综合运用这些策略将帮助企业在面对多样的风险时保持稳定和可持续发展。

12.4 基于供应链金融的保险与信用担保

在供应链金融领域，许多初创公司和小型企业（尤其是零售行业）面临的一个主要障碍是，由于固定资产有限，难以获得融资。一项涵盖 139 个国家和地区的调查显示，在参与调查的 131,000 家公司中，有 26.5% 的公司在获得融资方面面临重大挑战。在撒哈拉以南非洲等发展中地区，这一比例甚至高达 38.3%。虽然银行贷款是常见的解决方案，但调查数据显示，约 79.2% 的贷款要求提供的抵押品价值平均为贷款金额的 2.06 倍。对于那些资产较少的小型或初创公司来说，高额的抵押要求无疑构成了巨大的难题。银行之所以要求高价值抵押品，是因为它们希望通过此举有效管理融资风险，以及防范借款人违约或破产的可能性。

为了管理融资风险，银行通常会设定贷款限额并收取一定的固定费用，以覆盖管理和交易成本。这种做法类似于风险价值（VaR）的计算方法，旨在确保潜在损失的概率维持在特定的阈值以下。银行采取这些风险管理措施，不仅是为了保护自身，也是为了符合美联储批准的巴塞尔协议 Ⅰ、Ⅱ 和 Ⅲ 等政府规定。此外，银行还会根据贷款回收率和潜在的个人贷款损失来评估信贷员的业绩。这些为规避风险而采取的措施，无形中进一步限制了公司的融资能力。

由第三方保险公司提供的贷款担保保险已成为缺乏足够抵押品的企业从银行获得必要资金的有效途径。这种方式有效地将融资风险从银行转移到保险公司，因而日益受到业界的关注。在这种贷款保险模式中，保险公司为债权人（即银行）提供担保，使得债务人（即借款人，如买家）能够获得更多的贷款额度。借款人需要购买贷款保险，并在发生违约时，借款人或贷款人会成为受益人。这种机制不仅提升了借款人的融资能力，也为银行提供了额外的安全保障。

贷款保险费通常由两个部分组成：可变保费和固定保费。可变保费相当于预期的赔付金额，取决于保险覆盖水平，并遵循公平定价原则。固定保费则涵盖与保险合同相关的管理费用，如信用评估、风险监控和理赔管理。根据不同的保险方案，这些费用会有所不同。

与银行业类似，保险行业也受到严格的监管。为了控制风险并保持稳定，保险公司必须实施贷款保险的限额。这些规定帮助确保了整个财务体系的健康运作。

12.4.1 银行贷款保险

银行在提供贷款时常常要求借款人购买保险以减轻潜在的财务风险，这一做法在个人贷款领域尤为普遍，如抵押贷款、汽车贷款和其他个人融资方式。这些保险政策能在借款人违约时为贷款方提供赔偿。这种机制在商业环境中也同样适用，涵盖了包括供应链在内的多种场景。

在供应链背景下，银行贷款保险（Bank Loan Insurance）在发展中国家和发达国家都非常普遍。银行更倾向于向已经为其财务义务投保的企业提供贷款。例如，在全球供应链的场景中，一家位于乌拉圭、拥有 135 名员工的小企业 Megal S.A. 从挪威出口担保机构（GIEK）获得了超过 100 万美元的贷款担保，该款项用于从挪威的全球领先气瓶制造商 Hexagon Ragasco 处购买气瓶。在国内供应链的场景中，中国平安财产保险公司为中粮集团下游分销商的银行贷款提供了保险，以支持他们从这家中国最大的食品加工企业采购产品。中国出口信用保险公司和中国太平洋财产保险公司也采取了类似的买家信用保险策略。

由于这些贷款基于供应链交易，借款人通常会从其供应链合作伙伴那里获得支持，这些合作伙伴往往是规模较大、信誉良好的公司。保险公司的参与提高了借款人的融资能力，使得贷款保险流程中涉及的各方都能受益。

12.4.2 银行担保

银行担保（Bank Guarantee）是银行在债务人未能按时付款时承诺承担损失的保证。银行担保的目的是确保必要的业务履行、作为交易的抵押、保证预付款或延期付款以及满足财务需求。与大公司相比，中小企业更有可能申请银行担保以保障其交易安全。

银行担保通常分为以下几种形式。

- 为自有贷款交易担保：当银行向一家没有其他融资担保或第三方保险的公司提供传统融资时，这种类型的银行担保通常会默认发生。由于银行需要对借款人的违约风险负责，因此它们通常会收取更高的利率作为风险溢价。由于分析相对简单，这种方式通常被视为银行融资相关文献中的默认假设。
- 为无贷款交易担保：银行可以在供应链交易中为其关联公司提供担保，而无须实际借出任何资金来促成交易。这种银行担保的功能类似于第三方保险，提供了交易安全性而不涉及资金流动。这种类型的银行担保和前述类型合称为直接担保（Direct Guarantee），意味着银行的担保直接向受益人发放，其有效性不依赖于主要义务的存在、有效性或可执行性。
- 为另一家提供贷款的银行担保：一家银行为另一家银行发放的贷款提供担保。这在信用证交易中很常见，例如，指定银行（Nominated Bank）和保兑银行（Confirming Bank）的角色便体现了这种银行担保。在这种情况下，银行保函可提供对支付的双重甚至三重保障。当公共实体或政府机构作为受益人，且涉及受益人所在国的外国银行参与交易时，这种担保形式也被称为国际交易中的间接担保（Indirect Guarantee）。这类间接银行担保在出口融资中尤为常见，为交易双方提供额外的信用保障。

| 案例研究 | 间接银行担保的出口融资

为了鼓励向国际市场的出口，多数发达国家设立了出口信贷机构（Export Credit Agency，ECA），目的是促进贸易并为全球供应链交易提供资金担保。然而，要符合这些

ECA 提供的贷款担保资格，通常需要满足一定比例的国内生产内容要求，尽管各国的要求水平有所不同。例如，加拿大出口发展部（Export Development Canada）的要求为 20%，而英国出口融资署（UK Export Finance）的要求则高达 80%。一旦获得批准，ECA 便会向与出口商（卖家）签订销售合同的进口商（买家）的贷款银行提供贷款偿还担保。如图 12.2 所示，这一过程展示了带有间接银行担保的出口融资流程。

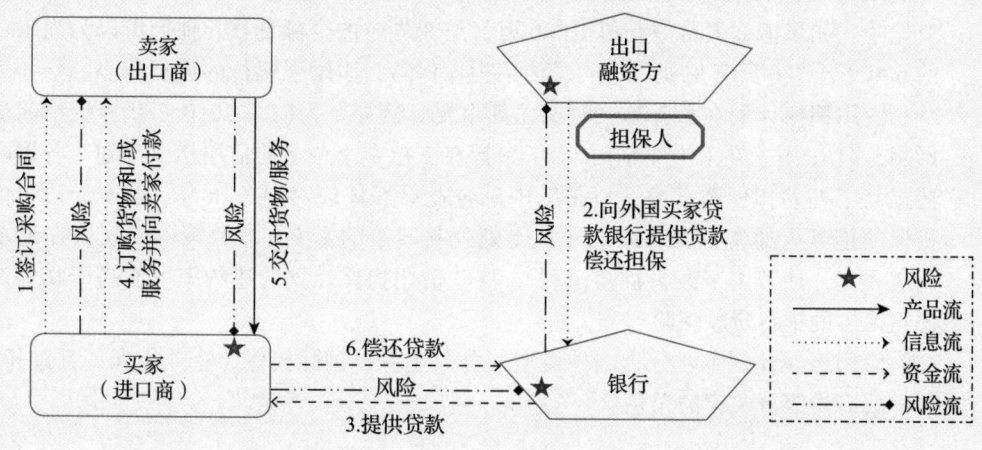

图 12.2　带有间接银行担保的出口融资流程

- 反担保：反担保（Counter Guarantee）是出口环境中向另一家银行提供担保的特殊情形。这种担保通常由出口商的指示银行（Instructing Bank）提供，目的是承担进口商担保银行（Guarantor Bank）的付款责任，尤其适用于进口商所在地区（例如战争国家）存在高经济和政治风险的情况。为了更好地保护自己的利益，出口商可能会要求其管辖范围内的银行为进口商银行在出口交易中所提供的担保付款提供进一步的担保。虽然进口商的担保银行可能会提供即期担保（Demand Guarantee，也称作见索即付保函）来保护进口商，但对于出口商来说，这样的安排可能仍不足以提供充分的安全保障。因此，尽管反担保的一个作用是保护进口商，但其主要目的是确保出口商免受进口商所在地的经济和政治风险的影响。

银行担保的存在有效地将金融风险从受益人转移给银行，从而使供应链交易变得可行。为了补偿所承担的风险，担保银行通常会根据担保金额收取 0.5%~1.5% 的风险溢价。这种费用反映了银行为确保交易的顺利进行而采取的风险管理措施。

12.4.3　信用担保计划

世界各国政府也制订或支持各种信用担保计划（Credit Guarantee Scheme），旨在进一步帮助中小企业。例如，在 2018 年，肯尼亚政府与国际农业发展基金（International Fund for Agricultural Development，IFAD）和比尔及梅琳达·盖茨基金会（Bill & Melinda Gates Foundation）合作，向肯尼亚权益银行（Equity Bank of

Kenya）提供担保，为几乎没有抵押品的农民提供了 5,000 万美元的农业中小企业贷款。这使得农民能够从供应商那里购买优质种子和其他必要的农业投入品。

据缅甸保险公司（Myanmar Insurance，MI）总经理 Aye Min Thein 介绍，银行通常会按指定金额向中小企业发放贷款。然而，若企业主希望获得更高额的贷款，他们可以选择购买信用担保保险。例如，一位借款人从中小型工业发展银行申请了价值 1,000 万肯尼亚先令的贷款，但银行实际批准的贷款额度为 300 万～400 万肯尼亚先令。如果借款人希望获得 1,000 万肯尼亚先令的全额贷款，他们可以为尚未获批的 600 万～700 万肯尼亚先令购买信用担保保险，以增强银行的放贷信心。

信用担保计划在财务紧张时期尤其重要。例如，为应对 2020 年新冠疫情的负面影响，41 个国家在上半年推出了 57 个旨在支持中小企业的信用担保计划。各国政府还提高了初始担保覆盖率，以帮助中小企业更好地应对财务压力。由于受益于信用担保的借款人通常预算有限，并且受到公共政策的影响（即政策不仅仅旨在追求利润最大化，还致力于改善社会福利），这些信用担保计划的违约率可能高于私营保险公司提供的银行贷款保险。

信用担保计划主要分为四种类型：公共担保、国际担保、企业担保、互助担保，其中政府扮演着关键的角色。

- **公共担保计划（Public Guarantee Scheme）**：这类担保计划通常由政府的公共政策倡议发起，并由政府行政单位或第三方机构管理。这种类型的担保具有较高的可信度，因为一旦贷款出现违约情况，政府将介入支付未能偿还的贷款。这不仅提高了银行的放贷意愿，也增强了贷款的可及性，特别是对于那些可能没有足够抵押品的借款人。
- **国际担保计划（International Guarantee Scheme）**：这种计划通常涉及地方与国际政府和/或组织，如联合国（United Nations）和欧洲投资基金（European Investment Fund）。例如，前面提到的为肯尼亚农民提供信用担保支持的案例就是国际担保计划的实例。
- **企业担保计划（Corporate Guarantee Scheme）**：这项计划通常由私营部门支持，例如商会或银行。它可以受益于银行业经验丰富的企业领导人的监管。
- **互助担保计划（Mutual Guarantee Scheme）**：也被称为互助担保协会或社团（Mutual Guarantee Associations or Societies），由一群通常获得有限银行贷款机会的借款人私有。该计划可能会得到政府的支持，并从会员的积极参与中受益。

这些不同类型的信用担保计划各有其特点和优势，旨在支持不同需求和背景的企业或个人，通过提供必要的财务支持来促进经济活动和社会发展。根据 2008 年世界银行对 76 个担保计划的研究，信用担保的费用通常在贷款金额的 1%～2% 之间。超过贷款金额 5% 的费用则被认为过高。总体而言，这些担保计划中存在不同类型的风险分担机制。在这 76 个担保计划中，56% 的费用由借款人支付，21% 由接受担保的金融机构支付，表明收费结构存在显著差异。大多数担保计划的收费并不是基于申请的风险水平；特别是有 57% 的计划是根据担保金额收费的，而 26% 的计划则是根据贷款金额收费的。这一研究反映了全球范围内信用担保计划在风险管理和费用结构方面的多样性。

相关研究表明，受信用担保计划保护的借款人通常会实现其收入和利润的增长。然而，值得注意的是，100%的担保覆盖率可能会引发"战略违约"（Strategic Default）的道德风险，即当部分抵押品归属于第三方时，借款人违约的可能性会增加。因此，建议将担保覆盖率维持在60%~80%之间，这不仅足以激励贷款人参与，同时也有助于限制道德风险。实际上，根据2008年世界银行对76个担保计划的研究显示，覆盖率的中位数为80%。这一平衡点有助于优化担保的效果，确保既能提供足够的安全感，又不至于引发不良激励。

12.4.4 出口合同的买家信用担保

买家信用担保（Buyer Credit Guarantee）是基于国内卖家的特定出口订单，为国际买家的银行贷款提供担保。如图12.3所示，担保人通常是由出口商政府赞助的保险公司或金融机构。例如，丹麦的出口信贷机构（Export Kredit Fonden，EKF）为外国客户的贷款银行提供付款担保，这使得这些客户能够立即向丹麦国内的出口商付款。该担保确保了银行在到期时能够收回其资金，并且如果外国客户出于货币管制、战争或其他各种原因违约，EKF将向银行进行赔偿。这种机制不仅促进了国际贸易，同时也提高了跨国交易的安全性和信任度。

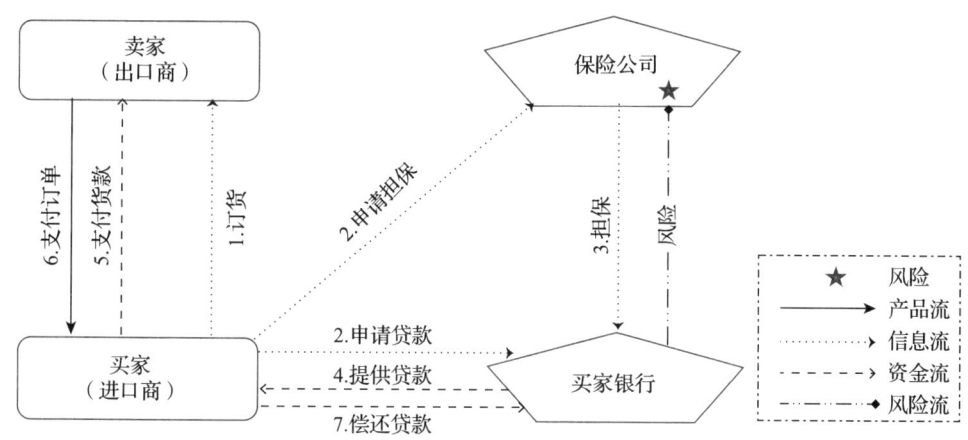

图 12.3　买家信用担保流程图

大多数国家都采用了买家信用担保计划，以帮助本国企业向其他国家出口。例如，在2020年，中国（全球最大的出口信贷提供国）授权了180亿美元用于买家信用担保，以支持其国内企业的出口活动。紧随其后的是法国（121亿美元）、德国（86亿美元）、意大利（84亿美元）和韩国（50亿美元）。美国进出口银行（Export-Import Bank of the U.S.，EXIM）在同年授权了18亿美元。

EXIM在其2019年的竞争力报告中指出，买家信用担保计划已经使得买家的供应链获得了显著好处。事实上，当地保险公司向国际买家提供买家信用担保的主要目的是支持供应链中的当地供应商。这种做法已经证明，银行贷款和贷款保险不仅有利于单个交易，而且可以对整个供应链产生积极影响。

12.4.5　贸易信用保险

由于运输时间的延长、需求不确定性以及零售商的议价能力等因素，延迟付款（Payment Delay）在国际贸易中愈发普遍。同样，在国内贸易中，由于买家的市场主导地位，也常见类似的延迟付款要求。这种延迟付款也被称作贸易信用（Trade Credit），通常由供应商提供给其买家。

虽然理论文献主要描述贸易信用为供应商主动提供的融资方式，但实际上，由于买家的市场主导地位，供应商常常被迫在"赊销"的名义下被动接受延迟付款。一旦贸易信用被执行，金融风险即从买家转移到供应商。这是因为供应商需要承担由需求不确定性、政治干预等因素引起买家可能违约的风险。因此，贸易信用不仅是一种融资机制，更是供应商在市场动态中不得不接受的现实。

如果没有贸易信用或赊账，买家可能面临以下风险。

- 货物未能按时到达。
- 订单未能完全完成。
- 货物在运输途中受损。
- 货物质量不符合规定标准。

这些风险的存在使得买家普遍倾向于赊账，这样做可以减轻他们在提前装运或装运时向供应商付款的经济负担。然而，在使用贸易信用时，供应商可能会面临以下风险。

- 未收货款发货的财务负担。
- 买家可能出于流动性和利息原因延迟付款。
- 买家拒绝接收货物。
- 买家的开证行可能破产。
- 买家可能因需求不确定性、信用问题、政治事件或货币波动等因素而违约、无力偿债或破产。
- 政治干预可能影响买家的进口能力。
- 战争或社会动荡可能影响交易的完成。

这些因素表明，贸易信用不仅为买家提供了必要的财务灵活性，还将某些风险转移给了供应商，使他们面临潜在的财务和运营挑战。可以理解的是，供应商更倾向于预付款或提前付款，或者使用信用证来避免上述风险。然而，由于行业惯例和买家在市场中的主导地位，供应商在大多数供应链交易中往往别无选择，只能接受赊账。

在这种情况下，贸易信用保险（Trade Credit Insurance），也称为商业信用保险（Business Credit Insurance）、出口信用保险（Export Credit Insurance）或简称信用保险（Credit Insurance），应运而生，通过对未付发票或应收账款提供保险，部分缓解了供应商的财务风险。通过贸易信用保险，一旦买家违约、资不抵债或破产，保险机构会向供应商或其贷款方赔偿未付发票或应收账款的约定金额，从而保护供应商免受重大财务损失。

当供应商迫切需要资金以继续生产时，贸易信用保险尤其有用。这不仅使供应商能够从潜在的贷款方那里获得额外的贷款，还激励他们向买家销售更多产品。根据联合市场研究（Allied Market Research）公司的数据，2019 年全球贸易信用保险市场规模估计为 93.9 亿美元，预计到 2027 年将达到 181.4 亿美元，复合年增长率为 8.6%。

在实践中，出口商往往与保险公司签订长期（如年度）合同，以覆盖与一系列买家的所有交易，尽管单笔交易合同也是可能的。如果供应商和买家之间没有争议，保险公司通常会迅速支付索赔款项。即使出现争议，保险公司在争议解决后仍可能根据各方的关系支付赔款和追回资金。

为了实现风险最小化，保险公司应更多关注买家的风险状况，而非仅仅是供应商的，因为保险公司的风险主要取决于买家是否能够偿还其应收账款。当买家进入市场并与供应商建立联系后，保险公司就可以评估买家的风险并据此设定信用额度。保险公司还可以根据买家的个人资料为整个投资组合设定信用额度，这要求供应商负责核实买家的信誉。保险覆盖范围可以根据特定的风险因素和所需的覆盖水平进行调整。由于贸易信用保险对一个国家出口产品的重要性，此类保险项目往往会得到政府的支持，并因此获得更优惠的费率。

虽然贸易信用保险通常用于直接为供应商（出口商）投保以预防买家违约，但它也适用于为通过保理或福费廷的方式持有应收账款的银行提供保险。银行的贸易信用保险主要分为两种类型。

- 贸易信用银行保险（Trade Credit Bank Insurance）：这种保险保护那些通过保理方式从供应商（出口商）处购买应收账款的银行。
- 贸易信用福费廷保险（Trade Credit Forfeiting Insurance）：这种保险则保护那些以无追索权方式向供应商（出口商）提供福费廷服务并购买应收账款的银行。

尽管贸易信用保险主要侧重于帮助出口商应对买家违约的风险，进口信用保险也为进口商提供了类似的支持，帮助他们管理与国际供应商的贸易风险。由于这两种保险机制相似，本节不再对进口信用保险进行详细讨论。

| 案例研究 | 贸易信用保险

云洞科技公司是一家快速成长的中小企业，由于需求激增，它收到了大量新订单。然而，买家将付款期限从原定的 60 天延长至 90 天。随着云洞科技继续生产产品以满足订单需求，它在采购原材料时面临资金短缺，这种情况压缩了其营运资金并阻碍了未来的增长机会。

由于云洞科技的财务压力，银行不愿意提供足够大的贷款来覆盖云洞科技的所有生产成本。因此，云洞科技选择购买贸易信用保险，以减轻银行在向该公司贷款时的风险。这使得云洞科技能够使用应收账款，甚至在发票生成前的在制品（Work-in-Progress），作为抵押贷款来全面支持其生产。

通过这种安排，合作银行同意将应收账款的支付期限从 60 天延长至 90 天，这为云洞科技提供了额外的 680 万元营运资本。这一措施极大地缓解了公司的资金压力，使其能够平稳过渡并满足订单需求，同时也为公司未来的扩张提供了必要的资金支持。

12.5 供应链企业担保融资

在担保融资（Guarantor Financing）中，担保人——银行、保险公司或供应链核心企业向债权人保证，如果债务人在交易中违约，则担保人将承担该债务人的付款责任。2020 年的一项研究预测，全球金融担保市场将在 2022 年达到 344.7 亿美元，到 2030 年预计将增至 719.3 亿美元。

在供应链金融的背景下，担保融资可被视为一种特殊的保险类型，用于支付由供应链交易引发的款项。对于一个供应链企业来说，担保可能来自上游企业（即卖家）、下游企业（即买家）或第三方企业（如 3PL 公司）。与前一小节中保险公司或银行提供的担保不同，本节专注于讨论供应链核心企业提供的担保融资。

在供应链核心企业提供的担保融资模式中，资金充裕的公司（如制造商）为资金较为紧张的公司（如零售商）提供担保，使后者能够从银行获得贷款。如果零售商未能依约偿还债务，那么担保人将代为偿还该公司的债务。在那些小企业信用历史和可用抵押品有限的发展中国家，三种主要的供应链担保融资方案被广泛使用：卖家担保融资、买家担保融资和 3PL 公司担保融资。

12.5.1 卖家担保融资

卖家担保融资（Seller Guarantor Financing）是指卖家作为担保人的情形，特别是当卖家为制造商时，也称为制造商担保融资（Manufacturer Guarantor Financing）。若零售商违约，制造商将承担贷款给零售商的银行的潜在损失。

以中国最大的饲料生产商之一新希望集团为例，成千上万的农民依赖该公司提供的饲料来养殖奶牛、鸡、鸭。大多数农民经营规模较小，因缺乏抵押品而难以从传统渠道获得融资。为了应对这一融资挑战，自 2007 年起，新希望集团开始向这些农民提供担保融资，帮助他们从银行获取所需的贷款。截至 2014 年底，新希望集团已累计发放贷款 180 亿元，支持了 9 万户农户。通过担保融资，新希望集团不仅帮助农民解决了资金问题，还显著提升了自身的饲料销量，例如 2014 年其饲料销量增加了 135 万吨。

12.5.2 买家担保融资

在实际操作中，很多上游企业，尤其是中小型制造商和供应商，更容易面临资金约束，因此需要下游企业的资金支持。在这种情况下，信誉较好的零售商会充当供应商的担保人，帮助他们从银行获得贷款。这些零售商甚至可能将其供应商纳入自己的融资网络，根据供应链交易提供必要的担保。这种类型的供应链担保融资被称为买家担保融资（Buyer Guarantor Financing）。像沃尔玛（Walmart）、亚马逊

（Amazon）、京东等大型零售商经常为其众多规模较小的上游卖家提供这种融资支持。

12.5.3　3PL 公司担保融资

另一种重要的担保融资类型是 3PL 公司担保融资（3PL Guarantor Financing）。3PL 公司（如 UPS Capital、AIMS Logistics、Schneider Logistics）在供应链采购中承担融资作用，即 3PL 公司是零售商向银行借款的担保人。如果零售商违约，3PL 公司将承担银行向零售商贷款的潜在损失。

近年来，3PL 公司担保融资在中国等发展中国家迅速走红。例如，怡亚通在 2009 年成立了一家小额信贷公司，并在 2013 年进一步扩大了对该公司的投资，通过承担小企业尤其是供应链成员的违约风险为其提供金融服务。自 2015 年以来，顺丰速递一直在为使用其物流服务的客户提供类似的担保融资服务。

12.5.4　利弊分析与风险缓解策略

担保融资不仅使直接受益方受益，还惠及交易中的其他参与方。担保融资最明显的优势是它促成了供应链交易的发生。另外一个不太明显的好处是，担保可以提升买家的需求，从而提高整个供应链的效率。以卖家担保融资或 3PL 公司担保融资为例，这种现象的出现是因为买家违约可能引发的金融风险转移到担保人身上，这促使买家更愿意承担风险，从而向卖家订购更多商品。在买家担保融资的情况下，担保允许卖家提供较低的批发价格，进而导致买家需求的增加。

由于担保人承担了违约责任，因此必须对申请担保的债务人进行尽职调查。在银行担保的情形中，银行可能会得益于与债务人长期建立的业务关系（例如作为债务人的主要往来银行），从而更容易审查该债务人的财务报表以及其供应链交易的具体情况。这一做法同样适用于担保保险中的保险公司。在供应链担保融资中，担保人通常对市场、其交易对手的供应链表现以及过去交易中的信用状况有更深的了解。在买家担保融资中，由于买家持有最终货物的库存，担保人可以更有效地降低金融风险。此外，在所有情况下，担保人还承担着防止债务人将资金挪作他用（即道德风险）的责任。

12.6　金融对冲

对冲（Hedging，也称为套期保值）是一种投资策略，旨在抵消其他投资由于不确定性而可能产生的潜在损失。这种策略已广泛应用于股票、贸易、外汇等金融市场。在供应链管理中，对冲可通过利用各种合约和金融工具来抵消供应、需求和价格等方面的风险。鉴于对冲需要更多的专业知识，在实施该策略之前可以考虑以下基本方法。

（1）客户附加费（Customer Surcharge）：一个简单的选择是与买家签订合同，使得供应商可以将商品价格波动转嫁给买家（即批发价格随市场波动而变化）。然而，许多买家尤其是市场占有率较大的买家，如沃尔玛，可能不愿意承担这种风险。

（2）担保：

1）供需担保（Supply or Demand Guarantee）：这可以通过购买保险或银行担保（如前所述）来实现，以确保卖家得到付款或赔偿买家的损失；

2）供应商价格担保（Supplier Price Guarantee）：为防止供应价格的大幅上涨，买家可以在供应合同中寻求价格保护或价格保证，条件是供应商能够有效管理这些风险。

当上述选择不可用或不足以满足需求时，可以利用金融对冲（Financial Hedging）工具来对冲利率风险、外汇风险及大宗商品价格风险等。这些对冲工具可以在场外市场或交易所进行交易。

场外衍生品（Over-The-Counter Derivative，也称OTC衍生品）是供应链双方直接谈判的合同，不通过中介机构如交易所进行。场外衍生品通常包括掉期（Swap）和远期利率协议（Forward Rate Agreement）等。这些衍生品的成本（例如为锁定未来价格而支付的溢价）可能会被纳入买家为商品支付的价格或预付款中。无论是哪种情况，买家都应权衡成本增加与风险降低之间的利弊。

类似的衍生品也可以在交易所交易，此时的衍生品合约是标准化的。交易所交易的衍生品（Exchange-Traded Derivatives，ETD）包括期权、货币期货、掉期和指数期货等。与场外衍生品相比，ETD具有标准化、流动性高和能降低违约风险的优势。标准化衍生品提供了必要的透明信息（例如价值、数量和所代表的证券），通常规模更小、效率更高，因而吸引了更多的投资者（包括小型投资者）。由于交易所本身作为每笔衍生品交易的交易对手，交易对手的违约风险被降至最低。

国际掉期与衍生工具协会（International Swaps and Derivatives Association，ISDA）已建立了衍生品行业的标准。根据2021年ISDA的数据，利率衍生品（Interest Rate Derivative）的总交易量为231万亿美元，远期利率协议的总交易量为53.4万亿美元，隔夜指数掉期（Overnight Index Swap）的总交易量为55.2万亿美元，信用衍生品（Credit Derivative）的总交易量为9.5万亿美元。

12.6.1 掉期

掉期（Swap）被广泛用于交换各种金融标的，例如固定利率与可变利率、外币汇率、股票指数以及大宗商品价格。以固定利率与浮动利率掉期（Fixed-to-Floating Interest Rate Swap，固浮互换）为例，此类掉期中，一方选择固定利率，另一方选择浮动利率。固浮互换的到期日通常在1~15年之间。通常情况下，固定利率付款人被视为利率掉期的买家，而浮动利率付款人则被视为卖家。交易对手需协商掉期的期限、结算频率、掉期支付所依据的名义价值，以及所使用的公布参考利率。在利率掉期中，交易双方实际上不会交换本金；相反，他们根据名义价值（即本金或双方约定的金额）交换利息。

> 无论结果如何，一方的收益总是以另一方的损失为代价。这凸显了在这类交易中进行准确预测的重要性。

当两个交易对手对未来的费率（如利率）有不同预测时，掉期交易就可能发生。一个交易对手可能认为未来的利率会上升，而另一个则持有相反的看法。因此，交易双方在交易前都认为他们能从利率掉期中获益，尽管最终只有一方可能实现额外利润，另一方可能遭受亏损。然而，无论结果如何，一方的收益总是以另一方的损失为代价。因此，拥有更准确的预测能力对于掉期投资的成功至关重要。

| 案例研究 | 利率掉期

公司 A 已经发行了价值 100 万美元的 10 年期公司债券，其利率为 LIBOR+100 个基点（即 1.00%）。此处，LIBOR 指伦敦银行同业拆借利率（London Interbank Offered Rate）。目前，6 个月期限的美元 LIBOR 为 3%。然而，公司分析师预测利率将在短期内上升。为了利用可能的利率上升，公司 A 决定将其公司债券出售给投资者 D，后者认为未来利率将会下降。

在掉期协议中，公司 A 同意每年向投资者 D 支付 100 万美元本金的固定利率 4.00%，期限为 10 年。投资者 D 则同意每年根据 100 万美元本金支付 LIBOR + 100 个基点（即 1.00%）的利率，期限同样为 10 年。这样的安排使得公司 A 能够满足其对债券持有人的利率承诺。

在本次掉期交易中，投资者 D 押注于未来利率下降所带来的收益（即差额 4.00% − LIBOR − 1.00%），而公司 A 则押注于成本的节约（即 LIBOR + 1.00% − 4.00%）。投资者 D 与公司 A 获得的收益或损失取决于未来 10 年内 LIBOR 的走势，如下所示：

	LIBOR 上升	LIBOR 下降
公司 A	+	−
投资者 D	−	+

注："+"表示"收益"，而"−"表示"损失"。

如果掉期交易最终成为沉重的财务负担，交易对手可以要求终止利率掉期合同，但这需要支付一定的终止费。

鉴于不可能对未来的不确定性做出 100% 准确的预测，任何机构都不可能总是在利率掉期和其他场外衍生品交易中取得胜利。假设每个人的表现均等，从长期来看，对冲交易中的"赢/输"概率极可能是 50%/50%。然而，即便这些机构在对冲交易中只实现了盈亏平衡，它们也已达成金融对冲的首要目的：减少不确定性所带来的波动。

12.6.2 隔夜指数掉期

隔夜指数掉期（Overnight Index Swap，OIS）是一种场外衍生品，其中一方在指定期限内同意以固定利率交换平均现金利率。隔夜指数掉期常用于债务、股票、利率等价格指数的对冲。与利率掉期相比，隔夜指数掉期具有两个显著的差异。

（1）隔夜指数掉期通常具有短期特性，期限最长为一年，采用隔夜利率作为参考基准利率。相较之下，利率掉期的期限可能长达多年。

（2）隔夜指数掉期的浮动利率基于隔夜现金利率（例如 90 天或 6 个月的 LIBOR），而非利率掉期中使用的长期平均利率。

| 案例研究 | 隔夜指数掉期

在这个示例中，我们假设公司 A 和投资者 D 决定对 100 万美元的 10 年期公司债券进行为期两个月的隔夜指数掉期。浮动利率将基于隔夜 LIBOR 利率，即特定一天的平均 LIBOR 利率。在这两个月内，两家机构将继续支付其原始利率，而不实际改变其投资或债券状况。合同约定的两个月结束时，双方计算各自支付的利息总额，利息较少的一方需向对方支付差额。

例如，假设投资者 D 按照 4% 的固定利率支付 66,666.66 美元，而公司 A 按照 1% 的 LIBOR 浮动利率支付 70,000.00 美元。差额为 (70,000.00 − 66,666.66) 美元 = 3,333.34 美元。根据他们的掉期协议，投资者 D 需向公司 A 支付 3,333.34 美元。反之，如果公司 A 基于 1% 的 LIBOR 浮动利率只支付了 60,000.00 美元的利息，则根据掉期协议，公司 A 需向投资者 D 支付 6,666.66 美元。

在实践中，浮动利率的现值通常通过隔夜利率的复利或在掉期期限内利率的几何平均值来计算。在 OIS 中的固定利率被认为是稳定的，而 LIBOR 则被认为是具有风险的。历史上，LIBOR 与 OIS 的利差大约维持在 10 个基点，然而，近年来在金融和经济危机期间，这个利差显著增大。从这个角度来看，LIBOR 和 OIS 的利差可以反映出用于贷款目的的资金的总体可获得性以及全球信贷市场的健康状态。

12.6.3 远期

远期合约（Forward Contract）是由两个独立交易方签订的，用于确定在约定的未来日期某特定资产的价格（如利率、货币汇率或商品价格）。

1. 远期价格协议

以一个例子来说明远期价格协议（Forward Price Agreement，FPA）。假设一位农民与一位买家达成协议，决定该农民在加利福尼亚州种植的作物总价为 30 万美元，并约定在 4 个月后收获时付款。如果作物收割时的市场价格低于 30 万美元，通过这一远期价格协议，农民的收入将按预定价格得到保障。然而，如果市场价格大幅上涨，并超过 30 万美元，农民则会失去获得额外利润的机会。

2. 远期利率协议

远期利率协议（Forward Rate Agreement，FRA）是一种线性利率衍生品，其运作方式类似于利率掉期。一个 $n_1 \times n_2$ FRA 表示从现在起 n_1 个月末开始并持续 $(n_2 - n_1)$ 个月的远期合约。例如：

$n_1 \times n_2$	生效日期（从现在开始）	终止日期（从现在开始）	基于 LIBOR 的期限
0×2	今天（SPOT）	2 个月	2 − 0 = 2 个月
2×6	2 个月	6 个月	6 − 2 = 4 个月

一个 FRA [美元 1×4 − 年利率 4.00% / 4.25% p.a.] 表示 FRA 在 1 个月之后开始，持续 3 个月，存款年利率为 4.00%，借款年利率为 4.25%。如果是"接收方

FRA"（Receiver FRA），接收方在 3 个月期间以浮动的 LIBOR 利率支付利息，同时收取固定利率 4.00% 的利息。反之，如果是"付款方 FRA"（Payer FRA），则付款方以 4.25% 的固定利率支付利息，同时收取 3 个月浮动 LIBOR 的利息。

基于与（n_1, n_2）分别对应的时间段（t_1, t_2）的利率，我们可以估算债券的远期利率或未来收益率。n_1 和 n_2 代表天数，而 t_1 和 t_2 则是它们转换成年份的表示。假设 r_1 和 r_2 分别表示时间段（0, t_1）和（0, t_2）的利率，而 $r_{1,2}$ 表示 t_1 和 t_2 之间的远期利率。

如果使用简单利率来计算远期利率，可以得到：

$$(1 + r_1 t_1)[1 + r_{1,2}(t_2 - t_1)] = 1 + r_2 t_2 \qquad (12.1)$$

因此，远期利率 $r_{1,2}$ 可以通过式（12.2）计算：

$$r_{1,2} = \frac{1}{t_2 - t_1}\left(\frac{1 + r_2 t_2}{1 + r_1 t_1} - 1\right) \qquad (12.2)$$

如果使用连续复合利率计算远期利率，可以得到：

$$e^{r_1 t_1} e^{r_{1,2}(t_2 - t_1)} = e^{r_2 t_2} \qquad (12.3)$$

因此，远期利率 $r_{1,2}$ 可以通过式（12.4）计算：

$$r_{1,2} = \frac{r_2 t_2 - r_1 t_1}{t_2 - t_1} \qquad (12.4)$$

如果使用年复合利率计算远期利率，可以得到：

$$(1 + r_1)^{t_1}(1 + r_{1,2})^{t_2 - t_1} = (1 + r_2)^{t_2} \qquad (12.5)$$

因此，远期利率 $r_{1,2}$ 可以通过式（12.6）计算：

$$r_{1,2} = \left[\frac{(1 + r_2)^{t_2}}{(1 + r_1)^{t_1}}\right]^{1/(t_2 - t_1)} - 1 \qquad (12.6)$$

例如，假设基于 4% 的 LIBOR 利率、为期 30 天，以及基于 5% 的 LIBOR 利率、为期 120 天的 1×4 FRA，我们可以计算不同的远期利率，见表 12.1。

表 12.1 不同计算方法下的远期利率对比

项目	简单利率	连续复合利率	年复合利率
n_1	30	30	30
n_2	120	120	120
t_1（年，1 年 = 360 天）	0.0833	0.0833	0.0833
t_2（年，1 年 = 360 天）	0.3333	0.3333	0.3333
当前 t_1 期的 LIBOR 利率	4.00%	4.00%	4.00%
当前 t_2 期的 LIBOR 利率	5.00%	5.00%	5.00%
t_1 期的贷款利率	0.33%	0.33%	0.33%
t_2 期的贷款利率	1.67%	1.67%	1.67%
年化远期利率	5.32%	5.33%	5.34%

12.6.4 期货

期货（Future）是一种标准化合约，它允许各方在特定日期以约定价格交易标的资产。公司通过使用期货合约锁定未来交易的更有利价格，从而对冲不利的价格波动。这种做法可以帮助公司减轻价格不确定性的负面影响，尤其适用于风险厌恶型的公司。

当一家公司计划在未来购入某项特定资产时，可以采取多头（Long Position）策略来防范价格上涨的风险。相反，如果公司计划在未来出售某项特定资产，则可以建立空头（Short Position）策略。这些策略能帮助公司管理价格波动带来的风险。

| 案例研究 |　多头与空头

以公司 A 为例，假设公司知道未来 6 个月内需要 1 万盎司①铂金来完成订单。当前铂金价格为 852 美元/盎司，如果公司 A 预测价格将会上涨，则可以采取多头头寸，通过购买 1 万盎司铂金的 6 个月期期货合约，锁定价格为 852 美元/盎司。这样，即使 6 个月后铂金价格大幅上涨，公司 A 的生产计划也不会因价格波动而受到影响。然而，如果价格下降，公司 A 将失去在更低价格购买原材料的潜在成本节约机会。

另一方面，考虑到公司 B 计划在未来 6 个月内卖出 1 万盎司铂金，它可以通过在当前价格 852 美元/盎司卖出同等数量铂金的 6 个月期货合约来建立空头头寸。这一策略可以保障公司 B 在价格下跌时的收入，避免损失。然而，如果在未来 6 个月铂金价格上升超过 852 美元/盎司，公司 B 则会失去获得更高收益的机会。

1. 货币对冲

期货的一个广泛应用是货币对冲（Currency Hedging），这一策略涉及在两个市场同时买入和卖出货币合约。目的是预期一份合约的亏损能够被另一份合约的收益所抵销，从而像保险一样有效地保护机构免受汇率波动的影响，尤其是对于那些风险厌恶型的机构。从 1980 年 1 月至 1999 年 6 月对 MSCI EAFE 指数（Morgan Stanley Capital International Europe, Australia, Far East Index，即摩根士丹利资本国际欧洲、澳大利亚、远东指数）的研究表明，货币对冲可以有效降低收益波动，具体数据如下。

项目	年化收益	波动性
以美元计的未对冲的 EAFE 收益	13.48%	17.52%
以美元计的对冲后的 EAFE 收益	13.51%	15.29%

在全球供应链中，向外国市场销售产品的企业在将外币兑换成本国货币时面临汇率波动风险。购买货币期货可以帮助对冲这种汇率波动风险。

---

① 盎司，英制重量单位，1 盎司铂金 =31.1034768 克铂金。

| 案例研究 | 货币对冲

2022 年 9 月 1 日，中国制造商公司 A 与一家美国公司签订了一份销售价值 1,000 万美元的产品销售合同，交货期定于 2023 年 3 月 1 日。当天，美元兑人民币的汇率为 6.8650855，因此合同的价值约为 68,650,855 元人民币。由于人民币兑美元汇率的波动，合同价值存在风险。

为了锁定人民币合约价值并降低汇率风险，公司 A 决定在 2022 年 9 月 1 日"做空"美元，购入芝加哥商业交易所的中国人民币期货 [CME Chinese Renminbi (CNH/USD) Futures]，计划于 2023 年 3 月 1 日卖出。标准期货合约的规模为 10 万美元，而 E-micro 期货合约的规模为 1 万美元。对冲比率计算如下：

$$对冲比率 = \frac{10,000,000美元}{100,000美元}$$
$$= 100标准 CME\ CNH/USD 期货$$

为了展示货币期货如何影响公司 A 的现金流，我们考虑以下两种情景（不包括交易费用）。

情景 1：人民币兑（上涨的）美元下跌了 5%

比较项目	现货汇率 CNH/USD	期货汇率 USD/CNH	1,000 万 USD 现货折算 CNH	CNH/USD 期货合约交易
2022 年 9 月 1 日	0.14566461	6.8650855	68,650,855 元	以 0.1457 买入 100 手标准合约
2023 年 3 月 1 日	0.13872820	7.2083398	72,083,398 元	以 0.1387 卖出 100 手标准合约
收益 / 损失			3,432,543 元	−3,432,543 元

在这种情况下，由于人民币兑美元汇率下跌了 5%，原本 1,000 万美元的交易现值为 72,083,398 元，理论上利润增加了 3,432,543 元。然而，由于期货市场上的汇率波动，公司 A 通过期货合约交易亏损了 3,432,543 元。因此，虽然现货市场上的价值增加，但期货合约的亏损抵销了这一增值，导致公司 A 最终还是按照原合同金额 68,650,855 元进行结算，保持了财务稳定。

情景 2：人民币兑（下跌的）美元上涨了 5%

比较项目	现货汇率 CNH/USD	期货汇率 USD/CNH	1,000 万 USD 现货折算 CNH	CNH/USD 期货合约交易
2022 年 9 月 1 日	0.14566461	6.8650855	68,650,855 元	以 0.1457 买入 100 手标准合约
2023 年 3 月 1 日	0.15333117	6.5218312	65,218,312 元	以 0.1533 卖出 100 手标准合约
收益 / 损失			−3,432,543 元	3,432,543 元

在这种情景下，由于人民币兑美元汇率上涨了 5%，原本 1,000 万美元的交易现值变为 65,218,312 元，理论上造成了 3,432,543 元的资金损失。然而，由于期货市场上的汇率波动，公司 A 通过期货合约交易获益 3,432,543 元。这种获益正好抵销了现货市场上的损失，保证了公司 A 最终还是按照原合同金额 68,650,855 元进行结算。

请注意，这些计算忽略了所有交易成本和费用。这两种情况表明，通过购买货币期货，公司可以有效对冲货币汇率波动的风险。虽然公司 A 没有从期货合约中获得额外利润，但成功避免了潜在的财务损失（即 −3,432,543 元）。

上述案例分析说明了如何利用美元空头头寸来对冲风险。在这种情况下，出口商（公司 A）预计在交货时将收到以美元支付的款项。因此，通过做空美元，公司 A 通过期货合约锁定了汇率，以防止在实际收款时因汇率波动而遭受损失。

反之，如果一个进口商预期未来需要从美国公司进口商品并以美元支付，该进口商可以通过签订美元期货合约来建立美元多头头寸。这样做可以有效对冲未来美元升值带来的货币风险，确保进口成本的稳定。这种策略不仅保护了进口商免受不利的汇率波动影响，也有助于财务规划的稳定性。

2. 货运代理协议

期货合约也可以用于对冲物流价格风险。例如，在新冠疫情期间，集装箱的价格波动极大。考虑到货运成本可能高达货物价值的 20%，管理集装箱货运价格风险成为一项至关重要的任务。为了降低这种价格风险，可以利用 CME 集团提供的货运期货合约来安全高效地清算货运代理协议（Freight Forward Agreement）交易。

3. 期货与远期的比较

"期货"和"远期"都是金融交易中常用的术语，它们在功能上有相似之处，但也存在明显的差异。

期货合约是一种标准化合同，双方同意在未来某个预定的日期以预定的价格买卖特定的资产（如商品、货币或股票）。期货合约在交易所进行交易，买家和卖家分别有义务按约定的价格和日期购买与出售资产。这些合约通常用于对冲风险或进行投机。

相比之下，远期合约是双方就未来某个特定日期以特定价格买卖资产的私人定制合同。远期合约作为场外衍生品，不在交易所交易，每一份合约都是根据交易双方的具体需求定制的，其条款和条件可能会有很大差异。买卖双方必须就资产的种类、价格、交付日期等所有关键条款达成共识。

总的来说，尽管期货和远期都涉及根据预定的未来日期和价格进行资产交易，期货是在交易所交易的标准化合约，而远期则是场外交易的定制合约。这些差异使得期货和远期适用于不同类型的风险管理和投资策略。

12.6.5 期权

期权（Option）是一种合同，它赋予持有者在指定日期或之前以预定价格购买或出售某标的资产或工具的权利。期权分为两种主要类型："欧式"期权（European Option）只能在到期日当天行权；"美式"期权（American Option）则可以在到期日或之前的任何时间行权。

其他变体，如亚式期权、障碍期权、百慕大期权、二元期权和奇异期权，包含了关于行权时间、定价、结算条件等方面的特殊条款。在亚式期权（Asian Option）中，收益是基于标的资产在特定时期内的平均价格计算的。障碍期权（Barrier Option）的行权条件要求标的资产的价格必须达到或超过某个预设阈值。百慕大期权（Bermudan Option）允许持有者在多个预设日期中选择行权。二元期权（Binary Option）提供全有或全无的支付结构，即要么在到期时全额支付，要么完全不支付，不允许部分执行。最后，奇异期权（Exotic Option）可能包括一系列非标准化的金融结构和条件，为投资者提供更多的定制化选择。

期货和期权都是用于对冲未来不确定性的衍生金融工具。期货合约要求持有者在到期时必须按约定条款执行，而期权则提供了权利而非义务，这意味着期权买家可以选择不行使这一权利并让合同到期失效。作为权利的交换，买家必须为每份期权合同向卖家支付一个溢价。

期权可以分为"看涨期权"（Call Option）和"看跌期权"（Put Option），具体取决于它们所提供的权利类型。看涨期权赋予投资者在未来某一特定时间以特定价格购买标的资产或工具的权利，而看跌期权则提供了出售标的资产的权利。

期权不仅可以在场外市场交易，也可以在交易所交易，适用于多种类型的标的资产，包括利率期权、债券期权、股票期权、指数期权、货币期权、掉期期权和期货期权等。此外，还有可赎回牛市/熊市合约等产品在期货和期权交易所上市。

期权的应用在供应链和物流领域已变得日益广泛。例如，总部位于伦敦的波罗的海交易所（Baltic Exchange）提供的运费期权合约，使船东、租船人和贸易商能够对冲海运成本的波动。通过这种方式，参与者可以通过购买期权来管理因市场波动可能导致的运费上升或下降的风险，从而保护自己免受意外成本增加的影响。

| 案例研究 | 燃料期权

在新冠疫情和俄乌冲突期间，天然气价格经历了大幅上涨和显著波动。面对航空燃油成本的上涨风险，航空公司采取了购买航空燃油看涨期权的策略来进行风险管理。当航空燃油的现货价格超过期权行权价格时，航空公司会行使这些期权购买燃油；如果现货价格低于行权价格，航空公司则选择在现货市场购买燃油。由于这种期权的成本较高，航空公司通常仅对冲其总燃油需求的一部分，以平衡成本和有效管理风险。这种做法帮助航空公司在燃油价格高波动的市场环境中保持财务稳定性。

12.7 运营对冲

运营对冲（Operational Hedging）是一种用于缓解与货币、价格和其他不确定性相关的金融风险的有效工具，对于跨国公司尤其重要。运营对冲通常可以与金融对冲相结合，以有效管理各种风险。具体的运营对冲策略包括采购对冲（Sourcing Hedging）、库存对冲（Inventory Hedging）和生产对冲（Production Hedging）。

12.7.1 采购对冲

多元化采购（Multi-Sourcing）已被认为是一种有效策略，用以减少公司对少数上游供应商的依赖。通过在不同地理位置采购，此方法可以平衡不同地区的价格波动。当这些地点位于不同国家时，多元化采购策略允许公司从成本较低的地区购买更多资源，从而缓解货币和价格的不确定性。这种策略也常被称为低成本跳跃（Low-Cost Hopping）。

近岸外包（Nearshoring）是许多大型企业为节约采购成本而广泛采用的一种策略。例如，在汽车行业中，如服务美国市场的底特律和墨西哥，以及IT行业中的硅谷，近岸外包已被普遍采用。当供应商和分销商地理位置接近时，生产提前期可显著缩短，物流成本亦可大幅度降低。此外，由于供应链企业位于同一地区，还有助于减轻货币和政治风险的影响。

离岸制造（Offshoring Manufacturing）是跨国公司常用的策略之一，旨在利用目的地国家较低的劳动力成本。实际上，不少大型企业不仅将生产活动离岸，还将采购中心迁移到海外，以此抵消货币风险的负面影响并从较低的当地税率中获益。通过调整转让定价，这些公司能够在一定程度上控制其利润中受特定税率约束的部分。这一策略或许可以解释为什么像苹果这样的大公司一直在海外持有大量现金。

上述采购策略虽各有不同，但它们可以相互补充。例如，近岸外包常作为离岸制造和多元化采购策略的一部分，在特定地点实施，如深圳高新技术园区或上海工业园区。这种布局使得企业能够同时利用不同地区的优势，增强整个供应链的效率和灵活性。

12.7.2 库存对冲

企业通常致力于保持较低的库存水平以节约成本。然而，在某些情况下，库存也可以作为一种有效的对冲工具。例如，在飓风季节，企业可能会故意增加库存量以对冲可能的供应链中断风险。对于经常接收连续重复订单的企业而言，提前战略性增加库存可以避免将来供应商提价时的影响。

这种策略同样适用于农业领域的农民：在农作物产量高时，他们可以储存部分产出，以对冲旺季价格可能出现的大幅下跌。随后，在产量较低的时期，这些储存的农作物可以被销售以满足持续的市场需求，尤其是当这些农作物在销售季节不易变质时。这种方法不仅帮助企业和农民稳定收入，还提高了整体市场供应的稳定性。

| 案例研究 | 库存负担或者库存对冲？

20世纪90年代，汽车制造商福特（Ford）和通用汽车（General Motors）面临针对汽车制造业关键材料钯金的挑战。由于福特的采购团队与研发部门缺乏有效协调，公司在钯金价格高企时签订了高价合同。不久后，每辆车所需的钯金数量却大幅减少，导致福特积累了大量高价钯金，最终在2002年进行了价值10亿美元的资产冲销。

相比之下，通用汽车采取了不同的策略。在钯金价格处于高位时，通用汽车策略性地出售了其库存中的钯金，该批钯金在2000年的价值达到9,500万美元。同时，公司签订了远期合同，预计在未来六个月内以较低价格回购钯金用于生产。此举不仅降低了市场上钯金的价格，还使通用汽车在接下来的几个月受益于较低的采购成本。

这两家公司的案例清晰展示了库存管理策略的重要性及其对企业财务状况的深远影响。通用汽车的前瞻性库存对冲策略帮助其有效控制成本并抵御市场波动，而福特的案例则警示了库存负担的潜在风险。

12.7.3 生产对冲

制造商可以通过利用其跨国工厂的额外产能来对冲汇率风险。例如，石油输出国组织（Organization of the Petroleum Exporting Countries，OPEC）国家历来通过控制油气产量来影响价格，并保持稳定的收入来源。

丰田（Toyota）提供了生产对冲的另一个例子。该公司要求其每个工厂不仅服务于当地市场，还至少服务于另一个全球市场。通过这种制造策略，丰田可以在其各个工厂之间转移生产，以对冲汇率波动，从而保证生产效率和成本效益。这种灵活的生产部署策略使得丰田能够在全球范围内更有效地管理其资源和风险。

12.8 法规、道德和可持续性

供应链金融在全球经济中扮演着至关重要的角色，但同时它也面临着许多影响其可持续性和道德实践的风险与挑战。为了应对这些问题，各国政府、监管机构以及行业协会已经制定了一系列法规和标准，例如《巴塞尔协议》。遵守这些道德标准和最佳实践对于增强供应链金融的透明度、公平性和社会责任至关重要。

在本节中，我们将探讨影响供应链金融的各类法规，以及道德和可持续性的相关问题。我们还将强调采纳道德标准和最佳实践的重要性，这不仅有助于鼓励负责任的商业行为，也推动了供应链金融的可持续发展。通过这些措施，供应链金融可以更好地为全球经济健康和环境保护做出贡献。

12.8.1 法规

供应链金融面临诸多风险，包括信用风险、流动性风险和市场风险，同时也易于受到金融犯罪如欺诈的影响。为了降低这些风险并确保供应链金融活动的安全稳定，各国政府、监管机构以及行业协会制定了一系列法规和标准。这些规定广泛涵盖资本充足率、风险管理、透明度、消费者保护及反洗钱等关键方面。

1. 国际法规

管理国际银行和金融机构的重要国际法规和标准包括《巴塞尔协议》（Basel Accords）、《金融行动特别工作组建议》（Financial Action Task Force Recommendations）和《国际财务报告准则》（International Financial Reporting Standards，IFRS）。

- 《巴塞尔协议》：1988 年，巴塞尔银行监管委员会（Basel Committee on Banking Supervision，BCBS）提出了一套银行最低资本要求，被称为《1988 年巴塞尔协议》，该协议于 1992 年在 10 国集团（Group of Ten，G-10）国家的法律中得到实施。为了保护银行的偿付能力和维持整体经济稳定，2004 年启动并于 2008 年实施的《巴塞尔协议 II》规定，银行在面临更大风险时必须持有更多资本。2007—2009 年的全球金融危机凸显了金融监管的缺陷，促使 BCBS 成员国在 2010 年达成了《巴塞尔协议 III》。该协议强化了银行资本要求，增加了银行流动性，降低了银行杠杆率。《巴塞尔协议 III》最初计划于 2018 年开始实施，但其全面实施已多次推迟，目前的截止日期定为 2023 年 1 月。
- 《金融行动特别工作组建议》：金融行动特别工作组（FATF）是一个政府间组织，负责制定政策以打击洗钱、恐怖融资以及对国际金融体系完整性的其他相关威胁。其建议作为各国实施有效反洗钱（Anti-Money Laundering，AML）和反恐融资（Counter-Terrorism Financing，CTF）措施的国际标准。
- 《国际财务报告准则》：这是由国际会计准则委员会制定的一套会计准则。IFRS 对供应链金融尤其是在贸易融资交易和其他形式的供应链金融会计处理方面具有显著影响。

2. 美国法规

美国的金融法规在美国金融体系中发挥至关重要的作用，覆盖银行、证券、衍生品、保险及消费者保护等多个领域。负责制定这些法规的政府机构包括美联储（Federal Reserve）、证券交易委员会（Securities and Exchange Commission，SEC）、商品期货交易委员会（Commodity Futures Trading Commission，CFTC）和消费者金融保护局（Consumer Financial Protection Bureau，CFPB）。

- 反洗钱（Anti-Money Laundering，AML）和了解您的客户（Know-Your-Customer，KYC）法规：这些规定旨在遏制洗钱和恐怖主义融资活动，同时要求金融机构核实客户身份并监控其交易。AML/KYC 法规对供应链金融有影响，特别是在贸易融资和其他形式的跨境融资方面。
- 《多德-弗兰克华尔街改革与消费者保护法》（Dodd-Frank Wall Street Reform and Consumer Protection Act）：这是一部包含监管金融业和保护消费者条款的美国法律。多德-弗兰克法案对供应链金融有影响，特别是在衍生品交易和其他形式的金融风险管理方面。
- 《统一商法典》（Uniform Commercial Code，UCC）：这是一部涵盖商业交易管理的法律，对供应链金融特别是在货物销售和贷款人的担保权益方面具有显著影响。

3. 欧洲法规

欧盟（European Union，EU）实施的关键金融法规包括以下几种。

- 《欧洲市场基础设施法规》（European Market Infrastructure Regulation，EMIR）：此法规要求某些衍生品合约通过中央对手方（Central Counterparties，CCPs）进行清算。EMIR 对供应链金融有影响，特别是在使用衍生品进行风险对冲方面。
- 《通用数据保护条例》（General Data Protection Regulation，GDPR）：该法规监管个人数据的收集、使用和处理，对供应链金融中使用电子发票和其他数字文件的处理方式有重要影响。
- 《金融工具市场指令Ⅱ》（Markets in Financial Instruments Directive Ⅱ，MiFID Ⅱ）：这项指令旨在为投资服务和活动创造一个单一、透明的市场环境。MiFID Ⅱ在供应链金融中的影响体现在提高交易报告的透明度和促进电子平台交易的规范化方面。
- 《支付服务指令 2》(Payment Services Directive 2,PSD2):此指令规范了支付服务,特别强化了数字支付平台和电子支付的安全性与透明度,对供应链金融中的支付处理具有深远影响。
- 《资本要求法规》(Capital Requirements Regulation,CRR):该法规设置了银行和其他金融机构的资本要求。CRR 对于涉及银行的供应链金融活动尤其重要,确保银行在涉及高风险投资时保持适当的资本充足率。

4. 中国法规

中国的金融法规体系涵盖了多个领域,对供应链金融活动产生重要影响。

- 跨境人民币业务管理相关法规:这些法规制定了跨境人民币交易的规则,对涉及中国企业及其国际贸易伙伴的供应链金融活动具有重要影响。
- 《中华人民共和国海关法》:规范中国海关程序的法律,对涉及关税和税收待遇的广泛金融活动,尤其是进出口贸易金融具有直接影响。
- 《中华人民共和国银行法》:监管中国银行业务的法律,涉及银行资本充足率和风险管理要求,对银行及其参与的供应链金融活动的安全性和稳定性至关重要。
- 《中华人民共和国保险法》:监管中国保险业务的法律,关注保险公司的资本充足率和风险管理,对于供应链中的风险保障措施尤为重要。
- 外汇管理相关法规:这些法规管理中国境内的外汇交易,对涉及外汇和国际贸易的供应链金融活动有广泛影响。
- 《中华人民共和国证券法》:监管中国证券市场的法律,对供应链金融中使用证券融资工具,如发行债券或股票以筹集资金,具有关键作用。

除上述规定外,全球许多其他国家也有具体的法规,这些法规显著影响全球供应链金融。由于法规可能因国家而异,它们对供应链融资活动可能产生重大影响。这些法规的主要目的是确保金融体系的安全、稳定和完整,保护消费者免受金融欺诈和滥用。对于金融机构和其他利益相关者而言,理解并遵守这些规定是取得长期成功的关键。因为这些规定不仅促进了金融市场的稳定和效率,还保护了所有相关方的利益。在这种背景下,金融机构和其他利益相关者遵循相关法规,确保其金融实践的安全性和可持续性,显得尤为重要。

12.8.2 道德与可持续发展

供应链金融是一个复杂且动态的领域,其中涉及的道德问题广泛且多样。当金融机构或其他利益相关者从事欺诈、剥削性行为或对供应链中其他各方造成伤害时,便会引发这些问题。这些行为可能包括贿赂、腐败、劳工滥用以及环境违规等。由于企业间的金融关系极其复杂,这些道德问题常跨越多国界限和法律管辖区,涉及透明度、公平对待供应商以及负责任的贷款实践等方面。

供应链金融中的一个伦理问题例子是保理业务的使用。如果使用不当,保理可能导致供应商收到的款项远低于其商品或服务应得的全额。这引发了对供应链中公平待遇和透明度的担忧。此外，某些供应链融资安排可能涉及向信贷条件受限或面临财务挑战的供应商提供贷款。在这些情况下，贷款机构必须审慎考虑其行为的道德后果，比如可能将供应商推向不可持续的债务水平。

供应链金融中的其他道德挑战包括使用童工或强迫劳动、腐败以及环境可持续性问题。在一些国家，供应商可能面临恶劣的工作条件或其他形式的剥削，供应链金融交易可能支持对环境有害的做法。

以下是供应链金融领域常见的几个典型的道德和可持续发展问题。

- **劳工权益**：供应链金融活动有时可能支持那些侵犯人权、劳动条件恶劣的公司。确保劳工权利得到尊重和保护，防止剥削和虐待，是供应链金融中一个重要的可持续性议题。
- **环境可持续性**：某些供应链金融活动可能支持那些从事环境破坏行为的公司，例如非法砍伐森林或排放有害物质。推动这些公司采取环保措施，确保业务过程中的环境可持续性，是至关重要的。
- **社会责任**：确保供应链中的公司行为符合社会责任标准，包括尊重当地社区的权利、促进经济发展和提高生活标准，是实现供应链可持续发展的关键。
- **贪污贿赂**：供应链金融可能会被用来支持从事腐败行为的供应商，例如行贿和回扣。这些行为不仅破坏供应链的诚信，还可能对经济、社会和环境产生广泛的负面影响。
- **产品安全与质量**：供应链金融应支持生产安全、高质量的产品，防止资助生产劣质或不安全产品的公司，这对保护消费者的健康和安全以及维护供应链的信誉至关重要。
- **透明度**：确保供应链金融交易的透明度和问责性是促进可持续性的核心。高透明度使利益相关者能够识别并解决劳工权益、环境保护和社会责任等相关问题。
- **公平贸易**：在供应链中确保供应商获得商品和服务的公平价格对于推动经济发展和减少贫困至关重要。公平贸易鼓励了更平等的财富分配和可持续的商业实践。
- **动物福利**：供应链金融应避免支持那些损害动物福利的活动，如工厂化养殖、动物试验和非法野生动物贩运。负责任的金融实践应考虑到生态和生物的福利，避免资助伤害动物的行业。
- **气候变化**：气候变化是一个全球性、紧迫的可持续性问题。供应链中的公司必须采取减少环境影响的措施，比如减少碳排放，这对于缓解气候变化的影响至关重要。

为了解决供应链金融中的道德和可持续发展问题，金融机构和利益相关者需要采纳一系列促进透明度、公平性和社会责任的措施。首先，应制定并执行一套全面的道德标准和最佳实践，这些标准和实践旨在确保所有业务活动都能公正且透明地进行。其次，实施详尽的尽职调查流程至关重要，以评估潜在的风险和机会，确保所有交易都符合道德和法律标准。此外，增强与利益相关者的沟通和合作，确保他们的关切和建议得到妥善处理，同时提高整个行业的透明度和问责性。最后，重视负责任的贷款实践，特别是在可持续性和公平对待所有合作方方面，避免造成不可持续的债务负担。

12.9 总结

本章全面讨论了供应链金融中的风险缓解、合规性及可持续性问题。内容包括供应链金融风险缓解的基本概念、传统风险缓解策略、基于供应链的保险与信用担保措施、供应链公司的担保融资策略、金融对冲技术、运营对冲方法，以及法规、道德和可持续性如何影响供应链金融。这些内容不仅提供了对供应链金融操作的深入理解，也强调了在全球经济中实施有效管理策略的重要性。

本章要点如下。
1. 供应链金融风险缓解基础
- 引入风险不对称理论。
- 探索风险-回报帕累托最优边界和最薄弱环节困境。
- 制定并实施相应的风险缓解策略。
2. 传统风险缓解策略
- 提供针对金融风险、供应链风险和非商业风险的风险缓解策略。
3. 基于供应链金融的保险和信用担保
- 利用银行贷款保险、银行担保和贸易信用保险防范未付款风险。
- 利用信用担保为买家和卖家获得融资提供便利。
4. 供应链企业担保融资
- 利用大型卖家和买家的信誉度分别支持买家和卖家融资。
- 使用银行担保作为风险缓解工具。
5. 金融对冲
- 使用掉期、远期、期货和期权等衍生品对冲汇率波动、利率变化和大宗商品价格波动等风险。
6. 运营对冲
- 通过调整经营战略来管理风险，包括采购对冲、库存对冲和生产对冲。
7. 法规、道德和可持续性
- 了解并遵守国际和地区法规，如《巴塞尔协议》和《金融行动特别工作组建议》。
- 通过采用透明、公平、对社会负责的做法以及负责任的贷款做法，解决供应链金融中的道德问题，促进可持续发展。

12.10 练习

12.10.1 思考题

1. 供应链公司采用担保融资的主要好处是什么？

2. 列举基于供应链金融的保险和信用担保的好处。

3. 描述供应链金融背景下金融对冲与操作对冲的区别。

4. 假设一家公司有 60 天后到期的 50,000 英镑应付账款，当前英镑兑美元汇率为 1.35，预期 60 天后汇率为 1.30，请计算这家公司可能面临的汇率损失。

5. 确保供应链金融中道德和可持续性的关键要点是什么？

6. 一家公司计划使用外汇远期合约对冲 90 天后到期的 100,000 欧元应付账款。当前欧元兑美元汇率为 1.20，远期汇率为 1.22，计算 90 天后公司需以美元支付的金额。

7. 列举公司选择基于供应链金融的保险产品的原因。

8. 假设当前欧元兑美元汇率为 1.20，90 天后的预期汇率为 1.25，计算一家公司在 90 天后到期的 100,000 欧元应收账款的潜在收益。

9. 供应链金融中管理操作风险的关键要点是什么？

10. 一家公司考虑利用供应链融资的方式向金融机构借入 40 万美元，年利率为 3.5%。计算该公司一年后必须偿还的总金额。

12.10.2 案例研究

案例研究 1：OptimalTech——应对供应链金融风险

背景：

OptimalTech 是一家位于中国台湾的领先电子公司，专注于设计和制造各种计算机组件。公司拥有完善的全球供应链系统，大部分产品出口到美国市场，年收入约为 5 亿美元，其中来自出口的收入占 30%（1.5 亿美元）。

尽管 OptimalTech 在行业内享有卓越声誉，但随着全球电子市场的快速演变，公司正面临技术迅速更新、市场竞争加剧以及市场波动性增大的多重挑战。此外，最近全球贸易环境的变动和不可预见的物流挑战也为公司的资金安排带来了新的压力。

挑战：

1. OptimalTech 的一位主要供应商位于泰国，目前正面临流动性问题，这影响了其每年向 OptimalTech 供应价值 5,000 万美元的产品。

2. 美国近期对进口电子产品的监管政策发生了变化，收紧了信贷准则，这不仅影响了 OptimalTech 的信贷条款，还可能导致成本上升。

3. 受市场波动影响，OptimalTech 在美国的部分零售合作伙伴要求延长信用期限，这对公司的现金流产生了压力。

4. 受宏观经济问题的影响，OptimalTech 的合作银行修改了融资条款，将其可用信贷额度减少了 15%。

风险缓解方案：

1. 供应商信用担保：与金融机构合作，为面临流动性问题的泰国供应商提供信用担保，确保供应不中断。

2. 基于供应链金融的保险：采用针对供应链的保险解决方案，以应对美国零售商延长信用期限的潜在违约风险。

3. 担保融资：与第三方物流公司合作，利用其作为担保人的角色，支持对美国零售合作伙伴的财务承诺，缓解信贷压力。

4. 寻求替代融资：探索不同地区及国际银行或金融机构，以获取更优惠的信贷条款。

问题：

1. 如何通过对供应商的信用担保确保 OptimalTech 供应链的连续性和稳定性？
2. 评估基于供应链金融的保险解决方案可能给美国零售商带来的风险与收益。
3. 第三方物流公司作为担保人的融资方式如何帮助 OptimalTech 应对美国信贷准则的收紧？
4. 在寻求其他融资来源时，OptimalTech 可能面临哪些潜在挑战？

案例研究 2：PureFiber——纺织生产中的金融对冲与运营对冲

背景：

PureFiber 是孟加拉国一家领先的纺织品制造商，专注于出口，年收入达到 1,000 万美元。在过去的一年中，由于全球需求增加和不可预测的气候变化，棉花价格从 70 美元 / 千克飙升至 95 美元 / 千克。此外，由于当地货币对美元的年贬值率约为 5%，这对 PureFiber 构成了较大挑战，尤其是其 70% 的收入以美元形式计算。

挑战：

- 每年需要采购 30 吨棉花，若棉花价格上涨 25 美元 / 千克，则会导致 75 万美元的额外成本。
- 历史上因货币贬值导致的汇率波动可能每年造成 50 万美元的收入损失。
- 对少数关键本地农场的依赖可能在供应链中断时危及 240 万米纺织品的生产。
- 根据与国际品牌签订的长期合同，公司约定以固定价格交付 100 万米面料。这种安排意味着棉花价格的波动可能会削减公司的利润。

风险缓解方案：

- 金融对冲：通过以 80 美元 / 千克的价格购买下一季的棉花期货合约，有效地设定了棉花价格的上限，同时确保通过远期合约锁定当前汇率。
- 运营对冲：拨款 25 万美元，与五家当地农场合作，进口 20% 所需的棉花，价格为 75 美元 / 千克（相比 95 美元 / 千克的市场价格）。同时，投资 15 万美元改善库存和订单管理系统，预计能将持有成本降低 10%（当前占总收入的 2.5%）。

问题：

1. 假设期货合约的成本可以忽略，且价格稳定在 70 美元 / 千克的可能性为

40%，而飙升至 100 美元/千克的可能性为 60%。一个 80 美元/千克的期货合约可能让 PureFiber 避免潜在损失吗？

2. 如果棉花市场价格为 95 美元/千克，PureFiber 以 75 美元/千克的价格进口棉花，相比市场价格可以节省多少成本？同时，实施供应商多元化策略将如何增强公司的运营弹性？

3. 每年货币贬值 5% 将对公司财务产生何种影响？远期合约如何帮助缓解这种汇率变动带来的风险？

4. 投资于高级库存管理系统可能带来的持有成本削减效果如何？请评估此系统的投资回报率。

12.11 附录：学术思考

四方供应链博弈中的担保融资[⊖]

周伟华、林甜甜、蔡港树

本文将经典报童模型（制造商通过零售商进行销售）扩展到一个涉及制造商、第三方物流（3PL）公司、资本受限零售商和银行的四方供应链博弈中。博弈跨越两个时间段，第一阶段中，制造商设定批发价格，3PL 公司确定物流服务费率，零售商决定订单数量并通过制造商担保融资（Manufacturer Guarantor Financing, MG）或 3PL 公司担保融资（3PL Guarantor Financing, LG）方式从银行获得贷款。之后，零售商向制造商和 3PL 公司支付订单费用与运输费用。第二阶段涉及需求的实现和零售商对银行的还款。

制造商和 3PL 公司之间的决策顺序取决于领导类型：纳什博弈（Nash Game）或制造商领导的斯塔克尔伯格博弈（Manufacturer Leadership Stackelberg Game）。

- 纳什博弈：在这种模式下，制造商和 3PL 公司分别与零售商独立签订合同，彼此间不知晓对方与零售商的合同价格。双方需要预测对方的最佳决策来确定自己的价格，这表明双方具有相同的决策序列和信息水平。
- 制造商领导的斯塔克尔伯格博弈：在这种博弈模式中，制造商先行设定批发价格，然后 3PL 公司根据已知的批发价格来决定其物流服务费率。通常在 3PL 公司能够通过保险服务或 B2B 网站获取关于产品价值的信息时会采用这种方式。

本研究分析了三种融资方案：制造商担保融资、3PL 公司担保融资和银行担保的传统银行融资（Bank Financing, BF）。如果零售商在担保融资中违约，担保人将承担支付剩余贷款的责任。

这项研究得出了四个主要结论。

⊖ 对此内容感兴趣的读者请参考全文：Zhou, W., Lin, T. & Cai, G., 2020. Guarantor Financing in a Four-Party Supply Chain Game with Leadership Influence. *Production and Operations Management*, 29(9), 2035-2056。

第一，对于整个供应链而言，担保融资在某些情况下可以超越传统的银行融资，尤其是在上游厂商成本相对较低、金融风险在两种博弈设置下都满足特定条件时（见图12.4）。其原因在于，虽然担保融资中零售商的总采购成本较高，但由于贷款利率较低，其订单数量比在传统银行融资方案下更大。当上游企业的成本较低时，利率的优势可以弥补采购成本的不利影响。

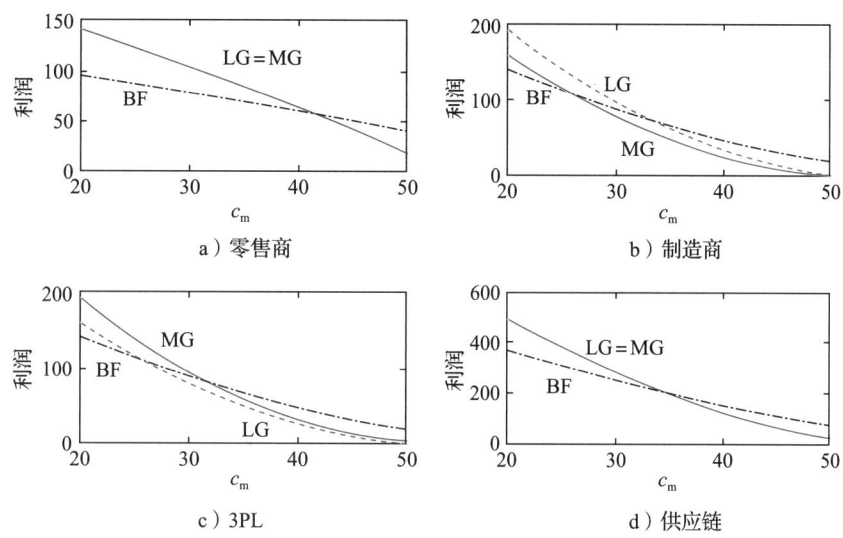

图12.4 基于纳什博弈的不同融资方案下各方利润与制造商成本 c_m 之间的关系

第二，在不同的博弈领导结构下，各方担任担保人的意愿有所不同。在纳什博弈中，零售商和供应链对于由制造商还是3PL提供商担任担保人并无偏好。然而，制造商和3PL公司通常更倾向于让对方担任担保人，因为这样可以通过搭便车的方式获得更大的经济利益。

如果制造商成为供应链中的斯塔克尔伯格领导者，这种搭便车困境就能得到有效解决。在制造商领导的斯塔克尔伯格博弈中，所有公司都倾向于选择跟随者作为担保人。供应链因跟随者担保人优势（Follower-Guarantor Advantage）而受益，这是因为领导者会限制跟随者收取过高的风险溢价。同时，作为斯塔克尔伯格领导者的制造商，因为不承担担保人的财务风险，所以不会收取过高的批发价。因此，这种跟随者担保人优势使得订单数量增加，从而使供应链中的所有公司受益。

第三，斯塔克尔伯格领导者通常更倾向于在另一家上游公司的担保融资服务中搭便车。相比之下，由于跟随者担保人优势，跟随者总是更愿意成为担保人。然而，从担保人的角度来看，成为跟随者并不总是有利的。特别是当财务风险水平（即零售商违约风险）较低时，斯塔克尔伯格领导者的优势会超过跟随者担保人的优势。在这种情况下，斯塔克尔伯格的领导者能更容易地将定价压力转嫁给跟随者，并要求作为担保人获得更高的利润率。然而，如果零售商违约的可能性较高，那么担保人作为跟随者而不是领导者会获得更多利益。

第四，在3PL公司担保融资模式下，所有公司和整个供应链在决策层级较长的斯塔克尔伯格博弈下的表现通常优于决策层级较短的纳什博弈。这一发现与传统观点相反，传统观点认为更扁平的决策层级更为有效。这种现象在金融风险较高的情况下尤其明显，此时制造商在斯塔克尔伯格博弈中比在纳什博弈中更不愿意提高批发价格，导致在斯塔克尔伯格博弈中批发价格更低、订单数量更大。

12.12　参考资料

Aarti, G., Pramod, B., & Vineet, K. (2021). *Trade Credit Insurance Market Size, Share & Growth*. https://www.alliedmarketresearch.com/trade-credit-insurance-market-A08305. Accessed July 22, 2022.

Alessi, C. (2010). *London Shipping Hedge Fund's Strategies Pay Off*. https://www.institutionalinvestor.com/article/b150qd0rbg65rc/london-shipping-hedge-funds-strategies-pay-off. Accessed May 11, 2023.

Anand, K., Anupindi, R., & Bassok, Y. (2008). Strategic Inventories in Vertical Contracts. *Management Science*, 54(10), 1792–1804.

Caillaud, B., Dionne, G., & Jullien, B. (2000). Corporate Insurance with Optimal Financial Contracting. *Economic Theory*, 16(1), 77–105.

CFTC. (2024). Dodd-Frank Act. https://www.cftc.gov/LawRegulation/DoddFrankAct/index.htm. Accessed January 12, 2024.

Chen, J. (2022). Exotic Option: Definition and Comparison to Traditional Options. https://www.investopedia.com/terms/e/exoticoption.asp. Accessed July 2, 2023.

Chen, X., Cai, G., & Song, J. S. (2019). The Cash Flow Advantages of 3PLs as Supply Chain Orchestrators. *Manufacturing & Service Operations Management*, 21(2), 435-451.

Chopra, S., & Sodhi, M. S. (2004). Supply-Chain Breakdown. *MIT Sloan Management Review*, 46(1), 53–61.

CME. (2022). *Freight Futures and Options*. https://www.cmegroup.com/trading/energy/freight-futures-and-options.html. Accessed June 6, 2023.

Dong, L., & Tomlin, B. (2012). Managing Disruption Risk: The Interplay Between Operations and Insurance. *Management Science*, 58(10), 1898–1915.

Dreyer, M., & Nygaard, K. (2020). *Countries Continue to Adopt and Update Credit Guarantee Schemes for Small Business Lending*. https://som.yale.edu/blog/countries-continue-to-adopt-and-update-credit-guarantee-schemes-for-small-business-lending. Accessed July 12, 2022.

EKF. (2022). *Buyer Credit Guarantee*. https://ekf.dk/en/ekf-s-guarantees/guarantees/buyer-credit-guarantee. Accessed December 2, 2022.

Eksfin. (2022). *Norwegian Gas Cylinders Capture the Uruguayan Domestic Market*. https://www.eksfin.no/en/cases/uncategorized/norwegian-gas-cylinders-capture-the-uruguayan-domestic-market/. Accessed December 2, 2023.

European Banking Authority. (2023). *Capital Requirements Regulation (CRR)*. https://www.eba.europa.eu/regulation-and-policy/single-rulebook/interactive-single-rulebook/12674, Assessed on November 29, 2023.

European Central Bank. (2018). *The Revised Payment Services Directive (PSD2) and the Transition to Stronger Payments Security*. https://www.ecb.europa.eu/paym/intro/mip-online/2018/html/1803_revisedpsd.en.html, Assessed on September 9, 2023.

European Commission. (2023). *Derivatives/EMIR*. https://finance.ec.europa.eu/capital-markets-union-and-financial-markets/financial-markets/post-trade-services/derivatives-emir_en, Assessed on September 19, 2023.

European Commission. (2022). *Implementing and Delegated Acts - MiFID II*. https://finance.ec.europa.eu/regulation-and-supervision/financial-services-legislation/implementing-and-delegated-acts/markets-financial-instruments-directive-ii_en, Assessed on December 29, 2022.

European Council. (2023). *The General Data Protection Regulation*. https://www.consilium.europa.eu/en/policies/data-protection/data-protection-regulation, Assessed on October 9, 2023.

EXIM. (2021a). *2020 Report to the U.S. Congress on Global Export Credit Competition* (Issue June). https://www.exim.gov/news/exim-releases-2020-competitiveness-report. Accessed December 2, 2021.

EXIM. (2021b). *EXIM Releases 2020 Competitiveness Report*. https://www.exim.gov/news/exim-releases-2020-competitiveness-report. Accessed December 2, 2021.

FATF. (2022), *FATF Recommendations*. https://www.fatf-gafi.org/en/topics/fatf-recommendations.html. Accessed September 5, 2022.

GACC (General Administration of Customs of the People's Republic of China). (2014). *Customs Law of the People's Republic of China*. http://english.customs.gov.cn/statics/644dcaee-ca91-483a-86f4-bdc23695e3c3.html. Accessed November 19, 2023.

Grant, M. (2018). *Bank Guarantee*. https://www.investopedia.com/terms/b/bankguarantee.asp. Accessed December 13, 2021.

Green, A. (2003). *Credit Guarantee Schemes for Small Enterprises: An Effective Instrument to Promote Private Sector-Led Growth?* UNIDO, Programme Development and Technical Cooperation Division.

Holle, N. (2017). *Credit Guarantee Schemes for Agricultural What Are Credit Guarantee Schemes and How*. Technical Summary by Agriculture Finance Support Facility and World Bank Group.

IFRS. (2023). *IFRS Accounting Standards Navigator*. https://www.ifrs.org/issued-standards/list-of-standards/. Accessed May 25, 2023.

ISDA. (2021). SwapsInfo Full Year 2020 and the Fourth Quarter of 2020 Review. In *Isda* (Issue February).

Kurt, D. (2022). *Trade Credit Insurance: Overview, Advantages, Alternatives*. https://www.investopedia.com/trade-credit-insurance-5190219. Accessed January 15, 2024.

Jing, B., Chen, X., & Cai, G. G. (2012). Equilibrium Financing in a Distribution Channel with Capital Constraint. *Production and Operations Management*, 21(6), 1090–

1101. https://doi.org/10.1111/j.1937-5956.2012.01328.x

Jorion, P. (2007). *Value at Risk: The New Benchmark for Managing Financial Risk*. The McGraw-Hill Companies, Inc.

Levitsky, J. (1997). Best Practice in Credit Guarantee Schemes. *Financier-Burr Ridge*, 4, 86–94.

Lowery, D. (2007). Understanding Interest Rate Swap Math & Pricing. *Business and Politics*, 9(2).

Manning, L. (2022). *Exchange-Traded Derivative Definition*. Investopedia. https://www.investopedia.com/terms/e/exchange-traded-derivative.asp. Accessed January 5, 2023.

Marotta, D. (2022). *10 Supply Chain Risk Management Strategies*. Hitachi Solutions. https://global.hitachi-solutions.com/blog/supply-chain-risk-management/. Accessed January 15, 2023.

Mudge, D. T., & Wee, L.-S. (1993). Truer to Type. *Risk*, 6(12), 16–19.

NPC (npc.gov.cn). (2023). *Securities Law of the People's Republic of China*. http://www.npc.gov.cn/zgrdw/englishnpc/Law/2007-12/11/content_1383569.htm. Accessed March 13, 2023.

OECD. (2009). Discussion Paper on Credit Guarantee Schemes. *Oecd*, 1–19.

RBA. (2002). Overnight Indexed Swap Rates. In *Reserve Bank of Australia Bulletin* (Issue Graph 1).

PBC (The People's Bank of China). (2003). *Law of the People's Republic of China on Banking Regulation and Supervision*. http://www.pbc.gov.cn/english/130733/2830218/index.html. Accessed November 13, 2023.

PNC. (2023). *How to Settle Cross-Border Transactions in Renminbi*. https://www.pnc.com/insights/corporate-institutional/go-international/how-to-settle-cross-border-transactions-in-renminbi.html. Accessed November 11, 2023.

Rahman, A. (2015). Over-the-Counter (OTC) Derivatives, Central Clearing and Financial Stability. *Bank of England Quarterly Bulletin*, Q3.

Rogers, P. (2022). *Hedging*. https://www.scm-portal.net/glossary/hedging.shtml. Accessed December 7, 2022.

SAFE (State Administration of Foreign Exchange of China). (2023). *Rules and Regulations*. https://www.safe.gov.cn/en/RulesandRegulations/index.html. Accessed March 23, 2023.

Sapers, R. (2023). AML & KYC: *What You Need to Know*. https://carta.com/blog/aml-kyc/. Accessed May 29, 2023.

Sodhi, M. S., & Tang, C. S. (2012). *Managing Supply Chain Risk* (Vol. 172). Springer Science & Business Media.

SPC (The Supreme People's Court of the People's Republic of China). (2016). *Insurance Law of the People's Republic of China*. https://english.court.gov.cn/2016-04/14/c_761424.htm. Accessed March 3, 2023.

Srinivasan, B. S., & Youngren, S. (2001). Using Currency Futures to Hedge Currency Risk. In *Product Research & Developement Chicago Mercantile Inc.* http://www.henley.ac.uk/web/FILES/REP/Currency_Futures.pdf

Thiha. (2014). *No Buyers for Credit Guarantee Insurance.* https://www.nationthailand.com/international/30249382. Accessed December 2, 2022.

Trade Finance. (2022). *What Is Export and Agency Finance?* https://tradefinanceanalytics.com/what-is-export-and-agency-finance. Accessed December 27, 2022.

Tripathi, A., & Wani, A. P. (2012). Hedging: A Powerful Tool in Supply Chain Manager's Arsenal. *Srrnkhala Supply Chain & Operations Club Magazine*, 2.

ULC (The Uniform Law Commission). (2023). Uniform Commercial Code. https://www.uniformlaws.org/acts/ucc. Accessed May 9, 2023.

Valuates Reports. (2021). *Financial Guarantee Market Size to Reach Usd 71.93 Billion by 2030 at Cagr 9.6% - Valuates Reports.* https://www.prnewswire.com/in/news-releases/financial-guarantee-market-size-to-reach-usd-71-93-billion-by-2030-at-cagr-9-6-valuates-reports-844147736.html. Accessed December 15, 2022.

Wang, W., & Cai, G. G. (2023). Curtailing Bank Loan and Loan Insurance Under Risk Regulations in Supply Chain Finance. *Management Science*, *June*. https://doi.org/10.1287/mnsc.2023.4827.

Witte, G. (2023). *5 Core Steps in the Risk Management Process.* https://www.techtarget.com/searchcio/feature/Risk-management-process-What-are-the-5-steps. Accessed January 15, 2024.

Wikipedia. (2022a). *Basel III.* https://en.wikipedia.org/wiki/Basel_III. Accessed September 25, 2022.

Wikipedia. (2022b). *Forward Rate.* https://en.wikipedia.org/wiki/Forward_rate. Accessed December 12, 2023.

Wikipedia. (2023). *Overnight Indexed Swap.* https://en.wikipedia.org/wiki/Overnight_indexed_swap. Accessed December 12, 2023.

Wu, Z., Zhen, X., Cai, G., & Tang, J. (2024). The Internal Decentralization Effects in Off-Sourcing Procurement. Working Paper, Santa Clara University.

Zhou, W., Lin, T., & Cai, G. (2020). Guarantor Financing in a Four - Party Supply Chain Game with Leadership Influence. *Production and Operations Management*. 29 (9), 2035-2056.

PART 4 第4部分

供应链金融技术

许多催化剂——包括数字化交付、金融科技创新、行业公用设施、区块链和 API 技术，可能促使供应链金融变得更廉价、更易获取，但变革的进展依然缓慢。到了 2020 年，新冠疫情的影响加速了数字化的普及以及贸易和供应链的重组，例如增强供应链韧性和实现采购渠道的多元化。

——麦肯锡

第 13 章 供应链金融数字化与技术

■ 学习目标

1. 掌握供应链数字化的核心要点,强调其在提升供应链金融透明度和效率方面的重要作用。
2. 评估供应链金融平台在加强金融交易和合作方面的优势及面临的挑战。
3. 深入探讨物联网、人工智能和机器学习、机器人流程自动化、云计算、大数据分析等供应链金融技术,理解这些技术对风险管理和运营能力的影响。
4. 理解整合多种供应链金融技术的协同效应,以及这种整合如何改进数字生态系统中的资本管理和增强利益相关者的参与。

■ 摘要

本章探讨了数字化如何革新供应链金融。核心内容包括:数字化进步如何提升供应链的透明度、效率与韧性;供应链金融平台的优势与挑战评估,以及这些平台在优化金融流程和促进利益相关者合作方面的重要作用。此外,本章详细介绍了关键的供应链金融技术——人工智能和机器学习及机器人流程自动化,并强调这些技术在降低风险、支持决策和简化操作中的关键作用。本章还探讨了这些技术的战略整合,目的是构建一个协同高效、全面优化的数字化供应链生态系统。

13.1 导言

随着云计算、物联网、大数据、人工智能、区块链等信息技术的快速发展,数字化已成为供应链和金融领域企业的主流发展趋势。基于供应链数字化,众多供应链企业及银行纷纷建立了供应链金融平台,旨在便利交易并提升业绩。

13.2 供应链数字化

2002 年前后,当数字化数据量超越模拟数据量时,数字化时代便正式拉开帷幕。据估计，2022 年数字化数据量已达到约 79.5 ZB（1 ZB 相当于 10 亿 TB），预计到 2025 年将增至 175 ZB。为了在这个数字化时代中获得竞争优势，各企业正纷纷加大力度，竞争获取顶尖的数据分析能力。

由于供应链管理已广泛渗透至各行各业，大量数字化与智能化技术被广泛应用于供应链的诸多方面，包括生产、制造、采购、物流、营销与渠道、供应链金融及风险等。例如，工业 4.0 的核心目标是建立智能工厂，这种工厂依托在线实时数据、人工智能和物联网等先进技术运行。

深入观察服务和零售领域，我们可以看到阿里巴巴通过支付宝引领了服务业的数字化转型。同时，腾讯推出的智能零售举措助力传统零售行业实现数字化改造和提升。安德玛（Under Armour）利用其互联的健身数据（主要来源于智能鞋和其他设备），开发了旨在为客户提供优质产品的算法。不可否认，数字技术的迅猛发展促成了创新的零售业态的诞生，这包括全渠道供应链（整合线上线下体验）、社交零售、直播以及抖音、YouTube 等短视频驱动的在线零售平台。

在物流领域，无人机配送、自动化仓库、自主站点、配送机器人等先进技术已广泛应用于各个方面，包括智能仓储和高效配送。例如，京东在 2016 年 11 月成立的 Y 事业部致力于打造一个以大数据、人工智能及无人技术产品为基础的智能供应链。这一战略不仅通过技术赋能物流，降低了物流成本，也显著增强了企业的持久竞争力。到 2020 年，京东物流的研发支出飙升至 20.5 亿元，这一数字凸显了数字智能在塑造未来供应链管理中的关键作用。

从供应链金融和风险治理的角度来看，区块链技术的出现为供应链企业、银行及其他利益相关者提供了一个重要的工具，既能遏制融资风险，也能降低管理成本。通过定制化技术，区块链实现了分布式账本信息的发布和智能合约的执行。这些技术进步增强了资金约束企业的融资能力，进而提升了整个供应链中所有实体的运营效率和盈利能力。

13.2.1　5C 优势与 TIGER 挑战

供应链数字化的主要好处显而易见，可以归纳为以下 5C 优势（见表 13.1）。

表 13.1　供应链数字化五利五弊

5C 优势（5C Advantages）	"老虎"挑战（TIGER Challenges）
● 清晰可见（Clear-Visibility）	● 费时费力（Time-Consuming and Costly Efforts）
● 沟通协调（Communication and Coordination）	● 系统整合（Integration of Systems, Solutions and Culture）
● 客户导向（Customer-Focused Execution）	● 网络安全（Global Cybersecurity and Confidentiality）
● 智慧生态（Clever Ecosystem）	● 专业合作壁垒（Expertise and Collaboration Barriers）
● 竞争定位（Competitive Positioning）	● 法规法治（Regulations）

（1）清晰可见（Clear-Visibility）：虽然这看起来很基础，但实现清晰的可视化可以极大地改变一个组织对数据的感知和利用方式。它不仅提升了利益相关者间的透明度，还提高了决策的效率，并加强了供应链各方之间的信任。鉴于其不可否认的好处，实现清晰的可视化通常是许多公司最优先考虑的事项。

（2）沟通协调（Communication and Coordination）：在确保供应链清晰可见的

基础上，数字化技术进一步促进了企业内部与外部的无缝沟通，从而加强了各相关方之间的协调。

（3）客户导向（Customer-Focused Execution）：数字化技术使企业能够在分析、预测、规划和执行各环节中，更有效地实施以客户为中心的策略。

（4）智慧生态（Clever Ecosystem）：依托于先进的可视化和预测工具，企业能够寻求更智能的解决方案来优化其生态系统。

（5）竞争定位（Competitive Positioning）：供应链数字化的核心优势在于帮助企业削减运营费用，提升利润率，并因此增强市场竞争力。

从整体战略层面到企业运营层面，供应链数字化的多方面优势已经引起了政界领袖和企业高管的高度重视。然而，在迈向成功的供应链数字化之路上，企业可能会遭遇五大主要障碍，即所谓的 TIGER（"老虎"）挑战。

（1）费时费力（Time-Consuming and Costly Efforts）：数字化看似简单，但实际的数据收集与存储过程既复杂、耗时又成本高昂。公司可能会发现自己在数字化转型上投入大量资金，却只获得有限回报，甚至毫无收益。

（2）系统整合（Integration of Systems, Solutions and Culture）：数字化供应链通常涉及使用现代信息技术基础设施替代传统系统、用现代方法更新过时程序，以及从传统的工作文化向数字优先的工作文化过渡。这些转变极具挑战性，通常需要 CEO 和其他高管的坚定承诺。此外，还可能面临现有员工的抵制风险，因为数字化转型可能需要用精通 IT 和数据分析的新员工替代原有员工。

（3）网络安全（Global Cybersecurity and Confidentiality）：随着互联网访问数字数据的普及，安全性和保密性成为组织及其客户的首要关注点。消费者经常成为数据泄露的受害者，导致企业不得不面对客户流失和声誉受损的双重打击。

（4）专业合作壁垒（Expertise and Collaboration Barriers）：数字化的复杂性往往需要预测分析和人工智能等领域的专业知识。在这些专业领域寻找人才已经很困难，而实现跨学科的合作更是一项艰巨的任务，因为它要求不同领域的专家有效地协同工作。

（5）法规法治（Regulations）：随着公众对数据安全、隐私保护及数据分析道德问题的关注日益增加，全球各国政府纷纷推出了一系列管理数据和数字化技术的法规。这些法规的持续更新导致企业面临的合规成本不断增加。

供应链数字化的进展对供应链金融的发展产生了深远影响，特别是在在线供应链金融平台和区块链支持的供应链金融等领域。一旦企业能够有效应对供应链数字化所固有的 TIGER 挑战，便可以利用 5C 优势来获得卓越的竞争地位。

13.2.2　概念框架

国际领先的供应链咨询公司 Gartner 曾估计，到 2023 年，全球至少 50% 的大型企业会把物联网、大数据、云计算、人工智能等信息技术纳入其供应链管理战略。在传统供应链中，信息流通常受到限制，且数据格式相对简单。然而，在数字智能时代，供应链的信息流动大幅增加，数据格式的复杂性也随之上升，信息共享在技术上变得更加便捷，从而为数据驱动的供应链智能化铺平了道路。

供应链中数据可视化的最直接和显著影响可能体现在物流管理上，各种产品和服务的移动可以实时监控与追踪，从而实现对整个供应链的全面了解（见图 13.1）。

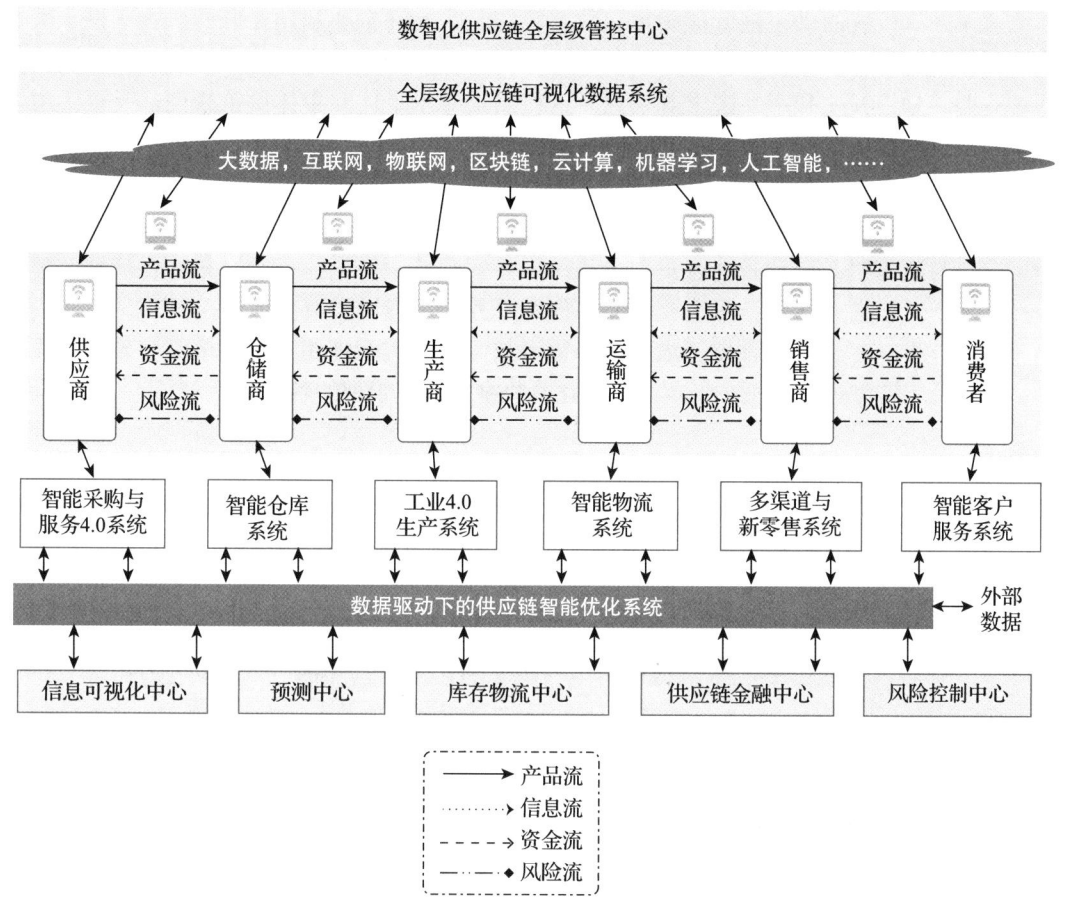

图 13.1 供应链数字化系统

在供应链中，货物流动伴随着资金的反向流动，因此，提升物流效率自然会加速资金的周转。具有更高可视性的物流系统本质上更加安全，从而减轻与物流相关的风险，并降低企业的相关财务损失。更为重要的是，物流和资金流的透明度提高简化了供应链融资实体的风险评估。这确保了供应链企业能获得更便捷的融资渠道，从而有效地提高整个供应链的盈利能力。

数字化供应链提供的全方位可视性促进了更全面的风险评估。在过去，这类评估通常局限于传统供应链内的单个融资单位。现在，风险流动与物流和资金流动一起动态演变，转变为可以评估甚至商品化的实体（例如，基于风险的指数期权交易）。这种动态变化为智能供应链金融的复杂演化提供了一个强大的分析框架。

在供应链的数字化与智能化转型过程中，企业不仅需要优化现有的技术、人才、文化和整体战略，还必须时刻意识到上下游同行在这一转型阶段可能面临的挑战。没有其他供应链成员的协作，单个实体的数字化努力可能无法充分发挥数字智能的潜在效率和成本节约优势。尤其是在面对疫情、自然灾害或贸易冲突等不可控外部因素的冲击时，如果不能在整体层面上实现转型，那么个体层面上数字化供应链的收益可能会大打折扣。因此，为了真正发挥数字化供应链的潜力，深入理解供应链内所有实体的运营结构和决策流程是至关重要的。

与传统的供应链管理相比,数字智能时代允许企业利用互联网、物联网、大数据和人工智能等先进技术。这些技术使得企业能够及时收集关键数据,如原材料采购、分销模式和产品需求等信息。这些洞察对于个体和集体决策来说都是极为宝贵的,能在降低运营成本的同时显著提高效率。

如图 13.1 所示,一个理想的数智化(数字化加智能化)供应链管理系统应包括智能采购与服务 4.0 系统、智能仓库系统、工业 4.0 生产系统、智能物流系统、多渠道与新零售系统和智能客户服务系统。要实现这一愿景,必须对核心供应链实体的生产、运营、物流、配送、产品零售、服务、供应链金融和风险等管理环节进行全面分析。尽管行业领先者已将前沿数字技术融入其管理流程中,但许多较小的企业仍处于转型过渡阶段,正致力于优化其数字供应链管理的各个方面。

13.2.3 预期目标

在构建供应链数字化平台时,企业可以通过实现下列目标来获得相应的收益。这些目标在图 13.2 中被标识为六个"可"实现目标,简称"六可目标"。

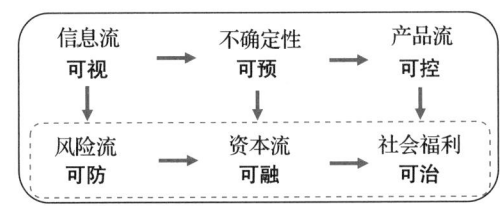

图 13.2 供应链数字化的"六可目标"

- 信息流"可视"(Visible):在供应链数字化平台中,对产品、服务、资金及所有相关数据的清晰可视化是必不可少的。这种能力可以显著减少决策失误,从而提高供应链的效率和盈利能力。实现这一目标通常依赖于数据的精确收集和信息的有效共享,这可以通过使用描述性分析工具和软件来进一步增强。然而,要达到这种可视化水平可能面临一些挑战,因为数据收集不仅成本高、耗时长,还需要供应链各参与者之间建立信任以共享信息。

- 不确定性"可预"(Predictable):在供应链管理中,不确定性常常是实现最优结果的主要障碍。因此,能够预测这些不确定性通常是做出有效决策的前提。一旦信息流的可视性得到保障,可预测性将进一步优化供应链数字化平台的流程,并为整个供应链系统的提升铺平道路。通过预测分析,企业可以预测需求、成本、收入、盈利能力及其他关键指标。

- 产品流"可控"(Manageable):在实现了可视化和可预测性之后,供应链实体能够更有效地管理产品订购和库存流程,以降低成本和优化物流,从而最小化交付周期。此外,通过优化生产流程,可以提升产品质量。同时,管理好客户关系可以提高客户忠诚度和满意度。

- 风险流"可防"(Controllable):鉴于当前全球环境的不可预测性,风险管理的重要性日益增加。供应链金融的核心机制在于缓解和重新分

> 供应链金融的主要机制是缓解和转移风险。

配供应链各实体面临的风险。这不仅能够提高财务受限企业的营运资本，还能进一步增强供应链的整体效率。
- 资本流"可融"（Financeable）：一个高效的供应链数字化平台能够为合作企业提供更多的融资机会。这得益于平台的核心特性，包括信息的可视化、不确定性的可预测性、产品流的可控性以及风险流的可防性。随着风险状况变得更加透明，金融机构更愿意向这些企业提供信贷支持。
- 社会福利"可治"（Governable）：从政府的角度来看，严格执行相关法规政策至关重要。这种治理不仅能够改善供应链企业的营商环境，而且有助于提升整个社会的福利水平。

13.3 供应链金融平台

供应链金融平台具有吸引力，因为它能够为众多的供应链企业和金融机构提供服务。这些实体可以在同一平台上进行统一协调的商业交易。平台的主办方可以是银行、买家、卖家、第三方物流公司，甚至保险公司等第三方实体。

梅特卡夫定律（Metcalfe's Law）指出，一个网络的价值与网络中节点数量的平方成正比。类似地，一个平台的价值或影响力可能与参与该平台的公司数量密切相关，这一现象被称为网络效应（Network Effect）。一旦某个平台成功吸引了足够多的参与者，它就能培育出一个有机的生态系统，使所有参与者都能从中获益。

供应链金融平台不仅实现了数据可视化，还提供了预测分析和决策分析等工具，从而可以显著提升参与公司的绩效。这些平台通过将包括政府实体在内的各种企业和组织有效整合到一个统一的系统中，从而可以显著降低参与者的交易成本。例如，通过加速沟通流程和自动化各种业务操作，平台可以大幅削减交易成本。此外，参与者可能会发现，在平台环境内识别潜在合作伙伴和获得完成交易所需的专业知识的成本更低，过程也更加简便。

13.3.1 银行主导平台

银行主导的供应链金融平台是贸易金融数字化转型的自然延伸。银行通常因资金相对充裕而成为支持供应链金融项目的首批机构之一，为众多供应链企业提供融资服务。此外，银行有时还会组成财团，向它们的共同客户提供一致的金融服务。

银行主导的供应链金融平台可能提供以下金融服务：

- 信用证；
- 保理；
- 反向保理；
- 担保融资；
- 跟单托收；
- 其他供应链金融解决方案（见本书第 2 部分）。

由于供应链金融为银行创造了大量新商机，多数大型银行在其网站上建立了各种供应链金融项目和平台。例如，摩根大通与大型零售商合作，推出了提前付款计划（如 Taulia）、供应链金融（即反向保理）和动态贴现计划等项目，为全球客户提供服务。花旗集团则引入了供应商融资门户和可持续供应链融资，为各类供应链企业提供融资解决方案。截至 2022 年，花旗集团的供应链金融业务已经覆盖了 96 个国家，服务对象包括 225,000 家供应商和 2,600 多个买家。

在中国，深圳发展银行[⊖]是首批基于供应链交易开发供应链金融项目的银行之一。它们推出了独特的"$1+N$"融资模式。在此模式下，银行依赖一家核心企业（即"1"），根据该企业的应付账款和应收账款，向其上下游合作伙伴（即"N"）提供融资。这家核心企业通常在其供应链中占据主导地位且信誉良好，从而促使银行更愿意向其关联的供应链企业提供贷款。这主要基于两个原因：

1）基于供应链交易数据，风险变得更可量化，从而增加了信贷的安全性；
2）通过核心企业的背书和担保，银行的风险得到了有效缓解。

随后，由于供应链的日益复杂和多元化，"$1+N$"模式逐渐演变为"$M+N$"模式，以涵盖多家核心企业（即"M"）。在供应链金融平台上，无论是"$1+N$"还是"$M+N$"模式，都可以与多种供应链融资机制相结合，包括保理、反向保理、采购订单融资、担保融资等。鉴于银行是供应链金融的主要资金来源，它们可以根据盈利能力，慎重选择融资机制（例如，在第 2 部分讨论的那些涉及银行的机制）。

银行主导的供应链金融平台不仅简化了银行与现有主要客户的融资流程，还为中小企业开辟了新的融资渠道。这主要得益于平台提高了这些中小企业风险状况的可视化程度和可预测性，从而降低了处理成本。银行主导平台的另一个优势在于其可直接利用银行的资金资源和融资专业知识。这使得银行能够充分发挥核心企业的信息和信誉优势，同时强化新借款人的准入流程，从而最大限度地降低金融风险。

13.3.2 买家主导平台

为了支持资金紧张的供应商，主导买家（如零售商）通常会与主要银行合作，为这些供应商提供金融支持。在买家主导的供应链金融平台中，占主导地位的买家可以向其供应商提供以下金融服务。

- 与银行合作：允许银行向资金紧张的供应商提供直接贷款。
- 提前付款：为供应商提供提前付款计划。
- 贷款担保：为供应商的贷款提供担保。
- 反向保理：促进并确保为供应商提供反向保理服务。
- 其他金融服务：向供应商提供其他金融服务或援助。

例如，2019 年亚马逊与美国银行（Bank of America）、美林（Merrill Lynch）、高盛集团（Goldman Sachs）和荷兰国际集团（ING）联手，推出了面向优质供应商的中小型企业贷款计划，贷款额度从 1,000 美元至 75 万美元不等。此外，亚马逊还与高盛的 Marcus 品牌合作，向选定的商户提供高达 100 万美元的信用额度。同时，亚

⊖ 2012 年，深圳发展银行更名为平安银行。——编者注

马逊通过与其他银行建立合作伙伴关系，推出了各种融资项目，如亚马逊社区贷款、提前付款、资本浮动（Capital Float，一个旨在帮助中小企业的印度平台），以及其他面向全球供应商的金融举措。

其他主要零售商，包括开市客（Costco）、家得宝（Home Depot）、梅西百货（Macy's）、沃尔格林（Walgreens）和沃尔玛（Walmart），也通过各自的融资平台为资金紧张的供应商提供融资。在中国，京东金融作为京东的金融分支，也为其供应商提供一系列金融产品和服务。同时，支付宝企业平台则向阿里巴巴的在线零售供应商（即淘宝和天猫）提供供应链金融服务，并为使用其平台的商户提供支付服务。

13.3.3 制造商主导平台

知名制造商可能会为其买家建立供应链金融平台。在制造商主导的平台中，主导制造商能够为其买家提供以下金融服务。

- 与银行合作：允许银行向资金紧张的买家提供直接贷款。
- 保理：为买家提供保理服务。
- 贷款担保：为买家的贷款提供担保。
- 其他金融服务：向买家提供其他金融服务或援助。

例如，自2016年起，作为全球领先的个人计算机制造商之一，联想集团与上海银行、平安银行等银行合作，建立了联想金服平台。该平台专为其分销商和零售商提供一系列供应链金融服务。截至2022年，该平台在四年内累计促成的交易金额已达到100亿元人民币。

在另一个例子中，陕鼓集团⊖与约60家金融机构建立了合作关系，为其买家提供多样化的金融服务。截至2022年9月，陕鼓集团已从37家金融机构获得了440亿元人民币的授信额度，惠及200多家企业。陕鼓集团的供应链金融平台提供约15种金融产品，包括银行保函、买家信贷、融资租赁、信托贷款、应收账款保理和产业基金等。这些产品是为帮助其买家和供应商而设计的综合解决方案的一部分。

13.3.4 第三方物流公司主导平台

由于在供应链中的独特角色，第三方物流（3PL）公司掌握产品的物流信息，并在运输过程中有效地"控制"货物。由于这些在途货物可以用作融资的抵押品，主要的3PL公司利用物流数据和抵押品的所有权，为其客户提供金融服务。考虑到3PL公司通常与数千家公司合作，它非常适合推出供应链金融平台，这不仅允许3PL公司通过提供相关金融服务吸引更多寻求物流服务的客户，还反过来为3PL公司带来额外的财务回报，形成一个有利的循环。

一个由3PL公司主导的供应链金融平台可以提供以下服务。

⊖ 陕鼓集团，正式名称为陕西鼓风机（集团）有限责任公司，是一家位于中国的制造企业。该公司专注于开发高效、清洁和环保的分布式能源系统解决方案。

- 在途库存融资：为在运输过程中的货物提供在途库存融资。
- 贷款担保：利用其控制货物的能力，为客户的贷款提供 3PL 贷款担保。
- 保险：为供应链交易提供贸易信用保险。
- 其他金融服务：其他物流相关金融服务包括但不限于供应链管理咨询、支付处理服务等，进一步支持客户的物流需求。

UPS Capital 是供应链金融解决方案的先行者之一。为了吸引更多客户使用其物流服务，UPS Capital 提供了货到付款、连续海关保证、贸易信用保险以及其他与商户相关的服务。

另外，中国物资储运集团有限公司自 1999 年以来一直为其客户提供以物流为中心的供应链金融服务。截至 2022 年 9 月 5 日，该公司已为超过 5,000 家中小企业提供了融资支持，总金额超过 6,000 亿元人民币（约合 860 亿美元）。

13.3.5　其他第三方主导平台

随着供应链金融的发展，众多第三方机构，包括保险公司和非银行金融服务提供商，也纷纷建立相关平台。例如，Taulia 通过与全球多家银行合作，致力于通过其网站为各种客户提供供应链金融解决方案⊖。这些机构还可能合作建立联盟平台。

美国进出口银行（EXIM of the U.S.）开发了一个平台，为向国际目的地出口的企业提供类似的供应链金融解决方案，这些解决方案包括贸易信用保险和信用担保。另一个值得注意的例子是 CALISTA，这是一个贸易协调平台，旨在提供涵盖物流和融资的全方位服务。它致力于促进参与者之间的信息无缝交换，并确保在物流和金融领域的高效管理协调。该平台连接了 90 多家承运商和 50 个港口，用户可以在平台上交易物流服务。此外，该平台还协助用户满足 180 多个国家的合规需求。

13.4　其他供应链金融技术

在不断发展的供应链金融格局中，整合前沿技术已成为提高效率、最小化风险和促进各利益相关方合作的关键。本节将探讨重塑供应链金融的关键技术。从物联网、人工智能和机器学习到云计算和大数据分析，这些创新性解决方案有望从根本上改变买家、供应商和金融机构管理其金融业务的方式。通过利用这些技术的能力，公司可以优化其营运资金，简化流程，并在供应链金融中发现新的增长途径。在接下来的内容中，我们将简要介绍几个相关技术，然后在后续章节中更广泛地深入探讨区块链主题。

13.4.1　物联网

物联网（Internet of Things，IoT）指的是使物体能够连接到互联网并与其他设备

⊖ 在 2022 年，软件巨头 SAP 完成了对 Taulia.com 的收购。

或系统通信的技术。在供应链金融领域，物联网技术提供了对货物流动和库存状态的实时洞察，从而为降低风险和优化营运资本铺平了道路。物联网融入供应链金融的方式包括以下几种。

- 资产追踪：通过附加在产品、车辆或其他供应链资产上的物联网传感器，企业可以实时监测其位置和状况。这种实时追踪不仅最大限度地降低了丢失或被盗风险，还提高了供应链规划的效率，从而促使融资决策更快速、更精准。
- 状态监测：物联网传感器通过监测温度、湿度或振动等条件，确保产品在适当的环境下运输和储存，从而最大限度地减少损坏或变质的风险。
- 预测性维护：物联网传感器可观察供应链中机械设备的性能，及时识别潜在故障。这种主动的维护策略有助于将停机时间和维护成本降至最低，同时，提供的详细数据可支持融资决策，如保理或供应链融资。
- 风险缓解：物联网技术通过追踪货物的移动和状态，防止盗窃、损坏等潜在风险，从而加强供应链的内部安全和风险管理。这种监控强化了贷款人对借款人还款能力的信心，从而降低了违约风险。
- 智能合约：在物联网支持下，智能合约通过将买卖双方的协议条款明确编码，并在满足特定条件（如发货交付）后自动执行，消除了手动监督的必要性，减少了争议或错误的发生。

从本质上看，物联网与供应链金融的融合显著提升了整个供应链的可视化、透明度和效率。这不仅有助于缓解风险和改善营运资金管理，而且为供应链的进一步增长开辟了新的道路。

13.4.2　人工智能和机器学习

人工智能（Artificial Intelligence，AI）和机器学习（Machine Learning，ML）正在从根本上改变供应链的运作方式。这些先进技术赋予计算机从数据中学习、做出预测并据此采取行动的能力。以下是人工智能和机器学习如何在供应链金融中提供帮助的方式。

- 评估信用风险：在供应链金融中，人工智能和机器学习显著改善了风险评估和信用决策流程。通过分析庞大的数据集，这些技术能够识别出可能超出人类分析范围的模式和趋势。例如，人工智能和机器学习系统能够利用历史交易数据、财务报表乃至社交媒体活动，来评估借款人的违约概率或信誉。这种能力为贷款人提供了必要的洞察力，使他们能够做出更明智的决策，同时降低风险并简化贷款过程。
- 改善营运资本：人工智能和机器学习在优化供应链运营与加强营运资本管理方面发挥了重要作用。通过分析需求模式、生产计划和库存水平，这些技术帮助企业更准确地预测需求、最小化浪费并优化库存。由此释放的营运资本可以用于融资或其他必要的商业活动。
- 欺诈检测与网络安全保障：加强欺诈检测和提升供应链内部的网络安全是人工

智能和机器学习的另一个重要应用领域。通过分析来自不同来源的数据，这些技术能够识别异常活动，并针对潜在威胁向利益相关者发出预警。这种积极的防御措施有助于减少欺诈行为，增强供应链的安全性，并降低金融风险。

- 支付预测：当人工智能和机器学习算法应用于交易数据时，它们可以预测违约或付款延迟的可能性。这些洞察提供给贷款人必要的数据，使他们能够就信贷延期做出决策，并将违约风险降至最低。此外，这些算法还能揭示交易数据中的趋势，如需求或供应商行为的变化，从而为制定金融战略提供信息并提高运营效率。
- 支付自动化：在发票处理和付款对账等任务中实施人工智能和机器学习可以提高效率并减少人工错误。此外，它们还可以发现优化付款条件的机会，从而减少在发票和付款处理上的资源消耗。

综上所述，人工智能和机器学习有望通过为企业提供深刻的洞察和工具来优化其运营并做出明智的财务决策，从而重新定义供应链金融。通过利用这些技术，企业不仅能够提高财务业绩和降低风险，还能更有效地满足客户和利益相关者的需求。

13.4.3 机器人流程自动化

机器人流程自动化（Robotic Process Automation，RPA）利用软件机器人来自动化常规的手动任务。在供应链金融领域，RPA 可以简化操作，减少了错误，并提高了运营效率。

- 提升融资效率：RPA 擅长处理供应链金融流程中重复且耗时的任务，如数据录入、发票处理和付款对账。通过自动化这些流程，企业可以将人力资源重新分配到更有价值的任务上，例如深入分析和做出明智的决策。
- 融资任务自动化：RPA 可以广泛应用于供应链金融领域的各项任务，包括数据录入、发票处理及应付账款和应收账款管理。简化这些任务可以减少对人工数据输入和处理的需求，从而让员工能够承担更多战略层面的职责。
- 提升数据准确性：RPA 的另一个显著好处是其能够提高数据准确性并减少财务流程中的错误。软件机器人能以极高的准确性和一致性执行任务，减少潜在错误并提高数据质量。这种精确性在发票处理等领域尤为宝贵，因为错误可能导致付款延迟并可能使供应商关系紧张。通过减少人为错误并确保流程的一致性，企业可以改善财务表现并降低违规风险。

综上所述，RPA 有望提升供应链金融流程的效率和精确度，降低成本，并提高财务数据的整体质量。采用这项技术能够使企业优化其运营，减少错误，并将精力集中在具有战略重要性的任务上。

13.4.4 云计算

云计算（Cloud Computing）是指通过互联网使用远程服务器进行数据存储、管理和处理。在供应链金融领域，云计算不仅能显著提升协作效率，还可优化数据访问并增强系统可扩展性。

- **数据可视化**：基于云计算的供应链金融平台为买家、供应商和金融机构提供了一个统一的枢纽，以协调和监控他们的金融交易。这些平台提供了交易数据的实时洞察，使利益相关者能够做出明智的信用和风险管理决策。
- **协作改进**：云计算为利益相关者提供在任何地点、任何时间，通过任何设备检索信息的便利，从而增强了数据访问能力。这种灵活性提升了协作效率，并减少了手动数据处理的时间和成本。
- **业务可扩展性**：云计算的可扩展性为企业提供了一个适应性强、成本效率高的信息技术框架。通过云解决方案，企业可以根据自身需求灵活调整运营规模，避免了对信息技术基础设施的巨额初始投资。
- **数据安全**：云计算还提升了数据安全性，提供了安全的存储和备份选项，以防潜在的数据泄露或盗窃。此外，云系统通常对电力中断或自然灾害等干扰有更强的抵抗力，因为数据和应用程序均远程存储，可从任何具备互联网连接的地点访问。
- **降低成本**：云计算通过减少与信息技术基础设施相关的费用，如硬件和软件维护，帮助企业降低资本支出。采用云解决方案使企业能够增强可扩展性并更有效地配置金融资源。

综上所述，云计算正在重塑供应链金融运作。它不仅引入了强大的分析工具，还全面提升了协作效率、数据可访问性、系统韧性和业务适应性。企业通过采用云解决方案，能够优化财务绩效，有效管控风险，并为客户和合作伙伴提供卓越服务。

13.4.5 大数据分析

大数据分析（Big Data Analytics）是指使用先进的分析技术和算法来处理庞大而复杂的数据集。利用大数据分析，公司可以识别传统方法可能忽略的模式、趋势和见解。在供应链金融领域，大数据分析有助于优化财务决策、强化风险管理和提升运营效率。

- **模式与机会识别**：大数据分析能够解读交易数据，揭示塑造金融战略和最小化风险的趋势与模式。这些分析工具还专注于发现提升营运资金和运营效率的机会，例如降低库存成本和改善供应链可视化。
- **风险防范**：大数据分析能够帮助企业更精确地识别供应链金融中的风险，例如发货延迟或供应商资不抵债可能导致的潜在供应链中断。此外，它还能帮助制订针对这些风险的应急计划。
- **优化融资决策**：通过深入分析供应商数据，大数据分析能够改进支付条款，并揭示营运资金优化的机会，如降低库存成本或改善现金流。对不同来源的大型数据集的综合评估，为供应链金融提供了宝贵的洞察，包括需求预测、供应商绩效评估及风险评估。因此，企业可以基于数据做出更明智的决策，并调整其供应链融资策略。

- 提升融资效率：大数据分析提高了信用评分和风险评估的精准度与有效性。通过筛选各种数据源，包括交易记录、信用历史及社交媒体信息，大数据分析为贷款人提供了借款人财务状况和相关风险的全面且准确的描述。

综上所述，大数据分析蕴含着变革供应链金融运作的潜力，为企业提供了强大的洞察力和工具来帮助它们优化运营并做出明智的财务决策。利用大数据分析，企业不仅能够改善财务表现、降低风险，还能为客户和合作伙伴提供更优质的服务。

概括而言，这些技术——即物联网、人工智能和机器学习、机器人流程自动化、云计算和大数据分析，具有重塑供应链金融中买家、供应商和金融机构之间互动及金融交易的潜力。这些前沿解决方案为优化营运资本、精简运营、支持整个供应链的协作与决策提供了机会。通过利用这些技术，企业不仅可以开辟新的增长途径，还能降低风险并增强韧性。

13.5 总结

本章深入探讨了数字化及若干先进技术在供应链金融变革中的关键作用。随着全球企业积极寻求自动化和数据驱动解决方案，供应链金融领域在物联网、人工智能和机器学习、机器人流程自动化、云计算和大数据分析等技术的推动下，正经历一场深刻的变革。这些技术不仅提升了运营效率和决策能力，还促进了整个供应链的协作，并显著降低了风险水平。

本章要点如下。

1. 供应链数字化
- 供应链领域的数字化有利于各流程无缝融合，提升透明度，并确保实时可视化。
- 它优化了运营，简化了数据管理，并提高了整个供应链的效率。

2. 供应链金融平台
- 这些中心化的数字平台为从买家、供应商到金融机构的所有利益相关者提供了一个协作中心。
- 这些平台实现了实时交易跟踪、风险评估和数据驱动的金融决策，从而提高了效率和韧性。

3. 其他供应链金融技术
- 物联网：提供对产品动向和状况的实时洞察，促进资产追踪和风险缓解。
- 人工智能和机器学习：提升预测能力，改善信用风险评估，并优化营运资本管理。
- 机器人流程自动化：自动执行重复性任务，提高融资效率和数据准确性。
- 云计算：提供集中、可扩展、安全的数据管理解决方案，促进协作并降低运营成本。
- 大数据分析：利用海量数据集提供深刻见解，有助于模式识别、风险防范和决策改进。

13.6 练习

13.6.1 思考题

1. 供应链数字化的好处和挑战是什么？
2. 如何利用人工智能和机器学习改进供应链金融风险评估？
3. 云计算在供应链金融数据安全方面有哪些优势？
4. 大数据分析如何优化供应链金融的营运资金管理？
5. 人工智能和机器学习如何为供应链中的欺诈检测和网络安全做出贡献？
6. 云计算如何影响供应链金融业务的可扩展性？
7. 在供应链金融背景下，大数据分析如何辅助信用评分和风险评估？
8. 使用机器人流程自动化处理发票的主要好处是什么？
9. 云计算如何降低供应链金融中信息技术基础设施相关的成本？
10. 你所在或熟悉的公司是否参与任何类型的供应链金融平台？如果是，能否详细说明该公司的角色以及你认为现有平台上可以改进的方面？

13.6.2 案例研究

全球电子科技公司供应链金融数字化转型

背景：

全球电子科技公司（GlobalTech Inc.）是一家全球领先的电子产品制造商，拥有遍布亚洲、欧洲和美洲的生产基地，并在全球范围内开展业务。该公司有一个庞大的供应链网络，与数百家供应商合作，采购零部件和材料，其供应链金融运营长期以来主要依赖纸质发票、手工数据录入和电话通信等传统方式。

挑战：

1. 低效率：手工录入发票明细导致付款处理频繁出现延误和错误。
2. 缺乏透明度：缺少一个集中化的系统来跟踪交易和供应商信誉，使得监管工作非常烦琐。
3. 运营成本高：维持一个庞大的团队来执行手动的供应链金融流程会耗费大量资金。
4. 风险管理不足：缺乏预测分析工具，难以预测与信贷、欺诈或供应链中断相关的潜在风险。

数字化转型选项：

1. 引入人工智能和机器学习：实施人工智能和机器学习以进行预测分析，从而增强风险评估能力。
2. 利用云计算：将数据存储迁移到云平台，以实现实时数据访问和增强系统的可扩展性。
3. 实施机器人流程自动化：完成自动化发票处理等重复性高的任务，以提高效率。

4. 整合大数据分析：通过分析海量交易数据，提升决策制定的能力。

问题：

1. GlobalTech 应该优先考虑哪些数字化转型方式，以及原因是什么？
2. 机器人流程自动化如何帮助改善 GlobalTech 与其供应商的关系？
3. 人工智能和机器学习如何帮助 GlobalTech 进行欺诈检测和网络安全防护？
4. 应用云计算的潜在风险有哪些？
5. 大数据分析将如何帮助优化 GlobalTech 的财务决策？

13.7 参考资料

Alipay. (2023). *Alipay Product Capabilities*. https://b.alipay.com/. Accessed November 11, 2023.

Bhattacharya, S., & Appasamy, L. (2022). *CALISTA: Enhancing Digital Trade Infrastructure with Value-Added Services*. Singapore Management University Product #: SMU052-PDF-ENG.

Cai, G. (2019). *Smart Supply Chain Management*. A Research Proposal (In Chinese).

CBinsights. (2022). *What Amazon Is Doing in Financial Services as Well as Fintech*. https://www.cbinsights.com/research/report/amazon-across-financial-services-fintech/. Accessed March 27, 2023.

Chen, X., & Cai, G. G. (2011). Joint Logistics and Financial Services by a 3PL Firm. *European Journal of Operational Research*, 214(3), 579-587.

Chen, X., Lu, Q., & Cai, G. (2020). Buyer Financing in Pull Supply Chains: Zero-Interest Early Payment or In-House Factoring? *Production and Operations Management*, 29(10), 2307–2325. https://doi.org/10.1111/poms.13225.

Citigroup. (2022). *Citi Named World's Best Supply Chain Finance Bank at Global Finance's Trade Finance Awards*. https://www.citigroup.com/citi/news/2022/220110a.htm. Accessed May 14, 2023.

CMST. (2023). *Logistics Financing in China Materials Storage & Transportation Group*. http://www.cmst.com.cn/zgwzcy/652620/652631/index.html (in Chinese). Accessed March 14, 2023.

Coughlin, T. (2018). *175 Zettabytes By 2025*. https://www.forbes.com/sites/tomcoughlin/2018/11/27/175-zettabytes-by-2025/?sh=5342cebd5459. Accessed March 14, 2023.

EXIM. (2022). *Supply Chain Finance*. https://www.exim.gov/solutions/working-capital/supply-chain-finance. Accessed January 16, 2023.

Hippold, S. (2021). *Emerging and Maturing Supply Chain Technology Is a Major Source of Competitive Advantage*. https://www.gartner.com/en/articles/gartner-predicts-the-future-of-supply-chain-technology. Accessed January 14, 2024.

JD. (2023). *JD Finance*. https://jr.jd.com/. Accessed October 23, 2023.

J.P.Morgan. (2022). *Supply Chain Finance*. https://www.jpmorgan.com/payments/solutions/trade-and-working-capital/supply-chain-finance. Accessed October 11, 2022.

Li, Y. (2021). Research on the Shenzhen Mode of China's State-Owned Enterprise Reform Serving Industrial Development in the New Era. In *World Congress on Services* (pp. 83-97). Cham: Springer International Publishing.

ShaanGu. (2023). *Financial Services in Shaangu Group*. http://www.shaangu-group.com/service/jin-rong-fu-wu.htm (in Chinese). Accessed March 3, 2023.

Tencent. (2023). *Smart Retail*. https://www.tencent.com/en-us/business/smart-retail.html. Accessed October 19, 2023.

第 14 章　区块链技术

- **学习目标**
  1. 理解区块链技术的基本结构和机制，区分公有、私有、联盟以及混合区块链。
  2. 探索比特币区块链及其起源、功能和特征，同时评估其面临的挑战和相对优势。
  3. 探索比特币之外的其他公有区块链平台，重点关注不同的共识机制、应用和显著特点。
  4. 评估加密货币的风险和未来前景，强调其对企业、金融系统及更广泛经济体的潜在影响。

- **摘要**

  本章全面探讨了区块链技术，涵盖其各种结构和应用。我们首先理解区块链的核心概念，剖析其架构，并区分公有区块链和私有区块链。接着，我们深入探讨加密货币如比特币的历史，评估风险，并展望其未来。本章还探讨了私有区块链、联盟区块链和混合区块链的重要性，深入洞察它们的独特特征及其对企业的吸引力。

14.1　导言

区块链技术（Blockchain Technology）是一种基于多个信息区块组成链式结构的数据管理技术。它构建了一个去中心化的数据库，由全球分布式计算机网络所存储的数据区块组成。每个区块中的信息，包括时间戳在内，都被链接到后续区块的区块头部，从而形成一个连续的链条。这种结构确保了对任何区块内容的修改都会影响到整个链条，凸显了这项技术的数据不可篡改性。因此，区块链能够在不依赖任何第三方的情况下确保数据安全，并为用户之间建立起信任。

区块链最初作为加密货币比特币（Bitcoin，BTC 或 ₿）的底层技术被引入，随后演变成一个多功能的分布式账本系统。该系统不仅可以记录交易，还能追踪包括现金、土地、汽车、房屋等有形资产和版权、知识产权、专利等无形资产在内的各种商业资产。本质上，几乎任何可以被追踪和交易的物品都能记录在区块链网络上。

区块链技术的诞生旨在构建一个以密码学为基础的完全系统，从而防止文档时间戳被人为篡改。类似区块链的基本概念最早出现在密码学家 David Chaum 1982 年的论文中。Haber 和 Stornetta 在 1990 年对这一想法进行了扩展。他们强调了数字文件容易被篡改的特点，并提出了一种专注于数据本身而非数据载体的数字时间戳方法。这种方法可以防止文件时间戳被篡改，无论是回溯还是前移，从而确保文件的完整隐私。随后，Bayer 等人在 1993 年提出使用加密哈希（Hash）函数来记录基于内容的事件，而无须披露实际文档。他们提倡使用默克尔树（Merkle Tree）来简化时间戳证书的存储和验证。他们的方法将多个证书存储在一个区块中，并从 1995 年开始在《纽约时报》上公开。

转折点出现在 2008 年，当时一个化名为中本聪（Satoshi Nakamoto）的个人或团体发表了比特币白皮书[一]。该白皮书阐述了第一个去中心化的分布式账本系统，介绍了"区块"和"链"的概念，后来这两个概念被合并成"区块链"一词。白皮书提出了一种用于时间戳块的加密哈希方法，从而消除了对中央机构验证时间戳的依赖。它还详细说明了如何按顺序将区块添加到链中。不久之后，这种设计成为比特币的核心，并作为去中心化加密货币系统的公共账本。

14.2 区块链结构

自比特币区块链问世以来，为满足不同的商业需求，已经出现了多种替代区块链系统，这些区块链可以根据加入网络时是否需要许可进行区分。

- 无许可区块链（Permissionless Blockchain）：这类区块链是开放的，允许任何人在未经事先授权的情况下加入。用户可以选择保持伪匿名，这确保了他们的行为是透明的，但身份仍然是隐藏的，此类网络对节点的加入没有限制。
- 许可区块链（Permissioned Blockchain）：参与这些区块链需要获得管理实体的授权。这个中央机构可能是政府机构、主导公司，或商业伙伴联盟。区块链内的用户彼此了解对方的身份，在某些节点拥有控制权限，并相对于其他节点享有更多的权限。

无许可区块链通常比许可区块链更安全，这归因于其采用工作量证明（Proof of Work，PoW）和其他共识机制，需要多个节点进行验证。相比之下，许可区块链仅需少数几个权威机构的批准，虽然这提高了交易处理的效率——由于节点较少，交易处理时间相应减少，但也使得许可区块链更易受到安全漏洞的影响。有限的节点数量增加了串通的可能性，可能会损害网络的完整性。因此，许可区块链的管理员往往需要投入大量资源以确保网络安全并赢得用户的信任。二者对比见表 14.1。

表 14.1 无许可区块链与许可区块链的对比

比较项目	无许可区块链	许可区块链
交易效率	较低	较高

㊀ 中本聪（Satoshi Nakamoto）被普遍认为是一个人或一群人的化名，他们于 2007 年开始开发比特币。

（续）

比较项目	无许可区块链	许可区块链
信任水平	较高	较低
用户	伪匿名	已知身份
共识机制	是	视情况而定
共识机制激励	原生加密货币	无
应用场景	加密经济	适用于需要分布式数据库技术的企业

根据权限级别，区块链可以进一步细分为四个不同的类别（见图 14.1）：

- 公有区块链；
- 私有区块链；
- 联盟区块链；
- 混合区块链。

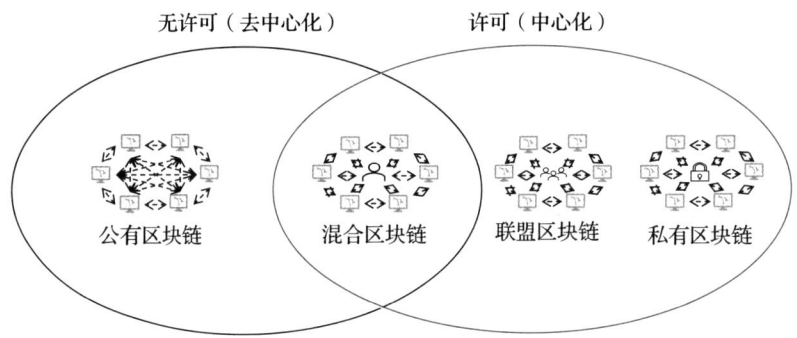

图 14.1　区块链的结构类型

资料来源：改编自 Wegrzyn & Wang (2021)。

像比特币这样的公有区块链往往交易验证速度较慢，而私有区块链则更容易受到欺诈和其他安全漏洞的影响。联盟区块链和混合区块链试图在这两个极端（即公有区块链 vs 私有区块链）之间寻求平衡，旨在缓解公有区块链和私有区块链的局限性。

在评估去中心化程度方面，当与传统数据库进行比较时，各种区块链与传统数据库之间的区别变得显而易见，如图 14.2 所示。与在中心化下运行的传统数据库相比，所有区块链至少都是部分去中心化的，并具有数据不可篡改的特性。许可区块链旨在将无许可区块链的安全优势与集中式系统固有的效率结合起来。

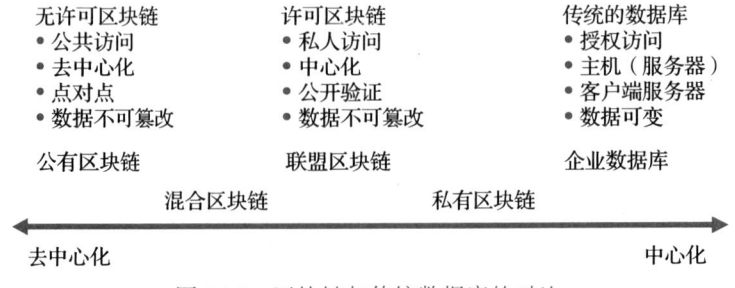

图 14.2　区块链与传统数据库的对比

14.3 比特币区块链

比特币是比特币网络中使用的加密货币。尽管经济学家们仍在争论比特币是不是潜在的经济泡沫，但其核心技术——区块链自 2010 年起就被公认为重大技术创新。虽然区块链技术的应用已远超比特币范畴，但比特币的去中心化账本机制在现代区块链系统中依然占据重要地位。本节将概述比特币区块链的关键特征和技术结构。

14.3.1 比特币区块链结构

比特币区块链展现出一种数字化、点对点的去中心化账本系统，与依赖单一服务器中心的传统中心化银行系统不同，比特币区块链的数据和核心信息系统分布在全球众多个人计算机上（见图 14.3b）。在中心化系统中（见图 14.3a），所有文档的验证都依赖于中央服务器。相比之下，在分布式（即点对点、去中心化）系统中，验证工作由网络中的所有计算机（或节点）共同完成。中心化系统通常存在单点故障的风险，而分布式系统则可能因节点协调和文档验证而产生更高的成本。

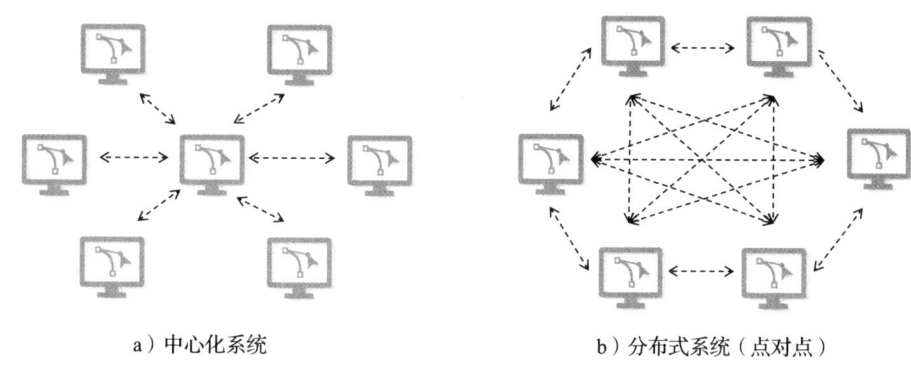

a）中心化系统　　　　　　　　b）分布式系统（点对点）

图 14.3　中心化与分布式计算机系统的对比

从根本上说，比特币区块链的架构利用了由大量的通过互联网互联的计算机所组成的硬件基础设施。这个区块链代表了一个概念性的数据块链，即由分布在点对点计算机网络中的特殊设计的数据块组成。与中心化数据库不同，分布式数据库中的每台计算机（节点）都运行着比特币核心软件，确保它们各自保留一份区块链的副本，从而消除了对中心化权威的信任需求。

在每个区块中，数据通过加密哈希算法与前后区块相互链接。因此，对区块内数据的任何更改都会改变其哈希值，从而破坏链条的完整性。从另一个角度看，区块链系统中的信任反而源于其基于不信任的设计原则。例如，如果一个人丢失了私钥，将无法找回丢失的比特币。从这个意义上讲，区块链是一个"不可信"的系统。然而，它的可靠性也源自其设计上的防篡改特性，这使得系统极其稳健。

> 区块链系统是一个可信的"不可信"系统，其设计本质上防止了任何形式的数据篡改。

基于区块链系统的基础，大量应用软件应运而生，涵盖了加密货币市场、点对点交易和供应链金融等领域。关于区块链结构及其多样化应用的进一步讨论，请参见图 14.4 及以下章节。

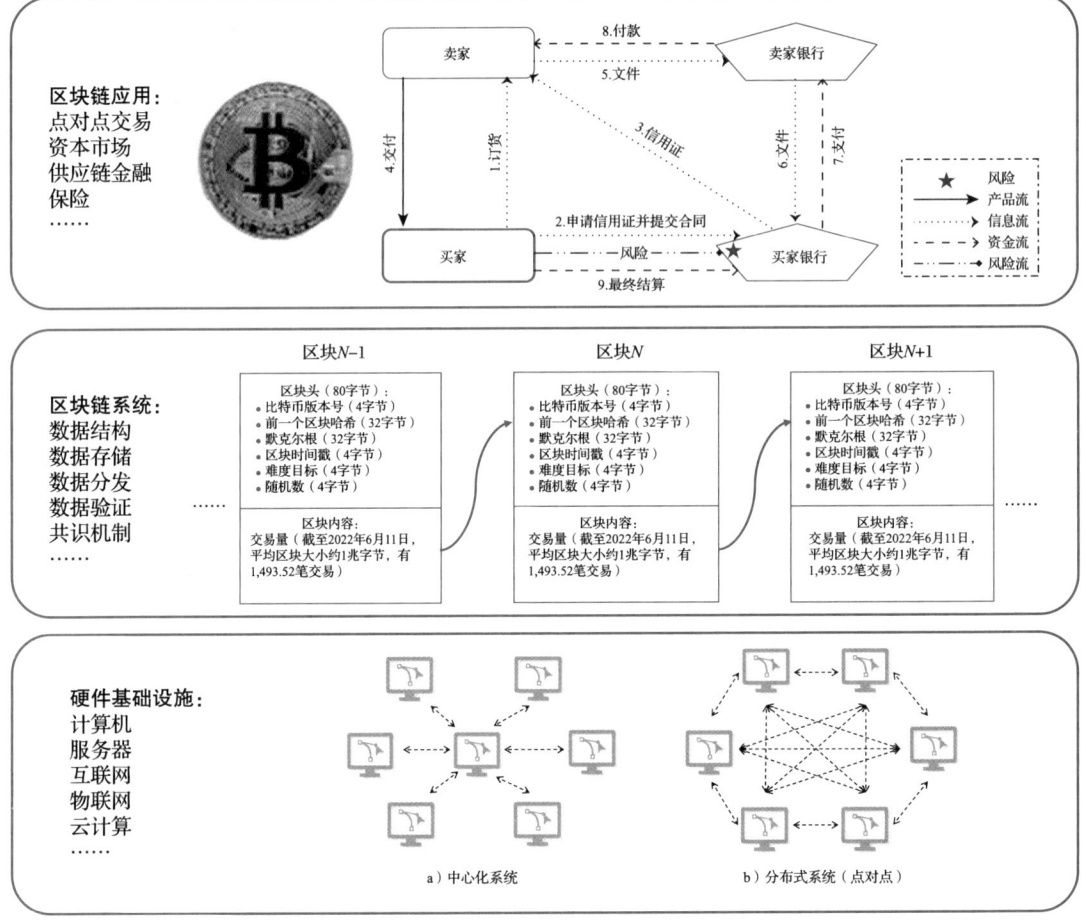

图 14.4 区块链结构及其多样化应用

14.3.2 交易、密码学和加密钱包

1. 交易

区块链的主要功能是记录比特币的金融交易，充当一个账本。每笔交易都详细记录了输入和输出：输入可能有一个或多个来源，而输出则可能分配给多个接收者。输入的累计总额（即比特币的总数）应至少等于输出的总额。如果输入总额超过输出总额，多余的部分将作为找零退回给付款方。未用于输出的任何剩余输入将被视为交易费。随着区块链技术的发展，交易已经扩展到文档、合同和其他信息的记录。在这些情况下，交易方可以自定义交易费，但并非所有交易都必须有交易费。

当一笔交易发起时，它会被标记为"待处理"（Pending），并首先纳入一个通常被称为"内存池"（Mempool）的交易池中［该术语由"内存"（Memory）和"池"（Pool）组合而成］。随后，这笔交易将由矿工根据共识机制选择是否纳入区块。一般来说，相对于其数据大小，交易费用越高（以每字节的聪数，即 sat/B 来衡量，其中一个比特币等于一亿聪)，交易就越有可能被优先处理并纳入区块。相反，没有任何交易费用的交易可能会无限期地滞留在交易池中。例如，在2022年7月，由于交易费用不足，数万笔交易停滞在交易池中。因此，虽然支付交易费用并非强制要求，但通常建议支付较高的费用以加快交易被纳入区块链的速度。截至2022年6月12日，比特币区块链历史上每笔交易的平均成本约为0.0042 BTC，以当天的比特币兑美元汇率计算，平均交易费用约为每笔1.416美元。

2. 密码学

比特币的所有交易都利用公钥加密技术（Public Key Cryptography）进行加密。每个加密/数字钱包（详见本小节"加密钱包"）都通过属于所有者的私人密钥进行保护。该私钥是一个32字节的序列，由所有者在独立的加密货币协议中生成，亦可通过加密钱包软件创建。私钥确认了资金的所有权，并授权所有者操作与之关联的加密货币。因此，一旦丢失私钥，所有者也将失去对所有相关资金的所有权。所以，保护私钥不被窃取或意外丢失是至关重要的。

| 案例研究 | 比特币丑闻

根据Krause（2018）的估计，约20%的比特币（按2018年7月的价格计算，市值约200亿美元）下落不明。例如，Leonard（2016）报告了一个2013年的案例，一位英国IT顾问不慎丢弃了一个旧计算机硬盘，该硬盘中存有一个他在2009年挖到的7,500枚比特币的数字钱包。当时，比特币的价格已超过1,000美元，并在2022年达到了超过60,000美元的峰值。

截至2023年1月5日，Mt. Gox事件仍是最臭名昭著的比特币丑闻之一。在2011年至2014年间，价值4.5亿美元的比特币从当时领先的比特币交易所Mt. Gox的账户中消失。尽管Mt. Gox声称已找到这些丢失的比特币，但由于与这些比特币相关的私钥地址已遗失，因此将这些比特币从现有持有者手中归还给原始所有者已不可能。

为了在保密私钥的同时确保其功能，我们可以根据相关的加密算法生成与之对应的公钥，一个私钥可以根据所有者的偏好与多个公钥配对。

公钥可以与网络中的任何人共享。因此，在比特币交易中，公钥充当接收方的地址，并被用于单向加密哈希函数（具体来说，是双重哈希函数SHA256和RIPEMD160）来创建比特币地址（即公钥哈希）。同时，公钥也可以与文档、合同和各种数字资产等其他实体相关联，具体如图14.5所示。

私钥可以用来生成公钥，反之则不然，即公钥无法用于推导或生成与之关联的私钥。这种单向过程确保了即使公钥是公开的，私钥的保密性也能得到保障。在比特币系统中使用的椭圆曲线数字签名算法（Elliptic Curve Digital Signature Algorithm，ECDSA）等算法保证了公钥的创建是一个单向过程。

公钥加密技术的应用包括以下几种。

（1）公钥加密（非对称加密）：公钥加密技术利用接收方的公钥来对交易进行加

密，随后可使用接收方的私钥对交易进行解密。

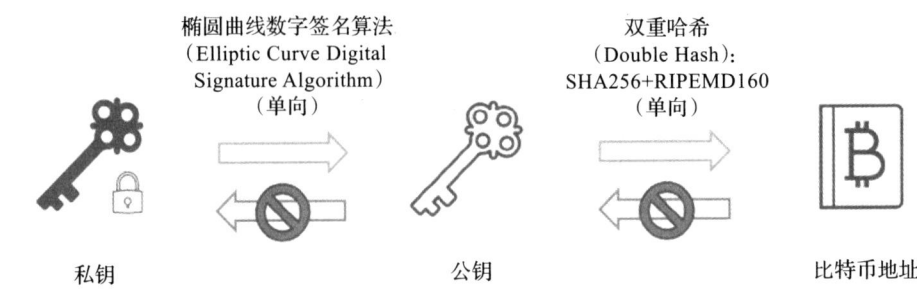

图 14.5　公钥和比特币地址的生成示意图

如图 14.6 所示，乔纳斯使用卢卡斯的公钥加密了一条发给卢卡斯的机密消息。卢卡斯收到这条加密消息后，使用他的私钥将其解密回原始形式。由于私钥的保密性和加密哈希机制的独特性，没有其他私钥能够解密这条消息，从而确保了消息的机密性。

> 私钥可以用来生成公钥，但公钥无法用来推导或生成其对应的私钥。

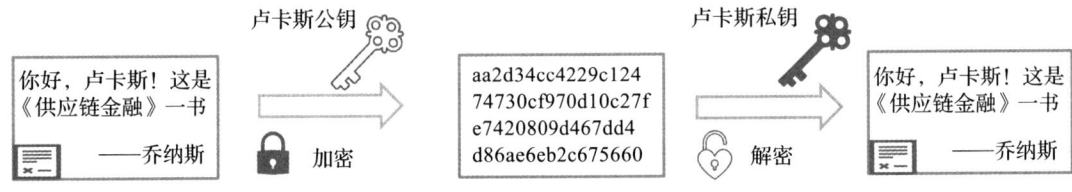

图 14.6　公钥加密

（2）数字签名（非对称加密）：数字签名（Digital Signature）用于验证消息是否来自特定的发件人。

如图 14.7 所示，乔纳斯使用自己的私钥对消息进行加密，生成数字签名，即：签名（消息，私钥）= 数字签名。这样，任何拥有乔纳斯公钥的人都可以验证消息，即：验证（消息，数字签名，公钥）= 是 / 否。因此，这种加密方式实际上起到了数字签名的作用，证明了私钥与公钥的对应关系，而无须泄露私钥的实际信息。

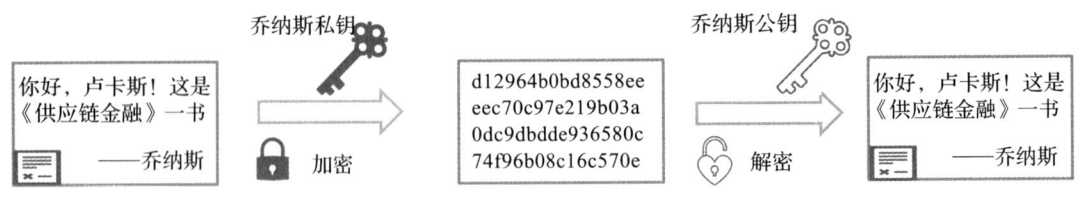

图 14.7　数字签名

如果要进一步确认公钥的真实性，可以咨询可信的第三方（例如公钥基础设施）或寻求个人背书，以验证发送方与其公钥之间的关联。这样可以确保公钥和私钥是真实有效的配对。

在比特币系统中，参与的矿工会自主验证交易的真实性，以确保公钥和私钥配对的合法性。

（3）组合密钥加密（非对称加密）：组合密钥加密方法（Combined Key Encryption）也被称为迪菲－赫尔曼（Diffie-Hellman）密钥交换㊀，它同时结合了公钥和私钥的特点。

如图14.8所示，当乔纳斯想要向卢卡斯发送消息和比特币时，他将使用卢卡斯的公钥和自己的私钥对交易进行加密。卢卡斯收到消息后，便使用自己的私钥和乔纳斯的公钥来解密并完成交易。

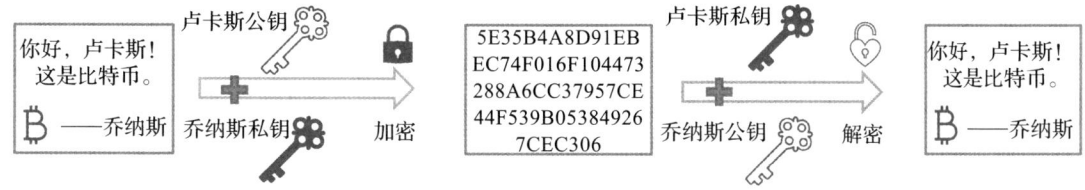

图14.8　组合密钥加密

3. 加密钱包

加密钱包（Crypto Wallet）对于加密货币交易至关重要。与传统钱包存储法定货币不同，加密钱包不仅存储用户的私钥和公钥，还提供对用户所有加密货币的访问权限。大多数加密钱包还提供一个界面，允许用户管理其加密货币余额，并支持使用智能合约进行信息的签名和加密操作。

由于加密货币的所有权与私钥的所有者相关联，因此拥有加密钱包实际上等同于拥有与该私钥相关联的加密货币。

加密钱包有三种主要类型。

- 纸质钱包（Paper Wallet）：这种方法看似过时，但实际上非常安全。密钥被直接写在纸上并进行安全存储。鉴于公钥和私钥都较长（每个密钥通常为32字节序列），在需要使用时可能稍显不便，尤其是因为所有交易都需要与在线区块链进行互动。虽然纸质钱包不容易受到网络黑客的攻击，但它们可能会因意外损坏或丢失而使资金不可取回。
- 在线钱包（Online Wallet）：在线钱包因其便利性而日益受到欢迎，可通过应用程序和网站访问，例如Coinbase、SafePal、Ledger Nano S Plus、MetaMask、Trezor Model T、Mycelium、TrustWallet、Elcctrum、Blue Wallet、Exodus和Crypto.com。在线钱包的功能与用于法定货币的传统数字钱包相似。根据其类型不同，在线钱包可以是基于网络的、移动的或是本地的钱包，虽然比纸质钱包更为方便，但在线钱包更易受到网络攻击。
- 硬件钱包（Hardware Wallet）：硬件钱包将密钥存储在外部设备中，如USB驱动器或蓝牙设备，以确保安全。当需要进行加密货币交易时，可将硬件钱包连接到计算机。由于这类钱包大部分时间与互联网断开连接，因此相比在线钱包，硬件钱包更不易受到黑客攻击。然而，它们并不能完全免疫于物理

㊀ 这种加密方式是以Whitfield Diffie和Martin Hellman的名字命名的，然而这个概念最早是由Ralph Merkle提出的，因此Martin Hellman建议将其重新命名为Diffie-Hellman-Merkle密钥交换。

损坏，并且通常不如在线钱包便捷。此外，使用这种外部设备还会产生一定的成本。

硬件钱包是在纸质钱包和在线钱包之间的一种折中选择。无论选择何种类型的钱包，确保其安全对于保护与之相关的加密货币的所有权至关重要。

14.3.3 区块

区块（Block）是比特币区块链的基础单元，充当交易的存储库。虽然比特币区块链主要用于处理加密货币交易，但区块也能封装其他类型的相关数据。

中本聪在创建比特币区块链时，将区块大小限制设为 1 兆字节（1MB）。然而，随着时间的推移，一些支持者主张增加区块大小以容纳更多数据，从而加快比特币网络上的交易处理和验证速度。为回应这些考虑，区块大小限制已增加到 4 兆字节。根据 cointelegraph.com 2018 年 9 月 18 日的数据，当时的平均区块大小约为 0.8 兆字节，包含平均 1,609 笔交易。值得注意的是，在 2018 年 9 月 5 日，一个大小为 2.26 兆字节的区块 #540,107 被成功地纳入比特币区块链。到了 2022 年 6 月 11 日，平均区块大小扩大到 1.008 兆字节，平均确认时间约为 14.67 分钟，每个区块平均包含 1,493.52 笔交易。

每个区块由区块头和交易内容组成。如图 14.9 所示，区块头是一个 80 字节长的字符串。这个字符串包括比特币版本号（4 字节）、前一个区块的哈希（32 字节）、默克尔根（Merkle Root，32 字节）、区块的时间戳（4 字节）、设置的区块验证难度目标（4 字节）以及矿工用来成功验证区块的随机数（Nonce，4 字节）。

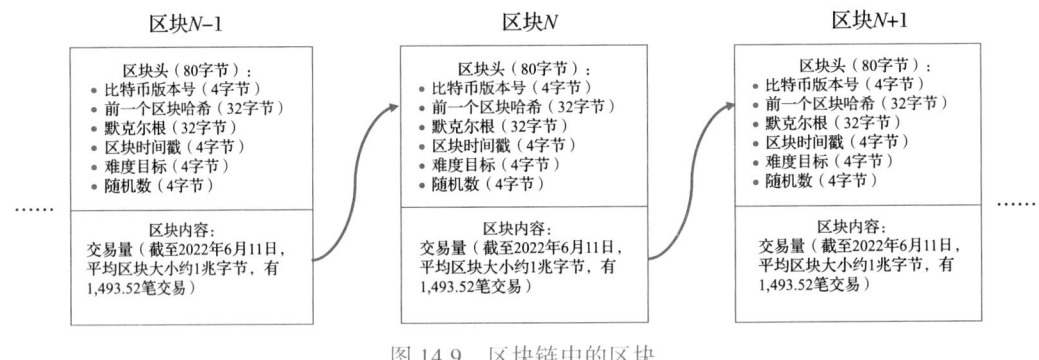

图 14.9　区块链中的区块

表 14.2 展示了与区块 #500,000 相关的信息，该区块的大小为 1.049 兆字节（MB）⊖。

⊖ 比特币区块 #500,000 的详细信息来自 Blockchain.com。该网站对区块 #500,000 的描述如下："这个区块于 2017 年 12 月 18 日太平洋标准时间上午 10:35 由 BTC.com 挖出。它目前在比特币区块链上有 240,381 次确认。这个区块的矿工获得了总计 12.50000000 BTC（355,998.50 美元）的基础奖励。全部奖励包括 12.50000000 BTC（355,998.50 美元）的基础奖励，以及额外的 3.39351625 BTC（96,646.94 美元）作为包含在该区块中的 2,701 笔交易的手续费奖励。区块奖励，也称为创币（Coinbase）奖励，被发送到这个地址。该区块总共发送了 14,017.37618054 BTC（399,213,191.54 美元），平均每笔交易为 5.18969870 BTC（147,802.00 美元）。"

表 14.2 区块 #500,000 的相关信息

项目	内容
哈希值	00000000000000000024fb37364cbf81fd49cc2d51c09c75c35433c3a1945d04
确认次数	240,381
时间戳	2017-12-18 10:35
高度	500,000
矿工	BTC.com
交易数量	2,701
难度	1,873,105,475,221.61
默克尔根	31951c69428a95a46b517ffb0de12fec1bd0b2392aec07b64573e03ded31621f
版本号	0x20000000
目标难度	402,691,653
重量	3,992,793WU
规模	1,048,581 字节（Bytes）
随机数	1,560,058,197
交易量	14,017.37618054 BTC
基础奖励	12.50000000 BTC
费用奖励	3.39351625 BTC
区块交易	（此处跳过 2,701 笔交易明细）

资料来源：Blockchain.com（2017）。

区块 #500,000 的大部分区块头细节可以在表 14.2 中看到。然而，需要注意的是，区块 #500,000 的特定哈希值将包含在区块 #500,001 的区块头中。同样，区块 #500,000 的区块头中也包含了区块 #499,999 的哈希值。

表 14.3 展示了区块 #500,000 中 2,701 笔交易中的第一笔交易的一些简要细节。该交易的哈希值以"21…"开头。鉴于比特币区块链是一个比特币交易的分布式账本，如表 14.3 所示，在这笔交易中，15.89351625 BTC 从区块奖励被发送到另一个未知地址。该交易的时间戳为 2017 年 12 月 18 日 10:35。其余 2,700 笔交易的细节格式类似。

表 14.3 区块 #500,000 的第一笔交易信息

项目	内容详情
哈希值	2157b554dcfda405233906e461ee593875ae4b1b97615872db6a25130ecc1dd6
输出值（金额）	15.89351625 BTC
手续费	0.00000000 BTC（0.000 sat/B - 0.000 sat/WU - 241 字节）（0.000 sat/ 虚拟字节 - 214 虚拟字节）
时间戳	2017-12-18 10:35
来源	区块奖励
接收方	2 个输出（BTC.com 3 15.89351625 BTC 和未知 0.00000000 BTC）
BTC.com 3 地址	34qkc2iac6RsyxZVfyE2S5U5WcRsbg2dpK
COINBASE	新生成的币

资料来源：Blockchain.com（2017）。

区块头中的哈希值是前一个区块的加密哈希值，这确保了所有区块都相互连接，根据它们的信息形成一个链条。时间戳记录了该区块被接受进入区块链的时刻。默克尔根代表所有交易的哈希值。区块头部，包括时间戳和默克尔根，将被哈希处理并纳入下一个区块的头部。因此，对某个区块内数据的任何修改都需要对所有后续区块进行更改，

> 不可篡改性：一旦数据被记录在区块链中，它就几乎无法被修改了。

这可能会使相关的工作量证明失效，并需要重新计算受影响区块的所有哈希值。结果是，一旦数据被记录在区块链中，它就几乎不可被修改了（即不可篡改性）。

14.3.4 哈希

默克尔树（Merkle Tree）的结构用于确保存储在区块中的数据作为一个整体不被篡改或损坏。默克尔树的结构如图 14.10 所示。

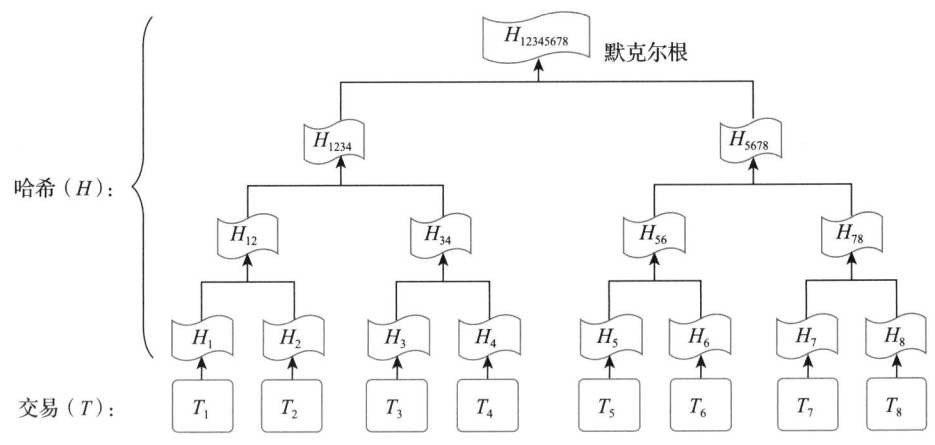

图 14.10 默克尔树的结构

交易信息及默克尔树每个末梢叶子的时间戳都将被哈希处理。随后，每对哈希值进一步合并成一个上层哈希值（即分支），直到剩下一个最终哈希值（即默克尔根）。由于上层哈希值依赖于下层哈希值，默克尔根从而封装了所有交易的哈希值。

每笔交易或任何消息都通过特定的加密哈希函数进行哈希处理。例如，使用安全哈希算法（SHA-256）对消息"supply chain finance"进行哈希处理，会得到以下哈希值：

SHA256（"supply chain finance"）= aa2d34cc4229c12474730cf970d10c27fe7420809d467dd4d86ae6eb2c675660

显然，这个哈希值包含数字和字母（A、B、C、D、E 和 F），这种格式称为"十六进制"。使用十六进制是因为它比二进制具有更高的信息密度（例如，两位十六进制数可以表示 0 至 255 之间的任何数值）。此外，十六进制与计算机的二进制系统兼容，因为每个十六进制数代表 16 个可能的值（即 2^4），或 4 位二进制数（即半字节）。

为了确保哈希值可靠、独特、可用且安全，一个合适的哈希函数应具备以下特性。

- **确定性**：相同的消息总是产生相同的哈希值。
- **唯一性（即抗碰撞性）**：不同的消息永远不会产生相同的哈希值。
- **计算效率高**：可以通过算法快速计算出哈希值。
- **抗原像攻击**：仅凭哈希值推断出原始消息是不可能的，这意味着加密函数必须是单向的（即单向函数）。
- **标准化**：在比特币区块链中，无论消息内容如何，其哈希值始终是一个 64 位的十六进制数。

根据上述特性，即使是微小的消息差异，也会产生截然不同的哈希值。这种特性被称为伪随机性；这意味着哈希值总是不可预测的，哪怕消息中的变化非常微小。例如，尽管"Supply chain finance"与"supply chain finance"之间唯一的区别在于首字母"s"的大小写，但它们生成的哈希值看起来完全不同。

SHA256（"Supply chain finance"）= d12964b0bd8558eeeec70c97e219b03a0dc9dbdde936580c74f96b08c16c570e

SHA-256 算法属于 SHA-2 家族，采用 Merkle-Damgård 构造。这种构造基于单向压缩函数和 Davies-Meyer 结构衍生而来。数字 256 表示哈希值的长度，以位（bit）为单位。

在确定每笔交易的哈希值之后，这些哈希值被用于进一步的分层哈希处理，如图 14.10 所示的默克尔根的形成。例如，区块 #500,000 的默克尔根哈希值为：

31951c69428a95a46b517ffb0de12fec1bd0b2392aec07b64573e03ded31621f

此区块的唯一哈希值是：

00000000000000000024fb37364cbf81fd49cc2d51c09c75c35433c3a1945d04

这个值将被包含在下一个区块的头部中。由于默克尔树中各哈希值的相互依赖性，任何交易数据的细微更改或损坏都会改变默克尔根的哈希值，并因此改变该区块的哈希值。这意味着该区块将与区块链断开，并且需要重新计算这个区块及所有后续区块的哈希值。

14.3.5 为什么需要"挖矿"

在比特币区块链中，"挖矿"指的是处理和验证区块，以便将其加入区块链所需的计算工作。鉴于比特币区块链是存储数字信息的去中心化数据库，这些信息可能被复制、更改和伪造。因此，如果缺乏充分的验证和预防措施，网络内流通的加密货币可能发生"双重支付"问题。矿工的任务是验证比特币交易，确保存储在区块链中的信息的完整性和安全性。

双重支付问题是指在没有预防措施的情况下，数字货币被多次使用的情况。与只能使用一次就转手的实物硬币不同，数字货币存在被复制的可能性。例如，一张 10 美元的纸币可以用来购买一件 T 恤；一旦将钞票支付给卖家，购买者便无法再次使用这一张钞票。相比之下，在数字领域，如果缺乏适当的防护措施，一枚数字硬币可以像电子文件一样被复制，并被用于和多个卖家进行交易，同时仍旧保留在原始钱包中。

挖矿是一种保障区块链记录信息不可篡改并防止双重支付的机制。该系统的设计使得担任矿工的利益远大于试图攻击区块链。矿工通过验证区块链交易获得报酬，而攻击区块链则极其困难，几乎不可能实现。

然而，挖矿是一项劳动密集型且成本高昂的活动。成本主要来源于购买挖矿硬件，如图形处理单元（GPU）或专用集成电路（ASIC）⊖，以及这些设备所需的大量电力消耗⊜。然而，挖矿的回报是不稳定的，并且与矿工的总计算能力成正比。为了鼓励矿工持续验证交易，他们会因为提供服务而获得加密货币（如比特币）作为奖励。早期的挖矿者可能出于创业精神，认为加密货币挖矿是类似淘金热时代的一个赚钱机会。

此外，挖矿之所以至关重要，是因为它仍然是将新比特币引入流通的主要方式。中本聪的设计将比特币的总供应量限制在 2,100 万枚，这些比特币作为挖矿的奖励发放给矿工。本质上，矿工通过成功地将区块添加到区块链中而获得比特币作为奖励。

14.3.6　共识机制：工作量证明

创世区块（即比特币的第一个区块）由比特币创始人中本聪创建。而后续的每个区块在被添加到区块链之前，都必须经过严格的验证。

如图 14.11 所示，为了完成一笔交易，交易所有者必须提供足够的交易费用（即使用私钥签署交易，并指定未使用的比特币以支付费用）。这样做确保至少有一个矿工有动力从内存池中选择这笔交易并将其加入区块中。理想情况下，被选择进入区块的交易应至少被验证六次，以确保其有效性的概率达到 99.99%。随后，该区块必须由网络中的矿工进行验证并添加到区块链中。

为了被添加到区块链，一个区块必须展示其工作量证明。在这个过程中，矿工需要解决一个密码学难题，即找到一个称为"Nonce"的一次性随机数。这个 Nonce 与区块内容的哈希值结合生成一个新的哈希值，该值必须小于或等于该特定区块的目标哈希值。Nonce 是一个 32 位的数字，与区块的哈希值（见表 14.2）或目标哈希值的大小为 256 位有所区别。

比特币区块链中的目标哈希值是使用 SHA-256 哈希算法生成的可验证的随机数，这样的设计确保了找到该哈希值所需的计算能力是可以预测的。虽然目标哈希值没有最小限制（理论上可以为零），但所有目标哈希值均不得超过预设的最大限制：

00000000ffff0000000000000000000000000000000000000000000000000000

根据比特币协议，所有目标哈希值都以一系列的零开头。比特币系统设计的目标是使新区块的平均挖掘时间维持在大约 10 分钟。随着采矿技术的进步（例如，现代采矿机器比旧设备更先进），系统会通过调整目标哈希值来改变挖掘难度。通常，前导零的数量越多，挖掘难度就越大。

⊖ 截至 2022 年 7 月，专用集成电路（ASIC）的价格范围为 500～25,000 美元，矿工购买这些设备主要用于加密货币的挖矿。

⊜ 考虑到挖矿的目标是每 10 分钟挖出一个区块，随着越来越多的矿工加入网络，挖矿难度也迅速增加，每个矿工都配备了越来越强大的挖矿设备，由于这些设备消耗大量电力，比特币网络的能耗已成为一个重要的环境问题。

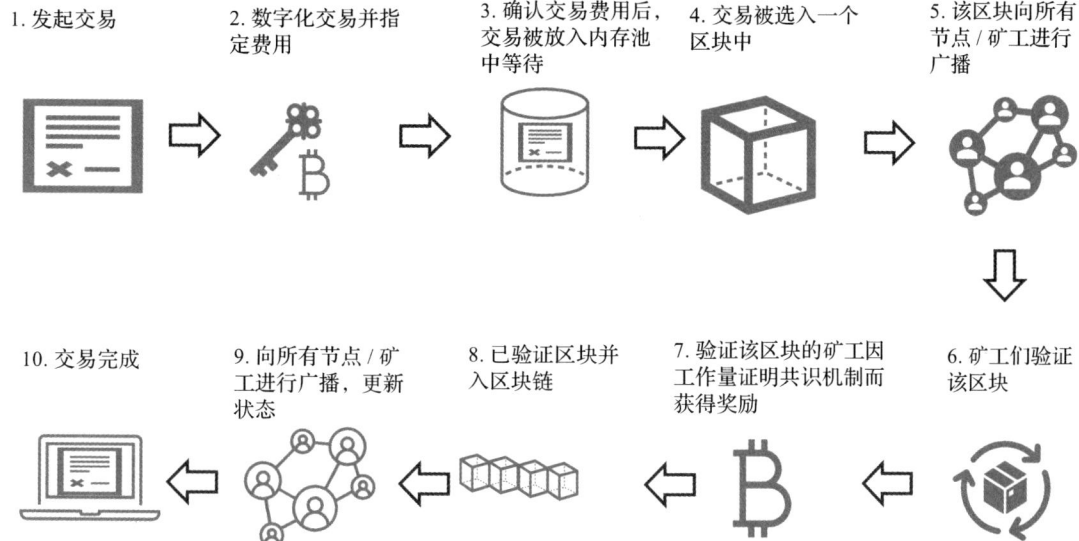

图 14.11　比特币区块链新增区块流程

挖矿难度每 2,016 个区块重新校准一次，方法是将挖掘最后 2,016 个区块所需的时间与基准时间 20,160 分钟（即 2,016 × 10 = 20,160）进行比较。为了保持平均 10 分钟的区块挖掘时间，新的难度水平大致等于前一难度水平乘以标准 20,160 分钟与实际挖掘最后 2,016 个区块所需时间的比率。然而，为了避免采矿难度的剧烈波动，对难度的任何调整都被限制在当前难度的四倍以内，即变动范围限制在 −75%~300% 之间。

例如，2017 年 12 月 18 日开采的区块 #500,000 的难度等级为 1,873,105,475,221.61。相比之下，2022 年 7 月 18 日开采的区块的难度等级上升至 29,152,798,808,271.88。这一显著的难度上升主要由于采矿机设备的激增。开采区块所需的平均时间可以使用以下公式进行计算：

$$时间 = 难度 \times 2^{32} / 哈希率 \tag{14.1}$$

式中，哈希率（Hashrate）——矿工每秒可以计算的哈希次数。

如图 14.12 所示，找到正确的 Nonce 在计算上非常具有挑战性。鉴于哈希过程的复杂性以及每个区块哈希值的唯一性，找到一个随机数，使其生成的哈希值低于或等于目标哈希值，主要是一个猜测的过程，并且需要消耗大量的计算资源。

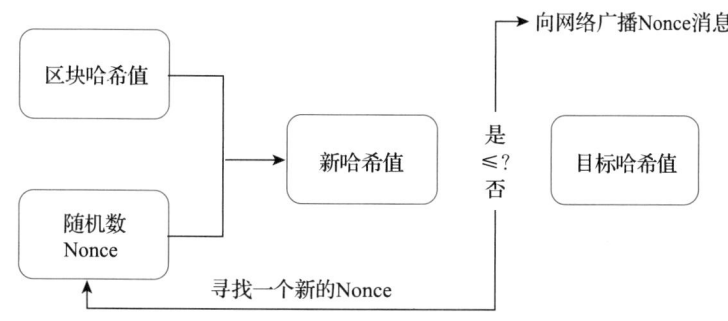

图 14.12　确认正确随机数（Nonce）的步骤

第一个成功找到 Nonce 的矿工，当该 Nonce 与区块内容的哈希值结合生成的新哈希值小于或等于目标哈希值时，将获得完成该区块的奖励。截至 2022 年 7 月，这一奖励为 6.25 枚比特币，外加该区块中所有交易的交易费用。

每添加 210,000 个区块（大约每四年），挖矿奖励的比特币数量将减半。当比特币在 2009 年首次推出时，挖矿奖励为每区块 50 枚比特币。该数额在 2012 年减半至 25 枚，2016 年再次减半至 12.5 枚，而从 2020 年 5 月 11 日起进一步减半至 6.25 枚。考虑到 2022 年每枚比特币的价值超过 2 万美元，并曾在 2024 年 3 月达到超过 7.3 万美元的高点，这仍然是一项非常可观的激励。预计到 2024 年，奖励将降至 3.125 枚，而到 2140 年，即最后一枚比特币被挖出时，奖励将减少至零。此后，矿工将只能通过处理交易获得的费用来获取收益，而不再有新的比特币奖励。

除了这些奖励外，矿工在涉及比特币网络协议提案（如比特币改进协议，BIP）时，还能根据他们的哈希算力获得相应的"投票"权。这包括与分叉相关的决策。

验证每个区块所需的潜在解决方案总数以万亿计，随着更多矿工加入网络，这种难度只会增加。因此，矿工需要投入巨大的计算资源才有可能获得挖矿奖励。例如，目前得高哈希率已经可以达到每秒千兆哈希（GH/s）甚至每秒万亿哈希（TH/s）。

在比特币的早期阶段，个人使用个人计算机挖掘比特币是可行的。然而，随着时间的推移和挖矿难度的增加，如今单靠一台个人计算机几乎不可能解决哈希难题。现代的专业矿工通常会加入矿池[○]，并使用数千台配置了冷却系统的专业矿机来挖矿，目标是在尽可能短的时间内获取尽可能多的随机数，从而在这个高度竞争的领域中取得成功。

14.3.7 区块链分叉

当区块链中同时有多个区块被添加时，可能会出现分叉，导致区块链形成多个分支。分叉（Fork）可以根据其产生的原因和性质进行分类：意外分叉（Accidental Fork）、硬分叉（Hard Fork）和软分叉（Soft Fork）。意外分叉通常发生在没有任何预期软件变更的情况下。相比之下，硬分叉和软分叉则是由于区块链协议或软件的有意更改所导致的。

1. 意外分叉

截至 2022 年，全球估计有 100 万矿工参与比特币挖矿。不同矿工同时为不同区块找到哈希猜测游戏的解决方案是常见的情况。然而，由于只有一个解决方案可以获胜，因此使用简单多数规则（>50%）来决定胜者。在这种情况下，胜出标准由谁完成了最多的工作（即在一个区块内验证了最多的交易）来决定。获胜者验证的区块被正式加入区块链中，而未被接受的区块则成为"孤块（Orphaned Block）"或"陈

○ 矿池是一群加密货币矿工的集体，他们将各自的计算能力合并，以提高解决哈希问题的效率。矿工们共享解决哈希问题的机会，并按贡献的计算力比例分配获得的挖矿奖励。这种合作方式使得每位矿工能够获得更稳定、可预测的收入。

旧区块（Stale Block）"。在比特币系统中，挖出孤块的矿工不会得到任何奖励○。

即使采用了这一规则来决定哪个区块胜出，有时还是会发生同时产生两个或多个潜在区块分支的分叉现象。这种情况通常出现在分布式系统因验证能力有限而难以快速达成共识时。当这种情况出现时，较短的分叉会被放弃，较长的分叉成为区块链的一部分。因此，这种意外分叉通常是暂时性的○。

2. 硬分叉

硬分叉和软分叉的出现都是因为区块链有时需要更新软件，以应对安全风险、增强功能或处理节点之间的分歧。为区块链安装新软件版本类似于为计算机安装操作系统更新。这些软件更改会导致区块链产生分叉，因为运行新软件版本的节点和仍然运行旧软件的节点将以不同的方式验证区块。因此，新协议可能会将旧区块视为无效，而旧协议也可能会将新区块视为无效。

为了解决分叉问题，所有节点必须就一套一致的规则达成共识，无论是新规则还是旧规则。例如，2013年3月11日，由于切换到新版软件，比特币区块链中出现了一个暂时的小规模区块分叉。这个分叉最终通过回归到旧规则而得到解决。

当网络的协议和软件发生根本性改变，导致新协议与之前的区块不再兼容时，就会出现硬分叉。在这种情况下，如果一部分节点选择坚持使用旧协议，而另一部分节点采用新协议，就会导致区块链永久性地分裂，形成所谓的硬分叉。

这种硬分叉有时还会导致加密货币的分裂，成为产生新加密货币的机制。例如，在2017年，由于在交易处理协议方面的分歧，比特币通过一次硬分叉产生了一种新的加密货币——比特币现金（Bitcoin Cash）。

硬分叉还可以用于引入新功能或解决区块链的安全问题。例如，为了恢复在以太坊的去中心化自治组织（Decentralized Autonomous Organization，DAO）遭遇黑客攻击时丢失的资金，以太坊进行了硬分叉，导致了两个独立链的出现：新的以太坊（Ethereum）和旧的以太经典（Ethereum Classic）。这使得原始DAO所有者得以收回他们丢失的资金。

3. 软分叉

软分叉通常是区块链中软件版本的轻微修改的结果，通过保持对旧区块的向后兼容性来实现更新。如果某些节点选择不采用新协议，它们仍可以继续运行旧版本软件，因为在新规则下产生的所有新区块仍然遵守旧规则（向后兼容）。然而，为了区块链的安全性，采用新协议的节点越多越好。理想情况下，所有节点都应该接受新协议，以确保整个区块链在统一的新规则下运行。

4. 硬分叉与软分叉的比较

当区块链引入新的软件版本并与旧版本共存时，可能会出现硬分叉和软分叉。它们的主要区别在于，硬分叉会导致原始区块链分叉为两条并行的链，二者同时运

○ 在其他区块链系统中，例如以太坊，即使是挖掘到孤立区块也可能获得奖励。这是因为以太坊采用的权益证明（Proof of Stake，PoS）共识机制允许对这些孤立区块发放较小的奖励。
○ 比特币以及许多其他区块链遵循"最长链原则"。相较之下，一些区块链则采用"最重链原则"，这意味着由累积了最多计算工作的分叉占据主导地位。这种计算工作通常通过区块的累积难度级别进行量化。

行。软分叉则允许新旧区块在同一条区块链上继续运行，尽管它们可能使用不同版本的软件。硬分叉往往因其潜在的安全和隐私优势而更受青睐，尽管这可能需要更多的计算资源。然而，选择软分叉的原因通常是因为其向后兼容性，可以减少网络分裂的风险。

14.3.8 比特币区块链的利与弊

作为第一个向公众开放的区块链平台，比特币的价值在 2021 年飙升至 67,600 美元以上，引起了全球关注。截至 2022 年 6 月 12 日，比特币区块链的总规模达到了 410.89 GB，处理了 7.4052 亿笔交易。比特币的市场市值为 5,434.9 亿美元，每日交易费用总计为 11.28 BTC，约合 325,582.5 美元[⊖]。

关于比特币价值可持续性的争论已广泛渗透至主流媒体。为了深入探讨这一议题，我们将审视比特币区块链的优势。这些优势不仅解释了区块链技术为何已超越比特币本身的应用范围，还展示了它如何扩展至众多其他区块链项目。

1. 比特币区块链的好处

- **更高的安全性**：成千上万参与者的共识结合工作量证明机制，确保区块链中存储的所有数据原则上不可篡改。任何个人或实体都无法修改或删除这些数据。这种不可篡改性有助于相关部门保留非法活动或交易不端行为的证据。因此，区块链能够有效防止组织篡改数据。
- **更强的信任度**：公钥密码学的应用使用户能够管理对敏感数据的访问权限，并验证消息发送者的身份。这些密码学功能对于增强网络参与者之间的信任至关重要。
- **增加的透明度**：数据的不可篡改性以及与受信任实体共享信息的能力，提高了企业的可信度，尤其是那些信用历史有限的中小企业。
- **更低的成本**：了解您的客户（Know-Your-Customer，KYC）流程是商业交易中不可或缺的一环，但该流程往往烦琐且耗费资源。将 KYC 数据存储在区块链上并与其他实体共享，可以显著降低相关交易成本。
- **更高的效率**：由于区块链上的所有数据在参与者之间完全一致地分布，因此无须进行耗时的记录对账。此外，智能合约的出现——当满足预定条件时程序会自动执行，进一步加快了交易流程。

尽管有上述优势，但正如每枚硬币都有两面，对于比特币区块链也应从多个角度进行审视。

2. 比特币区块链的局限性

- **交易速度慢**：由于比特币协议的限制，每个区块大约需要 10 分钟才能完成验证。考虑到比特币区块的平均大小约为 1MB，通常包含约 2,000 笔交易，这种交易速度对于可能需要每秒处理数百万笔交易的实际商业交易而言并不理

⊖ 这些数据来自 https://ycharts.com/indicators/reports/bitcoin_statistics 网站（2022 年 6 月 12 日访问）。

想。这一限制可能会阻碍比特币区块链在大规模商业交易中的应用，从而促使企业探索其他替代性区块链。
- 负面环境影响：由于比特币挖掘需要消耗大量电力，自 2010 年以来，其环境影响一直是广泛争论的话题。根据《福布斯》2022 年的数据，比特币挖矿的年均耗电量为 127 太瓦·时（TW·h），超过了整个挪威一年的电力消耗。截至 2022 年 7 月，比特币的每笔交易耗电量约为以太坊区块链的 11 倍。Krause 等人（2018）估计，从 2016 年 1 月 1 日到 2018 年 6 月 30 日，比特币、以太坊、莱特币（Litecoin）和门罗币（Monero）的挖矿活动共排放了 300 万～1,500 万吨的二氧化碳。
- "垃圾进，垃圾出"：尽管区块链备受推崇的不可篡改性确保了内容的真实性，却无法保证其内容的准确性或质量。例如，如果之前的交易包含了会计错误，这些错误将无法被直接修改或消除。唯一的解决办法是在后续交易中记录并纠正这些错误。这意味着为了纠正错误，分布式账本的规模可能会变得比理想情况更大。此外，由于不可篡改的记录特性，某些公司可能由于希望操控其财务数据而不愿意采用区块链。相反，区块链可以通过永久记录任何差异来防止会计欺诈。
- 比特币合法性：比特币的高价值源自其设计上的稀缺性（总共只有 2,100 万枚比特币会被开采）。然而，由于比特币的所有权可以保持匿名，这种加密货币经常与非法活动联系在一起。此外，由于比特币是在政府监管的法定货币体系之外产生的，它可能对金融市场和政府权威构成挑战。因此，包括阿尔及利亚、孟加拉国、玻利维亚、中国、多米尼加共和国、厄瓜多尔、埃及、摩洛哥、尼泊尔、北马其顿、巴基斯坦、卡塔尔和越南在内的多个国家已经禁止了比特币的交易和挖矿。鉴于这些限制以及比特币实用性的潜在约束，其未来的发展仍充满不确定性。

14.4 其他公有区块链和加密货币

公有区块链对公众开放、无须许可且完全去中心化。它们已成为加密货币经济的主要发布渠道，代表性的实体包括比特币、以太坊和莱特币等。在这些公有区块链中，类似于比特币区块链的操作方式，矿工通过挖矿来赚取加密货币。

近年来，加密货币受到媒体和消费者的广泛关注。在区块链上使用智能合约执行供应链交易时，数字货币常被优先选择用于处理相关支付。尽管区块链可能看起来比加密货币更为重要，但加密货币的价值和作用——作为支付媒介、资产、实用工具等在继续不断增强。

关于术语"加密货币"（Crypto Coin）和"加密代币"（Crypto Token）的正确使用，业界一直存在争议。这些术语通常可以互换使用。虽然有些人把比特币和其他加密货币（替代币）统称为"数字代币"，另一些人则认为代币（Tokens）和硬币（Coins）是同义词。

加密资产是一种基于区块链技术的数字资产，分为两大类：加密货币和加密代币。加密货币，有时也称为原生加密货币，主要在各自独立的区块链上运行，如比特币和以太坊区块链。正如前文所述，这些加密货币通过工作量证明或权益证明机制生成，作为区块链治理、交易费用支付及其他用途的支付手段，类似于传统的法定货币。

相比之下，加密代币通常也被称为数字代币，是由平台和应用程序为构建在现有区块链之上的去中心化项目所创建的。代币的创建不需要挖矿，代币可以代表资产、功能（如安全性）、治理和效用。虽然每个区块链通常只包含一种加密货币，但单个区块链可以支持多种加密代币。目前，以太坊可能是为去中心化项目打造代币最受青睐的区块链平台。我们将在第 15.3 节进一步讨论数字代币。

加密货币是一种用于计算机网络，特别是区块链中的支付的数字货币。比特币，作为最早及最著名的去中心化加密货币，最初被设想为传统法定货币的替代品。然而，由于波动性、法律问题和其他限制，比特币在后续发展中面临诸多挑战。尽管加密货币在一些国家如美国等受到青睐，但在孟加拉国、中国、埃及、巴基斯坦和越南等国则是被明令禁止的。

尽管与加密货币相关的问题层出不穷，正如之前分析的比特币案例那样，比特币区块链最初是为了使用比特币记录分布式账本而设计的。因此，加密货币成为区块链上直观的支付方式，并且此后在智能合约中被广泛使用。鉴于加密货币是仿照传统法定货币设计的，它们体现了多个价值，包括：

- 支付商品和服务；
- 权益；
- 兑换其他货币，例如法定货币；
- 其他功能，如投票权。

接下来，我们将简要讨论比特币以外的一些热门加密货币。

14.4.1 替代币

比特币以外的加密货币被统称为替代币（Altcoin）。特定替代币的知名度往往与其关联的区块链受欢迎程度一致。例如，以太坊的加密货币已成为最重要的替代币，主要是因为以太坊的区块链在各个行业被广泛采用。另一个值得注意的替代币是莱特币，它可以在短短 2.5 分钟内处理完成一个区块——比比特币 10 分钟的处理时间快得多。

14.4.2 以太币与以太坊

以太币（Ether，ETH）是以太坊平台的原生加密货币。根据 Ethereum.org 的介绍，以太坊是一个由社区驱动的平台，使用其原生加密货币以太币来支持智能合约、全球支付和众多去中心化应用的运行。以太坊的去中心化金融系统提供了一套完整的金融基础设施，使资金能在全球范围内传输、接收、借贷、投资和流通。截至 2022 年 8 月 4 日，以太坊支持 9,672 个节点，1 个以太币的价值为 1,596 美元，去中心化金融交易中锁定的以太币总价值达到了 57.14 亿美元。

以太坊还可以用于创建非同质化代币（Non-Fungible Token，NFT），这些代币可以将各种物品进行代币化，从艺术品和法律文件到实物资产不等。这使得拥有者能够获得版税收入，甚至可以将代币作为抵押品来获得贷款。以太坊及其相关应用都是开源的，并支持多种编程语言进行开发。例如，Go Ethereum 是用 Go 语言编写的以太坊协议版本，其他的还有 JavaScript、C++ 和 Python 等版本。

1. 权益证明共识机制

权益质押（Staking）是区块链网络中的一种共识机制，用于验证以太坊区块链中新添加的交易。该机制于 2020 年 12 月 1 日随着信标链（Beacon Chain，一种以太坊的分支）的启动而实施，也被称为权益证明（Proof of Stake，PoS）。与比特币系统允许任何人进行挖矿不同，在以太坊中，必须存入 32 个以太币以激活验证者身份。这使验证者能够存储数据、处理交易并向区块链添加新区块。验证者通过整合交易至新区块以及验证其他验证者的工作来获得奖励。

为了增强网络安全，质押更多的以太币至关重要。与比特币区块链类似，如果一个验证者控制了大多数以太币，这种行为可能会危及整个网络。因此，验证者独立在一台计算机上运行被视为最佳实践，这种方法被称为"独立家庭验证"（Solo Home Staking）。此方式不仅支持系统去中心化，同时也能让验证者通过参与获得充分的奖励。此外，验证者可以通过共享其签名密钥并存入所需的 32 个以太币，将其权益任务委托给服务提供商，这一过程被称为"权益证明服务"（Staking as a Service）。出于安全考虑，依赖此服务的验证者应保留其存放以太币的密钥。另一选项是通过第三方解决方案加入权益池或参与中心化交易所，但可能带来安全风险，因为这些中心化实体容易成为网络威胁或攻击的目标。

在以太坊区块链中，验证一个区块的时间设定为 12 秒，这一时间段被称为"时隙（Slot）"。在此期间，系统会随机选择一个验证者来提出新区块。这位被选中的验证者的任务是整合交易到一个新区块，并为该区块创建一个新的"状态（State）"，然后将这些信息传达给其他验证者。一旦其他验证者接收到新区块的信息，他们会复制这些交易，达成共识，并将新区块加入他们的数据库中。

每个区块的目标是包含 1,500 万个燃料（Gas），最大限制为 3,000 万个燃料。这里，"燃料"指的是在以太坊上执行交易所需支付的费用。直观上看，更大的区块需要更多的计算能力来执行。燃料费用通常以"Gwei"计量，相当于 10^{-9} 个以太币。燃料的具体成本受到供应、需求和网络能力等因素的影响。

让我们来估算每个燃料单位的价格。根据历史数据，验证者每天大约发行 1,700 个以太币。假设交易以目标速度进行，即每 12 秒处理 1,500 万个燃料，将 1,700 个以太币平均分配到这些燃料上，那么每个燃料的平均价格可以按以下方式计算：

$$单位燃料价格 \approx \left(1,700 \times \frac{12 秒}{24 时 \times 60 \frac{分}{时} \times 60 \frac{秒}{分}} \right) / (15 \times 10^6) 以太币$$

$$= 1.574 \times 10^{-8} 以太币$$

$$= 15.74 \, \text{Gwei}$$

理论上，以太坊的目标速度理应支持每秒处理125万笔交易（即1,500万/12秒）。然而，截至2023年1月29日，根据Ethtps.info的数据显示，以太坊的平均交易速度大约为28 TPS（Transactions per Second，每秒交易次数）。因此，实际的单位燃料价格将远高于先前的估算。在现实场景中，根据Barchat（2022）的预测，通过采用权益证明（PoS）和分片技术（Sharding），未来以太坊的每秒交易次数可能达到2万～10万。这一预测表明，与2022年9月区域链主网（Mainnet）与信标链（Beacon）"合并"前的10～20 TPS相比，新的交易速度将会有显著的提升。

2. 以太坊与比特币区块链的比较

迄今为止，比特币和以太坊是市值最高的两个区块链平台。尽管它们在某些方面相似，但在发展目标、共识机制、交易速度和可扩展性等关键方面仍存在明显差异。表14.4总结了比特币与以太坊区块链的主要区别。

表14.4 比特币与以太坊区块链的比较

项目	比特币区块链	以太坊区块链
发展目标	去中心化平台服务于数字货币	去中心化平台服务于去中心化应用（DApp）和智能合约
加密货币	比特币	以太币
共识机制	使用SHA-256共识算法的工作量证明	2015年上线后最初使用工作量证明，但"合并"后过渡到权益证明（PoS）和LMDGhost共识算法
区块速度	大约10分	大约12秒
交易速度	约7 TPS	可能高达10万 TPS
可扩展性	低	高
可编程性	有限	允许创建复杂的去中心化应用程序
安全性	较高	较低
代币存量	上限为2,100万枚硬币	无上限
能源消耗	极高；2022年在161TW·h/年①左右，超过瑞典全年用电量	"合并"后消耗量减少（估计低于1TW·h/年）

① 1TW·h = 10^{12}W·h

虽然比特币由于其货币属性常被称为"数字黄金"，但以太坊则作为许多联盟链和混合区块链的基础层。此外，以太坊还拥有一个名为企业以太坊（Enterprise Ethereum）的企业版本，适用于私有、联盟和混合区块链平台。

14.4.3 海德拉网络及其哈希图币

海德拉（Hedera）网络是一个开源的去中心化公共网络，专为构建去中心化应用（DApp）和服务而设计。作为下一代网络的代表，海德拉旨在为Web 3生态系统提供支持。该网络拥有其专有加密货币——HBAR（Hedera Hashgraph），亦称哈希图币。在平台内作为交易媒介和支付单位运行，其功能与其他区块链上的加密货币类似。

尽管海德拉网络将自己定位为区块链的一个替代品，但它和传统区块链一样，同属于去中心化账本系统。海德拉网络与其他区块链系统的主要区别在于其独特的数据结构和共识机制。不同于传统区块链那样将数据存储在一连串区块中，海德拉网络采用有向无环图（Directed Acyclic Graph，DAG）来存储和处理数据。DAG 是一种由顶点和边组成的图数据结构，其中每条边都有特定的方向，且图中不存在闭环。基于分布式账本技术（Distributed Ledger Technology，DLT），海德拉网络采用 DAG 的共识算法促进了网络节点之间的共识，从而确保交易能够被安全且高效地验证并纳入账本。

这种基于 DAG 的共识算法被称为海德拉哈希图共识（Hedera Hashgraph Consensus），它是一种独特的共识机制，旨在为企业与个人提供快速、安全和公平的交易。海德拉哈希图共识采用了一种被称为"八卦式交流"（Gossip about Gossip）的分布式账本技术协议。在该协议中，每个节点传播它们所接触的事件信息，并在这些事件的顺序上达成共识。该共识机制通过虚拟投票实现，其中节点的权重与其计算能力成正比，并通过一个数学算法来达成共识。

得益于哈希图共识机制，海德拉网络在其共识过程中展现出卓越的速度、安全性和公平性。具体来说，该网络每秒能处理超过 10 万笔交易。根据 ycharts.com 的数据，2023 年 1 月 31 日，海德拉在其 24 小时内处理了 5,200 万笔交易，远超以太坊的 100 万笔和比特币的 31 万笔。然而，尽管交易量庞大，哈希图币的市值仅为 16 亿美元，与比特币的 4,450 亿美元和以太坊的 1,920 亿美元形成了鲜明的对比。更详细的比较见表 14.5。

表 14.5　2023 年 1 月 31 日加密货币对比表

比较项目	比特币	以太坊	海德拉
加密货币	Bitcoin	ETH	HBAR
市值	4,450 亿美元	1,920 亿美元	16 亿美元
日交易量	31 万	100 万	5,200 万
交易速度	7 TPS	30 TPS	600 TPS
单位交易费	0.84 美元	0.65 美元	0.001 美元
单位交易的能源消耗	$1.173 kW \cdot h$	$0.03 kW \cdot h$	$0.00017 kW \cdot h$

资料来源：这些数据来源于 2023 年 1 月 31 日从各个区块链的主页和 ycharts.com 获取的实际数据。值得一提的是，自 2022 年 9 月 15 日以太坊执行"合并"升级以来，其效率显著提高。

14.4.4　莱特币

莱特币（Litecoin）于 2011 年 10 月推出，常被称为"白银版比特币"。作为比特币的一个"轻量级"且稍加修改的版本，Litecoin 提供比比特币更低的交易费用和更快的交易确认时间。Litecoin 的供应上限为 8,400 万枚（是比特币 2,100 万枚上限的 4 倍）。其目标区块验证时间设定为 2.5 分钟，仅为比特币 10 分钟的 1/4。由于验证时间较短，Litecoin 的挖矿难度调整速度是比特币的 4 倍。截至 2022 年 8 月，Litecoin 的市值已跻身前 5 大加密货币之列。

14.4.5　稳定币

加密货币自诞生以来一直显示出显著的波动性。为了稳定加密货币的价值，某些加密货币由实物资产支撑，这些通常被称为储备支持的稳定币（Stablecoin）。然而，即使是这些没有政府实体支持的稳定币，也可能表现出显著的波动。

储备支持的稳定币主要分为四种类型。

（1）**法币支持型稳定币**（Fiat-Backed Stablecoin）：这是最常见的稳定币类型，这些稳定币的价值以固定比率与某种法定货币（例如美元）挂钩。因此，这类稳定币背后的受第三方监管的金融机构必须持有相应数量的法定货币来支持稳定币。法币支持型稳定币的例子包括 TrueUSD（TUSD）、USD Tether 和 USD Coin。购买这类稳定币的一个主要目的是在加密货币交易所上进行交易。用户可以用法定货币购买稳定币，然后用这些稳定币来交易其他加密货币（例如比特币）。投资者还可能购买稳定币用于抵押贷款，从而赚取利息。

（2）**商品支持型稳定币**（Commodity-Backed Stablecoin）：这些稳定币由有形商品作为支撑。无论是黄金还是其他贵重物质，商品的数量必须与稳定币的供应量相匹配。持有这种稳定币的用户可以将其兑换为所支持的商品。

（3）**加密货币支持型稳定币**（Cryptocurrency-Backed Stablecoin）：这种类型的稳定币以其他加密货币作为抵押物来发行新的稳定币。与前两种依靠区块链外的实体物品作为抵押物不同，这类稳定币会受到其支持的加密货币的价格波动及与之相关智能合约的潜在漏洞影响。为了减少这种波动性的影响，抵押的加密货币价值必须显著超过发行的稳定币总量。

（4）**算法支持型稳定币**（Algorithm-Backed Stablecoin）：这类稳定币通过算法自动调整其供应量以应对市场波动，从而维持价格稳定。具体而言，如果稳定币价格上涨，算法会增加市场上的稳定币数量；如果价格下跌，算法则减少流通量以提升币值。因为算法支持型稳定币不依赖任何有形资产，它们被认为是四种类型中风险最高的。

| 案例研究 | Terra 的 UST 稳定币崩溃

TerraUSD（UST）是一种算法稳定币，于 2020 年 9 月在 Terra 区块链上推出，旨在与美元挂钩。得益于其可扩展性和产生收益的能力，UST 为用户提供了精确的利率、跨链功能和卓越的扩展性。其设计的核心特性是用户可以用 1 UST 兑换价值 1 美元的 LUNA，后者是由母公司 Terraform Labs 开发的非稳定币。

在 UST 崩溃之前，其支持币 LUNA 已经在下跌，从 2022 年 4 月 4 日的 119.51 美元的峰值下降到 2022 年 5 月 10 日的约 17 美元。在此过程中，2022 年 5 月 7 日，价值 20 亿美元的 Terra UST 稳定币遭到大规模抛售，导致该稳定币偏离了与美元的挂钩，UST 的价值一度暴跌至 0.91 美元。这促使 UST 持有者纷纷抛售，引发了一场危机。为了应对这一局面，LUNA 基金会卫队（LUNA Foundation Guard）调动了 35 亿美元的资金试图稳定 UST 不断贬值的价格。然而，这些干预措施未能阻止 UST 的价值在 2022 年 5 月跌至 0.044 美元的低点。与此同时，LUNA 的估值也暴跌至不到 1 美分，这场崩盘在一周内给投资者造成了高达 450 亿美元的损失。

问题：

1. 算法稳定币的主要弱点是什么？

2. 我们可以采取哪些措施来预防未来再次发生类似事件？

尽管稳定币旨在维持货币价值的稳定性，但其背后存在诸多令人担忧的问题。首先，虽然稳定币与其他金融资产挂钩，但储备金本身可能因为欺诈行为、市场情况变化等外部因素而出现价值暴跌。

此外，审计稳定币的储备金已被证明是一项艰巨的挑战。对于商品储备，需要独立的第三方审计师来核实所支持商品的数量和质量；对于加密货币储备，其价格波动本身就是一个挑战。另外，也有人担心储备金可能会被秘密抽离或被用于其他目的。

再者，稳定币还面临各种政府法规的约束。例如，名为 Basis 的稳定币项目尽管获得了 1 亿美元的风险投资，但主要由于美国的监管挑战而最终停止了运行。随着加密货币领域的不断发展，预计未来将推出更严格的法规，特别是在税务、投资、用户身份验证及加密货币安全等方面。

在供应链交易领域，对于对加密货币波动性持谨慎态度的企业来说，政府支持的稳定币（如美元支持的稳定币）可能在智能合约应用中扮演更重要的角色。这主要是因为这些企业倾向于选择更稳健的稳定币，以降低交易中的潜在风险。

14.4.6　其他加密货币与市场排名居前的加密货币

截至 2022 年 11 月 2 日，根据 coinmarketcap.com 上的数据，市场上共有 9,286 种不同的加密货币。根据该网站提供的交易数据，我们列出了截至 2022 年 11 月 2 日市值排名前 30 位的加密货币，详见表 14.6。

表 14.6　截至 2022 年 11 月 2 日市值排名前 30 位的加密货币

排名	名称	价格/美元	市值/美元	24 小时成交量	流通供应量
1	Bitcoin	20,118.29	387,047,557,492	54,695,117,953 美元	19,196,506 BTC
	BTC			2,712,729 BTC	
2	Ethereum	1,510.10	184,791,410,488	22,603,117,786 美元	122,373,863 ETH
	ETH			14,968,395 ETH	
3	Tether	1.00	69,423,752,656	74,605,143,542 美元	69,419,933,938 USDT
	USDT			74,601,039,817 USDT	
4	BNB	317.86	50,874,503,297	1,382,803,001 美元	159,977,789 BNB
	BNB			4,348,303 BNB	
5	USD Coin	1.00	42,550,332,926	6,486,375,137 美元	42,549,484,164 USDC
	USDC			6,486,245,751 USDC	
6	XRP	0.45	22,630,091,749	1,378,415,932 美元	50,085,407,159 XRP
	XRP			3,050,739,872 XRP	
7	Binance USD	1.00	21,663,085,312	8,021,729,626 美元	21,658,670,445 BUSD
	BUSD			8,020,094,823 BUSD	
8	Dogecoin	0.13	16,753,367,669	4,726,220,063 美元	132,670,764,300 DOGE
	DOGE			37,427,175,262 DOGE	

（续）

排名	名称	价格/美元	市值/美元	24 小时成交量	流通供应量
9	Cardano	0.38	13,213,484,720	711,849,447 美元	34,330,908,890 ADA
	ADA			1,849,507,457 ADA	
10	Solana	30.35	10,905,374,233	1,091,001,294 美元	359,331,338 SOL
	SOL			35,948,418 SOL	
11	Polygon	0.84	7,360,942,993	515,222,160 美元	8,734,317,475 MATIC
	MATIC			611,350,192 MATIC	
12	Polkadot	6.22	7,050,007,054	356,238,855 美元	1,132,728,287 DOT
	DOT			57,237,082 DOT	
13	Shiba Inu	0.00	6,475,020,634	687,440,011 美元	549,063,278,876,302 SHIB
	SHIB			58,292,951,888,408 SHIB	
14	Dai	1.00	6,113,979,916	283,529,884 美元	6,120,324,104 DAI
	DAI			283,824,089 DAI	
15	TRON	0.06	5,681,708,214	387,998,680 美元	92,250,041,058 TRX
	TRX			6,299,671,299 TRX	
16	Uniswap	7.01	5,339,137,742	240,069,201 美元	762,209,327 UNI
	UNI			34,272,010 UNI	
17	Avalanche	17.71	5,292,859,075	355,002,375 美元	298,789,385 AVAX
	AVAX			20,040,386 AVAX	
18	Wrapped Bitcoin	20,139.03	4,947,173,242	164,679,014 美元	245,480 WBTC
	WBTC			8,171 WBTC	
19	UNUS SED LEO	4.65	4,435,690,929	2,831,502 美元	953,954,130 LEO
	LEO			608,952 LEO	
20	Litecoin	59.30	4,243,234,209	1,584,492,326 美元	71,523,881 LTC
	LTC			26,708,175 LTC	
21	Cosmos	13.12	3,757,066,696	307,238,751 美元	286,370,297 ATOM
	ATOM			23,418,283 ATOM	
22	Chainlink	7.42	3,648,876,073	566,439,018 美元	491,599,970 LINK
	LINK			76,314,295 LINK	
23	FTX Token	24.97	3,327,213,112	73,240,242 美元	133,025,776 FTT
	FTT			2,928,228 FTT	
24	Ethereum Classic	22.83	3,139,815,064	507,318,311 美元	137,726,058 ETC
	ETC			22,253,206 ETC	
25	Stellar	0.11	2,747,251,319	106,783,545 美元	25,622,447,071 XLM
	XLM			995,924,799 XLM	
26	Cronos	0.11	2,725,626,393	41,046,837 美元	25,263,013,692 CRO
	CRO			380,450,827 CRO	
27	Monero	145.14	2,648,298,709	94,068,563 美元	18,195,520 XMR
	XMR			646,312 XMR	

（续）

排名	名称	价格/美元	市值/美元	24 小时成交量	流通供应量
28	Algorand	0.35	2,489,571,979	189,781,101 美元	7,074,692,330 ALGO
	ALGO			539,306,720 ALGO	
29	NEAR Protocol	2.87	2,352,683,694	215,753,292 美元	818,119,979 NEAR
	NEAR			75,025,844 NEAR	
30	Bitcoin Cash	112.87	2,171,295,569	636,746,293 美元	19,218,044 BCH
	BCH			5,635,814 BCH	

资料来源：coinmarketcap.com，2022 年 11 月 2 日访问。

14.5 加密货币的风险与未来发展

在过去十几年中，比特币和其他加密货币由于区块链的安全问题、政府监管，以及各种相关的社会事件（例如，一些知名人士对非同质化代币的支持）经历了起伏不定的波动。预计未来加密货币的波动性依然会很高，这使得其未来前景并不明朗。

14.5.1 中心化金融与去中心化金融

中心化金融（Centralized Finance，CeFi）是指基于中心化结构运作的传统金融体系，其中银行和其他金融机构充当金融服务的守门人和提供者。在 CeFi 系统中，交易通常由银行等受信任的第三方中介来处理，这些机构持有并管理客户的资金，并促进各方之间的交易。CeFi 系统通常受到监管，并且由政府或中央银行等中心机构管理。虽然 CeFi 多年来一直是主导的金融形式，但去中心化金融的兴起对传统的中心化模式提出了挑战，提供了一个基于去中心化和点对点基础的更开放、透明和普惠的金融体系的替代愿景。

去中心化金融（Decentralized Finance，DeFi）是一个在去中心化的点对点网络上运行的金融系统，它通过利用区块链技术促进安全且透明的金融交易，而无须依赖银行或其他金融机构等中介。DeFi 致力于打造一个开放、可访问且透明的全球金融体系，而无须依赖传统金融基础设施。DeFi 应用涵盖去中心化交易所、借贷平台、稳定币以及其他基于去中心化协议构建的金融工具和服务，这些工具和服务对所有可以使用互联网的人都是开放的。DeFi 通常与加密货币生态系统紧密相关，许多 DeFi 应用将加密货币作为基础资产或交易媒介。

显然，CeFi 和 DeFi 代表着两种截然不同的金融运作模式，它们在结构、运作方式和产出上都具有自身的特点。我们把 CeFi 和 DeFi 之间的一些关键区别总结在表 14.7 中。

表 14.7 CeFi 和 DeFi 的比较

比较项目	CeFi	DeFi
创新	CeFi 是一个成熟的领域，但其在采纳新技术和方法方面通常较为缓慢	DeFi 是一个相对新兴且发展迅速的领域，以大量的创新和探索为特征

（续）

比较项目	CeFi	DeFi
结构	CeFi 依赖于通过中心化系统运作的传统金融机构	DeFi 则构建在像以太坊这样的去中心化区块链网络上，这些网络促进了去中心化应用（DApp）和智能合约的开发
控制权	在 CeFi 中，控制权是中心化的，主要由提供服务的金融机构掌握，这些机构保管用户的资产	在 DeFi 中，控制权是去中心化的，用户可以直接控制自己的资产，并能在无须中间人的情况下参与到网络中
透明度	CeFi 的透明度通常较低，金融机构在很大程度上控制了信息流和交易流	DeFi 天生具有高透明度，每个交易和数据点都被记录在区块链上，并且可供所有参与者查看
安全性	CeFi 面临来自传统安全威胁的挑战，如黑客攻击和盗窃等	DeFi 依赖于区块链技术和加密安全措施，为用户提供更高的安全性保障
可及性	CeFi 主要服务于传统金融客户	DeFi 旨在将金融服务扩展到更广泛的受众，特别是那些无法获得银行服务或银行服务不足的人群

总体而言，CeFi 和 DeFi 各有其固有的优势和局限。选择哪一种取决于多种因素，包括个人偏好、财务目标和风险承受能力。值得注意的是，一些机构正在探索混合模式，即结合 CeFi 和 DeFi 的特点，以设计出创新的金融产品和解决方案。

14.5.2 加密货币的波动性

自比特币诞生以来，其价值一直表现出显著的波动性，见表 14.8 和图 14.13。比特币的价值在 2009 年初始为 0 美元，并在 2011 年 2 月升至 1 美元。2013 年，当电子前沿基金会（EFF）开始接受比特币时，比特币的价值出现了显著的飙升，增长了 6,600%，达到了 1,100 美元。在 2014—2016 年间，比特币价格相对稳定，但到了 2017 年再次急剧上升，达到了 2 万美元。随着新冠疫情的爆发，比特币的价值再次意外飙升，达到了每枚 68,789.63 美元的历史最高点。

表 14.8 比特币各年份的估值（2014—2022 年）（单位：美元）

年份	2014	2015	2016	2017	2018	2019	2020	2021	2022
高点	457.09	495.56	979.40	20,089.00	17,712.40	13,796.49	29,244.88	68,789.63	48,086.84
低点	289.30	171.51	354.91	755.76	3,191.30	3,391.02	4,106.98	28,722.76	15,599.05

资料来源：雅虎金融

比特币的价值波动并非孤立事件。如图 14.14 所示，以太币的历史价格也经历了剧烈的波动。通过比较图 14.13 和图 14.14，我们可以清楚地看到加密货币价格之间存在一定的相关性，这种相关性可能是因为加密货币通常受到类似因素的影响，包括宏观经济状况、加密货币相关的监管政策以及公众对数字货币的态度。

14.5.3 2022 年崩盘的加密货币市场

尽管人们仍然对 2014 年 Mt.Gox 事件记忆犹新，但 2022 年加密货币市场再次经历了一系列严重的崩溃。加密货币市场的总估值在 2021 年 11 月达到了 2.9 万亿美元的顶峰，但到了 2022 年底却暴跌至约 8,000 亿美元。

图 14.13　比特币各年份的估值

资料来源：Sofi.com。

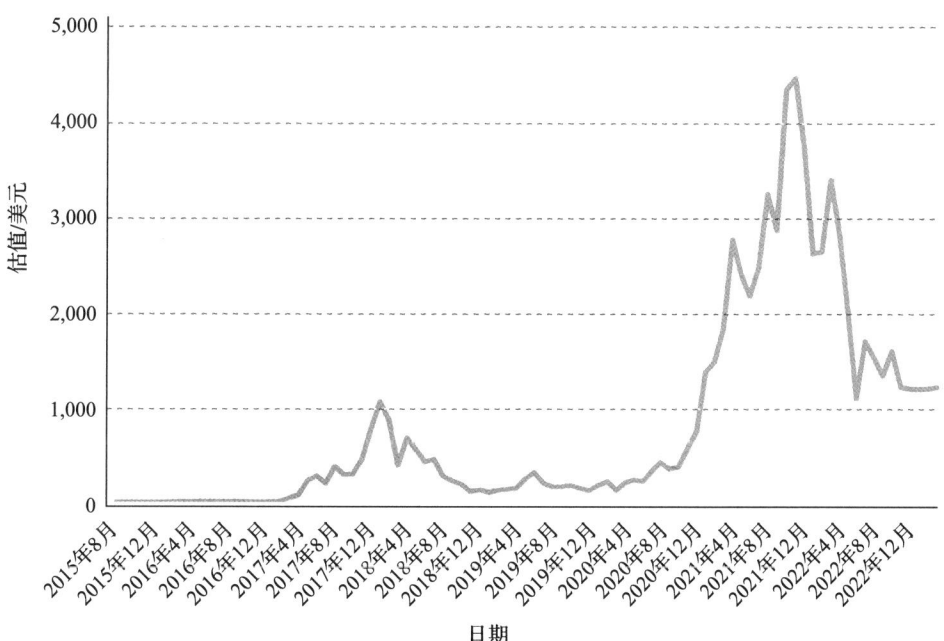

图 14.14　以太币各年份的估值

资料来源：Statis ta (2022)。

2022 年 4 月初，美国证券交易委员会（SEC）宣布有意加强对加密货币行业的监管。紧接着在 5 月 3 日，美联储宣布加息 0.5%，这一系列事件触发了加密货币市场的广泛抛售。到了 5 月，Terra 的 UST 稳定币已与美元脱钩，导致 UST 及其支持币 LUNA 几乎完全失去价值。Terra 的 UST 崩溃引发了连锁反应，导致多个稳定币和加密货币市场遭受重创，详见表 14.9。

表 14.9　2022 年主要加密货币市场崩盘

日期	事件
5 月 7 日	Terra 的 UST 和 LUNA 暴跌，造成 450 亿美元损失
6 月 1 日	持有最多 LUNA 的三箭资本（Three Arrows Capital，3AC）申请第 15 章破产保护
6 月 5 日	Voyager Digital（VYGVQ），一家加密货币经纪和贷款公司，向 3AC 提供了 6.5 亿美元无抵押贷款，后申请了第 11 章破产保护
6 月 13 日	加密货币贷款机构 Celsius 宣布破产
7 月 20 日	沃尔德（Vauld）寻求债权人保护，相当于宣布破产
11 月 10 日	最大的稳定币 Tether 与美元脱钩
11 月 17 日	大型加密交易所 FTX.com 申请第 11 章破产保护，使得约 130 家关联公司卷入其中
11 月 28 日	交易所和加密货币托管服务提供商 BlockFi 申请第 11 章破产保护

资料来源：McGleenon (2022)、维基百科（2023b）。

这些崩盘事件凸显了加密货币市场的波动性，并引发了公众对加密货币未来的重大担忧。重要的是，这些崩盘并不意味着区块链技术的失败，而是政府监管、某些加密公司管理不善以及金融危机的后果。例如，Terra 的 UST 失败源于其对固有风险较高的稳定币算法模型的依赖，而缺乏坚实的金融资产作为后盾。与之形成鲜明对比的是，区块链技术在 2022 年取得了显著进步。例如，2022 年 9 月 15 日，以太坊（ETH-USD）区块链进行了"合并"，从工作量证明向权益证明过渡，标志着在节能方面取得了重大进展，能源消耗减少了 99.95%。

14.5.4　加密货币的未来发展

加密货币的重要性将在未来持续增强。尽管我们预计未来几年内加密货币的价值可能仍会经历类似的波动，但加密货币和代币极有可能会继续存在。主要原因包括以下几种。

> 尽管我们预计未来几年内加密货币的价值可能仍将经历波动，但加密货币和加密代币很可能会继续存在。

- 区块链的验证价值：区块链技术已向企业和整个社会展示了其价值。作为区块链的内在代币，加密货币为区块链矿工提供了有价值的激励。
- 新的投资机会：加密货币为投资者和投机者提供了一种新颖的投资机会。
- 商业交易的简化：加密货币和代币已证明它们在简化商业交易中的实用性，如提高交易速度和降低成本等优势。
- 私有财产受宪法保护：尽管 2022 年加密货币的市场价值从其峰值大幅下跌，但数百万投资者投资的私人资产应受到宪法保护。

为了缓解加密货币和代币的波动性，我们可以预期政府将加强对加密货币市场的监管，以稳定其市场价值。此外，加强针对加密货币和代币的教育也有助于平稳投资者情绪，增强市场的整体稳定性。

14.6 私有区块链

私有区块链（Private Blockchain），也称为托管区块链，是一种由中心机构（例如公司）控制的许可区块链。虽然采用了分布式结构，但由于中心机构的存在，该区块链并不是完全去中心化的。网络中的每个计算机节点可能具有不同的权限。这种分布式账本仍然采用区块链的概念，确保数据的不可篡改性并使用加密原理。私有区块链的成员通常相互了解身份，这不仅有助于他们之间的商业往来，也是他们加入网络的主要动机之一。

与公有区块链相比，私有区块链因中心化程度较高且节点较少，能够实现更快的交易速度，从而提高交易效率。这种效率的提升同时降低了交易成本。然而，由于存在单一权威机构改变区块链中某些区块的可能性，私有区块链牺牲了一定程度的不可篡改性。尽管如此，修改区块可能会对公司的声誉造成不可挽回的损害，并降低其未来成功推出另一个私有区块链的可能性。

我们在表 14.10 中进一步比较了私有区块链和公有区块链的特性。

表 14.10 私有区块链与公有区块链的对比

比较项目	私有区块链	公有区块链
共识机制	许可	无许可
权威机构	中心机构	无中心机构
准入条件	授权用户	所有人
结构	部分去中心化	完全去中心化
不可篡改性	部分	完全
交易速度	快	慢
效率	高	低
交易成本	低	高

资料来源：改编自 Iredale (2021)。

私有区块链的主要供应商包括 Hyperledger Fabric、R3 的 Corda、企业版以太坊、瑞波（Ripple）和 Quorum。Hyperledger Fabric 极具灵活性，适合应用于各个行业。相比之下，Corda 和 Ripple 主要定位于金融行业，不过它们也在逐步扩展业务范围。以 Ripple 为例，它为其区块链提供了一种原生代币，使得交易可以在短短几秒钟内完成。

私有区块链吸引了许多大型公司，因为这种技术结合了区块链的优点，同时允许企业保持控制权并确保信息的隐私性。近年来，私有区块链已经在金融服务、供应链管理、零售、医疗保健、房地产和保险等众多行业中得到广泛应用。例如，沃尔玛使用 IBM 的 Food Trust Hyperledger 区块链构建了一个食品可追溯系统。Comcast 及其合作伙伴创建了 Blockgraph，允许广告商在保护观众隐私的同时精准定位其目标受众。DHL 利用其私有区块链技术对货物运输进行数字化记录并确保交易的安全性。金融机构和保险公司如摩根大通（JP Morgan）与大都会人寿（MetLife）等，也在利用私有区块链来优化并验证它们的合同及交易过程。

| 案例研究 | IBM Food Trust 区块链在食品安全中的应用

尽管大多数国家的食品系统普遍被认为是安全的，但仍不时会爆发食源性疾病和污染事件，例如生菜中的大肠杆菌和毒奶粉事件。发生食品安全事故时，追溯病原源头变得极其关键。然而，确定污染源有时可能耗时数天甚至数周。在明确污染源之前，公众通常被建议避免食用特定种类的食品或来自某一特定地区的所有食品，这不仅导致零售商遭受经济损失，还会削弱消费者对相关供应链各方的信任。因此，一个高效的可追溯系统能够通过迅速准确地定位污染源来减轻这些负面影响。

为了提升食品产品的透明度和可追溯性，以及培育一个更安全、可持续的食品生态系统，IBM 在 2016 年 10 月提出了 IBM 食品信任（Food Trust）网络的概念，并在 2017 年 8 月正式推出了基于 Hyperledger Fabric 的系统。

Hyperledger Fabric 是一个开源框架，具备模块化的架构。这使得食品零售商及其供应商，甚至是竞争对手，都能加入该项目，共同优化食品追溯流程。这个区块链框架支持轻松集成各种系统组件，如共识机制和会员服务等。IBM 已经将溯源、新鲜度检测、食品认证、数据录入和访问控制等功能模块整合进了该区块链系统，并配备了应用程序编程接口（API）、信任锚点（Trust Anchors）、远程部署和智能合约等基础区块链组件。

IBM Food Trust 是食品供应链与区块链结合的一个典范，它为农民、供应商、制造商、分销商、零售商以及物流公司等各利益相关方创建了一个生态系统。根据 IBM 的声明，IBM Food Trust 系统在增强食品安全、提高新鲜度、预防欺诈、减少浪费、增强品牌信任、提升供应链效率及可持续性等方面提供了显著优势。

沃尔玛成为首家与 IBM Food Trust 合作的企业，旨在采用企业级许可的区块链技术，以增强其食品供应链中的追溯能力。这一许可系统仅向受信任的交易伙伴开放访问权限。正如沃尔玛一位高级主管所指出的，区块链是解决这一挑战的理想方案，因为它强调了"信任、不可篡改性和透明度"。2016 年 10 月，沃尔玛与 IBM 合作，开始追踪在美国销售的芒果以及其中国门店所供应的猪肉的来源。在美国，追溯芒果的原产地现在仅需 2.2 秒，与之前需要 7 天的时间相比大幅缩短。对于中国市场的猪肉，该系统鼓励供应商将真品证书上传至区块链上，以确保消费者对产品的信任。

2018 年 9 月 24 日，沃尔玛宣布，所有为山姆（Sam's Club）和沃尔玛供应绿叶蔬菜的供应商必须在 2019 年 9 月之前将其数据上传至区块链。此后，沃尔玛将其追踪工作扩展到乳制品、预包装沙拉和婴儿食品等其他产品。

IBM Food Trust 与沃尔玛的成功合作，也为其与雀巢、联合利华、泰森食品、家乐福、艾伯森（Albertsons）、Raw Seafoods 以及 CHO 等其他食品行业巨头的合作铺平了道路。

问题：

1. IBM Food Trust 系统的优势有哪些？
2. 假设你的公司或其他企业要实施私有区块链方案，你会如何操作？

14.7 联盟区块链

联盟区块链（Consortium Blockchain），也称为联合区块链，已成为解决许可区块链网络中单一权威机构脆弱性问题的有效方案。在这种系统中，多个权威机构能够提供更强大的抵抗外部安全攻击的能力，并减少内部垄断风险。因此，联盟区块链比私有区块链具有更高的安全性，同时也保持了比公有区块链更高的效率。根据德勤（Deloitte）的研究，大约 74% 的组织更倾向于使用联盟区块链。

14.7.1　利弊分析

由于其独特的架构，联盟区块链相较于比特币等公有区块链展现出了其独特的优势和局限。

1. 联盟区块链的优势

- **安全性**：联盟区块链只对特定的参与者群体开放，而非整个公众。这一特性使得其验证过程更不容易受到 SQL 注入（SQL Injection）[一]、分布式拒绝服务攻击（Distributed DOS，DDoS）[二]、中间人攻击（Man-in-the-Middle Attack）[三]等常见网络安全威胁的影响。
- **效率**：与公有区块链相比，联盟区块链由于参与者数量较少，因此其验证过程通常比比特币等系统要快得多。此外，由于网络由一小群经过验证的参与者控制，他们能够更容易地就网络协议达成共识、修改交易信息，甚至根据既定协议纠正错误的交易。这使得联盟区块链的运营效率和可扩展性显著高于比特币等系统。
- **交易成本**：联盟区块链通常是为特定目的设计的，其交易成本极低，甚至可以忽略不计。与比特币挖矿相关的高昂成本相比，联盟区块链在经济效益上具有显著优势。
- **环境影响**：联盟区块链不依赖于像比特币所采用的工作量证明等高能耗机制，而是通常采用如投票证明（Proof of Vote）等能源消耗较低的替代方案，因此其能源需求显著降低。

2. 联盟区块链的劣势

- **威胁**：由于权威机构数量有限，联盟区块链可能容易受到某些机构之间合谋的影响，从而对其他参与者造成损害。
- **有效性**：联盟区块链的许可制访问可能导致市场分割，部分参与者加入一个区块链，而其他参与者选择与其竞争的区块链。由于联盟区块链仍处于初期发展阶段，与这些区块链相关的市场演变仍具有许多不确定性。

[一] SQL 注入是一种常见的网络攻击手段，通过在网页文本框中插入恶意的 SQL 语句来执行非法操作。当黑客进行 SQL 注入时，他们通常不会在网页表单中输入正常的用户名或用户 ID，而是输入用来破坏或欺骗系统的 SQL 命令。例如，他们可能输入 "SELECT UserId, Name, Password FROM Users WHERE UserId = 8495 OR 1=1"，这样的命令，使系统返回数据库中存储的所有用户名和密码。

[二] 在 DDoS 攻击中，大量的恶意流量同时袭击服务器，使其过载，类似于突然发生的交通堵塞。这种攻击会迅速耗尽服务器的网络资源，导致正常用户无法访问服务。这种情形阻断了正常的网络通信，严重影响服务器的正常运行。

[三] 中间人攻击（Man-in-the-Middle Attack）有多个别称，包括：怪兽中间人（Monster-in-the-Middle）、机器中间人（Machine-in-the-Middle）、猴子中间人（Monkey-in-the-Middle）、插手中间人（Meddler-in-the-Middle，MITM）、人物中间人（Person-in-the-Middle，PITM）、对手中间人（Adversary-in-the-Middle，AITM）攻击。这种类型的网络攻击发生在攻击者在通信双方不知情的情况下拦截并可能篡改他们的通信。通过这种方式，攻击者可以在未授权的情况下截获网络中交换的信息，甚至发送虚假消息。

- **协调性**：尽管联盟区块链中的权威机构数量相对较少，但市场领导者仍需付出大量努力来启动联盟，并就协议和规则达成共识。确定适合启动区块链的理想权威机构可能非常复杂，因为每个权威机构都有自己的优先事项。随着更多参与者加入网络，这种情况可能变得更加复杂。

14.7.2 联盟区块链的实施

在实际应用领域，如 R3 的 Corda、摩根大通的 Quorum 以及 Hyperledger 等主要区块链技术提供商，为联盟区块链提供了模板。这些联盟区块链可与公有区块链结合，形成混合区块链。

1. Corda

Corda 是由 R3 公司开发的一个企业级区块链平台，主要应用于金融领域。该平台使用 Kotlin 编程语言编写，并支持 Kotlin 与 Java 的开发环境。Corda 提供了开源版本及付费的企业版。在 Corda 系统中，每个节点代表一个实体，可以是一家公司、公司的某个部门或个人。根据网络协议，节点可以相互交互，并可选择公开或仅与特定成员私下交换数据。

Corda 平台上的应用程序称为 CorDApp，这些应用定义了交易规则和共识机制。与比特币和以太坊区块链将交易分组到区块并集体验证不同，Corda 即时验证每个单独的交易，从而提高了交易的处理速度。相比开源版本，Corda 的企业版提供了更高的交易吞吐量。

虽然 Corda 作为私有区块链本质上不需要加密货币，但它提供了一个代币 SDK，这是一种标准的代币模式，适用于那些希望在其网络中使用代币的实体。2021 年 3 月，R3 与混合区块链平台 XinFin 合作，采用了与以太坊兼容的 XinFin 的加密货币 XDC 作为 Corda 平台上的主要结算币。

Corda 在金融和保险领域是一种领先的区块链解决方案。它获得了包括富国银行（Wells Fargo）、瑞银集团（UBS）、万事达卡（MasterCard）、纳斯达克（NASDAQ）以及其他全球主要银行的投资和关注。采用 Corda 的公司通常能够提升协作效率和降低运营成本。例如，在基于 Corda 的保险网络中，利益相关者可以优化索赔处理、文档管理、数据验证、支付及其他业务流程。

2. Quorum

Quorum 是由摩根大通（JP Morgan Chase）在 2016 年基于 Go Ethereum 开发的一个改进版本，专门针对金融、保险和银行领域。作为一个开源项目，Quorum 保留了以太坊的许多核心功能，例如使用 Solidity 语言开发的智能合约和代币化功能。同时，它还引入了多项功能，包括许可访问控制、吞吐量提升和增强的交易隐私等。

- **许可访问**：Quorum 通过只允许经授权的节点参与网络来增强安全性。
- **高效吞吐量**：截至 2022 年 10 月，基于选定的共识机制，大多数 Quorum 用户已经能够实现每秒处理几百笔交易的高速度。与采用比特币的工作量证明或以太坊的权益证明不同，Quorum 采用了基于实用拜占庭容错算法（Practical

Byzantine Fault Tolerance）的 Raft 共识机制。
- **交易隐私**：Quorum 允许用户控制数据的可访问性，用户可以决定哪些网络成员能查看特定数据。

自 2020 年起，Quorum 的所有者 ConsenSys 已经开发了多种企业级应用程序，供企业用户使用。这些应用包括 Tessera 私有交易管理器（Tessera Private Transaction Manager）、Codefi 支付（Codefi Payment）和 Codefi 工作流（Codefi Workflow）等，这些工具便于用户将区块链技术无缝整合到其业务运营中。

3. Hyperledger

Hyperledger 是一个由 Linux 基金会主导的开源联盟区块链项目，并得到了 IBM、英特尔、SAP 等主要科技公司的支持。Hyperledger 的主要目标是促进跨行业合作，提升区块链系统的性能和可靠性，并加强在技术、金融和供应链领域的交易。通过提供特定用途的模块，Hyperledger 旨在统一各种独立开放的协议和标准。

Hyperledger 项目提供了多种框架，以满足不同用户的具体需求。例如，Hyperledger Fabric 是一个著名的模块化框架，它使企业能够根据自身需求定制解决方案和应用程序，包括智能合约和会员服务等功能。Hyperledger Iroha，基于 PostgreSQL 和 C++，采用拜占庭容错（Byzantine Fault Tolerant）共识算法。另一个框架 Hyperledger Sawtooth Lake 利用其模块化平台提供分布式账本技术。

14.8 混合区块链

混合区块链（Hybrid Blockchain）结合了基于许可的私有系统和无须许可的公有系统的特点。这种网络通常由一个或几个中心机构管理；然而，如有需要，其交易也可以像在公有区块链上那样被验证，确保了交易的高度不可篡改性和安全性。中心机构可以选择对某些交易保密，仅对授权成员开放，或者决定哪些交易应向公众公开。

获得许可的成员通常需完成 KYC 准入流程，通过后，便能访问网络内的所有数据。成员的数据在大部分情况下是保密的，除非涉及与外部方的交易（例如，通过智能合约）。在网络内部，成员具有有限的匿名性，但在公开场合中，他们的匿名性则得到较大程度的保护。然而，只有获得许可的成员才能访问数据，以确保信息在网络内的隐私得到维护。总体而言，混合区块链通过整合公有与私有区块链的特点，提升了网络的安全性。

混合区块链还提供了一些额外优势。例如，由于该网络在一个封闭且私有的生态系统中运行，它能够有效降低 51% 攻击的风险⊖。此外，混合区块链上的交易费用显著低于公有区块链，这是因为交易验证只需由有限数量的节点完成，而不是像公有区块链那样需要大规模节点验证。与私有区块链相似，混合区块链在必要时可以修改其协议，同时保持数据的不可篡改性。

⊖ 51% 攻击是指一群矿工控制了区块链网络超过 50% 的挖矿哈希率或计算能力，从而对区块链进行攻击的行为。

混合区块链适用于多种应用领域，包括物联网、贸易金融、供应链管理、银行业、政府和企业服务等。以下是一些具体示例。

- 物联网（IoT）：混合区块链能够保护私有网络内设备的隐私，同时便于这些设备接入公共网络。
- 区块链即服务（Blockchain as a Service，BaaS）平台：大型企业正在通过区块链技术提升客户服务。例如，IBM 是最早为广泛业务提供区块链平台的供应商之一。亚马逊的区块链产品推动了供应链交易、资产转移及其他商业活动的发展。
- 数字资产创造：混合区块链在资产代币化方面发挥了重要作用，为知识产权、债务和艺术品等有形资产的数字化铺平了道路。例如，Toko 作为开创性的数字资产创建引擎，帮助资产所有者设计代币化产品，从而吸引了更多的投资者。
- 供应链管理：混合区块链天然适合供应链网络，这是因为供应链中的利益相关者通常希望在内部保持交易机密性，同时维持与外部的全球互动。
- 贸易金融：在全球贸易融资领域，混合区块链为参与方创造了一个安全的内部交易环境，同时允许访问外部资源。鉴于它们在交易效率和成本效益方面的优势，联盟和混合区块链在供应链领域的应用正快速增长。

| 案例研究 | XinFin 的 XDC 网络在贸易金融领域的应用

2021 年 8 月 18 日，eXchange infinite（XinFin）的 XDC 网络成为首个与全球贸易金融分销倡议 [Trade Finance Distribution (TFD) Initiative] 接轨的区块链平台。该倡议是一个由贸易发起人、机构金融家和信用保险提供商组成的联盟。国际贸易和福费廷协会金融科技委员会主席安德烈·卡斯特曼（André Casterman）指出，与 XinFin 的 XDC 的整合将使 TFD 能够通过代币化和数字资产将高达 19 万亿美元的贸易金融资产类别与各种类型的资金提供者相连接。

XinFin 总部位于新加坡。该公司将其 XDC 网络视为混合区块链的典范，其中 Quorum 系统用于其私有（联盟）部分，以太坊系统用于其公有（公共）部分，整个网络由 XinFin 的委托权益证明共识机制（XinFin Delegated Proof of Stake，XDPoS）驱动。XinFin 能够无缝集成到银行生态系统、ERP 架构、SWIFT 配置等平台中。与比特币和以太坊相比，XinFin 展现出其独特的优势，见表 14.11。

表 14.11　比特币、以太币、XinFin 的对比

比较项目	XinFin（XDC）	以太币（ETH）	比特币（BTC）
平均交易费用	0.00001 美元	10 美元	15 美元
交易确认速度	2 秒	10~20 秒	10~60 分
智能合约支持	支持	支持	不支持
能源消耗	0.000074 TW·h	20.61 TW·h	71.12 TW·h

资料来源：改编自 https://xinfin.org/index。

显然，像 XinFin 这样的混合区块链模型之所以在性能上超越比特币和以太坊，主要

原因在于其作为许可区块链，认证过程仅依赖于一小群选定的私有节点。得益于其众多优势，XinFin 已与多家企业建立合作关系，包括 Copper、AiX 和 R3 等。其创新的区块链技术也得到了全球知名金融机构的认可，诸如美国国际集团（AIG）、荷兰国际集团（ING）、劳埃德银行（Lloyds Bank）、澳大利亚联邦银行（Commonwealth Bank of Australia）以及国际商会（International Chamber of Commerce）等。

问题：

1. 是什么因素使得 XinFin 的 XDC 网络被 TFD 视为优秀的区块链平台？

2. XinFin 的 XDC 网络与以太坊 ETH 有哪些主要区别？

14.9 总结

本章深入探讨了区块链技术这一在数字化转型时代至关重要的去中心化账本系统。它概述了区块链的基本结构、以比特币为先驱的诞生过程，以及各种公有和私有区块链与加密货币的迅速发展。本章还强调了其中的风险、未来可能的发展趋势，以及企业如何利用联盟区块链和混合区块链来优化业务流程。

本章要点如下。

1. 区块链结构
- 区块链是去中心化的数字账本，交易记录被存储在"区块"中，并按顺序连接起来。
- 通过共识机制，如工作量证明或权益证明，确保网络参与者之间的数据完整性。

2. 比特币区块链
- 比特币是由区块链技术支持的首个加密货币。
- 它在去中心化的公共账本上运行，采用工作量证明共识机制，并以其有限的供应量著称。

3. 其他公有区块链和加密货币
- 在比特币诞生之后，以太币和莱特币等众多加密货币相继出现。
- 每种加密货币平台都有其自身的特性，例如以太坊的智能合约功能。

4. 加密货币的风险与未来发展
- 虽然加密货币承诺金融自由和去中心化，但它们容易受到市场波动、监管审查、技术漏洞和可扩展性问题的影响。
- 未来趋势可能包括更多的监管框架、更广泛的采用，以及应对当前挑战的技术进步。

5. 私有区块链
- 私有区块链限制了参与权限，通常被企业用于维护数据隐私。
- Corda 和 Quorum 等平台展示了行业如何采用私有区块链来简化操作，同时确保数据安全。

6. 联盟区块链
- 联盟区块链由多个组织共同管理，而非由单一中心机构运营，以确保民主化的控制。
- 它们在公有区块链的开放性和私有区块链的隐私性之间实现了平衡。

7. 混合区块链
- 混合区块链融合了公有区块链和私有区块链的特性。
- 它们提供了灵活性,允许部分数据公开,同时保留其他数据的私密性,结合了两种架构的优势以实现最佳效用。

14.10 练习

14.10.1 思考题

1. 创建比特币的主要原因是什么?
2. 区块链与传统数据库之间的主要区别是什么?
3. 你能描述一下比特币区块链中的挖矿过程和工作量证明吗?
4. 比特币区块链的优缺点是什么?
5. 私有区块链与公有区块链之间的主要区别是什么?
6. 为什么联盟区块链和混合区块链会吸引大型企业?你对进一步改进它们有什么建议?
7. 你的公司是否参与了任何区块链项目?如果是,该区块链的表现如何?如果没有,请想象你的公司会如何实施区块链项目。请提供一些关于区块链结构和区块链内部主要组件的详细信息。
8. 你的公司是否参与过任何加密货币投资或在业务交易中使用过加密货币?你能分享一个具体的例子吗?
9. 你是否听说过一些你熟悉的公司成功利用加密货币或代币的真实案例?
10. 你对如何使稳定币保持稳定有什么建议?

14.10.2 案例研究

案例研究1:区块链技术在沃尔玛供应链金融中的应用

背景:

沃尔玛是全球最大的零售连锁店之一,管理着庞大的供应链,涉及数千家供应商,产品范围从电子产品到新鲜农产品。沃尔玛的供应链金融旨在通过优化营运资本的使用并降低沃尔玛及其供应商的成本,从而提高财务效率。传统上,沃尔玛的供应链金融流程(与许多其他公司类似)涉及各种中介机构来促进交易和信贷。尽管这种模式具有一定的优势,但也面临着多种挑战。

挑战:

1. 缺乏透明度:鉴于沃尔玛运营规模庞大,确保与众多供应商之间的透明度是一项重大挑战。

2. 支付延迟：传统供应链金融中的长时间处理可能会导致供应商的流动性问题。
3. 高成本：中介费用和复杂的对账流程可能增加所有相关方的成本。
4. 信任问题：由于沃尔玛的全球化运营，它与来自世界各地的供应商打交道，尤其是在跨境交易中，可能会出现信任问题。

选项：

沃尔玛一直处于技术应用的前沿，正在考虑利用区块链技术的优势来应对这些挑战。

1. 公有区块链：开放透明的网络，但可能速度较慢且资源消耗较大。
2. 私有区块链：速度更快且效率更高，但仅限于沃尔玛的运营，可能缺乏与国际供应商所需的广泛信任。
3. 联盟区块链：涵盖多个关键利益相关者，如主要供应商和合作银行，能够提供更高的效率和信任度，是解决跨境信任问题的理想选择。

问题：

1. 对于沃尔玛这样的零售巨头，哪种区块链结构最适用于优化其供应链金融业务？
2. 沃尔玛应用区块链技术后，将如何重新定义全球供应链中的信任机制？
3. 沃尔玛在将区块链技术整合进其庞大的供应链金融生态系统时，需要注意哪些潜在的风险和陷阱？

案例研究 2：评估混合区块链在供应链管理中的潜力

背景：

供应链管理对于希望保持效率、确保产品质量并持续盈利的企业来说非常关键。然而，传统的供应链管理系统常常面临透明度不足、溯源效率低下以及数据来源碎片化等问题。

国际供应链组织（ISCO）是一个涵盖制造、分销和零售环节的跨国企业联盟。随着全球贸易的迅速发展，ISCO 的成员企业需要应对产品实时跟踪、原产地认证和防伪等方面的挑战。为此，他们寻求一种现代化的解决方案，以改善现有的供应链管理系统。

挑战：

1. 透明度和信任：许多运营于法律管辖区域内的 ISCO 成员存在信任问题。因此，需要一个既能保证所有参与者查看交易历史，又能确保不能被篡改的系统。
2. 实时跟踪：随着产品在全球范围内的制造和运输，实时跟踪变得至关重要。
3. 互用性：ISCO 的不同成员使用的是多种不同的供应链管理系统。任何新的解决方案都必须能够与这些系统兼容，或者提供一个容易与现有系统集成的方案。
4. 保密性：尽管透明度很重要，但并非所有供应链数据都应对所有参与者开放，特别是对竞争对手。

混合区块链解决方案：

混合区块链融合了私有和公有区块链的特性，成为一种潜在的解决方案。这种解决方案可以带来以下优势。

- 透明度和信任：通过允许所有参与者查看交易历史记录来确保透明度。
- 实时跟踪：利用智能合约自动化和简化流程，从而实现产品的实时跟踪。
- 互用性：提供模块化结构，易于与各种现有的供应链管理系统集成，确保系统间的兼容。
- 保密性：确保数据的私密性，允许企业对某些敏感交易保密，仅对有权限的成员开放，同时其他交易可以公开，以满足不同的业务需求。

结果：

ISCO 启动了一个试点项目，将混合区块链解决方案应用于 10 家成员公司的供应链管理中，该项目取得了显著成效。

- 假冒事件大幅减少：一年内假冒事件减少了 70%。
- 运输效率显著提升：实时跟踪功能大大减少了运输延迟和损失，效率提升了 50%。
- 透明度提升且增强信任：改进的透明度增强了成员间的信任，促进了更多的合作项目和伙伴关系的建立。
- 模块化设计确保易于集成：混合区块链的模块化特点确保了与现有系统的顺利集成，90% 的参与公司报告表示该系统易于采用。

问题：

1. 为什么在与私有链和公有链的比较中，混合区块链最终被认为是更适合 ISCO 的解决方案？
2. 智能合约在提高供应链管理效率中起到了哪些关键作用？
3. 鉴于试点项目的成功，ISCO 在将此解决方案扩展到所有成员公司时可能会遇到哪些挑战？

14.11 附录：共识机制

除了区块链的结构外，共识机制也是区块链的重要特征之一。它将一种区块链与另一种区块链区分开来。以下我们列出了一些共识机制。

（1）工作量证明（Proof of Work，PoW）：在工作量证明机制中，首个成功解决复杂数学难题并将新区块加入区块链中的矿工，将获得加密货币奖励和交易费用。详细信息请参见第 14.3.6 节 "共识机制：工作量证明"。

（2）权益证明（Proof of Stake，PoS）：在权益证明机制中，验证者根据其在网络中持有的权益（例如加密货币数量）获得创建下一个区块的权利和奖励。更多信息请查阅第 14.4.2 节 "以太币和以太坊"。

（3）委托权益证明（Delegated Proof of Stake，DPoS）：在委托权益证明机制

中，代币持有者通过投票选出一定数量的"代表"或"见证人"，这些代表负责将新区块添加到区块链中。这些代表有强烈的动机保证行为规范，因为任何恶意行为都可能导致他们被代币持有者投票罢免。

（4）实用拜占庭容错（Practical Byzantine Fault Tolerance，PBFT）：在 PBFT 模式中，被称为"主节点"的节点负责提出新区块并将其广播到网络中。"副本"或其他节点随后独立验证该区块，在对其有效性达成共识后纳入区块链。如果 2/3 的副本节点同意，该区块就会被添加；否则，该区块将被拒绝。PBFT 通过这种方式确保了区块链的完整性和韧性，即使在存在恶意节点的情况下也能有效地抵御攻击。

（5）活动证明（Proof of Activity，PoA）：活动证明结合了工作量证明和权益证明的特点。在此模式中，工作量证明下的矿工首先负责创建区块，然后由权益证明下的验证者对区块中的交易进行确认。这种方法有效地在权益证明的能效和工作量证明的安全性之间取得了平衡。

（6）重要性证明（Proof of Importance，PoI）：在基于重要性证明的系统中，节点根据其持有的加密货币数量、交易频率及交易历史等因素获得一个"重要性评分"。这个评分决定了节点被选中进行交易验证的概率。

（7）销毁证明（Proof of Burn，PoB）：验证者通过"销毁"加密货币来证明其承诺，即将其发送到一个无法使用的地址。这一行为被视为对其计算工作能力的证明，并确立了他们进行挖矿或验证的权利。然而，由于潜在的供应约束和集中化风险，销毁证明并未被广泛采用。

（8）容量证明（Proof of Capacity，PoC）：验证者展示其计算能力，通过利用其硬盘的一部分存储和解析数据。依赖于快速的数据存储和检索能力，这些数据有助于验证交易和添加区块。

（9）权重证明（Proof of Weight，PoW）：每个矿工被分配一个"权重"，权重越大的矿工被选中进行验证的概率越高。如果以加密货币的持有量决定"权重"，则该机制与权益证明非常相似。然而，权重也可以由其他标准来定义。

（10）时间流逝证明（Proof of Elapsed Time，PoET）：在 PoET 机制中，验证者（也称为矿工）等待一个被称为"睡眠时间"的随机时间段，之后才能进行交易验证并将区块添加到区块链中。首个完成睡眠时间的验证者获得验证交易并将区块纳入区块链的权利。PoET 通过为每个验证者提供平等的被选中机会，确保了过程的公正性，同时通过防止恶意实体主导验证过程来增强安全性。

（11）权威证明（Proof of Authority，PoA）：在权威证明中，一组被称为"权威"的验证者被指定来验证交易并将区块添加到区块链中。权威证明通常在联盟或私有区块链设置中使用，更注重安全和效率，而非完全去中心化。

（12）哈希图（Hashgraph）：这种共识算法基于"八卦式交流"（Gossip About Gossip）原理，通过虚拟投票就交易顺序达成共识。更多细节请参见第 14.4.3 节"海德拉网络及其哈希图币"。

14.12 参考资料

Antonopoulos, A. M. (2017). *Mastering Bitcoin: Programming the Open*

Blockchain. O'Reilly Media, Inc.

Bach, L. M., Mihaljevic, B., & Zagar, M. (2018). Comparative Analysis of Blockchain Consensus Algorithms. *2018 41st International Convention on Information and Communication Technology, Electronics and Microelectronics (MIPRO)*, 1545–1550.

Banerjee, A. (2022). *Everything You Need to Know About Consortium Blockchain*. https://www.blockchain-council.org/blockchain/everything-you-need-to-know-about-consortium-blockchain/. Accessed June 21, 2022.

Barchat, C. (2022). *The Ethereum Merge (ETH 2.0) Explained*. https://www.moonpay.com/blog/ethereum-merge-eth-2#frequently-asked-questions-faq. Accessed June 13, 2022.

Bayer, D., Haber, S., & Stornetta, W. S. (1993). Improving the Efficiency and Reliability of Digital Time-Stamping. In *Sequences Ii* (pp. 329–334). Springer.

Bentov, I., Lee, C., Mizrahi, A., & Rosenfeld, M. (2014). Proof of Activity: Extending Bitcoin's Proof of Work Via Proof of Stake [Extended Abstract] y. *ACM SIGMETRICS Performance Evaluation Review*, 42(3), 34–37.

Bernstein, S., & Kominers, S. D. (2022). Why Decentralized Crypto Platforms Are Weathering the Crash. In *Harvard Business Review*. https://hbr.org/2022/12/why-decentralized-crypto-platforms-are-weathering-the-crash. Accessed June 19, 2022.

Bitcoin Wiki. (2022). *Difficulty*. https://en.bitcoin.it/wiki/Difficulty. Accessed June 21, 2022.

Blockchain.com. (2017). *Bitcoin Block 500,000*. https://www.blockchain.com/btc/block/00000000000000000024fb37364cbf81fd49cc2d51c09c75c35433c3a1945d04?page=1. Accessed June 11, 2022.

Bowman, M., Das, D., Mandal, A., & Montgomery, H. (2021). On Elapsed Time Consensus Protocols. *Progress in Cryptology–INDOCRYPT 2021: 22nd International Conference on Cryptology in India, Jaipur, India, December 12–15, 2021, Proceedings 22*, 559–583.

Bybit. (2022). *Proof of Burn (PoB)*. https://learn.bybit.com/glossary/definition-proof-of-burn-pob/. Accessed June 22, 2022.

Castro, M., & Liskov, B. (1999). Practical Byzantine Fault Tolerance. *OsDI*, 99(1999), 173–186.

Coindesk. (2022). *Cryptocurrency Prices*. https://www.coindesk.com/price/ethereum/. Accessed July 11, 2022.

Compare, P. (2018). *What Is Proof of Weight?* https://coincodex.com/article/2617/what-is-proof-of-weight/. Accessed June 1, 2022.

Consensys. (2023). *Everything You Need to Build the Next Generation of Blockchain-Based Enterprise Solutions*. https://consensys.net/quorum/products/. Accessed October 11, 2023.

Consul. (2023). *Consensus Protocol*. https://developer.hashicorp.com/consul/docs/

architecture/consensus. Accessed June 5, 2023.

Corda. (2022). *The Future of Digital Finance Is Built on Trust*. https://corda.net/. Accessed June 21, 2022.

CryptoMarketsWiki. (2021). *IBM*. https://crypto.marketswiki.com/index.php?title=IBM. Accessed June 1, 2022.

Ethereum. (2022a). *Earn Rewards While Securing Ethereum*. https://ethereum.org/en/staking/. Accessed June 21, 2022.

Ethereum. (2022b). *The Merge*. Ethereum.com. https://ethereum.org/en/upgrades/merge/. Accessed July 1, 2022.

Ethereum. (2022c). *Welcome to Ethereum*. https://ethereum.org/en/. Accessed July 11, 2022.

Ethereum. (2023a). *Blocks*. https://ethereum.org/en/developers/docs/blocks/. Accessed June 21, 2023.

Ethereum. (2023b). *Sharding*. https://ethereum.org/en/upgrades/sharding/. Accessed June 8, 2023.

Euromoney Learning. (2022). *The Rise of Private Blockchains*. https://www.euromoney.com/learning/blockchain-explained/the-rise-of-private-blockchains. Accessed July 9, 2022.

Finneseth, J. (2021). *XinFin (XDC) Hits a New ATH After Fresh Partnerships and Exchange Listings*. https://cointelegraph.com/news/xinfin-xdc-hits-a-new-ath-after-fresh-partnerships-and-exchange-listings. Accessed October 6, 2021.

Geroni, D. (2021). *Hybrid Blockchain: The Best of Both Worlds*. https://101blockchains.com/hybrid-blockchain/. Accessed September 21, 2021.

Github. (2023). *A Permissioned Implementation of Ethereum Supporting Data Privacy*. https://github.com/ConsenSys/quorum. Accessed November 5, 2023.

Haber, S., & Stornetta, W. S. (1990). How to Time-Stamp a Digital Document. *Conference on the Theory and Application of Cryptography*, 437–455.

Hartmann, T. (2021). *What Is Bitcoin Memory Pool?* Captainaltcoin.com. https://captainaltcoin.com/bitcoin-memory-pool-mempool/. Accessed December 11, 2021.

Hayes, A. (2021). *Target Hash*. https://www.investopedia.com/terms/t/target-hash.asp. Accessed June 18, 2022.

Hedera. (2023a). *How It Works*. https://hedera.com/how-it-works. Accessed October 11, 2023.

Hedera. (2023b). *The Open Source Public Ledger*. https://hedera.com/. Accessed June 19, 2023.

Hyperledger. (2019). *Case Study: How Walmart Brought Unprecedented Transparency to the Food Supply Chain with Hyperledger Fabric*. https://www.hyperledger.org/wp-content/uploads/2019/02/Hyperledger_CaseStudy_Walmart_Printable_V4.pdf. Accessed June 27, 2022.

Hyperledger. (2022). *Building Better Together*. https://www.hyperledger.org/.

Accessed June 17, 2022.

Hyperledger. (2023). *Hyperledger Fabric*. https://www.hyperledger.org/use/fabric. Accessed June 9, 2023.

IBM. (2023). *IBM Supply Chain Intelligence Suite: Food Trust*. Supply Chain Intelligence Suite. https://www.ibm.com/products/supply-chain-intelligence-suite/food-trust. Accessed June 16, 2023.

IBM Food Trust. (2019). *About IBM Food Trust*. www.ibm.com/food. Accessed June 13, 2022.

Investopedia. (2021). *Proof of Capacity (Cryptocurrency)*. https://www.investopedia.com/terms/p/proof-capacity-cryptocurrency.asp. Accessed June 16, 2022.

Iredale, G. (2021). *The Rise of Private Blockchain Technologies*. https://101blockchains.com/private-blockchain/. Accessed June 14, 2022.

Krause, E. (2018, July 5). A Fifth of All Bitcoin Is Missing. These Crypto Hunters Can Help. *The Wall Street Journal*.

Krause, M. J., & Tolaymat, T. (2018). Quantification of Energy and Carbon Costs for Mining Cryptocurrencies. *Nature Sustainability*, 1(11), 711–718.

Kriptomat. (2023). *The Most Popular Blockchain Networks*. https://kriptomat.io/blockchain/most-popular-blockchain-networks/. Accessed June 19, 2023.

Lemieux, P. (2013). Who is Satoshi Nakamoto? *Regulation*, 36(3), 14–16.

Leonard, C. (2016). Blocking the Blockchain. *Int'l Fin. L. Rev.*, 35, 58.

Lim, S. (2022). *Market Bottom: Can We Trust It? Only If Pro-Risk Momentum Is Sustained*. I3investor. https://klse.i3investor.com/web/blog/detail/MarketUpdatesataGlance/2022-05-27-story-h1623451612-Market_Bottom_can_we_trust_it_only_if_pro_risk_momentum_is_sustained. Accessed June 21, 2022.

Magazine, B. (2020). *What Is the Bitcoin Block Size Limit*. https://bitcoinmagazine.com/guides/what-is-the-bitcoin-block-size-limit. Accessed June 23, 2022.

McGleenon, B. (2022). *How Crypto Fell to Earth in 2022: Eight Charts That Tell the Story of a Cruel Crash*. https://news.yahoo.com/how-crypto-fell-2022-eight-charts-story-of-cruel-crash-060058350.html. Accessed November 21, 2022.

Miller, R. (2018). *Walmart Is Betting on the Blockchain to Improve Food Safety*. https://techcrunch.com/2018/09/24/walmart-is-betting-on-the-blockchain-to-improve-food-safety/. Accessed June 2, 2022.

Morris, N. (2018). *R3's Corda Dominates Insurance Sector*. https://www.ledgerinsights.com/r3-corda-blockchain-insurance. Accessed June 6, 2022.

Murphy, M. (2020). *Who Is Buying Into IBM's Blockchain Dreams?* https://www.protocol.com/ibm-blockchain-supply-produce-coffee. Accessed June 23, 2022.

Nakamoto, S. (2008). Re: Bitcoin P2P E-cash Paper. *The Cryptography Mailing List*.

Narayanan, A., Bonneau, J., Felten, E., Miller, A., & Goldfeder, S. (2016). *Bitcoin and cryptocurrency Technologies: a Comprehensive Introduction*. Princeton University Press.

Norman, A. T. (2017). *Blockchain Technology Explained: The Ultimate Beginner's Guide About Blockchain Wallet, Mining, Bitcoin, Ethereum, Litecoin, Zcash, Monero, Ripple, Dash, IOTA and Smart Contracts*. CreateSpace Independent Publishing Platform.

Oberhaus, D. (2018). The World's Oldest Blockchain Has Been Hiding in the New York Times Since 1995. *Motherboard: Tech by Vice [Internet]*.

OpenSea. (2023). *What Are Blockchain Forks?* https://opensea.io/learn/blockchain/what-are-blockchain-forks. Accessed January 16, 2024.

Outlook. (2023). *Can Hedera (HBAR), Tron (TRX), and Chronoly.io (CRNO) Become Market Leading Tokens?* https://www.outlookindia.com/business-spotlight/can-hedera-hbar-tron-trx-and-chronoly-io-crno-become-market-leading-tokens-news-219286. Accessed June 26, 2023.

Phemex. (2021a). *What Is Quorum: A Closer Look at an Enterprise Blockchain Giant*. https://phemex.com/academy/what-is-quorum-jp-morgan. Accessed July 21, 2022.

Phemex. (2021b). *What Is R3 Corda: The Finance World's Leading Enterprise Blockchain*. https://phemex.com/academy/what-is-r3-corda. Accessed July 13, 2022.

Pongratz, N., & James, R. (2023). *Bitcoin Mining Used More Electricity Than Sweden in 2022, Says Report*. https://beincrypto.com/btc-mining-used-more-electricity-than-sweden/. Accessed June 8, 2023.

R3. (2022). *Token SDK*. https://www.r3.com/wp-content/uploads/2022/09/TokenSDK_Factsheet__R3.July2019.pdf. Accessed June 21, 2022.

R3. (2023). *Digital Finance Is Powered by Corda*. https://www.r3.com/products/corda. Accessed June 29, 2023.

Reiff, N. (2023). *Bitcoin Vs. Bitcoin Cash: What's the Difference?* https://www.investopedia.com/tech/bitcoin-vs-bitcoin-cash-whats-difference. Accessed January 16, 2024.

Saad, S. M. S., & Radzi, R. Z. R. M. (2020). Comparative Review of the Blockchain Consensus Algorithm Between Proof of Stake (pos) and Delegated Proof of Stake (Dpos). *International Journal of Innovative Computing*, 10(2).

Schmidt, J., & Powell, F. (2022). *Why Does Bitcoin Use So Much Energy?* https://www.forbes.com/advisor/investing/cryptocurrency/bitcoins-energy-usage-explained. Accessed June 21, 2023.

Sergeenkov, A. (2022). *Bitcoin Mining Difficulty: Everything You Need to Know*. https://www.coindesk.com/learn/bitcoin-mining-difficulty-everything-you-need-to-know/. Accessed June 2, 2023.

Sherman, A. T., Javani, F., Zhang, H., & Golaszewski, E. (2019). On the Origins and Variations of Blockchain Technologies. *IEEE Security & Privacy*, 17(1), 72–77.

Statista. (2022). *Ethereum (ETH) Price per Day From August, 2015 to December, 2022 (in U.S. dollars)*. A Snapshot of ETH Price History From Statista, https://www.statista.com/statistics/806453/price-of-ethereum/. Accessed December 23, 2022.

Tank, M., Radcliffe, M., & Caires, E. (2021). *Blockchain and Digital Assets News and Trends.* https://www.dlapiper.com/en-us/insights/publications/blockchain-and-digital-assets-news-and-trends/2022/blockchain-and-digital-assets-news-and-trends-may-2021. Accessed June 2, 2022.

Terra. (2023). *About Terra.* https://www.terra.money/about-terra. Accessed June 21, 2023.

Thompson, P. (2018). *The Current State of the Bitcoin Network and Its Biggest Block.* https://cointelegraph.com/news/the-current-state-of-the-bitcoin-network-and-its-biggest-block. Accessed June 2, 2022.

Wegrzyn, K. E., & Wang, E. (2021). *Types of Blockchain: Public, Private, or Something in Between.* https://www.foley.com/en/insights/publications/2021/08/types-of-blockchain-public-private-between. Accessed June 25, 2022.

Wikipedia. (2022a). *Cryptocurrency.* https://en.wikipedia.org/wiki/Cryptocurrency. Accessed June 21, 2022.

Wikipedia. (2022b). *Diffie–Hellman Key Exchange.* https://en.wikipedia.org/wiki/Diffie-Hellman_Key_Exchange. Accessed June 22, 2022.

Wikipedia. (2022c). *Ethereum.* https://en.wikipedia.org/wiki/Ethereum. Accessed June 23, 2022.

Wikipedia. (2022d). *Litecoin.* https://en.wikipedia.org/wiki/Litecoin. Accessed October 2, 2022.

Wikipedia. (2022e). *SHA-2.* https://en.wikipedia.org/wiki/SHA-2. Accessed November 21, 2022.

Wikipedia. (2022f). *Stablecoin.* https://en.wikipedia.org/wiki/Stablecoin. Accessed December 1, 2022.

Wikipedia. (2023a). *Bitcoin.* https://en.wikipedia.org/wiki/Bitcoin. Accessed May 2, 2023.

Wikipedia. (2023b). *Cryptocurrency Bubble.* https://en.wikipedia.org/wiki/Cryptocurrency_bubble. Accessed March 7, 2023.

Wikipedia. (2023c). *Cryptocurrency Wallet.* https://en.wikipedia.org/wiki/Cryptocurrency_wallet. Accessed July 2, 2023.

Wikipedia. (2023d). *Directed Acyclic Graph.* https://en.wikipedia.org/wiki/Directed_acyclic_graph. Accessed June 21, 2023.

Wikipedia. (2023e). *Hashgraph.* https://en.wikipedia.org/wiki/Hashgraph. Accessed July 6, 2023.

Wikipedia. (2023f). *Man-in-the-Middle Attack.* https://en.wikipedia.org/wiki/Man-in-the-middle_attack. Accessed August 2, 2023.

Wikipedia. (2023g). *Public-Key Cryptography.* https://en.wikipedia.org/wiki/Public-key_cryptography. Accessed May 8, 2023.

Wood, L. (2021). *The Worldwide Blockchain Supply Chain Industry Is Expected to Reach $3+ Billion by 2026 - ResearchAndMarkets.com.* Business Wire. https://www.

businesswire.com/news/home/20210316005759/en/The-Worldwide-Blockchain-Supply-Chain-Industry-is-Expected-to-Reach-3-Billion-by-2026---ResearchAndMarkets.com. Accessed June 1, 2022.

XinFin. (2023a). *Enterprise Ready Hybrid Blockchain for Global Trade and Finance*. https://coinmarketcap.com/community/articles/656f897216787c05ab33051b/. Accessed June 13, 2023.

XinFin. (2023b). *XinFin XDPoS Consensus*. https://www.xinfin.org/dpos_tech_brief. Accessed June 22, 2023.

Xinfin. (2023c). *Blockchain Data*. https://xinfin.org. Accessed March 27, 2023.

XinFin XDC Network. (2021). *XinFin's XDC Network Selected as the First Blockchain Company to Join the Global Trade Finance Distribution Initiative*. CISION. https://www.prnewswire.com/news-releases/xinfins-xdc-network-selected-as-the-first-blockchain-company-to-join-the-global-trade-finance-distribution-initiative-301358050.html. Accessed July 1, 2022.

第 15 章 区块链在供应链金融中的应用

■ 学习目标

1. 理解区块链在供应链金融中提升透明度和效率的影响。
2. 了解供应链交易中的数字代币类型,包括资产支持型代币和非同质化代币(NFT)。
3. 评估首次代币发行(ICO)用于初创企业融资的优缺点,以及风险缓解策略。
4. 识别并理解在供应链领域应用区块链时所面临的挑战。
5. 研究区块链在供应链金融中的成功案例及其对全球贸易的影响。

■ 摘要

本章探讨了区块链技术在供应链金融中的变革性作用,突出了其在提升透明度、信任度及运营效率方面的潜力。本章介绍了在交易中使用的各类数字代币,包括资产支持型代币和非同质化代币(NFT)之间的区别。本章还审视了首次代币发行(ICO)的优势与风险,提出了应对潜在风险的策略。通过结合理论分析和实际案例,本章展示了区块链如何优化全球贸易运营并增强交易透明度的深远影响。

15.1 导言

根据普华永道(PwC)的一项研究,区块链在商业应用方面预计将在未来 10 年内为全球 GDP 带来 1.76 万亿美元的增长,约占 2030 年全球 GDP 的 1.4%。尤其在中国和美国,预计由区块链引发的 GDP 增长将分别达到 4,400 亿美元和 4,070 亿美元。

当供应链采用区块链技术时,其作用远不止于在去中心化的账本系统中保护交易数据。区块链技术还在以下几个方面提供了显著优势。

- 可视性:通过参与区块链系统将链内的所有数据数字化,企业能够与信任的合作伙伴共享数据,从而显著提高供应链的整体可视性。
- 可预测性:提升的可视性有助于更准确和及时地进行需求预测以及评估其他

关键的业务指标。
- 可控性：智能合约的应用使企业能够更高效地管理交易，进而更好地控制和优化运营流程。

在本章中，我们将开始探讨区块链在供应链管理和金融中的应用。

15.2 区块链在供应链管理和金融中的应用

自 2000 年 6 月 30 日美国《统一电子交易法》（Uniform Electronic Transactions Act，UETA）实施以来，电子记录和签名在美国的法律效力日益增强。全球范围内的类似发展为供应链合同在区块链上的运用提供了坚实的基础。得益于区块链的不可篡改性、智能合约、混合区块链的适应性以及其他优势，许多企业已开始利用区块链管理其供应链交易。在这种背景下，买家需要决定是否为其交易建立一个供应链区块链，并考虑在何种程度上邀请甚至要求其供应商加入该区块链。这种积极的整合可能进一步扩展到更多的上游供应商。同时，竞争力强的供应商也可能采取类似策略。

在供应链中采用区块链的目的是增强透明度，加强交易安全性，减少中介，从而降低交易成本，并因此发掘新的商业机会。这些积极影响不仅可以提升生产力和供应链效率，还能降低运营成本，并促进供应链的可持续发展。鉴于这些优势以及政府日益增加的支持，预计供应链管理中的区块链市场规模将从 2020 年的 2.53 亿美元增长到 2026 年的 32.72 亿美元，年复合增长率达到 53.2%。

除了比特币区块链所带来的安全性、透明度、效率和成本效益等好处之外，在供应链金融中实施区块链还具有其他优势。特别是在考虑可能比比特币更高效的区块链时，这些优势更加明显。接下来，我们将深入探讨其中的一些好处，包括供应链可视性、了解您的客户（KYC）流程、会计和审计，以及智能合约。

15.2.1 供应链可视性

供应链可视性是实现供应链数字化和构建智能生态系统的必要前提。目前，许多供应链和物流网络已经过时，缺乏可视性，存在盲点，并被烦琐的流程困扰，例如供应链交易中烦琐的手动文档处理。由于预算限制，许多公司尤其是中小企业，没有足够的资金来数字化它们的供应链。这种供应链可视性的缺失阻碍了公司提高灵活性、识别问题、提高个体绩效和优化整个供应链等方面的效率。

1. 区块链对供应链可视性的影响

随着私有、联盟和混合区块链技术的发展，公司特别是小型企业，有机会加入这些区块链平台。激烈的供应链竞争，加上库存和物流成本的飙升，使得区块链技术变得特别具有吸引力。通过区块链平台，这些企业能够全面掌握其物流系统、库存管理、仓储、货物配送和发票处理等关键流程。

区块链技术的一个显著特点是数据的不可篡改性，这大大增强了存储在区块链上的数据的信任度和安全性。虽然区块链不能防止错误数据的输入,但其不可篡改的特性能有效阻止某些企业在协议生效后修改数据或伪造文件。当关联公司选择共享具体信息,如货物位置时,它们将从改善的供应链可视性中受益,并能实时跟踪整个供应链的状态。同时,区块链平台还可以保护公司标记为私密的任何信息的机密性。

增强的供应链可视性可以实时洞察库存水平、仓库状态、货物、发票和需求趋势,这种可视性的提升有助于实现更准确的需求预测,以及对成本、收入和利润等关键业务指标的更精确计算。此外,它还能促进更优的生产计划制订、高效的库存管理和仓库周转率的提升,从而增强整个供应链的盈利能力。

通过智能合约,企业能显著减少人工流程,更迅速地推动交易和支付的自动化,从而惠及所有相关方的现金流。例如,传统上供应链公司及其海外银行处理提单(Bill of Lading)需要数周时间。然而,在区块链平台的辅助下,例如由马士基(Maersk)和IBM共同开发的TradeLens平台,得益于文件处理过程的可视性提升,同一提单的处理时间可以显著缩短至几天。然而,值得注意的是,如果一个或多个利益相关方拒绝加入特定的区块链平台,这一加速过程可能会受阻。

| 案例研究 | 钻石区块链

Brilliant Earth是一家专营珠宝的公司,承诺在采购过程中严格遵守道德标准,其产品涵盖钻石及多种宝石。该公司致力于确保每颗钻石的切工、颜色、净度和克拉数都符合相应的规格,同时确保出售的每颗钻石来源都是符合道德要求的。Cowen分析师Oliver Chen指出,消费者,尤其是年轻一代,正迅速转向支持拥有透明且对社会负责任的供应链的珠宝商。为了满足这种消费需求,Brilliant Earth开始采用区块链技术,以提升其钻石供应链的透明度。

2018年,Brilliant Earth开始与Everledger合作,设计一套专用于追踪钻石来源的区块链系统。自2019年5月起,其钻石产品的流转已经可以在Everledger的区块链系统上进行追踪。这使得消费者能够追溯到钻石的整个供应链过程,从矿山的挖掘开始,经过每一个供应链阶段,直至最终送达他们的手中。

2. 用于数据可视性的区块链预言机

在通过区块链提升供应链可视化的过程中会面临几个重大障碍,包括去中心化区块链的有限容量以及去中心化区块链与传统集中式信息系统之间使用的多样化数据结构。由于去中心化区块链与中心化系统需要共存,因此必须建立一个桥梁来连接这两个截然不同的系统。这时可以建立一个接口,从而解析各种数据结构,并在这些系统之间无缝地传输信息。因此,区块链预言机(Blockchain Oracle)作为促进去中心化区块链与外部环境通信的重要工具应运而生。

当区块链与外部系统集成时,区块链预言机的关键功能之一是赋予区块链能够基于外部输入执行智能合约的能力,或使区块链智能合约在现实世界中发挥作用(见图15.1)。因此,区块链预言机架设了一座桥梁,使得去中心化的Web 3生态系统能够与现有的传统系统和各种数据源对接。区块链预言机可以是链上的（在区块链内部）或链下的（在区块链外部）。这些链上和链下的基础设施共同支持着去中心化预言机网络（DONs）和去中心化应用程序（DApp）。这些平台帮助用户创建混合智能合约，将区块链内部的智能合约与外部现实世界的事件连接起来。

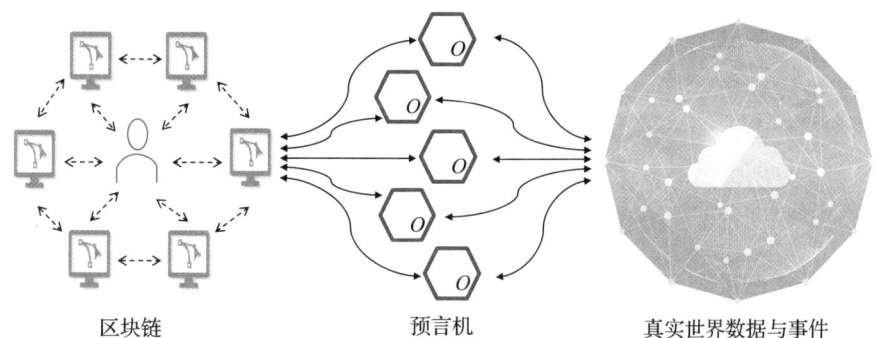

区块链　　　　　　预言机　　　　　真实世界数据与事件

图 15.1　预言机是区块链与现实场景的桥梁

在区块链领域，许多智能合约，如去中心化金融系统中的智能合约，依赖于来自现实世界的数据。这些数据类型极为多样，包括金融资产价格、用户信用历史、游戏随机性、身份验证信息、天气数据、保险细节以及供应链网络中使用的物联网传感器数据等。这些数据以多种格式存在，可通过链下预言机传递到链上预言机，再由此传递至区块链内的智能合约。这一过程使得区块链在保持其固有安全性的基础上，能够接入外部数据。考虑到区块链的不可篡改特性，预言机系统本身也需采用去中心化结构，以确保数据准确无误地输入区块链中。

根据其不同的功能，区块链预言机可分为以下几类。

- 输入预言机（Input Oracle）：这类预言机负责将现实世界的数据，例如智能合约所需的资产价格等，传输到区块链。
- 输出预言机（Output Oracle）：这类预言机使智能合约能够在链外系统（现实世界）中触发事件，例如执行银行交易或向物联网系统发送指令以关闭车库灯。
- 跨链预言机（Cross-Chain Oracle）：这类预言机负责在不同的区块链平台之间检索数据，并触发相应的智能合约事件。
- 计算支持的预言机（Compute-Enabled Oracle）：这类预言机提供去中心化的链下计算服务，这些服务可能因技术、财务或法律限制而无法直接在链上执行。

根据预言机的接口类型，可以进一步将其分为以下几类。

- 软件预言机（Software Oracle）：这类预言机从软件应用程序和在线资源获取信息，并将其传输到区块链。
- 硬件预言机（Hardware Oracle）：这类预言机帮助智能合约从物理设备（如条码扫描器、蓝牙设备、电子传感器及其他数据采集设备）收集信息。
- 人类预言机（Human Oracle）：知识渊博的人类专家也可以作为预言机，直接向智能合约传递信息。

15.2.2 了解您的客户流程

了解您的客户（Know-Your-Customer，KYC）流程对于金融机构来说一直是一个耗时且烦琐的过程。当新客户开设账户时，机构必须验证客户的身份。这是为了进行尽职调查、降低投资风险并防止客户滥用服务的监管要求。然而，传统的KYC流程面临多个挑战。

- **重复性**：许多KYC信息在不同机构的系统中重复存在。
- **隔离性**：虽然各机构可能保留与同一客户的交易历史，但这种信息的分散存储阻碍了对客户风险状况的全面了解。
- **低效性**：传统的KYC流程大多依赖手动操作，因此过程既冗长又低效。

在区块链上实施KYC流程可以解决这些问题，并使相关组织和机构能够加速客户的入驻流程。这样不仅能确保更好的合规性，还能提高供应链的效率并改善客户在此流程中的体验。

为确保区块链上的KYC文件不仅具有实用性，而且能在各机构间被重复使用，所有参与方需要共同协商并一致同意建立全面的KYC流程标准。KYC流程可以按照以下几个不同的层级进行分类。

（1）客户识别程序（Customer Identification Program，CIP）：CIP涉及收集和验证客户的数据。这通常是在客户注册或登记服务后所需的步骤。

（2）客户尽职调查（Customer Due Diligence，CDD）：此步骤可能需要对客户进行背景调查，以进一步评估与他们相关的潜在风险。

（3）客户持续监控（Customer Ongoing Monitoring，COM）：COM要求持续更新所有相关KYC信息，并密切监控正在进行的交易，特别是那些可疑的活动，例如短时间内的多笔大额交易。

所有相关方都可以积极参与并监督KYC流程。一旦某机构将客户的KYC档案上传到区块链，其他机构便可请求信息交换交易。此外，一旦KYC档案更新，所有机构都会收到通知。

然而，我们仍需审慎考虑一些潜在的挑战。例如，虽然一个去中心化且高度可信的KYC系统具有明显的吸引力，客户可能会对向一个全球可访问的系统提供详细的个人信息持保留态度。此外，某些机构，比如银行，可能仍会选择进行独立的尽职调查，这样的做法可能会削弱基于区块链的KYC系统的整体效力。

15.2.3 会计与审计

区块链作为一种分布式会计系统，凭借其独特的属性，有潜力彻底改变从交易启动、处理到授权、记录和报告的所有记录保存流程。由于记录保存与交易结算同时进行，审计可以以更实时和统一的方式进行。

然而，与会计欺诈和审计监督相关的担忧也随之出现。由于交易和支付记录在区块链上，它们保留了所有相关的会计数据。应用区块链可以阻止企业操纵会计账簿以逃避缴税。然而，一些企业可能会因此抵制加入区块链平台，尤其是在审计能力薄弱的司法管辖区。只有当区块链的优势超过通过双重会计方案可避免的潜在税收时，它们才可能愿意加入。

1. 双重会计困境

区块链的不可篡改特性可以帮助解决某些司法管辖区面临的双重会计困境。这种困境出现在公司为了逃避缴税而维持两套不同的会计账簿和财务记录的情况下（见图 15.2）。本质上，通过维持两套账簿，公司能够隐藏其资产和现金流，从而尽可能减少应缴的所得税。

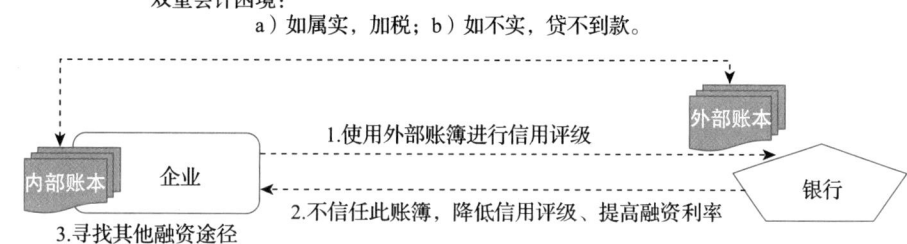

图 15.2　双重会计困境

为了让供应链金融充分利用风险缓解和分担的特性，建立一个可信赖的文化和环境是不可或缺的。为了个人利益而使用双重会计账簿会削弱公众对企业的信任。

审计的关键作用在于增强公众对企业披露的会计信息的信心。鉴于区块链上存储的数据具有不可篡改性，这项技术可以显著减少审计员在信息验证方面的工作量。此外，由于区块链的在线运行，数据采集、会计数据对账和数据分析等任务可以实现自动化处理。因此，传统上耗时且费力的人工流程，如数据提取和审计材料准备，都可以大幅减少。

根据 2016 年对金融和 IT 审计师的一项调查，94% 的受访者预计区块链将对他们的职业产生重大影响。随着越来越多的企业和组织采用区块链技术，对审计师的需求可能会减少，而审计流程可通过区块链被大幅简化和加速。

2. 储备金证明

鉴于区块链在商业中的应用仍处于初期阶段，且缺乏标准化的方法，审计区块链变得日益复杂，这要求审计人员具备专业的技术知识作为支撑。

区块链审计的一个典型例子是储备金证明（Proof of Reserve，PoR）流程，该流程用于验证某公司或服务提供商是否真正持有其所声称的储备金。在传统流程中，这通常需要审计师的直接参与。然而，在区块链上，企业的资产和储备金可能已经被精确地记录在链上，从而可以通过智能合约和区块链预言机进行自动化审计。

| 案例研究 |　Chainlink 储备金证明

Chainlink 是一个基于以太坊的去中心化预言机网络，其主要目标是将区块链与链下的现实世界数据源连接起来。它确保将链下数据无篡改地提供给链上的智能合约，反之亦然。

储备金证明是 Chainlink 提供的一项服务，它利用智能合约来评估由链下或跨链储备支持的链上资产。

通过其去中心化的预言机，Chainlink 的储备金证明提供了抵押品的实时自主审计，以保护用户资金免受链下托管方的欺诈。与依赖托管方的纸质保证相比，这种自动化且实时的链上审计提供了一种基于实际资产的更为稳健的保障，并为资产抵押提供了更高的透明度。Chainlink 的储备金证明可用于验证代币的铸造和销毁过程，以及跨链资产如代币化的比特币和法定货币支持的稳定币，甚至传统市场中的资产。

3. 审计的未来发展

尽管区块链在审计方面提供了诸多优势，但它无法完全取代传统的审计师角色。审计流程涉及收集相关信息并评估其相关性、准确性、客观性、可靠性和可验证性。虽然区块链能够确保记录的不可篡改性，但它不能保证所有交易细节的准确性。因此，额外的审查工作对于验证交易的合法性、参与多方的可能性以及链下支付的可行性至关重要。

此外，区块链的出现为审计过程引入了新的维度。例如，智能合约的内容可能需要进行审计，以确保其符合商业协议和法律标准。私有和联盟区块链需要经过严格评估，以识别用户可能面临的风险，理解区块链的运营模式，并防止系统内特权实体的权力滥用。此外，鉴于加密货币的隐私性和区块链的广泛应用，验证"隐藏"数字资产的任务变得越来越复杂。

15.2.4 智能合约

智能合约（Smart Contract）在供应链交易中扮演着关键角色。多个区块链平台，如以太坊，推崇使用智能合约作为去中心化融资的解决方案。智能合约是一种通过计算机编程设计的交易协议，它能够在特定的预设条件被满足时自动执行交易。该术语的创始人尼克·萨博（Nick Szabo）将智能合约比喻为自动售货机：一旦满足了所需的条件（例如，投入正确的金额），自动售货机就会执行"合约"，即分发预定的商品。

智能合约的好处包括：

- 文件的数字化；
- 能够快速自动完成交易；
- 通过智能合约防止欺诈，一旦检测到欺诈行为，智能合约会自动执行预设的处罚措施或协议；
- 允许区块链内所有参与方访问。

创建智能合约的过程通常遵循以下步骤：

- 定义智能合约的具体目标。
- 确定触发合约执行的条件。智能合约应明确规定引发事件的条款和条件。
- 详细描述在满足预设条件时将执行的操作。

- 将这些预设条件和操作结果编码进区块链。
- 部署智能合约后，所有操作结果都会被记录在区块链上。

某些专家指出，智能合约并不总是具有法律约束力的正式协议，而是实体之间达成的一种机制，旨在确保支付义务得到履行。由于智能合约与区块链紧密相连，它们通常被视为存储在区块链上的安全编程程序，可以由各自的区块链平台进行监管和执行。尽管如此，随着智能合约的日益普及，某些国家和地区开始正式承认其合法性。例如，白俄罗斯在2017年的《关于发展数字经济的法令》中承认了智能合约的合法性。自2018年以来，美国越来越多的州也颁布了支持使用智能合约的法案。

1. 智能合约的应用

在供应链管理和金融领域内，智能合约可以在以下几个方面提供帮助。

- 文档管理：
  - 记录货物运输的状态。
  - 记录交付时间和产品转移。
  - 生成货物和服务的收据。
  - 制作发票。
- 提醒功能：
  - 通报环境变化，如集装箱或仓库内的温度或湿度变化等。
  - 提醒市场变动，包括价格波动。
  - 提示库存水平的变化。
  - 在满足特定交易条件时发出提醒。
- 交易自动化：
  - 在预定事件发生时自动执行供应链交易。
  - 在满足库存补充标准时启动订单。
  - 按照预先设定的程序依次处理金融交易（例如提单）。
- 支付自动化：
  - 促进买卖双方之间的自动支付转账，如从买家到卖家的支付流程。

执行智能合约可以涵盖上述所有方面。例如，卖家与买家（有时还包括其他第三方）会建立一个智能合约。通过该合约，买家可以利用其数字钱包向卖家支付款项。当所有参与方同意智能合约的条款后，卖家将货物或服务交付给买家。一旦买家确认交付并验收，智能合约会自动触发，从而将指定的支付金额从买家的数字钱包转移到卖家的数字钱包。在整个过程中，物联网设备或传感器被用来将运输和交付状态、账本条目等各种交易状态记录到区块链上。如果发生意外事件，如温度偏离指定范围，智能合约还可以向利益相关方发出警报。这使问题可以在没有人类直接干预的情况下自动解决。

此外，智能合约的应用范围非常广泛，涉及多个领域。例如，智能合约可以在注册死亡证明后自动分配遗产。房地产交易以及雇佣合同（特别是临时性质的）也可以在满足各自条件时被安排和执行。

| 案例研究 | 追踪你杯中茶叶的旅程

联合利华（Unilever）每年从包括中国、澳大利亚和肯尼亚在内的多个国家购买约10%的全球红茶供应量。这相当于每年为全球消费者提供近1,430亿份茶饮。红茶和绿茶销售总量占联合利华茶叶市场份额的90%，因此，对联合利华及其消费者来说，追踪茶叶的来源对于确保质量和食品安全是至关重要的。

为了验证环境和社会认证，以及茶叶来源的真实性，联合利华与普罗旺斯（Provenance）合作，共同开发了一个平台。该平台利用以太坊区块链上的智能合约来监控整个供应链中产品的移动和来源。2016年5月，普罗旺斯运用这项区块链技术追踪了一条从印度尼西亚捕获的金枪鱼的整个物流过程，直至其到达消费者手中，确保了金枪鱼的获取方式是可持续的且符合道德标准的。

该系统通过为产品赋予唯一的数字身份来运行，这些身份将在供应链的每个阶段都记录到区块链上。这种方法有助于实时跟踪和验证产品从源头到最终消费者的整个路径。通过使用智能合约，该平台能够立即验证并执行与供应链相关的承诺，如所有权转移或货物付款。例如，智能合约可以被设定为一旦采购公司确认收到货物，便自动向供应商付款。这种方式不仅简化了支付流程，还降低了欺诈风险，因为支付只有在满足特定条件后才会执行。

因此，智能合约有助于实现供应链管理流程的自动化，同时增强企业与消费者之间的透明度和信任。

问题：

1. 智能合约提供了哪些功能？
2. 智能合约如何使供应链和供应链金融受益？

2. 使用智能合约的问题

尽管智能合约提高了效率，但它们并非没有漏洞或其他技术问题。这些问题如果没有被及时发现可能会导致损害。以下是三种常见的由编程错误导致的智能合约问题。

- 贪婪合同（Greedy Contract）：无限期锁定资金的智能合约。这通常是由于资金释放指令的编码不准确所导致的。
- 挥霍合同（Prodigal Contract）：当智能合约的参数设置不当时，可能会导致资金意外泄露给随机用户。
- 自杀合同（Suicidal Contract）：在这种情况下，由于智能合约参数的编码错误，可能导致合约本身被销毁。

由于智能合约必须精确编写，如果各方之间的原始协议未被准确解读并随后编码到智能合约中，问题可能会随之出现。此外，智能合约一旦被添加到区块链上，其不可篡改的特性使得修正错误成为技术上的难题。因此，代码应经过所有利益相关方的彻底验证，以确保智能合约能够发挥其预期的作用。

15.3 数字代币

数字代币（Digital Token）可以在供应链交易中用作支付媒介。然而，与传统货币不同,这些代币通常没有固有价值,也不能被广泛接受用作日常交易。尽管如此,代币可以被购买并随后转售,因为它们可能代表着实物商品或数字资产,充当有形资产的数字化表示。近年来,数字代币经济领域迅速扩展。根据世界经济论坛 2015 年的报告,代币化资产的总市场规模预计到 2027 年将激增至 24 万亿美元,这大约占全球 GDP 的 10%。

代币主要分为四类:原生代币、资产支持型代币、非同质化代币和实用代币。接下来,我们将依次讨论每种代币。

15.3.1 原生代币

原生代币(Native Token),亦称为内在代币,是指存在于特定区块链平台内并用于激励个体参与区块链交易的代币。例如,比特币是比特币区块链的原生代币,而以太币则是以太坊区块链的原生代币。正如第 14 章所述,比特币和以太币激励矿工验证交易并在其各自的区块链上构建新区块。

当这些代币的应用及其价值在其原始网络之外被广泛认可时,它们的实际价值便显现出来。例如,比特币已经可以用来购买比萨、汽车等实物商品。目前,这些原生代币不仅在其各自的区块链网络内作为支付工具发挥作用,其运作方式类似于法定货币在传统市场中的角色,而且可以兑换成法定货币。因此,如第 14 章所述,这些特定的原生代币通常被归类为"加密货币",而非原生代币则继续被简称为"代币"。

15.3.2 资产支持型代币

资产支持型代币(Asset-Backed Token),也称为资产代表型代币(Asset Representation Token),是指那些代表实物资产所有权的代币。这些实物资产可以是企业股票、黄金、石油、房地产、车辆或其他企业的股份。因此,资产支持型代币的价值源于其所代表的、在区块链之外实际存在的基础实物资产。这种代币本质上是一种数字合约,代表对有价值的实物资产的部分所有权,并可以存储在区块链上。

企业和政府都可以发行这些基于资产的代币,它们的用途类似于传统的公司股票或债券。在技术上,这些资产支持型代币被归类为证券,因此必须遵守与证券相关的法规和规则。

得益于区块链技术,这类证券代币具备透明性、不可篡改性和高交易效率等优点。代币化过程安全并符合既定规则,同时还能提高运营效率和成本效益(即低交易成本)。

与艺术品或房地产等实物资产的传统合约相比,证券代币还具有可分割性和部分所有权的额外优势。通过代币化,一项实物资产可以被分割成多个证券代币。例如,一块价值 5,000 万美元的商业地产(如旧金山的一处办公空间)可以被代币化为 500 份,每份以 10 万美元的价格出售给投资者。如图 15.3 所示,数字化资产首先被分割成较小的部分,然后进行代币化,最后在二级市场中交易。相比于直接购买整个房地产,10 万美元的代币价格让更多的投资者能够参与其中。这种部分所有权的特性提高了传统上流动性较差的资产（如房地产）的流动性，从而释放了先前锁定在这些资产中的大量资本。

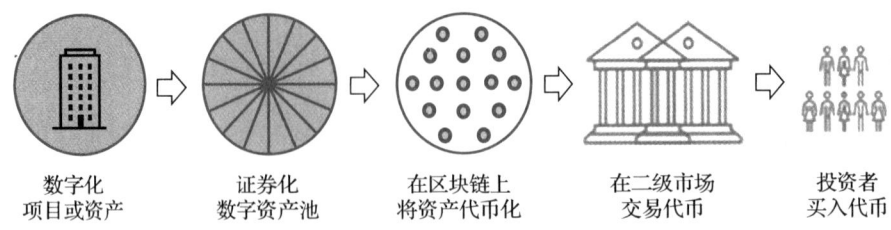

图 15.3 代币化资产和部分所有权

1. 资产支持型代币的类别

对于资产支持型代币的解释并不统一。在本书中，我们尽量与网站上普遍接受的解释保持一致，即认为基于资产的代币等同于证券代币。在美国，证券被定义为任何类型的可交易金融资产。在交易所中，证券可能包括权益证券（如公司股票）、债务证券（如债券和银行票据）以及衍生品。因此，资产支持型代币实际上可能涵盖的范围比单纯的证券代币更为广泛。通常来说，证券代币可以与房地产、大宗商品、资本市场、股票、应付账款和应收账款、知识产权等多种资产关联。为了清晰表述，我们将资产支持型代币中的资产定义为可交易的金融资产，这意味着它们与证券代币是同义词。在此情况下，这两个术语可以互换使用。

下面我们列举了一些证券代币（资产支持型代币）的具体子类别。

- 股权代币（Equity Token）：这类代币代表了公司发行的股份的价值，与传统的公司股票类似。
- 股息代币（Dividend Token）：持有这些代币的人有权分享发行公司的利润。
- 债务代币（Debt Token）：这种代币代表了持有人所欠的债务，并包括应该累积的利息。根据利率的类型，债务代币可以进一步细分为固定利率债务代币和浮动利率债务代币。
- 大宗商品代币（Commodity Token）：黄金、石油、小麦、天然气等有形商品可以进行代币化。然而，为了确保交易的安全性，对这些商品进行彻底的核查是必要的。此外，商品托管问题可能与存托凭证代币的职能重叠。
- 存托凭证代币（Depository Receipt Token）：这种代币代表托管人持有的基础资产的所有权。例如，存托凭证代币可能代表银行为存放在其金库中的黄金开具的收据。持有这种代币，即存托凭证的数字证明，可以使持有人有权从银行索取相应的黄金。
- 产权代币（Title Token）：此类代币用作车辆或房地产等有形资产的所有权证明（所有权证）。例如，价值 6,000 万美元的商业房地产（如旧金山的一处办公空间）可以被代币化为 600 个单位，每个单位价值 10 万美元。每个单位代表该商业房地产的部分所有权。
- 合同代币（Contract Token）：在交易双方就基础资产达成一致后创建。比如，两家公司可能就一个代表利率掉期的合同代币达成协议。

- 货币代币（Currency Token）：这类代币作为支付媒介使用，其性质类似于法定货币。它们的运作方式与比特币及其他加密货币相似。稳定币可以被视为一种特殊类型的稳定资产支持型代币。

2. 证券代币发行

证券代币发行（Security Token Offering，STO）有时也被称为数字证券发行（Digital Security Offering，DSO），是首次公开发行（Initial Public Offering，IPO）的代币化版本。资产支持型代币作为实物资产的数字化表示，本质上具有货币价值，并象征着对所述资产的所有权。这些证券代币可以在加密货币交易所进行交易，并被记录在区块链平台上。与首次代币发行（Initial Coin Offering，ICO，在第15.4节中讨论）相比，STO被认为更加安全，因为它们须遵守相关的证券法规。

| 案例研究 | Blockstream 比特币挖矿 STO

Blockstream 是一家专注于区块链技术的公司，它向对比特币挖矿感兴趣的投资者提供了一种名为 Blockstream Mining Note（BMN）的证券代币。投资者可以通过购买与特定哈希率相关联的 BMN 代币来参与。在比特币的流动侧链（Liquid Sidechain）上发行的每一个 BMN 系列 1（即 BMN1），能够让投资者获得高达每秒 2,000 太哈希（Terahashes）的比特币挖掘能力，这些挖掘活动由 Blockstream 的企业级挖矿设备支持。在哈萨克斯坦的一个受监管的 STO 平台 Bitfinex Securities 的第六轮 STO 中（该轮在 2021 年 7 月宣布），Blockstream 通过出售其 BMN 证券代币筹集了约 3,090 万欧元（相当于 3,600 万美元）。这些 BMN 代币是可交易的，并且在三年期满后，代币持有人将获得相应的比特币收益。

STO 提供了以下优势。

- 成本效益：与 IPO 相比，STO 更具成本效益。利用区块链技术可以减少与 IPO 相关的传统文书工作，并且使用智能合约能显著加快交易速度。
- 安全性：与 ICO 相比，STO 被认为更安全。这是因为 STO 必须遵守与证券相关的法规，而 ICO 通常不受这些法规的约束。
- 投资机会：与传统金融市场相比，STO 为投资者提供了更广泛的投资机会和更高的流动性（例如，加密货币的部分所有权）以及更大的便利性（如 24/7 全天候交易）。

然而，STO 也有其自身的缺点。

- 监管：STO 平台面临着合规性挑战。它们不仅需要遵守证券法律，还需要遵守区块链技术的相关法规。作为一项新兴技术，区块链会面临越来越多的审查。监管限制也可能会限制投资者的数量和居住地。
- 钱包安全：投资者必须确保其钱包地址的安全。如果未能做到这一点，可能会导致存储在钱包中的投资资金全部损失。

15.3.3 非同质化代币

非同质化代币（Non-Fungible Token, NFT）是一种独特的数字标识符，用于代表数字或非数字资产，如数字艺术（例如音乐、视频、数字图片）以及现实世界的物品（例如汽车所有权证、发票、电子机票、法律文件）。由于 NFT 在识别其对应资产时的唯一性，它不能被复制、替换或分割。这与同质化的加密货币和某些资产支持型代币是不同的。

资产支持型代币与 NFT 之间存在一定的重叠，因为两者均可代表资产。然而，资产支持型代币并非总是唯一的，而每个 NFT 都具有独一无二的性质。每个 NFT 均有一个独立的所有者，其所有权可以轻松验证。

NFT 通过区块链网络上的智能合约铸造，这些合约负责管理所有权的转移。NFT 的所有权必须是唯一的，且通过智能合约进行管理，以确保其不可复制性。当一个人创造 NFT 时，他就是该 NFT 的创造者，并可以决定如何分发它以及出售多少份复制品。此外，创作者可以控制其稀缺性，并通过智能合约设定在每次 NFT 转售时获取版税，或在无须中介的情况下以更高的价格直接转让全部所有权。

NFT 支持者认为 NFT 为内容创作者提供了更多的控制权。尽管如此，围绕 NFT 价值的争议仍然存在。他们声称，NFT 的价值在于其提供的所有权证明或真实性证书。然而，反对者指出，NFT 并未自动授予版权、知识产权或其他法律权利。如果 NFT 的所有权包括版权，这一点必须被明确指出。

第一个 NFT "Quantum" 创建于 2014 年 5 月，第一个 NFT 项目 "Etheria" 于 2015 年 10 月推出。2020—2021 年间，NFT 市场的交易量激增，从 2020 年的 8,200 万美元飙升至 2021 年的 170 亿美元，增长了约 210 倍。然而，截至 2022 年 5 月，NFT 的日销量较 2021 年 9 月下降了 92%。由此可见，NFT 的未来仍充满许多不确定性。

不同的区块链网络采用了各自不同的标准来处理 NFT。以太坊率先推出了 ERC-721 标准，这已成为最广泛使用的应用标准之一。该标准基于 Solidity 编写的智能合约，能够跟踪唯一标识符的所有者，并便于从一个所有者向另一个所有者进行许可转移。

1. NFT 在供应链中的应用及优势

NFT 在供应链管理中显示出显著的潜在实用性，特别是在可追溯性、产品鉴定和产品认证这几个方面。

（1）可追溯性：NFT 作为实体商品的数字表达形式，提供了一种独特的方式来跟踪供应链中的产品流动，从而实现产品信息的同步和透明化。例如，在包裹跟踪应用中，NFT 可以记录所有权的转移和交付的每个阶段，有助于防止物品的丢失。类似的可追溯性系统同样适用于包装材料、奢侈品以及其他高价值商品。

（2）产品鉴定：NFT 提供了一种稳健的监控产品原产地的鉴定方法。通过在物品创建时及其所有权转让期间建立数字表示，NFT 使产品的原产地及其后续监管链变得透明。一个著名的应用实例是奢侈手表品牌百年灵（Breitling），该公司为每款实体手表配备了一个 NFT 数字护照（本质上是其数字孪生体）。这使得客户在转售手表时能够使用这一数字护照来验证手表的身份。此外，这种数字护照还简化了保修和保险等手续的处理流程。

（3）产品认证：产品认证对于区分产品质量和特性至关重要，如食品的"有机"认证，这会直接影响产品的市场表现，潜在地提高销售额。区块链的不可篡改性使其成为提供可信产品证书的理想平台，从而增强消费者信心。当产品获得认证时，认证机构（通常是第三方）可以在区块链上为该产品铸造一个NFT。这一做法确保所有利益相关者能在全球任何地点、任何时间，通过区块链网络验证产品的认证状态。

2. NFT 的其他应用

NFT在数字艺术、游戏、音乐、电影等多个领域已经展示了其显著的成功应用，尽管这些市场还面临大幅波动。鉴于NFT与供应链金融之间的潜在联系，一些创新的概念值得关注，例如基于NFT的贷款服务以及可分割的所有权模式。

（1）NFT抵押贷款：NFT可以作为从金融机构获取贷款的抵押品。例如，在去中心化金融系统中，人们可以使用一些NFTs作为抵押品来借入特定金额（例如10,000美元）的稳定币或加密货币。

（2）所有权分割：与不可分割的有形物品不同，NFT创作者可以将其NFT分割成多"份"。这样，投资者可以购买NFT所代表资产的一小部分，而不是整个资产。例如，一个NFT创作者可能会将代表美国旧金山某房产的NFT分为100份，这使投资者能够购买该房产1/100的所有权（即1份NFT）。

3. NFT 市场

表15.1和表15.2分别展示了2023年1月3日当天领先的NFT市场，以及截至该日期的历史领先的NFT市场数据。

表 15.1　2023 年 1 月 3 日 NFT 市场领先排名（仅限当日）

序号	市场	平均价格	交易者数	交易量
1	OpenSea	67.53 美元	37,375	12.76×10^6 美元
	ETH, Polygon, Avalanche, …	9.92%	−12.11%	−16.06%
2	Blur	717.28 美元	5,476	7.22×10^6 美元
	ETH	35.39%	−15.06%	−1.73%
3	Magic Eden	92.98 美元	17,948	4.33×10^6 美元
	Solana	15.49%	−11.85%	−7.44%
4	X2Y2	807.75 美元	2,717	3.29×10^6 美元
	ETH	18.10%	20.05%	32.39%
5	LooksRare	2.94×10^3 美元	398	1.08×10^6 美元
	ETH	−39.86%	20.23%	−37.84%
6	Immutable X Marketplace	27.32 美元	3,767	429.04×10^3 美元
	Immutable X	12.93%	12.11%	14.68%
7	CryptoPunks	84.7×10^3 美元	3	169.41×10^3 美元
	ETH	−15.78%	−78.56%	−83.16%
8	Decentraland	22.58×10^3 美元	49	135.57×10^3 美元
	ETH, Polygon	1,369.80%	4.54%	1,369.80%

（续）

序号	市场	平均价格	交易者数	交易量
9	ThetaDrop	533.64 美元	147	104.06×10^3 美元
	Theta	−13.57%	31.25%	28.66%
10	NBA Top Shot	17.02 美元	2,823	100.91×10^3 美元
	Flow	34.10%	43.81%	115.72%

资料来源：https://dappradar.com/nft/marketplaces。

表 15.2　截至 2023 年 1 月 3 日历史领先 NFT 市场排名（仅限当日）

序号	市场	平均价格	交易者数	交易量
1	OpenSea	260.82 美元	2,547,020	33.88×10^9 美元
	ETH, Polygon, Avalanche, …	—	—	—
2	Axie Marketplace	169.14 美元	2,179,967	4.26×10^9 美元
	ETH, Ronin	—	—	—
3	CryptoPunks	131.44×10^3 美元	7,376	3×10^9 美元
	ETH	—	—	—
4	Magic Eden	121.13 美元	1,400,567	2×10^9 美元
	Solana	—	—	—
5	LooksRare	5.91×10^3 美元	125,050	1.67×10^9 美元
	ETH	—	—	—
6	X2Y2	600.66 美元	180,956	1×10^9 美元
	ETH	—	—	—
7	NBA Top Shot	47.60 美元	570,497	978.28×10^6 美元
	Flow	—	—	—
8	Mobox	509.75 美元	88,195	699.08×10^6 美元
	BNB Chain	—	—	—
9	Solanart	893.17 美元	245,260	665.86×10^6 美元
	Solana	—	—	—
10	BloctoBay	147.32 美元	147,374	462.02×10^6 美元
	Flow	—	—	—

资料来源：https://dappradar.com/nft/marketplaces。

4. NFT 面临的挑战

尽管近几年 NFT 的知名度显著增长，但它们依然面临多个挑战。

- 合规挑战：尽管 NFT 代表的是被转移资产的数字形式，它们并不包含实物或数字资产本身。因此，购买 NFT 的条款和条件需明确说明，以避免关于资产理解的歧义和潜在的争议。例如，如果 NFT 与需要运送给新所有者的实物商品相关，则应制定全面的协议，包括保修、交付条款、退货政策、权利和责任。同理，如果涉及的资产是知识产权，那么转让的具体权利也必须在协议中清楚表述[注]。
- **交易费用**：在区块链平台上进行 NFT 交易并不是免费的。因此，除非 NFT 以足够高的价格出售，否则卖家在扣除这些费用后的净利润可能会很微薄。
- **欺诈和剽窃**：鉴于版权相关的复杂性以及轻松获利的诱惑，市场上已经出现了一些个人将不属于自己创作的艺术品或资产作为 NFT 出售的现象。
- **庞氏骗局**：一些 NFT 买家通过以高于购入价格的金额向他人转售同一数字资产，试图谋取超额利润。
- **诈骗**：一些 NFT 被以不合理的高价列出，误导潜在买家。
- **安全问题**：卖家可能滥用买家的 IP 地址进行与 NFT 交易无关的活动。

15.3.4 实用代币

实用代币（Utility Token），又称为功能型代币，授予持有者使用特定产品和/或服务的权利。发行者有责任向代币持有者提供该产品/服务，当产品/服务可用时，持有者可以兑换它们。与资产支持型代币不同，功能型代币并不与可交易资产直接挂钩。

15.4 首次代币发行

首次代币发行（Initial Coin Offering，ICO）涉及一家公司向投资者提供新的加密代币，以换取资金。这些代币可能与公司的资产挂钩，或关联公司提供的某些实用产品和服务。如果一个 ICO 被归类为证券类发行，通常需要进行注册或满足特定的豁免条件。

ICO 为那些可能不符合 IPO 资格的小型企业和初创企业提供了一种独特的融资方式，允许它们向公众募集资金。在 2014—2021 年间，ICO 热潮导致了大约 1.6 万种加密货币的诞生。其中，Filecoin 和 Tezos 的 ICO 的代币发行规模最大，分别筹集了 2.57 亿美元和 2.32 亿美元。

ICO 和 IPO 都旨在从公众那里筹集资金。然而，与 IPO 相比，ICO 受到的监管较少，因此给投资者带来了更高的风险。对于 IPO，民营企业必须经过政府监管部门的严格审查才能上市，通常由投资银行承销并在证券交易所进行交易。相比之下，ICO 更像是众筹活动。因此，ICO 可以类比为天使投资或早期风险投资（VC）。在 ICO 中，企业可以在没有经历 IPO 所需的严格审查流程的情况下，在其区块链平台上出售加密货币代币（即 Coin），以换取法定货币或其他主流加密货币，如比特币。

虽然 ICO 因监管较少，使得公司能够迅速筹集资金，但这种自由度也给投资者带来了较高的风险。ICO 投资者更易受到诈骗和欺诈的影响。虽然一些 ICO 为投资者带来了丰厚的回报，但许多 ICO 表现不佳，甚至被证明是骗局。由于监管的缺失和 ICO 骗局的普遍性，许多 ICO 最终失败。考虑到这些监管问题和欺诈风险，包括中国和韩国在内的一些国家已经禁止了 ICO 的发行。

[注] 由于数字资产的文件通常较大，大多数区块链面临链下存储的挑战。为了解决这一问题，一些技术如 InterPlanetary File System（IPFS），被用来优化 NFT 中的文件存储。

15.4.1 ICO 结构与白皮书

要启动 ICO，发行公司必须首先确定将采用哪种 ICO 结构。ICO 存在三种主要的结构类型。

- 静态供给、静态价格：发行公司设定要出售的代币数量上限，并将每个代币的价格固定。因此，从 ICO 筹集的资金总额有一个预定的上限。
- 静态供给、动态价格：发行公司设定要发行的代币数量上限，但采用动态定价机制。根据筹集的资金总额，每个代币的价格会相应地进行调整。
- 动态供给、静态价格：发行公司设定每个代币的固定价格，但代币的总供给量根据市场需求决定。因此，如果市场需求强劲，发行公司可以筹集到更多资金。

为了启动 ICO，发行公司通常会发布一份白皮书。在这份文件中，公司提供了有关 ICO 的重要信息，如项目的目的、目标筹资金额、ICO 的持续时间、ICO 的结构等。白皮书可能包含各个方面的内容，包括项目目标、商业模式、市场分析、财务详情和团队背景等。图 15.4 展示了一个 ICO 白皮书的典型结构。但需要注意的是，实际 ICO 项目的白皮书内容和组织结构可能会有很大的差异。

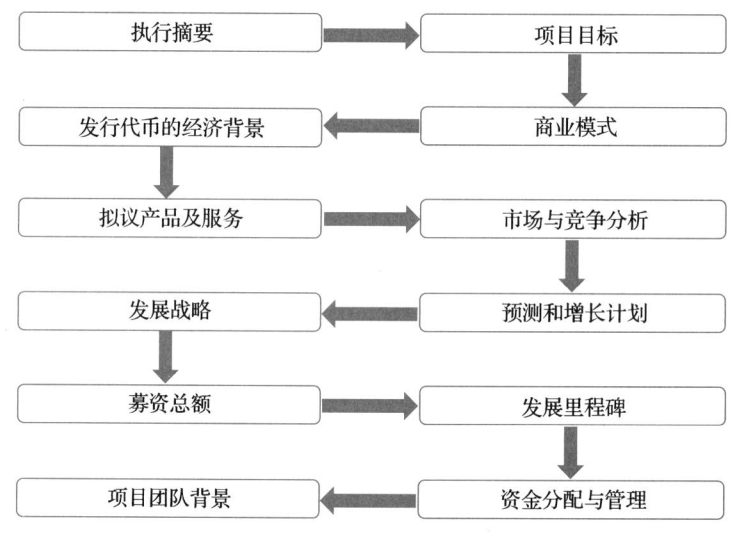

图 15.4　ICO 白皮书的典型结构

对于投资者而言，建立数字钱包和交易账户是参与 ICO 的首要步骤。之后，他们可以购买符合他们投资目标的代币。如果 ICO 失败，投资的资金将被退还。相反，如果 ICO 成功，所募集的资金将被用于项目开发。虽然成功的项目有可能为投资者带来收益，但如果项目失败，投资者可能会失去全部投资。

15.4.2 利弊分析

与 IPO 和传统融资方式相比，ICO 具有独特的优势。

- **投资机会**：ICO 为寻求股票和风险资本以外替代品的投资者提供了更广泛的投资机会。
- **融资机会**：对于那些可能不符合 IPO 资格或无法获取常规融资渠道的初创公司，ICO 提供了独特的融资机会。ICO 可以为处于起步阶段的公司筹集大量资金，同时，ICO 活动还为公司带来了重要的宣传效应。
- **可在线访问性**：ICO 的所有交易和相关信息都可以方便地在线获取。白皮书详细说明了项目内容，并提供了创始团队的全面信息以供审查。区块链技术确保了关于项目进展的持续在线更新。
- **减少文书工作**：与传统 IPO 和其他传统融资机制相比，ICO 需要提交的监管文件较少。
- **高流动性**：由于 ICO 不依赖于实体资产，它们通常具有比许多传统资产更高的流动性。
- **潜在高收益**：投资 ICO 可能带来可观的回报，这在很大程度上是因为新兴公司在初创阶段可能会提供更优惠的估值，以确保获得早期资金。

然而，正如所有的事情一样，ICO 也有两面性。尽管 ICO 为许多企业提供了宝贵的融资途径，但近年来也暴露出一些显著的缺陷。

- **经纪人风险**：监管减少可能导致欺诈活动增加。较少的监督和监管审查使得新手 ICO 经纪人更容易进入这个领域。因此，与 IPO 专业人士相比，ICO 组织者可能缺乏经验，表现出更高的风险偏好，甚至参与投机行为，从而增加经纪人风险。
- **责任风险**：ICO 实体通常缺乏独立实现其拟议项目的资金，往往只有少量初始资金。这可能会增加交易对手的风险，因为 ICO 组织者投入的资本较少，从而更容易违约。
- **ICO 骗局**：源于上述责任和其他相关风险，ICO 有时可能会演变为骗局。

| 案例研究 | ICO 骗局

2018 年越南公司案例：2018 年 4 月，一家越南公司通过两个 ICO 项目——Ifan 和 Pincoin，从 32,000 名投资者那里筹集了 6.6 亿美元后，公司的领导人突然消失。

Centra Tech 欺诈案：2017 年 7 月，加密货币公司 Centra Tech 进行了一次未经授权的 ICO，虚假宣称与万事达卡（Mastercard）和维萨卡（Visa）有合作关系，从投资者那里骗取了 2,500 万美元。2021 年，Centra Tech 的创始人 Sohrab Sharma 因该非法 ICO 被判处 8 年监禁，而联合创始人 Robert Farkas 被判处一年零一天的监禁。值得一提的是，这个 ICO 曾得到包括拳击手 Floyd Mayweather 在内的多位名人的背书。

- **估值波动**：尽管 ICO 可能带来丰厚的回报，但由于高失败率、欺诈行为及其他相关事故，它们也伴随着巨大的风险。这种环境使得尚处于早期阶段、未经验证的初创公司更易面临破产风险。此外，ICO 的估值往往基于投机。因此，投资者必须准备好应对与新兴项目相关的内在不确定性，因为这些项目可能仅仅是概念性的，缺乏具体的执行计划。
- 拉升抛售骗局（Pump-and-Dump Scheme）：诈骗者可能会采用拉升抛售的方式，人为拉升 ICO 价格（即 Pump），随后在高位抛售代币（即 Dump），通过这种方式获利。此类操纵行为可能导致代币估值的剧烈波动。
- 项目透明度低：自相矛盾的是，尽管区块链技术本质上具有透明度，但一旦 ICO 发起人筹集到所需资金，他们可能不愿意向利益相关者透露具体的投资细节。
- 损失恢复难：由于 ICO 是在区块链框架上进行的，如果投资者丢失了他们的代币私钥，他们几乎不可能追回他们的投资。

15.4.3　其他变种

ICO 热潮在 2018 年初达到了顶峰，但此后由于其固有的波动性和广泛的欺诈活动而逐渐消退[一]。随着 ICO 对投资者的吸引力减弱，出现了几种其他的融资方式作为潜在的替代方案，旨在解决 ICO 面临的一些挑战。以下是其中一些替代方案。

- 首次交易所发行（Initial Exchange Offering，IEO）：IEO 在融资目标上与 ICO 相似。然而，它们在发行平台上存在着关键的区别：ICO 是在发行公司自己的平台上进行的，而 IEO 则由第三方加密货币交易所负责发行。一般而言，主流加密货币交易所通常只会推出已经取得重大进展的项目，因此开发者在启动 IEO 之前必须证明其产品已取得实质性进展或展示出一个最简可行产品（Minimum Viable Product）。例如，加密钱包服务商 BRD 在启动其 IEO 时已经拥有一个亿的用户基础。

与 ICO 相比，IEO 往往更能赢得投资者的信任，主要是因为它们是在第三方交易所平台上启动的。这为项目增添了额外的合法性和可信度。此外，这些第三方交易所平台具备专业的技术能力，通常比小型企业的自有平台提供更流畅的体验。更重要的是，由于 IEO 遵循交易所特定的法规，欺诈活动发生的可能性也相应降低。

尽管 IEO 具有一定的优势，它们也不是没有缺点。第三方的介入往往会导致交易成本的增加，包括上市费用和对上市公司的佣金。此外，仅仅与第三方交易所关联并不能完全避免拉升抛售骗局。投资者在评估交易平台的优劣时应保持审慎，认识到并非所有平台在审核上市企业或遵守监管要求方面都能保持一致的标准。

- 首次去中心化交易所代币发行（Initial DEX Offering，IDO）：IDO 是一种通过去中心化流动性交易所发行代币的方式，旨在促进即时的流动性和交易。与 ICO 不同，IDO 的投资者不会获得股权，但他们可以参与项目的某些方面。例如，IDO 可以作为社区参与的工具，允许在体育赛事中使用粉丝代币等。

㊀　根据维基百科 2022 年的数据，ICO 在 2018 年 1 月至 6 月期间成功筹集了 70 亿美元。

- 首次质押池发售（Initial Stake Pool Offering，ISPO）：ISPO 将投资与质押相结合。参与 ISPO 的投资者将获得其投资的代币，然后质押 ADA，ADA 是 Cardano 区块链（一个权益证明区块链）的原生加密货币。投资者通过验证新区块和维护去中心化的区块链而获得奖励，这些 ADA 奖励随后用于为项目提供资金。与 ICO 不同，ISPO 参与者可以保留对其资金的访问权限，并有选择地为区块链网络中的新块验证质押更多代币。

| 案例研究 | ISPO 的例子

一个显著的 ISPO 实例是由 Cardano 支持的媒体平台 Flickto。该项目于 2021 年 11 月 1 日开始其 ISPO，并于 2022 年 4 月 10 日结束。Flickto 项目的主要目标是筹集资金以支持内容创作者制作新的电影、电视节目和流媒体内容。

15.5 区块链供应链面临的挑战

区块链技术的兴起代表了技术创新的一次重大转变。然而，它也带来了一系列值得关注的挑战。

15.5.1 管理挑战

企业若要整合区块链技术到业务中，必须修改传统的操作程序以符合区块链协议的要求。例如，买家应通过区块链平台发起或修改订单，而供应商则必须遵循区块链中相关智能合约的规定。

在供应链金融领域，智能合约常被用于处理支付转账。因此，企业需要建立数字钱包，创建电子发票系统，并制定发货确认及交货验收的协议，以确保整个交易过程的顺利执行。当利用物联网设备追踪产品时，企业需要对区块链中的智能合约和预言机进行适当的编码，并管理相关的流程变更。

其他运营方面，如定价策略和库存管理，也可以被整合到区块链中，以提高供应链的效率和盈利能力。例如，库存政策可以嵌入与供应商签署的服务水平协议中，这样，当达到某些补货阈值时，库存可以自动补充。同样，智能合约可以被设计用于动态定价，使价格能够根据市场供需情况自适应调整。为了有效监管和协调供应链活动，企业可将关键绩效指标（KPI）集成至系统中，从而持续评估和优化供应链的整体表现。

15.5.2 技术挑战

随着大数据、云计算和数据数字化的快速发展，如何存储海量数据已经成为企业面临的一个挑战。

此外，为了迅速验证交易，区块链中每个交易记录的大小会受到限制。因此，如何安全且不可篡改地将交易与交易中提及的内容链接起来，也构成了一个技术上的难题。

由于其具有各种优势，企业经常选择许可区块链。然而，由于参与验证共识的节点较少，这些区块链的安全性可能较低。

15.5.3　人为错误挑战

虽然区块链可以增强供应链金融，但它并不能免于人为错误的影响，这体现在"垃圾进垃圾出"（Garbage-In-Garbage-Out）问题上。一旦发生错误，便需要付出额外努力来识别并纠正这些问题。虽然某些设计中允许区块链的所有者直接修正这些错误，但这种做法引发了对区块链不可篡改性的严重担忧，可能会削弱其可信度。

为了减少对利益相关者的重大不利影响，企业应明确定义所有参与方的权利和责任，以及在何种条件下可以终止智能合约或相关供应链协议。在发生分歧时，企业必须详细说明解决智能合约中的问题和错误的方法。鉴于智能合约的自动执行特性，制定全面的不可抗力条款以应对不可预见的突发事件变得尤为关键。

15.5.4　实施成本和扩展性挑战

使用区块链系统替换传统系统可能会带来高昂的成本，因为这涉及新设备和软件的采购与安装。此外，实施新区块链系统还需要对员工进行培训、教育，并可能要求适应企业文化的变革。由于所需的专业知识和技能较为特殊，招聘合适的人才可能会面临挑战，并且费用不菲。

尽管许可区块链的交易处理速度随着时间的推移显著提升，但无许可区块链在可扩展性方面仍然落后，尤其是与传统数据库相比。这种持续存在的局限性导致无许可区块链的边际成本较高，这可能对采用该技术的企业盈利能力产生不利影响。

15.5.5　防伪挑战

根据 Incopro Research 的数据显示，69% 的英国消费者在过去 12 个月内购买了 1~3 件假冒产品，而大约 21% 的消费者购买了 4~6 件假冒产品。国际商会（The International Chamber of Commerce）估计，全球假冒和盗版产品在 2022 年的市场价值可能高达 2.3 万亿美元。假冒产品不仅给消费者带来经济损失，还可能导致健康问题等其他负面影响。Incopro 的研究进一步指出，32% 购买假冒产品的消费者因此而出现了健康问题。

由于其不可篡改的特性，区块链技术被视为一种具有广阔前景的防伪工具。区块链可以追踪产品的来源，从供应链的消费者端一直追溯到产品的起源地。通过区块链验证的产品溯源信息，使得执法机构能够更有效地发现和遏制假冒产品的传播。

企业还可以通过使用智能标签将产品的溯源数据嵌入区块链中，这些智能标签包括二维码、RFID 标签以及金属或陶瓷表面上的签名。当这些智能标签被应用于产品时，相应的交易数据会记录在区块链上。如果有人试图复制一个真实的智能标签，扫描假冒版本时会显示出不一致的交易详情。例如，如果一件假冒产品以公司 A 的品牌销售，扫描其智能标签会显示它实际上来自公司 G。

考虑到 60%~70% 的假冒产品针对奢侈品牌，奢侈品行业的企业会因此更加积极地采用区块链技术来保护其品牌声誉。例如，LVMH 集团（Louis Vuitton 和 Bvlgari 的母公司）、普拉达（Prada）和卡地亚（Cartier）在 2021 年共同成立了 Aura 区块链联盟。该联盟由 ConsenSys 和微软（Microsoft）合作开发，为消费者提供了透明的购物信息。通过应用区块链支持的认证系统，企业的收入有望增长 2%~5%。

15.5.6 反垄断挑战

私有、联盟和混合区块链为供应链中的合作伙伴与竞争者提供了理想的协作平台。然而，未能加入这些区块链平台的实体可能会发现自己相较于链上同行处于明显劣势。这种排他性可能引发一系列问题，例如合谋（如与竞争者共享关键定价信息以人为抬高市场价格）和反竞争行为（如将非区块链成员边缘化，从而剥夺其未来的商业机会）。在联盟区块链中，少数特权成员可能会利用其对交易验证和确认的控制权，将竞争对手排除在特定商业机会之外。因此，监管机构必须进行严格监督，以确保区块链平台的使用符合反垄断法律，同时保留其为供应链公司带来的优势。

15.5.7 合规监管挑战

鉴于数据的敏感性、安全性、隐私性和重要性，全球范围内涌现了众多关于数据管理和分发的法规，例如欧盟的《通用数据保护条例》（General Data Protection Regulation，GDPR）。创建一个符合所有这些标准的全球区块链将是一项艰巨甚至难以实现的任务。例如，区块链的不可篡改性特征虽然提供了数据安全保障，但也可能在数据隐私方面带来挑战，尤其是在必须遵守 GDPR 规定的特定条件下（如个人撤回同意时）删除个人数据。因此，我们需要特别谨慎地考量和设计，以确保区块链技术能够符合各地区的法律法规。

15.6 区块链在供应链金融中的应用实例

区块链技术在供应链管理和金融领域具有广泛的应用潜力，包括以下几方面。

- 供应链可追溯性：区块链技术在供应链管理中的一个最显著且被广泛认可的应用是其追踪产品在供应链中的起源和流通过程的能力。通过使用基于区块链的智能合约，供应链的每个阶段都可以被记录下来，形成一个不可篡改且透明的产品流动记录。这种可追溯性对库存跟踪、防止欺诈、打击假冒产品以及遵守法规具有重要意义。

| 案例研究 | 区块链在供应链追溯管理中的应用

例 1：Monegraph 区块链平台允许创作者在数字媒体供应链中保护其高价值数字资产的使用权和共享权。这一系统覆盖从原始内容创作者到出版商，再到分销商的整个链条。

例 2：Skuchain 致力于开发基于区块链的 B2B 贸易和供应链金融解决方案。这些解决方案有助于促进卖家、买家、第三方物流（3PL）公司、银行、海关和其他机构的融资（如运营业务贷款或短期贸易贷款）、支付（如信用证或电汇）以及可视性（如整合 ERP 系统）。

例 3：2018 年，中国网贷企业点融与 R3 合作，在 Corda 区块链上建立了供应链金融服务平台。根据点融的说法，这一区块链平台将支持整个供应链的全方位融资，从而促进透明度并加强各相关方之间的信任。

- 自动化合规：基于区块链的智能合约能自动遵守供应链中的法规和行业标准。例如，智能合约可在发货前自动检查货物是否符合特定的环境或道德标准。
- 欺诈检测：基于区块链的智能合约可以通过维护所有交易和交互的防篡改记录来帮助检测与防止供应链中的欺诈行为。
- 支付和结算：区块链技术可简化供应链合作伙伴间的支付和结算流程。通过使用基于区块链的智能合约，支付过程可以实现自动化，并且可以由特定的里程碑事件触发，如货物的成功交付。
- 金融应用：区块链技术在金融领域的应用广泛，包括创建数字资产、基于智能合约的贷款和数字身份认证等。其显著的应用之一是加密货币，如比特币和以太坊，这些去中心化的安全数字货币极大地便利了支付和转账业务。
- 供应链金融：区块链可以革新贸易金融流程。通过采用基于区块链的智能合约，银行和其他金融机构可以自动化贸易金融中的许多手工流程，包括信用证、提单和发票融资。

总之，将区块链技术应用于这些领域能显著提高效率、降低成本，并增强整个供应链的安全性和透明度。

15.6.1 案例研究 1：TradeLens 全球航运平台

| 案例研究 | TradeLens 的全球航运平台

2016 年，马士基与 IBM 合作推出了基于区块链的 TradeLens 平台。该平台自推出以来，已吸引全球航运业的 170 多个组织参与，涵盖托运人、货运代理、港口和码头、海运公司、多式联运运营商、政府部门、报关公司以及金融服务提供者。TradeLens 平台包括两个主要模块：一个是支持日常运营和管理的核心模块；另一个是专门用于提单的 eBL 模块。

TradeLens 的目标是提高效率、透明度，并确保信息的安全交换，从而促进全球供应链中的合作与信任。该平台得到了 Hyperledger Fabric 区块链技术和 IBM 云技术的支持，能够精确跟踪并记录货物运输流程中的详细信息。截至 2022 年 8 月，TradeLens 已记录了 33.8 亿个事件，这些事件涵盖了超过 6,300 万个集装箱，平均每周记录约 1,300 万个装运事件，涉及超过 120 种不同的事件类型，如靠港入闸和船只出发等。

将区块链集成到供应链管理和金融中的优势非常明显。在引入 TradeLens 之前，马士基从东非向欧洲运送冷冻货物的单次运输涉及近 30 个不同的组织和个人，且需进行 200 多次的互动和交流。此外，这些过程不仅耗时，还容易出错。区块链技术可以提高 30%~40% 的成本效率。IBM 强调，任何给定日期的发票支付争议可能高达约 1 亿美元。在应用区块链之前，解决这些争议需要 21~40 天。然而，通过应用区块链，有争议的支付金额可以降至 1,000 万美元以下，并且争议解决时间缩短至不到 5 天。

然而，在 2022 年 11 月 29 日，马士基和 IBM 宣布将在 2023 年第一季度末停止 TradeLens 平台的运营。A. P. 穆勒－马士基集团商业平台主管 Rotem Hershko 在新闻发布会上指出："虽然我们成功创建了一个功能性平台，但全面的全球行业合作却难以实现。因此，TradeLens 未能达到作为独立实体持续运营并满足我们财务预期所需的商业可行性。"

问题：

1. 区块链技术能为全球航运公司带来哪些具体优势？

2. 截至 2022 年底，TradeLens 平台对供应链交易产生了哪些影响？

3. 为何 TradeLens 平台会在 2023 年被终止？在你看来，哪些因素能确保 TradeLens 的长期运营？请在回答时考虑外部资源的作用和影响。

15.6.2 案例研究 2：运输区块链联盟

| 案例研究 | 运输区块链联盟

全球区块链货运联盟（Blockchain in Transport Alliance，BiTA）成立于 2017 年 8 月，是一个致力于推动运输与物流领域区块链应用的商业联盟。BiTA 标准委员会（以下简称为 BSC）致力于为商业生态系统建立标准的区块链框架，涵盖承运商、供应商、物流公司（如 UPS 和 FedEx）、客户以及其他利益相关者。作为全球最大的商业区块链联盟之一，BiTA 拥有约 500 名来自超过 25 个国家和地区的成员，其成员的年收入合计超过 1 万亿美元。

BSC 处理了诸如位置规范、追踪、参与方规范、货物规范、提单规范、智能合约、设备和商品规范等问题。该系统被分为七层：物理层、数据链路层、网络层、传输层、会话层、展示层和应用层。区块链的引入将促进以下几个关键领域的发展：

- 监管链验证；
- 货物状态追踪；
- 合作伙伴之间的数据共享；
- 海关和边境管理；
- 货物安全管理；
- 空箱管理；
- 支付处理。

通过引入区块链技术，BiTA 希望其成员能够实现更高的市场透明度、释放资本、降低运输成本、加快业务流程、提升运营效率、提高系统间的互通性并增强风险管理能力。

问题：

1. 区块链技术如何使 BiTA 受益？

2. BiTA 开发的区块链系统是否能广泛应用于其他公司？请说明原因。

15.6.3 机器即服务

机器即服务（Machine-as-a-Service, MaaS）是一种属于订阅模式的租赁服务，类似于软件即服务（Software-as-a-Service, SaaS）、基础设施即服务（Infrastructure-as-a-Service, IaaS）和网络即服务（Network-as-a-Service, NaaS）。MaaS 为资本设备提供了一个独特的市场机会，特别是那些对于供应链中许多终端用户来说价格过高的设备。与传统租赁模式不同，基于区块链的 MaaS 模式允许灵活的支付方式，不再局限于固定的每月或每周付款。相反，MaaS 合同的费用可以根据设备的实际使用情况来决定，这在设备被集成到与区块链相连的物联网时尤其适用。

在物联网的支持下，区块链网络能够监控设备的位置和使用情况（例如，操作时间、生产的单位数、效率以及其他相关统计数据）。区块链数据的不可篡改性确保了使用情况的准确跟踪和租赁价格的公平性。通过智能合约，供应商和客户可以协调设备使用的及时付款，并安排自动化的维护。此外，区块链上对设备使用情况的详细记录，在设备租赁或转售时也具有重要价值。

由于 MaaS 设备与物联网相连，所提供的服务可根据终端用户的具体需求进行定制和配置。因此，使用的价格和功能方面都可以动态调整。智能合约还进一步简化了服务订阅、功能定制和支付流程。

然而，尽管 MaaS 为扩展市场需求提供了潜在的解决方案，但它所面临的挑战也不可忽视。首先，鉴于智能合约一旦部署在区块链上便不可修改，客户可能会提出需求变更，要求增加最初未包含在 MaaS 模块中的服务。因此，确保智能合约既全面又能适应不断变化的客户需求至关重要。其次，提供更灵活的配置以适应终端消费者可能需要额外的设备设计，这不仅可能导致成本增加，还可能影响设备的可靠性。

| 案例研究 | 区块链中的机器即服务

云计算：

基于区块链的平台，如 iExec，允许用户根据需要将其闲置的计算能力和存储空间租赁给其他用户。具体而言，在 iExec 中，用户使用平台的原生代币 RLC 来访问 iExec 云平台上的计算资源。

物联网：

基于区块链技术的平台，如 IOTA 和物联网链（IoT Chain），专门为物联网设备提供定制化的租赁服务，包括数据采集和分析。这些平台允许将软件嵌入芯片中，并将芯片安装在物联网设备上，从而实现设备与区块链平台的无缝连接。

这些案例展示了 MaaS 在多个领域中的应用潜力。通过利用区块链技术，这些租赁服务变得更加安全、透明和自动化，从而为提高效率和降低成本铺平了道路。

15.7 总结

本章详细探讨了区块链技术在供应链金融变革中的关键作用。区块链作为一种去中心化的账本技术，凭借其透明性、不可篡改性和安全性，成为现代供应链管理和金融领域的强大工具。

本章要点如下。

1. 区块链在供应链管理和金融中的应用
- 区块链可以追踪整个供应链中的产品，确保透明性并减少欺诈行为。
- 通过消除对中介机构的需求和促进各方之间的直接沟通，区块链增强了企业间的合作关系。
- 智能合约实现了交易的自动化、透明化和不可逆转性，从而进一步提高了操作效率并降低了成本。

2. 数字代币
- 数字代币是资产在区块链上的数字表示，可以在特定的区块链环境中进行交易、出售或使用。
- 这些代币可以代表从实体资产到访问权限等各种事物，进一步简化了供应链中的交易和资产转移过程。

3. 首次代币发行
- 首次代币发行（ICO）提供了一种使用加密货币为新项目或风险投资筹集资金的方式，与传统的首次公开发行（IPO）类似，但完全在数字领域进行。
- 对于供应链企业来说，ICO 为其提供了一种无须传统金融中介即可获得资金的途径，尽管它也伴随着自身的风险和监管挑战。

4. 区块链供应链面临的挑战
- 尽管区块链带来了许多好处，但其扩展性、能耗、系统间的互通性、数据隐私和合规性等挑战仍然显著。
- 克服这些挑战需要技术进步以及行业利益相关者与监管机构之间的合作。

5. 区块链在供应链金融中的应用实例
- 区块链技术在供应链金融中的应用广泛，包括确保产品可追溯性、欺诈检测、自动化合规，以及支付流程的简化等方面。
- 像 TradeLens 和 BiTA 这样的现实案例研究凸显了区块链在供应链实际应用中的潜在优势和挑战。
- 机器即服务（MaaS）等概念的引入展示了区块链技术在重新定义传统商业模式方面的创新潜力。

15.8 练习

15.8.1 思考题

1. 为什么区块链技术能够帮助提升供应链的可视性、客户流程、会计与审计？
2. 在供应链管理和金融中实施区块链技术有哪些挑战？
3. 在供应链金融中使用智能合约可能遇到哪些问题？
4. 能否列举一个供应链金融中的区块链应用案例并提供一些细节？
5. 资产支持型代币有哪些主要类型？非同质化代币有哪些主要类型？

6. 首次代币发行的优缺点是什么？如何解决这些缺点？
7. 物联网支持的区块链网络如何为"机器即服务"带来好处？
8. 资产支持型代币与非同质化代币的根本区别是什么？
9. 在 MaaS 背景下，智能合约一旦部署在区块链上便无法修改，这会带来哪些挑战？
10. 区块链技术的应用将如何影响审计流程？

15.8.2 案例研究

案例研究 1：一个供应链行业的首次代币发行

背景：

2018 年，一家名为"SupplyChainX"的初创企业在物流和供应链行业崭露头角。该企业提出了一种革命性的解决方案，旨在通过区块链技术和数字代币"SCY Coin"来简化全球物流流程。企业的愿景是创建一个高效、透明和去中心化的全球供应链平台。他们决定通过首次代币发行（ICO）为这一项目筹集资金。

挑战：

SupplyChainX 在计划其 ICO 时面临着几个挑战。

1. 监管合规性：团队必须应对与 ICO 相关的复杂且不断变化的法规。他们需要确保其 ICO 符合不同司法管辖区的法律要求，由于项目具有全球性，这是一项重大挑战。

2. 投资者信任：对于潜在投资者来说，信任极为重要。许多投资者曾是欺诈性 ICO 的受害者，因此 SupplyChainX 必须证明其项目的合法性和可信度，以吸引投资。

3. 代币的实用性：SupplyChainX 需要清晰定义 SCX 币在其生态系统中的具体用途。这要求他们设计一个经过深思熟虑的代币经济模型，以确保代币的实用性和需求。

选项：

为了应对这些挑战，SupplyChainX 考虑了以下几个策略。

1. 法律咨询：他们聘请了专门研究区块链和加密货币法规的法律专家，以确保他们的 ICO 符合各种法律框架。

2. 提升透明度和可信度：团队致力于增加项目的透明度，公开发布了详尽的项目文档，包括白皮书、团队背景和发展路线图。此外，他们还积极与社区互动，以增强公众对项目的信任。

3. 增强代币实用性：团队与物流公司合作，确保 SCY Coin 在供应链平台内的各种功能得到使用，从而增加代币的实际应用场景和市场需求。

问题：

1. 在供应链行业中进行 ICO 主要面临哪些挑战和风险？

2. 初创公司如何在一个具有欺诈项目历史的环境中与潜在的 ICO 投资者建立信任和信誉？

3. 在定义数字代币在特定商业生态系统（如供应链）中的实用性时，应该考虑哪些关键因素？

4. 像 SupplyChainX 这样的基于区块链的供应链平台如何为行业增值？可以实现哪些潜在的好处？

案例研究 2：用区块链改变供应链金融

背景：

2023 年，一家名为"BigTreeFin"的跨国公司在物流和供应链行业中启动了一个项目，旨在利用区块链技术革新其供应链金融运营。BigTreeFin 希望通过这一项目提升供应链融资的透明度、效率和安全性，从而使供应商和金融机构都受益。

挑战：

在供应链金融中实施区块链的过程中，BigTreeFin 面临着几项挑战。

1. 复杂的供应链生态系统：BigTreeFin 在一个复杂的全球供应链生态系统中运营，涉及众多供应商、物流合作伙伴和金融机构。将所有这些参与者整合到一个统一的基于区块链的平台中是一项艰巨的任务。

2. 数据隐私和安全：在享受区块链透明性优势的同时，确保敏感财务数据的隐私和安全是一个重大挑战，公司需要确保关键财务信息不被未授权访问。

3. 监管合规：由于供应链金融涉及跨境交易，BigTreeFin 必须应对复杂的国际金融法规，以确保合规性。

4. 变革阻力：说服各利益相关方（包括供应商和合作金融机构）采用新的基于区块链的系统时，遇到了由于流程变更而产生的阻力。

选项：

为了应对这些挑战，BigTreeFin 考虑了以下几个策略。

1. 区块链整合：公司决定采用联盟链，以确保对网络的控制和隐私，同时保持透明度。

2. 安全措施：BigTreeFin 实施了先进的加密技术和访问控制措施，以保护敏感的财务数据。

3. 法律咨询：公司积极寻求专业法律建议，确保其操作符合国际金融监管要求，并与监管机构密切合作，以应对不断变化的监管环境。

4. 变革管理：BigTreeFin 为供应商和金融合作伙伴提供全面的培训与支持，以便他们顺利过渡到新的区块链系统。

问题：

1. 将复杂的供应链生态系统整合到基于区块链的供应链金融平台中的挑战和好处是什么？

2. 在供应链金融的背景下，区块链技术如何应对数据隐私和监管合规的双重挑战？

3. 像 BigTreeFin 这样的公司在实施供应链金融区块链时，可以采取哪些策略来克服变革阻力？

4. 区块链技术如何改变传统的供应链金融运作方式，并为各利益相关方带来哪些具体好处？

15.9 参考资料

Akhtar, T. (2021). *Centra Tech Co-Founder Gets 8 Years for Crypto Fraud*. https://www.coindesk.com/markets/2021/03/05/centra-tech-co-founder-gets-8-years-for-crypto-fraud/. Accessed November 16, 2022.

Apie. (2018). *IExec - The Golem Slayer*. https://steemit.com/cryptocurrency/@apie/iexe-the-golem-slayer. Accessed November 8, 2023.

Belova, K. (2021). *How Supply Chain Makes Use of TradeLens – Maersk and IBM Blockchain Solution*. Pixelplex.Io. https://pixelplex.io/blog/maersk-ibm-tradelens-blockchain-supply-management/. Accessed August 8, 2023.

Bible, W., Raphael, J., Riviello, M., Taylor, P., & Valiente, I. O. (2017). Blockchain Technology and Its Potential Impact on the Audit and Assurance Profession. *CPA Canada, AICPA*, 1–28. https://www.aicpa.org/content/dam/aicpa/interestareas/frc/assuranceadvisoryservices/downloadabledocuments/blockchain-technology-and-its-potential-impact-on-the-audit-and-assurance-profession.pdf. Accessed May 5, 2023.

Binance. (2021). *What Is KYC or Identity Verification, and How Is It Increasingly Important for Crypto?* https://www.binance.com/en/blog/ecosystem/what-is-kyc-or-identity-verification-and-how-is-it-increasingly-important-for-crypto-421499824684902130. Accessed August 19, 2022.

BITA. (2022). *BITA Standards Council*. https://bitastandardscouncil.org/. Accessed November 29, 2022.

Blockstream. (2023). *About Blockstream*. https://blockstream.com/about/. Accessed October 19, 2023.

Breitling. (2020). *Breitling Becomes the First Luxury Watchmaker to Offer a Digital Passport Based on Blockchain for All of Its New Watches*. https://www.breitling.com/us-es/news/details/breitling-becomes-the-first-luxury-watchmaker-to-offer-a-digital-passport-based-on-blockchain-for-all-of-its-new-watches-33479. Accessed November 16, 2022.

Brender, N., & Gauthier, M. (2018). Impacts of Blockchain on the Auditing Profession. *ISACA Journal*, 5, 27–32.

Brilliant Earth. (2023). *Brilliant Earth Sustainable Bridal & Fine Jewelry*. https://www.brilliantearth.com/. Accessed November 13, 2023.

Chainlink. (2021). *What Is a Blockchain Oracle?* https://chain.link/education/

blockchain-oracles. Accessed December 29, 2021.

Chainlink. (2022). *Understanding Proof of Reserves*. https://blog.chain.link/proof-of-reserves/. Accessed November 23, 2022.

Cointelegraph. (2022a). *IEO 101: A Beginner's Guide to an Exchange Administered Fundraising Event*. Cointelegraph.com. https://cointelegraph.com/funding-for-beginners/ieo-101-a-beginners-guide-to-an-exchange-administered-fundraising-event. Accessed October 6, 2022.

Cointelegraph. (2022b). *STO 101: A Beginner's Guide on Launching a Security Token Offering*. https://cointelegraph.com/funding-for-beginners/sto-101-a-beginners-guide-on-launching-a-security-token-offering. Accessed November 6, 2022.

Cointelegraph. (2023). *What Is a White Paper and How to Write It*. https://cointelegraph.com/ico-101/what-is-a-white-paper-and-how-to-write-it. Accessed November 26, 2023.

Cunha, J., & Murphy, C. (2019). Are Cryptocurrencies a Good Investment? *The Journal of Investing*, 28(3), 45–56.

Dianrong. (2018). *Dianrong Supply Chain Finance Solution Strategically Added to r3's Corda Blockchain Platform*. https://www.prnewswire.com/news-releases/dianrong-supply-chain-finance-solution-strategically-added-to-r3s-corda-blockchain-platform-300657142.html. Accessed November 22, 2022.

Dilmegani, C. (2023). *Smart Contracts: What Are They & Why They Matter in 2023*. https://research.aimultiple.com/smart-contracts/. Accessed November 26, 2023.

Duffy, P. (2019). *Blockchain for Transportation Alliance (BiTA) Presentation*. https://www.hyperledger.org/learn/webinars/blockchain-for-transportation-alliance-bita-presentation. Accessed November 18, 2022.

Emre. (2018). *IoT Chain (ITC) or IOTA*. https://medium.com/@k.emre/iot-chain-itc-or-iota-7bda065fc481. Accessed July 7, 2022.

Escobar, S. (2022). *How This Company Is Using Blockchain to Buff Up the Image of Diamonds*. https://www.barrons.com/articles/brilliant-earth-blockchain-diamonds 51647294829. Accessed December 1, 2022.

Finsmes. (2019). *ICO Pros and Cons: Is It Worth the Hype?* https://www.finsmes.com/2019/02/ico-pros-and-cons-is-it-worth-the-hype.html. Accessed July 7, 2023.

Frankenfield, J. (2022). *Initial Coin Offering (ICO): Coin Launch Defined, With Examples*. https://www.investopedia.com/terms/i/initial-coin-offering-ico.asp. Accessed June 18, 2023.

Girod, J. S. (2021). *Breitling Shows Other Luxury Brands How to Future Proof with Agility*. Forbes. https://www.forbes.com/sites/stephanegirod/2021/08/27/breitling-shows-other-luxury-brands-how-to-future-proof-with-agility/?sh=6a8a3ad762f6. Accessed November 11, 2022.

Graves, S., MoreReese, & Tran, K. C. (2022). *What Is ERC-721? The Ethereum NFT Token Standard*. Decrypt. https://decrypt.co/resources/erc-721-ethereum-nft-tokenstandard. Accessed March 19, 2023.

Gulker, M. (2017). *Are Smart Contracts the Future of Fraud Prevention?* AIER.

Haig, S. (2021). *Co-Founder of Floyd Mayweather-Promoted ICO Sentenced to 8 Years*. Cointelegraph.com. https://cointelegraph.com/news/co-founder-of-floyd-mayweather-promoted-ico-sentenced-to-8-years. Accessed November 9, 2022.

Handagama, S. (2021). *Crypto Coin Listings Exploded in 2021*. https://www.coindesk.com/markets/2021/08/09/crypto-coin-listings-exploded-in-2021/. Accessed May 1, 2023.

Hedera. (2022). *What Is an NFT Smart Contract?* https://hedera.com/learning/smart-contracts/nft-smart-contract. Accessed December 3, 2022.

Hill, E. (2019). *What Is an Asset-Backed Token? A Complete Guide to Security Token Assets*. https://thetokenizer.io/amp/2019/02/22/what-is-an-asset-backed-token-a-complete-guide-to-security-token-assets/. Accessed June 6, 2022.

Incopro. (2022). *The True Cost of Counterfeit Goods*. https://www.incoproip.com/the-true-cost-of-counterfeit-goods/. Accessed July 3, 2023.

Lewis, A. (2018). *The Basics of Bitcoins and Blockchains: An Introduction to Cryptocurrencies and the Technology That Powers Them*. Mango Media Inc..

Machine Insider. (2020). *How Blockchain Can Transform Manufacturing*. https://www.machineinsider.com/how-blockchain-can-transform-manufacturing/. Accessed November 29, 2023.

Maersk. (2022). *A.P. Moller - Maersk and IBM to Discontinue TradeLens, a Blockchain-Enabled Global Trade Platform*. https://www.maersk.com/news/articles/2022/11/29/maersk-and-ibm-to-discontinue-tradelens. Accessed November 28, 2022.

micobo GmbH. (2019). *What Is an Asset-Backed Token? — Security Tokens for Beginners*. https://micobo.medium.com/what-is-an-asset-backed-token-security-tokens-for-beginners-b77adf3a9710. Accessed August 16, 2022.

Milev, A. (2018). *Dividend Tokens, Explained*. https://cointelegraph.com/explained/dividend-tokens-explained. Accessed October 1, 2022.

Monegraph. (2023). *About Monegraph*. https://www.monegraph.com/. Accessed November 1, 2023.

Mou, V. (2021). *Blockchain Oracles Explained*. https://academy.binance.com/en/articles/blockchain-oracles-explained. Accessed November 15, 2021.

Musharraf, M. (2020). *Blockchain Can Add $1.76 Trillion to Global GDP by 2030: PwC*. Cointelegraph.com. https://cointelegraph.com/news/blockchain-can-add-1-76-trillion-to-global-gdp-by-2030-says-report. Accessed May 2, 2022.

Norman-Eady, S. (2000). *Uniform Electronic Transaction Act*. https://www.cga.ct.gov/2000/rpt/2000-R-1076.htm. Accessed February 3, 2023.

Partz, H. (2021). *Blockstream Raises $16M for Its Bitcoin Mining STO in a Matter of Hours*. https://cointelegraph.com/news/blockstream-raises-16m-for-its-bitcoin-mining-sto-in-a-matter-of-hours. Accessed May 5, 2022.

Provenance. (2016). *From Shore to Plate: Tracking Tuna on the Blockchain*. https://www.provenance.org/tracking-tuna-on-the-blockchain. Accessed November 5, 2022.

Schweifer, J. (2022). *Asset-Backed Tokens*. https://coinmarketcap.com/alexandria/glossary/asset-backed-tokens. Accessed October 6, 2022.

SEC. (2022). *Spotlight on Initial Coin Offerings (ICOs)*. U.S. Securities and Exchange Commission. https://www.sec.gov/ICO. Accessed November 26, 2022.

Skuchain. (2023). *Skuchain: Here's How Blockchain Will Save Global Trade a Trillion Dollars*. https://www.skuchain.com/skuchain-heres-how-blockchain-will-save-global-trade-a-trillion-dollars/. Accessed November 13, 2023.

Szabo, N. (1997). *The Idea of Smart Contracts*. https://www.fon.hum.uva.nl/rob/Courses/InformationInSpeech/CDROM/Literature/LOTwinterschool2006/szabo.best.vwh.net/idea.html. Accessed October 6, 2022.

TechGuy. (2021). *History of NFT*. https://techguysfdc.medium.com/history-of-nft-2ab748a3a9e9. Accessed May 6, 2023.

Tradelens. (2023). *Securely Digitize Your Bills of Lading with the Click of a Button*. https://www.tradelens.com/challenges/digital-bills-of-lading. Accessed September 16, 2023.

TradeLens. (2022). *A Smarter Way to Engage in Trade*. https://www.tradelens.com/technology. Accessed August 16, 2023.

Unilever. (2019). *Ever Wondered Where Your Favourite Cup of Tea Comes From?* https://www.unilever.com/news/news-search/2019/ever-wondered-where-your-favourite-cup-of-tea-comes-from/. Accessed August 6, 2022.

Vasile, L., & Prata, L. (2022). *Everything You Need to Know About Initial Stake Pool Offerings (ISPO)*. Beincrypto.com. https://beincrypto.com/learn/initial-stake-pool-offerings/. Accessed November 16, 2023.

Vigna, P. (2022). *NFT Sales Are Flatlining*. https://www.wsj.com/articles/nft-sales-are-flatlining-11651552616. Accessed November 6, 2022.

Vyas, N., Beije, A., & Krishnamachari, B. (2019). *Blockchain and the Supply Chain: Concepts, Strategies and Practical Applications*. Kogan Page Publishers.

Wang, E., & Wegrzyn, K. (2022). *Blockchain in Supply Chain Series*. https://www.foley.com/-/media/files/insights/publications/2022/06/foley-blockchain-in-supply-chain-ebook.pdf?la=en. Accessed November 19, 2022.

Wikipedia. (2022a). *Initial Coin Offering*. https://en.wikipedia.org/wiki/Initial_coin_offering. Accessed November 11, 2022.

Wikipedia. (2022b). *Non-Fungible Token*. https://en.wikipedia.org/wiki/Non-fungible_token. Accessed November 14, 2022.

Wikipedia. (2022c). *Security (Finance)*. https://en.wikipedia.org/wiki/Security_(finance). Accessed November 11, 2022.

Wikipedia. (2022d). *Smart Contract*. https://en.wikipedia.org/wiki/Smart_contract. Accessed November 13, 2022.

Wikipedia. (2023). *Security Token Offering.* https://en.wikipedia.org/wiki/Security_token_offering. Accessed November 6, 2023.

Williams, R. (2020). *ICO Regulations- Which Are the Countries with Restrictions?* https://www.cryptonewsz.com/ico-regulations-which-are-the-countries-with-restrictions/. Accessed October 6, 2022.

Wood, L. (2021). *The Worldwide Blockchain Supply Chain Industry Is Expected to Reach $3+ Billion by 2026 - ResearchAndMarkets.com.* Business Wire. https://www.businesswire.com/news/home/20210316005759/en/The-Worldwide-Blockchain-Supply-Chain-Industry-is-Expected-to-Reach-3-Billion-by-2026---ResearchAndMarkets.com. Accessed November 26, 2022.

术语表

《巴塞尔协议》 Basel Accords
《多德-弗兰克法案》 Dodd-Frank Act
《多德-弗兰克华尔街改革与消费者保护法》 Dodd-Frank Wall Street Reform and Consumer Protection Act
《跟单信用证统一惯例》 Uniform Customs and Practice for Documentary Credits
《国际财务报告准则》 International Financial Reporting Standards
《汉谟拉比法典》 Code of Hammurabi
《金融工具市场指令Ⅱ》 Markets in Financial Instruments Directive Ⅱ
《金融行动特别工作组建议》 Financial Action Task Force Recommendations
《欧洲市场基础设施法规》 European Market Infrastructure Regulation
《入境物流》 Inbound Logistics
《通用数据保护条例》 General Data Protection Regulation
《统一电子交易法》 Uniform Electronic Transactions Act
《统一商法典》 Uniform Commercial Code
《银行付款责任统一规则》 Uniform Rules for Bank Payment Obligations
《延迟支付指令》 Late Payment Directive
《预出口融资交易的单一货币期限融资协议》 Single Currency Term Facility Agreement for Pre-Export Finance Transactions
《预出口融资条款清单》 Pre-Export Finance Term Sheet
《支付服务指令2》 Payment Services Directive 2
《资本要求法规》 Capital Requirements Regulation

1

10国集团 Group of Ten

3

3PL公司担保融资 3PL Guarantor Financing

C

Codefi 工作流 Codefi Workflow
Codefi 支付 Codefi Payments

M

MSCI EAFE 指数 Morgan Stanley Capital International Europe, Australia, Far East Index

P

PIARA 风险管理流程 PIARA Risk Management Process
PPRR 风险管理模式 PPRR Risk Management Model

S

SQL 注入　SQL Injection

T

Tessera 私有交易管理器　Tessera Private Transaction Manager

X

XinFin 的委托权益证明共识机制　XinFin Delegated Proof of Stake，XDPoS

A

阿特曼 Z 评分　Altman's Z-Score
安联年度风险晴雨表　Allianz's Annual Risk Barometer
按订单生产　Make-to-Order
按库存生产　Make-to-Stock

B

八卦式交流　Gossip about Gossip
巴塞尔协议Ⅱ　Basel Ⅱ
巴塞尔协议Ⅲ　Basel Ⅲ
巴塞尔银行监管委员会　Basel Committee on Banking Supervision
百慕大期权　Bermudan Option
拜占庭容错　Byzantine Fault Tolerant
半定量分析　Semi-Quantitative Analysis
半动态贴现　Semi-Dynamic Discounting
保兑信用证　Confirmed LC
保兑银行　Confirming Bank
保理　Factoring
保密保理　Confidential Factoring
借款基础融资安排　Borrowing Base Facility
备用信用证　Standby LC
背对背信用证　Back-to-Back LC
比尔及梅琳达·盖茨基金会　Bill & Melinda Gates Foundation
比特币　Bitcoin
比特币现金　Bitcoin Cash
变异系数　Coefficient of Variation
标准差　Standard Deviation
标准化营运资本指数　Normalized Working Capital Index
标准普尔 1500 指数　S&P1500 Index
波罗的海交易所　Baltic Exchange
不对称风险缓解价值　Value of Asymmetric Risk Mitigation
不对称风险缓解能力　Asymmetric Risk Mitigation Capability
不对称风险价值　Asymmetric Risk Value
不对称风险控制　Asymmetric Risk Control
不可篡改性　Immutability
不披露保理　Non-Disclosed Factoring

C

财务困境风险　Insolvency Risk
财务流　Finance Flow
财务契约　Financial Covenant
采购订单融资　Purchase Order Financing
采购对冲　Sourcing Hedging
采购风险　Sourcing and Procurement Risk
采购经理人指数　Purchasing Managers' Index
仓单融资　Warehouse Receipt Financing
操作风险　Operational Risk
操作风险缓解　Operational Risk Mitigation
差额风险价值　Shortfall VaR
产能风险　Capacity Risk
产品流　Product Flow
产品生命周期变更风险　Product Lifecycle Change Risk
产权代币　Title Token
场外衍生品　Over-The-Counter Derivative
陈旧区块　Stale Block
金融风险缓解　Financial Risk Mitigation
承兑　Acceptance
承兑交单　Document against Acceptance
承兑银行　Obligor Bank
承诺函　Letter of Undertaking
出口信贷机构　Export Credit Agency
出口信用保险　Export Credit Insurance
储备金证明　Proof of Reserve

传染效应　Contagion Effect
存货平均账龄　Average Age of Inventory
存货天数　Days in Inventory
存货销售天数　Days Sales of Inventory
存货周转率　Inventory Turnover Rate
存货周转天数　Days Inventory Outstanding
存托凭证代币　Depository Receipt Token

D

打包信贷/融资　Packing Credit/Financing
大数据分析　Big Data Analytics
大宗商品仓单融资　Warehouse Financing for Commodities
代币　Tokens
代加工融资　Tolling Finance
担保融资　Guarantor Financing
担保银行　Guarantor Bank
低成本跳跃　Low-Cost Hopping
抵押　Collateral
第三方物流　Third-Party Logistics
第三方物流融资　Third-Party Logistics Financing
点对点　Peer-to-Peer
电子前沿基金会　EFF
电子数据交换　Electronic Data Interchange
掉期　Swap
订单融资　Purchase Order Financing
定量分析　Quantitative Analysis
定性分析　Qualitative Analysis
动态贴现　Dynamic Discounting
动态贴现方案　Dynamic Discounting Program
动态折扣　Dynamic Discounting
独立家庭验证　Solo Home Staking
杜邦分析法　DuPont Analysis
杜邦分析树　DuPont Analysis Tree
杜邦模型　DuPont Model
对冲　Hedging
多米诺骨牌效应　Domino Effect
多头　Long Position
多元化采购　Multi-Sourcing

E

二元期权　Binary Option

F

发票保理　Invoice Factoring
发票贴现　Invoice Discounting
法定货币支持型稳定币　Fiat-Backed Stablecoin
法规法治　Regulations
法规和法律变更风险　Regulatory and Legal Change Risk
法律风险　Legal Risk
反担保　Counter Guarantee
反恐融资　Counter-Terrorism Financing
反馈循环　Feedback Loop
反洗钱　Anti-Money Laundering
反向保理　Reverse Factoring
反向证券化　Reverse Securitization
方差－协方差法　Variance-Covariance Method
非商业风险　Non-Commercial Risk
非商业风险缓解　Non-Commercial Risk Mitigation
非通知保理　Non-Notification Factoring
非同质化代币　Non-Fungible Token
费时费力　Time-Consuming and Costly Efforts
费用　Expense
分布式拒绝服务攻击　Distributed DOS
分布式账本技术　Distributed Ledger Technology
分叉　Fork
分片　Sharding
分销商融资　Distributor Financing
风险不对称理论　Asymmetric Risk Theory
风险调整收益资本回报率　Risk-Adjusted Return on Capital
风险调整资本回报率　Return on Risk-Adjusted Capital
风险概率　Risk Probability
风险管理　Risk Management
风险缓解　Risk Mitigation
风险价值　Value-at-Risk
风险流　Risk Flow
风险投资　Venture Capital

风险严重性矩阵　Risk Severity Matrix
风险影响　Risk Impact
风险与回报的交换　Risk-Reward Exchange
风险资本　Risk Capital
在险资本值　Capital at Risk
风险资本回报率　Return on Risk Capital
服务风险　Service Risk
福费廷　Forfaiting
付款方　FRA Payer FRA
付款交单　Document against Payment
负债　Liability
负债股权比率　Debt-to-Equity Ratio
负债资本比率　Debt-to-Capital Ratio

G

杠杆比率　Leverage Ratio
隔夜指数掉期　Overnight Index Swap
跟单托收　Documentary Collection
跟单信用证　Documentary Credit
工作量证明　Proof of Work
公共担保计划　Public Guarantee Scheme
公钥加密技术　Public Key Cryptography
供需担保　Supply or Demand Guarantee
供应风险　Supply Risk
供应风险缓解　Supply Risk Mitigation
供应价格风险　Supply Price Risk
供应交付风险　Supply Delivery Risk
供应来源风险　Sourcing Risk
供应链风险　Supply Chain Risk
供应链关系效应　Supply Chain Relationship Effect
供应链管理　Supply Chain Management
供应链金融　Supply Chain Finance
供应链金融帕累托效应　SCF Pareto Effect
供应链可视化　Supply Chain Visibility
供应链自我融资　Supply Chain Self-Financing
供应商风险　Supplier Risk
供应商价格担保　Supplier Price Guarantee
供应商融资　Supplier Finance
供应商预付款　Vendor Pre-Pay

供应数量/短缺风险　Supply Quantity/Shortage Risk
供应质量风险　Supply Quality Risk
供应中断风险　Supply Disruption Risk
沟通失误风险　Miscommunication Risk
沟通协调　Communication and Coordination
孤块　Orphaned Block
股东权益回报率　Return on Equity
股价风险　Equity Price Risk
股权代币　Equity Token
股息代币　Dividend Token
固定价格合同　Fixed-Price Contract
固定利率与浮动利率掉期　Fixed-to-Floating Interest Rate Swap
关键大宗商品金融计划　Critical Commodities Finance Program
关键业绩指标　Key Performance Indicators
关系　Relationship
光环效应　Halo Effect
规划风险　Planning Risk
国际财务报告准则　IFRS
国际担保计划　International Guarantee Scheme
国际掉期及衍生工具协会　International Swaps and Derivatives Association
国际农业发展基金　International Fund for Agricultural Development
国际商会　International Chamber of Commerce
国内生产总值　GDP

H

哈希　Hash
哈希率　Hashrate
哈希图　Hashgraph
哈希图币　Hedera Hashgraph，HBAR
海德拉哈希图共识　Hedera Hashgraph Consensus
海德拉　Hedera
海外银行处理提单　Bill of Lading
合规风险　Compliance Risk
合同代币　Contract Token
合同风险　Contractual Risk

合同货币化融资　Contract Monetization Financing
合同制造商　Contract Manufacturer
合同制造商融资　Contract Manufacturer Financing
核准应付款融资　Approved Payables Finance
红色条款信用证　Red Clause LC
后进先出法　Last-in, First-out
后进先出法储备金　LIFO Reserve
互联网　Internet
互助担保计划　Mutual Guarantee Scheme
互助担保协会或社团　Mutual Guarantee Associations or Societies
环球银行金融电信协会　Society for Worldwide Interbank Financial Telecommunication, SWIFT
挥霍合同　Prodigal Contract
恢复　Recovery
回应　Response
混合区块链　Hybrid Blockchain
活动证明　Proof of Activity
货币代币　Currency Token
货币对冲　Currency Hedging
货到付款　Cash on Delivery
货物融资　Cargo Finance
货运代理协议　Freight Forward Agreement

J

机器即服务　Machine-as-a-Service
机器人流程自动化　Robotic Process Automation
机器学习　Machine Learning
基础设施即服务　Infrastructure-as-a-Service
基于资产的贷款　Asset-based Lending
基于资产的银行融资　Asset-Based Bank Financing
即期保理　Spot Factoring
即期担保　Demand Guarantee
即期付款　Sight Payment
集成物流和金融服务　Integrating Logistics and Financial Services
计算支持的预言机　Compute-Enabled Oracle
技术风险　Technology Risk
寄售　Consignment
加密代币　Crypto Token
加密货币　Crypto Coin
加密货币支持型稳定币　Cryptocurrency-Backed Stablecoin
加密钱包　Crypto Wallets
加拿大出口发展部　Export Development Canada
加权平均法　Weighted Average Method
加权平均资本成本　Weighted Average Cost of Capital
价格敏感性风险　Price Sensitivity Risk
价值链　Value Chain
价值流　Value Flow
间接担保　Indirect Guarantee
监管风险　Regulatory Risk
降级风险　Downgrade Risk
交易流动性风险　Trading Liquidity Risk
交易匹配应用程序　Transaction Matching Application
交易所交易的衍生品　Exchange-Traded Derivatives
接收方　FRA Receiver FRA
结构化商品融资　Structured Commodity Finance
结构性贸易和大宗商品融资　Structured Trade and Commodity Finance
结算风险　Settlement Risk
金融对冲　Financial Hedging
金融风险　Financial Risk
金融供应链　Financial Supply Chain
金融供应链管理　Financial Supply Chain Management
近岸外包　Nearshoring
经济增加值　Economic Value Added
经济资本　Economic Capital
净营业周期　Net Operating Cycle
净营运资本　Net Working Capital
净有序清算价值　Net Orderly Liquidation Value
净债务 EBITDA 比率　Net-Debt-to-EBITDA Ratio

净资产回报率　Return on Net Assets
竞争定位　Competitive Positioning
竞争风险　Competition Risk
竞争性招标　Competitive Bidding
绝对 VaR　Absolute VaR

K

开证银行　Issuing Bank
看跌期权　Put Option
看涨期权　Call Option
可撤销/不可撤销信用证　Revocable/Irrevocable LC
可防　Controllable
可靠性与关系　Reliability and Relationship
可控　Manageable
可融　Financeable
可视　Visible
可预　Predictable
可治　Governable
可转让信用证　Transferable LC
客户持续监控　Customer Ongoing Monitoring
客户导入　Customer Onboarding
客户导向　Customer-Focused Execution
客户附加费　Customer Surcharge
客户尽职调查　Customer Due Diligence
客户识别程序　Customer Identification Program
空头　Short Position
扣除调整税后净营业利润　Net Operating Profit Less Adjusted Tax
库存贷款　Inventory Loan
库存对冲　Inventory Hedging
库存风险　Inventory Risk
库存融资　Inventory Financing
库存信用额度　Inventory Line of Credit
酷刑测试　Torture Testing
跨链预言机　Cross-Chain Oracle

L

垃圾进垃圾出　Garbage-In-Garbage-Out
拉升抛售骗局　Pump-and-Dump Scheme
拉式供应链模型　Pull Supply Chain
莱特币　Litecoin
劳动力风险　Labor Risk
了解您的客户　Know-Your-Customer
离岸制造　Offshoring Manufacturing
历史法　Historical Method
历史直方图法　Historical Histogram Method
历史模拟法　Historical Simulation Method
利润表　Income Statement
利率掉期　Interest Rate Swap
利率风险　Interest Rate Risk
利率封底　Interest Rate Floor
利率封顶　Interest Rate Cap
利率衍生品　Interest Rate Derivative
利润率　Profit Margin
涟漪效应　Ripple Effect
联盟区块链　Consortium Blockchain
链式平等指标　Chain Equality Index
链式综合指标　Chain Aggregated Index
流程风险　Process Risk
流程风险缓解　Process Risk Mitigation
流动比率　Current Ratio
流动性比率　Liquidity Ratio
流动性风险　Liquidity Risk
流动性风险缓解　Liquidity Risk Mitigation
伦敦银行同业拆借利率　London Interbank Offered Rate
绿色条款信用证　Green Clause LC

M

买家担保融资　Buyer Guarantor Financing
买家信用担保　Buyer Credit Guarantee
买家主导的供应链融资　Buyer-Led Supply Chain Finance
买家主导的核准应付账款反向证券化　Buyer-Led Approved Payables Reverse Securitization
买家主导的延期付款融资　Buyer-Led Deferred-Payment Financing
卖家担保融资　Seller Guarantor Financing
卖家主导的应收账款证券化　Seller-Led Accounts Receivable Securitization
卖家主导的装运后融资　Seller-Led Post-

Shipment Financing
卖家主导的装运前融资　Seller-Led Pre-Shipment Financing
贸易服务公用事业　Trade Services Utility
贸易服务管理　Trade Services Management
贸易金融　Trade Finance
贸易信用　Trade Credit
贸易信用保险　Trade Credit Insurance
贸易信用福费廷保险　Trade Credit Forfeiting Insurance
贸易信用银行保险　Trade Credit Bank Insurance
贸易应付款管理　Trade Payable Management
梅特卡夫定律　Metcalfes Law
每秒交易次数　Transactions Per Second, TPS
美国独立企业联合会　NFIB
美国国家信用合作社管理局　NCUA
美国通用会计准则　GAAP
美国证券交易委员会　SEC
美联储　Federal Reserve
美式期权　American Option
美索不达米亚文明　Mesopotamia
门罗币　Monero
蒙特卡罗模拟法　Monte Carlo Simulation Method
蒙特卡罗压力测试　Monte Carlo Stress Test
模型风险　Model Risk
默克尔树　Merkle Tree
母/子信用证　Mother/Child LC
木桶原理　Barrel Principle

N

能力　Capacity

O

欧盟　European Union
欧式期权　European Option
欧洲银行业协会　Euro Banking Association

P

帕累托效应　Pareto Effect
盘活营运资本　Reviving Working Capital
披露保理　Disclosed Factoring
频、急、小、短　Frequent, Urgent, Small, Short
平均风险价值　Average Value at Risk
平均现金指数　Average Cash Index
平均应收账款　Average Accounts Receivable
平均营运资本指数　Average Working Capital Index
评估　Assess
凭装运单据付款　Payment against Shipping Documents
破产风险　Bankruptcy Risk

Q

期货　Future
期末应收账款　End Accounts Receivable
期权　Option
期望价值　Expected Value
期望损失　Expected Loss
期望损失　Expected Shortfall
欺诈风险　Fraud Risk
奇异期权　Exotic Option
企业担保计划　Corporate Guarantee Scheme
企业会计准则　ASBE
跷跷板效应　Seesaw Effect
清算所　Clearinghouse
清晰可见　Clear-Visibility
区块　Block
区块链　Blockchain
区块链即服务　Blockchain as a Service
区块链技术　Blockchain Technology
区块链预言机　Blockchain Oracle
去中心化金融　Decentralized Finance
去中心化应用　DApp
去中心化预言机网络　DONs
去中心化自治组织　Decentralized Autonomous Organization, DAO
权威证明　Proof of Authority
权益　Equity
权益证明　Proof of Stake
权益证明服务　Staking as a Service
权益质押　Staking

权益资产比率　Equity-to-Asset Ratio
权重证明　Proof of Weight
全球仓库金融计划　Global Warehouse Finance Program
全球供应链金融论坛　Global Supply Chain Finance Forum
全球贸易金融　Trade Finance Global
全球资产借贷　Global Asset-Based Lending
全账本保理　Whole Ledger Factoring
确认　Confirming
确认银行　Confirming Bank

R

燃料　Gas
人工智能　Artificial Intelligence
人类预言机　Human Oracle
人品　Character
人为因素风险　Human Factor Risk
日均净销售额　Average Net Sales per Day
日均赊销额　Credit Sales per Day
容量证明　Proof of Capacity
融资流动性风险　Funding Liquidity Risk
软分叉　Soft Fork
软件即服务　Software-as-a-Service
软件预言机　Software Oracle

S

商品代币　Commodity Token
商品价格风险　Commodity Price Risk
商品期货交易委员会　Commodity Futures Trading Commission
商品支持型稳定币　Commodity-Backed Stablecoin
商业风险　Business Risk
商业风险缓解　Business Risk Mitigation
商业票据渠道　Commercial Paper Conduit
商业信用保险　Business Credit Insurance
赊购额　Credit Purchases
赊销　Open Account
设计/创新风险　Design/Innovation Risk
社会、环境和可持续性风险　Social, Environmental, and Sustainability Risk
审查　Audit
生产/制造风险　Production/Manufacturing Risk
生产对冲　Production Hedging
声誉风险　Reputation Risk
石油输出国组织　Organization of the Petroleum Exporting Countries
时间流逝证明　Proof of Elapsed Time
时隙　Slot
识别　Identify
实体流　Physical flow
实用拜占庭容错　Practical Byzantine Fault Tolerance
实用代币　Utility Token
市场风险　Market Risk
市场风险缓解　Market Risk Mitigation
释放营运资本　Release Working Capital
收款银行　Recipient Bank
收入　Revenue
首次代币发行　Initial Coin Offering
首次公开发行　Initial Public Offering
首次交易所发行　Initial Exchange Offering
首次去中心化交易所代币发行　Initial DEX Offering
首次质押池发售　Initial Stake Pool Offering
输出预言机　Output Oracle
输入预言机　Input Oracle
数字代币　Digital Token
数字签名　Digital Signature
数字证券发行　Digital Security Offering
税额　Tax
税后净营业利润　Net Operating Profit After Tax, NOPAT
税前净营业利润　Net Operating Profit Before Tax, NOPBT
私有区块链　Private Blockchain
苏伊士运河危机　Suez Canal Crisis
速动比率　Quick Ratio
酸性测验比率　Acid Test Ratio

算法支持型稳定币　Algorithm-Backed Stablecoin
随机数　Nonce
损益分布　Profit and Loss Distribution
所用资本　Capital Employed
所用资本回报率　Return on Capital Employed

T

太哈希　Terahashes
贪婪合同　Greedy Contract
特殊目的实体　Special Purpose Entity
特殊目的载体　Special Purpose Vehicle, SPV
提前付款　Early Payment
提前付款折扣　Early Payment Discount
提前期　Lead Time
替代币　Altcoin
条件　Conditions
条件风险价值　Conditional VaR
贴现本票　Discounted Promissory Note
贴现信用证　Discounting LC
通用资本　GE Capital
通知保理　Notification Factoring
投资回报率　Return on Investment
投资资本　Invested Capital
投资资本回报率　Return on Invested Capital
推式供应链　Push Supply Chain
椭圆曲线数字签名算法　Elliptic Curve Digital Signature Algorithm

W

外汇风险　Foreign Exchange Risk
完全动态贴现　Fully Dynamic Discounting
万维网　WWW
网络安全　Global Cybersecurity and Confidentiality
网络即服务　Network-as-a-Service
网络效应　Network Effect
违约风险　Default Risk
违约风险敞口　Exposure at Default
违约率　Probability of Default
违约损失率　Loss Given Default
委托权益证明　Delegated Proof of Stake
无限制信用证　Unrestricted LC
无许可区块链　Permissionless Blockchain
无追索权保理　Factoring Without Recourse/Non-Recourse Factoring
物联网　Internet of Things，IoT
物联网链　IoT Chain
物料融资　Materials Financing
物流　Material Flow

X

息税前利润　Earnings Before Interest and Taxes
息税折旧摊销前利润　Earnings Before Interest, Taxes, Depreciation, and Amortization
系统材料成本　Material Cost of System
系统性风险　Systematic Risk
系统整合　Integration of Systems, Solutions and Culture
夏普比率　Sharpe Ratio
先到期先出法　First Expired, First Out
先进先出法　First-in, First-out
现金到现金周期　Cash-to-Cash Cycle
现金及现金等价物　Cash and Cash Equivalents
现金流　Cash Flow
现金流量表　Cash Flow Statement
现金周期　Cash Cycle
现金转换周期　Cash Conversion Cycle
响应性与创新　Responsiveness and Innovation
响应性与研发　Responsiveness and R&D
消费者金融保护局　Consumer Financial Protection Bureau
消费者偏好风险　Consumer Preference Risk
销毁证明　Proof of Burn
销售时点　Point of Sale
小企业会计准则　ASSBE
信标链　Beacon Chain
信息、网络安全和协调风险　Information, Cybersecurity, and Coordination Risk

信息流　Information Flow
信用 5 Cs　5 Cs of Credit
信用保险　Credit Insurance
信用担保计划　Credit Guarantee Scheme
信用风险　Credit Risk
信用风险缓解　Credit Risk Mitigation
信用联结票据　Credit-Linked Note
信用衍生品　Credit Derivative
信用证　Letter of Credit
需求波动风险　Demand Volatility Risk
需求风险　Demand Risk
需求风险缓解　Demand Risk Mitigation
许可区块链　Permissioned Blockchain
选择性保理　Selective Factoring
循环信贷安排　Revolving Credit Facility
循环信用证　Revolving LC

Y

压力包络　Stress Envelope
压力测试　Stress Testing
亚式期权　Asian Option
延期付款　Deferred Payment
延期/混合付款信用证　Deferred/Mixed Payment LC
业务连续性计划　Business Continuity Plan
以太币　Ether
以太经典　Ethereum Classic
意外分叉　Accidental Fork
因子推动压力测试　Factor-Push Stress Test
银行贷款保险　Bank Loan Insurance
银行担保　Bank Guarantee
银行付款责任　Bank Payment Obligation
银行商业信用证　Bankers' Commercial Credit
银行信贷　Bank Credit Financing
应对　Respond
应付款融资　Payable Finance
应付款贴现　Payables Discounting
应付展期　Payable Extension
应付账款　Accounts Payable
应付账款周转天数　Days Payable Outstanding
应收账款　Accounts Receivable
应收账款风险　Receivable Risk
应收账款融资　Accounts Receivable Financing
应收账款天数　Days Sales in Accounts Receivable
应收账款账簿　Debtors Book
应收账款账龄分析　Accounts Receivable Age Analysis
应收账款周转率　Accounts Receivable Turnover Ratio
应收账款周转天数　Days Sales Outstanding
应收账款转让　Assignment of Accounts Receivable
英国出口融资署　UK Export Finance
营业现金流量比率　Operating Cash Flow Ratio
营运资本　Working Capital
营运资本比率　Working Capital Ratio
营运资本指数　Working Capital Index
营运资本周期　Working Capital Cycle
硬币　Coins
硬分叉　Hard Fork
硬件钱包　Hardware Wallet
硬件预言机　Hardware Oracle
优先级排序　Prioritize
有向无环图　Directed Acyclic Graph
有效保理费　Effective Factoring Fee
有追索权保理　Factoring With Recourse/Recourse Factoring
预测风险　Forecasting Risk
预出口融资　Pre-Export Finance
预防　Prevention
预付款　Advance Payment
预付款融资　Pre-Payment Finance
预付现金　Cash-in-Advance
预付信用证　Advance LC
预期残值　Expected Salvage Value
预期收入　Expected Revenue
预期尾部损失　Expected Tail Loss
原生代币　Native Token
原始设备制造商　Original Equipment Manufacturer

远期合约　Forward Contract
远期价格协议　Forward Price Agreement
远期利率协议　Forward Rate Agreement
云计算　Cloud Computing
运输和物流风险　Transportation and Logistics Risk
运营对冲　Operational Hedging

Z

灾害风险　Disaster Risk
灾难恢复测试　Disaster Recovery Test
在途库存融资　In-Transit Inventory Financing
在线钱包　Online Wallet
在制品融资　Work-in-Progress Financing
责任与声誉　Responsibility and Reputation
债务 EBITDA 比率　Debt-to-EBITDA Ratio
债务代币　Debt Token
债务收入比　Debt-to-Income
战略风险　Strategic Risk
战略资本　Strategic Capital
障碍期权　Barrier Options
证券代币发行　Security Token Offering
证券交易委员会　Securities and Exchange Commission
政治风险　Political Risk
直接担保　Direct Guarantee
纸质钱包　Paper Wallet
指定银行　Nominated Bank
指示银行　Instructing Bank
制造商担保融资　Manufacturer Guarantor Financing
质量控制风险　Quality Control Risk
智慧生态　Clever Ecosystem
智能合约　Smart Contract
置信水平　Confidence Level
中国会计准则　CAS
中国人民币期货　CME Chinese Renminbi Futures
中国支付清算协会　China National Advanced Payment System
中间人攻击　Man-in-the-Middle Attack
中小企业　Small and Medium Enterprise
中小微企业　Micro, Small, and Medium Enterprise
中心化金融　Centralized Finance
中央对手方　Central Counterparties
重要性证明　Proof of Importance
主/附属信用证　Master/Subsidiary LC
主网　Mainnet
主要/次要信用证　Primary/Secondary LC
专业合作壁垒　Expertise and Collaboration Barriers
装运后付款　Post-Shipment Payment
装运后融资　Post-Shipment Financing
装运前融资　Pre-Shipment Financing
状态　State
准备　Preparedness
资本　Capital
资本成本　Cost of Capital
资本流　Capital Flow
资本支出　Capital Expenditure
资产　Asset
资产代表型代币　Asset Representation Token
资产负债表　Balance Sheet
资产负债率　Debt-to-Assets Ratio
资产流动性风险　Asset Liquidity Risk
资产权益比率　Asset-to-Equity Ratio
资产回报率　Return on Assets
资产支持型代币　Asset-Backed Token
资产支持证券　Asset-Backed Security
资产周转率　Asset Turnover Ratio
资金流　Financial Flow
自然对冲　Natural Hedging
自杀合同　Suicidal Contract
自由现金流　Free Cash Flow
组合密钥加密　Combined Key Encryption
最大损失　Maximum Loss
最简可行产品　Minimum Viable Product